本报告的出版得到
国家重点文物保护专项补助经费
资助

1995 年中国考古十大发现之一

宁安虹鳟鱼场

——1992～1995年度渤海墓地考古发掘报告

黑龙江省文物考古研究所　编著

上册

文物出版社

封面设计:刘　远
责任印制:梁秋卉
责任编辑:于炳文　李克能

图书在版编目(CIP)数据

宁安虹鳟鱼场:1992～1995年度渤海墓地考古发掘报
告 / 黑龙江省文物考古研究所编著 . —北京:
文物出版社,2009. 7
　ISBN 978 - 7 - 5010 - 2709 - 5

　Ⅰ. 宁... 　Ⅱ. 黑... 　Ⅲ. 渤海(古族名) - 墓葬(考古) -
发掘报告 - 宁安市 　Ⅳ. K878. 85

　中国版本图书馆 CIP 数据核字(2009)第 026203 号

宁安虹鳟鱼场

1992～1995 年度渤海墓地考古发掘报告

黑龙江省文物考古研究所　编著

*

文 物 出 版 社 出 版 发 行

北京东直门内北小街 2 号楼

http://www. wenwu. com

E - mail:web@wenwu. com

北京圣彩虹制版印刷技术有限公司制版印刷

新 华 书 店 经 销

889×1194　1/16　印张:55. 5

2009 年 7 月第 1 版　2009 年 7 月第 1 次印刷

ISBN 978 - 7 - 5010 - 2709 - 5　　定价:680. 00 元(上、下册)

目　录

上　册

下　册

插图目录

图版目录

前　言

渤海国是 8 世纪至 10 世纪以粟末靺鞨和白山靺鞨为主体，联合其他民族，仿照唐朝体制建立起来的我国东北地区少数民族政权。渤海初称震国，归附唐朝后被册封为"渤海国"，后为契丹所灭，传国十五世，二百余年。渤海国鼎盛时期，"地有五京、十五府、六十二州、一百数十县"[1]，"地方五千里"，号称"海东盛国"。其辖境大体东至日本海；南部隔泥河（今朝鲜的龙兴江）与新罗为界；西南部达到鸭绿江的伯咄口，与唐安东都护府相接；西部到达辽河东岸及昌图、梨树、农安、乾安、哈尔滨一线，与契丹、室韦相邻；北部控制了靺鞨黑水部以后，势力到达黑龙江中下游一带。在这一区域内，由于各地各部族自身发展水平和接受外界文化影响程度不尽相同，社会发展也不均衡。渤海上层社会封建化程度很高，其发展水平与中原相差无几，而其下层社会发展程度很不统一，有的甚至还处于氏族社会时期。渤海（震）国最早定都东牟山（今吉林省敦化市境内），不久迁都显州（即中京，今吉林省和龙县西古城），继而迁都忽汗城（即上京龙泉府，今黑龙江省宁安市的渤海上京城遗址）。渤海立国多年，国王的陵墓葬在何处？当时平民的丧葬习俗又是怎样的？这些问题一直是中外学者非常关注的。近年在渤海上京城址北郊三陵一带陆续有大型的渤海墓葬发现，对了解渤海上层社会生活状况有很大的帮助。

虹鳟鱼场渤海墓地位于黑龙江省宁安市西南约 45 公里处的渤海镇虹鳟鱼场，东南距渤海国上京龙泉府 6 公里左右，东距三灵 2 号墓 4 公里左右，是 20 世纪 60 年代黑龙江省文物普查时发现的。1981 年为配合莲花水库工程，黑龙江省文物考古研究所会同吉林大学历史系考古专业，对其附近的古代遗存进行了第二次文物调查，同时对此墓地进行了复查，初步确认有几百座石墓。墓地因挖沙采石而遭到一定破坏，若不及时发掘，破坏将会更加严重，于是从 1992 年至 1995 年，黑龙江省文物考古研究所对墓地进行了抢救性发掘。

在进行此次发掘以前，1984 年黑龙江省文物考古研究所曾在此发掘了一座大型砖室墓[2]。1990 年 3 月，当地居民从墓地北坡（第一墓区北侧）取沙，破坏墓葬数十座，所出部分文物被黑龙江省渤海上京博物馆征集。

1992 年 7 月至 11 月，黑龙江省文物考古研究所对墓地进行正式发掘，当年共发掘 88 座墓葬，清理范围基本上是墓地的西南部，在这基础上进行了全面的地面调查，断定绝大多数墓葬是随着漫长的岁月被自然破坏的。

1993 年 6 月至 11 月，对墓地继续进行发掘，清理出 138 座墓葬。同时对墓地西侧的方坛进行钻

---

[1]《新唐书·渤海传》，中华书局标点本，6182 页，1975 年版。

[2] 谭英杰等：《黑龙江省区域考古学》，中国社会科学出版社，1991 年版。

探，为第二年的发掘工作做准备。此年的发掘基本上是从西侧往东侧地毯式地清理。

　　1994 年 6 月至 11 月，发掘工作继续，清理出 68 座墓葬，清理范围从墓地东侧到北坡的第一墓区，又重新回到墓地西边，对 7 座方坛进行全面清理。绝大部分的墓葬和方坛已基本清理完毕。

　　1995 年 4 月末开始，对墓地其余的墓葬继续清理，同时为航拍工作打基础，重新清理连续 4 年发掘的墓葬。

　　1995 年 5 月 23 日，沈阳军区空军某部队出动直升机对墓地进行了航拍，进一步了解了上京城与墓地周围的自然环境。航拍工作结束后，对个别墓葬进行解剖，7 月份开始对墓地进行保护性回填，10 月末结束了考古发掘工地的工作。

　　虹鳟鱼场墓地是迄今所知最重要的渤海时期的墓地，这几年共发掘墓葬 323 座、方坛 7 座、房址 1 座，揭露面积 4 万多平方米，出土文物达 2000 余件。是目前发掘数量最多、跨越时间最长、形制最复杂、出土文物最丰富的一处渤海墓葬，也是截至目前，规模最大的一次发掘，取得了一系列重大成果，多方面填补了文献记载的空白，与墓葬相关的 7 座方坛的发现更属难得。墓地留下的遗存，有其固有的埋葬特点，反应出不同的风俗习惯，展现出其文化发展的复杂和多样性。这些来自于多方面的文化因素，基本是在靺鞨和高句丽文化的基础上，吸收了盛唐文化，使丰富多彩的渤海文化更加辉煌璀璨。由于该墓地的发掘工作所取得的重大成就，因而被评为 1995 年中国十大考古新发现。

　　参加宁安市渤海镇虹鳟鱼场渤海墓地发掘，同时担任资料整理和研究工作的有：黑龙江省文物考古研究所金太顺、赵哲夫，牡丹江市文物管理站王祥滨。发掘期间，曾得到牡丹江市文物管理站、宁安市文物管理所和渤海冷水性鱼试验站的大力支持和协助，在此表示感谢！

壹　墓葬分布与地层关系

　　宁安市位于黑龙江省的东南部，境内多山，地势高峻，西是张广才岭，东为老爷岭，牡丹江从南向北纵贯县境中部，大小支流纵横交错，气候温暖宜人。

　　墓地位于渤海镇虹鳟鱼场[1]北部熔岩台地的沙丘上，略高于附近地面。墓地南部和东部毗邻耕地，北临河溪与沼泽。香磨河从墓地西南向东北流去，西南有一条蜿蜒曲折的小芹菜河从墓地东侧流过注入牡丹江（图一，图版一）。虹鳟鱼场墓葬分布在南北并列较高的两座沙丘上（图版七：1、2）。

　　南侧沙丘南坡较缓，北坡较陡；北侧沙丘南坡较缓，因当地居民取沙，北坡已形成断崖。多数墓葬分布在南侧沙丘的南坡，部分位于南侧沙丘的东、西、北坡和北侧沙丘的南坡。由于墓葬分布过于密集，现存墓葬封土地表上相互连接，墓地中多榛子树，加上长杂草，以致墓与墓之间的界限不清，墓的封土或高或低。墓葬分布于4万多平方米的范围内（图版三）。

　　墓向多数朝南，少数为东向。墓地的地层关系简单，第一层为耕土（草皮层），呈黑褐色，厚20～35厘米，去掉耕土后即露出墓葬，所有墓葬均开口于第一层下。

---

[1]　即为中国水产科学院黑龙江水产研究所渤海冷水性鱼实验站，当地居民俗称"虹鳟鱼场"位于黑龙江省宁安市渤海镇西安村西北约1.2公里，墓地因处在这个实验站北约0.6公里处而得名。

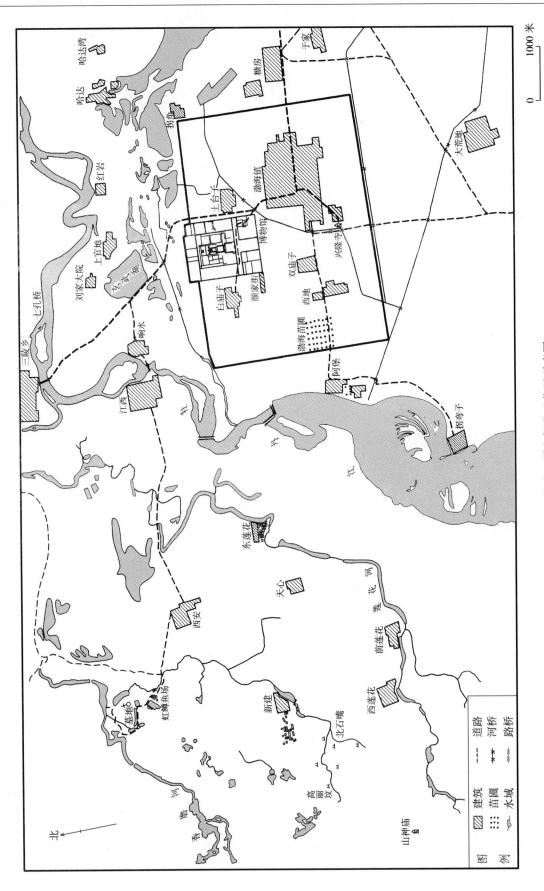

图一　宁安虹鳟鱼场墓地位置示意图

贰 墓 葬

墓葬分布于东西长约 220、南北长约 200 米，高出附近地面数十米的沙丘上。墓地自北向南，中间有一条东西向小道，以此为界，墓地的北沙丘和南沙丘分成两个墓区。北沙丘北坡墓区称第一墓区，南沙丘墓区称第二墓区。第一墓区有 39 座墓，均为石墓，规模较小；第二墓区有 284 座墓，其中有 2 座砖墓，1 座砖石混筑墓，其余皆为石墓。规模较大的墓葬和 7 座方坛、1 座房址皆位于第二墓区。两个墓区的 323 座墓葬统一编号（M2001～M2323），墓葬编号首位的"2"代表第二次发掘（图二，图版二）。

本报告分别叙述随葬器物和填土出土文物。有的墓葬出土文物较多，而且同类器物明显看清排列程序的，以墓为单位分出式的差别，最后研究墓葬分期中，以墓地为整体重新探讨了器物纵的关系。

一 墓葬类型

所发掘的 323 座墓葬，可以断定均为"封土墓"。到目前为止比较难以确认的是墓葬原有的封顶结构。因为大型墓葬和绝大多数中小型墓葬的封顶结构已被破坏，坍塌现象比较严重。种种迹象反映出墓葬有封顶结构，目前无墓顶结构的墓可能是用非石材所致。有的墓清理中没有发现封顶结构，但是我们在类似墓葬中清理出比较完整的陶器。如果当时无封顶，难以保存至今比较容易破碎的陶器类随葬品。目前无墓顶结构的墓葬，当时封顶时可能使用木材或用其他植物。

虹鳟鱼场墓地中的 320 座石墓，根据其不同类型可分为石室墓（A 型）、石圹墓（B 型）、石棺墓（C 型）。另有两座砖室墓，一座砖石混筑墓（图版四、五）。

石室墓（A 型）248 座，是主要以石材修砌的墓葬，在少数保存较好的墓葬中发现有棺钉。现存石室墓有长方形、铲形、刀形、双室等不同形状，墓葬可分地面建筑、半地穴和地穴建筑。墓葬用大小不等的石材逐层平砌，或垒砌墓室，少数墓葬用大石板立支作壁。石材有的经过粗加工，有的未经加工，个别墓底用扁平石板拼缝平铺，少数墓室内铺有河卵石和红砖。

石室墓依其不同墓道，可分为如下几个形状：长方形墓室，在墓壁中间设墓道的定为铲形（a）；长方形墓室，墓道偏于一侧的为刀形（b）；长方形墓室，无墓道（c）；墓室为双室（d）。

石圹墓 30 座（B 型），是以石材修筑墓圹。在虹鳟鱼场墓葬中此类墓数量较少，其规模一般小于石室墓，大于石棺墓。其多数为地穴建筑，先在地表上挖出长方形土坑，然后沿着坑壁以石材砌筑四壁，最后封顶。

值得注意的是，长方形石室墓与石圹墓在平面形状上并无明显区别，但在修筑程序上则有不同。前者首先是用石头砌出墓室的三壁，葬死者及随葬品后封顶，最后封堵一面墓壁，常见的是最后封堵南壁。因此，长方形封土石室墓的四壁往往不十分规则，尤其南、北两壁，明显看出其石材与筑法等不同。相反石圹墓的四壁则较规整。

石棺墓26座（C型），属于一种葬具。其规模较小，一般用于埋葬未成年人，石棺中不见其他葬具。此类墓葬是先在地表上挖出一个长方形小坑，或在地表上用石材砌筑四壁，葬人之后封顶。

另有16座因破坏严重，形制不明。

此次发掘的虹鳟鱼场墓葬形状较为复杂，有的形状相同的墓葬存在其早晚关系和不同类型的墓葬，由此结合上述分类可将不同用途、不同形状的石墓归为Aa型（铲形石室墓）、Ab型（刀形石室墓）、Ac型（长方形石室墓）、Ad型（双石室墓）、B型（石圹墓）、C型（石棺墓）6种类型（如下图所示）。

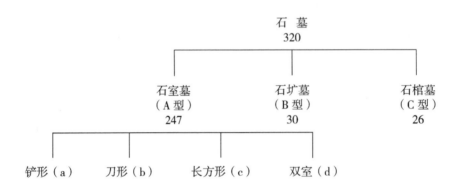

1. 铲形石室墓（Aa型）

2. 刀形石室墓（Ab型）

3. 长方形石室墓（Ac型）

4. 双室石室墓（Ad型）

5. 石圹墓（B型）

6. 石棺墓（C型）

二　第一区墓葬

在第一墓区发掘的墓有39座，就其墓葬类型而言，长方形石室墓16座，占北区墓葬总数的41%，石圹墓10座，占26%，石棺墓7座，18%，双室墓1座，占2%，形状不明的5座，占13%。

在所发掘的第一墓区39座墓葬中，出土文物109件，其中随葬品32件，其余发现于填土中。主要有生活用具、生产工具、兵器、装饰品。其中出土数量较多的是陶器，其次为铜器、铁器，还有银、玛瑙饰件。第一墓区25座墓葬填土中清理出77件文物（不包括填土中发现的碎陶片），可能和葬俗有关。

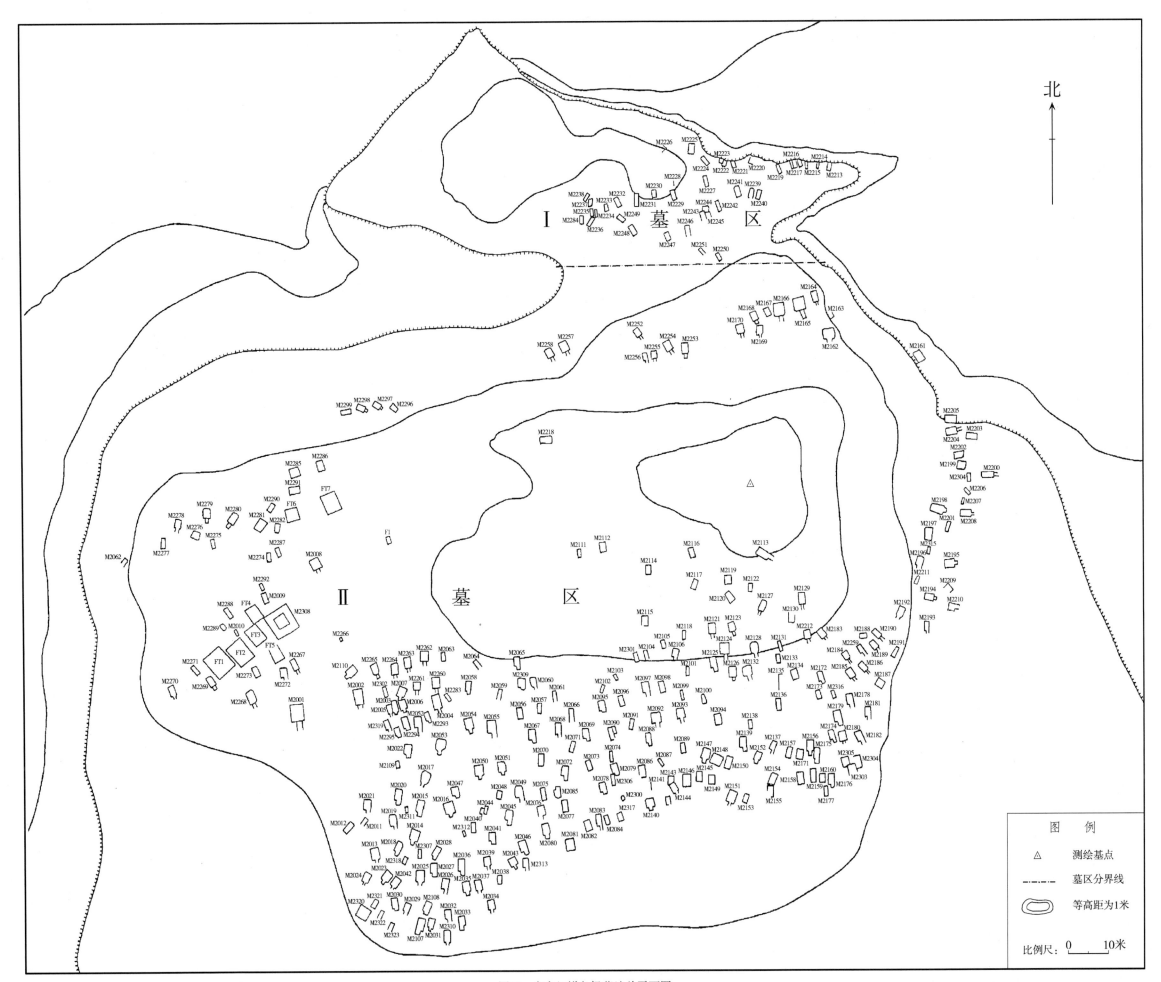

图二　宁安虹鳟鱼场墓地总平面图

（一）长方形石室墓（Ac 型）

M2213

其西壁与 M2214 相邻，墓的方向为 185°。墓室北端已被破坏，明显看出其断层。封土已被破坏，墓室塌陷出凹坑。墓室填土为夹沙河卵石，土质松散，墓底为黄沙生土层。填土中发现夹砂褐陶片，器形为瓮（腹部残片）。墓葬为地穴建筑，墓室由石板或石块垒砌，较大的石头用于墓室内壁，小石块堆砌在其周围。墓室呈长方形，残长 2.54、宽 1、深 0.96 米。

墓室中发现单人肢骨，系成年男性。未见随葬品（图三）。

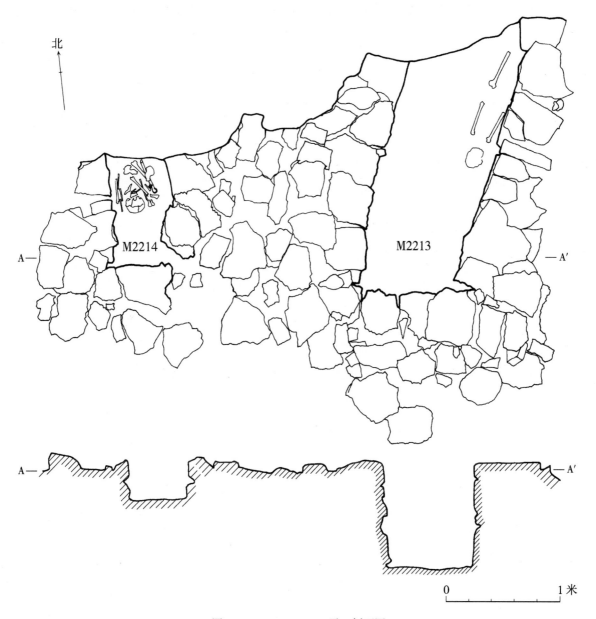

图三　M2213、M2214 平、剖面图

M2214

东壁与 M2213 相邻，墓的方向为 175°。墓室北端破坏较甚，断面已漏出人骨架，封土已被破坏无存。墓室填土为粗沙，有少量河卵石，土质松散，无包含物，墓底为黄沙生土层。墓葬属于地穴建筑，墓室用石板和石块砌成，较大的石头平砌墓室内壁。墓室呈长方形，残长 0.96、宽 0.58、深 0.38 米。

人骨属于单人二次葬，系成年女性。无随葬品（图三）。

M2215

位于 M2214 之西约 3 米处。墓的方向为 180°。墓室北端已被破坏，断面已漏出石块和骨架，封土、封顶已被破坏无存。墓室填土为沙子，土质松散，无包含物，墓底为黄沙生土层。墓葬为地穴建筑，墓室用石板和石块砌成，较大的石头用于墓室内壁，空隙处用小石块填塞。原墓室为长方形，残长 2.14、宽 0.65、深 0.6 米。

人骨保存较好，属于单人一次葬，葬式为仰身直肢。墓主人身份为 25 岁左右的青年男性。未见随葬品（图四）。

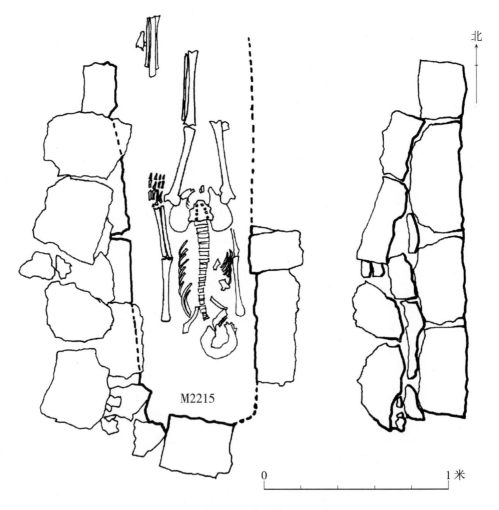

图四　M2215 平面及西壁侧视图

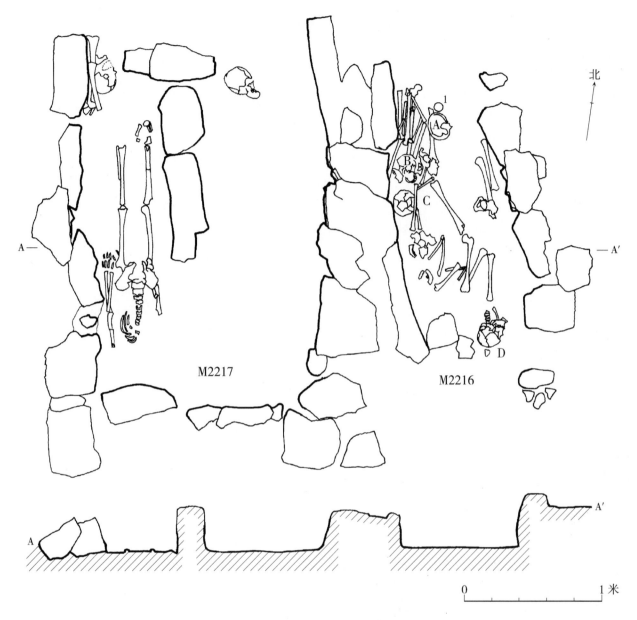

图五 M2216、M2217平、剖面图
1. 铁镯

M2216

位于 M2215 之西约 0.5 米处。墓的方向为 158°。封顶破坏无存，南、北两壁已不同程度地被破坏。墓室填土为沙土，呈黑色，土质松散，纯净，无包含物。墓底为原沙土层。墓葬系地穴建筑，用粗加工的大石板立支作壁。原墓室平面为长方形，残长 1.94、宽 0.84、深 0.36 米。

人骨散乱。根据头骨数量推测，可能是 4 个个体，皆为二次葬。墓室最北头骨（A）为男性，30～35 岁。西壁中间头骨（B）为女性，40 岁左右。西壁南边头骨（C）属于女性，35～40 岁。墓室南壁中间头骨（D）为男性，30 岁左右。随葬品有铁镯 1 件，位于最北边头骨旁边（图五）。

随葬器物

铁镯　1件（M2216：1）。椭圆形，其横截面为半圆形，中间有一豁口。长径7.2、短径6.7厘米，横截面半直径为0.5厘米（图六，图版一六二：1）。

M2219

位于M2217之西2.5米处。墓的方向为170°。未见封土，封顶结构已被破坏，两块石头已塌落在墓室内。墓室填土为沙土，呈黑色，土质松散，墓底亦是原生沙土层。填土中发现数量较多的夹砂褐陶片，器形有长腹罐口沿2件、板状耳罐腹片1件、纹饰陶片1件。墓室先在地表上挖一个长方形坑，然后用粗加工的玄武岩石板沿着四壁立支一层，其上再平铺较小的石板。墓室平面呈长方形，长2.66、宽0.71、深0.69米。

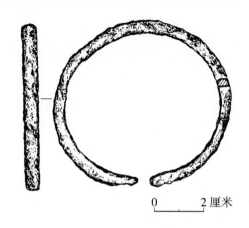

图六　M2216 随葬器物
铁镯（M2216：1）

人骨较乱，单人一次葬与单人二次合葬并存，可能属于2个个体。中间四肢骨与西侧头骨（A）可能是一个个体，系一次葬，成年男性。其余骨架与中间头骨（B）为另一个个体，女性，25～30岁。出土文物有铁镯1件，位于骨堆南部（图七，图版九：1）。

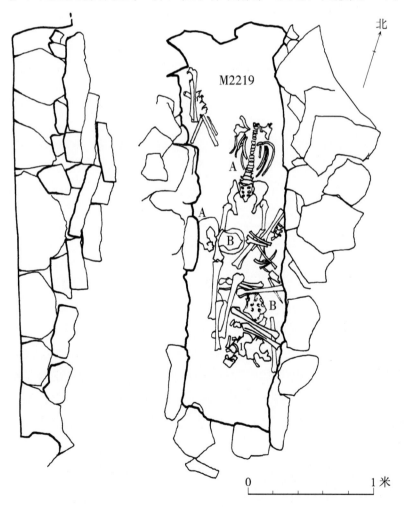

图七　M2219 平面及东壁侧视图
1. 铁镯

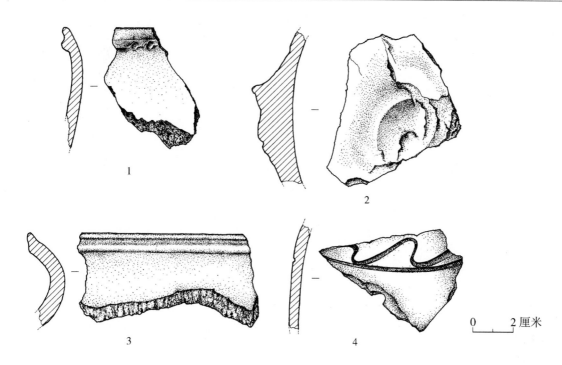

图八　M2219 填土出土器物

1. Ⅰ式陶长腹罐口沿（M2219：5）　2. Ⅱ式陶长腹罐口沿（M2219：3）

3. 陶板状耳罐腹片（M2219：2）　4. 纹饰陶片（M2219：4）

1. 填土出土器物

陶长腹罐口沿　2件。夹砂褐陶，手制，口沿形状不同，可分二式。

Ⅰ式　1件（M2219：5）。唇饰锯齿纹，侈口（图八：1）。

Ⅱ式　1件（M2219：2）。口沿经过慢轮修整，重唇，侈口（图八：3）。

陶板状耳罐腹片　1件（M2219：3）。夹砂褐陶，素面（图八：2）。

纹饰陶片　1件（M2219：4）。夹砂褐陶，凹弦纹夹水波纹（图八：4）。

2. 随葬器物

铁镯　1件（M2219：1）。近似于椭圆形，中间有一豁口，其横截面为椭圆形。长径6.6、短径5.3厘米（图九）。

图九　M2219 随葬器物
铁镯（M2219：1）

M2221

位于M2222之东约1米处。墓的方向为150°。未发现封顶结构，墓葬北侧已被破坏。墓室填土为沙土，土质松散，墓底亦是原沙子生土层。在填土中发现数量较多的夹砂灰陶瓷碎片。墓葬为地穴建筑，墓室先在地表上挖一个长方形浅坑，然后用粗加工的玄武岩石板平砌墓室，其周围用小石块堆砌。墓室平面为长方形，残长2.92、宽1.28、深0.34米。

清理出少量人骨，墓主人身份为成年女性。出土文物有铜镯1件，位于墓室南边（图一○）。

随葬器物

铜镯　1件（M2221：1）。近似于椭圆形，其横截面为三角形，中间有一豁口。长径6.8、短径

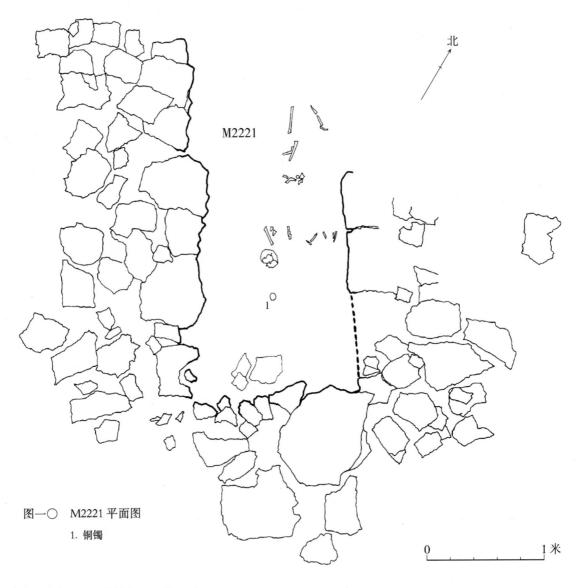

图一○　M2221 平面图
1. 铜镯

5.9 厘米（图一一，图版一四○：1）。

M2222

　　位于 M2221 之西 1 米处，被 M2223 打破。墓的方向为 190°。墓葬中北部已严重破坏。墓室填土为沙子夹河卵石，土质疏松，墓底为原沙子生土层。填土中发现少量夹砂褐陶片，器形不明。墓葬系地面建筑，用大的玄武岩石板和天然河卵石块垒砌墓葬。原墓室平面可能是长方形，残长 1.6、宽 1.64、深 0.34 米。

　　墓室北边有一头骨，系成年男性。无随葬品（图一二）。

M2223

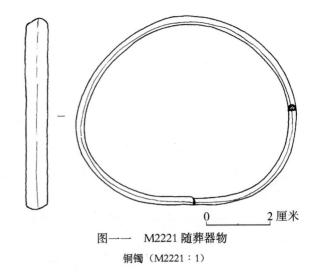

图一一　M2221 随葬器物
铜镯（M2221：1）

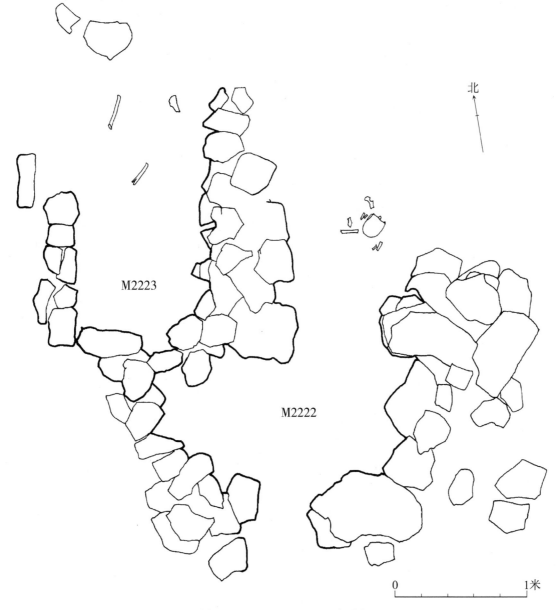

图一二　M2222、M2223 平面图

位于 M2224 之东 2.5 米处，打破 M2222。墓的方向为 190°。墓葬北端已破坏无存。墓室填土为沙子夹河卵石，土质疏松，纯净，墓底为原沙子生土层。填土中发现夹砂褐陶鼓腹罐残片 1 件。墓葬为地面建筑，系用玄武岩大石板和天然河卵石块垒砌墓葬，其中大的玄武岩石板可能是原 M2222 石板。原墓室平面为长方形，残长 1.8、宽 0.96、深 0.38 米。

在墓室中发现 3 块小骨头，是属于成年女性。未见随葬品（图一二）。

填土出土器物

陶鼓腹罐口沿　1 件（M2223：1）。夹砂褐陶，手制，口沿经过慢轮修整。圆唇，侈口（图一三）。

M2224

位于 M2223 之西约 3 米处。墓的方向为 140°。在地表上可见微凸的封土范围。墓室填土为沙土，呈黑灰色，土质松散，墓底是原沙子生土层。填土中发现泥质灰陶盂 1 件（残）、夹砂褐陶器盖 1 件、纹饰陶片 1 件。墓葬为地穴建筑，在地表上挖一个长方形坑，然后用粗加工的玄武岩石板沿着四壁平砌墓室，四壁和平面空隙处填塞小石块。墓室呈长条形，长 2.6、宽 0.8、深 0.52 米。

无人骨，随葬品亦未见（图一四）。

填土出土器物

纹饰陶片　1 件（M2224：1）。夹砂褐陶，手制，弦纹夹圆圈纹（图一五：1）。

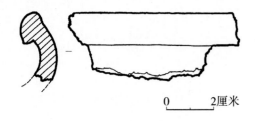

0 　　　　2厘米

图一三　M2223 填土出土器物
陶鼓腹罐口沿（M2223：1）

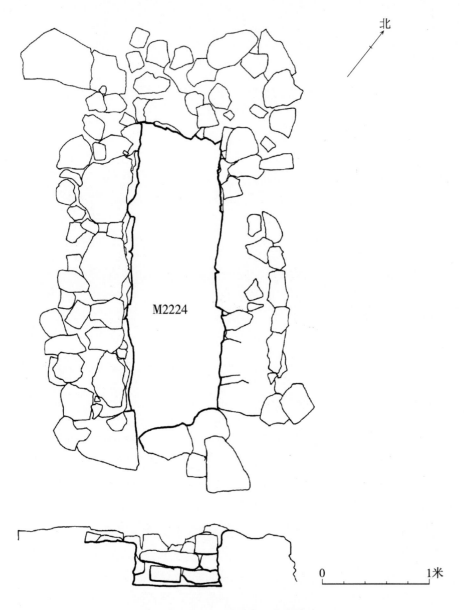

北

M2224

0　　　　　　　　1米

图一四　M2224 平面及北壁侧视图

陶器盖　1件（M2224：2）。夹砂褐陶，手制，顶端为空心状圆形纽，斜壁，平口，素面。纽直径3、通高3.6、口直径7.3厘米（图一五：2，图版六三：1）。

陶盂　1件（M2224：3）。泥质灰陶，手制。圆唇，侈口，浅腹，折肩，腹饰一道凹弦纹，平底。口径18.4、通高13.8、底径18.4厘米（图一五：3，图版六三：2）。

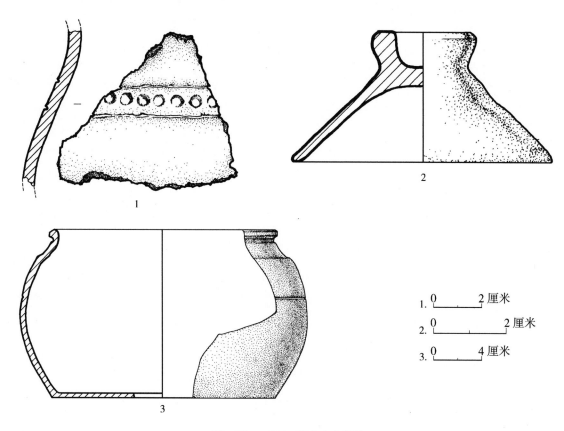

1.	0　　2厘米
2.	0　　　2厘米
3.	0　　　4厘米

图一五　M2224填土出土器物

1. 纹饰陶片（M2224：1）　2. 陶器盖（M2224：2）　3. 陶盂（M2224：3）

M2225

位于M222之西约2米处。墓的方向为185°。墓葬封顶已被破坏，其周围略高于地表，两块石头已塌落在墓室内。墓室填土为沙土，呈黑灰色，土质松散、纯净，墓底亦是原沙土层。填土中发现了数量较多的夹砂褐陶长腹罐、鼓腹罐碎片。墓葬为地面建筑，在原地表上用粗加工的玄武岩石板平砌墓室东、西、北壁，最后用大小不等的石块封堵墓室南壁。墓室平面呈长方形，长3.08、宽1.5、深0.52米。

人骨很少，只有几块肢骨，其身份与性别均不明。未见随葬品（图一六）。

M2229

位于M2228之南约1.5米处。墓的方向为155°。墓葬周围略凸于地表，南北长4.6米，东西宽2.9米，高出地表约0.3米。墓室填土为黏土，呈黄褐色，土质较硬，墓底亦是黄褐色黏土层。墓葬为地穴建筑，墓室先在地表上挖一个长方形坑，然后用粗加工的玄武岩石板沿着四壁立支一层，其

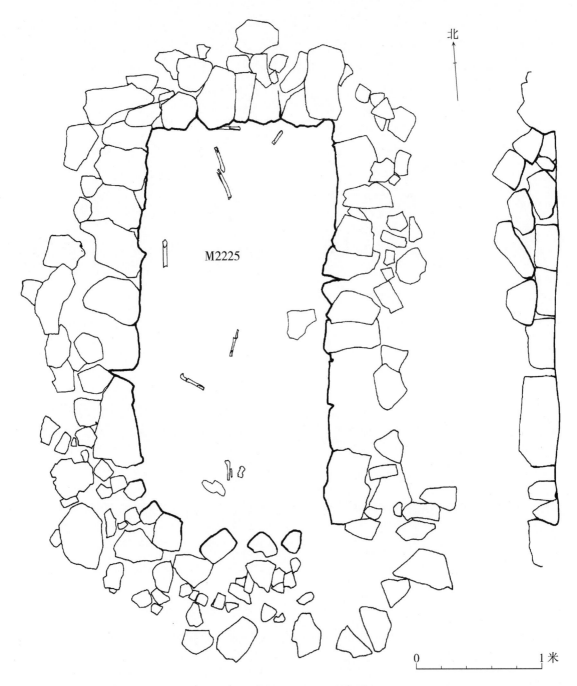

图一六　M2225平面及西壁侧视图

上再平砌较小的石板，周围堆放石块，呈椭圆形。墓室平面近似于长方形，长2.36、宽1.2、深0.68米。

　　人骨两具，属于男女一次合葬。左侧人骨（B）为成年女性。右侧人骨（A）为男性，45岁左右。未见随葬品（图一七）。

M2230

　　位于M2229之南约3米处。墓的方向为190°。封顶已被破坏，墓葬周围略高于地表，一圈封顶

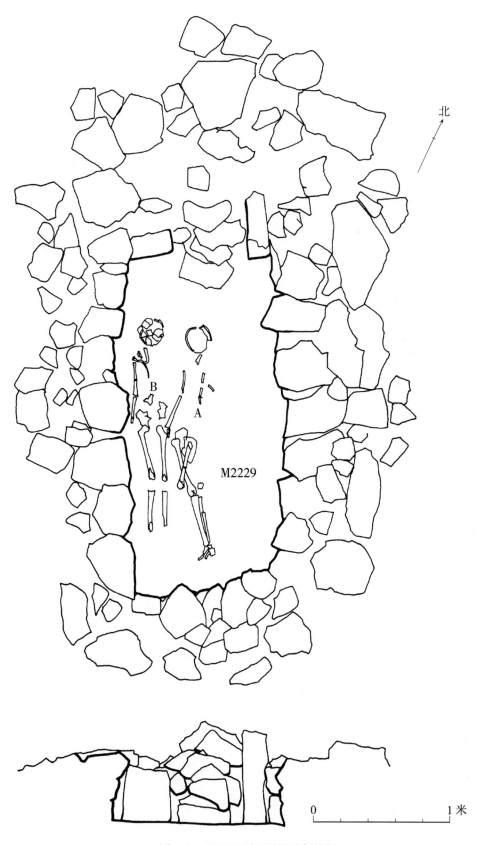

北

M2229

0　　　　　　　1 米

图一七　M2229 平面及北壁侧视图

石板搭在墓边上，个别能看出抹角迹象。墓室填土为黄色泥土，土质紧密，墓底亦是黄泥生土层。在填土中发现夹砂褐陶长腹罐 1 件（残），铁甲片 1 件。墓葬为地穴建筑，墓室先在地表上挖一个长方形坑，然后用粗加工的玄武岩石板平砌墓室东、西、北三壁，最后封堵墓室南壁。墓室平面为长方形，长 2.46、宽 1.26、深 1 米。

人骨两具，属于男女二次合葬。右侧人骨（A）为女性，左侧人骨（B）系男性，年龄均 55 岁左右。未见随葬品（图一八，图版九：2）。

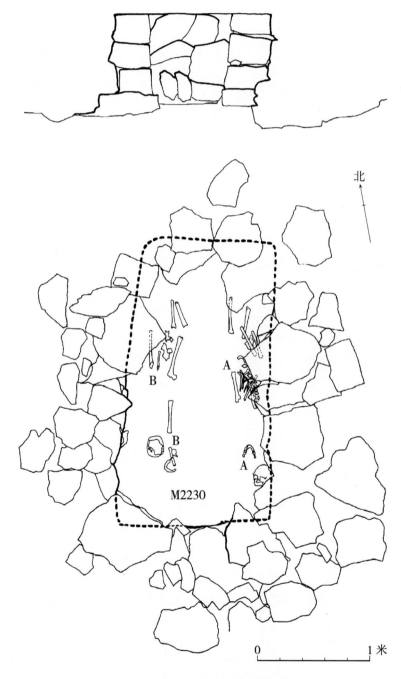

图一八　M2230 平面及南壁侧视图

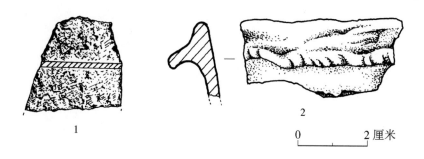

图一九　M2230 填土出土器物
1. 铁甲片（M2230：1）
2. 陶长腹罐口沿（M2230：2）

0　　　　2厘米

填土出土器物

铁甲片　1件（M2230：1）。薄铁片，残甚，形状不明，厚0.15厘米（图一九：1）。

陶长腹罐口沿　1件（M2230：2）。夹砂红褐陶，手制，口沿下饰锯齿附加堆纹（图一九：2，图版一三五：1）。

M2231

位于M2231之西3.5米处。墓的方向为180°。墓葬周围略高于地表，封顶已被破坏，在墓室里清理出两块原封顶石板和零乱的石块。墓室填土为夹沙黄色黏土，土质较黏，墓底亦是夹沙黏土层。填土中发现夹砂褐陶长腹罐2件（均残）。墓葬为地穴建筑，在地表上挖一个0.9米深的长方形坑，用粗加工的玄武岩石板平砌墓室东、西、北三壁，最后一块大石板立支在南壁。墓室平面近似于长方形，长2.66、宽0.94、深0.91米。

人骨保存欠佳，可能是单人二次葬，墓主人身份为成年男性。出土文物有铁钉1件，位于墓室北侧（图二〇）。

1. **填土出土器物**

陶长腹罐口沿　2件。夹砂褐陶，手制。唇部不同，可分二式。

Ⅰ式　1件（M2231：2）。口缘下饰锯齿附加堆纹（图二一：1，图版一三五：2-1）。

Ⅱ式　1件（M2231：3）。重唇，两唇间距较大（图二一：2，图版一三五：2-2）。

2. **随葬器物**

铁钉　1件（M2231：1）。无钉帽，呈锥状，其横截面为长方形（图二二）。

M2239

位于M2241之东约1.5米处，与M2240相邻。墓的方向为190°。封顶已被破坏，有几块不规则的石块塌落在墓室内，无明显规律。墓室填土为夹沙黄褐土，土质较黏，墓底亦是夹沙黄褐土。填土中发现少量夹砂褐陶片，器形有长腹罐1件、鼓腹罐1件（均残）、铁甲片3件。墓葬为地穴式建筑，在地表上挖一个长方形坑，用粗加工的玄武岩石板和石块平砌墓室东、西、北三壁，最后封堵墓室南壁。墓室平面近似于长方形，长2.61、宽1.22、深0.54米。

墓室东北角有一堆骨架，可能属于2个个体，皆为二次葬。北边头骨（A）为女性，35岁左右。南边头骨（B）系男性，40岁左右。出土文物有铜镜1件，位于墓室南侧（图二三，图版一〇：1）。

1. **填土出土器物**

陶长腹罐口沿　1件（M2239：5）。夹砂褐陶，手制，重唇（图二四：4）。

陶鼓腹罐口沿　1件（M2239：6）。夹砂褐陶，手制，圆唇，侈口（图二四：5）。

铁甲片　3件（M2239：2、3、4）。薄铁片，残甚，形状不明（图二四：1、2、3）。

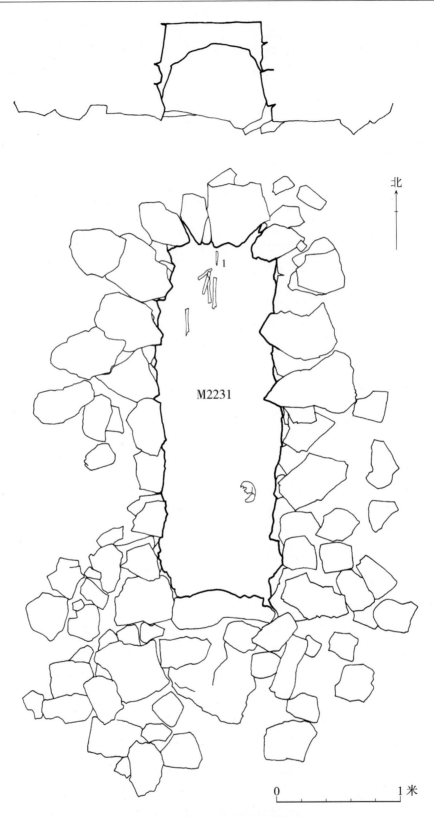

图二〇　M2231 平面及南壁侧视图

1. 铁钉

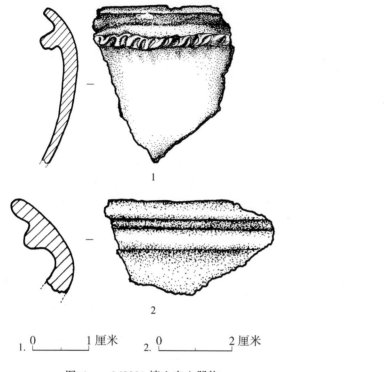

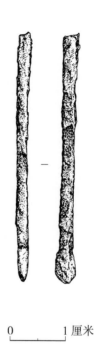

图二一　M2231 填土出土器物

1. Ⅰ式陶长腹罐口沿（M2231：2）　2. Ⅱ式陶长腹罐口沿（M2231：3）

图二二　M2231 随葬器物

铁钉（M2231：1）

2. 随葬器物

铜镜　1件（M2239：1）。素面，略呈"亚"字形，四边微弧，镜缘凸起，中间饰一纽，已残。边长15.3、缘宽1、厚0.15厘米（图二五，图版一三八）。

M2240

与M2239相邻，墓向为190°。封顶已被破坏，在墓室中清理出几块原封顶石块。墓室填土为夹沙黄泥土，土质黏，墓底亦是夹沙黄泥土。填土中发现少量夹砂褐陶片，器形不明。墓葬为地穴式建筑，在地表上挖一个长方形坑，用粗加工的玄武岩石板和石块平砌墓室东、西、北三壁，最后用小石块封堵南壁。墓室平面近似于长方形，长2.88、宽1.18、深0.52米。

发现3个头骨和部分肢骨，皆为二次葬。北边头骨（A）为成年女性，南边2个头骨为男性，其中西侧头骨（B）属于成年，东侧头骨（C）约30岁左右。在南边头骨北部发现镊耳勺1件（图二三）。

随葬器物

银镊耳勺　1件（M2240：1）。一头为镊子，另一头为耳勺。勺尾部有一圆形镂孔，勺尾部和抓手部饰阴刻斜线纹。长10.4、勺直径0.4厘米（图二六，图版一七九：1）。

M2241

位于M2221之南3.5米处。墓的方向为160°。封土已被破坏，在地表上可见微凸的墓葬范围。墓室填土为夹沙灰褐土，土质黏，墓底为夹沙黄褐色黏土。填土中发现夹砂褐色长腹罐3件（均残）。墓葬为地面建筑，用粗加工的玄武岩石板和石块平砌墓壁，大石板用于墓室内壁，小石块铺砌于大石板的周围。墓室近似于长方形，长2.7、宽1.14、深0.3米。

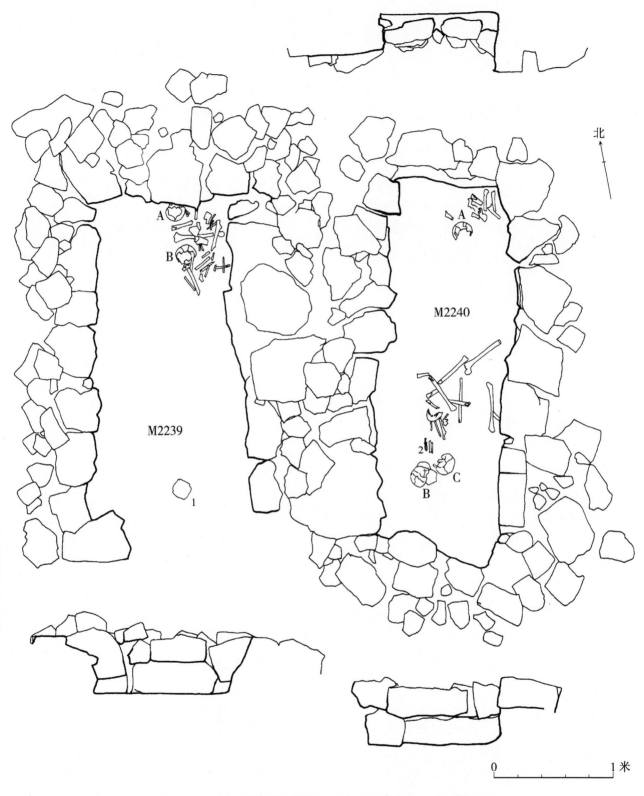

图二三　M2239平面及北壁侧视、M2240平面及南、北壁侧视图

1. 铜镜　2. 银镶耳勺

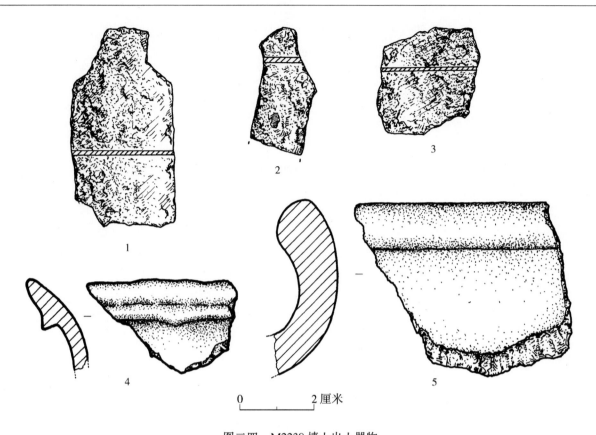

图二四　M2239 填土出土器物

1~3. 铁甲片（M2239：2~4）　4. 陶长腹罐口沿（M2239：5）　5. 陶鼓腹罐口沿（M2239：6）

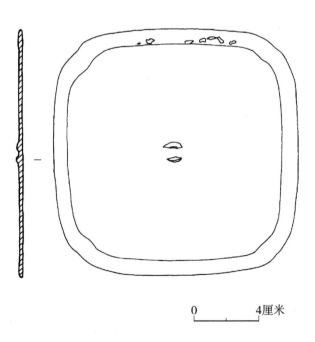

图二五　M2239 随葬器物

铜镜（M2239：1）

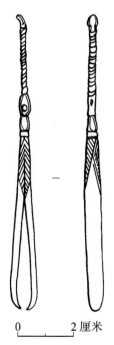

图二六　M2240 随葬器物

银镊耳勺（M2240：1）

人骨缺失，可能是 2 个个体肢骨，系二次葬。性别、年龄均不明。随葬品见有较为精美的 2 件鎏金铜钗和 1 件铜镜，并有 10 件铁钉和 1 件铁镞（图二七，图版一〇：2）。

1. 填土出土器物

陶长腹罐口沿　3 件（M2241：15～17）。夹砂褐陶，手制，口缘饰重唇，唇横截面微凹，两唇间距较大（图二八：1～3，图版一三五：3）。

2. 随葬器物

铁钉　10 件。钉身为四棱锥状，钉帽不同，可分二式。

Ⅰ式　3 件（图版一六〇：1）。无钉帽。M2241：2 长 9.6 厘米（图二八：2）。M2241：3 长 3.7 厘米（图二八：3）。M2241：7 长 7.3 厘米（图二八：8）。

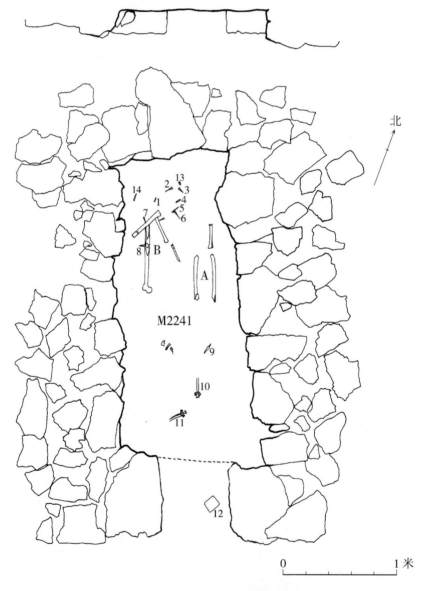

图二七　M2241 平面及南壁侧视图

1～8、13、14. 铁钉　　9. 铁镞　　10、11. 鎏金铜钗　　12. 铜镜

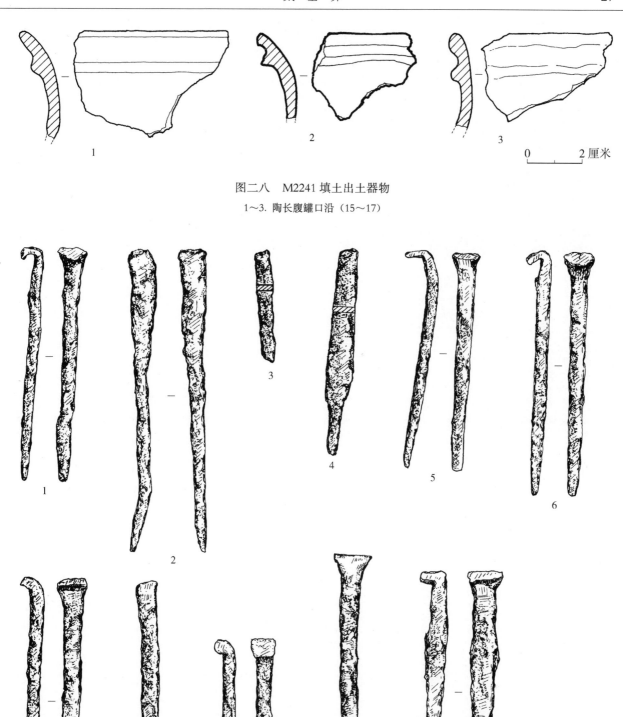

图二八　M2241填土出土器物

1～3. 陶长腹罐口沿（15～17）

图二九　M2241随葬器物

1、5～7、9～11. Ⅱ式铁钉（M2241：1、4～6、8、13、14）　2、3、8. Ⅰ式铁钉（M2241：2、3、7）　4. 铁镞（M2241：9）

Ⅱ式　7 件（图版一六〇：6）。扁平钉帽。M2241：1 长 7.3 厘米（图二九：1）。M2241：4 长 6.9 厘米（图二九：5）。M2241：5 长 7.6 厘米（图二九：6）。M2241：6 长 7.4 厘米（图二九：7）。M2241：8 长 5.5 厘米（图二九：9）。M2241：13 长 8.2 厘米（图二九：10）。M2241：14 长 7.7 厘米（图二九：11）。

铁镞　1 件（M2241：9）。镞身为扁平柳叶状，短铤。残长 6.5、铤长 1.7 厘米（图二九：4）。

鎏金铜钗　2 件（图版一七六）。形状相同，上端为三叉形冠状，刻划如云莲花纹，下面饰两根锥状钗，其横截面为圆形。M2241：10 长 18.2 厘米（图三〇：1）。M2241：11 长 18.3 厘米（图三〇：2）。

铜镜　1 件（M2241：12）。素面，略呈方形，边微弧，镜缘微凸，中间饰一纽（已残）。边长 11、缘宽约 1、厚 0.2 厘米（图三〇：3，图版一三九）。

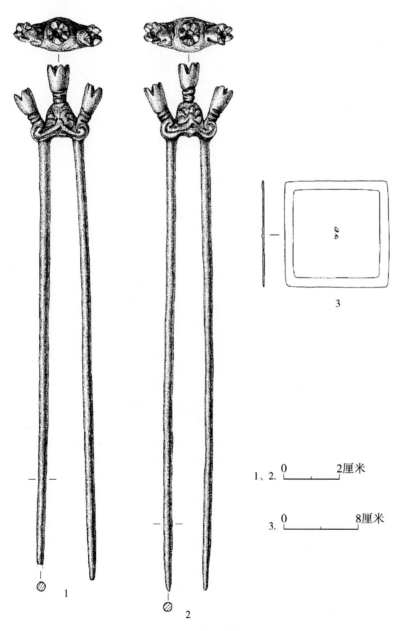

图三〇　M2241 随葬器物

1、2. 鎏金铜钗（M2241：10、11）　3. 铜镜（M2241：12）

（二）双室石室墓（Ad 型）

M2217

其东壁与 M2216 之西壁相接。墓的方向为 170°。未见封土和封石结构，部分北壁已被破坏，个别墓壁石块已露出地面。填土为沙土，呈黑灰色，土质松散，墓底铺一层黄沙土。填土中发现夹砂褐陶直口罐 1 件、长腹罐 1 件（均残）。墓葬为地穴式建筑，墓室呈长方形双室，用粗加工的玄武岩石块和石板立支作壁，中间竖立两块石板间隔左右墓室，靠南侧留一缺口。左室略小于右室，左室长 2.08、宽 0.6、深 0.3 米。右室长约 2.2、最宽处约 0.88、深 0.3 米。

墓室各葬一人骨。右墓室只有头骨，无四肢骨，左墓室骨架较完整，可能是一次葬，但其头骨位于足下。左墓室主人为成年男性。右墓室主人亦是男性，30～35 岁。未见随葬品（图五）。

填土出土器物

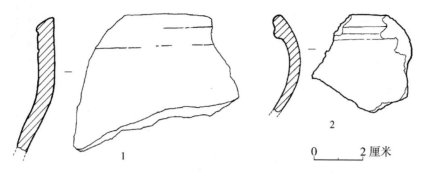

图三一　M2217 填土出土器物

1. 陶直口罐口沿（M2217：1）　2. 陶长腹罐口沿（M2217：2）

陶直口罐口沿　1件（M2217：1）。夹砂褐陶，手制，平唇，直口（图三一：1）。

陶长腹罐口沿　1件（M2217：2）。夹砂褐陶，手制，口沿经过慢轮修整。重唇，侈口（图三一：2）。

（三）石圹墓（B型）

M2232

位于 M2204 之西约 3.5 米处。墓向为 160°。封土无存，墓室东壁已被破坏。墓室填土为夹沙黑褐土，土质较黏，墓底亦是夹沙黑褐色生土层。填土中发现夹砂褐色纹饰陶片和鼓腹罐各1件（残）。墓葬为地穴建筑，先在地表上挖一个长方形竖穴坑，用粗加工的玄武岩石板沿着四壁立支墓室，其平面呈长方形，长 2.25、宽 0.9、深 0.42 米。

墓室里发现少量零乱的人骨，系二次葬。男性，20～25 岁。在墓室中间发现1件铁螺旋器（图三二）。

1. 填土出土器物

陶鼓腹罐口沿　1件（M2232：3）。夹砂褐陶，手制，平唇，侈口（图三三：2）。

纹饰陶片　1件（M2232：2）。夹砂褐陶，手制，篦点纹（图三三：1）。

2. 随葬器物

铁螺旋器　1件（M2232：1）。细铁丝旋成螺状，中间为空心。残长 1.5 厘米（图三四）。

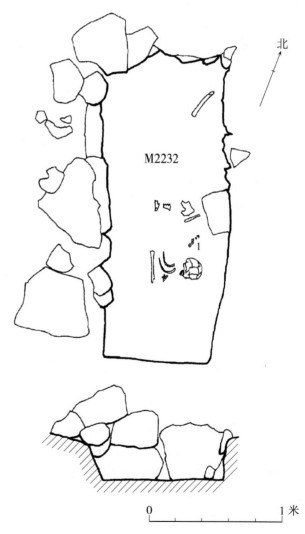

图三二　M2232 平面及北壁侧视图

1. 铁螺旋器

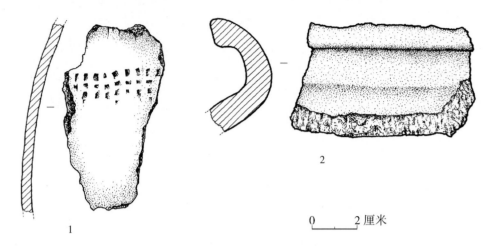

图三三　M2232 填土出土器物
1. 纹饰陶片（M2232：2）　　2. 陶鼓腹罐口沿（M2232：3）

M2236

位于 M2284 之东约 1 米处。墓向为 200°。封顶结构已被破坏，大小不等的石块无规律地散落在墓室周围。墓室填土为夹沙黄褐色黏土，土质黏，墓底亦是夹沙黄褐色黏土。填土中发现夹砂褐色陶片，器形有 2 件长腹罐（均残）。墓葬为地穴式建筑，在地表上挖一个约 0.5 米深的长方形坑，然后用粗加工的石板沿着坑壁立支作壁，东壁用 6 块石板，西壁用 5 块石板，南、北两壁各用 2 块石板，个别空隙处用小石块填塞。墓室平面呈长方形，长 2.42、宽 1、深 0.5 米。

墓室里发现两个头骨和少部分肢骨，属于二次葬。头骨均系男性。北边墓主人（A）为 20～25 岁，其南边（B）墓主人年龄为 25 岁。未见随葬品（图三五）。

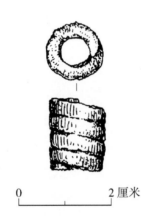

图三四　M2232 随葬器物
铁螺旋器（M2232：1）

填土出土器物

陶长腹罐口沿　2 件（M2236：1、2）。夹砂褐陶，手制，口沿经过慢轮修整，重唇（图三六：1、2）。

M2237

与 M2238 相邻，墓向为 190°。地表上发现微凸的一块石头，墓室南壁已被破坏无存。墓室填土为夹沙黄褐色黏土，土质黏，墓底亦是夹沙黄褐色黏土。填土中发现 1 件铁带扣和少量夹砂褐陶片，器形不明。墓葬为地穴式建筑，在地表上挖一个 0.5 米深的长方形坑，然后用粗加工的石板沿着坑壁平砌墓室。现存墓室平面近似于梯形，原形可能是长方形，长 1.92、宽约 0.92、深 0.51 米。

无人骨，随葬品亦未见（图三七）。

填土出土器物

铁带扣　1 件（M2237：1）。顶端呈椭圆形，搭扣已坏，另一端为舌状铊尾。通长 8.4 厘米（图三八）。

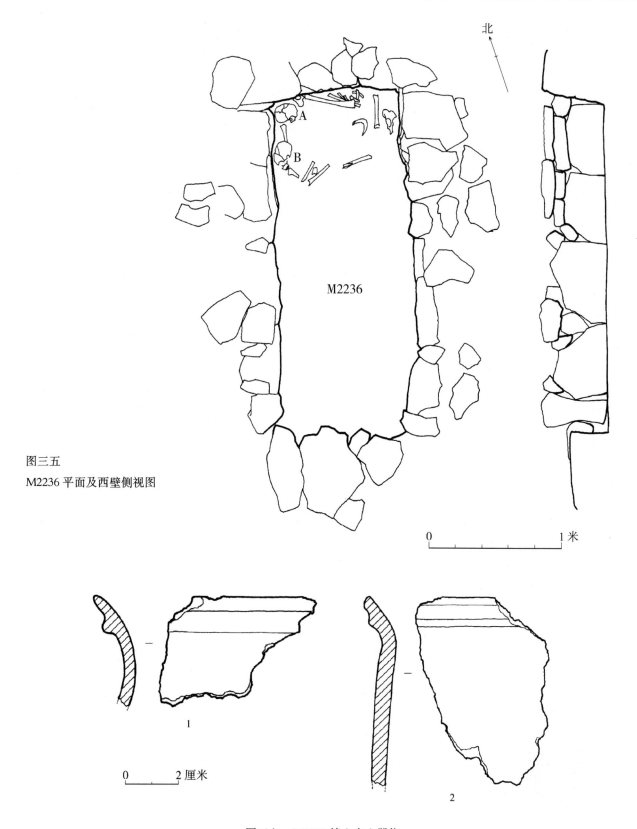

图三五
M2236 平面及西壁侧视图

图三六　M2236 填土出土器物
1、2. 陶长腹罐口沿（M2236：1、2）

北

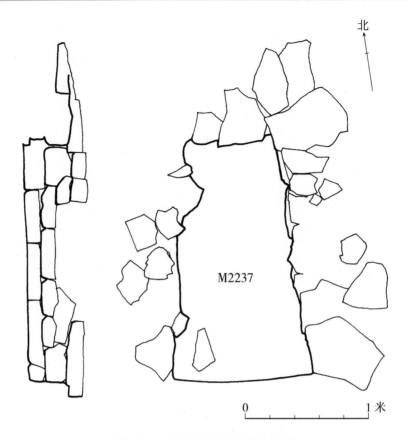

M2237

0   1 米

图三七 M2237 平面及东壁侧视图

M2242

位于 M2241 之西南约 4.5 米处。墓向为 170°。封土已被破坏，墓葬略高于地表。墓室填土为黑灰色沙土，土质松散，墓底亦是黑灰色沙土层。填土中发现数量较多的夹砂褐陶片，器形有长腹罐和鼓腹罐（均残）。墓葬原为地面建筑，用粗加工的玄武岩石板平砌四壁，平面呈长方形，长 2.5、宽 0.9、深 0.48 米。

墓室中发现一个头骨和两具肢骨，均二次葬。北侧头骨和肢骨（A）为女性，50 岁左右。墓室中间肢骨（B）的性别及年龄均不明。头骨底发现云母片（图三九）。

M2243

位于 M2246 之东北约 3 米处，打破 M2244 和 M2245。墓向为 170°。有封土覆盖，墓室中间已塌出凹坑，南壁破坏无存。墓室填土为沙土，土质松散，土色稍发黑，墓底为原沙土层。填土中发现夹砂褐色碎陶片、铁钉 2 件、铁镞 1 件。此墓系地面建筑，用粗加工的玄武岩石板平砌四壁。墓室平面呈长方形，残长 2.4、宽 0.88、深 0.49 米。

墓室中发现两个头骨和部分肢骨，均二次葬。墓主身份皆为成年男性。出土铁钉 1 件，位于墓室东部（图四〇）。

0   2 厘米

图三八 M2237 填土出土器物

铁带扣（M2237：1）

图三九　M2242平面及东壁侧视图

1. 填土出土器物

铁镞　1件（M2243∶2）。镞身为扁平柳叶状，锥状短铤。长5.5厘米（图四一∶1）

铁钉　2件（M2243∶3、4）。形状相同，扁平钉帽，钉身为四棱锥状，已弯曲。弯曲后长8.4
厘米（图四一∶2、3，图版一六○∶2-2、3）。

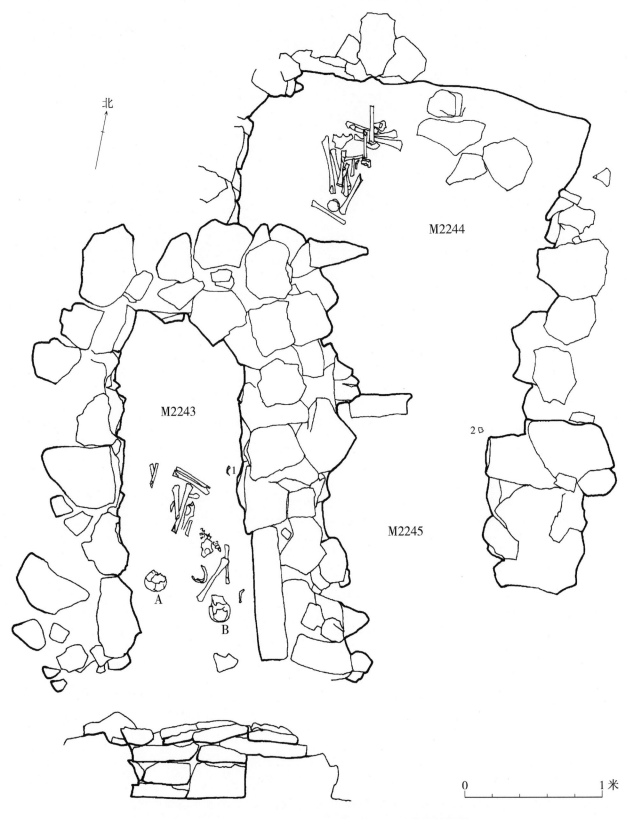

图四○ M2243、M2244、M2245 平面及 M2243 北壁侧视图

1. 铁钉 2. 铁甲片

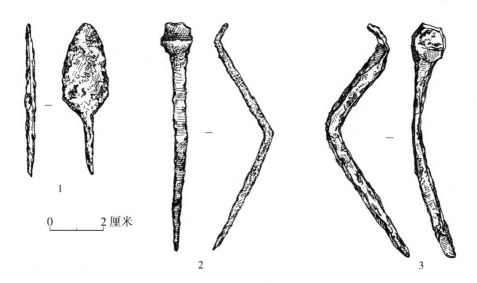

图四一　M2243 填土出土器物

1. 铁镞（M2243：2）　　2、3. 铁钉（M2243：3、4）

2. 随葬器物

铁钉　1件（M2243：1）。扁平钉帽，钉身呈四棱锥状。长 7.2 厘米（图四二，图版一六〇：2-1）。

M2246

位于 M2247 之东约 4 米处。墓向为 170°。地表封土极低，几乎与地面齐平，墓室南壁已被破坏。墓室填土为夹沙黑褐土，土质较黏，墓底亦是夹沙黑褐色生土层。填土中发现夹砂褐色长腹罐 2 件（残），铁钉 2 件。墓葬为半地穴式建筑，先在地表上挖一个 0.2 米深的长方形竖穴坑，然后用粗加工的玄武岩石板顺着坑壁平砌墓室，原平面可能是长方形，长 2.98、宽 1.25、深 0.6 米。

葬俗为单人一次葬，人骨位于墓室西侧，墓主人性别系女性，25～30 岁。未见随葬品（图四三）。

填土出土器物

铁钉　2件（图版一六〇：5）。扁平钉帽，钉身为四棱锥状。M2246：1 长 7.5 厘米（图四四：1）。M2246：2 长 8 厘米（图四四：2）。

陶长腹罐口沿　2件。夹砂褐陶，手制。唇部不同，可分二式。

Ⅰ式　1件（M2246：3）。重唇，两唇间距较大（图四四：3）。

Ⅱ式　1件（M2246：4）。重唇，口沿经过轮修（图四四：4）。

M2247

位于 M2246 之西约 4 米处。墓向为 170°。有微凸的封土覆盖，其范围近似于椭圆形，长径 4.5、短径 3 米。去掉封土清理出较完整的封顶结构，4 块大石板平放在墓圹之上，周围堆放小石块（图四五，图版一一：1）。墓室填土为夹沙灰褐土，土质较黏，

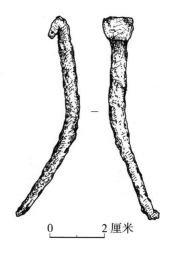

图四二　M2243 随葬器物

1. 铁钉（M2243：1）

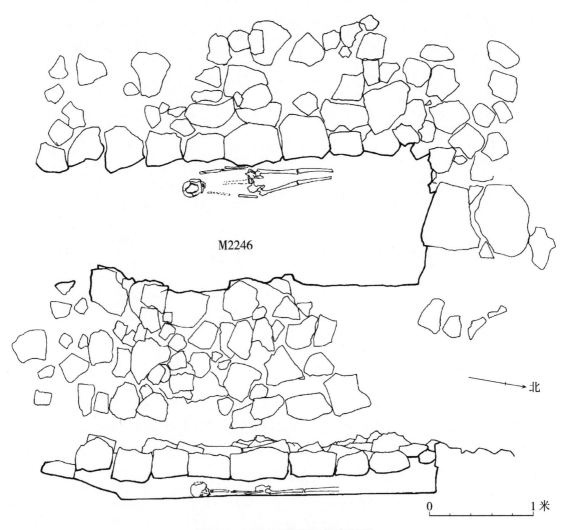

M2246

北

0　　　　　　　1 米

图四三　M2246 平面及西壁侧视图

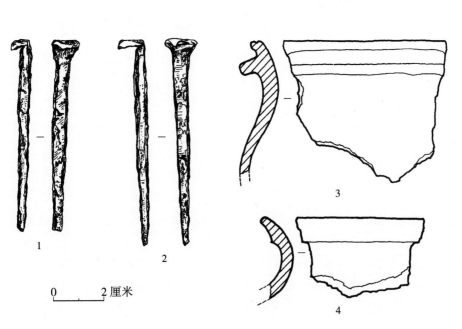

1

2

0　　　　2 厘米

3

4

图四四

M2246 填土出土器物

1. 铁钉（M2246：1、2）

3、4. 陶长腹罐口沿

（M2246：3、4）

墓底亦是夹沙灰褐色生土层。填土中发现夹砂褐色长腹罐2件（残）。墓葬为地穴式建筑，在地表上挖一个约0.9米深的长方形坑，然后用粗加工的玄武岩石板沿着坑壁平砌四壁6～7层。墓室平面呈长方形，长2.28、宽1.02、深0.88米。

墓室里发现单人一次葬和二人二次合葬，属于3个个体。一次葬骨架（A）系女性，25～30岁，其西侧头骨（B）属于幼儿，性别不清。西北角肢骨（C）性别为男性，30岁左右。出土文物有铁钉1件，位于墓室西北角（图四六）。

1. 填土出土器物

陶长腹罐口沿　2件。夹砂褐陶，手制。

Ⅰ式　1件（M2247：2）。口缘下饰锯齿附加堆纹（图四七：1）。

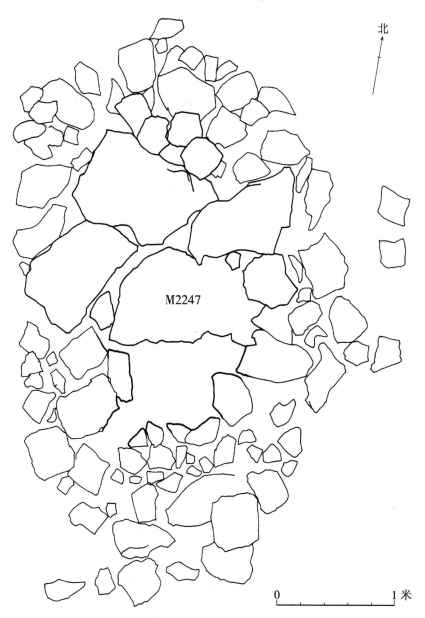

北

0　　　　1米

图四五　M2247封顶平面图

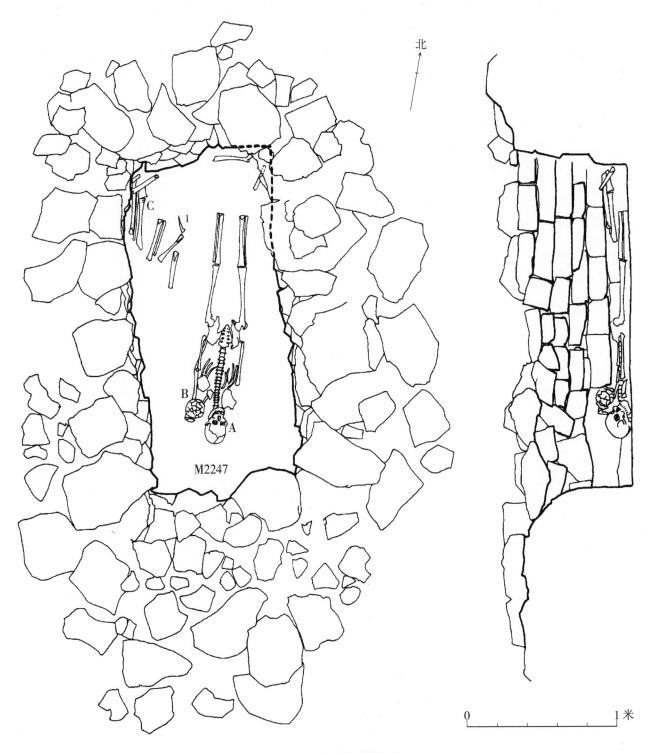

图四六　M2247 平面及西壁侧视图

1. 铁钉

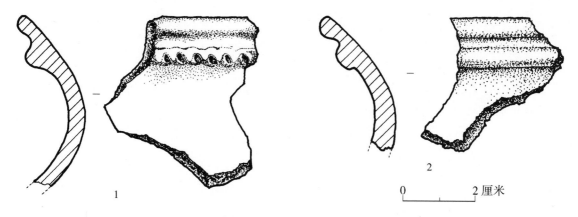

图四七　M2247 填土出土器物

1、2. 陶长腹罐口沿（M2247：2、3）

Ⅱ式　1件（M2247：3）。重唇，两唇间距较大（图四七：2）。

2. 随葬器物

铁钉　1件（M2247：1）。扁平钉帽，钉身为四棱锥状。长 7.5 厘米（图四八）。

M2248

位于 M2249 之东南约 1.5 米处。墓向为 160°。封土已被破坏，与地表低平，墓室南部破坏严重。填土系夹沙黄褐土，土质较黏，墓底亦是夹沙黄褐色生土层。填土中发现夹砂褐陶长腹罐 3 件、鼓腹罐 1 件（均残）、铁器 1 件。墓葬为地穴式建筑，在地表上挖一个深约 0.5 米左右的长方形坑，然后用粗加工的玄武岩石块和石板沿着坑壁平砌墓室。墓室平面近似于长方形，长 2.99、宽 1.2、深 0.42 米。

人骨很少，墓主人为约 50 岁左右的女性。未见随葬品（图四九）。

填土出土器物

刀柄部件　1件（M2248：1）。用薄铁片围成椭圆形，一端弧度大另一端弧度较小。外最大径 3.8、内径 2.7、厚 0.15 厘米（图五〇：1）。

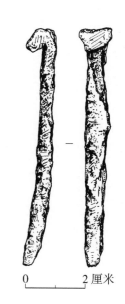

图四八　M2247
随葬器物
铁钉（M2247：1）

陶长腹罐口沿　3件。夹砂褐陶，手制，重唇，不同口沿可分三式。

Ⅰ式　1件（M2248：2）。口缘横截面微凹，两唇间距较大（图五〇：2）。

Ⅱ式　1件（M2248：3）。重唇口沿经过慢轮加工，两唇间距较小，侈口（图五〇：3）。

Ⅲ式　1件（M2248：4）。圆唇（图五〇：5）。

陶鼓腹罐口沿　1件（M2248：5）。夹砂褐陶，手制，方唇，侈口（图五〇：4）。

M2249

位于 M2248 之西北约 1.5 米处。墓向为 130°。封顶破坏无存，在地表上发现两块微凸的石块，原封顶石块无规律地散落在墓室中。墓室填土为夹沙黄褐土，土质较黏，墓底为夹沙黄褐色黏土。填土中发现夹砂褐陶长腹罐口沿 5 件、鼓腹罐 1 件（残）、铁钉 2 件、铁甲片 1 件。墓葬为地穴式建筑，先在地表上挖一个长方形竖穴坑，用粗加工的玄武岩石板沿着四壁立支作壁，南北两段各置一

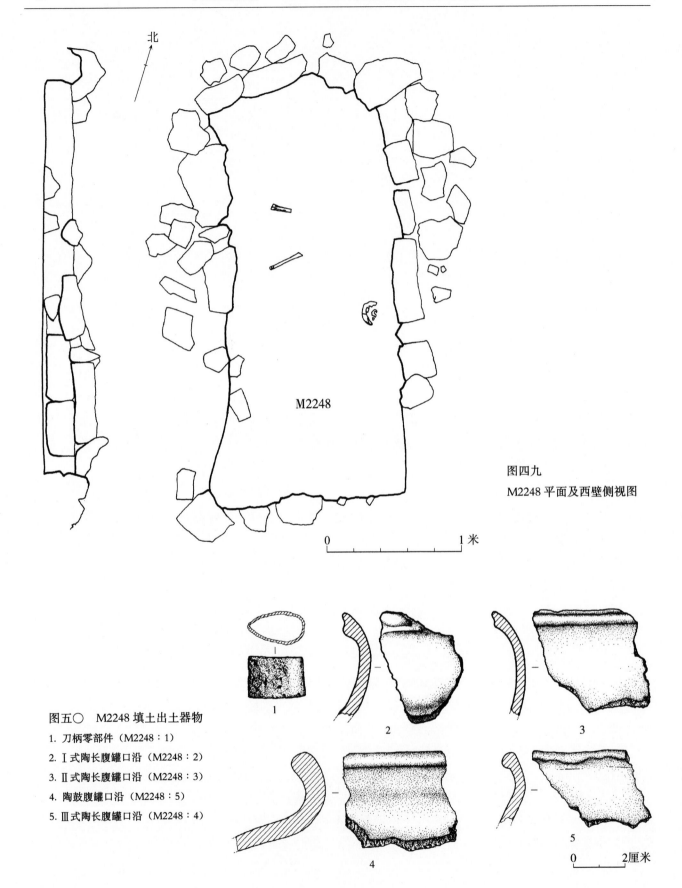

图四九
M2248 平面及西壁侧视图

0　　　　　　　　1 米

图五〇　M2248 填土出土器物

1. 刀柄零部件（M2248：1）

2. Ⅰ式陶长腹罐口沿（M2248：2）

3. Ⅱ式陶长腹罐口沿（M2248：3）

4. 陶鼓腹罐口沿（M2248：5）

5. Ⅲ式陶长腹罐口沿（M2248：4）

0　　　　2 厘米

块大石板，小石块堆砌在墓室周围，墓室平面呈长方形，长 1.9、宽 1.2、深 0.58 米。

无人骨。出土文物有夹砂长腹罐 2 件、玛瑙珠 2 件、铁钉 1 件、铜耳环 1 件，皆置于墓室西北角（图五一，图版一一：2）。

1. 填土出土器物

陶长腹罐口沿　5 件。夹砂褐陶，均手制。形状不同，可分三式。

Ⅰ式　2 件（M2249：12、14）。口缘下饰锯齿附加堆纹（图五二：5、7）。

Ⅱ式　2 件（M2249：10、11）。重唇，唇横截面微凹，两唇间距较大（图五二：3、4）。

Ⅲ式　1 件（M2249：13）。重唇，口沿经过慢轮修整（图五二：6）。

陶鼓腹罐　1 件（M2249：15）。夹砂红褐陶，手制，口沿已残，鼓腹，平底。底径 4.8 厘米（图五二：9）。

铁钉　2 件（图版一六〇：3）。无钉帽，钉身为四棱锥状。M2249：7 长 7.5 厘米（图五二：2）。M2249：9 长 7.7 厘米（图五二：1）。

铁甲片　1 件（M2249：8）。残甚，形状不明（图五二：8）。

2. 随葬器物

陶长腹罐　2 件。夹砂褐陶，手制，腹有烟熏的痕迹。重唇，侈口，口径与腹径基本相同，平底，素面。依其唇部特点，可分二式。

Ⅰ式　1 件（M2249：1）。唇为手制，其间距较大，口径与腹径基本相同，腹饰阴刻"十"字符号。口径 11.6、通高 19.8、底径 5.6 厘米（图五三：1，图版六三：3）。

Ⅱ式　1 件（M2249：2）。口沿留下轮修痕迹。口径 10.6、通高 18.6、腹径 10 厘米，底径 5 厘米（图五三：2，图版六三：4）。

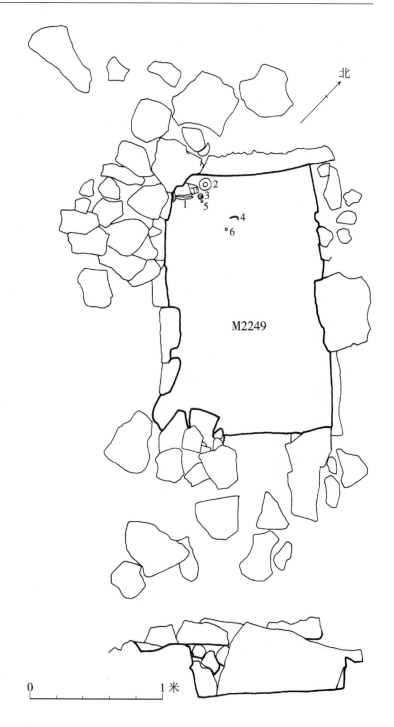

图五一　M2249 平面及北壁侧视图

1、2. 陶长腹罐　3. 铜耳环　4. 铁钉　5、6. 玛瑙珠

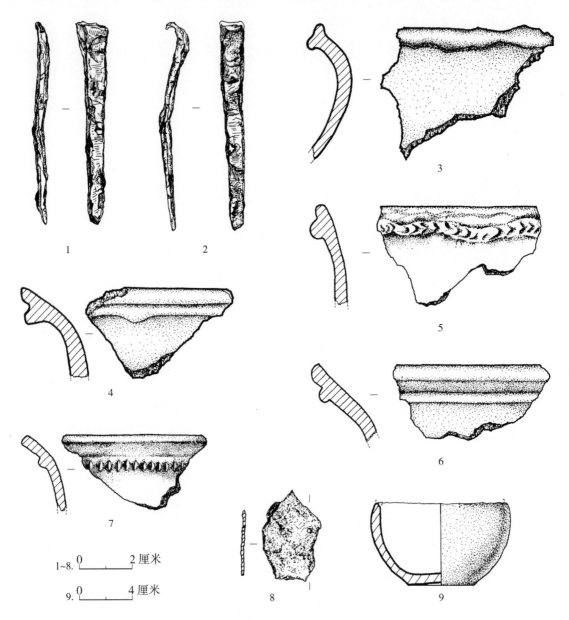

图五二　M2249 填土出土器物

1、2. 铁钉（M2249∶7、9）　　5、7. Ⅰ式陶长腹罐口沿（M2249∶12、14）　　3、4. Ⅱ式陶长腹罐口沿（M2249∶10、11）

6. Ⅲ式陶长腹罐口沿（M2249∶13）　　8. 铁甲片（M2249∶8）　　9. 陶鼓腹罐（M2249∶15）

铜耳环　2 件（M2249∶3）。圆形，其横截面亦圆形，中间有一豁口。外径约 2.8、内径 2.3、横截面直径为 0.25 厘米（图五三∶3，图版一四〇∶2、3）。

铁钉　1 件（M2249∶4）。扁平钉帽，钉身为四棱锥状，已弯曲。长 6.9 厘米（图五三∶4）。

玛瑙珠　2 件（M2249∶5、6）。大小形状相同，圆球状，中间钻一小孔。直径 0.9、孔径 0.15 厘米（图五三∶5、6）。

M2250

位于 M2251 之东约 2.5 米处。墓向为 160°。封顶已被破坏，与地表低平。一块大石板和落干块

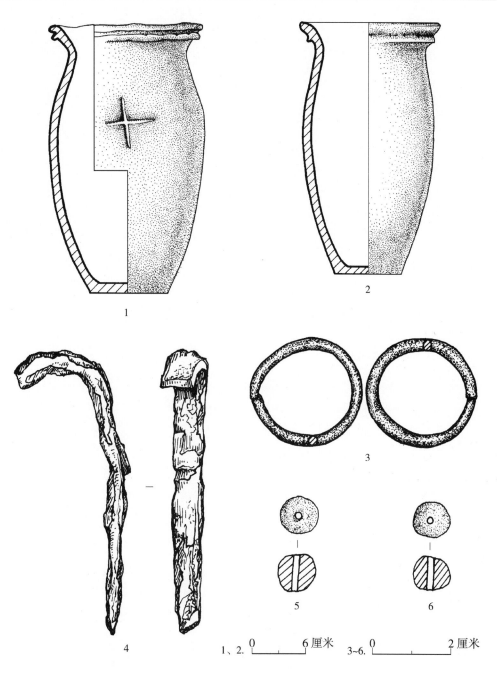

图五三　M2249 随葬器物

1. Ⅰ式陶长腹罐（M2249:1）　2. Ⅱ式陶长腹罐（M2249:2）　3. 铜耳环（M2249:3）

4. 铁钉（M2249:4）　5、6. 玛瑙珠（M2249:5、6）

　　小石块塌落在墓室内，无明显规律。墓室填土系夹沙黄褐土，土质较黏，纯净，无包含物。墓底亦是夹沙黄褐色生土层。墓葬为地穴建筑，在地表上挖一个0.9米深的长方形坑，然后用粗加工的玄武岩石板沿着坑壁立支作壁，东西两壁各立6～7块，南、北两壁各用2块大石板，墓室平面呈长方形，长1.86、宽0.9、深0.8米。

　　人骨较乱，属于3个个体，均二次葬。西侧北边头骨（A）系男性，25～30岁。其南边头骨（B）

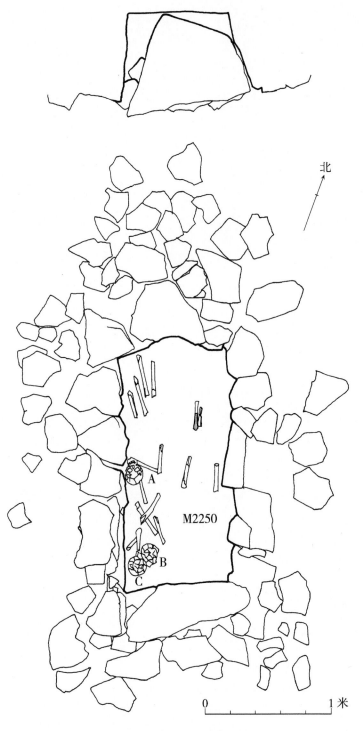

北

0　　　　　　　　　　1 米

图五四　M2250 平面及南壁侧视图

属于成年男性。西南角头骨（C）性别不清，17～18 岁。未见随葬品（图五四）。

（四）石棺墓（C 型）

M2227

位于 M2224 之南约 2.5 米处。方向为 165°。封顶已被破坏，只有几块石头塌落在墓室内，无明显规律。墓室填土为沙子夹黄褐色黏土，墓底亦是沙子夹黄褐色黏土。填土中发现夹砂褐色陶片，器种为 2 件长腹罐（残）。墓葬系地穴式建筑，在地表上挖一个长条形坑，然后用粗加工的玄武岩石板立支作壁，南北两段各置一块大石板。墓室平面呈长条形，四壁不太规整，长 2.82、宽 0.8、深 0.6 米。

葬俗较复杂，发现 3 具人骨，单人一次葬与二人二次合葬。墓室中间一次葬骨架（C）为男性，35～40 岁。北部右侧头骨（A）系幼儿，其性别、年龄不明。北部西侧头骨（B）为女性个体，25～30 岁。未见随葬品（图五五）。

填土出土器物

陶长腹罐口沿　2 件。皆夹砂褐陶，手制。唇部形状不同，可分二式。

Ⅰ式　1 件（M2227∶1）。唇饰锯齿纹（图五六∶1，图版一三五∶4-1）。

Ⅱ式　1 件（M2227∶2）。重唇（图五六∶2，图版一三五∶4-2）。

M2233

位于 M2232 之西约 1.5 米处。墓向为 170°。封顶结构已被破坏，在地表上发现微凸的两块石头。墓室填土为夹沙黑褐色黏土，土质较黏，墓底亦是夹沙黑褐色泥土。填土中发现夹砂褐色长腹罐 2 件、鼓腹罐 1 件、纹饰陶片 2 件（以上均残）、铁甲片 1 件。墓葬为地穴建筑，在地表上挖一个长方形墓坑，然后用粗加工的石板沿着坑壁立支作壁，东、西壁各用 5 块石板，

北

0　　　　　　　1米

图五五　M2227平面及西壁侧视图

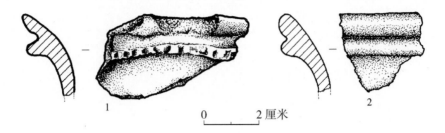

图五六　M2227 填土出土器物

1. Ⅰ式陶长腹罐口沿（M2227：1）　2. Ⅱ式陶长腹罐口沿（M2227：2）

南、北两壁各立 1 块石板。墓室平面近似于长方形，长 1.52、宽 0.76、深 0.62 米。

人骨零乱，两个个体，系二次葬。北边人骨（A）为儿童，性别、年龄不明。南边人骨（B）为成年男性。未见随葬品（图五七）。

填土出土器物

陶长腹罐　2 件（M2233：2、5）。夹砂褐陶，手制，唇饰锯齿附加堆纹（图五八：1、4，图版一三五：6、5）。

陶鼓腹罐口沿　1 件（M2233：6）。夹砂褐陶，口沿经过慢轮修整。尖圆唇，侈口（图五八：3）。

纹饰陶片　2 件（M2233：3、4）。夹砂褐陶，箆点纹（图五八：2、6）。

铁甲片　1 件（M2233：1）。薄铁片，残甚形状不明（图五八：5）。

M2234

位于 M2233 之西约 1.2 米处。方向为 180°。封顶已被破坏，墓壁石板已漏出地表。墓室填土为夹沙泥土，呈褐色，土质较黏，墓底亦是夹沙泥土层。填土中发现若干块夹砂褐陶片，残甚器形不明，小件有铁刀和薄铁片各 1 件。墓葬为地穴式建筑，墓室共用 7 块较大的石板立支作壁，南、北两段各置一块石板，东壁 3 块，西壁 2 块，个别空隙处用小石块填补。墓室呈长方形，四壁较规整，长 1.43、宽 0.48、深 0.54 米。

未发现人骨，出土文物有银

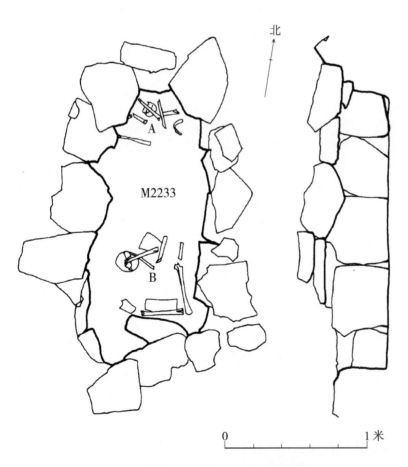

图五七　M2233 平面及西壁侧视图

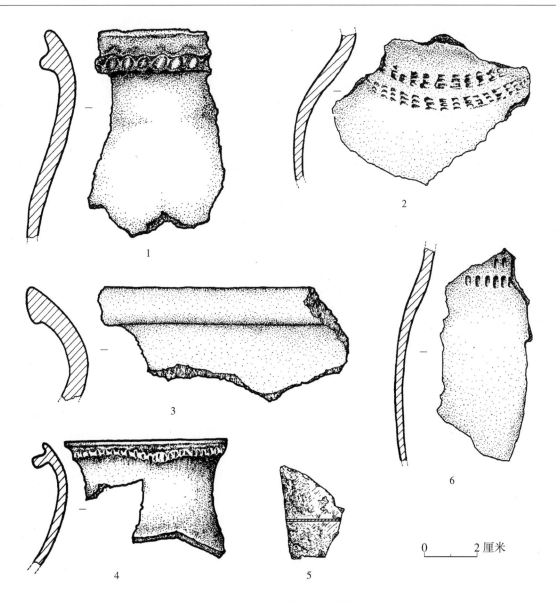

图五八　M2233 填土出土器物

1、4. 陶长腹罐口沿（M2233∶2、5）　　2、6. 纹饰陶片（M2233∶3、4）

3. 陶鼓腹罐口沿（M2233∶6）　　5. 铁甲片（M2233∶1）

耳环 1 件，位于墓室北部（图五九）。

1. 填土出土器物

铁刀　1 件（M2234∶2）。直背，弧刃，其横截面为三角形，柄部已残。残长 5.4 厘米（图六〇∶1）。

薄铁片　1 件（M2234∶3）。近似于长条状，无刃部。残长 7.4、宽 0.9、厚 0.15 厘米（图六〇∶2）。

2. 随葬器物

银耳环　1 件（M2234∶1）。圆形，中间有一豁口，其横截面亦是圆形，直径 2.3、横截面直径为 0.25 厘米（图六一，图版一七九∶2-1）。

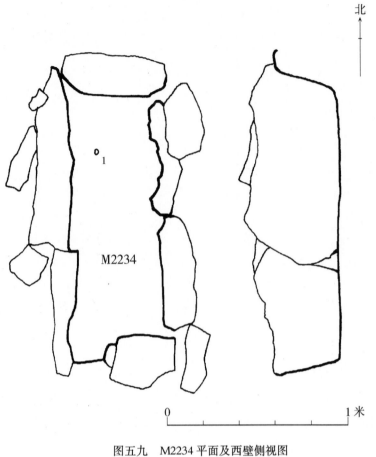

北

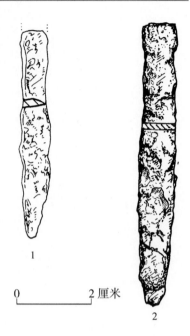

图六〇　M2234 填土出土器物

1. 铁刀（M2234：2）

2. 薄铁片（M2234：3）

图五九　M2234 平面及西壁侧视图

1. 银耳环

图六一　M2234
随葬器物
银耳环（M2234：1）

M2235

位于 M2234 之西约 0.5 米处。方向为 175°。封顶已被破坏，墓室里清理出两块原封顶石板。墓室填土为夹沙泥土，呈黄褐色，土质较黏，墓底亦是夹沙黄褐色泥土层。在填土中发现少量夹砂褐陶片，绝大部分器形不明，其中有 1 件长腹罐（残）。墓葬为地穴式建筑，墓室共用 12 块大小不等的石板立支作壁，南、北两段各置一块石板，东壁 6 块，西壁各 4 块，空隙处用小石块填补。墓室平面呈长条形，其形状不太规整，长 1.84、宽 0.51、深 0.38 米。

墓室中发现一个幼儿头骨和其肢骨，性别、年龄均不明。未见随葬品（图六二）。

填土出土器物

陶长腹罐口沿　1 件（M2235：1）。夹砂褐陶，手制，重唇，口沿经过慢轮修整（图六三）。

M2238

与 M2237 相邻，墓向为 210°。封顶已被破坏，地表上漏出墓壁石块。墓室填土为夹沙灰褐土，土质较黏，墓底亦是夹砂灰褐色生土层。填土中发现夹砂褐色陶片，器形有长腹罐 2 件、鼓腹罐 1 件（均残片）、铁螺旋器 1 件。墓葬为地穴式建筑，墓室共用 10 余块大小不等的石板立支作壁，南、北两端各置一块大石板，个别空隙处填塞小石块。墓室平面呈长方形，形状规整，长 1.84、宽 0.7、深

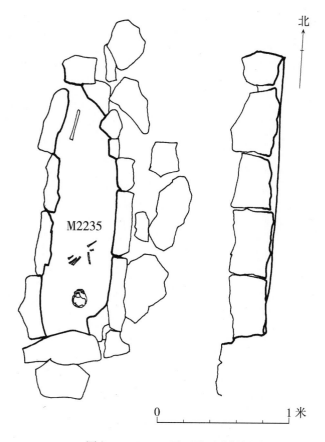

图六三　M2235 填土出土器物
陶长腹罐口沿（M2235：1）

0.4 米。

未发现人骨，随葬品亦不见（图六四）。

填土出土器物

陶长腹罐口沿　2 件。夹砂褐陶，手制，形状不同，可分二式。

Ⅰ式　1 件（M2238：2）。口缘下饰锯齿附加堆纹（图六五：2）。

Ⅱ式　1 件（M2238：3）。方唇，口沿经过慢轮修整（图六五：3）。

铁螺旋器　1 件（M2238：1）。已残，细铁丝旋成螺状，中间为空心。残长 1.5 厘米（图六五：1）。

M2251

位于 M2250 之西约 2.5 米处。方向为 135°。封顶结构和南壁已被破坏，地表上露出墓壁石块。墓室填土为夹砂黑褐土，土质较硬，无包含物，墓底亦是黑褐色生土层。墓葬为地面建筑，墓室东西共用 10 余块大小不等的石板立支作壁，北壁置一块大石板，空隙处用小石块填补。墓室近似于长方形，形状不太规整，长 2.12、宽 0.64、深 0.46 米。

葬俗为单人葬，头骨移位，墓主人系成年男性。未见随葬品（图六六）。

M2284

位于 M2236 之西约 1 米处。墓向为 175°。封顶破坏严重，四壁亦有不同程度的破坏，在地表上可见墓壁石块。墓室填土为夹沙灰褐土，土质松，墓底亦是夹沙灰褐色生土层。填土中发现夹砂褐色陶片，器形有鼓腹罐 1

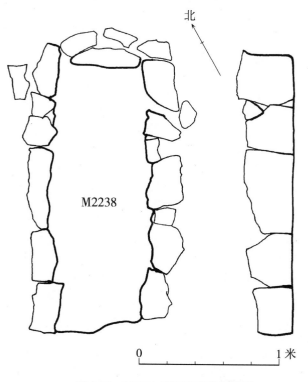

图六二　M2235 平面及西壁侧视图

图六四　M2238 平面及西壁侧视图

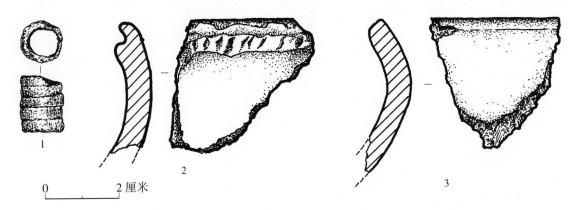

图六五　M2238填土出土器物

1. 铁螺旋器（M2238：1）　2. I 式陶长腹罐口沿（M2238：2）　3. II 式陶长腹罐口沿（M2238：3）

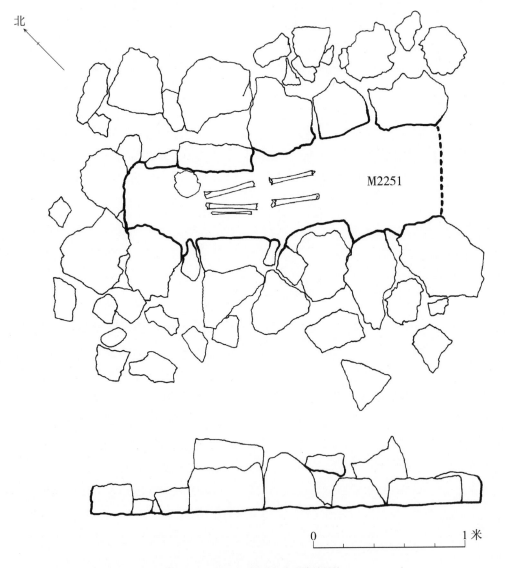

图六六　M2251平面及东壁侧视图

件、陶甑1件（均残）、铜环1件，在墓室以南发现铜饰件和铜环各1件。墓葬为地穴建筑，墓室东、西两壁用大小不等的石板立支作壁，南北两段各置落干块小石块。墓室近似于长条形，长2.32、宽0.59、深0.37米。

发现幼儿头骨和两根指骨，可能是一次葬，目前保存不好，其性别与年龄不明，墓室中未见随葬品（图六七）。

1. 填土出土器物

陶鼓腹罐口沿　1件（M2284：6）。夹砂红褐陶，手制，口沿经过慢轮修整，平唇，侈口（图六八：6）。

陶甑底　1件（M2284：7）。夹砂褐陶，手制，圆形平底，中间饰一

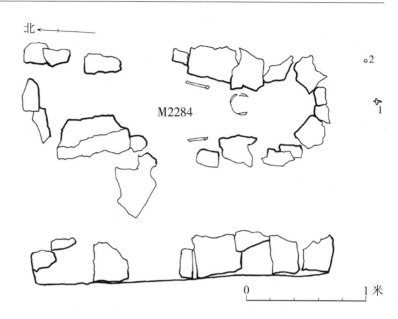

图六七　M2284平面及东壁侧视图

1. 铜饰件　2. 铜环

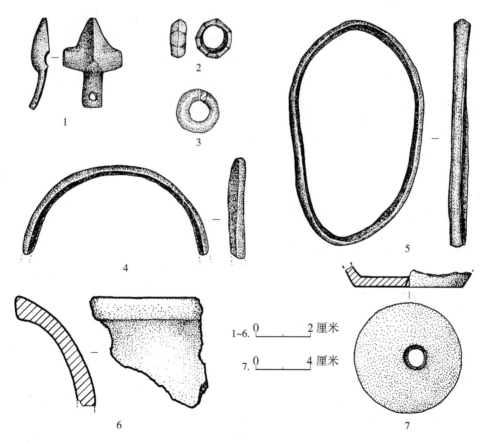

图六八　M2284填土出土器物

1. 铜饰件（M2284：1）　　2、3. 铜环（M2284：2、5）　　4、5. 铜镯（M2284：4、3）

6. 陶鼓腹罐口沿（M2284：6）　7. 陶甑底（M2284：7）

圆孔。底径 8、孔径 1.8 厘米（图六八：7）。

铜饰件　1 件（M2284：1）。顶端为尖状，另一端呈长条状，端部有一穿孔。长 3.3、最宽处 2.2、孔径 0.3 厘米（图六八：1，图版一九一：2）。

铜镯　2 件。椭圆形，其横截面为扁长方形。M2284：3 长径 8.2、短径 5 厘米（图六八：5，图版一四〇：4）。M2284：4 已残（图六八：4）。

铜环　2 件，圆形。M2284：2 其横截面为菱形。外直径 1.4、内径 1.3 厘米（图六八：2）。M2284：5 其横截面为椭圆形。外径 1.5、内径 0.7 厘米（图六八：3）。

（五）形状不明者

M2220

位于 M2221 之东约 2 米处。墓的方向为 130°。墓葬破坏严重，只剩 7 块石头，除了北壁 1 块石头外，其余可能是原墓室西壁。填土中发现数量较多的夹砂褐陶片，能辨认的器形有夹砂褐陶鼓腹罐（残）1 件（图六九）。

填土出土器物

陶鼓腹罐口沿　1 件（M2220：1）。夹砂褐陶，手制，口沿经过轮修，圆唇，侈口（图七〇）。

M2226

位于 M2225 之西约 5 米处。墓的方向为 205°。墓葬破坏严重，只剩 5 块石头。填土中发现数量较少的夹砂褐陶片，器形不明。

原墓室范围发现少量肢骨，其性别、年龄均不明。未见随葬品（图七一）。

M2228

位于 M2225 之北约 1.5 米处。墓的方向为 155°。墓葬破坏严重，只剩一排原来墓壁。其周围发现零散的夹砂褐陶片，器形有长腹罐 3 件、鼓腹罐 1 件（均残），金属器有铁牌饰 1 件、铜耳环 1 件、铁器 1 件，另外发现玛瑙珠 1 件（图七二）。

填土出土器物

陶长腹罐口沿　3 件。夹砂褐陶，均手制。唇部形状不同，可分二式。

Ⅰ式　1 件（M2228：5）。唇饰锯齿附加堆纹（图七三：1，图版一三六：1-1）。

Ⅱ式　2 件（M2228：6、7）。唇饰重唇，唇横截面微凹，两唇间距较大（图七三：2、3，图版一三六：

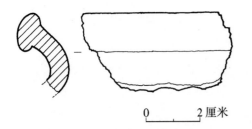

图六九　M2220 平面图

图七〇　M2220 填土出土器物
陶鼓腹罐口沿（M2220：1）

1-2、3)。

陶鼓腹罐口沿　1件（M2228：8）。夹砂褐陶，手制。圆唇，侈口（图七三：4）。

铁牌饰　1件（M2228：1）。通体近似于长方形，上端饰三个长方形镂孔，下端有连珠饰，已残，只存4枚。残长6.5、宽5.8厘米（图七三：5）。

玛瑙珠　1件（M2228：2）。圆球状，中间饰一孔。直径0.9、孔径0.1厘米（图七三：8）。

铜耳环　1件（M2228：3）。已残，其横截面为圆形（图七三：7）。

铁器　1件（M2228：4）。扁平薄铁片，呈"T"形，顶部饰一小圆孔，用途不明。残长6.5厘米（图七三：6）。

M2244

位于M2225之北约1.5米处，被M2243和M2245打破。墓的方向为180°。墓葬绝大部分已被破坏。原墓室填土中发现夹砂褐陶长腹罐1件（残）。墓室残长2.24、宽2.2、深0.32米。

墓室西北角发现一堆二次葬骨架，其性别为女性，约30岁左右（参见图四○）。

填土出土器物

陶长腹罐口沿　1件。夹砂褐陶，手制，口沿经过慢轮修整，重唇（图七四）。

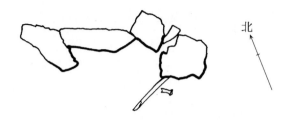

M2226

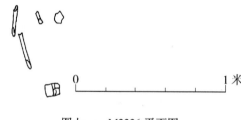

0　　　　　　　　1米

图七一　M2226平面图

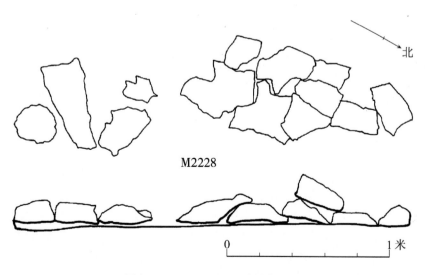

M2228

0　　　　　　　　1米

图七二　M2228平面及东壁侧视图

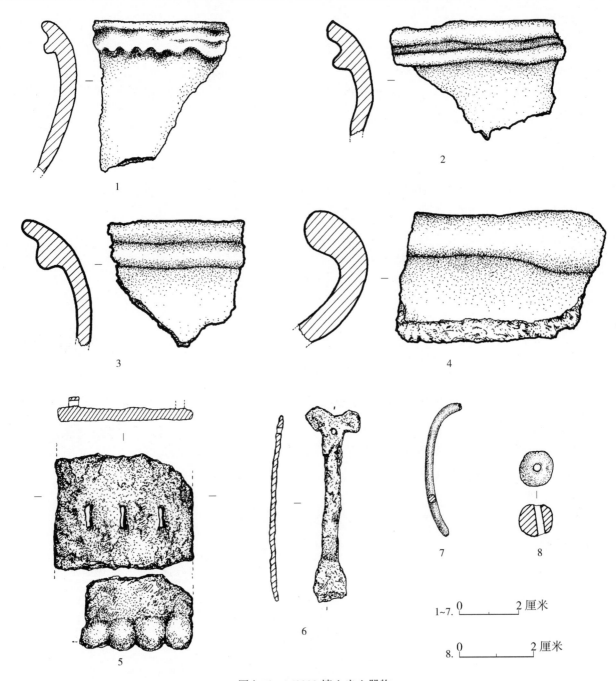

图七三　M2228 填土出土器物

1. Ⅰ式陶长腹罐口沿（M2228：5）　　2、3.Ⅱ式陶长腹罐口沿（M2228：6、7）　　4. 陶鼓腹罐口沿（M2228：8）
5. 铁牌饰（M2228：1）　　6. 铁器（M2228：4）　　7. 铜耳环（M2228：3）　　8. 玛瑙珠（M2228：2）

M2245

被 M2243 打破，其北壁打破 M2244。墓的方向为 180°。墓葬几乎破坏无存，只剩一排原墓壁和北壁一块石板。墓室残长 1.26、宽 1.15、深 0.33 米。在周围发现零散的夹砂褐陶片，器形有长腹罐口沿 1 件、纹饰陶片 1 件。

无人骨。墓室东北角发现铁甲片 1 件（参见图四〇）。

1. 填土出土器物

陶长腹罐口沿 1件（M2245：2）。夹砂褐陶，手制，重唇（图七五：1）。

纹饰陶片 1件（M2245：3）。夹砂褐陶，锥刺纹（图七五：2）。

2. 随葬器物

铁甲片 1件（M2245：1）。薄贴片，顶端两角抹去，下端呈弧形。长 5.2、宽 3.1、厚约 0.15 厘米（图七六，图版一五八：1）。

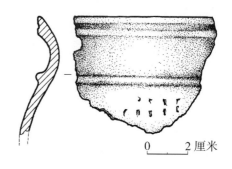

图七四　M2244 填土出土器物
陶长腹罐口沿（M2244：1）

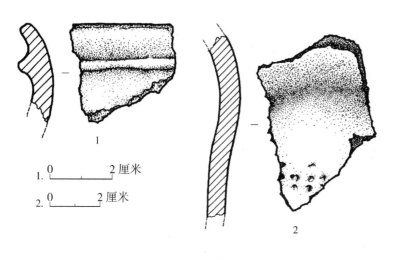

图七五　M2245 填土出土器物
1. 陶长腹罐口沿（M2245：2）　2. 纹饰陶片（M2245：3）

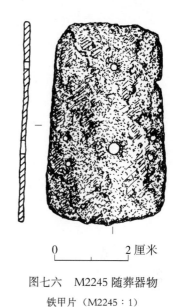

图七六　M2245 随葬器物
铁甲片（M2245：1）

（六）第一墓区征集的文物

20 世纪 80 年代，当地居民从第一墓区北坡 150 平方米内取沙，曾出土陶器 40 余件。1986 年起，宁安市渤海镇上京遗址博物馆征集了虹鳟鱼场墓地第一墓区出土的完整的陶器和铜、银、玉器。陶器均为夹砂红、褐陶，素面，手制，烧制火候较低，显得斑驳不均。器物口沿下饰锯齿状附加堆纹，个别在堆纹上面饰等距离的 4 个指压纹。器形有长腹罐、鼓腹罐等。这些陶器均出土于虹鳟鱼场第一区墓葬中，但陶器出土的具体单位不详。为便于了解以上出土物的文化内涵，现将已征集馆藏的 13 件陶器分别介绍如下[1]。

征集 1：陶鼓腹罐。侈口，口沿饰一圈锯齿附加堆纹，鼓腹，平底。口径 9、通高 18.2、腹径

---

[1]《宁安市渤海镇西石岗古墓群出土文物简介》《北方文物》1990 年第 4 期。《宁安市虹鳟鱼场渤海墓地征集的几件陶器》《北方文物》2004 年第 4 期。

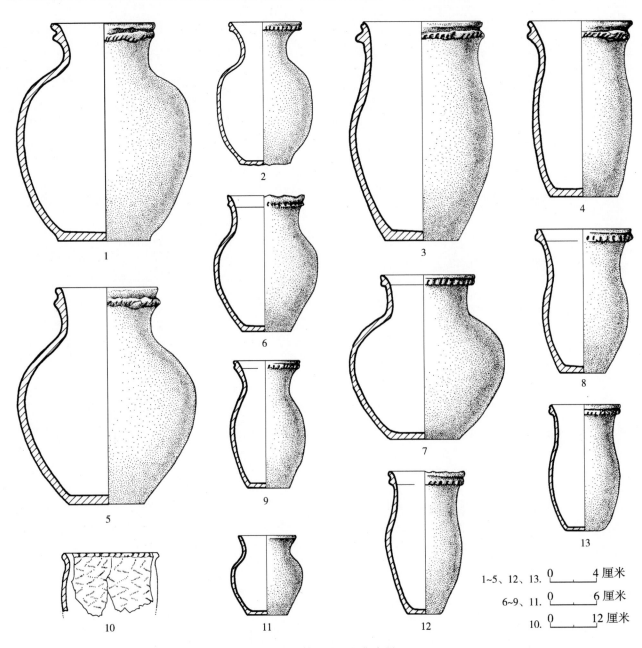

图七七　第一墓区征集陶器

1、2、5～7、10、11. 陶鼓腹罐（征集 1、2、5～7、10、11）　　3、4、8、9、12、13 陶长腹罐（征集 3、4、8、9、12、13）

15、底径 7.8 厘米（图七七：1）。

　　征集 2：陶鼓腹罐。侈口，唇饰一圈锯齿附加堆纹，微折肩，鼓腹，平底。口径 6.2、通高 11.8、腹径 8.2、底径 4.2 厘米（图七七：2，图版六五：1）。

　　征集 3：陶长腹罐。侈口，唇饰一圈锯齿附加堆纹，口径小于腹径，平底。口径 10.5、通高 18、腹径 12.2、底径 6 厘米（图七七：3）。

　　征集 4：陶长腹罐。侈口，唇饰一圈锯齿附加堆纹，口径与腹径基本相等，平底。口径 9.3、通高 14.6、底径 5.6 厘米（图七七：4）。

征集 5：陶鼓腹罐。红陶，侈口，唇饰一圈锯齿附加堆纹，微折肩，平底。口径 9.1、通高 18、腹径 15.2、底径 6.6 厘米（图七七：5）。

征集 6：陶鼓腹罐。侈口，唇饰一圈锯齿附加堆纹，长颈，鼓腹，平底。口径 10.2、通高 17.1、腹径 13.5、底径 6.6 厘米（图七七：6）。

征集 7：陶鼓腹罐。侈口，唇饰一圈锯齿附加堆纹，鼓腹，平底。口径 12、通高 20.4、腹径 26.4、底径 9 厘米（图七七：7，图版六四：4）。

征集 8：陶长腹罐。敞口近似于盘口状，唇饰一圈锯齿附加堆纹，鼓腹，口径大于腹径，平底。口径 12、通高 18、腹径 14.8、底径 5.7 厘米（图七七：8，图版六五：2）。

征集 9：陶鼓长腹罐。侈口，直颈，唇饰一圈锯齿附加堆纹，圆鼓腹，平底。口径 8.7 厘米，通高 15.7、腹径 9.9、底径 5.7 厘米（图七七：9）。

征集 10：陶罐（残片）。唇饰锯齿附加堆纹，器表饰斜向戳印网状纹。口径 25.2 厘米（图七七：10）。

征集 11：陶鼓腹罐。侈口，唇饰一圈锯齿附加堆纹，鼓腹，平底，素面。口径 7.5、通高 9.9、腹径 9.6、底径 5.4 厘米（图七七：11）。

征集 12：陶长腹罐。侈口，唇饰一圈锯齿附加堆纹，口径与腹径相等，平底。口径 6.6、通高 12、底径 3 厘米（图七七：12）。

征集 13：陶长腹罐。侈口，唇饰一圈锯齿附加堆纹，口近似于盘口状，口径与腹径基本相等，平底。口径 6.7、通高 10.4、底径 5.6 厘米（图七七：13，图版六五：3）。

三　第二区墓葬

第二墓区位于第一墓区南部，面积较大，共清理出墓葬 284 座，其中铲形石室墓 88 座占 31%，刀形石室墓 61 座占 21%，长方形石室墓 79 座占 28%，石圹墓 20 座，占 7%，石棺墓 19 座占 7%，双室墓 3 座，占 1%，砖室墓只有 2 座，砖室混筑墓有 1 座。

在所发掘的第二墓区 284 座墓葬中，出土文物 1433 件（不包括填土中发现的碎陶片）。其中随葬品 979 件，其余发现于填土中。主要有生活用具、生产工具、兵器、装饰品。其中出土数量较多的是陶器，其次为铜器、铁器，还有金、银、玛瑙饰件。现将不同墓葬类型分别叙述如下。

（一）铲形石室墓（Aa 型）

M2001

位于 M2002 之西 13 米处。墓的方向为 173°。该墓规模最大，是典型的贵族墓葬。上有 2.64 米高的封土覆盖，直径约 14.6 米。墓葬封顶已坍塌，塌落在墓室里的数十块大石板保存为叠压状态。填土系黑土，土质松软，填土中发现陶瓶 1 件、陶长腹罐 1 件、铁甲片 29 件、铁钉 11 件、铁镞 2

件、铁条 1 件、铁环 2 件、铁片 8 件、鎏金铜钉 2 件、鎏金铜饰件 4 件、鎏金铜带扣 2 件、鎏金铜带饰 1 件、包金铜耳环 1 件、银铊尾 1 件、银鸟头饰 1 件、玛瑙珠 2 件、黑色料珠 1 件、灰色料珠 1 件。在墓室东边人骨堆积周围发现桦树皮（图版一八一：1）、漆器残片（图版一八一：2、3）和麻绳（图版一八一：4）。墓葬由墓室和墓道组成。墓室内壁较整齐，在北壁和西壁留下抹白灰[1]的痕迹，厚约 2 厘米左右。墓室和墓道地面抹的白灰至今保存完整，平面整齐，质地坚硬（图版一三：2）。墓葬为半地穴式建筑。墓室呈长方形，先在地表上挖一个深约 0.45 米的长方形坑，然后用粗加工的玄武岩大石板紧挨土坑四壁平砌成墓室，共砌 5～6 层，石板中间的空隙处以小河卵石块填塞。墓室长 4.13、宽 3.3、深 1.4 米。墓室四壁砌到第二层，在墓室南壁中间原生土地表上以同样的大石板修筑墓道，长 2.64、宽 1.3、深 0.83。墓道内用大河卵石块填充封堵墓道（图版一三：1）。

墓室中人骨保存欠佳，大部分头骨和与其相关的四肢骨堆积在墓室的东侧，都重叠堆放，另外在整个墓室里亦有一些零散的碎骨片，均属二次葬。西南角头骨（A）为约 30 岁左右的男性。其北侧两个头骨中东边头骨（B）系 25～30 岁的男性，西边头骨（C）为成年女性，颅骨有钝器伤痕。墓室东南侧发现 1 片碎头骨（D）属于成年女性。墓室中部稍偏东亦发现两片头骨残片（E、F），均系成年，其性别不清。西侧一堆肢骨，中间最长的生前身高约有 1.7 米左右（图版一二：2）。

在所发掘的墓中，此墓随葬器物最为丰富，有不同种类的器物达 116 余件。计有陶长颈壶 2 件、陶鼓腹罐 1 件、陶长腹罐 1 件、铁钉 38 件、铁钩 1 件、铁甲片 15 件、铁钗 1 件、铁带銙 2 件、铁铺首 1 件、铁环 2 件、铁马衔 1 件、"8"字形铁器 2 件、铁镞 4 件、铁带扣 5 件、铁铊尾 1 件、铁块 2 件、铜铊尾 2 件、铜器 3 件、鎏金铜饰件 7 件、鎏金铜带饰 2 件、鎏金铜带扣 1 件、鎏金铜钉 7 件、银镯 1 件、银鸟头饰 1 件、银铊尾 1 件、骨器 9 件、骨甲片 2 件、蚌壳 3 件、玛瑙珠 3 件、蓝色料珠 1 件、玉管 2 件（图七八，图版一二：1）。

1. 填土出土器物

陶瓶　1 件（M2001：161）。夹砂褐陶，手制。深腹，肩与腹部饰 4 道凹弦纹。残高 21.4 厘米（图七九：1，图版一一八：1）。

陶长腹罐　1 件（M2001：157）。夹砂褐陶，手制，口沿经过慢轮修整。重唇，侈口，平底，肩饰凹弦纹。口径 11.8、高 18.9、底径 6.1 厘米（图七九：2）。

铁钉　11 件。钉身皆为四棱锥状。钉帽形状不同，可分二式。

Ⅰ式　4 件。无钉帽。M2001：116 长 4.2 厘米（图八〇：1）。M2001：144 残长 2.8 厘米（图八〇：2）。M2001：150 弯成"V"形，弯后长 2.5 厘米（图八〇：3）。M2001：152 微弯，弯后残长 3.2 厘米（图八〇：4）。

Ⅱ式　7 件。钉帽为圆形。M2001：120 长 6.2、帽直径 1.4～1.7 厘米（图八〇：5）。M2001：143 长 5.3、帽直径 0.9 厘米（图八〇：6）。M2001：145 长 3.2、帽直径 1.8 厘米（图八〇：7）。M2001：146 长 6.3、帽直径 1.6 厘米（图八〇：8）。M2001：148 残长 1.4、帽直径 1.3 厘米（图八〇：9）。M2001：149 长 2.9、帽直径 0.9 厘米（图八〇：10）。M2001：151 长 2.8、帽直径 0.9 厘米（图八〇：11）。

---

〔1〕　渤海时期尚未发现白灰，目前我们看到的是一种白土。

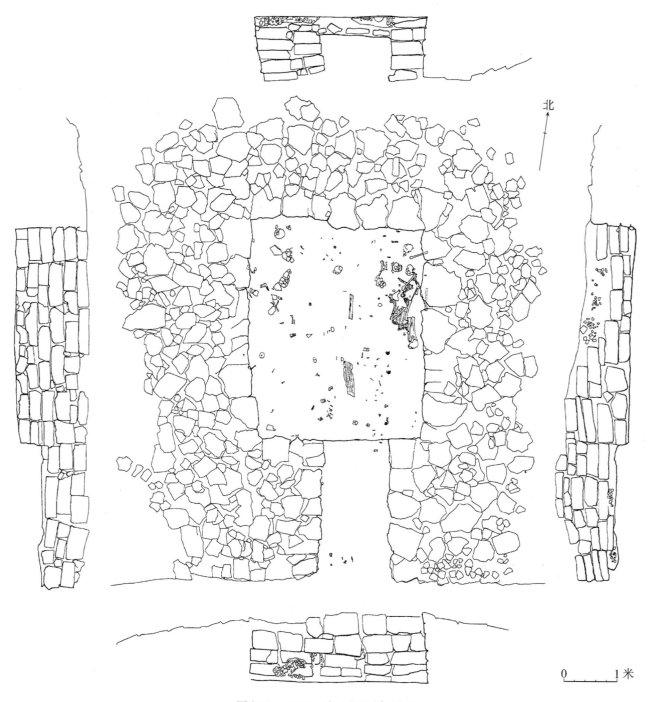

北

0 ____ 1米

图七八　M2001平面及四壁侧视图

　　铁甲片　29件。1件完整，其余28件残甚形状不明。M2001：118长条形薄铁片，上边和左右两侧饰对称的小圆孔，长6.5、宽2.1、厚0.15厘米（图八一：1）。

　　铁镞　2件。分二式。

　　Ⅰ式　1件（M2001：147）。扁平镞身，尖锋，双翼，锋尖处饰一小圆孔。通长4.7、厚0.1、孔径0.1厘米（图八一：2）。

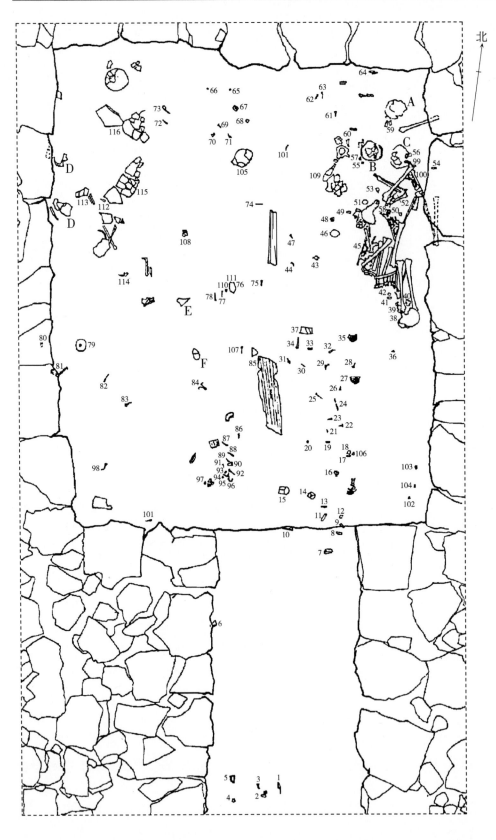

北

图七八（局部）

M2001 随葬器物位置图

1、31、53、80. 铁镞　2、56. "8"字形铁器　3、9、10、19、23、25、29、30、32、33、44、47、62、63、71～78、82、86～89、91、92、94、96、98、101、106、107、110、112、113. 铁钉　4～6、8、11、12、42、59、70、97、102～104. 铁甲片　7、14、15、27、35. 铁带扣　13、54. 玉管　16、18、21、40、41、57、100. 鎏金铜饰件　17、38. 鎏金铜带饰　20、36. 铜铊尾　22、26、28、61、69、83、85. 鎏金铜钉　24、34、45. 骨器　37、108. 骨甲片　39. 铁铊尾　43. 银鸟头饰　46、111、114. 蚌壳　48、67. 铁带銙　49、60、64. 铜器　50. 铜甲片　51. 银镯　52. 铁环　55、65、66. 玛瑙珠　58. 蓝色料珠　68. 银铊尾　79. 铁铺首　81. 铁马衔　84. 铁钩　90. 鎏金铜带扣　93、95. 铁块　99. 铁钗　105. 陶鼓腹罐　109. 陶长腹罐　115、116. 陶长颈壶

0　　　　　　　　1米

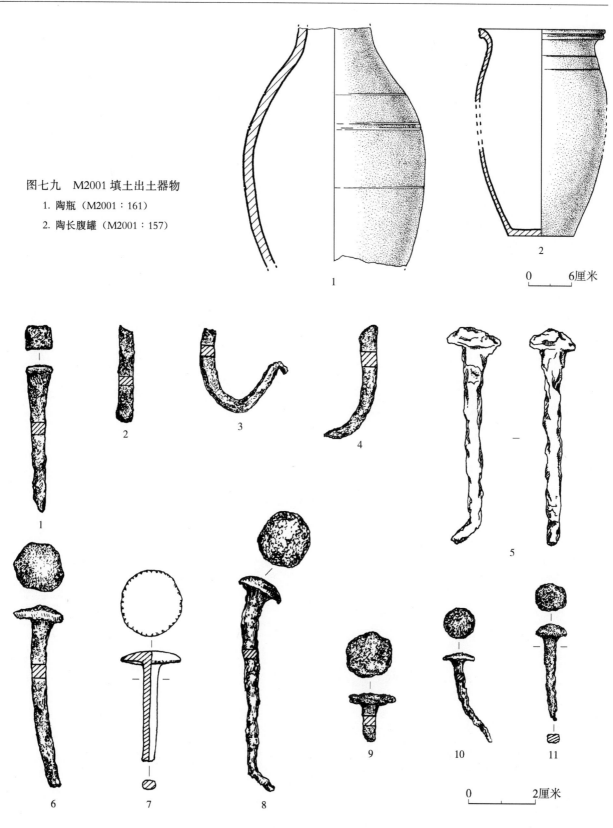

图七九 M2001 填土出土器物
1. 陶瓶（M2001：161）
2. 陶长腹罐（M2001：157）

0 6厘米

0 2厘米

图八〇 M2001 填土出土器物
1~4. I式铁钉（M2001：116、144、150、152） 5~11. II式铁钉（M2001：120、143、145、146、148、149、151）

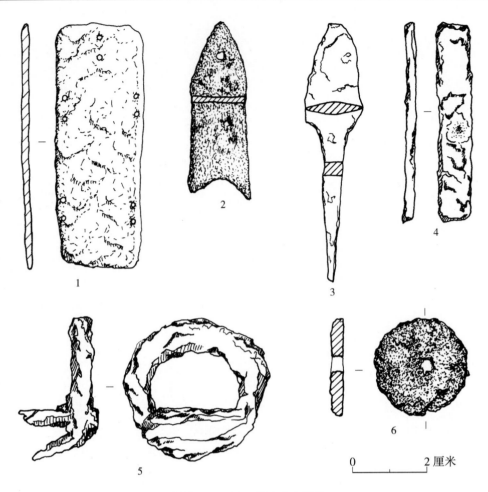

图八一　M2001 填土出土器物

1. 铁甲片（M2001：118）　2. Ⅰ式铁镞（M2001：147）　3. Ⅱ式铁镞（M2001：155）

4. 铁条（M2001：123）　5、6. 铁环（M2001：122、132）

Ⅱ式　1件（M2001：155）。镞身近似于三角形，其横截面近似于柳叶形，四棱锥状铤。通长 6.8、铤长 4 厘米（图八一：3，图版一五八：5）。

铁条　1件（M2001：123）。扁平长条状。长 5.3、宽 0.9、厚 0.2 厘米（图八一：4）。

铁环　2件。M2001：122 椭圆形环保存完整，长径 4、其内径 2.5、短径 3.7 厘米，其内径 1.6 厘米（图八一：5）。M2001：132 圆饼状，中间饰一小圆孔。直径 2.6、小圆孔直径 0.3、厚 0.3 厘米（图八一：6）。

铁片　8件。残甚，其形状不明。

鎏金铜饰件　4件。呈舌状，边缘折起，两片复合，一面饰豁口圆圈，中间夹皮。M2001：156 背面饰 3 个小钉，长 2.4、宽 1.7、厚 0.6 厘米（图八二：1，图版一七七：4）。M2001：154 背面饰一个铆钉，长 2.5、宽 1.7、厚 0.8 厘米（图八二：2，图版一七七：5）。M2001：157 长 3、宽 2.7、厚 0.9 厘米（图八二：16，图版一七八：3）。M2001：125 平面近似于三角如云纹，饰三个小圆孔。长 1.6、宽 3.2、厚 0.1、孔径 0.15 厘米（图八二：3，图版一七七：2）。

鎏金铜带扣　2件（M2001：141、142）。形状与大小相同。顶端带圈，近似于扁桃形，里圈呈

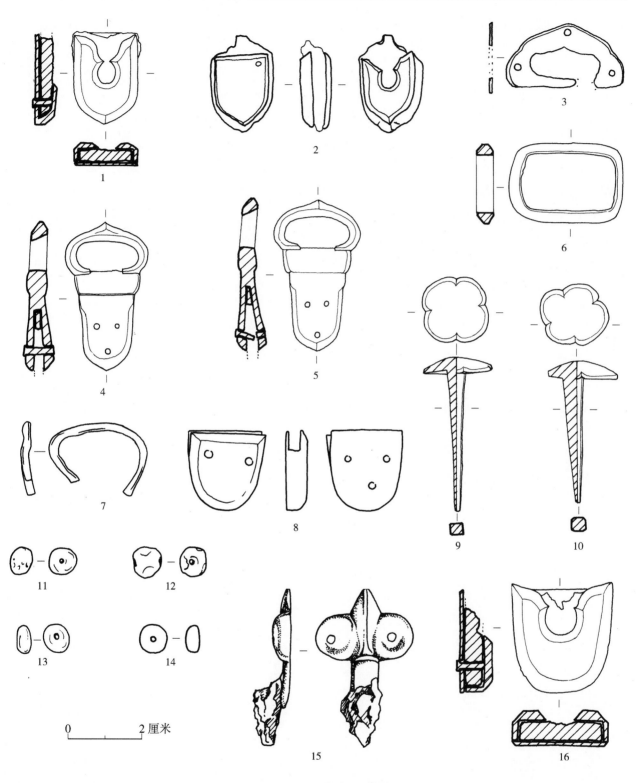

图八二　M2001 填土出土器物

1~3、16. 鎏金铜饰件（M2001：156、154、125、157）　4、5. 鎏金铜带扣（M2001：141、142）　6. 鎏金铜带饰（M2001：158）

7. 包金铜耳环（M2001：131）　8. 银铊尾（M2001：160）　9、10. 鎏金铜钉（M2001：124、129）　11、12. 玛瑙珠（M2001：130、

117）13. 黑色料珠（M2001：127）　14. 灰色料珠（M2001：126）　15. 银鸟头饰（M2001：159）

椭圆形，一侧附一对舌状铊尾，中间镶皮，两面用三枚小钉固定，无搭钩。通长 4、桃状高 1.4、宽 2.3 厘米（图八二：4、5，图版一七七：3）。

鎏金铜带饰　1 件（M2001：158）。近似于长方形，其横截面为三角形。长 2.1、宽 3.3 厘米（图八二：6，图版一七八：6）。

鎏金铜钉　2 件（图版一七七：1）。钉帽呈如云纹，钉身为四棱锥状。M2001：124 长 4.2、钉帽直径 1.9 厘米（图八二：9）。M2001：129 长 3.7、钉帽直径 1.9 厘米（图八二：10）。

包金铜耳环　1 件（M2001：131）。通体呈不规则的圆形，其横截面亦为圆形。最大径 2.7、横截面直径为 0.2 厘米（图八二：7，图版一八二：5）。

银铊尾　1 件（M2001：160）。呈舌状，边缘折起，两片复合，中间有缺口，面饰三个铆钉。长 2.1、宽 2、厚 0.5 厘米（图八二：8，图版一七九：2 - 2）。

银鸟头饰　1 件（M2001：159）。近似于鹰头，尖嘴，眼部凸起，两眼圆瞪，颈部铆钉固定于铁块。长 4.2、面宽 2.7 厘米（图八二：15，图版一七九：5）。

玛瑙珠　2 件。M2001：130 近似于饼状，中间饰一小圆孔。直径 0.8、孔径 0.1 厘米（图八二：11）。M2001：117 圆球状，中间钻一小孔。直径 0.8、孔径 0.1 厘米（图八二：12）。

黑色料珠　1 件（M2001：127）。圆饼状，中间有一小孔，直径 0.7、厚 0.4、孔径 0.1 厘米（图八二：13）。

灰色料珠　1 件（M2001：126）。圆形馒头状，中间有一小圆孔。直径 0.8、厚 3.5、孔径 0.1 厘米（图八二：14）。

2. 随葬器物

陶长颈壶　2 件。夹砂灰陶，手制。M2001：116 颈部和腹部留下打磨的痕迹，细颈，圆鼓腹，平底，腹下饰一"×"符号。残高 26、腹最大径 22.1、底径 14.3 厘米（图八三：1，图版六四：1）。M2001：115 腹部有横压印纹，微折肩，平底。残高 40.5、腹最大径 35.2、底径 19.8 厘米（图八三：3，图版六四：3）。

陶鼓腹罐　1 件（M2001：105）。夹砂褐陶，手制，素面，腹部有黑色斑纹。尖唇，侈口，鼓腹，平底。口径 10、通高 19.4、腹最大径 16.4、底径 8.1 厘米（图八三：2，图版六四：2）。

陶长腹罐　1 件（M2001：109）。夹砂褐陶，手制，腹有烟熏的痕迹。口饰一圈附加堆纹，侈口腹径略大于口径，平底，素面。口径 12.2、通高 19.6、腹最大径 12.6、底径 6.7 厘米（图八三：4，图版八五：3）。

铁钉　38 件。钉身皆为四棱锥状，钉帽不同可分三式。

Ⅰ式　21 件。无钉帽。M2001：25 长 7.9 厘米（图八四：1）。M2001：107 长 2.7 厘米（图八四：2）。

Ⅱ式　13 件。圆形钉帽。M2001：110 残长 1.8、帽直径 1.3 厘米（图八四：4，图版一五八：3 - 3）。M2001：74 长 10、帽直径 1.5 厘米（图八四：5）。M2001：77 长 6.4、帽直径 1.9 厘米（图八四：6，图版一五八：3 - 1）。M2001：73 长 4.6 厘米（图八四：7，图版一五八：3 - 2）。

Ⅲ式　3 件。方形锥体，一端锻打成钉尖，另一端向一侧卷折成钉帽，M2001：44 长 3.6 厘米（图八四：3）。

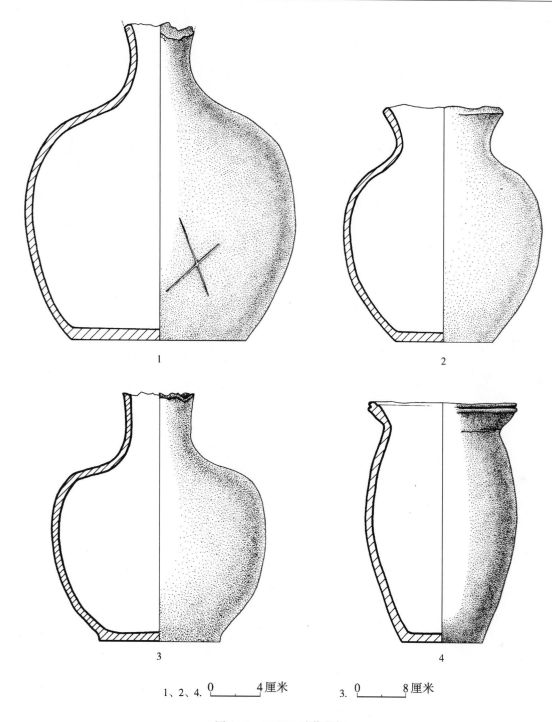

1、2、4. $\underset{0}{\text{├────┤}}$ 4厘米　　3. $\underset{0}{\text{├────┤}}$ 8厘米

图八三　M2001 随葬器物

1、3. 陶长颈壶（M2001：116、115）　2. 陶鼓腹罐（M2001：105）　4. 陶长腹罐（M2001：109）

Ⅳ式　1件（M2001：73）。方形锥体，一端锻打成钉尖，另一端向一侧卷折成圆圈。通长9.8、环最大径2厘米（图八四：8）。

铁钩　1件（M2001：84）。钩身扁宽，两端弯成钩，另一端卷曲成环。长6.8、环直径2.4厘米（图八五：3，图版一五九：4）。

　　铁甲片　　15件。绝大多数已破损，均系薄铁片，近似于长条形。上下各抹去两角，两端弧曲，每件都有小圆孔，有的排列是左右或上下对称的。M2001：5残长7厘米（图八六：1）。M2001：59残长6.3、宽2.7厘米（图八六：2）。M2001：6长6.9、宽2厘米（图八六：3，图版一五八：4－1）。M2001：8长5.6、宽1.9厘米（图八六：4）。M2001：11长6.8、宽1.8厘米（图八六：5，图

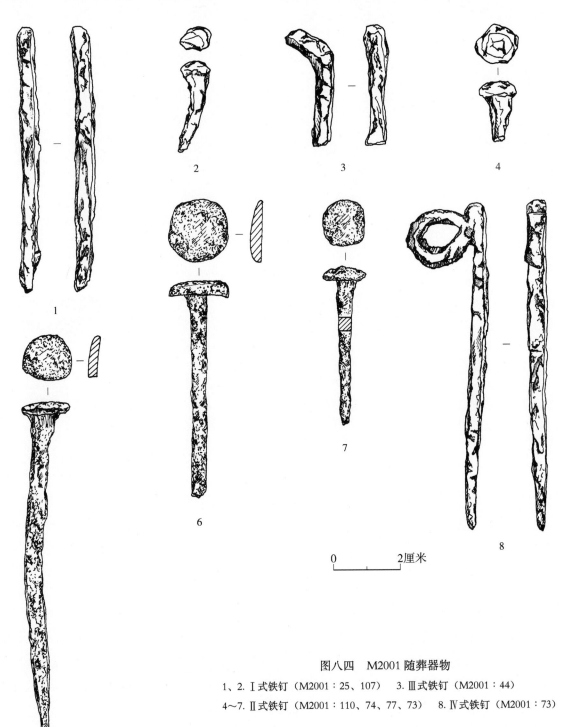

图八四　M2001随葬器物

1、2. I式铁钉（M2001：25、107）　　3. III式铁钉（M2001：44）

4～7. II式铁钉（M2001：110、74、77、73）　　8. IV式铁钉（M2001：73）

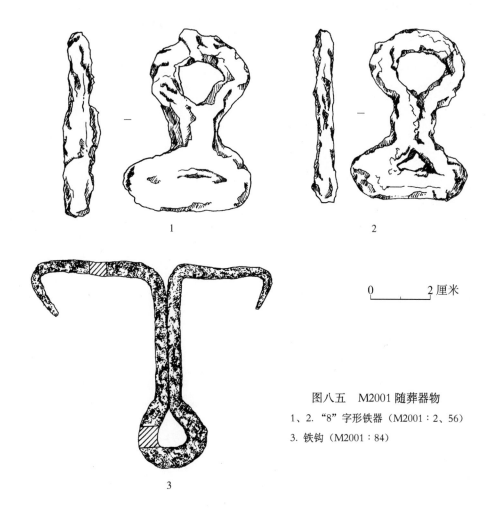

0   2 厘米

图八五　M2001 随葬器物

1、2. "8"字形铁器（M2001：2、56）

3. 铁钩（M2001：84）

版一五八：4-2）。M2001：42 长 8.3、宽 2 厘米（图八六：6）。M2001：70 残长 4.6、宽 2.1 厘米（图八六：7）。

铁钗　1 件（M2001：99）。两端呈直角向下折成锥形，其横截面为椭圆形。长 9.3、横截面长径 0.3、短径 0.2 厘米（图八七：1）。

铁带銙　2 件（图版一五九：2）。长方形薄铁片，中间有一长方形孔。M2001：48 长 3.5、宽 3、厚 0.3 厘米。孔长 1、宽 0.7 厘米（图八七：2）。M2001：67 长 3.5、宽 3.4、厚 0.2、孔长 0.8、宽 0.6 厘米（图八七：3）。

铁铺首　1 件（M2001：79）。平面呈圆饼状，边饰斜边，中间有方孔。直径 10.2、斜边宽 0.8、方孔边长 0.6 厘米（图八七：4，图版一五九：5）。

铁环　2 件，形状相同。近似于圆形，其横截面亦呈圆形。M2001：52 最大直径 3.7、横截面直径为 0.5 厘米（图八七：5、6，图版一五九：6）。

铁马衔　1 件（M2001：81）。两根铁丝做成，两端各卷曲成环，两个环相互套成一体，横截面为圆形。通长 17.9、横截面长径为 0.5 厘米（图八七：8，图版一五九：3）。

"8"字形铁器　2 件（图版一五九：1）。通体近似于"8"字形，上环为圆形，下环呈椭圆形。M2001：2 长 6 厘米（图八五：1）。M2001：56 长 5.6 厘米（图八五：2）。

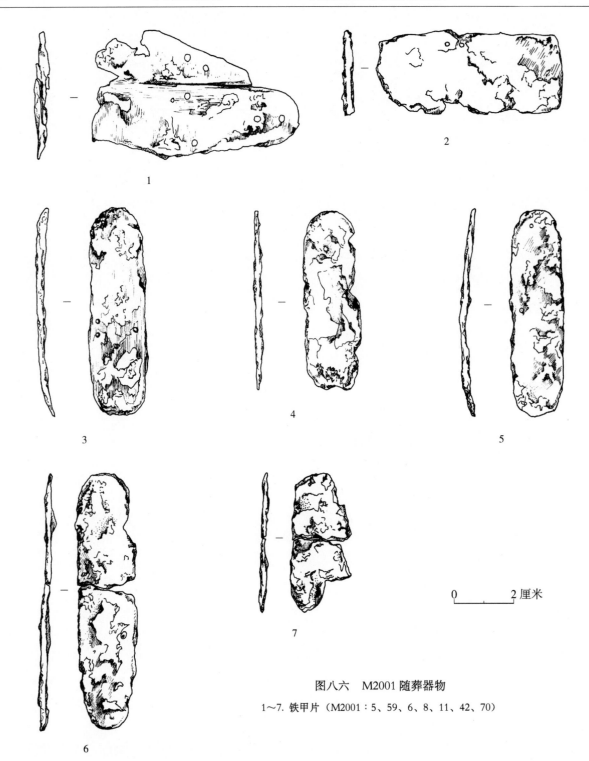

图八六　M2001 随葬器物

1～7. 铁甲片（M2001：5、59、6、8、11、42、70）

铁镞　4 件，形状不同，可分为三式。

Ⅰ式　1 件（M2001：80）。镞身扁平，略呈圭形，凹底呈双翼。长 3.6、双翼宽 1.8、厚 0.2 厘米（图八七：9，图版一五八：2）。

Ⅱ式　2 件。镞身近似于扁平三角形，中间起脊，双翼，铤较长，呈锥状。M2001：1 通长 9.3、铤长 4.7 厘米（图八七：10，图版一五八：6）。M2001：53 残长 7.1、铤长 4.4 厘米（图八七：11）。

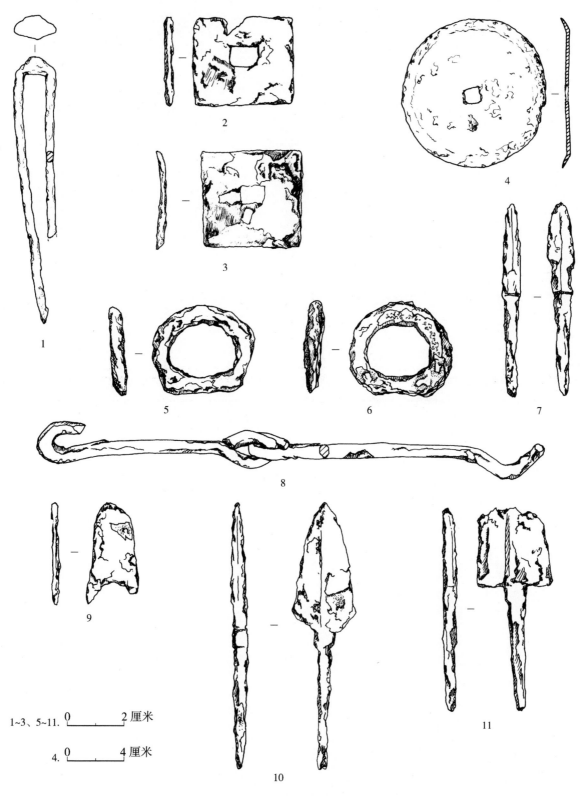

图八七　M2001 随葬器物

1. 铁钗（M2001：99）　　2、3. 铁带銙（M2001：48、67）　　4. 铁铺首（M2001：79）　　5、6. 铁环（M2001：52）　　7. Ⅲ式
铁镞（M2001：31）　　8. 铁马衔（M2001：81）　　9. Ⅰ式铁镞（M2001：80）　　10、11. Ⅱ式铁镞（M2001：1、53）

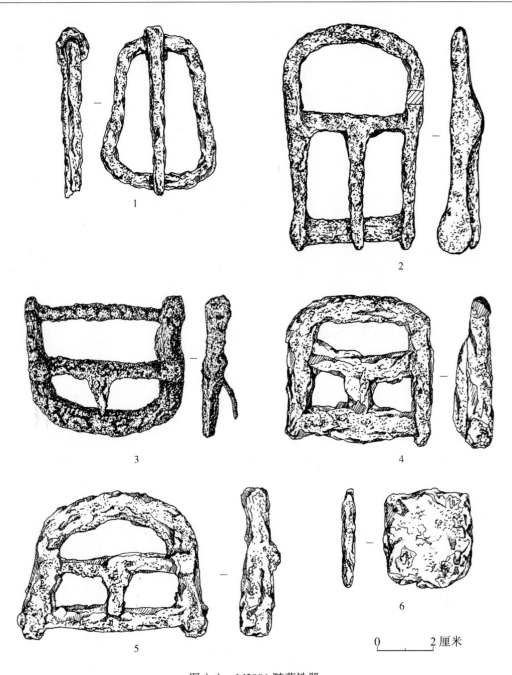

图八八　M2001 随葬铁器

1. Ⅰ式铁带扣（M2001：7）　2. Ⅱ式铁带扣（M2001：15）　3～5. Ⅲ式铁带扣
（M2001：27、35、14）　6. 铁铊尾（M2001：39）

　　Ⅲ式　1件（M2001：31）。尖锋，其横截面为菱形，锥状铤，横截面呈圆形。通长 6.7、铤长
3.6 厘米（图八七：7，图版一九一：1）。

　　铁带扣　5件。可分三式。

　　Ⅰ式　1件（M2001：7）。亚腰形，中间饰一锥形扣。锥长 6、最宽 4.2 厘米（图八八：1）。

　　Ⅱ式　1件（M2001：15）。纵长，舌状，中间饰一"T"形扣。长 8、宽 5、锥长 4.2 厘米（图八八：2，图版一六二：2-3）。

Ⅲ式　3件。横长，一头为弧形，中间饰一"T"形扣。M2001：27 长5、宽5.8厘米（图八八：3）。M2001：35 长5.3、宽5.2厘米（图八八：4，图版一六二：2-1）。M2001：14 长5.2、宽7厘米（图八八：5，图版一六二：2-2）。

铁铊尾　1件（M2001：39）。近似于舌形。长3.5、宽3.2厘米（图八八：6）。

铁块　2件。残甚形状不明。

铜铊尾　2件（M2001：36、20）。形状与大小相同。通体呈舌状，两片薄铜片复合，边缘折起呈斜边，两片中间留夹皮的空间。长1.1、宽1厘米（图八九：1、2）。

铜器　3件。其中1件基本完整。扁平薄铜条呈弧形，一端锻打成刃，另一端向一侧卷折成环。M2001：60 长3.9厘米（图八九：3）。M2001：49 残长3.3厘米（图八九：4）。M2001：64 残长2.4厘米（图八九：5）。

鎏金铜饰件　7件。M2001：18 通体略呈舌形，正面中间与前端开一半圆形连接的口，其余边缘折起呈斜边，背面较平，饰3个铆钉。长3、宽2.7、厚0.9厘米（图九〇：1）。M2001：21 长2、宽1.7、厚0.8厘米（图九〇：2，图版一七八：1-2下）。M2001：41 长1.9、宽1.5、厚1厘米（图九〇：3）。M2001：16 较完整，一头为3枚如云纹组成，其下端用皮坠一舌状扣。长5.1、最宽处3.8厘米（图九〇：4，图版一七八：1-1）。M2001：100 薄铜片，中间有三角形镂孔，两侧各饰一小圆孔。长3.3、宽1.5、孔径0.15厘米（图九〇：5）。M2001：40 只有3瓣如云纹。长3.8、宽2.9厘米（图九〇：6，图版一七八：1-2上）。M2001：57 圆形薄铜片，中间饰一圆孔。直径2.7、厚0.1厘米（图九〇：7）。

鎏金铜带饰　2件。M2001：38 薄铜片制成，呈舌状，有3个铆钉。长1.9、宽1.3厘米（图九〇：8）。M2001：17 通体近似于抹角长方形，其横截面为三角形。长3.2、宽2、横截面宽0.5厘米（图九〇：9，图版一七八：5）。

鎏金铜带扣　1件（M2001：90）。顶端带圈，近似于扁桃形，里圈呈椭圆形，下端附一对舌状铊尾，中间镶皮，两面用三枚小钉固定，无搭钩。通长4厘米，桃状高1.4、宽2.3厘米（图九〇：10，图版一七八：4）。

鎏金铜钉　7件（图版一七八：2）。钉帽为如意纹，锥身为四棱锥形，其横截面呈长方形。M2001：22 长3.2厘米（图九一：1）。M2001：26 长3.5厘米（图九一：2）。M2001：28 长4.3厘米（图九一：3）。M2001：61 长3.5厘米（图九一：4）。M2001：83 长3.6厘米（图九一：5）。

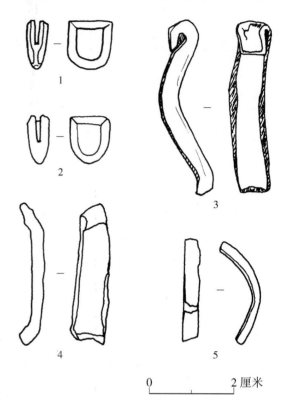

0　　　　　2厘米

图八九　M2001 随葬铜器

1、2. 铜铊尾（M2001：36、20）

3～5. 铜器（M2001：60、49、64）

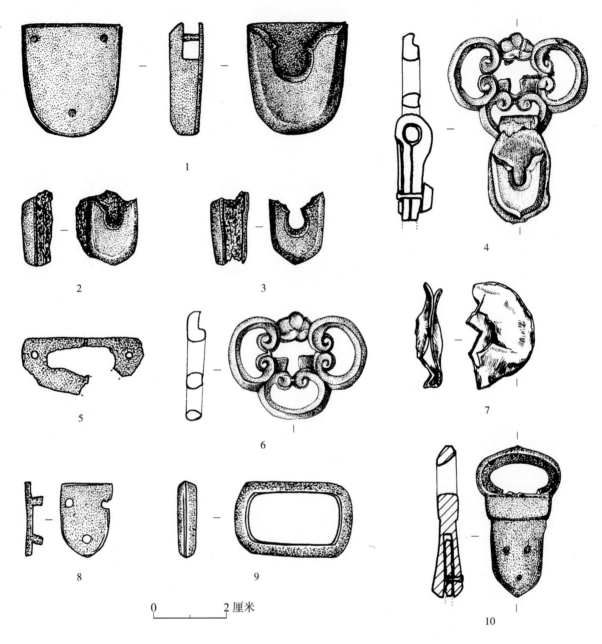

图九〇　M2001 随葬器物

1～7. 鎏金铜饰件（M2001：18、21、41、16、100、40、57）　8、9. 鎏金
铜带饰（M2001：38、17）　10. 鎏金铜带扣（M2001：90）

M2001：69 长 3.6 厘米（图九一：6）。M2001：85 长 3.9 厘米（图九一：7）。

　　银镯　1 件（M2001：51）。呈椭圆形，中间有一缺口，横截面为圆形。长径 4.7、短径 4、横截面直径为 0.4 厘米（图九二：1，图版一七九：3）。

　　银鸟头饰　1 件（M2001：43）。近似于鹰头，尖嘴，眼部凸起，两眼圆瞪。长 3.6、面宽 2.5 厘米，大孔径 0.3、两个小孔径 0.2 厘米（图九二：2，图版一七九：4）。

　　银铊尾　1 件（M2001：68）。呈舌状，边缘折起，两片复合，中间有缺口，面饰三个铆钉。长

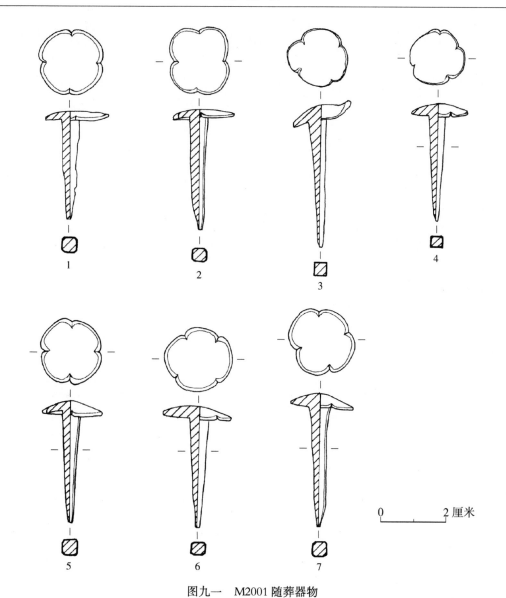

图九一　M2001 随葬器物

1～7. 鎏金铜钉（M2001：22、26、28、61、83、69、85）

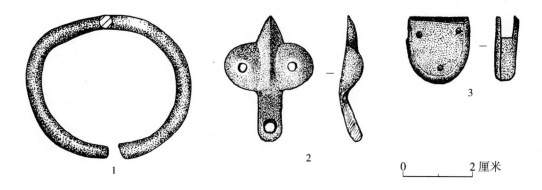

图九二　M2001 随葬银器

1. 镯（M2001：51）　　2. 鸟头饰件（M2001：43）　　3. 银铊尾（M2001：68）

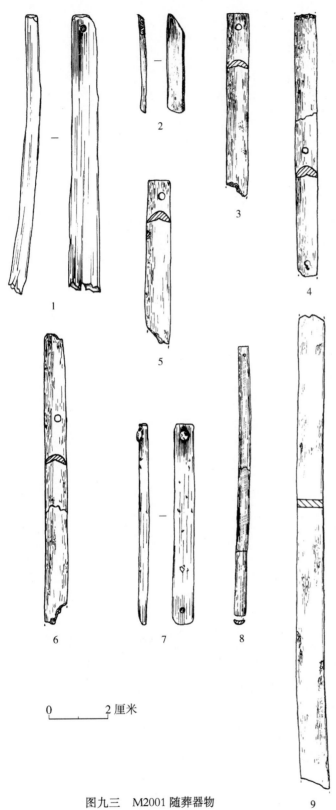

0 ⎯⎯⎯⎯⎯ 2 厘米

图九三　M2001 随葬器物

1～9. 骨器（M2001：34、24、45－1、45－2、
45－3、45－4、45－5、45－6、45－7）

1.9、宽 1.8、0.6 厘米（图九二：3）。

骨器　9 件。皆长条状。M2001：34 顶端有一小圆孔，横截面为三角形。残长 9.2、最宽处为 1.1、小圆孔直径为 0.15 厘米（图九三：1）。M2001：24 扁条状，其横截面为长方形。残长 3.3、宽 0.6、厚 0.2 厘米（图九三：2）。M2001：45 长条状，横截面为弧形。M2001：45－1 残长 6、半直径 0.7、孔径 0.2 厘米（图九三：3）。M2001：45－2 残长 8.6、半直径 0.8 厘米（图九三：4）。M2001：45－3 残长 5.3、半直径 0.8、孔径 0.2 厘米（图九三：5）。M2001：45－4 残长 9.5、半直径 0.7、孔径 0.2 厘米（图九三：6）。M2001：45－5 长 6.7、半直径 0.7 厘米，顶端镶嵌小铜钉，孔径 0.3 厘米，下端孔径 0.15 厘米（图九三：7）。M2001：45－6 残长 8.8、半直径 0.4、孔径 0.1 厘米（图九三：8）。M2001：45－7 残长 15.7、半直径 0.9 厘米（图九三：9）。

骨甲片　2 件。薄骨片，磨成长条状，呈弧形，两侧饰对称的小圆孔，用于铆钉，钉为铜钉，圆孔皆留下铜锈的痕迹。M2001：37 残长 9.9、宽 4.6、厚 0.2 厘米（图九四：1，图版一八二：2）。M2001：108 残长 10.3、宽 3.2、厚 0.2 厘米（图九四：2）。

蚌壳　3 件。M2001：46 天然小蚌壳，保存完好，呈不规则的椭圆形。高 6.1、宽 7.3 厘米（图九五：1，图版一八二：1）。M2001：111 天然大蚌壳。残长 9.8、宽 5 厘米（图九五：2）。M2001：114 天然大蚌壳。残长 7、宽 2.9 厘米（图九五：3）。

玛瑙珠　3 件。近似于圆饼状，中间饰一圆孔。M2001：55 直径 1.1、厚 0.8、

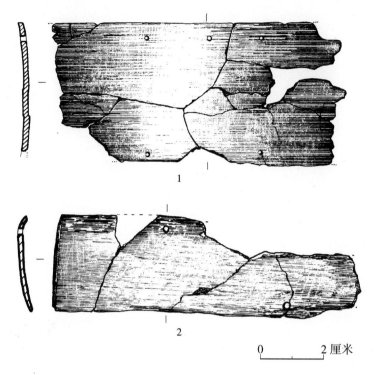

0   2厘米

图九四　M2001 随葬器物

1、2. 骨甲片（M2001：37、108）

孔径 0.2 厘米（图九五：4）。M2001：65 直径 1.1、厚 0.6、孔径 0.15 厘米（图九五：5）。M2001：66 直径 1、厚 0.6、孔径 0.1 厘米（图九五：6）。

蓝色料珠　1件（M2001：58）。圆饼状，中间饰一小孔。直径 0.6、厚 0.3、孔径 0.15 厘米（图九五：7）。

玉管　2件（图版一八二：4）。乳白色，圆柱状，中间钻一圆孔。M2001：54 通长 3.4、直径 0.6、孔径 0.35 厘米（图九五：8）。M2001：13 残长 5.5、直径 0.7～1、孔径 0.15～0.3 厘米（图九五：9）。

M2002

位于 M2302 往西 5 米处，墓的方向为 165°。该墓规模较大，发掘前可见封土堆，高约 1 米。墓葬填土为黑褐土，土质松软，填土中发现铁镞 2 件、铁甲片 12 件、铁钉 1 件、铜带具 1 件、陶器底 1 件、陶长腹罐（残）1 件。墓底呈黄泥生土层。墓葬为半地穴式建筑，由墓室和墓道组成。墓室先在地表上挖 0.6 米深的长方形坑，然后用大石块沿着生土壁平砌墓室，大约砌至 0.6 米时在南壁中间稍偏东修砌墓道。墓室石板相互叠压的石缝里可见抹黄泥勾缝的迹象。墓室为长方形，长 3.92、宽 2.12、深 0.76 米。墓道与墓室衔接处平铺两块大石板，墓道东侧已被破坏，长 1.7、宽 0.98、深 0.42 米。

墓室东侧有 3 个头骨和两根肢骨，二次葬，墓主性别皆为男性。墓室中间头骨（A）年龄为 30 岁左右。西侧头骨（B）为 45～50 岁。靠西壁头骨（C）系成年个体。随葬品有铁钉 5 件、铁甲片 4 件、鎏金铜饰件 1 件、陶长腹罐 1 件、铁饰件 1 件、铁条 1 件，所有随葬品无规律地分布在墓室内（图九六）。

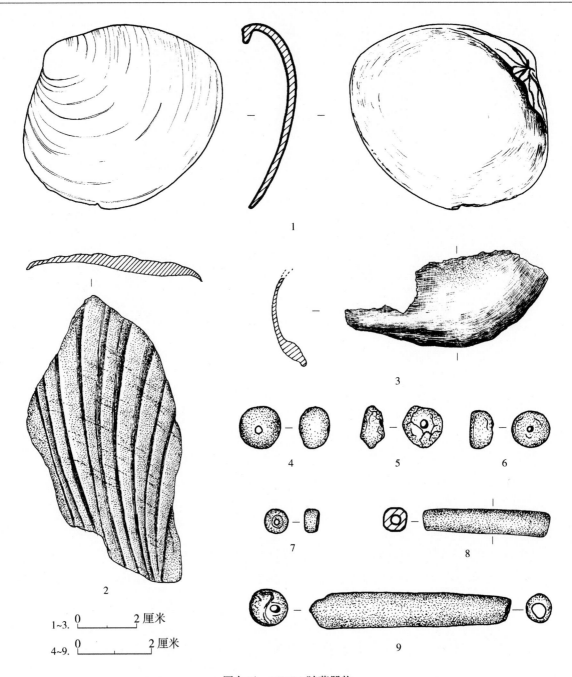

图九五　M2001 随葬器物

1～3. 蚌壳（M2001：46、111、114）　　4～6. 玛瑙珠（M2001：55、65、66）

7. 蓝色料珠（M2001：58）　　8、9. 玉管（M2001：54、13）

填土出土器物

铁镞　2件。镞身近似于扁平三角形，双翼，铤较长，呈锥状。M2002：14 通长 9.4、翼宽 2.5、铤长 5.1 厘米（图九七：1）。M2002：18 通长 9.7、翼宽 2.3、铤长 5.5 厘米（图九七：2）。

铁钉　1件（M2002：16）。扁平顶帽，镞身为四棱长条形。通长 4.2 厘米（图九七：3）。

铜带具　1件（M2002：17）。长方形廓，无搭扣，一端附小铊尾，中间有三个小铆钉，长 3.7、

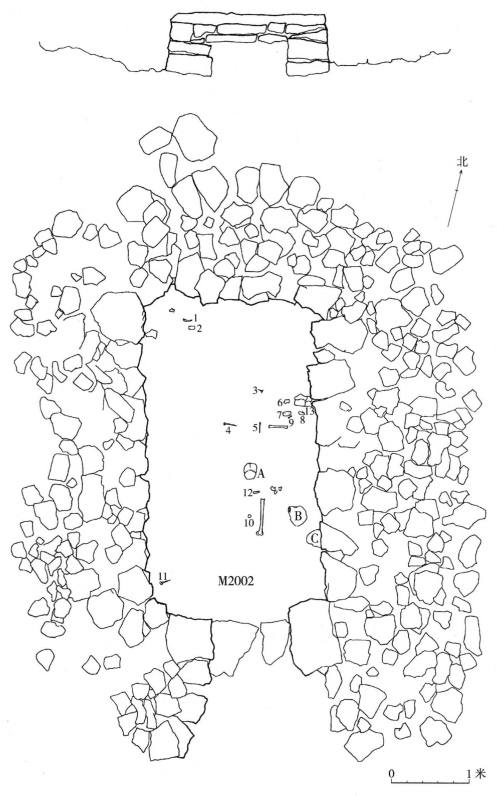

图九六　M2002 平面及南壁侧视图

1、11. 铁钉　2、6~8. 铁甲片　3~5. 铁钉　9. 铁饰件　10. 鎏金桃形铜饰件　12. 铁条　13. 陶长腹罐

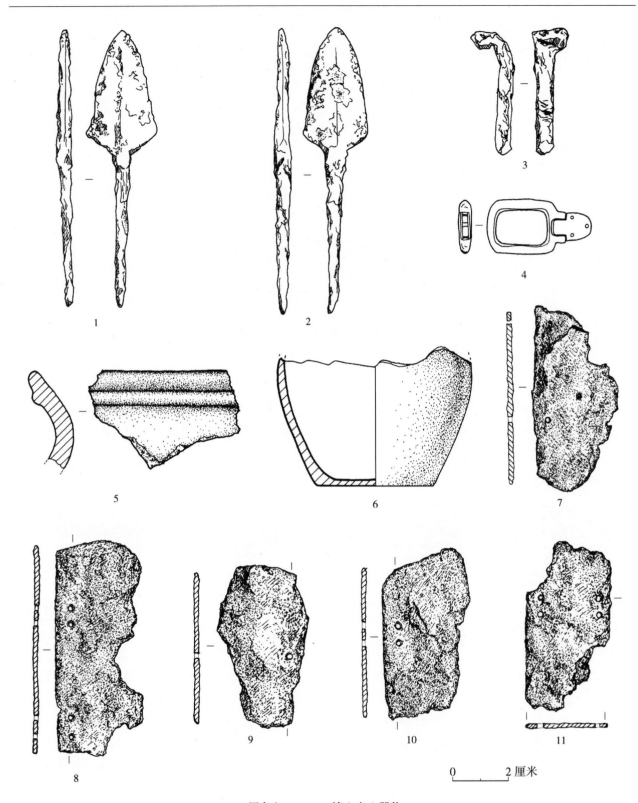

图九七　M2002 填土出土器物

1、2. 铁镞（M2001∶14、18）　3. 铁钉（M2001∶16）　4. 铜带具（M2001∶17）　5. 陶长腹罐口沿
（M2001∶20）　6. 陶器底（M2001∶19）　7～11. 铁甲片（M2001∶15）

宽 1.8 厘米（图九七：4）。

陶长腹罐口沿　1件（M2002：20）。夹砂褐陶，手制，重唇（图九七：5）。

陶器底　1件（M2002：19）。夹砂褐陶，手制，平底（图九七：6）。

铁甲片　12件（M2002：15），均残。薄铁片，边饰对称的小圆孔，残长5.5～7.4厘米（图九七：7～11）。

2. 随葬器物

铁钉　5件。钉身皆为四棱锥状，不同钉帽可分三式。

Ⅰ式　2件。无钉帽。M2002：1长8.3厘米（图九八：1）。M2002：3长8.2厘米（图九八：2）。

Ⅱ式　3件。圆形钉帽。M2002：11长8.3、钉帽直径2厘米（图九八：3）。M2002：4长8.5、钉帽直径1.7厘米（图九八：4）。M2002：5长3.6、钉帽直径1.4厘米（图九八：5）。

陶长腹罐　1件（M2002：13）。夹砂褐陶，手制，口沿经过慢轮修整。重唇，侈口，口径略大于腹径，平底，肩饰两道凹弦纹夹水波纹。口径10.6、通高17.4、腹最大径10.4、底径5.2厘米（图九八：6）。

铁甲片　4件（均残）。扁平薄铁片，近似于长方形，顶端抹去两角，中间微弧，三面饰对称的小圆孔。M2002：7残长6.8、宽2.8厘米（图九八：7）。M2002：2残长6.3、宽3厘米（图九八：8）。M2002：6残长5.2、宽2.9厘米（图九八：11）。M2002：8残长6、宽3厘米（图九八：13）。

铁饰件　1件（M2002：9）。用四棱铁丝一端围成圆圈，另一端为四棱锥状。通长2.5、圆圈外径1.4、内径0.7厘米（图九八：9）。

鎏金桃形铜饰件　1件（M2002：10）。用两片桃形铜片复合而成，边缘折起，其中间夹一层皮，背面饰三个小铆钉。高2.2、宽2.3、厚0.7厘米（图九八：10，图版一八二：6）。

铁条　1件（M2002：12）。薄铁片，两端已残，其用途不明。残长4.3、宽1、厚2.5厘米（图九八：12）。

M2003

位于M2006往东6米处，墓葬打破M2005东侧封土。墓的方向为170°。有封土覆盖，高于地面约0.8米。墓顶已坍塌，几块原封顶石板塌落在墓室内，填土中发现数量较多的夹砂红褐色碎陶片。墓葬为地面建筑，系用粗加工的玄武岩石板平砌墓壁，墓室平面呈长方形，长3、宽1.35、深0.68米。墓道设于墓室南壁中央，略偏于东侧，长0.66、宽0.7米。

墓室内有零散的骨屑，其性别与年龄均不明。无随葬品（图九九）。

M2004

位于M2006东侧6米处，墓葬东北角打破M2260西南角。墓的方向为160°。墓葬高出地表约0.5米，其范围不规则，未发现封顶结构，墓室里发现几块石头。墓室填土为花土，土质松散，发现铁镞1件、夹砂红褐陶器底1件、敛口罐口沿1件。墓葬为地面建筑，用玄武岩面板石平砌而成，墓壁较整齐。墓室平面呈长方形，长3.1、宽1.8、深0.68米。墓道位于墓室南侧中央，略偏东，长1.24、宽0.74米。

墓室东部有一根成年上肢骨，其性别、年龄均不明。随葬品有陶长腹罐1件、桥状耳罐（残）1件，均位于墓室西南角（图一〇〇）。

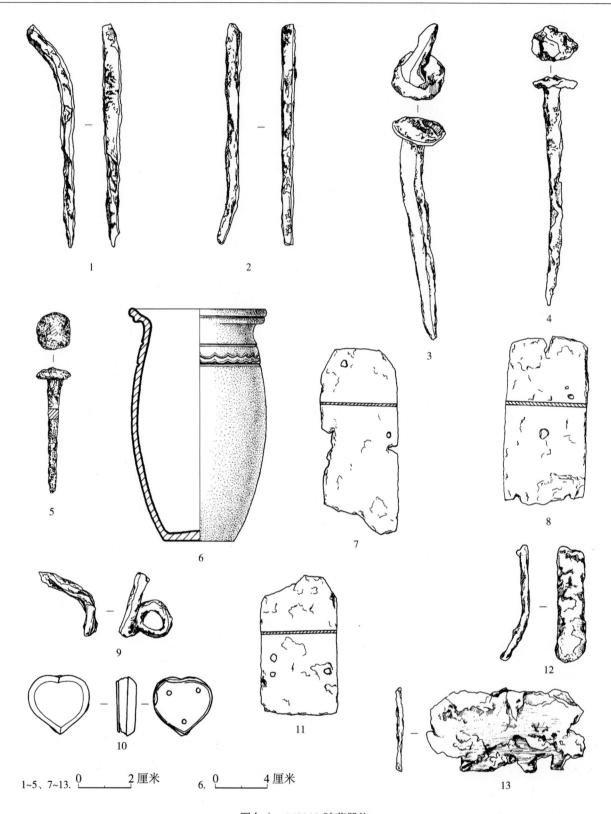

图九八　M2002 随葬器物

1、2. Ⅰ式铁钉（M2002：1、3）　　3～5. Ⅱ式铁钉（M2002：11、4、5）　　6. 陶长腹罐（M2002：13）　　7、8、11、13. 铁甲片
（M2002：7、2、6、8）　　9. 铁饰件（M2002：9）　　10. 鎏金桃形铜饰件（M2001：10）　　12. 铁条（M2002：12）

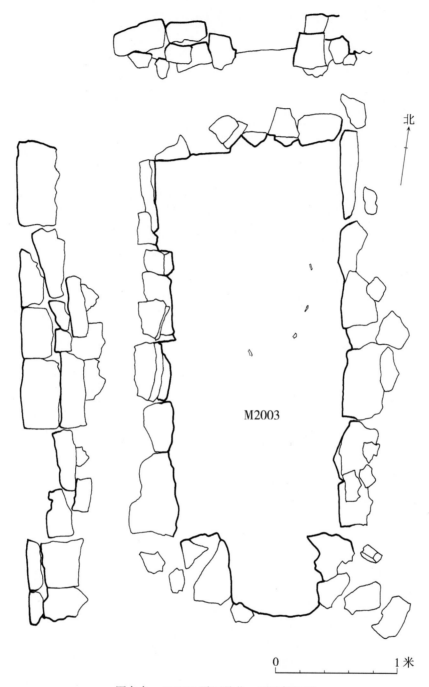

图九九　M2003平面及北、西壁侧视图

1. 填土出土器物

铁镞　1件（M2004∶3）。扁平镞身，尖锋，双翼。长2.9、宽1.3厘米（图一〇一∶2，图版一六一∶1）。

陶器底　1件（M2004∶4）。夹砂红褐陶，手制，平底。残高9、底径12厘米（图一〇一∶1，图版一一八∶2）。

陶敛口罐口沿　1件（M2004∶5）。夹砂褐陶，手制，圆唇，敛口，广肩（图一〇一∶3，图版

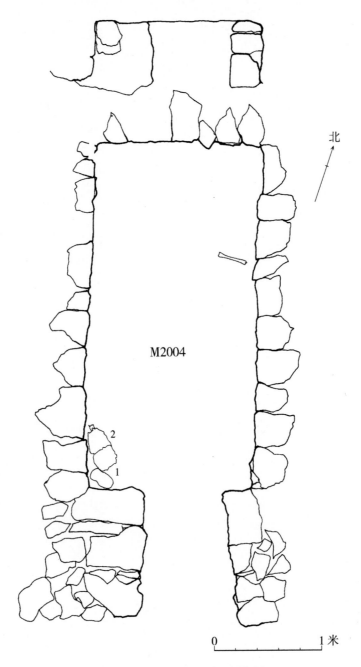

图一〇〇　M2004 平面及南壁侧视图
1. 陶长腹罐　2. 陶桥状耳罐

——八：3）。

2. 随葬器物

陶长腹罐　1 件（M2004：1）。夹砂褐陶，手制，口沿经过慢轮修整，腹有烟熏的痕迹。重唇，侈口，长腹，平底，肩饰水波纹夹弦纹。口径 11.3、通高 15.8、腹最大径 11.2、底径 5.2 厘米（图一〇二：2，图版六五：4）。

桥状耳罐　1 件（M2004：2）。夹砂褐陶，手制。鼓腹，平底，腹饰一对横桥状耳。残高 26、腹

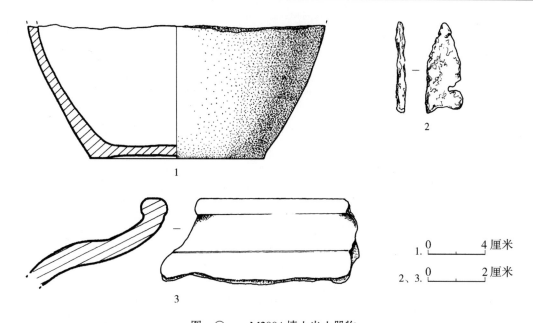

图一〇一　M2004 填土出土器物

1. 陶器底（M2004：4）　2. 铁镞（M2004：3）　3. 陶敛口罐口沿（M2004：5）

最大径 37.6、底径 24.4 厘米（图一〇
二：1，图版六六：1）。

M2006

西与 M2003 相邻，北部打破
M2007 墓道。墓的方向为 155°。有明显
封土，高出地面约 0.4 米。墓室填土为
黑土，土质松软，填土中发现夹砂褐陶
长腹罐碎片。墓葬为地面建筑，用粗加
工的玄武岩石块平砌墓室与墓道，墓室
四壁较整齐，平面呈长方形，长 2.54、
宽 1.7、深 0.34 米。墓道设在墓室南壁
中间，长 0.58、宽 0.7 厘米。

未发现人骨，随葬器物亦不见（图
一〇三）。

M2007

位于 M2006 之北，墓道被 M2006
打破。墓向 200°。封土破坏无存，封顶

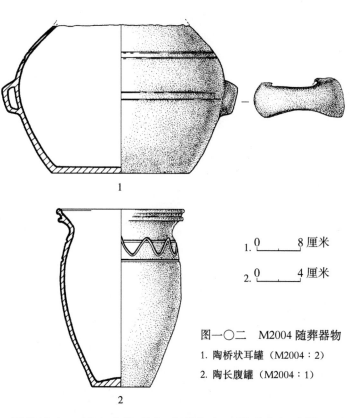

图一〇二　M2004 随葬器物

1. 陶桥状耳罐（M2004：2）
2. 陶长腹罐（M2004：1）

已坍塌，填土呈黑褐土，土质松软，墓底铺一层黄沙土。填土中发现夹砂褐陶片，器形有长腹罐、瓮
各 1 件（均残）。墓葬为半地穴式建筑，墓室四壁用大石块平砌而成，西壁保存较好，东壁与北壁破
坏严重。墓室平面呈长方形，长 2.6、宽 1.84、深 0.52 米。墓道在墓室南壁正中，高出墓室 0.14
米，现存墓道长 0.62、宽 0.7、深 0.36 米。

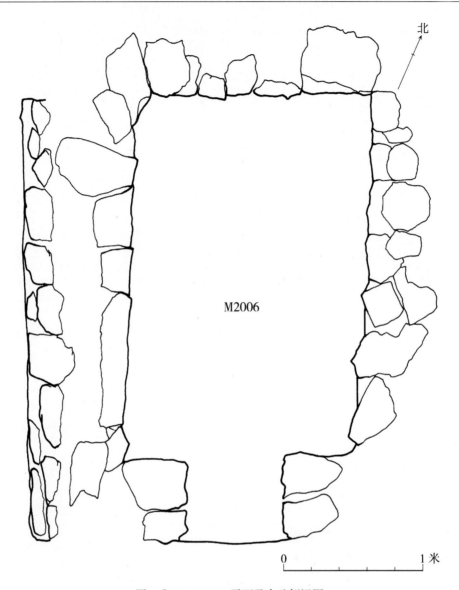

北

0　　　　　　　　　　1 米

图一〇三　M2006 平面及东壁侧视图

　　人骨较乱。两具头骨在墓室的西部，数量较多的肢骨堆积在墓室的东南角。东北角头骨（A）为成年男性。其南边头骨（B）系女性头骨，30 岁左右。一堆肢骨（C）属于成年男性。随葬器物中陶器较多，多数分布在墓室北部，有陶长腹罐 5 件、陶短颈壶 1 件、铁钉 7 件、玛瑙珠 1 件、铁桩 2 件、铜带銙 1 件（图一〇四）。

　　1. 填土出土器物

　　陶瓮口沿　1 件（M2007：17）。夹砂红褐陶，手制，口沿经慢轮修整，侈口，重唇（图一〇五：1）。

　　陶长腹罐口沿　1 件（M2007：18）。夹砂褐陶，手制，口沿经慢轮修整，重唇（图一〇五：2）。

　　2. 随葬器物

　　陶长腹罐　5 件。夹砂褐陶，均手制，腹部上均留下烟熏的痕迹。器物特点不同，可分三式。

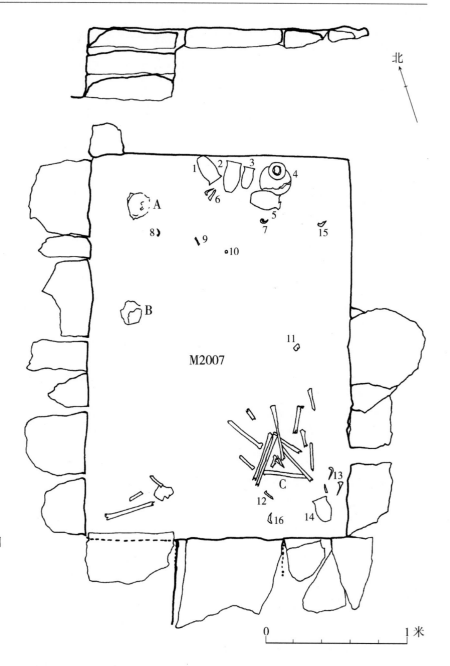

北

图一○四　M2007 平面及南壁侧视图

1~3、5、14. 陶长腹罐　4. 陶短颈壶

6、8、9、12、13、15、16. 铁钉

7、12. 铁桩　10. 玛瑙珠　11. 铜带銙

0　　　　　　　　1 米

　　Ⅰ式　1件（M2007：3）。重唇间距较大，口近似于小盘口，其直径大于腹径，平底，素面。口径 9.8、通高 15.3、腹最大径 8.4、底径 4.8 厘米（图一○六：1，图版六六：2）。

　　Ⅱ式　1件（M2007：1）腹最大径略大于口径，平底，素面。口径 10、通高 18.7、腹最大径 11.2、底径 5.8 厘米（图一○六：3，图版六六：4）。

　　Ⅲ式　2件。口沿经过慢轮修整，重唇较窄，腹径均大于口径，平底，素面。M2007：2 口径 11、通高 18、腹最大径 12、底径 5.4 厘米（图一○六：2，图版六六：3）。M2007：14 口径 10、通高 14.8、腹最大径 10.4、底径 5.2 厘米（图一○六：5，图版六七：2）。

　　Ⅳ式　1件（M2007：5）。口沿经过慢轮修整，方唇，唇部饰两道凹弦纹，腹最大径大于口径，平底，素面。口径 9.9、通高 19.1、腹最大径 11.2、底径 5.8 厘米（图一○六：4，图版六七：3）。

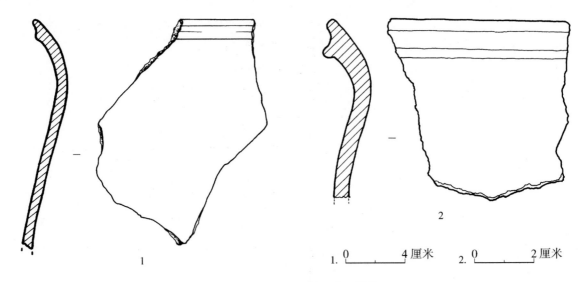

图一〇五　M2007填土出土器物

1. 陶瓮口沿（M2007：17）　　2. 陶长腹罐口沿（M2007：18）

　　陶短颈壶　1件（M2007：4）。夹砂褐陶，手制，口沿经过慢轮修整，圆唇，侈口，鼓腹，平底。口径13.2、通高24.8、腹最大径24、底径18厘米（图一〇六：4，图版六七：1）。

　　铁钉　7件。钉身皆为四棱锥状，钉帽不同可分二式。

　　Ⅰ式　1件（M2007：9）。无钉帽。长4.5厘米（图一〇七：5）。

　　Ⅱ式　6件。扁平钉帽。M2007：6－1长9.2厘米（图一〇七：3）。M2007：6－2长5.5厘米（图一〇七：7）。M2007：8长5厘米（图一〇七：4）。M2007：15长9厘米（图一〇七：9）。M2007：16长7.9厘米（图一〇七：10）。M2007：13长8.1厘米（图一〇七：11）。

　　铁桩　2件。方形锥体，一端锻打成钉尖，另一端向一侧卷折成圆圈。M2007：7长5.2厘米（图一〇七：1）。M2007：12长7厘米（图一〇七：2）。

　　铜带銙　1件（M2007：11）。略呈半圆形，边缘内折，中间饰一长方形孔，背面是饰三枚小钉。长2、宽2.8厘米（图一〇七：6）。

　　玛瑙珠　1件（M2007：10）。圆球状，中间钻一小孔。直径约1、孔径0.15厘米（图一〇七：8）。

M2008

　　在M2287之东南7米处，其东部为耕地。墓的方向为155°。该墓葬规模较大，封土高出地表1.5米，呈圆丘形，直径约7米。封顶已坍塌，原封顶石板无规律地散落在墓室内，在墓室的东北角还可以看出原抹角叠涩封顶结构。墓葬填土为夹沙河卵石，土质松散，墓底为原沙土层。填土中发现夹砂褐陶器盖1件、长腹罐（残）1件、玛瑙管饰1件。墓葬为半地穴式建筑，先在地表上挖一个深约0.6米的长方形坑，然后用粗加工的玄武岩大石板紧挨土坑四壁平砌墓室，共砌10层左右，石板中间的空隙处以小河卵石块填塞。墓室四壁垒砌整齐，部分墓壁上留下当时抹黄泥的痕迹。墓室平面呈长方形，长2.84、宽2.25、深1.4米。墓道位于墓室南壁中部，高出墓室0.6米，长1.94、宽0.83、深0.71米。

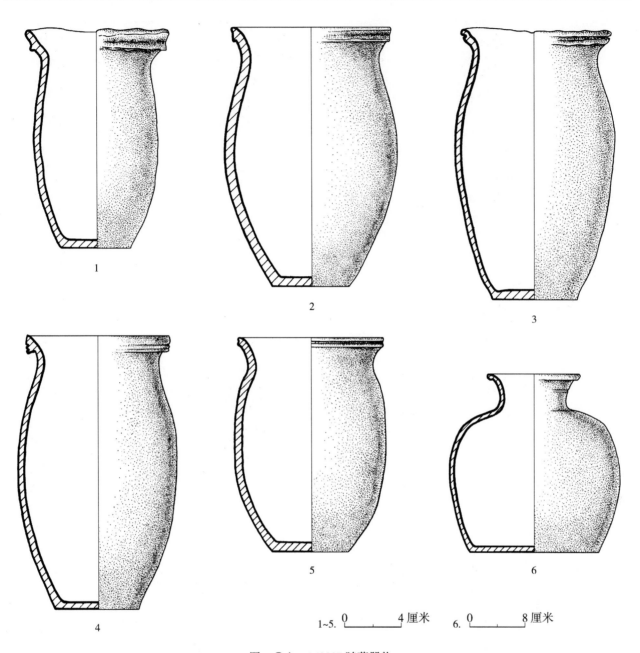

1　　　　　　2　　　　　　3

4　　　　　　5　　　　　　6

1~5. 0＿＿＿＿4厘米　　6. 0＿＿＿＿8厘米

图一〇六　M2007 随葬器物

1. Ⅰ式陶长腹罐（M2007：3）　2、5. Ⅲ式陶长腹罐（M2007：2、14）　3. Ⅱ式陶长腹罐（M2007：1）
4. Ⅳ式陶长腹罐（M2007：5）　6. 陶短颈壶（M2007：4）

　　墓室中有 1 块下颌骨和 3 块碎骨，墓主人为 20 岁左右的女性。未见随葬品（图一〇八，图版一四）。

填土出土文物

陶器盖　1 件（M2008：1）。夹砂褐陶，手制，重唇，斜口（图一〇九：1）。

陶鼓腹罐口沿　1 件（M2008：3）。夹砂褐陶，手制，重唇，侈口（图一〇九：3）。

玛瑙管饰　1 件（M2008：2）。管状，中间饰一小圆孔。长 1.5、直径 0.6、孔径 0.2 厘米（图一

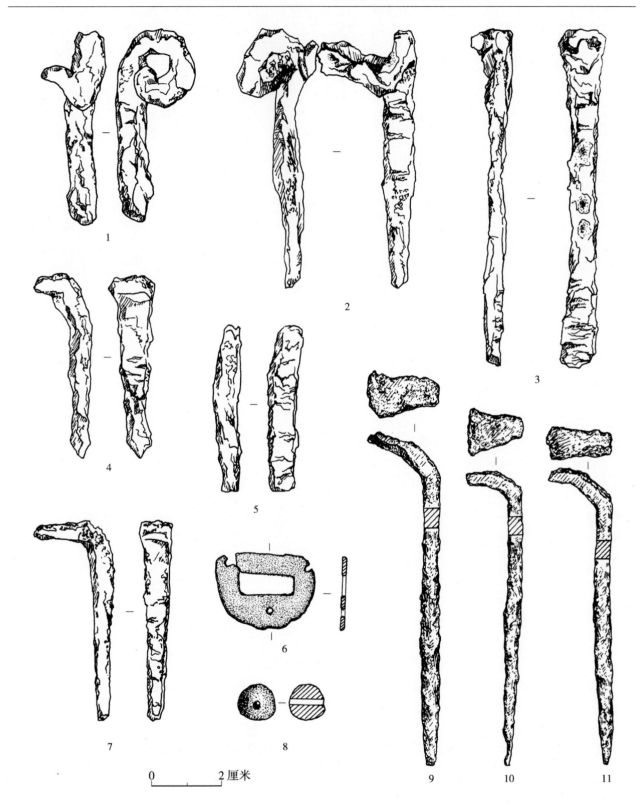

图一〇七　M2007 随葬器物

1、2. 铁桩（M2007：7、12）　　3、4、7、10、11. Ⅱ式铁钉（M2007：6-1、8、6-2、15、16、13）

5. Ⅰ式铁钉（M2007：9）　　6. 铜带銙（M2007：11）　　8. 玛瑙珠（M2007：10）

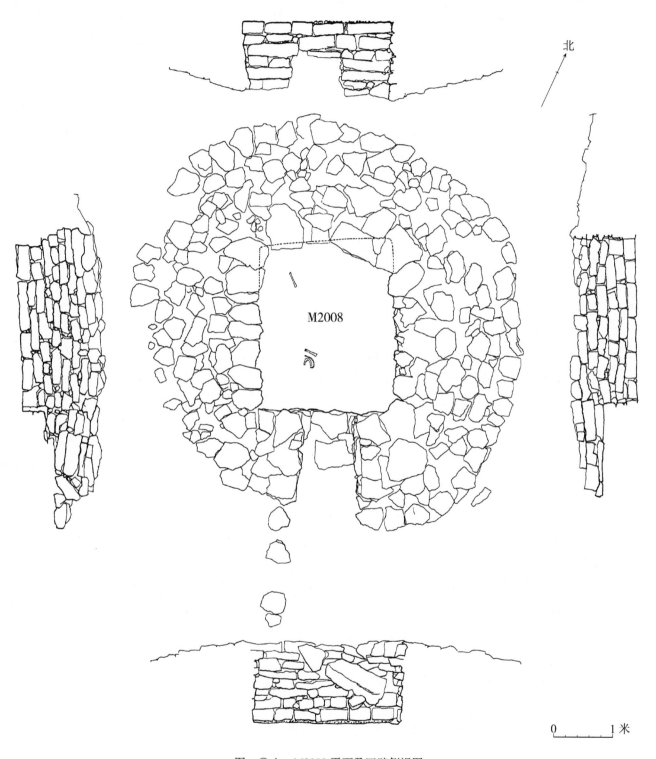

北

M2008

0 _____ 1 米

图一○八 M2008 平面及四壁侧视图

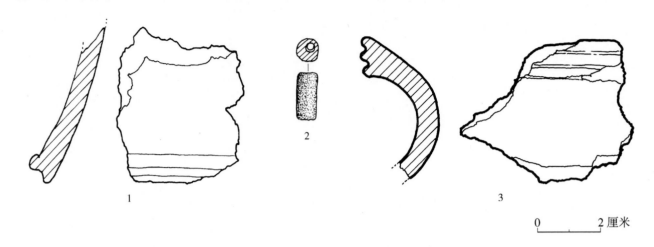

图一〇九　M2008 填土出土器物

1. 陶器盖（M2008∶1）　　2. 玛瑙管饰（M2008∶2）　　3. 陶鼓腹罐口沿（M2008∶3）

〇九∶2）。

M2013

位于 M2018 往西约 3 米处。墓向为 170°。封土呈圆丘形，直径约 5 米，高出地面 1 米。墓顶坍塌导致中间微凹，大小不等的石块散落在墓室内。墓室填土为黑色土，土质松软，墓底为黑褐色土层。填土中发现夹砂褐色碎陶片。墓葬为地面建筑，用玄武岩石块垒砌墓壁，墓室平面呈长方形，长 2.55、宽 1.84、深 0.7 米。墓道位于南壁中部偏东侧，墓道两壁各竖立一块大石板，墓道口用几块石头封堵。长 0.9、宽 0.72 米。

墓室有四个头骨，两个在东北部，另外两个在西北部。肢骨集中在墓室的中部和南部，其他肢骨散乱无序，肢骨和各个头骨的关系不明。东北角头骨（A）为女性，12～13 岁。其西南边头骨（B）为男性，25～30 岁。西边肢骨上边头骨（C）为女性，15～16 岁。西北边头骨（D）为男性，45～50 岁。东南角肢骨（E）系成年女性。墓室中间肢骨（F）为男性，17～18 岁。随葬品中陶器集中埋在墓室北部，有长腹罐 3 件、短颈壶 1 件、铜带銙 8 件、铁刀 1 件、铁镞 1 件（图一一〇）。

随葬器物

陶短颈壶　1 件（M2013∶1）。夹砂红褐陶，手制。圆鼓腹，平底，肩饰三道凹弦纹，靠底饰一道凹弦纹。残高 27.5、腹最大径 27.2、底径 16 厘米（图一一一∶1，图版六七∶4）。

陶长腹罐　3 件。夹砂褐陶，手制，口沿经过慢轮修整。侈口，平底，素面。形状不同，可分三式。

Ⅰ式　1 件（M2013∶3）。方唇，腹最大径大于口径。口径 8.6 厘米（图一一一∶2，图版一一八∶4）。

Ⅱ式　1 件（M2013∶2）。重唇，口大于腹部。口径 11、通高 17、腹最大径 10、底径 5.5 厘米（图一一一∶3，图版六八∶1）。

Ⅲ式　1 件（M2013∶4）。重唇，腹最大径大于口径，底饰"十"字符号。口径 11.8、通高 18.2、腹最大径 14、底径 4.8 厘米（图一一一∶4，图版六八∶2）。

铁刀　1 件（M2013∶9）。刀身细长，刃部已磨损微凹，横截面为三角形，短柄，其横截面亦是

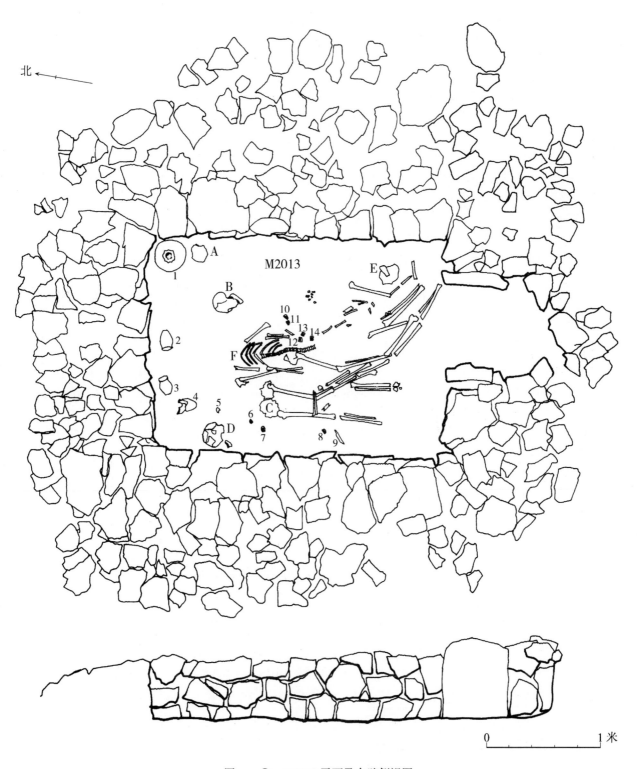

图一一〇　M2013 平面及东壁侧视图

1. 陶短颈壶　2～4. 陶长腹罐　5. 铁镢　6～8. 铜带銙　9. 铁刀　10～14. 铜带銙

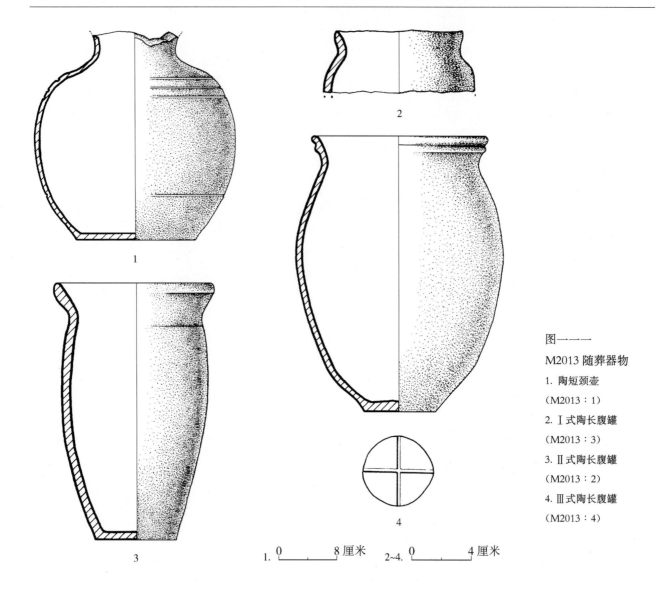

图一——

M2013 随葬器物

1. 陶短颈壶
（M2013：1）

2. Ⅰ式陶长腹罐
（M2013：3）

3. Ⅱ式陶长腹罐
（M2013：2）

4. Ⅲ式陶长腹罐
（M2013：4）

1. 0 _____ 8厘米　2~4. 0 _____ 4厘米

三角形，原来似应有木柄。通长 16.9、刀身长 14.7、背厚 0.3 厘米（图一一二：1）。

铁镞　1件（M2013：5）。镞身近似于扁平三角形，尖锋，底凹呈双翼，中部偏左饰一小圆孔。长 2.8、宽 2.1 厘米（图一一二：10，图版一六一：2）。

铜带銙　8件。形状不同，可分三式。

Ⅰ式　3件。略呈半圆形，边缘内折，两片复合，中间穿孔呈长方形，背面饰小钉。M2013：6 背面饰三个小钉。长 2.6、宽 1.7、孔长 1.6、宽 0.4 厘米（图一一二：2）。M2013：7 背面饰 4 个小钉。长 3.1、宽 2、孔长 1.7、宽 0.5 厘米（图一一二：3）。M2013：8 背面饰四个小钉。长 3、宽 2、孔长 1.6、宽 0.5 厘米（图一一二：4）。

Ⅱ式　3件。通体呈长方形，边缘折起，两片复合，中间设一长方形孔，背面饰四个小钉。M2013：12 长 3.2、宽 2.8、孔长 2、宽 0.6 厘米（图一一二：7）。M2013：13 长 3、宽 2.7、孔长 2、宽 0.6 厘米（图一一二：8）。M2013：14 长 3.2、宽 2.8、孔长 2、宽 0.7 厘米（图一一二：9）。

Ⅲ式　2件。三面平直，一面呈尖角，通体呈圭形，中间设长方形孔，周边折起，系两片复合，

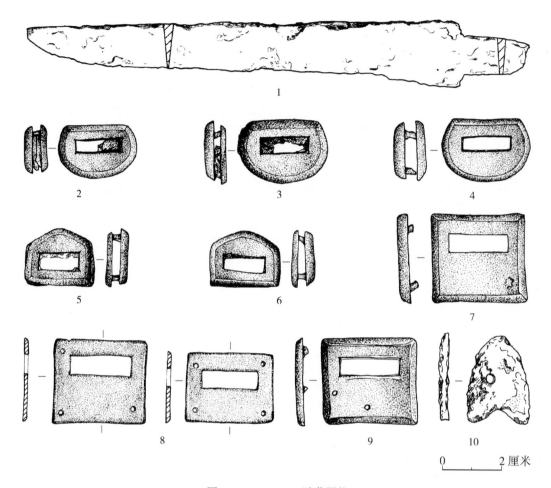

图一一二 M2013 随葬器物

1. 铁刀（M2013：9）　　2～4. Ⅰ式铜带銙（M2013：6～8）　　5、6. Ⅲ式铜带銙（M2013：10、11）

7～9. Ⅱ式铜带銙（M2013：12～14）　　10. 铁镞（M2013：5）

中间饰三个小钉。M2013：10、11 长 2.3、宽 1.9、孔长 1.4、宽 0.6 厘米（图一一二：5、6）。

M2014

位于 M2018 东北 2 米处。墓的方向为 192°。有封土覆盖，其范围近似于椭圆形，长径 6.5、短径 4、高出地面约 0.9 米。墓葬填土为黄褐土，土质较硬纯净，无包含物，墓底亦是黄褐色生土层。墓葬为半地穴式建筑，墓室在地表上挖一个 0.25 米深的长方形坑，然后沿着坑壁把石块平砌而成，形状整齐，平面呈长方形，长 2.56、宽 1.88、深 0.78 米。墓道在墓室南壁正中，高出墓底约 0.2 米，长 1.46、宽 0.8、深 0.58 米，墓道口用小石块封堵，墓道与当时的地面持平。

人骨缺损，仅存头骨和肢骨残片，属于二次葬。墓室中间头骨（A）为成年男性。东南角头骨（B）系成年女性。西边头骨（C）属于成年男性。随葬器物有陶长腹罐 2 件，置于墓室西南、西北角，1 件铁刀位于肢骨旁边（图一一三）。

随葬器物

陶长腹罐　2 件。夹砂褐陶，手制，口沿经慢轮修整，腹部留下烟熏的痕迹。重唇，多口，鼓腹，腹径大于口径，平底。M2014：1 底饰"十"字符号。口径 10.4、通高 16.3、腹最大径 11.4、

北

M2014

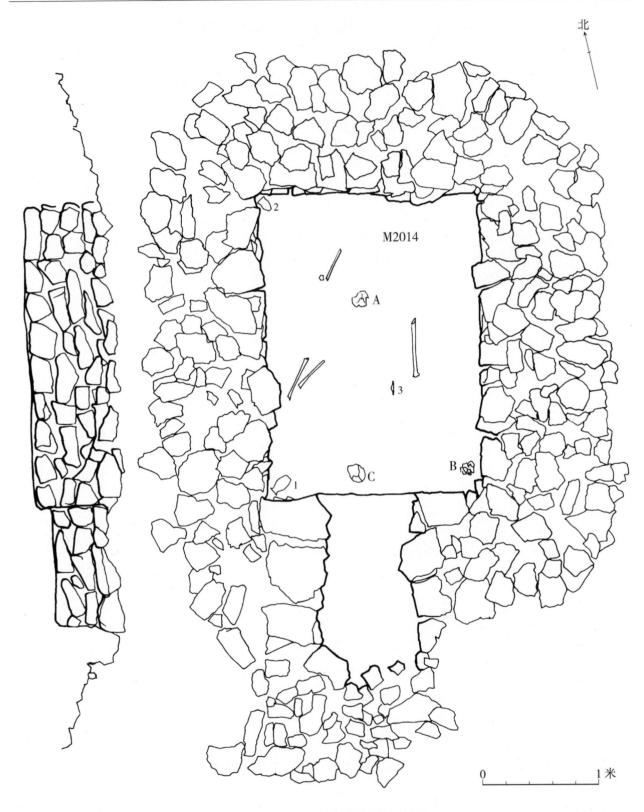

0　　　　　　　　1 米

图一一三　M2014 平面及东壁侧视图

1、2. 陶长腹罐　3. 铁刀

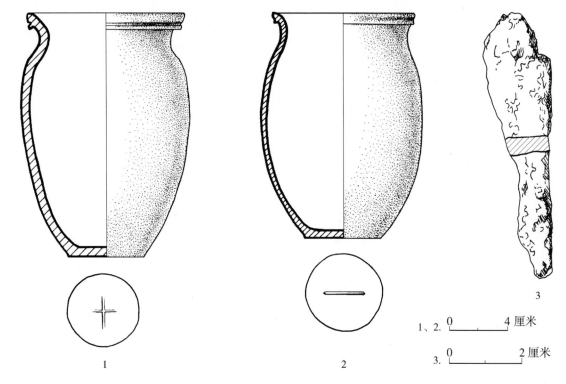

图一一四 M2014 随葬器物

1、2. 陶长腹罐（M2014：1、2） 3. 铁刀（M2014：3）

底径 5 厘米（图一一四：1，图版六八：3）。M2014：2 底饰"一"字符号。口径 9.5、通高 15、腹最大径 10.8、底径 5 厘米（图一一四：2，图版六八：4）。

铁刀 1 件（M2014：3）。直背，弧刃，短铤。残长 7、柄长 3 厘米（图一一四：3）。

M2016

位于 M2047 西南 1.5 米处。墓的方向为 165°。封土中央较低且内凹，地表上已露出部分墓壁石块，其范围近似于长方形，南北长 4.8、东西宽 3.3、最高距地表 0.6 米。墓室填土为黑土，质地松软，墓底为黑褐色土层。填土中发现夹砂褐陶长腹罐（残）1 件。墓葬为地面建筑，用天然河卵石块砌筑墓壁，墓室呈长方形，整体较简陋，长 2.7、宽 2.25、深 0.48 米。墓道位于南壁正中，长 1.06、宽 1 米。

人骨保存情况较差，有 3 个成年头骨和几根肢骨，皆属于二次葬。北边中间头骨（A）为女性，其余头骨（B、C）均系男性。随葬器物有陶鼓腹罐 1 件，位于墓室北边，1 件铁刀出土于西边肢骨旁边（图一一五）。

1. **填土出土器物**

陶长腹罐口沿 1 件（M2016：3）。夹砂褐陶，手制，口沿经过慢轮修整。重唇（图一一六）。

2. **随葬器物**

铁刀 1 件（M2016：1）。直背，斜刃，柄呈锥状。通长 20.9、刃最宽 2.2 厘米（图一一七：1）。

陶鼓腹罐 1 件（M2016：2）。夹砂褐陶，手制。鼓腹，平底。残高 9.2、底径 7.6 厘米（图一一七：2，图版一一八：5）。

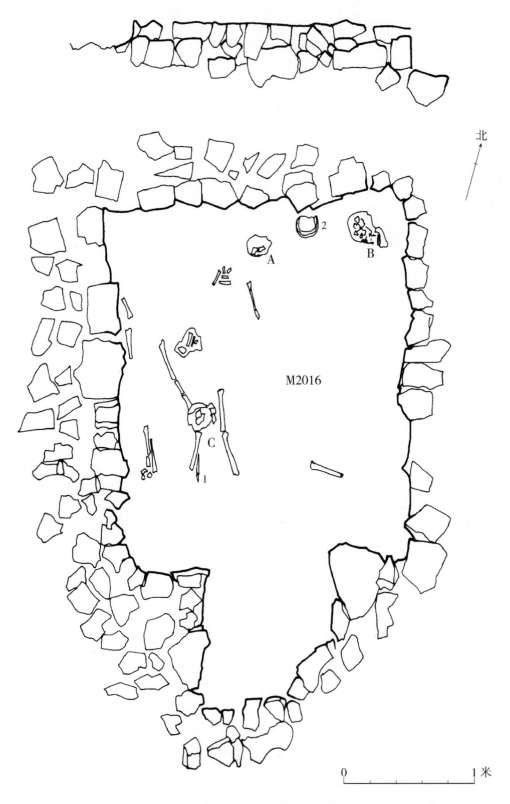

北

M2016

A

B

2

C

1

0　　　　　　　　　1 米

图一一五　M2016 平面及南壁侧视图

1. 铁刀　2. 陶鼓腹罐

M2017

位于 M2047 西北 5.5 米处。墓的方向为 200°。未见封土，部分墓壁石块已露出地面。墓室填土为黑土，土质松软，墓底为原生土面，呈黑褐色。填土中发现夹砂褐陶长腹罐（残）1 件。墓葬系地面建筑，用粗加工的玄武岩石板和天然河卵石平砌墓室与墓道，墓室近似于不规则的长方形，长约 2.94、宽约 2.14、深 0.42 米。墓道位于墓室南壁，长 1.32、宽 1.1 米。

人骨保存欠佳，三个成年骨架位于墓室中部。其中东边碎头骨（A）性别不清。中间腿骨（B）为女性。其西边骨盆与股骨（C）系男性。随葬器物有长腹罐 1 件，位于墓室的西北角（图一一八）。

1. **填土出土器物**

陶长腹罐口沿　1 件（M2017：2）。夹砂褐陶，手制。重唇，侈口，口径大于腹径（图一一九）。

2. **随葬器物**

陶长腹罐　1 件（M2017：1）。夹砂黄褐陶，手制，口沿经慢轮修整，腹下呈斑驳不均。重唇，侈口，口径大于腹径，平底。口径 11.8、通高 20、腹最大径 11、底径 6.3 厘米（图一二〇，图版六九：1）。

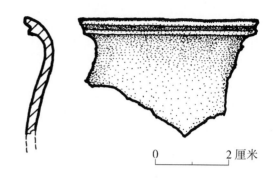

图一一六　M2016 填土出土器物
陶长腹罐口沿（M2016：3）

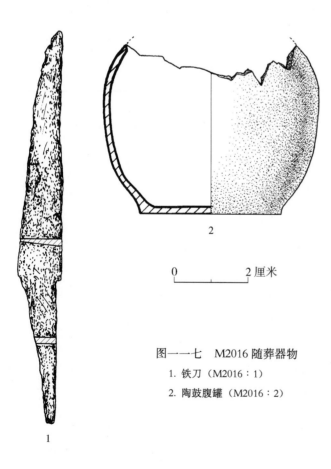

图一一七　M2016 随葬器物
1. 铁刀（M2016：1）
2. 陶鼓腹罐（M2016：2）

M2023

位于 M2042 之西，与其封土连成一片。墓的方向为 210°。有封土覆盖，北高南低，呈缓坡状，墓葬北壁的部分石块已露出地面。墓室填土为沙土夹少量河卵石，土质较硬，墓底亦是河卵石沙土层，无包含物。墓葬系地面建筑，用天然石块垒砌墓室与墓道，墓室近似于长方形，西壁的南侧稍微往里倾斜，长 2.92、宽 1.92、深 0.86 米。墓道在南壁中间，微偏东，长 1.02、宽 0.81 米。

二人葬，墓主人都是成年男性，东边骨架（A）无疑是一次葬，西边骨架（B）可能也是一次葬，但头骨已不见。出土文物有 1 件铁刀，位于东边骨架（A）腰间（图一二一）。

随葬器物

铁刀　1 件（M2023：1）。直背，斜刃，短柄。残长 11.4、柄长 2.4 厘米（图一二二）。

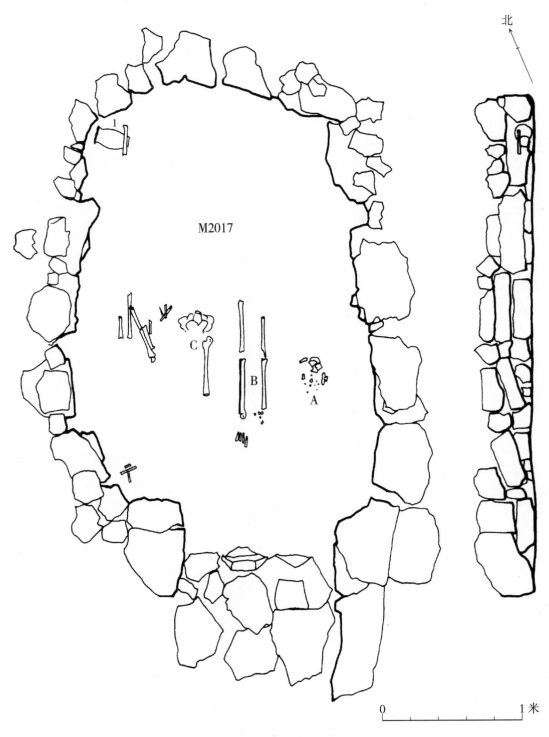

北

0　　　　　　　　1 米

图一一八　M2017 平面及西壁侧视图

1. 陶长腹罐

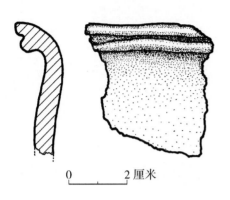

图一一九　M2017 填土出土器物
陶长腹罐（M2017：2）

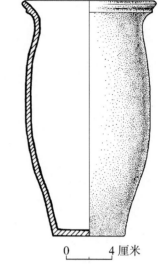

图一二○　M2017 随葬器物
陶长腹罐（M2017：1）

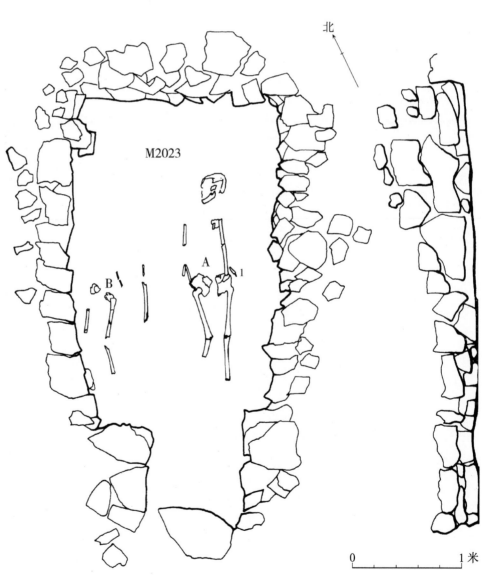

图一二一
M2023 平面及
西壁侧视图
1. 铁刀

0　　　2 厘米

图一二二　M2023
随葬器物
铁刀（M2023：1）

M2024

位于 M2023 之西约 2 米处。墓的方向为 200°。有封土覆盖，呈长方形，南北长 3.8、东西 3、高出地面约 0.8 米。墓顶坍塌，墓室填土为黑土，土质松软，墓底为黄沙土。填土中发现长腹罐 1 件（残），铁矛 1 件。墓葬为地面建筑，用玄武岩石板和河卵石垒砌墓室，墓室平面呈长方形，长 2.16、宽 1.6、深 0.68 米。墓道位于墓室南壁东侧，长 1.04、宽 0.74 米。

墓室北侧发现一具 30 岁左右的男性骨架。葬式为屈肢葬，头骨已错位，但可以判明此具骨架还是属于一次葬。随葬器物有陶长腹罐 2 件、陶肥颈壶 1 件、铁刀 1 件，都置于人骨架周围（图一二三）。

1. 填土出土器物

陶长腹罐口沿　1 件（M2024：5）。夹砂褐陶，手制，重唇（图一二四：2）。

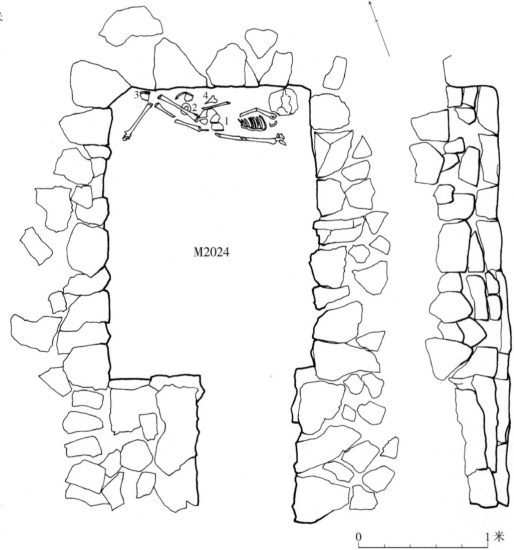

图一二三

M2024 平面及

西壁侧视图

1. 陶长腹罐
2. 陶肥颈壶
3. 陶长腹罐
4. 铁镞

北

M2024

0　　　　　　1 米

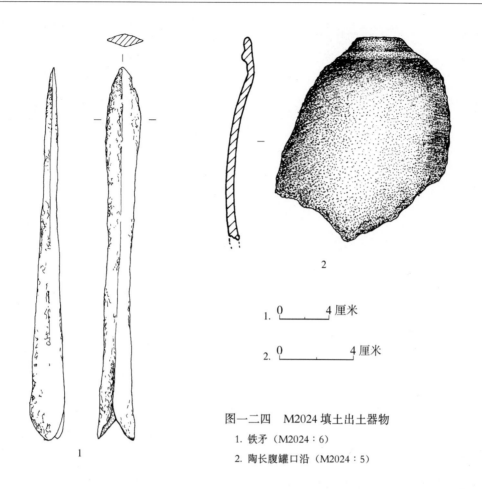

图一二四　M2024 填土出土器物

1. 铁矛（M2024：6）

2. 陶长腹罐口沿（M2024：5）

铁矛　1件（M2024：6）。矛头为柳叶状，尖锋，中间起脊，剖面呈菱形，箭为圆筒状，中空，两侧有豁口。长 29.8 厘米（图一二四：1，图版一六一：5）。

2. 随葬器物

陶长腹罐　2件。夹砂褐陶，手制，口沿经过慢轮修整，腹部留下烟熏的痕迹。重唇，侈口，鼓腹，平底，素面。M2024：1底饰押记，口径 10.8、通高 16.8、腹最大径 12.4、底径 6.1 厘米（图一二五：1，图版六九：2）。M2024：3 已残，口径 11 厘米（图一二五：2）。

陶肥颈壶　1件（M2024：2）。夹砂褐陶，手制。盘口，重唇，圆鼓腹，大平底，素面。口径 9.4、通高 22.2、底径 16.7 厘米（图一二五：3，图版六九：3）。

铁镞　1件（M2024：4）。扁平双锋，长铤，铤呈锥状。残长 10.8 厘米（图一二五：4）。

M2025

位于 M2027 之西约 1.5 米处。墓的方向为 180°。有封土覆盖，南北长约 4.2、东西宽 2.5、高出地面 0.7 米。原始墓顶已被破坏，墓室填土为黑土，土质松散，无包含物，墓底为黄沙土。墓葬为地面建筑，用天然石块和石板垒砌墓壁，墓室平面呈长方形，长 2.6、宽 1.52、深 0.66 米。墓道在墓室南壁正中，长 1.01、宽 0.75 米。

人骨为二次葬，属三个个体。最北头骨（A）为男性，30 岁左右。东边头骨（B）为女性，55 岁左右。南边头骨（C）系成年男性。所属三个头骨的肢骨散放在墓室的西部和墓道内。随葬器物有陶

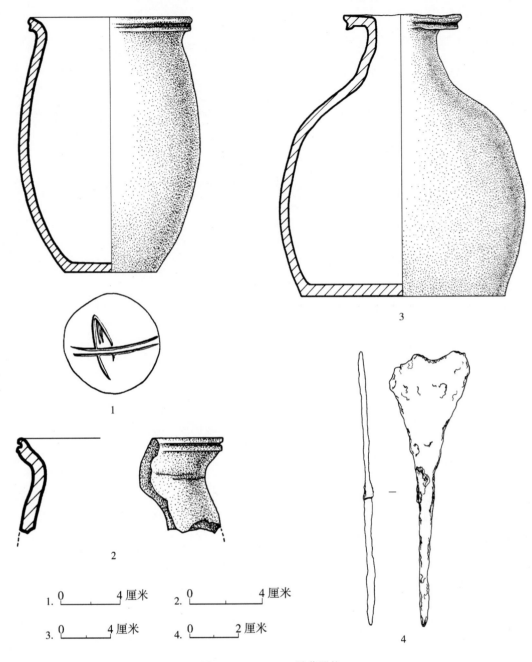

图一二五　M2024 随葬器物

1、2. 陶长腹罐（M2024：1、3）　3. 陶肥颈壶（M2024：2）　4. 铁镞（M2024：4）

长腹罐 1 件，位于墓室东北角。1 件铜带銙和 1 件铁带銙置于墓道内（图一二六）。

随葬器物

　　陶长腹罐　1 件（M2025：1）。夹砂褐陶，手制，口沿经过慢轮修整，腹部留下烟熏的痕迹。方唇，侈口，鼓腹，平底。口径 10.6、通高 14.8、腹最大径 12.1、底径 5.7 厘米（图一二七：1，图版六九：4）。

　　铁带銙　1 件（M2025：2）。通体呈长方形，四边折起，靠一头设长方形孔，背面饰四个小钉。

长 3.3、宽 2.8、孔长 1.8、宽 0.5
厘米（图一二七：2）。

铜带銙　1 件（M2025：3）。
残甚形状不明（图一二七：3）。

M2031

位于 M2107 之东 1 米处。墓的
方向为 190°。有封土覆盖，凹凸不
平，南北长约 4、东西宽约 2.6 米。
墓室填土为黑土，土质松散，无包
含物，墓底为原黄沙生土。墓葬为
地面建筑，用粗加工的玄武岩石板
和天然河卵石砌筑墓壁与墓道，墓
室近似于长方形，东壁长 2.46、西
壁长 2.2、宽 1.64、深 0.51 米。墓
道在墓室南壁正中，西侧墓道长于
东壁墓道，长 1.36、东壁墓道长
1.16、宽 1.04 米。

头骨在墓室中间，其西南 0.3
米处有下颌骨，所属肢骨散放在头
骨周围，墓主人为 30～35 岁左右的
女性。在墓室北侧发现长腹罐 2 件
（图一二八）。

随葬器物

陶长腹罐　2 件。夹砂褐陶，
手制，口沿经过轮修整，腹部留下
烟熏的痕迹。重唇，侈口，鼓腹，
平底，素面。M2031：1 口径 10.8、
通高 15.3、腹最大径 11.9、底径
5.7 厘米（图一二九：1，图版七〇
：1）。M2031：2 重唇，中间饰一
道凸弦纹。口径 11、通高 17.5、腹
最大径 12.9、底径 6 厘米（图一二
九：2，图版七〇：2）。

M2034

位于 M2037 之东南 2 米处。墓
的方向为 170°。有封土覆盖，近似

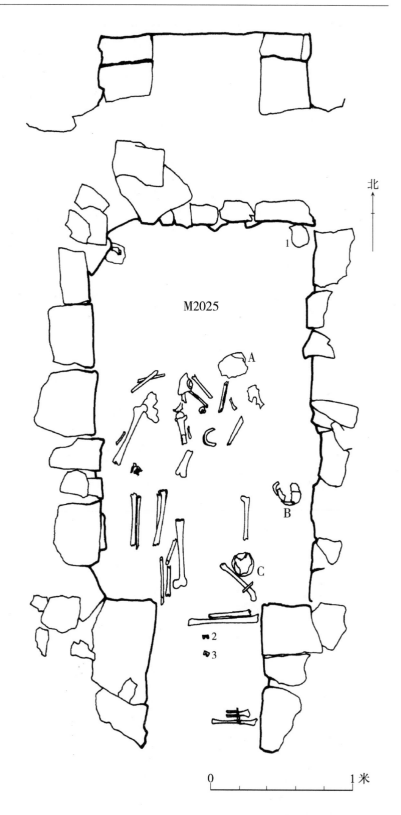

北

图一二六　M2025 平面及南壁侧视图

1. 陶长腹罐　2. 铁带銙　3. 铜带銙

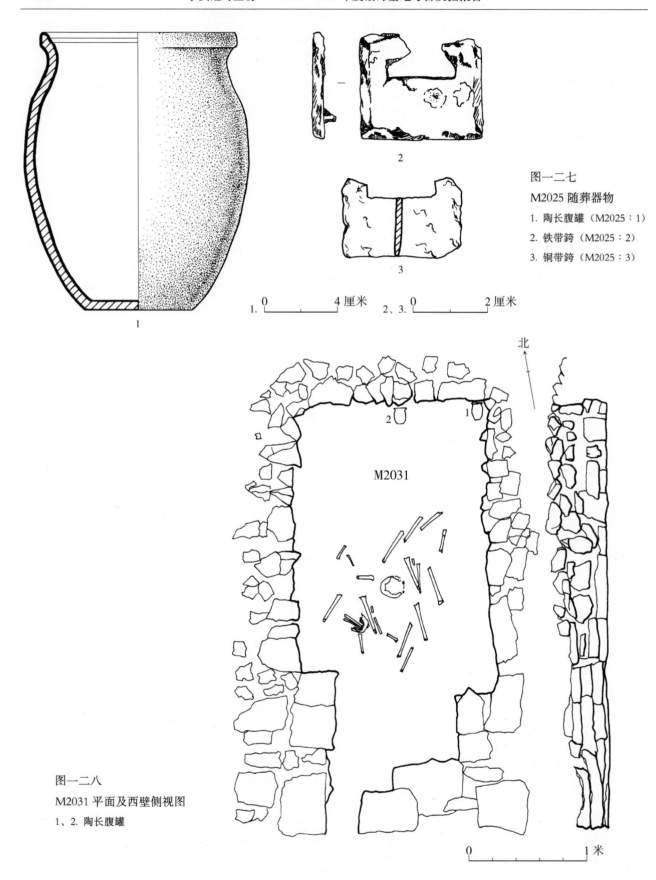

图一二七

M2025 随葬器物

1. 陶长腹罐（M2025：1）

2. 铁带銙（M2025：2）

3. 铜带銙（M2025：3）

1. |0　　　　　　4 厘米　　　2、3. |0　　　　2 厘米

图一二八

M2031 平面及西壁侧视图

1、2. 陶长腹罐

北

M2031

0　　　　　　　　1 米

于椭圆形，长径 5.5、短径 4.5、高约 0.7 米。墓顶坍塌，封顶石块已塌落在墓室内，墓室填土为黑色土，土质较黏，纯净，无包含物，墓底为原黄沙生土。墓葬系地面建筑，用粗加工的玄武岩石块和石板平砌墓室与墓道，墓室平面呈长方形，长 2.3、宽 1.51、深 0.4 米。墓道在墓室南壁中间，长 1.14、宽 0.81 米。

人骨比较乱，属于二次葬。头骨共三个，集中在墓室中部。最北头骨（A）为男性，35 岁左右。中间头骨（B）为小孩，性别不明，8～9 岁。南边头骨（C）为女性，30 岁左右。随葬器物分别置于墓室周围，有陶鼓腹罐 1 件、陶长颈壶 1 件、陶长腹罐 2 件、铁镞 1 件（图一三〇）。

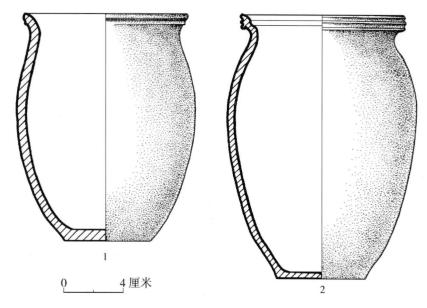

图一二九　M2031 随葬器物

1、2. 陶长腹罐（M2031：1、2）

随葬器物

陶鼓腹罐　1 件（M2034：1）。夹砂红褐陶，手制，器表斑驳不均。圆唇，侈口，短颈，微折肩，平底。肩饰弦纹、锥刺纹夹水波纹。口径 8.4、通高 21.2、腹最大径 20、底径 14 厘米（图一三一：1，图版七〇：3）。

陶长颈壶　1 件（M2034：3）。夹砂褐陶，手制，口沿经过慢轮修整。重唇，侈口，细颈，折肩，鼓腹，平底，腹饰"×"符号。口径 8.1、通高 25.8、腹最大径 19.7、底径 14.4 厘米（图一三一：2，图版七〇：4）。

陶长腹罐　2 件。夹砂褐陶，手制，腹部留下烟熏的痕迹。形状不同，可分二式。

Ⅰ式　1 件（M2034：5）。重唇，口径大于腹径，平底，素面。口径 9、通高 13.8、腹最大径 8.4、底径 6.1 厘米（图一三一：5，图版七一：2）。

Ⅱ式　1 件（M2034：4）。重唇，口沿经过慢轮修整，侈口，鼓腹，平底，素面。口径 9.1、通高 13.8、腹最大径 9、底径 6.1 厘米（图一三一：3，图版七一：1）。

铁镞　1 件（M2034：2）。呈柳叶形，尖锋，两侧外弧呈束腰状，器身扁平，锥状铤。长 6.3 厘米（图一三一：4）。

M2035

位于 M20037 之西 1 米处。墓的方向为 175°。现存封土南北长 4.5、东西宽 4、高 0.7 米，封土中央较低且内凹。墓室填土为黑土夹少量河卵石块，墓底为灰褐色生土层。填土中发现夹砂褐陶长腹罐 1 件（残）。墓葬为地面建筑，用玄武岩石板和天然河卵石块垒砌墓壁，墓室平面呈长方形，四壁较整齐，长 2.32、宽 1.6、深 0.68 米。墓道在墓室南壁偏西侧，长 0.9、宽 0.6 米。

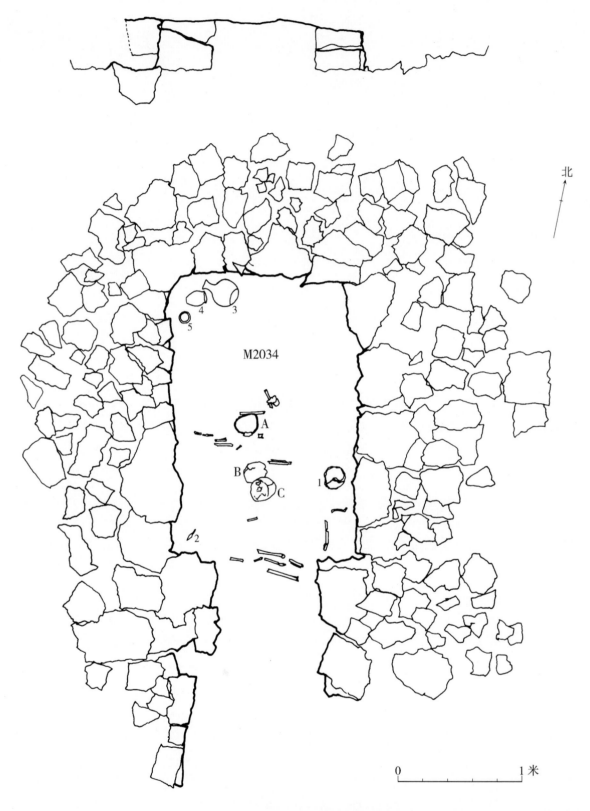

北

0　　　　　　　1 米

图一三〇　M2034 平面及南壁侧视图

1. 陶鼓腹罐　2. 铁镞　3. 陶长颈壶　4、5. 陶长腹罐

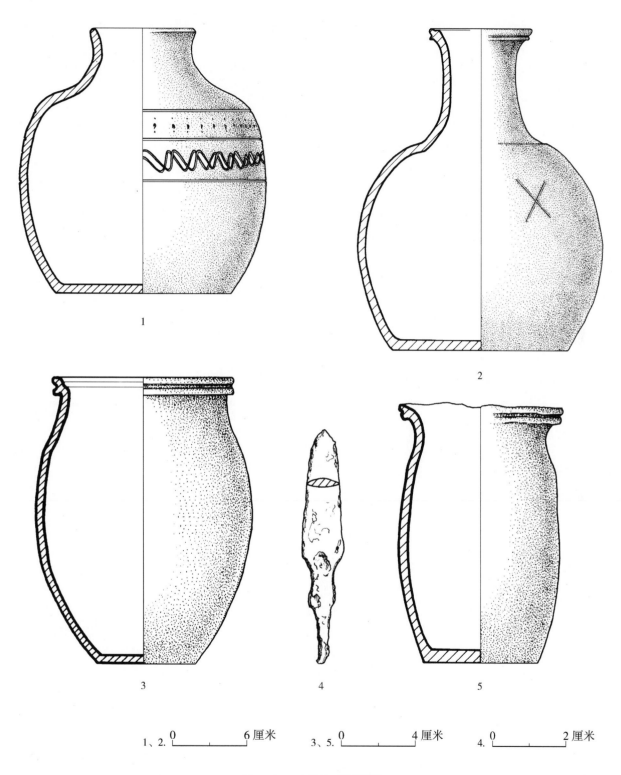

图一三一　M2034 随葬器物

1. 陶鼓腹罐（M2034：1）　　2. 陶长颈壶（M2034：3）　　3. Ⅱ式陶长腹罐（M2034：4）

4. 铁镞（M2034：2）　　5. Ⅰ式陶长腹罐（M2034：5）

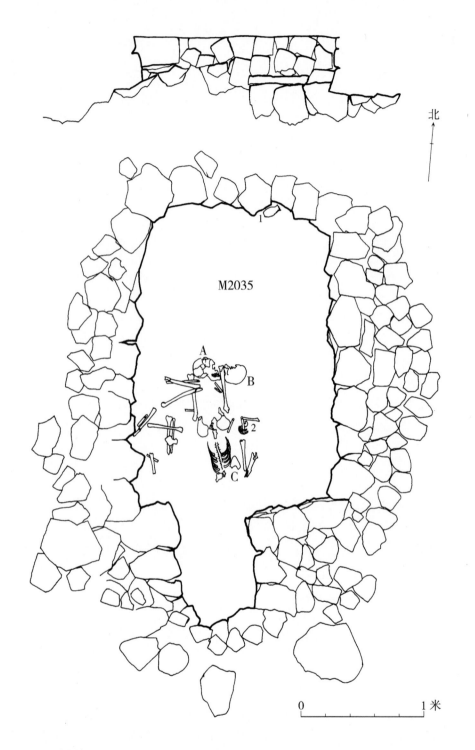

北

图一三二

M2035 平面及南壁侧视图

1. 陶长腹罐
2. 铁镯

0　　　　　　　1 米

　　在墓室西南发现三具人骨，皆为二次葬。北边头骨（A）为男性，25～30 岁。其东边头骨（B）亦男性，40 岁左右。南边肢骨与骨盆（C）系成年女性。出土文物有陶长腹罐 1 件，置于墓室北侧，南边上肢骨上发现铁镯 1 件（图一三二）。

1. 填土出土文物

　　陶长腹罐口沿　1 件（M2035∶3）夹砂褐陶，手制，口沿经过慢轮修整。重唇（图一三三）。

2. 随葬器物

陶长腹罐 1件（M2035：1）。夹砂褐陶，手制，口沿经过慢轮修整，腹部留下烟熏的痕迹。尖圆唇，侈口，束颈，口径与腹径相同，平底。口径11.2、通高14.2、底径7.1厘米（图一三四：1，图版七一：3）。

铁镯 1件（M2035：2）。薄铁片围成圆圈，中间有一缺口，其横截面为长方形。最大外径7、内径6.4厘米（图一三四：2）。

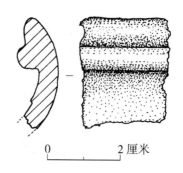

图一三三 M2035填土
出土器物
陶长腹罐口沿（M2035：3）

M2037

在M2035之东1米处。墓的方向为170°。有封土覆盖，南北长约4、东西宽3.2、高出地面0.8米。墓室填土为黑色，土质松散，墓底为黄沙生土。填土中发现夹砂褐陶长腹罐1件（残）。墓葬为地面建筑，用粗加工的玄武岩大石块平砌墓室与墓道，大石块修于内壁，其周围堆砌小石块，墓室平面呈长方形，长2.38、宽1.5、深0.68米。墓道在墓室南壁正中，长0.9、宽0.86米。

墓室中未见人骨。在墓室东侧发现铜镯1件（图一三五）。

1. 填土出土器物

陶长腹罐口沿 1件（M2037：2）。夹砂褐陶，手制，圆唇（图一三六）

2. 随葬器物

铜镯 1件（M2037：1）。椭圆形，中间有一豁口，其横截面呈半圆形。外直径6.9、内径6.2厘米（图一三七，图版一四〇：5）。

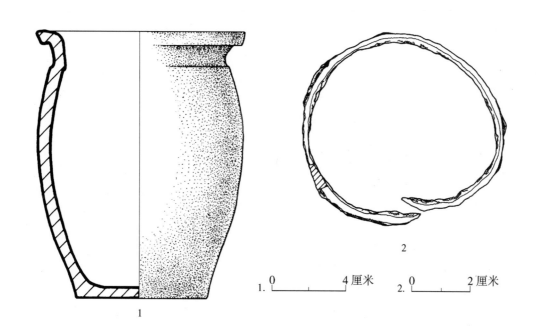

图一三四 M2035随葬器物

1. 陶长腹罐（M2035：1）　2. 铁镯（M2035：2）

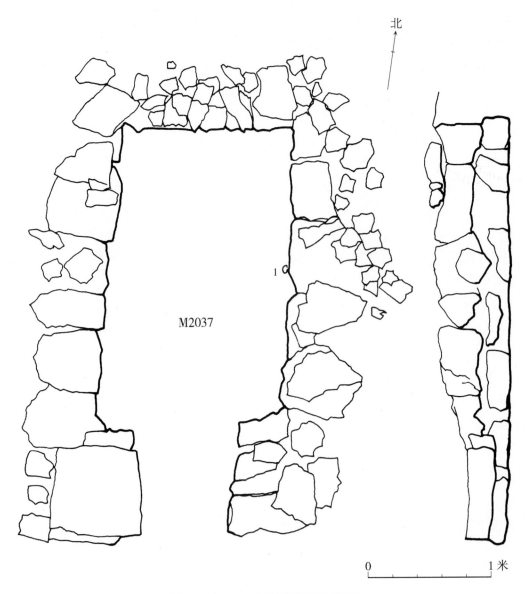

图一三五　M2037 平面及西壁侧视图
1. 铜镯

M2039

　　在 M2038 之西北 2.3 米处。墓的方向为 170°。有封土覆盖，呈椭圆形，中间微凹，长径约 4.2、短径 3.4、高出地面约 0.5 米。墓室填土为黑褐土，土质松软，墓底为原黄沙生土层。填土中发现夹砂褐陶长腹罐 1 件（残）。墓葬为地面建筑，用粗加工的玄武岩石板平砌墓壁，墓室呈长方形，长 2.44、宽 1.75、深 0.5 米。墓道在墓室南壁正中，长 1.05、宽 0.8 米。

　　人骨较乱，其中有三个头骨，皆为二次葬。最北头骨

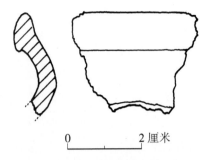

图一三六　M2037 填土出土器物
陶长腹罐口沿（M2037：2）

（A）为成年男性。其余两个头骨保存不好，中间头骨（B）无法鉴别其性别，是儿童头骨。墓室中间骨架（C）为女性，40 岁左右。随葬器物有短颈壶 1 件，置于墓室北部，铁钉 6 件，分别出在肢骨周围（图一三八）。

1. 填土出土器物

陶长腹罐口沿　1 件（M2039：8）。夹砂褐陶，手制，口沿经过慢轮修整，重唇（图一三九）。

2. 随葬器物

陶短颈壶　1 件（M2039：1）。夹砂褐陶，手制。重唇，侈口，束颈，鼓腹，平底，肩饰凹弦纹夹水波纹。口径 8.2、通高 17.4、腹最大径 18.3、底径 13.8 厘米（图一四〇：1，图版七一：4）。

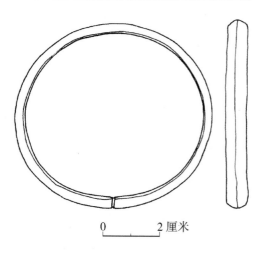

图一三七　M2037 随葬器物
铜镯（M2037：1）

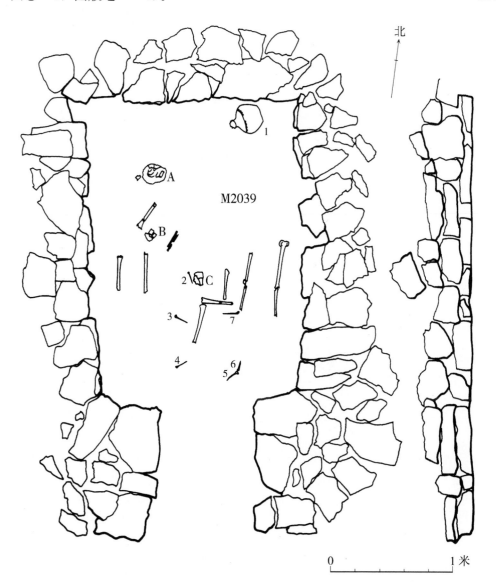

图一三八
M2039 平面及西壁侧视图
1. 陶短颈壶　2～7. 铁钉

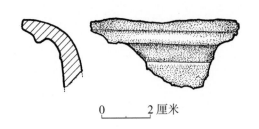

图一三九　M2039 填土出土器物
陶长腹罐口沿（M2039：8）

铁钉　6 件。钉身为四棱锥体状，钉帽不同，可分二式。

Ⅰ式　1 件（M2039：2）。无钉帽，长 8.8 厘米（图一四○：2）。

Ⅱ式　5 件。扁平钉帽。M2039：3 长 10.3、钉帽宽 1 厘米（图一四○：3）。M2039：4 长 7.9、钉帽宽 1.3 厘米（图一四○：4）。M2039：5 长 8.3、钉帽宽 1.1 厘米（图一四○：5）。M2039：6 长 7.5、钉帽宽 0.9 厘米（图一四○：6）。M2039：7 长 11.5、钉帽宽 0.6 厘米（图一四○：7）。

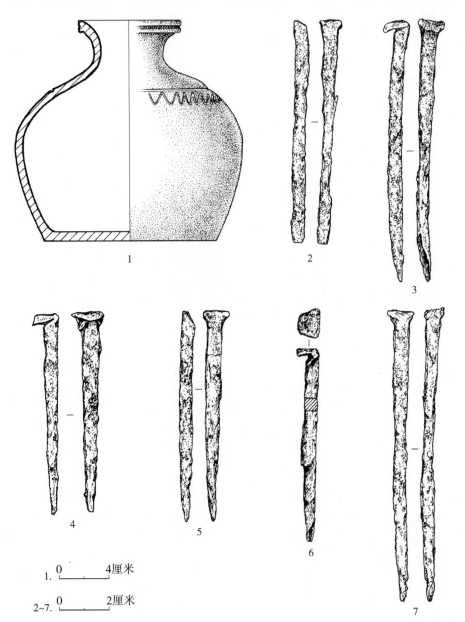

图一四○　M2039 随葬器物
1. 陶短颈壶（M2039：1）
2. Ⅰ式铁钉（M2039：2）
3～7. Ⅱ式铁钉（M2039：3～7）

M2042

位于 M2023 之东，与其封土连成一片，墓的方向为 200°。有封土覆盖，其南北长约 5、东西宽 3.3、高出地面 0.6 米。墓室内填土为黑土，土质松软，墓底呈黄沙土层。填土中发现夹砂红褐陶器底碎片。墓葬为地面建筑，用天然玄武岩石块逐层修筑墓壁，石材均未加工，墓壁石块大小均匀，墓室长 2.4、宽 1.42、深 0.56 米。墓道在墓室南壁正中，长 1.1、宽 0.68 米。

埋葬两个头骨和三根肢骨，属二次葬。西北角头骨（A）可能是成年女性。东南角头骨（B）属于成年，因破坏严重，其性别不明。在墓室北侧发现陶短颈壶 1 件（图一四一）。

随葬器物

陶短颈壶 1 件（M2042:1）。夹砂褐陶，手制，口沿经过慢轮修整，侈口，细颈，圆鼓腹，平底。颈部饰三道凹弦纹。残高 23.2、腹最大径 19.6、底径 11 厘米（图一四二，图版七二:1）。

M2043

位于 M2313 之西 1.5 米处。墓的方向为 155°。有微凸的封土覆盖，南低北高，南北长约 4.6、东西宽约 2.6 米。原封顶石块散落在整个墓室中间，墓室填土为黑土，土质松散，

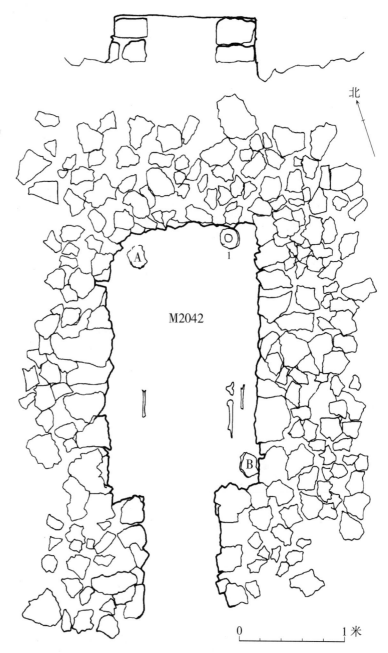

图一四一　M2042 平面及南壁侧视图
1. 陶短颈壶

无包含物，墓底为原黄沙土层。墓葬为地面建筑，用粗加工的玄武岩石块垒砌墓壁，墓室平面近似于长方形，长 2.3、宽 1.7、深 0.7 米。墓道位于墓室南壁正中，长 1、宽 0.7~0.8 米。

无人骨痕迹，出土文物有长腹罐 2 件，位于墓室西北角（图一四三）。

随葬器物

陶长腹罐 2 件。夹砂褐陶，手制，口沿经过慢轮修整，腹部留下烟熏的痕迹。口沿不同，将其分为二式。

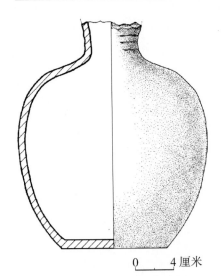

图一四二　M2042 随葬器物
陶短颈壶（M2042：1）

Ⅰ式　1件（M2043：1）。重唇，侈口，口径大于腹径，平底。口径10.6、通高15.3、腹最大径9.6、底径4.8厘米（图一四四：1，图版七二：2）。

Ⅱ式　1件（M2043：2）。尖圆唇，子口，束颈，口径略大于腹径，平底。口径12、通高15.8、腹最大径11.8、底径6.9厘米（图一四四：2，图版七二：3）。

M2050

位于 M2051 之西3.5米处。方向为170°。封土已被破坏，墓壁石块已露出地面。墓室填土为黑褐土，土质较密集，墓底为原生土层。填土中发现夹砂褐陶碎片。墓葬为地面建筑，用天然石块垒砌墓壁，西壁破坏严重，墓室平面呈长方形，长2.2、宽1.91、深0.48米。墓道位于墓室南壁中间，长1.06、宽0.9米。

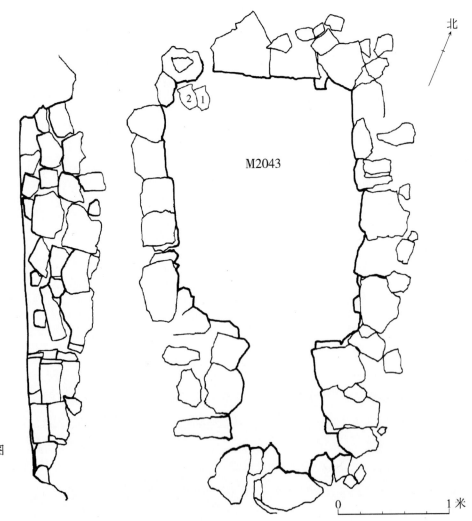

图一四三
M2043 平面及东壁侧视图
1、2. 陶长腹罐

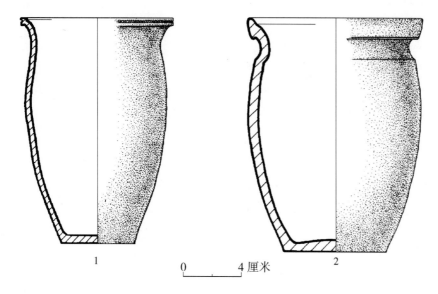

图一四四 M2043 随葬器物

1. Ⅰ式陶长腹罐（M2043：1）

2. Ⅱ式陶长腹罐（M2043：2）

无人骨，随葬品亦未见（图一四五）。

M2051

位于 M2050 之东 3.5 米处。方向为 170°。有微凸的封土覆盖，其范围略呈椭圆形，长径 4.5、短径 3.5、高出地面约 0.6 厘米。墓室填土为黑土，土质松软，无包含物，墓底为原生土，呈黑褐色。墓葬为地面建筑，用粗加工的玄武岩石块垒砌墓壁，墓室平面近似于长方形，东北角呈圆角，长 2.66、宽 2.04、深 0.6 米。墓道位于墓室南壁偏东处，长 0.96、宽 0.9 米。

墓室有两个头骨和少量肢骨，属于二次葬。东边头骨（A）为成年男性。其西边头骨（B）系男性，约 25岁左右。无随葬品（图一四六）。

M2053

位于 M2022 之东 5.5 米处。方向为 190°。墓葬范围不明显，部分石块已经散落在地表上。墓室填土为黑土，土质较密集，无包含物，墓底铺一层黄沙土。墓葬为地面建筑，用玄

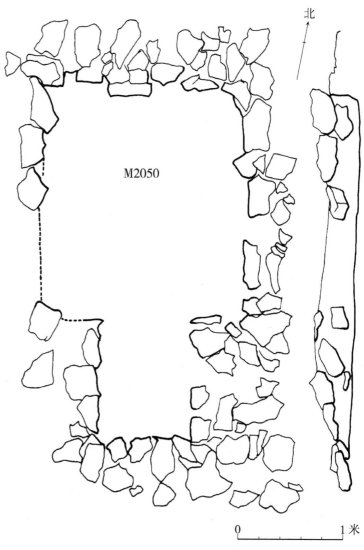

图一四五 M2050 平面及西壁侧视图

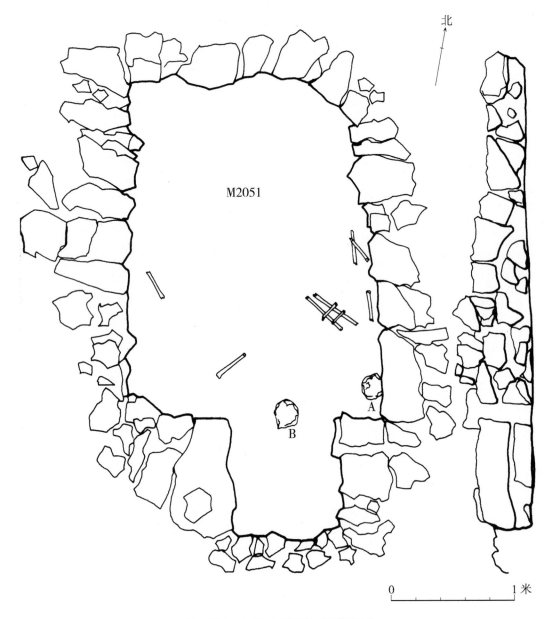

北

0　　　　　　　　1 米

图一四六　M2051 平面及西壁侧视图

武岩石板和河卵石砌筑墓壁，较大的玄武岩石板用于墓室内壁，小石块堆砌在其周围，墓葬平面很不规整，墓室平面近似于方形，墓室南部两个角皆为弧形，长约 2.6、宽 2.5、深 0.48 米。墓道位于墓室南部，不规则形，长约 1.13、宽 1.1 米。

　　墓室东部有一具人骨，骨架缺损，属于二次葬，系女性，30～35 岁。出土文物有鼓腹罐 1 件，置于墓室南侧，2 件铜带扣、1 件铜铊尾，皆出土于墓室西北角。玛瑙珠 1 件，置于墓室北侧（图一四七）。

　　随葬器物

　　陶鼓腹罐　1 件（M2053：2）。夹砂褐陶，手制，口沿经过慢轮修整。圆唇，侈口，束颈，鼓腹，平底，肩饰锥刺纹夹弦纹。口径 6.5、通高 13.8、腹最大径 11.8、底径 5.2 厘米（图一四八：1，图版七二：4）。

北

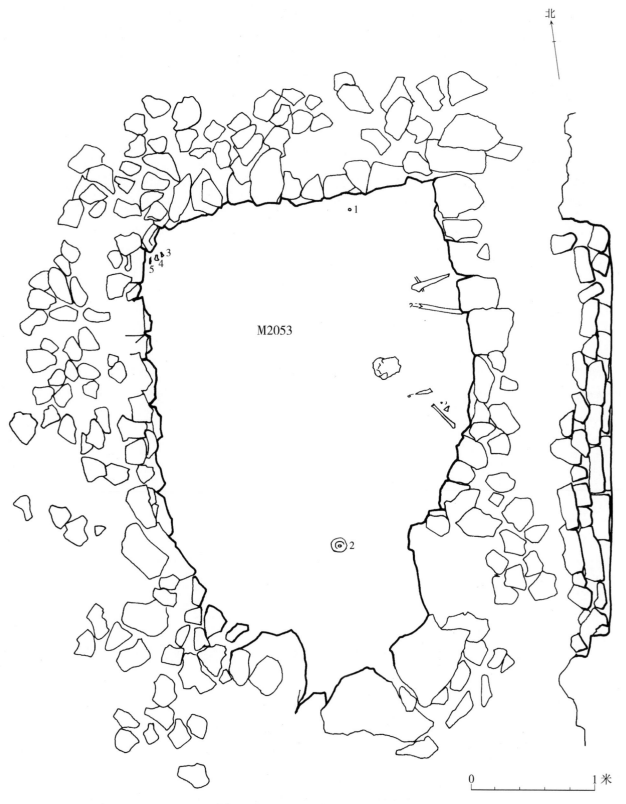

M2053

图一四七　M2053平面及西壁侧视图

1. 玛瑙珠　2. 陶鼓腹罐　3、4. 铜带扣　5. 铜铊尾

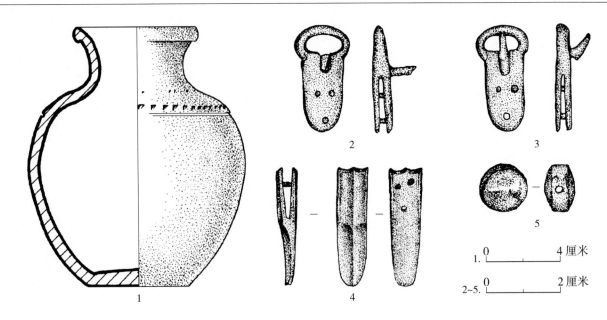

图一四八　M2053 随葬器物

1. 陶鼓腹罐（M2053：2）　　2、3. 铜带扣（M2053：3、4）　　4. 铜铊尾（M2053：5）　　5. 玛瑙珠（M2053：1）

　　铜带扣　2件（M2053：3、4）形状相同。顶端为椭圆形，带搭扣，下端呈扁平的舌状铜片，边缘稍折起，两片复合，反面有三个铆钉。通长2.8、顶端宽1.4、厚0.4厘米（图一四八：2、3）。

　　铜铊尾　1件（M2053：5）。呈长舌状，中间空心，背面饰三个小圆钉。长3、宽0.8、厚0.6厘米（图一四八：4）。

　　玛瑙珠　1件（M2053：1）。圆饼状，侧面饰一小圆孔。直径1.2、厚0.8、孔径0.2厘米（图一四八：5）。

M2054

　　位于M2055之西3米处。方向为155°。封土堆低平，不少石块散落在墓室周围。墓室填土为黑土，土质疏松，无包含物，墓底为原生土层，呈黑褐色。墓葬为地面建筑，用玄武岩石板平砌墓壁，个别空隙处填充小河卵石，四壁较规整，东北角凸出一块石头。墓室呈长方形，长2.5、宽1.75、深0.44米。墓道在墓室南壁正中，长1.5、宽0.86米。

　　在墓室西南发现两个头骨，几根肢骨置于墓室的西北侧，系二次葬。西侧头骨（A）为男性，50岁左右。东边头骨（B）性别不明，是成年个体。随葬器物有折肩罐1件，置于两个头骨的南部（图一四九）。

随葬器物

　　陶折肩罐　1件（M2054：1）。夹砂褐陶，手制。重唇，侈口，高领，平底。口径8.6、通高15.4、腹最大径13.6、底径8.2厘米（图一五○，图版七三：1）。

M2076

　　位于M2075之南1米处。墓的方向为170°。封土已被破坏，不明显，有的石块已露出地面。填土呈黑土，土质松散，无包含物，墓底为原生土层，呈灰褐色。墓葬为地面建筑，南壁破坏严重，墓道西壁已破坏无存，从现存东壁墓道推测，可能是铲形墓，墓室平面近似于长方形，长3.34、宽

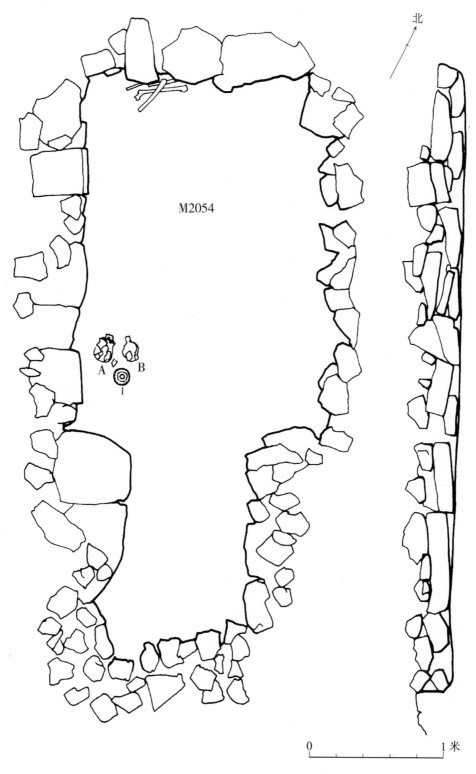

北

M2054

A ◎ B
1

0   1 米

图一四九 M2054 平面及西壁侧视图
1. 陶折肩罐

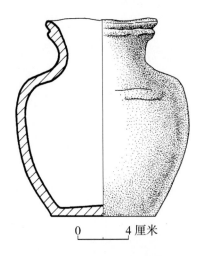

图一五〇　M2054 随葬器物

1. 陶折肩罐（M2054：1）

1.8、深 0.4 米。墓道位于墓室南壁中部，东壁墓道残长 0.76 米。

人骨位于墓室中南部，属于二次葬。东边头骨和其周围的肢骨（A）为男性，30～35 岁左右。西边下肢骨（B）亦是成年男性。随葬品有陶长腹罐 1 件，位于墓室北部（图一五一）。

随葬器物

陶长腹罐　1 件（M2076：1）。夹砂褐陶，手制，口沿经过慢轮修整，腹部有烟熏的痕迹。重唇，侈口，口径与腹最大径相同，平底，肩饰一道凹弦纹。口径 10.4、通高 16.8、底径 4.7 厘米（图一五二，图版七三：2）。

M2080

位于 M2076 之东南 1 米处。墓的方向为 170°。有封土覆盖，几块石头散落在墓葬周围，高出地面约 0.6 米。墓室填土呈黑土，土质松散，填土中发现夹砂褐陶碎陶片，墓底为原生土层，呈灰褐色。墓葬为地面建筑，修筑南壁和墓道用几块大石板，其余三壁用天然河卵石垒砌的，较整齐。墓室平面呈

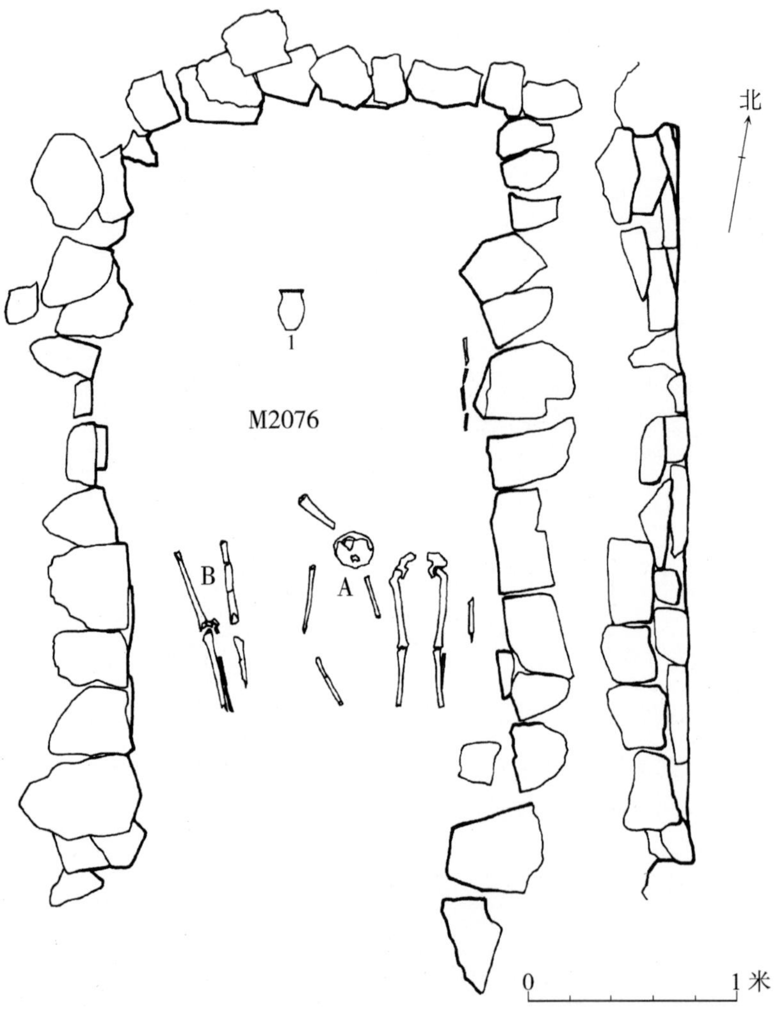

北

M2076

B　A

0　　　　　　　　　　1 米

图一五一　M2076 平面及西壁侧视图

1. 陶长腹罐

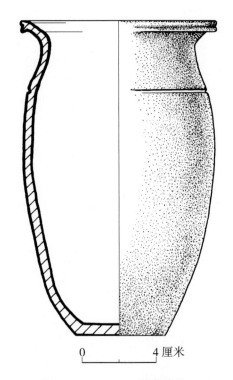

0　　　　4 厘米

图一五二　M2076 随葬器物

陶长腹罐（M2076：1）

长方形，长 2.3、宽 1.56、深 0.7 米。墓道位于墓室南壁中部，长 0.9、宽 0.68 米。

墓室中间有一具人骨（B），属于一次葬，头朝南脚朝北，头骨已被扰乱，位于上肢骨左侧，墓主身份为 35 岁左右的男性。其余五个头骨和肢骨聚在墓室东北部，属于二次葬。东北角有三个头骨，其中（A）为成年男性。（D）为男性，19～20 岁左右。（F）为女性，50 岁左右。墓室北侧中间头骨（E）为男性，35 岁左右。靠南边的头骨（C）亦是男性，30～35 岁。未见随葬品（图一五三）。

M2092

位于 M2088 之东北 2 米处。墓的方向为 167°。有微凸的封土覆盖，呈长方形，南北长 5.4 米，东西宽 4.8 米，高出地面 0.4 米。填土呈两层，上层为灰褐土，土质松散，无包含物。下层为红褐

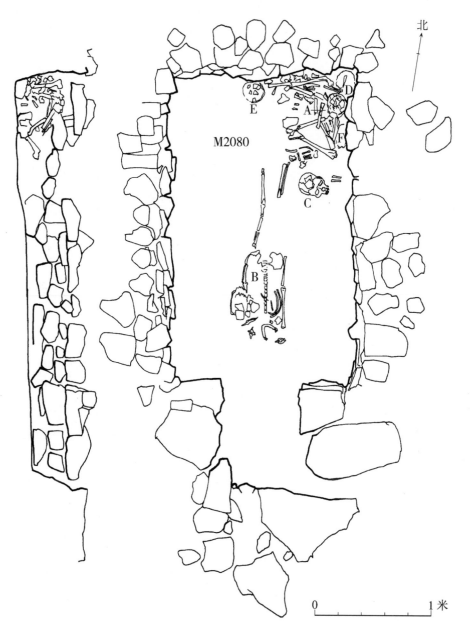

图一五三　M2080 平面及东壁侧视图

色，厚约0.1米左右，墓底铺一层长方形红砖，中间已被破坏。墓葬系地面建筑，用粗加工的玄武岩石板和石块平砌墓葬，墓室平面呈长方形，里外壁皆整齐，长2.75、宽2.04、深0.33米。墓道位于墓室南壁中间，长1.2、宽0.7厘米。

在墓室东南部发现一个头骨和肢骨，属于成年男性。随葬品有陶长腹罐1件，位于墓室北部东侧，头骨右侧发现1件铜带銙（图一五四，图版一五）。

1. **填土出土器物**

卷沿罐口沿　1件（M2092：3）。夹砂褐陶（图一五五：1）。

瓮口沿　1件（M2092：4）。夹砂褐陶，手制，尖圆唇（图一五五：2）。

2. **随葬器物**

陶长腹罐　1件（M2092：1）。夹砂红褐陶，手制，口沿经过慢轮修整，腹部留下烟熏的痕迹。重唇，侈口，口径大于腹径，平底，素面。口径10.7、通高15.3、腹最大径9.6、底径4.3厘米（图一五六：1，图版七三：3）。

铜带銙　1件（M2092：2）。已残，通体呈长方形，边缘折起，上端饰一长方形孔。长3.2、宽2.8、厚0.8、孔长2.2、宽0.65厘米（图一五六：2）。

M2093

位于M2099之南1.5米处。墓的方向为170°。封土范围较大，近似于椭圆形，长径7.4、短径5.6、高出地面0.5米左右。填土为黑褐土，土质松软，无包含物，距墓底0.15米土色变为红褐土。墓葬系地面建筑，内壁平砌大石板，外壁用大小不等的石块围筑，墓底和墓道北部铺一层长方形红砖，东北部和中间已被破坏。墓室呈长方形，长2.9、宽2.34、深0.57米。墓道位于墓室南壁中间，长1.7、宽0.93米。

几块肢骨散放在墓室中间，墓主人为成年男性。未见随葬品（图一五七，图版一六：1）。

M2110

位于M2002之北约3米处。墓的方向为213°。有封土覆盖，其范围近似于椭圆形，长径6.3、短径4.3、高出地面1米。填土为黑褐土，土质松软，墓底为原沙土层。填土中发现夹砂褐陶鼓腹罐残片1件、罐底1件、瓮口沿1件。墓葬为半地穴建筑，用大石板或大小不等的石块砌筑而成，大石板用于墓室内壁，其周围堆砌小石块。墓室为长方形，四壁较整齐，长2.44、宽1.51、深0.86米。墓室砌到0.38米，在墓室南壁正中修墓道，长1.39、宽0.68、深0.48米。墓室和墓道交接处平铺一块大石板，墓道口封堵一块大石头。

墓室中未见人骨痕迹。随葬品亦未见（图一五八）。

填土出土器物

陶鼓腹罐　1件（M2110：1）。夹砂褐陶，手制。鼓腹，平底。残高17.2、腹最大径25.6、底径15.2厘米（图一五九：1，图版一一八：6）。

陶器底　1件（M2110：2）。夹砂褐陶，手制，平底（图一五九：2）。

陶瓮口沿　1件（M2110：3）。夹砂褐陶，手制，尖唇（图一五九：3）。

M2121

位于M2123之西约3米处。墓的方向为170°。有封土覆盖，呈椭圆形，长径5.3米，短径3.7

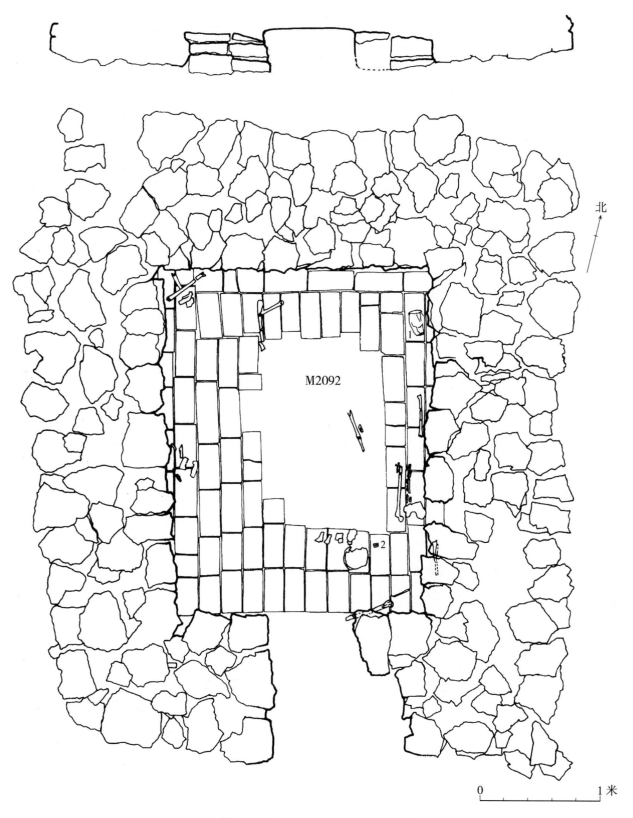

图一五四 M2092 平面及南壁侧视图

1. 陶长腹罐 2. 铜带銙

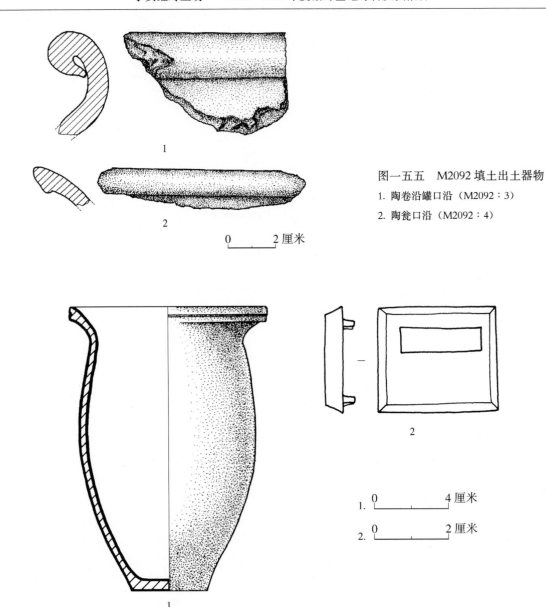

图一五五　M2092 填土出土器物

1. 陶卷沿罐口沿（M2092：3）

2. 陶瓮口沿（M2092：4）

0　　　　2 厘米

1. 0　　　　4 厘米

2. 0　　　　2 厘米

图一五六　M2092 随葬器物

1. 陶长腹罐（M2092：1）　　2. 铜带銙（M2092：2）

米，高出地面约 0.6 米。填土为黄褐黏土，土质较硬，纯净，墓底亦是黄褐黏土。填土中发现夹砂褐陶瓮残片 2 件。墓葬为半地穴式建筑，先在地表上挖一个长方形坑，用粗加工的石板沿着坑壁平砌墓室，大约砌到 0.2 米，在墓室南壁中间开一个墓道，墓室与墓道交接处平铺一块大石板。墓室呈长方形，四壁较规整，长 2.6、宽 1.48、深 0.84 米。墓道长 1.4、宽 0.81、深 0.5 米。

墓室内葬 4 个头骨和与其相关的若干块肢骨，均属于二次葬。位于西侧最北的头骨（A）是属于成年女性。中间头骨（B）系男性，30～35 岁。西南角骨头（C）为女性，30 岁左右。东南角头骨（D）系成年男性。出土文物有夹砂褐陶陶长腹罐 2 件，置于墓室北侧；有铜螺旋器 1 件、银耳环 1件、铁螺旋器 2 件、铁镞 1 件、铁带扣 1 件、铜带銙 1 件、铁条 1 件、陶瓮（残）1 件，皆出土于墓

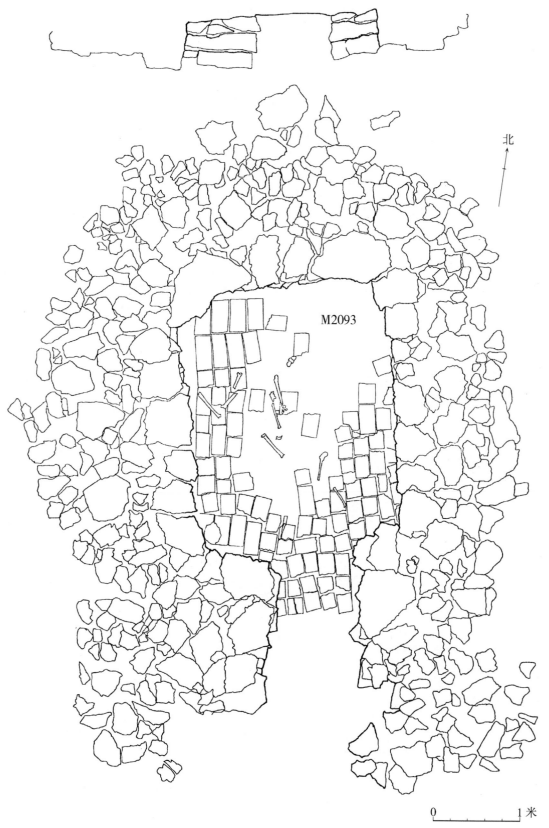

北

0 ____ 1 米

图一五七　M2093 平面及南壁侧视图

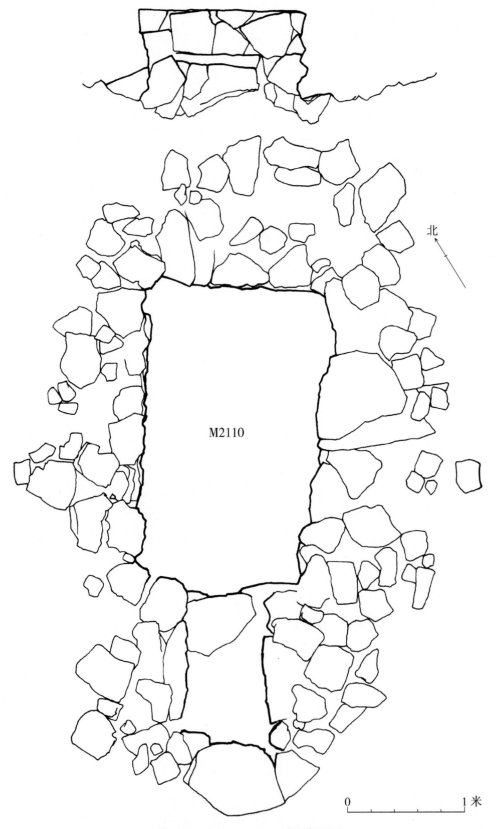

图一五八　M2110 平面及南壁侧视图

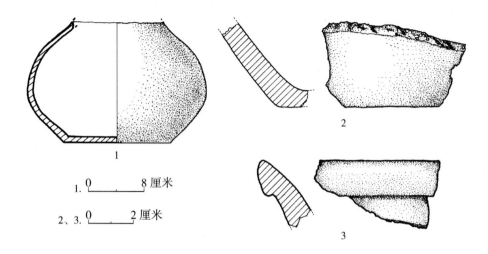

图一五九 M2110 填土出土器物

1. 陶鼓腹罐（M2110：1）　2. 陶器底（M2110：2）　3. 陶瓮口沿（M2110：3）

室中间（图一六〇，图版一六：2）。

1. 填土出土器物

陶瓮口沿　2件（M2121：12、13）。夹砂灰陶，手制，口沿经过慢轮修整，圆唇，侈口（图一六一：1、2）。

2. 随葬器物

陶长腹罐　2件。夹砂褐陶，手制，口沿经过慢轮修整，腹部留下烟熏的痕迹。重唇，侈口，口径略大于腹径，平底。M2121：1肩饰凹弦纹夹水波纹。口径11.2、通高19.2、腹最大径10.9、底径6.2厘米（图一六二：1，图版七三：4）。M2121：2素面。口径10.8、通高15.6、腹最大径10.3、底径5.2厘米（图一六二：2，图版七四：1）。

陶瓮底　1件（M2121：10）。夹砂灰陶，手制。底径22厘米（图一六二：7）

铜螺旋器　1件（M2121：3）。细铜丝旋成空心圆管。长2.8、直径1.1厘米（图一六二：4）。

铜耳环　1件（M2121：4）。圆形，其横截面亦是圆形。外径3.6、内径3厘米（图一六二：5）。

铁螺旋器　2件（M2121：5、6）。铁丝旋成空心圆管（图一六二：6、7）。

铁镞　1件（M2121：7）。镞身为扁平菱形，其横截面为柳叶形，铤为锥状，横截面呈椭圆形。通长5.2、铤长2.2厘米（图一六二：9）。

铁条　1件（M2121：11）。扁平长条形，横截面为长方形。长7.6、宽1.2、厚0.15厘米（图一六二：8）。

铁带扣　1件（M2121：8）。顶端为椭圆形圈带搭扣，下端呈舌状。通长4.2、宽3.8厘米（图一六二：6）。

铜带銙　1件（M2121：9）。长方形，边缘折起，两片复合，上半部饰一长方形孔，背面饰4个小钉。长3.1、宽2.7、厚0.5、孔长2、宽0.7厘米（图一六二：3）。

M2123

位于M2121之东3米处。墓向为170°。有封土覆盖，其形状近似于椭圆形，长径5.5、短径

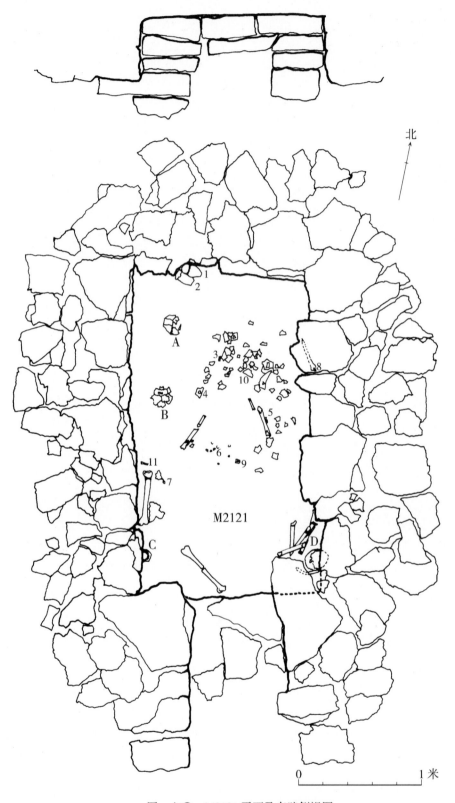

北

图一六〇　M2121 平面及南壁侧视图

1、2. 陶长腹罐　3. 铜螺旋器　4. 铜耳环　5、6. 铁螺旋器　7. 铁镞　8. 铁带扣

9. 铜带銙　10. 陶瓮　11. 铁钉

4.3、高出原地面约 0.8 米左右。墓室填土为黄褐色黏土，土质较纯净，墓底亦是黄褐色生土层。填土中发现夹砂褐陶片，器形有长腹罐（已残）1 件。墓葬为半地穴建筑，在原地表上挖一个长方形坑，之后用粗加工的玄武岩大石板沿着坑壁平砌墓室，砌至 0.4 米，在墓室南壁中间设一墓道，墓室与墓道衔接处平铺两块大石板，墓室四壁和墓道垒砌较整齐。墓室平面呈长方形，长 2.2、宽 1.74、深 0.83 米。墓道长 1.2、宽 0.73、深 0.43 米。

墓室内葬一头骨，面朝东南，是属于二次葬。墓主人性别为男性，约 25 岁左右。出土文物有铁钉 2 件、陶碗 1 件、陶鼓腹罐 1 件、陶瓮 1 件，均出土于墓室中部（图一六三，图版一七：1）。

　1. **填土出土器物**

陶长腹罐口沿 1 件（M2123：6）。夹砂褐陶，手制，重唇，口沿经过慢轮修整（图一六四）。

　2. **随葬器物**

陶鼓腹罐　　　1 件（M2123：4）。夹砂红褐陶，手制，口沿经过慢轮修整，腹部留下烟熏的痕

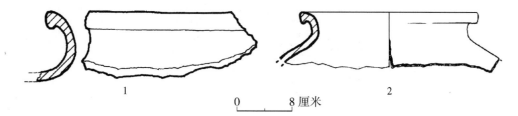

0   8厘米

图一六一　M2121 填土出土器物

1、2. 陶瓮口沿（M2121：12、13）

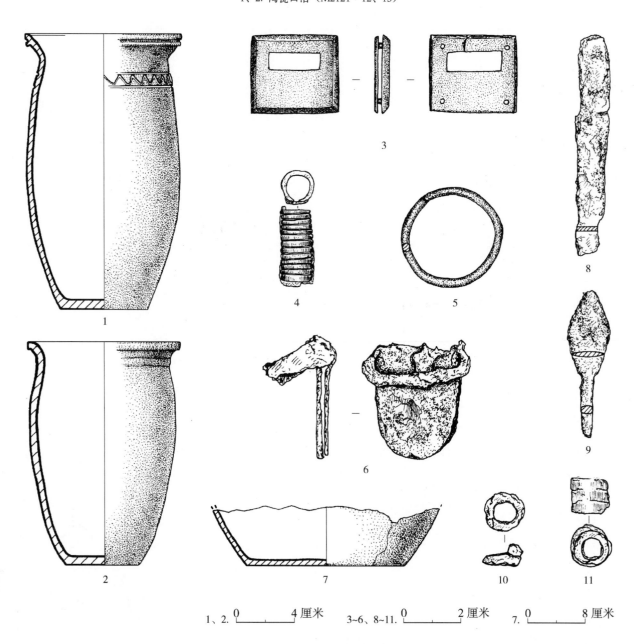

1、2. 0   4厘米　　　3~6、8~11. 0   2厘米　　　7. 0   8厘米

图一六二　M2121 随葬器物

1、2. 陶长腹罐（M2121：1、2）　3. 铜带銙（M2121：9）　4. 铜螺旋器（M2121：3）　5. 铜耳环（M2121：4）　6. 铁带扣（M2121：8）　7. 陶瓮底（M2121：10）　8. 铁条（M2121：11）　9. 铁镞（M2121：7）　10、11. 铁螺旋器（M2121：6、5）

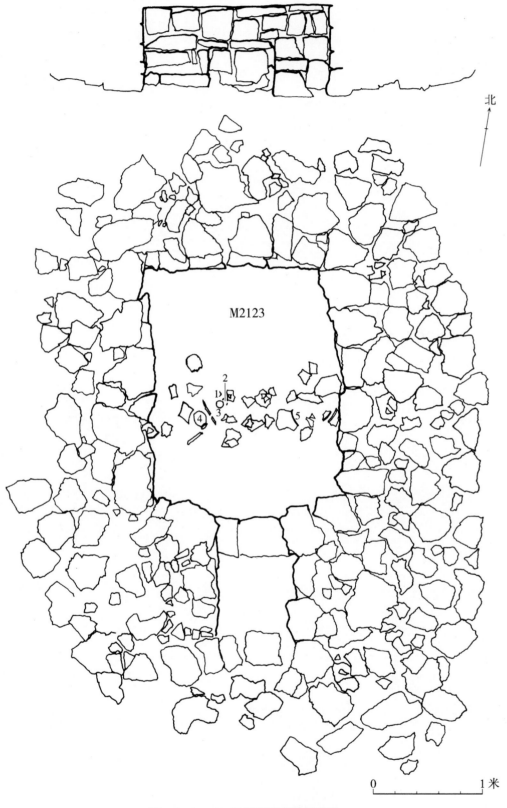

图一六三　M2123 平面及南壁侧视图

1、2. 铁钉　3. 陶碗　4. 陶鼓腹罐　5. 陶瓮迹。重唇，侈口，溜肩，微折腹，平底，素面。口径7.1、通高16.6、腹最大径12.5、底径7.3厘米（图一六五：1，图版七四：2）。

陶瓮　1件（M2123：5）夹砂灰陶，手制，口沿经过慢轮修整。尖圆唇，侈口，鼓腹，平底。口径21.6、通高42、底径24.3厘米（图一六五：2，图版七四：3）。

陶碗　1件（M2123：3）。夹砂褐陶，手制，斜壁，圈足，口沿饰一周附加堆纹。口径7.9、通高3.1、底径4.3厘米（图一六五：5，图版七四：4）。

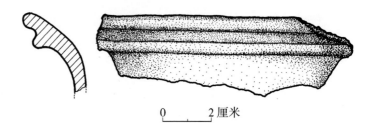

图一六四　M2123 填土出土器物
陶长腹罐口沿（M2123：6）

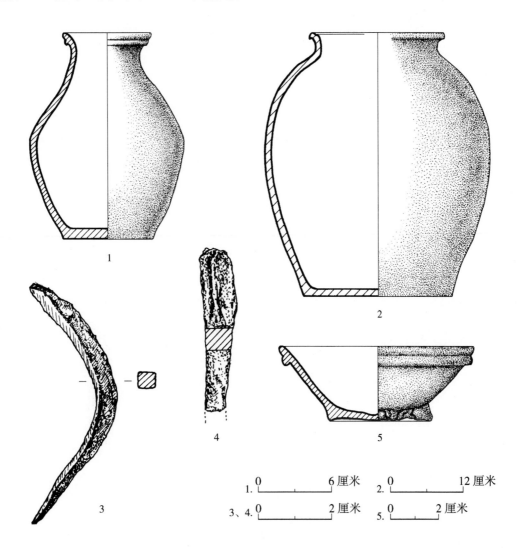

图一六五　M2123 随葬器物
1. 陶鼓腹罐（M2123：4）　2. 陶瓮（M2123：5）　3、4. 铁钉（M2123：1、2）　5. 陶碗（M2123：3）

铁钉　2 件。M2123：1 无钉帽，钉身为四棱锥状。长 6.6 厘米（图一六五：3）。M2123：2 残甚形状不明，残长 4.4 厘米（图一六五：4）。

M2124

位于 M2125 之东北约 0.5 米处。墓向为 180°。墓葬规模较大，上有封土覆盖，封土南北直径约 2.6、东西直径 2.2、高出原地表 0.8 米。墓葬封顶石板已坍塌，仅存 4 块抹角石板，错角平置于墓角四隅之上。墓室填土为夹沙黄褐土，土质松软，纯净，填土中发现夹砂灰陶瓮（残）1 件。墓底采用扁平石板拼缝平铺，个别空隙处以小河卵石块填塞。墓葬为半地穴建筑，此墓系先在地表上挖一个深约 0.8 米深的长方形坑，然后用粗加工的大小石板紧挨土坑壁平砌成墓室四壁。墓壁砌至 0.36 米，在南壁中央原生地表上以同样石材修筑墓道。墓室与墓道衔接处平铺一块大石板。墓室平面呈长方形，长 2.6、宽 2.12、深 0.8 米。墓道长 1.48、宽 0.8、深 0.56 米。

墓室中有四个头骨和与其相关的部分四肢骨，无规律地散落在墓室内，均属于二次葬。四个头骨都是成年男性个体。随葬器物有陶长腹罐 2 件、折肩罐 1 件，置于墓室北侧，其余还有铁刀 1 件、铜耳环 4 件、银链 1 件、铁钉 3 件、玛瑙珠 69 枚、黄色琉璃管饰 1 件、黄色琉璃料珠 1 件、硅质岩管饰 2 件、黑曜石连珠 1 件、白色琉璃连珠 2 件、玛瑙管饰 1 件、黄色琉璃连珠 3 件多集中在墓室中部位置（图一六六，图版一七：2）。

1. 填土出土器物

陶瓮口沿　1 件（M2124：21）。夹砂灰陶，手制，尖唇，侈口（图一六七）。

2. 随葬器物

陶折肩罐　1 件（M2124：3）。夹砂红褐陶，手制。侈口，微折肩，斜腹，平底，素面。口径 4.8、残高 10.7、底径 6.2 厘米（图一六八：4，图版七五：1）。

陶长腹罐　2 件。夹砂褐陶，手制，腹部留下烟熏的痕迹，重唇，侈口，口径略大于腹径，平底，素面。M2124：5 口径 8.6、通高 12.4、腹最大径 8、底径 4.9 厘米（图一六八：8，图版七五：2）。M2124：4 口径 9、通高 14.6、腹最大径 8.8、底径 4.5 厘米（图一六八：1，图版七五：3）。

铜耳环　4 件。近似于圆形，横截面亦呈圆形，中间有一豁口。M2124：2 最大外径 4.1、内径 3.6、横截面直径为 0.25 厘米（图一六八：9）。M2124：6 外径 3.6、内径 3、横截面直径 0.3 厘米（图一六八：10）。M2124：8 外径 2.4、内径 1.7、横截面直径 0.3 厘米（图一六八：11）。M2124：9 外径 1.9、内径 1.3、横截面直径 2.5 厘米（图一六八：12）。

银链　1 件（M2124：7）。以细丝折成，相互套环。残长 5.7 厘米（图一六八：2，图版一八〇：1）。

铁刀　1 件（M2124：1）。直背，斜刃，其横截面为三角形，柄横截面为长方形。通长 22.6、刃长 15.6 厘米（图一六八：7）。

铁钉　3 件。无钉帽，钉身为四棱锥状。M2124：10 长 5 厘米（图一六八：5）。M2124：12 长 4 厘米（图一六八：3）。M2124：13 长 5.8 厘米（图一六八：6）。

玛瑙珠　69 枚（M2124：11）。呈深浅不同的橘红色，有大小不同的规格，最大者直径 1.2、最小者直径 0.6，孔径 0.1～0.12 厘米（图一六九，图版一八三：1）。形状不同，可分二式。

Ⅰ式　55 枚。圆球状，中间饰一穿孔。

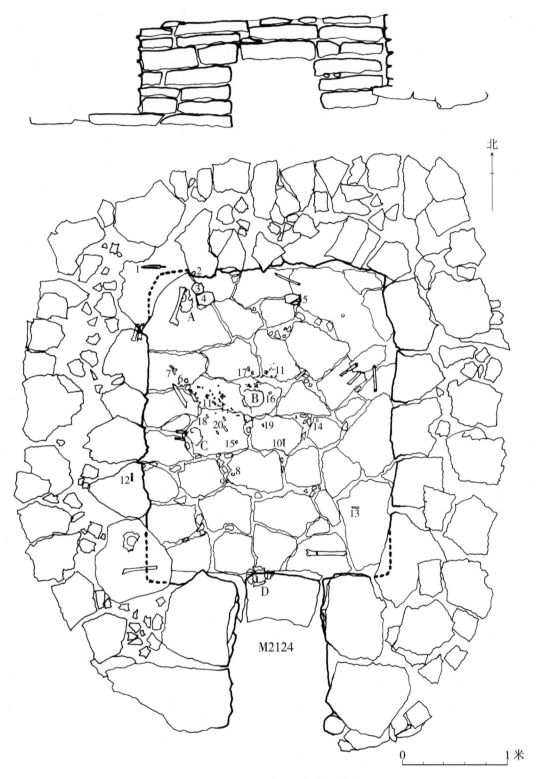

图一六六　M2124 平面及南壁侧视图

1. 铁刀　2. 铜耳环　3. 陶折肩罐　4、5. 陶长腹罐　6. 铜耳环　7. 银链　8、9. 铜耳环　10. 铁钉

11. 玛瑙串珠　12、13. 铁钉　14. 黄色琉璃管饰　15. 黄色琉璃料珠　16. 硅质岩管饰　17. 琉璃白连珠

18. 黑曜石连珠　19. 玛瑙管饰　20. 黄连琉璃连珠

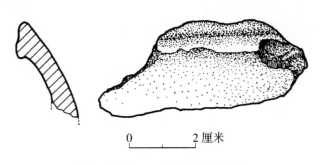

图一六七　M2124 填土出土器物

陶瓷口沿（M2124：21）

Ⅱ式　14 件。圆饼状，中间穿孔。

黄色琉璃管饰　1 件（M2124：14）。筒状，中间饰一孔。直径 0.8、长 1.3、孔径 0.3 厘米（图一七〇：1）。

黄色琉璃料珠　1 件（M2124：15）。圆饼状，中间饰一圆孔。直径 1.5、高 0.8、孔径 0.4 厘米（图一七〇：2）。

硅质岩管饰　2 件（M2124：16）。乳白色，筒状，中有穿孔。小的高 0.7、直径 0.5、孔径 0.2 厘米；另一件高 0.9、直径 0.5、孔径 0.3 厘

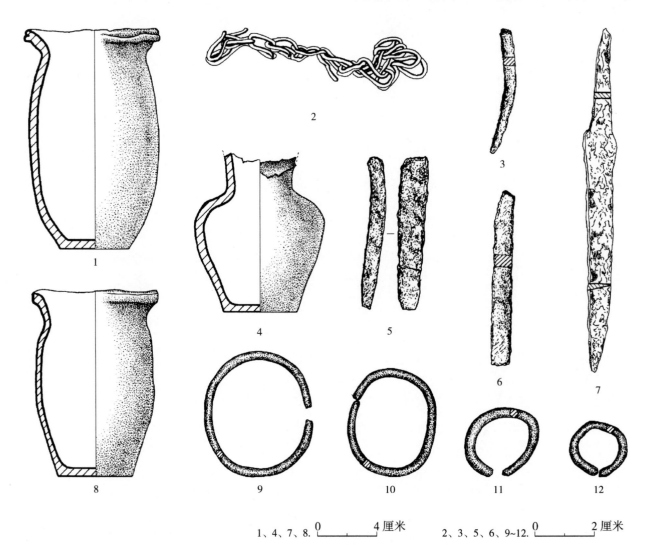

1、4、7、8.　0 ———— 4厘米　　　2、3、5、6、9~12.　0 ———— 2厘米

图一六八　M2124 随葬器物

1、8. 陶长腹罐（M2124：4、5）　2. 银链（M2124：7）　3、5、6. 铁钉（M2124：12、10、13）

4. 陶折肩罐（M2124：3）　7. 铁刀（M2124：1）　9～12. 铜耳环（M2124：2、6、8、9）

米（图一七〇：3）。

　　白色琉璃连珠　2件（M2124：17）。3个小豆状连在一体，中间钻一孔。较细的长1.8、孔径0.2厘米；较粗的长1.7、孔径0.25厘米（图一七〇：4）。

　　黑曜石连珠　1件（M2124：18）。3个绿豆状连在一体，质地硬，表面光滑。长0.9、孔径0.15厘米（图一七〇：5）。

　　玛瑙管饰　1件（M2124：19）。筒状，白色。长1.1、直径0.6、孔径0.1厘米（图一七〇：6）。

　　黄色琉璃连珠　3件（M2124：20）。2个小豆状连在一体，中间钻一孔。长1.3、孔径0.2厘米（图一七〇：7）。3个小豆状连在一体，中间钻一孔。长1.9、孔径0.2厘米（图一七〇：8）。4个小豆状连在一体，中间钻一孔。长1.9、孔径0.3厘米（图一七〇：9）。

M2126

　　位于M2132之西约1米处。墓的方向为170°。墓葬规模较大，有封土覆盖，其形状近似于椭圆形，长径5.8、短径4.8、高出原地表约0.5米。墓室填土为夹沙黄褐土，土质松软。填土中发现夹砂灰陶板状耳罐残片和夹砂褐陶直口罐残片。墓葬为地面建筑，系用粗加工的玄武岩石板砌筑墓室和墓道，墓葬的西南壁略宽，这是封顶时用天然石块沿墓边堆积所致。墓底以大小不等的长方形碎砖（无完整的砖）拼缝平铺，有几块青砖。墓室为长方形，长2.9、宽2.18、深0.54米。墓道修于墓室南壁偏东侧，长0.7、宽0.82米。

　　在墓室西侧发现零碎的人骨，无法鉴别其性别与年龄。在墓室中间发现玛瑙珠2件（图一七一，图版一八：1）。

0　　　　4厘米

图一六九　M2124
随葬器物
玛瑙珠（M2124：11）

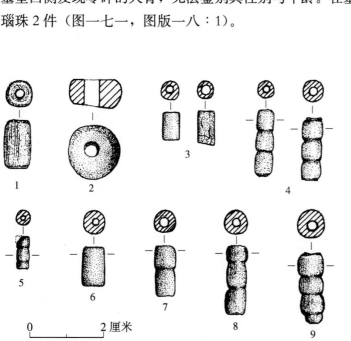

0　　　　2厘米

图一七〇　M2124随葬装饰品

1. 黄色琉璃管饰（M2124：14）
2. 黄色琉璃料珠（M2124：15）
3. 硅质岩管饰（M2124：16）
4. 白色琉璃连珠（M2124：17）
5. 黑曜石连珠（M2124：18）
6. 玛瑙管饰（M2124：19）
7~9. 黄色琉璃连珠（M2124：20）

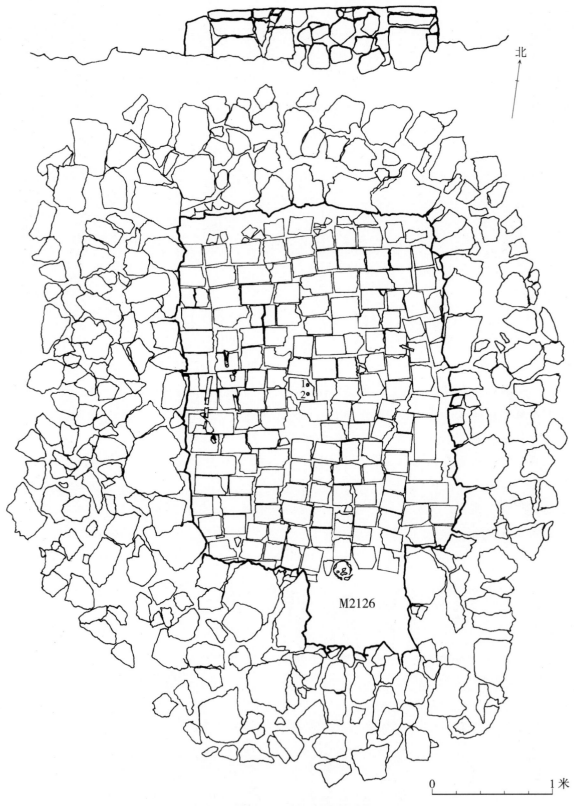

北

0　　　　　　1 米

图一七一　M2126 平面及南壁侧视图

1、2. 玛瑙珠

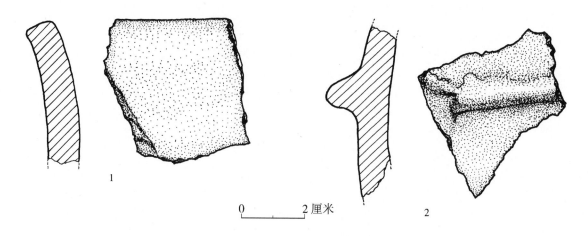

图一七二　M2126 填土出土器物

1. 陶直口罐口沿（M2126：3）　2. 陶板状器耳（M2126：4）

1. 填土出土器物

陶直口罐口沿　1件（M2126：3）。夹砂褐陶，手制，平唇（图一七二：1）。

陶板状器耳　1件（M2126：4）。夹砂灰陶，手制（图一七二：2）。

2. 随葬器物

玛瑙珠　2件。M2126：1圆饼状，中间钻一孔。直径1、高0.8、孔径0.15厘米（图一七三：1）。M2126：2圆球状，中间钻一孔。直径0.9、高0.8、孔径0.1厘米（图一七三：2）。

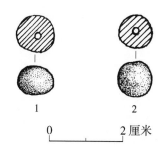

图一七三　M2126 随葬玛瑙珠

1. 圆饼状珠（M2126：1）

2. 圆球状珠（M2126：2）

M2127

位于M2122东南角约3米处。墓的方向为200°。此墓带边箱。墓葬封土明显，其形状近似于长方形，长5.2、宽3.8、高出地面0.7米左右。墓室填土为沙子夹河卵石，土质松散，无包含物。墓底亦是沙子夹河卵石。墓葬为半地穴建筑。墓室先在地表上挖一个长方形浅坑，然后用粗加工的玄武岩大石板紧挨墓坑壁平砌墓室四壁，约砌0.13米，在墓室南壁中间设一墓道，墓室与墓道衔接处立支一块石条，与墓道齐平。墓室近似于长方形，四角呈圆角，长2.64、宽1.47、深0.64米。墓道长1.5、宽0.85、深0.51米。

边箱位于墓葬西边，其东壁与墓室西墙相连。边箱用石头立支作壁，平面近似于长方形，长1.03、宽0.56、深0.4米。

两具人骨，单人一次葬与单人二次合葬。东侧一次葬骨架（A）为男性，25～30岁。西侧头骨与肢骨（B）属一个个体，性别为女性，30岁左右。出土文物有铜带銙7件、铁镯1件、铜带扣1件、铜饰件1件，皆出土于一次葬骨架周围。边箱东边发现玉环1件（图一七四）。

随葬器物

铜带銙　7件。形状不同，可分二式。

Ⅰ式　3件，长方形。边缘折起，两片复合，上端饰一长方形孔，背面饰四个小钉。M2127：2

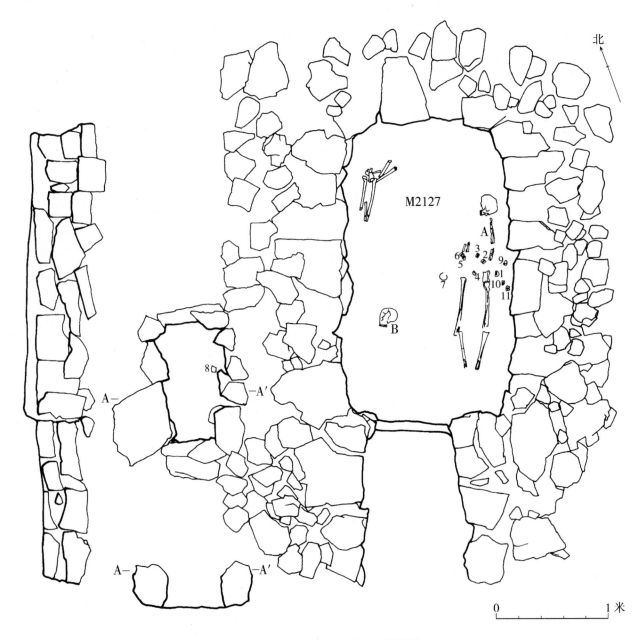

图一七四　M2127 平面及东壁侧视图

1～6. 铜带銙　7. 铁镯　8. 玉环　9. 铜带扣　10. 铜带銙　11. 铜带饰

长 3.1、宽 2.6、厚 0.5、孔长 2.1、宽 0.7 厘米（图一七五：1）。M2127：3 已残，只剩 1 片，长 3.1、宽 2.8、厚 0.6、孔长 2.2、宽 0.8 厘米（图一七五：2）。M2127：6 长 3.1、宽 2.8、厚 0.7、孔长 2.1、宽 0.7 厘米（图一七五：3）。

　　Ⅱ式　4 件，圭形。三面平直，顶端呈尖角，中间设一长方形孔，边缘折起，两片复合，背面饰三个小钉。M2127：1 长 2.6、宽 1.9、厚 0.5、孔长 1.9、宽 0.8 厘米（图一七五：4）。M2127：5 长 2.6、宽 2、厚 0.6、孔长 1.9、宽 0.8 厘米（图一七五：5）。M2127：10 长 2.6、宽 2、厚 0.25、孔长 1.8、宽 0.7 厘米（图一七五：6）。M2127：4 残甚，长 2.7 厘米（图一七五：7）。

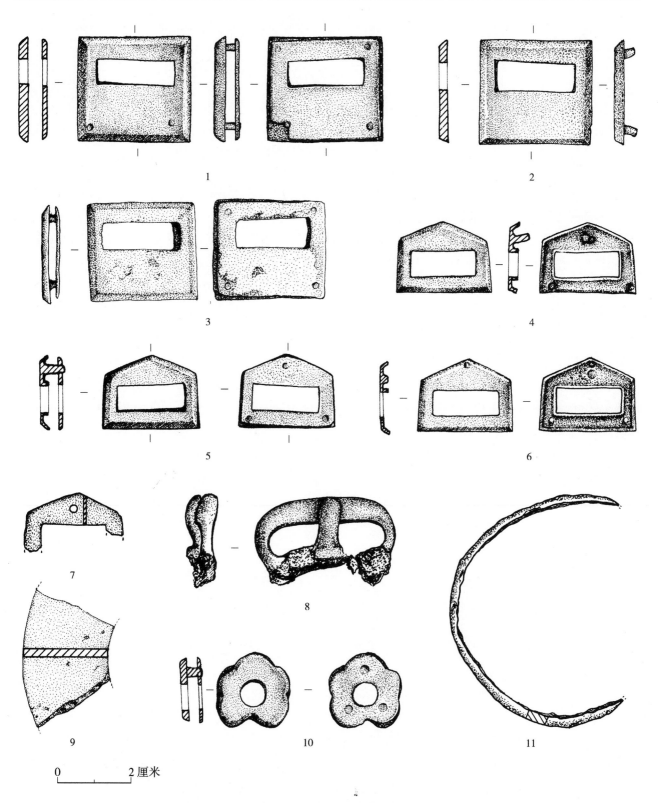

图一七五　M2127 随葬器物

1～3. Ⅰ式铜带銙（M2127：2、3、6）　　4～7. Ⅱ式铜带銙（M2127：1、5、10、4）　　8. 铜带扣（M2127：9）

9. 玉环（M2127：8）　　10. 铜带饰（M2127：11）　　11. 铁镯（M2127：7）

铜带饰　1 件（M2127：11）。五花瓣，边缘折起两片复合，中间饰一圆孔，背面饰三个小钉。宽 2、厚 0.6、孔径 0.6 厘米（图一七五：10）。

铜带扣　1 件（M2127：9）。已残，椭圆形搭扣（图一七五：8）。

铁镯　1 件（M2127：7）。圆形，其横截面为半圆形。外直径 6.2、内径 5.6、横截面直径 0.2 厘米（图一七五：11）。

玉环　1 件（M2127：8）灰白色，残甚。宽 2.4、厚 0.4 厘米（图一七五：9，图版一九一：3）。

M2128

位于 M2132 之北 2 米处。墓的方向为 170°。有封土覆盖，平面呈椭圆形，长径约 5、短径 4.5、高出地面约 0.5 米左右。墓室填土为黄褐黏土，土质较硬，纯净。填土中发现夹砂红褐陶和夹砂褐陶碎片，器形不明。墓葬为地面建筑，墓室与墓道在一个平面上。修墓系用粗加工的玄武岩质石板平砌墓室与墓道，墙壁较整齐，用大小均匀的小河卵石铺砌墓葬底部，但多数已被破坏。墓室平面近似于椭圆形，长径 2.8、短径 1.8、深 0.52 米。墓道位于墓室南壁中央，长 1.1、宽 0.8 米。

墓室中发现 2 个头骨和部分四肢骨，可能是 3 个个体，均属于二次葬。东边头骨（A）为男性，25～30 岁。中北部头骨（B）为成年女性。西侧四肢骨（C）为成年男性。未见随葬品（图一七六）。

M2129

位于 M2130 之东北 1.5 米处。墓的方向为 172°。有封土覆盖，平面呈椭圆形，长径 5.4、短径 3.8、高出地面 0.6 米左右。墓室填土为夹沙黑褐土，土质较硬，填土中发现夹砂褐陶长腹罐 2 件（均残）。墓葬为半地穴式建筑，墓室在地表上挖一个长方形坑，沿着四壁平砌玄武岩大石板，约砌 0.28 米，在墓室南壁中间设一墓道，在墓室与墓道中间立支两块石板，与墓道低平。墓室近似于长方形，但东西两壁略呈弧形，长 2.52、宽 1.6、深 0.86 米。墓道长 1.88、宽 0.82、深 0.6 米。

墓室南侧有一头骨，周围还有与其相关的肢骨，属于二次葬。墓主人为成年男性。出土文物有铁器 1 件，位于墓室北部；陶瓮底 1 件，在墓室东南角（图一七七，图版一八：2）。

1. **填土出土器物**

陶长腹罐口沿　1 件（M2129：3）。夹砂褐陶，手制，重唇（图一七八：1）。

陶长腹罐底　1 件（M2129：4）。夹砂褐陶，手制，平底，底径 7 厘米（图一七八：2）。

2. **随葬器物**

铁器　1 件（M2129：1）扁平铁片，其横截面为柳叶形，两端弯出勾。长 7.6、宽 1.4、厚 0.1 厘米（图一七九：1，图版一六二：3）。

陶瓮底　1 件（M2129：2）。夹砂褐陶，手制，平底。残高 16、底径 28.4 厘米（图一七九：2）。

M2132

位于 M2128 之西南 1 米处。墓的方向为 165°。有封土覆盖，平面呈长方形，长 5.5、宽 4.5、高出原地面 0.6 米。墓室填土为夹沙灰褐土，土质较硬，墓底亦是夹沙灰褐土。填土中发现夹砂褐陶碎片，器形不明。墓葬为地面建筑，用粗加工的玄武岩石板平砌墓室与墓道内壁，较小的石块堆砌在其外围。墓室近似于长方形，北壁往外凸出，长 2.68、宽 1.98、深 0.62 米。墓道位于墓室南壁中间，长 1.13、宽 0.83 米。

墓室中发现两堆肢骨，均系二次葬。东边肢骨（A）为成年女性。其西边肢骨（B）为成年男性。

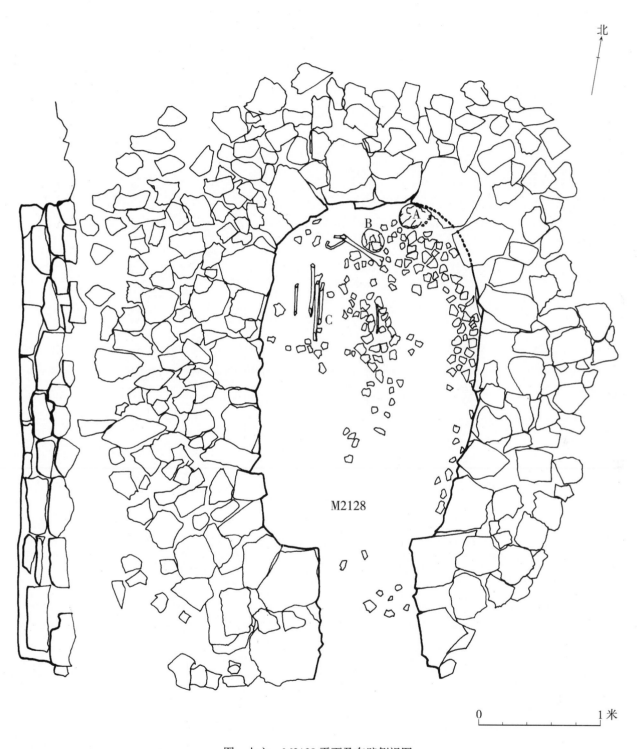

北

M2128

0　　　　　　　　　1 米

图一七六　M2128 平面及东壁侧视图

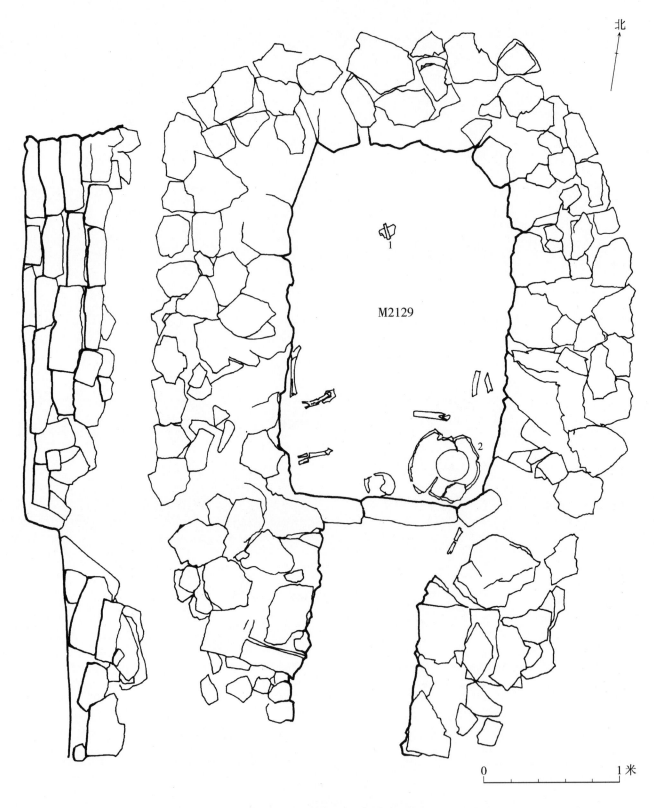

图一七七　M2129 平面及东壁侧视图

1. 铁器　2. 陶瓮底

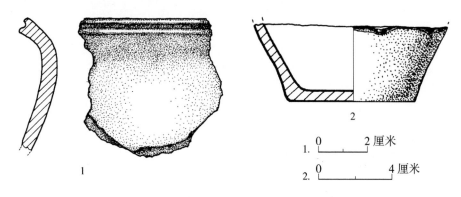

图一七八　M2129 填土出土器物

1. 陶长腹罐口沿（M2129∶3）　2. 陶长腹罐底（M2129∶4）

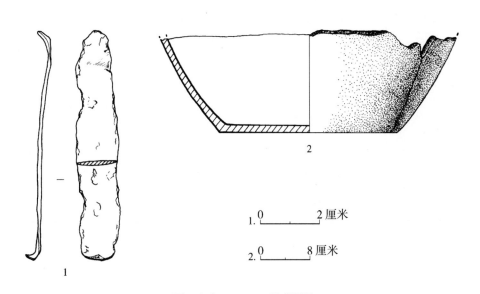

图一七九　M2129 随葬器物

1. 铁器（M2129∶1）　2. 陶瓮底（M2129∶2）

未见随葬品（图一八〇）。

M2140

位于 M2142 之西约 3 米处。墓的方向为 170°。封土和墓顶已被破坏，地表上已露出墓葬西北角的石块。墓室填土为黄褐色黏土，土质较硬，纯净，无包含物，墓底亦是黄褐色黏土。墓葬为半地穴式建筑，在地表上挖一个长方形坑，然后用粗加工的玄武岩石板立支墓壁，东壁用 5 块石板，西壁用 6 块石板，北壁用 3 块石板，南壁墓道两侧各立 1 块石板。墓室平面呈长方形，长 2.4、宽 1.56、深 0.64 米。墓道位于墓室南壁中央，高出墓底约 0.21 米，一块大石板铺在墓道上。墓道长 1、宽 0.78、深约 0.3 米。

墓室中无人骨，在东壁外侧发现一个头骨，是 30 岁左右的男性。未见随葬品（图一八一）。

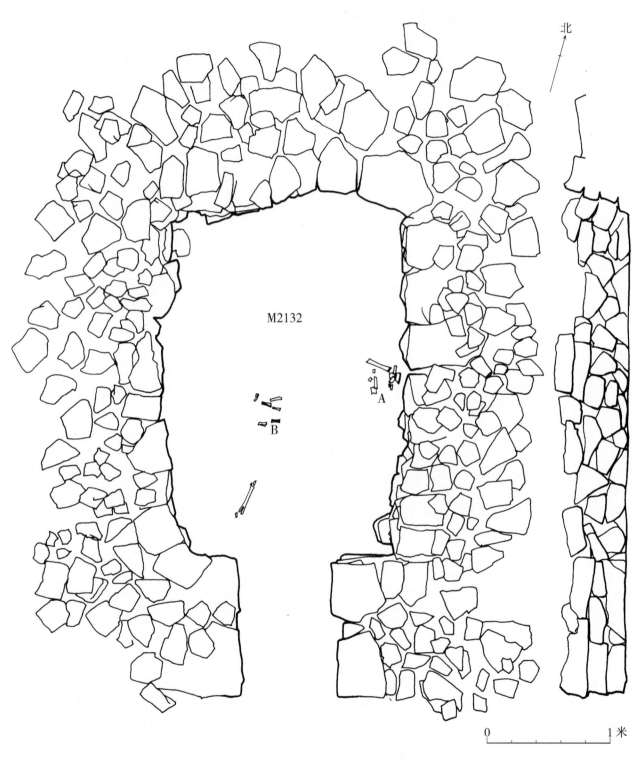

北

M2132

A

B

0　　　　　　　　　　　1 米

图一八〇　M2132 平面及西壁侧视图

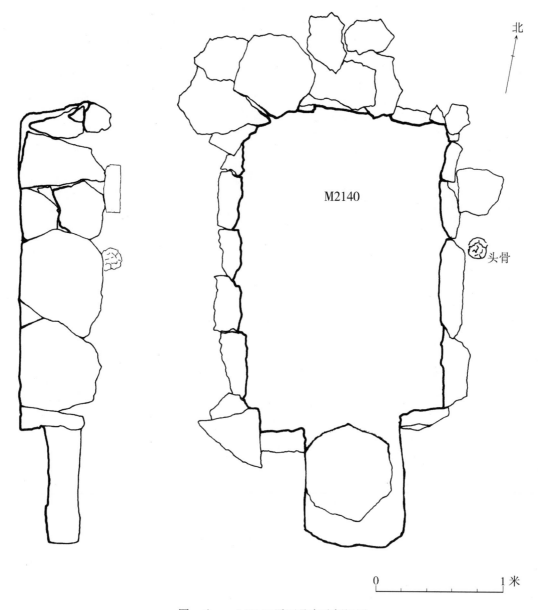

图一八一 M2140平面及东壁侧视图

M2144

位于 M2143 南部，打破 M2143。墓的方向为 150°。封土已被破坏，部分石块无规律地散放在墓葬周围。墓室填土为夹沙黑褐土，土质松软，墓底亦是夹沙黑褐土。填土中发现数量较多的夹砂褐陶片，器形有壶 1 件、鼓腹罐 1 件、长腹罐 1 件（均残）、纹饰陶片 1 件。墓葬为地面建筑，用玄武岩石块和天然河卵石垒砌墓葬，墓室北壁石墙已被破坏。墓室呈长方形，长 2.86、宽 1.5、深 0.38 米。墓道位于墓室南壁中间，长 0.8、宽 0.7 米。

无人骨。在墓室东侧发现 1 块红砖，未见其他随葬品（图一八二）。

填土出土器物

陶鼓腹罐口沿　1 件（M2144：1）。夹砂褐陶，手制。重唇，侈口，鼓腹，肩饰水波纹。口径

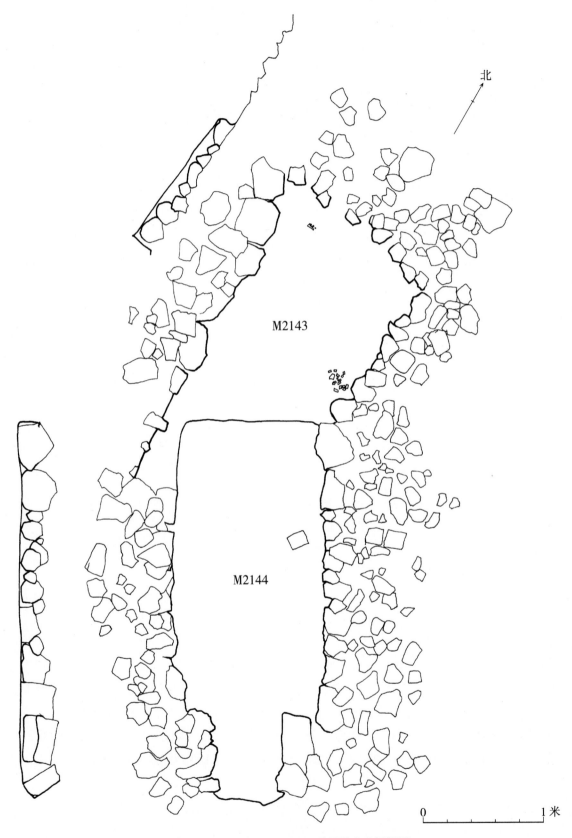

北

M2143

M2144

0　　　　　　1 米

图一八二　M2143、M2144 平面及东壁侧视图

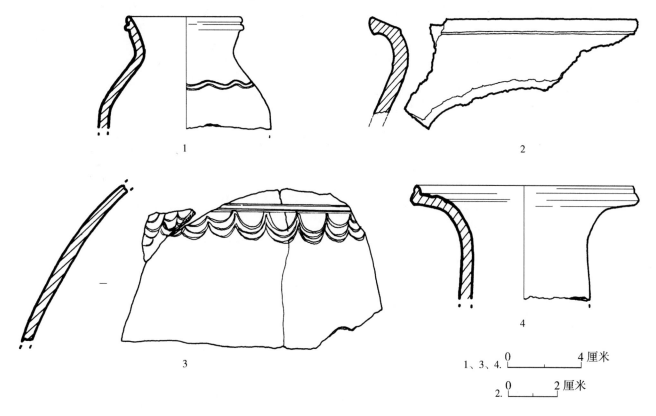

图一八三　M2144 填土出土器物

1. 陶鼓腹罐口沿（M2144：1）　2. 陶长腹罐口沿（M2144：2）　3. 纹饰陶片（M2144：3）　4. 陶壶口颈（M2144：4）

6.4、残高 6 厘米（图一八三：1，图版一一九：1）。

陶长腹罐口沿　1 件（M2144：2）。夹砂褐陶，口沿经过慢轮修整，圆唇，侈口（图一八三：2）。

纹饰陶片　1 件（M2144：3）。夹砂褐陶，手制。弦纹夹水波纹（图一八三：3）。

陶壶口颈　1 件（M2144：4）。夹砂褐陶，手制，口沿经过慢轮修整。近似于盘口。口径 6.1 厘米（图一八三：4，图版一一九：2）。

M2147

位于 M2146 之北约 1.5 米处，东壁被 M2148 打破。墓的方向为 195°。有封土覆盖，高出地表约 0.5 米。墓室填土为夹沙褐土，土质松散，填土中发现夹砂褐陶长腹罐 1 件（残）。墓道铺 2 块大石板，一直延伸到墓室南壁。墓葬为地面建筑，用粗加工的玄武岩石板和天然河卵石垒砌墓葬，大石板用于墓室与墓道内壁，墓室周围铺垫小石块其余墓底为夹沙褐色土层。墓室平面呈长方形，长 2.84、宽 2.08、深 0.42 米。墓道位于墓室南壁中间，南北长 1、宽 1.1 米。

无人骨，随葬品亦未见（图一八四）。

填土出土器物

陶长腹罐口沿　1 件（M2147：1）。夹砂褐陶，手制，口沿经过慢轮修整，重唇，侈口（图一八五）。

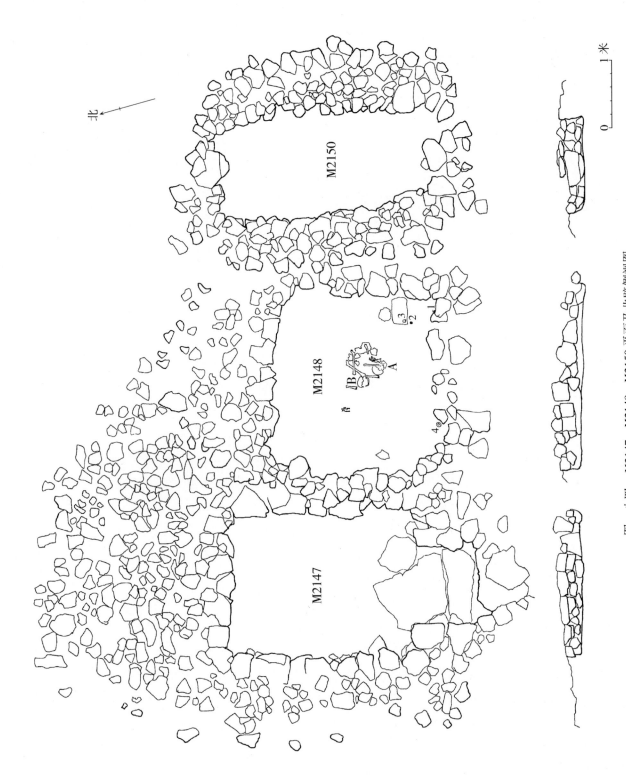

北

M2150

M2148

M2147

0 _____ 1 米

图一八四　M2147、M2148、M2150 平面及北壁侧视图

1. 铁钗 (M2148：1)　2. 铜带钩 (M2148：2)　3. 铜片 (M2148：3)　4. 陶短颈壶口沿 (M2148：4)

M2151

位于 M2153 之西约 1.5 米处。墓的方向为 198°。有封土覆盖，高出原地面约 0.7 米。墓室填土为夹沙黄褐土，土质松散，纯净，墓底亦是夹沙黄褐色生土层。填土中发现铁钉 1 件，数量较少的夹砂褐陶片，器形不明。墓葬为地面建筑，用粗加工的玄武岩石块垒砌墓室与墓道。墓室四壁较规整，较大的石板用于墓室内壁，小石块铺垫于墓室周围。墓室平面呈长方形，长 2.74、宽 2.14、深 0.75 米。墓道位于墓室南壁中间，长 0.8、宽 0.66 米。

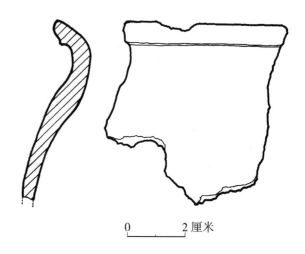

图一八五　M2147 填土出土器物

陶长腹罐口沿（M2147：1）

人骨很乱，共 5 具，单人一次葬和多人二次合葬，最北的头骨（A）为成年男性。一次葬骨架（B）和东边北侧头骨（C）亦是成年男性。位于墓室东部中间头骨（D）为男性，25～30 岁。南边头骨（E）也是男性，30 岁左右。出土文物有铁钉 7 件、铜环 1 件、铜器 1 件、三彩陶片 1 件，都置于骨架周围（图一八六）。

1. 填土出土器物

铁钉　1 件（M2151：11）。扁平钉帽，钉身为四棱锥状。长 3.8、宽 0.5 厘米（图一八七）。

2. 随葬器物

铜器　1 件（M2151：3）。薄铜片，两端弯曲，残甚，形状不明（图一八八：1）。

三彩陶片　1 件（M2151：10）。残甚，形状不明（图一八八：7，图版一三六：2）。

铜环　1 件（M2151：2）。圆形，其横截面为椭圆形。外径 1.4、内径 0.8 厘米（图一八八：2）。

铁钉　7 件。钉身皆为四棱锥状，钉帽形状不同，可分二式。

Ⅰ式　5 件（图版一六〇：4-1～5）。扁平钉帽。M2151：1 通长 6.7 厘米（图一八八：3）。M2151：4 通长 6.1 厘米（图一八八：4）。M2151：5 通长 6 厘米（图一八八：5）。M2151：7 通长 6.3 厘米（图一八八：8）。M2151：8 通长 4.9 厘米（图一八八：9）。

Ⅱ式　2 件。无钉帽。M2151：9 通长 5.4 厘米（图一八八：10，图版一六〇：4-6）。M2151：6 通长 6 厘米（图一八八：6）。

M2152

位于 M2137 之西南约 1.5 米处。墓的方向为 185°。有微凸的封土覆盖，高出原地面约 0.4 米。墓室填土为夹沙黄褐土，土质松散，纯净，墓底亦是夹沙黄褐生土层。填土中发现铜带銙 1 件。墓葬系地面建筑，用天然石块垒砌墓室与墓道，较大的石块用于墓葬内壁，小石块堆砌于其周围。墓室平面呈长方形，长 2.2、宽 1.3、深 0.37 米。墓道位于墓室南壁中间，长 0.8、宽 0.85 米。

无人骨，随葬品亦未见（图一八九）。

填土出土器物

铜带銙　1 件（M2152：1）。通体呈桃形，表面涂一层黑漆。边缘折起，两片复合，中间饰一桃

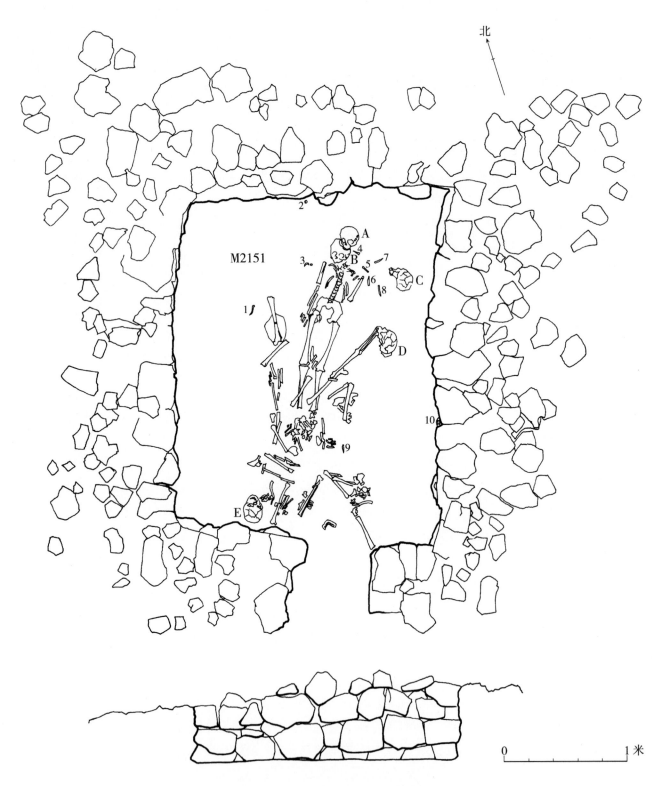

图一八六　M2151 平面及北壁侧视图

1. 铁钉　2. 铜环　3. 铜器　4～9. 铁钉　10. 三彩陶片

形镂孔，上下共饰 5 个小钉。长 3.4、宽 2.6、厚 0.8 厘米（图一九〇，图版一四一：5）。

M2156

位于 M2175 之西边，其东壁与 M2175 西壁相接。墓的方向为 180°。有封土覆盖，近似于长方形，长约 6、宽 4.4、高出原地面 0.6 米。墓葬填土为夹沙灰褐土，土质较硬，墓底亦是夹沙灰褐色生土。填土中发现铜带銙 3 件，泥质褐陶碎片。墓葬为地面建筑，用玄武岩石块和天然河卵石垒砌墓壁，西壁稍微往里倾斜。墓室平面近似于长方形，长 2.64、宽 1.68、深 0.54 米。墓道位于墓室南壁中间，长 1.1、宽 0.7 米。

无人骨，随葬品亦未见（图一九一，图版一九：1）。

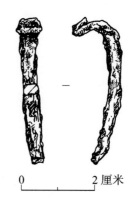

图一八七　M2151 填土
出土器物
铁钉（M2151：11）

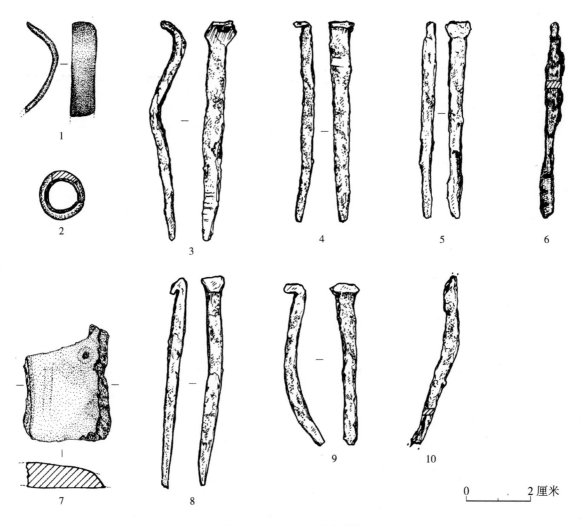

图一八八　M2151 随葬器物
1. 铜器（M2151：3）　2. 铜环（M2151：2）　3～5、8、9. Ⅰ式铁钉（M2151：1、4、5、7、8）
6、10. Ⅱ式铁钉（M2151：6、9）　7. 三彩陶片（M2151：10）

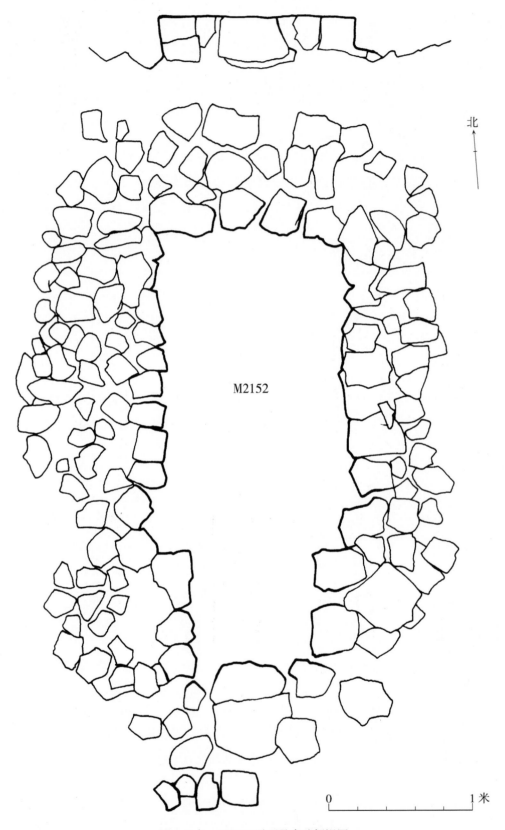

北

M2152

0　　　　　　　　　　1 米

图一八九　M2152 平面及南壁侧视图

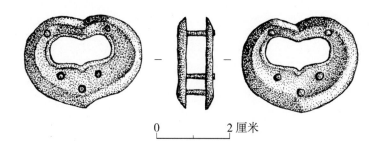

图一九〇　M2152 填土出土器物
铜带銙（M2152：1）

0 ————— 2 厘米

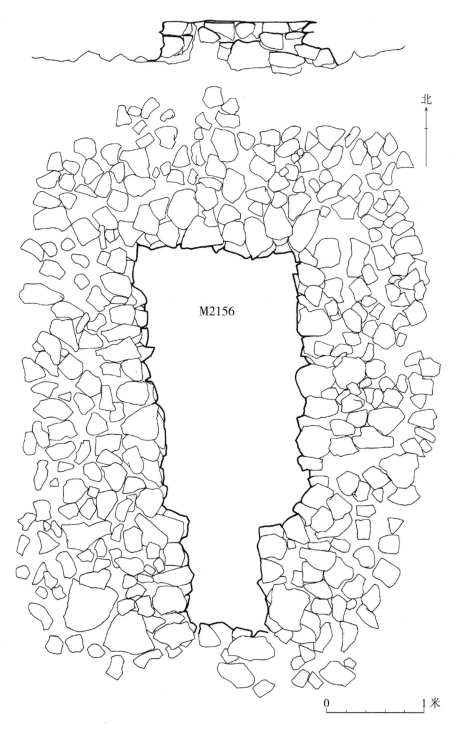

北

M2156

图一九一
M2156 平面及南壁侧视图

0 ————— 1 米

填土出土器物

铜带銙　3 件。通体呈长方形，边缘折起，两片复合，上端饰一长方形孔，背面饰 4 个小钉。M2156：1 已残，长 3.1、宽 2.5、孔长 2.2、宽 0.8 厘米（图一九二：1）。M2156：2 中间有夹皮的痕迹。长 2.8、宽 1.9、厚 0.5、孔长 1.8、宽 0.6 厘米（图一九二：2）。M2156：3 长 2.6、宽 1.8、厚 0.6、孔长 1.7、宽 0.7 厘米（图一九二：3）。

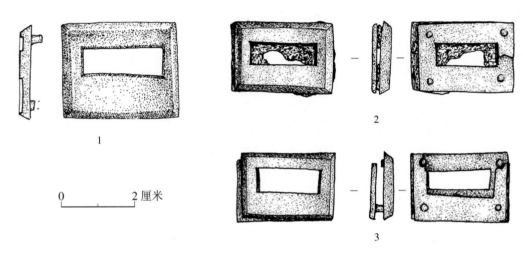

图一九二　M2156 填土出土器物

1～3. 铜带銙（M2156：1～3）

M2162

位于 M2163 之南 3.5 米处。墓的方向为 168°。封土已被破坏，西高东低呈斜坡状，最高处距原地表 0.4 米。墓室填土为夹沙河卵石，土质松散，墓底为原沙子生土层。填土中发现夹砂褐陶长腹罐底片 2 件。墓葬为地面建筑，用天然的玄武岩石块和河卵石垒砌墓室。墓室平面近似于长方形，东西长 2.24、南北宽 2.6、深 0.38 米。墓道位于墓室南壁中间，长 0.66、宽 0.94 米。

头骨 1 个，位于墓室西南角，与其相关的几根碎肢骨在墓室西北部，属于二次葬。墓主人为成年男性。出土文物有陶长腹罐 1 件，位于墓道东侧（图一九三，图版一九：2）。

1. **填土出土器物**

陶长腹罐底片　2 件（M2162：2、3）。夹砂褐陶，手制，平底（图一九四：1、2）。

2. **随葬器物**

陶长腹罐　1 件（M2162：1）。夹砂红褐陶，手制，口沿经过慢轮修整，腹有烟熏的痕迹。重唇，侈口，口径与腹径相同，平底，肩饰斜线锥刺纹夹凹弦纹。口径 11.4、通高 18.6、底径 6.5 厘米（图一九五：1，图版七五：4）。

M2164

位于 M2165 之东，其西壁与 M2165 东壁相接。墓的方向为 165°。封土范围凸凹不平，不少石块散落在墓葬周围。墓室填土为夹沙河卵石，土质松散，墓底亦是夹沙河卵石层。填土中发现夹细砂褐陶长腹罐 1 件。墓葬为半地穴建筑，用粗加工的玄武岩石板和石块平砌墓室，墓室南壁高出 0.3 米，在中间设一墓道。墓室平面近似于长方形，长 2.52、宽 1.33、深 0.8 米。墓道长 0.79、宽

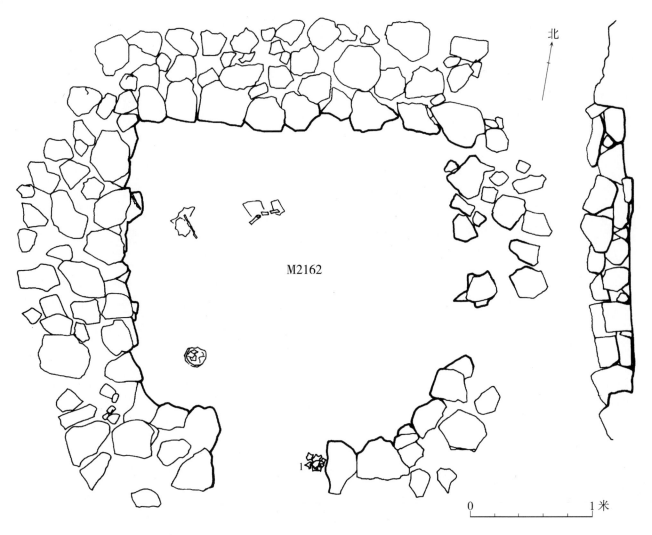

图一九三　M2162 平面及西壁侧视图

1. 陶长腹罐

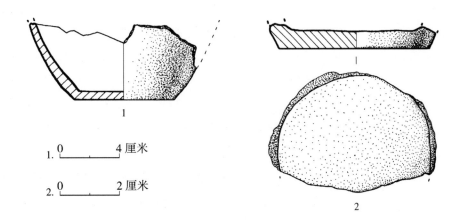

图一九四　M2162 填土出土器物

1、2. 陶长腹罐底片（M2162：2、3）

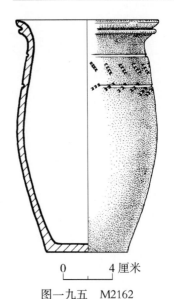

图一九五　M2162
随葬器物
陶长腹罐（M2162：1）

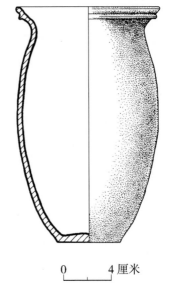

图一九六　M2164
填土出土器物
陶长腹罐

0.76、深 0.5 米。墓葬南部砌围墙，其形状为长方形，东西长 3.5、南北宽 1、高约 0.28 米。

无人骨痕迹，随葬品亦未见（图一九七）。

填土出土器物

陶长腹罐　1 件（M2264：1）。夹砂褐陶，手制，口沿经过慢轮修整，腹有烟熏的痕迹。重唇，侈口，口径与腹径相同，平底，素面。口径 11.8、通高 19.5、底径 5.2 厘米（图一九六，图版七六：1）。

M2165

位于 M2164 与 M2166 中间，其东壁与 M2164 相接，西壁与 M2166 相接。墓的方向为 165°。封土被破坏，数量较多的石块已露出地面。墓室填土为夹沙河卵石，土质较硬，呈黑褐色。填土中发现夹砂灰陶片，器形为瓮（无口无底），还有数量较多的炭屑。墓底用石板拼缝平铺，较为平整。墓葬为半地穴式建筑，用粗加工的玄武岩石板平砌而筑，四壁各有 5 层石板，墓壁砌至第 3 层石板时，在南壁中间原生土地表上以同样石板修筑墓道。墓道与南壁衔接处平铺 3 块石板。墓室平面近似于长方形，北壁东侧往里倾斜，长 3.2、宽 2.46、深 0.86 米。墓道长 1.3、宽 0.9、深 0.51 米。

人骨保存欠佳，5 个头骨和部分肢骨无规律地置于墓室周围，均属于二次葬。6 个个体皆为成年骨架，其中最北的肢骨（A）为女性，西南角头骨（E）性别不清，其余皆男性。出土文物有陶长腹罐 1 件、陶瓮 1 件、陶长腹罐口沿 1 件、铁钉 1 件、铜铊尾 1 件、铜带銙 1 件，分别出于墓室周围（图一九七，图版二〇：1）。

随葬器物

陶长腹罐　1 件（M2165：3）。夹砂褐陶，手制，腹有烟熏的痕迹。重唇，侈口，口径大于腹径，平底，素面。口径 10.2、通高 18、腹最大径 9.6、底径 5.6 厘米（图一九八：1，图版七六：2）。

陶长腹罐口沿　1 件（M2165：5）。夹砂褐陶，手制，重唇，侈口（图一九八：2）。

陶瓮　1 件（M2165：4）。夹砂灰陶，手制，深鼓腹，平底，肩饰两道凹弦纹中间夹水波纹。残高 54、底径 27 厘米（图一九八：3，图版七六：3）。

铁钉　1 件（M2165：6）。扁平钉帽，钉身为四棱锥状。长 9.5、宽 0.8、厚 0.5 厘米（图一九八：5）。

铜铊尾　1 件（M2165：2）。通体呈舌状，边缘折起，两片复合，背面饰 3 个小钉。长 2.9、宽 2.7、厚 0.8 厘米（图一九八：6）。

铜带銙　1 件（M2165：1）。长方形，上端饰一长方形孔，背面饰 3 个小钉。长 3.2、宽 2.8、厚 1.5、孔长 1.8、宽 0.6 厘米（图一九八：4）。

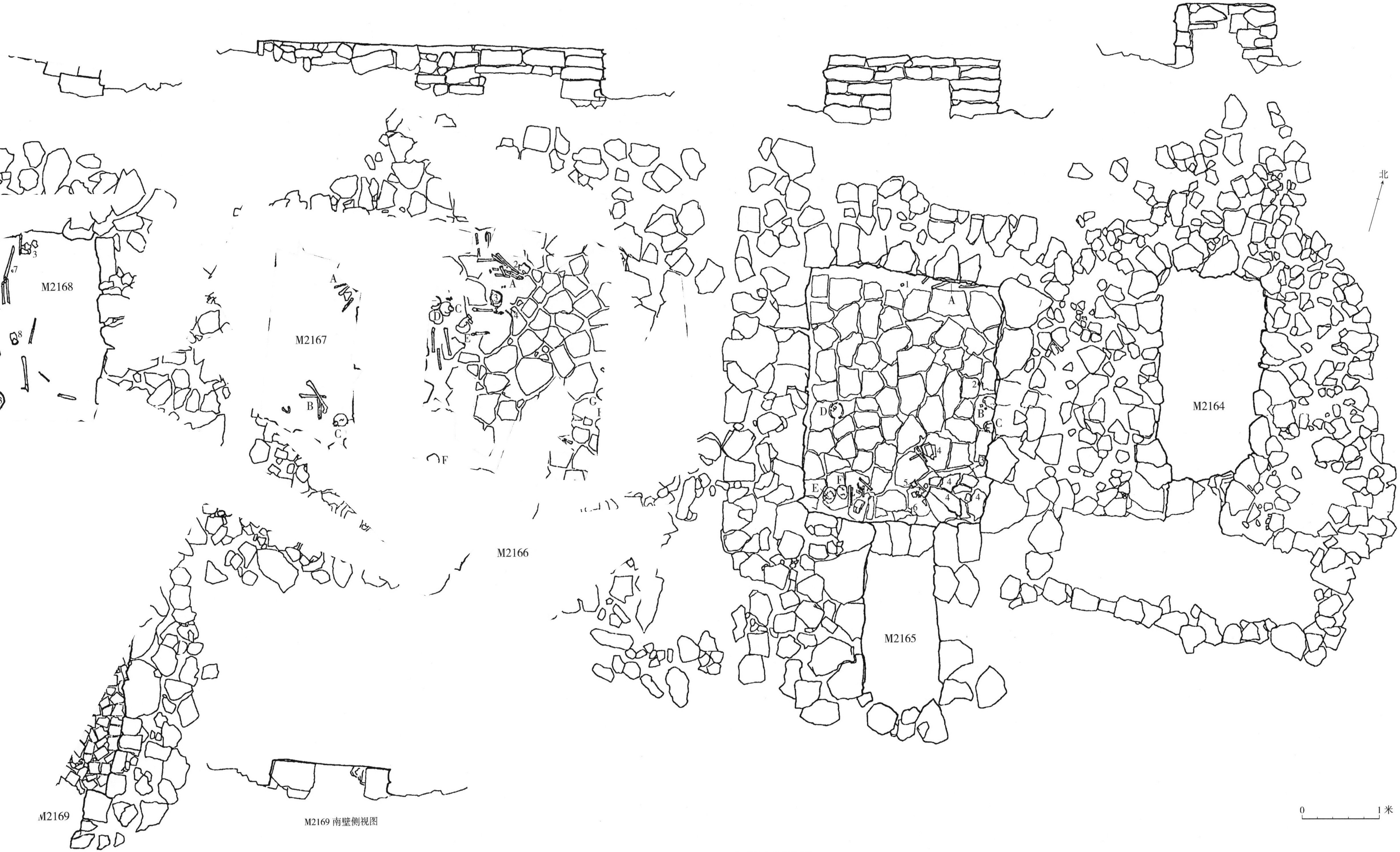

图一九七　M2164、M2165、M2166、M2167、M2168、M2169 平面及南壁侧视图

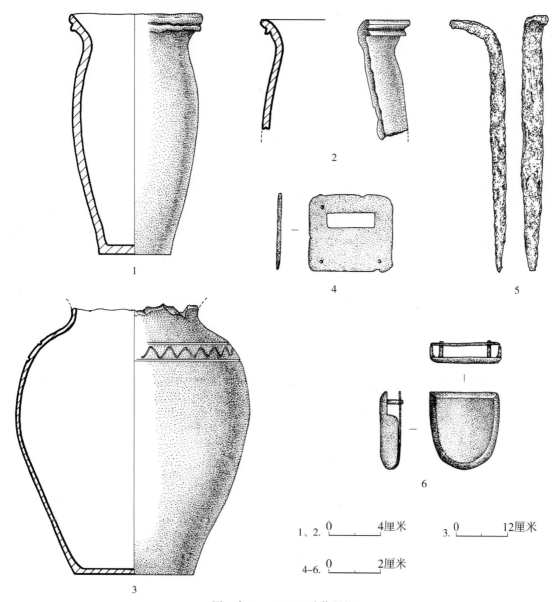

图一九八　M2165 随葬器物

1. 陶长腹罐（M2165：3）　　2. 陶长腹罐口沿（M2165：5）　　3. 瓮（M2165：4）

4. 铜带銙（M2165：1）　　5. 铁钉（M2165：6）　　6. 铜铊尾（M2165：2）

M2166

位于 M2165 与 M2167 中间，其东壁与 M2165 相接，西壁与 M2167 相接。墓的方向为 170°。有封土覆盖，其范围近似于长方形，长约 6、宽 4、高出原地面 0.45 米。墓室填土为夹沙黑褐土，土质较硬，墓底用玄武岩石板拼缝平铺，比较平整。在填土中发现夹沙褐陶片，器形有陶短颈壶口沿 1件、陶瓮口沿 1 件、陶短颈壶 1 件、陶长腹罐口沿 1 件、陶器底 2 件、铁钉 1 件。墓葬为半地穴式建筑，此墓在地表上挖一个深约 0.4 米的长方形坑，然后用粗加工的玄武岩石板紧挨土坑壁平砌墓室，四壁共砌 4 层，石板空隙处以小河卵石块填塞。墓壁砌至第二层石板时，在南壁中间原生土地表上以同样石材砌筑墓道。墓室平面呈长方形，长 3.24、宽 2.4、深 0.74 米。墓道长 1.74、宽 1.06、深

0.4 米。

人骨保存欠佳，共有头骨 8 个，肢骨缺失，且较零乱，与头骨的关系不明，均二次葬。最北头骨（A）系成年，其性别不清。西边头骨（B）性别不清，可能是 11～12 岁的儿童。其南边 3 个头骨中两个头骨（C、E）为成年女性，其余一个头骨（D）属于成年男性。墓室南部三个头骨中靠东壁的头骨（G）为男性，30～35 岁。其他两个头骨（F、H）均属于成年个体，其性别不清。出土文物有带符号陶片 1 件、陶长腹罐 1 件、陶敛口罐 1 件、陶瓶 1 件、铁钉 1 件，分别置于墓室北部的骨架周围（图一九七，图版二○：2）。

1. 填土出土器物

铁钉　1 件（M2166：6）。扁平钉帽，钉身为四棱锥状。长 7.3 厘米（图一九九：6）。

陶短颈壶口颈　1 件（M2166：7）。夹砂褐陶，手制，尖圆唇。口径 8.6 厘米（图一九九：2，图版一一九：3）。

陶长腹罐口沿　1 件（M2166：11）。夹砂褐陶，手制，重唇（图一九九：7）。

陶瓮口沿　1 件（M2166：8）。夹砂灰陶，手制。尖圆唇，侈口，肩饰弦纹夹水波纹。口径 29.6 厘米（图一九九：1，图版一一九：4）。

陶短颈壶　1 件（M2166：9）。夹砂褐陶，手制。圆鼓腹，平底，肩饰凹弦纹。残高 26、底径 16.8 厘米（图一九九：4，图版一二○：1）。

陶器底　2 件，平底。M2166：10 夹砂褐陶，手制。残高 6.4、底径 13.4 厘米（图一九九：5，图版一一九：5）。M2166：12 泥质灰陶，手制。残高 9.8、底径 9.2 厘米（图一九九：3，图版一一九：6）。

2. 随葬器物

纹饰陶片　1 件（M2166：1）。夹细砂黑灰陶，图案近似于一种植物图腾（图二○○：3，图版一三六：3）。

陶瓶　1 件（M2166：2）。夹砂褐陶，手制。圆唇，侈口，束颈，长腹，平底。肩饰凹弦纹夹水波纹，上饰箆点纹。口径 7、通高 23.4、腹最大径 17.2、底径 11.1 厘米（图二○○：1，图版七七：2）。

陶敛口罐　1 件（M2166：3）。夹砂褐陶，手制。子口，鼓腹，平底，素面，底饰凸起的植物纹饰。口径 11、通高 16、腹最大径 17.2、底径 11.2 厘米（图二○一：1，图版七六：4）。

陶长腹罐　1 件（M2166：5）。夹砂褐陶，手制，腹有烟熏的痕迹。重唇，侈口，腹径与口径相同，筒形，平底。口径 10.4、通高 17.5、底径 6.1 厘米（图二○一：2，图版七七：1）。

铁钉　1 件（M2166：4）。扁平钉帽，钉身为四棱锥状。长 9.4 厘米（图二○○：2，图版九八，图版一六三：1）。

M2168

位于 M2167 之西，其东壁与 M2167 西壁相接。墓的方向为 165°。有封土覆盖，呈椭圆形，长径约 4.8、短径 3.8、高 0.55 米。墓室填土为夹沙黑褐土，土质较硬，墓底亦是夹沙黑褐土。填土中发现夹砂褐陶鼓腹罐口沿 1 件、瓮口沿 1 件、铁镞 1 件。墓葬系半地穴式建筑，先在地表上挖一个长方形坑，然后用粗加工的玄武岩石板紧挨坑壁平砌成墓室四壁，墓壁砌至 0.3 米时，在南壁中央原生地表上以同样石材修筑墓道。墓室呈长方形，长 2.4、宽 1.81、深 0.83 米。墓道长 1.18、宽 0.83、深 0.51 米。

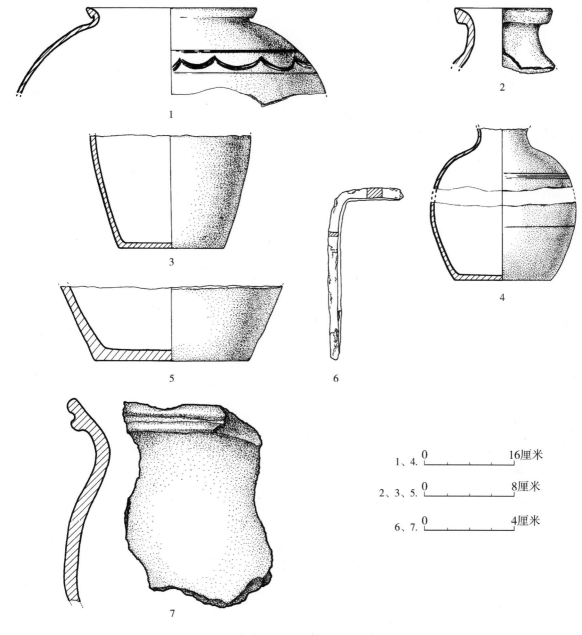

图一九九　M2166 填土出土器物

1. 陶瓮口沿（M2166：8）　　2. 陶短颈壶口沿（M2166：7）　　3、5. 陶器底（M2166：12、10）

4. 陶短颈壶（M2166：9）　　6. 铁钉（M2166：6）　　7. 陶长腹罐口沿（M2166：11）

　　有 3 个头骨，肢骨缺失，均属二次葬。最北头骨（A）和西边中间头骨（B）皆为成年男性。南边头骨（C）为成年女性。出土文物有陶长腹罐 1 件、陶短颈壶 2 件、铜带钩 1 件、铜夹 2 件、铜环 2 件、铜耳环 1 件，都分别位于墓室西部（图一九七，图版二一：1）。

　　1. 填土出土器物

　　铁镞　1 件（M2168：12）。镞身为扁平菱形，其横截面为柳叶形，长铤呈锥状。长 5.9 厘米（图二〇二：3）。

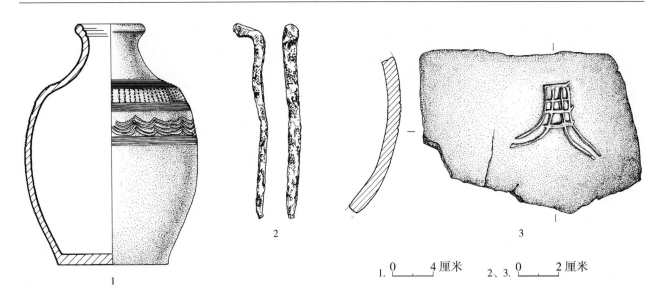

1. 0　4 厘米　　2、3. 0　2 厘米

图二○○　M2166 随葬器物

1. 陶瓶（M2166：2）　2. 铁钉（M2166：4）　3. 纹饰陶片（M2166：1）

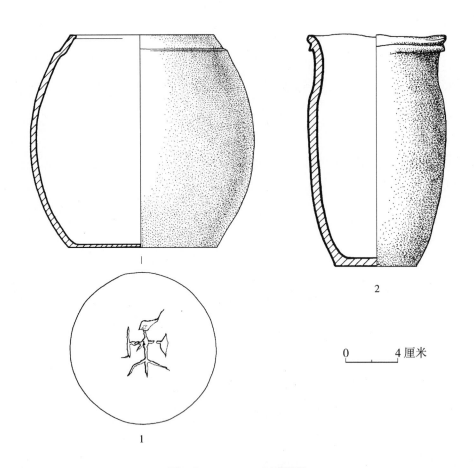

0　4 厘米

图二○一　M2166 随葬器物

1. 陶敛口罐（M2166：3）　2. 陶长腹罐（M2166：5）

陶瓮口沿　1件（M2168：13）。夹砂褐陶，手制，圆唇，侈口，肩饰两道凹弦纹。口径24厘米（图二〇二：1）。

陶鼓腹罐口沿　1件（M2168：14）。夹砂褐陶，手制，圆唇，侈口（图二〇二：2）。

2. 随葬器物

陶长腹罐　1件（M2168：8）。夹砂褐陶，手制，腹有烟熏的痕迹，素面。重唇，侈口，口径大于腹径，平底。口径9.1、通高15.2、腹最大径8.4、底径4.6厘米（图二〇三：3，图版七八：1）。

陶短颈壶　2件。夹砂灰褐陶，手制。M2168：9口沿及颈部有慢轮休整的痕迹。重唇，侈口，束颈，圆鼓腹，平底。肩饰一道凹弦纹和"×"纹，另一侧腹部饰鸟爪纹。口径12.8、通高27、腹最大径24、底径13.4厘米（图二〇三：

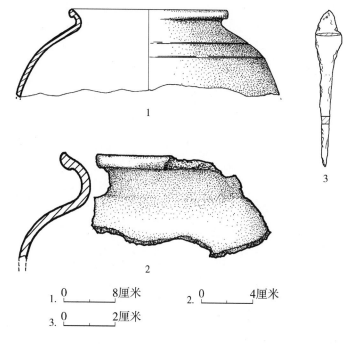

图二〇二　M2168填土出土器物
1. 陶瓮口沿（M2168：13）　2. 陶鼓腹罐口沿（M2168：14）
3. 铁镞（M2168：12）

1，图版七七：3）。M2168：3圆唇，侈口，圆鼓腹，平底。口径11、通高38、底径15.7厘米（图二〇三：2）。

铜带銙　1件（M2168：4）。近似于半圆形，表面涂一层黑漆。边缘折起，中间饰一长方形孔，其周围有5个小钉。长2.9、高2.1、厚0.2、孔长1.7、宽0.5厘米（图二〇三：7，图版一四一：6）。

铜夹　2件。两面为梭形薄铜片，中间饰2个小铁钉，中间有夹木头的痕迹。M2168：1长2.1、宽0.9厘米（图二〇三：8）。M2168：2长2.6、宽0.9厘米（图二〇三：9，图版一五三：2）。

铜环　2件（图版一四二：1）。外廓为八棱形，中间饰一圆孔。M2168：6最大外径1.5、内直径0.8厘米（图二〇三：5）。M2168：7最大外径1.5、内径0.9厘米（图二〇三：6）。

铜耳环　1件（M2168：5）。已残，其横截面为圆形（图二〇三：4）。

M2169

在M2168之南，其北壁与M2168墓道邻接，墓的方向为171°。有封土覆盖，其范围呈长方形，长4.5、宽3.8、深0.5米。墓室填土为夹沙黑褐土，土质较硬，填土中发现夹砂灰陶罐1件（有口无底）。墓葬为地面建筑，墓室和底部保存尚好。在墓室南壁偏东侧设一墓道，墓底以大小不等的长方形碎红砖拼缝铺一层，个别空隙处用小石块填塞。墓壁系用粗加工的玄武岩质大小石板由下而上依次叠筑，墓室平面呈长方形，长2.64、宽1.61、深0.46米。墓壁内外缘较整齐，部分西壁外缘已被破坏。墓道长0.57、宽0.71米。

发现一具人骨，属于二次葬。墓主人身份为成年男性。在墓室西南角发现陶鼓腹罐1件（图一九七，图版二一：2）。

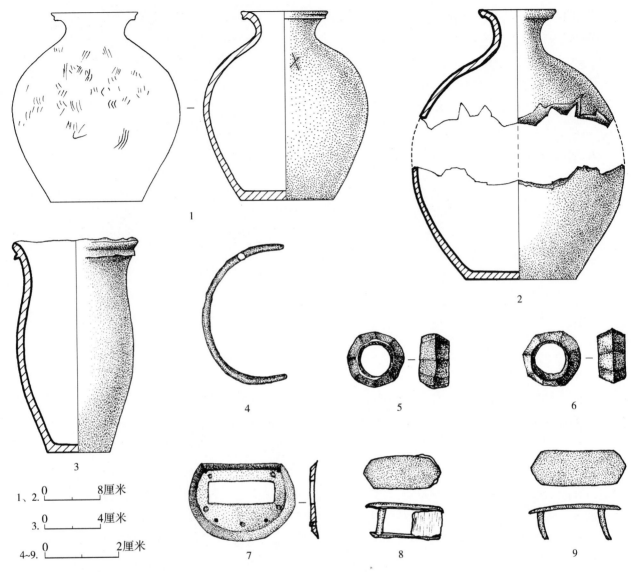

1、2. ____ 8厘米

3. ____ 4厘米

4~9. ____ 2厘米

图二〇三　M2168 随葬器物

1、2. 陶短颈壶（M2168：9、3）　3. 陶长腹罐（M2168：8）　4. 铜耳环（M2168：5）

5、6. 铜环（M2168：6、7）　7. 铜带銙（M2168：4）　8、9. 铜夹（M2168：1、2）

1. 填土出土器物

陶鼓腹罐口沿　1 件（M2169：2）。夹砂褐陶，手制，圆唇（图二〇四）。

2. 随葬器物

陶鼓腹罐　1 件（M2169：1）。夹砂红褐陶，手制。重唇，侈口，圆鼓腹，平底，素面。口径 12.7、通高 18.2、腹最大径 20、底径 14.9 厘米（图二〇五，图版七八：2）。

M2170

位于 M2168 之西约 2 米处。墓的方向为 170°。有封土覆

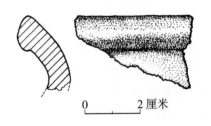

0 ____ 2厘米

图二〇四　M2169 填土出土器物

陶鼓腹罐口沿（M2169：2）

盖，近似于椭圆形，长径 5.5、短径 3.8、高出地表约
0.4 米。墓室填土为夹沙黑褐土，土质较硬，纯净，无
包含物。墓底用石板拼缝平铺，较为平整。墓葬为半地
穴式建筑，此墓在地表上挖一个深约 0.5 米的长方形
坑，然后用粗加工的玄武岩石板紧挨土坑壁平砌墓室，
石板空隙处以小河卵石块填塞。墓壁砌至第三层石板
时，在南壁中间原生土地表上以同样石材砌筑墓道。墓
室平面呈长方形，长 2.76、宽 2.02、深 0.74 米。墓道
平面铺 2 块大石板，长 1.03、宽 0.8、深 0.38 米。

人骨较乱，有 3 个头骨，均为二次葬。西北角上
的头骨（B）和肢骨（A）可能是一个个体，属于男
性，35～40 岁。位于东北角的骨架（D）亦是男性，
30 岁左右，其南边成年头骨（C）性别、年龄均不清。
出土文物有陶长腹罐 1 件、铜带扣 1 件、铜带銙 2 件、
铁钉 3 件、铜铊尾 1 件、残陶罐 1 件（图二〇六，图版二二：1）。

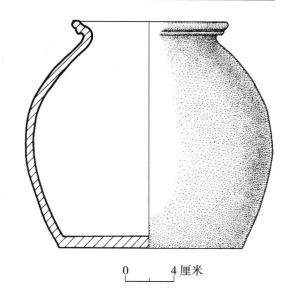

图二〇五　M2169 随葬器物

陶鼓腹罐（M2169：1）

随葬器物

陶长腹罐　1 件（M2170：1）。夹砂褐陶，手制，口沿经过慢轮修整，腹有烟熏的痕迹。重唇，
侈口，腹径大于口径，平底，素面。口径 10.6、通高 18.8、腹最大径 11.2、底径 4.8 厘米（图二〇
七：1，图版七八：3）。

残陶罐　1 件（M2170：7）。夹砂红褐陶，手制，鼓腹，平底。残高 12.4、底径 7.9 厘米（图二
〇七：2，图版一二五：2）。

铜带扣　1 件（M2170：2）。上端呈椭圆形搭扣，下端为扁平铜片，边缘折起两片复合，背面饰
两个小钉。长 4.9、宽 2.7 厘米（图二〇七：3，图版一四二：2）。

铜铊尾　1 件（M2170：8）。上端和两侧平直，下端呈舌状，平直一面开口，背面饰两个小钉。
长 3.1、宽 2.5 厘米（图二〇七：4，图版一四二：4）。

铜带銙　2 件。三面平直，一面尖角，边缘折起，两片复合，中间饰一长方形孔。M2170：3 长
2.2、高 1.7、厚 0.6、孔长 1.5、宽 0.5 厘米（图二〇七：5，图版一四一：7）。M2170：9 长 2.2、
高 1.7、厚 0.5、孔长 1.5、宽 0.8 厘米（图二〇七：6，图版一四一：8）。

铁钉　3 件（图版一六三：2）。两头为扁平钉帽，中间呈四棱柱状，下端扁平帽，可能把钉子打
进去以后拍扁的。M2170：5 通高 4.4 厘米（图二〇七：7）。M2170：4 通高 3 厘米（图二〇七：8）。
M2170：6 通高 2.7 厘米（图二〇七：9）。

M2180

位于 M2179 之南，其西壁与 M2174 东壁封土毗连。墓的方向为 173°。有封土覆盖，高出地面约
0.6 米。墓室填土为夹沙黄褐土，土质松散，纯净，无包含物，墓底亦是夹沙黄褐色原生土层。墓葬
为半地穴式建筑，用粗加工的玄武岩石块平砌墓室与墓道，墓室内壁稍微往里倾斜，墓壁砌至 0.31
米时，在墓室南壁中间原生土地表上以同样石材砌筑墓道。墓室平面近似于长方形，长 2.28、宽

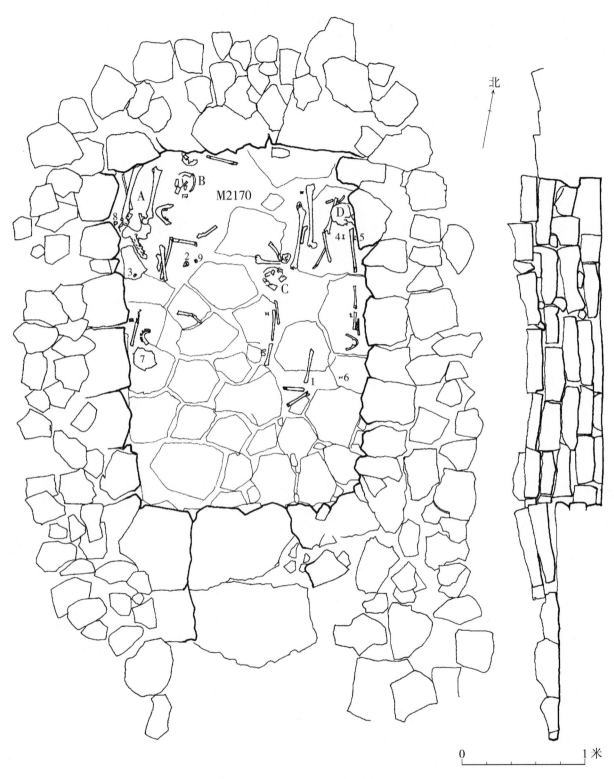

图二〇六　M2170 平面及西壁侧视图

1. 陶长腹罐　2. 铜带扣　3. 铜带銙　4～6. 铁钉　7. 残陶罐　8. 铜铊尾　9. 铜带銙

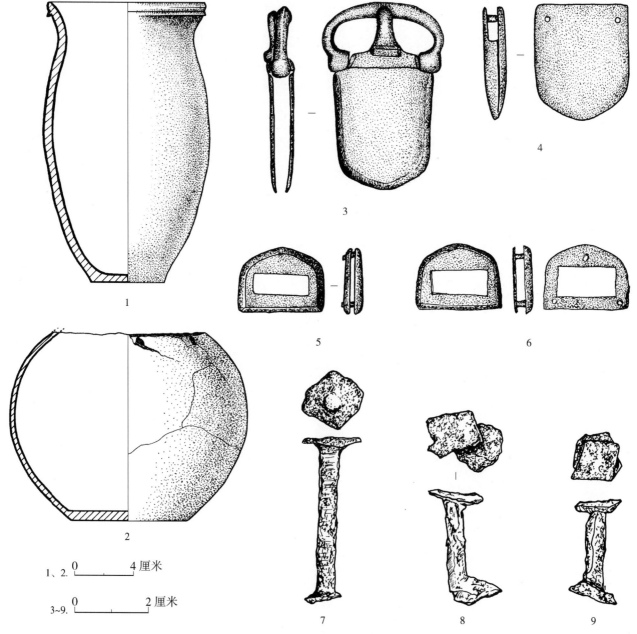

图二〇七　M2170 随葬器物

1. 陶长腹罐（M2170：1）　2. 残陶罐（M2170：7）　3. 铜带扣（M2170：2）　4. 铜铊尾（M2170：8）
5、6. 铜带銙（M2170：3、9）　7～9. 铁钉（M2170：5、4、6）

1.62、深 0.64 米。墓道长 1、宽 0.8、深 0.39 米。

　　人骨有 2 个个体，单人一次葬与单人二次合葬。一次葬骨架（B）为男性，30 岁左右。二次葬骨架（A）为成年女性。出土文物有铁钗 1 件、铁镯 1 件、铜带銙 4 件，分别出土于骨架周围（图二〇八，图版二二：2）。

　　随葬器物

　　铁钗　1 件（M2180：1）。两股锥形，其横截面为圆形。长 7.7、横截面直径为 0.3 厘米（图二

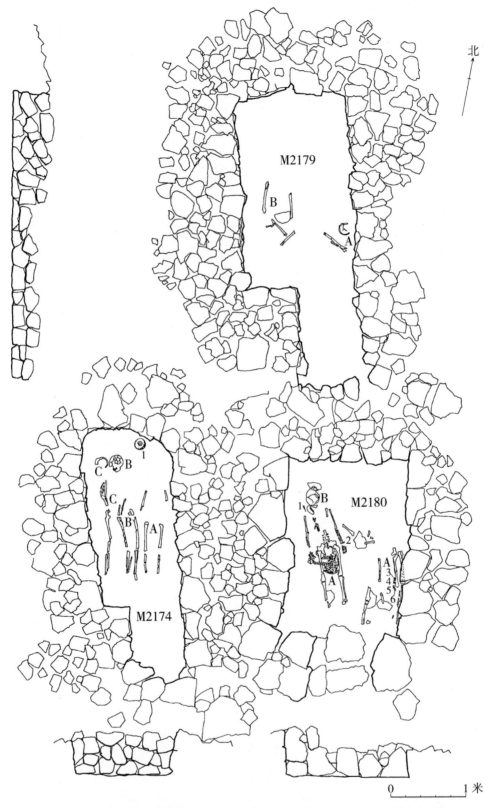

图二〇八　M2174 平面及北壁侧视、M2179 平面及东壁侧视、M2180 平面及北壁侧视图

M2174 随葬器物　1.陶短颈壶　　　M2180 随葬器物　1.铁钗　2.铁镯　3～6.铜带銙

〇九：5）。

铁镯　1件（M2180：2）。扁圆形，中间开口。外长径约5.5、内径5、外短径4.6、内径4.1厘米（图二〇九：6）。

铜带銙　4件（图版一四二：3）。长方形，边缘折起，两片复合，上端饰一长方形孔。M2180：3长3、宽2.6、厚0.7、孔长1.7、宽0.5厘米（图二〇九：3）。M2180：4长3、宽2.4、厚0.6、孔长1.8、宽0.5厘米（图二〇九：4）。M2180：5背面饰4个小钉。长2.4、宽1.7、厚0.5、孔长1.6、宽0.6厘米（图二〇九：5）。M2180：6背面饰4个小钉。长2.4、宽1.7、孔长1.4、宽0.5厘米（图二〇九：6）。

M2183

位于M2212之东约1.5米处。墓的方向为120°。有封土覆盖，其形状近似于长方形，南北长4、东西宽约3、高出地面0.6米。墓室填土为黄褐黏土，土质较硬，墓底亦是黄褐色黏生土层。填土中发现夹砂灰陶罐底1件、夹砂褐陶长腹罐1件、长腹罐口沿1件。墓葬为半地穴式建筑，此墓在地表

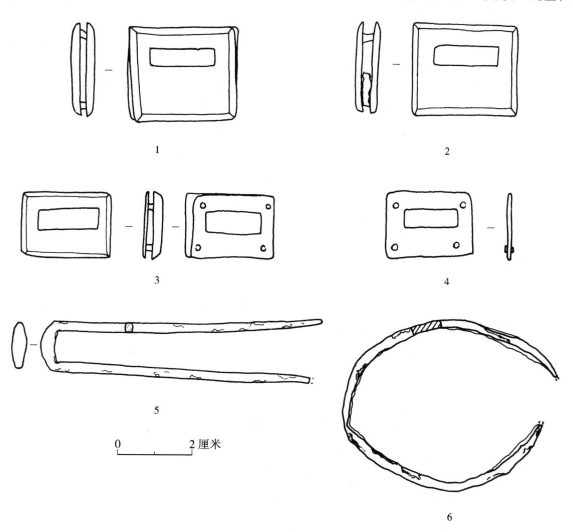

图二〇九　M2180随葬器物

1～4. 铜带銙（M2180：3～6）　5. 铁钗（M2180：1）　6. 铁镯（M2180：2）

上挖一个深约 0.1 米的长方形坑，然后用粗加工的玄武岩质大小石板紧挨土坑壁平砌墓室，墓壁砌至 0.1 米时，在南壁中央原生地表上以同样石材修筑墓道。墓室与墓道衔接处平铺一块大石板，墓室平面呈不规则的长方形，北宽南窄，长 2.2、宽 1.36、深 0.76 米。墓道长 0.8、宽 0.75、深 0.65 米。

人骨缺损，只有几根肢骨，属于二次葬。墓主人身份为成年女性。出土文物有陶短颈壶 1 件、陶罐底 1 件、玛瑙珠 2 件，分别置于墓室周围（图二一〇，图版二三：1）。

1. 填土出土器物

陶长腹罐　1 件（M2183：5）。夹砂褐陶，手制。重唇，侈口，口径大于腹径，素面。口径

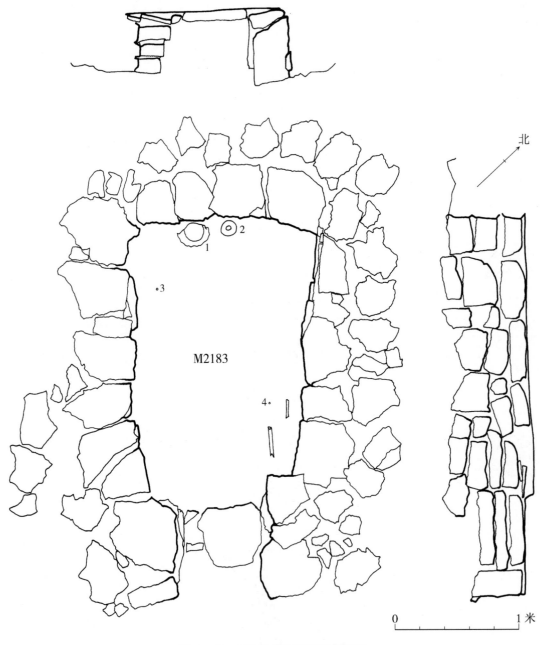

图二一〇　M2183 平面及西壁侧视图

1. 陶罐底　2. 陶短颈壶　3、4. 玛瑙珠

11.4、通高 16.6、腹最大径 11、底径 6 厘米（图二一一：1，图版七八：4）。

陶长腹罐口沿　1 件（M2183：6）。夹砂褐陶，手制，口沿经过慢轮修整，重唇（图二一一：2）。

陶罐底　1 件（M2183：7）。夹砂灰陶，手制，底径 15 厘米（图二一一：3，图版一二〇：2）。

2. 随葬器物

陶罐底　1 件（M2183：1）。夹砂褐陶，手制，残高 27.6、底径 24 厘米（图二一二：1）。

陶短颈壶　1 件（M2183：2）。夹砂褐陶，手制，腹有斑纹。口部已残，鼓腹，平底，素面。残高 15.2、腹最大径 14、底径 7.2 厘米（图二一二：2，图版七九：1）。

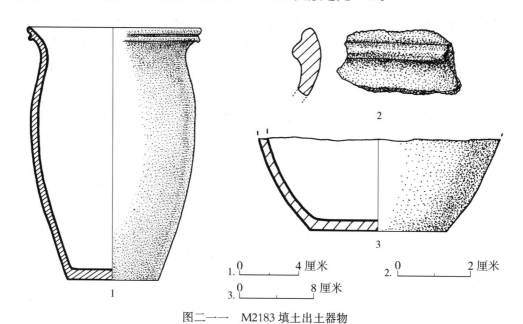

图二一一　M2183 填土出土器物

1. 陶长腹罐（M2183：5）　2. 陶长腹罐口沿（M2183：6）　3. 陶罐底（M2183：7）

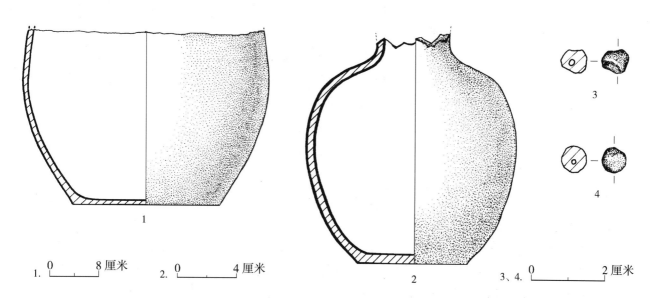

图二一二　M2183 随葬器物

1. 陶罐底（M2183：1）　2. 陶短颈壶（M2183：2）　3、4. 玛瑙珠（M2183：3、4）

玛瑙珠　2 件（图版一八四：1）。M2183：3 不规则的圆球状，中间饰一孔。直径 0.7、高 0.6、孔径 0.1 厘米（图二一二：3）。M2183：4 圆球状，中间饰一孔。直径 0.7、高 0.5、孔径 0.1 厘米（图二一二：4）。

M2184

墓道与 M2185 与 M2186 北壁相连。墓的方向为 120°。有微凸的封土覆盖，高出地面约 0.4 米，有的石块已露出地面。墓葬填土为夹沙黄褐土，土质松散，墓底亦是夹沙黄褐色生土层。填土中发现铁钩 1 件、铁刀 1 件、铁镞 1 件，还有数量较少的夹砂褐陶碎片。墓葬为半地穴式建筑，墓葬内缘较整齐，此墓系在地表上挖一个深约 0.3 米的长方形坑，然后用粗加工的玄武岩质大小石板紧挨土坑壁平砌成墓室四壁与墓道。墓壁砌至 0.3 米时，在南壁中央原生土地表上以同样石材修筑墓道。墓室平面近似于长方形，长 2.04、宽 1.4、深 0.74 米。墓道长 1.44、宽 0.78、深 0.44 米。

人骨缺损严重，仅存几根肢骨，无规律地散落在墓室中间。墓主人身份可能是成年女性。出土文物有陶瓮 1 件、陶长腹罐 1 件、玛瑙珠 2 件、铜环 2 件、铜牌饰 3 件、铁螺旋器 2 件、铜鸟头饰 1 件，皆分别置于墓室中南部（图二一三，图版二三：2）。

1. 填土出土器物

铁钩　1 件（M2184：13）。钩身扁平，后端卷曲成钩。长 3.8、宽 5.2 厘米（图二一四：1，图版一六二：4）。

铁刀　1 件（M2184：14）。直背，斜刃，短柄。长 5.2 厘米（图二一四：2）。

铁镞　1 件（M2184：15）。镞身如铲，前锋宽而呈弧形，短铤。通长 10.8、锋宽 1.3、铤长 3.8 厘米（图二一四：3，图版一六一：4）。

2. 随葬器物

铜牌饰　3 件。形状不同，可分二式。

Ⅰ式　1 件（M2184：7）。圆形饰。上为圆泡形，下端饰扇形，牌面铸以弧形镂孔，其间饰以圆形与椭圆形凸点纹。背有 2 纽。通高 7.2、宽 6.2、厚 2.3 厘米（图二一五：1，图版一四三：1-3）。

Ⅱ式　2 件。长方形饰。上下边缘呈连珠纹，上半部饰 3 个长方形镂孔，牌面饰直线纹、圆点纹、三角纹等，背面有四鼻。M2184：5 长 6.3、宽 4.7、厚 1.7 厘米（图二一五：2）。M2184：11 长 6.6、宽 4.7、厚 0.15 厘米（图二一五：3，图版一四三：1-1、2）。

玛瑙珠　2 件（图版一八四：2）。M2184：1 近似于圆球状，中间钻一小孔。直径 0.9、高 0.8、孔径 0.2 厘米（图二一六：3）。M2184：2 圆球状，直径 0.8、高 0.8、孔径 0.2 厘米（图二一六：4）。

铜环　2 件（M2184：3、6）。圆形，其横截面为梭形。外径 1.5、内径 0.8 厘米（图二一六：6、7，图版一四二：5）。

铜鸟头饰　1 件（M2184：4）。上端为鸟尖嘴状，两侧各有一个圆圈，圆中饰穿孔；下端呈长条状，底部饰一穿孔。长 3、最宽处 2.4、上孔径 0.3、下孔径 0.4 厘米（图二一六：8，图版一四二：6）。

铁螺旋器　2 件。细铁丝旋成管状。M2184：8 已残，外径 1.8、内径 0.6 厘米（图二一六：5）。M2184：9 外径 1.7、内径 1.1 厘米（图二一六：9）。

陶瓮　1 件（M2184：10）。夹砂灰陶，手制，圆唇，侈口，鼓腹，平底，肩饰 4 道凹弦纹。口

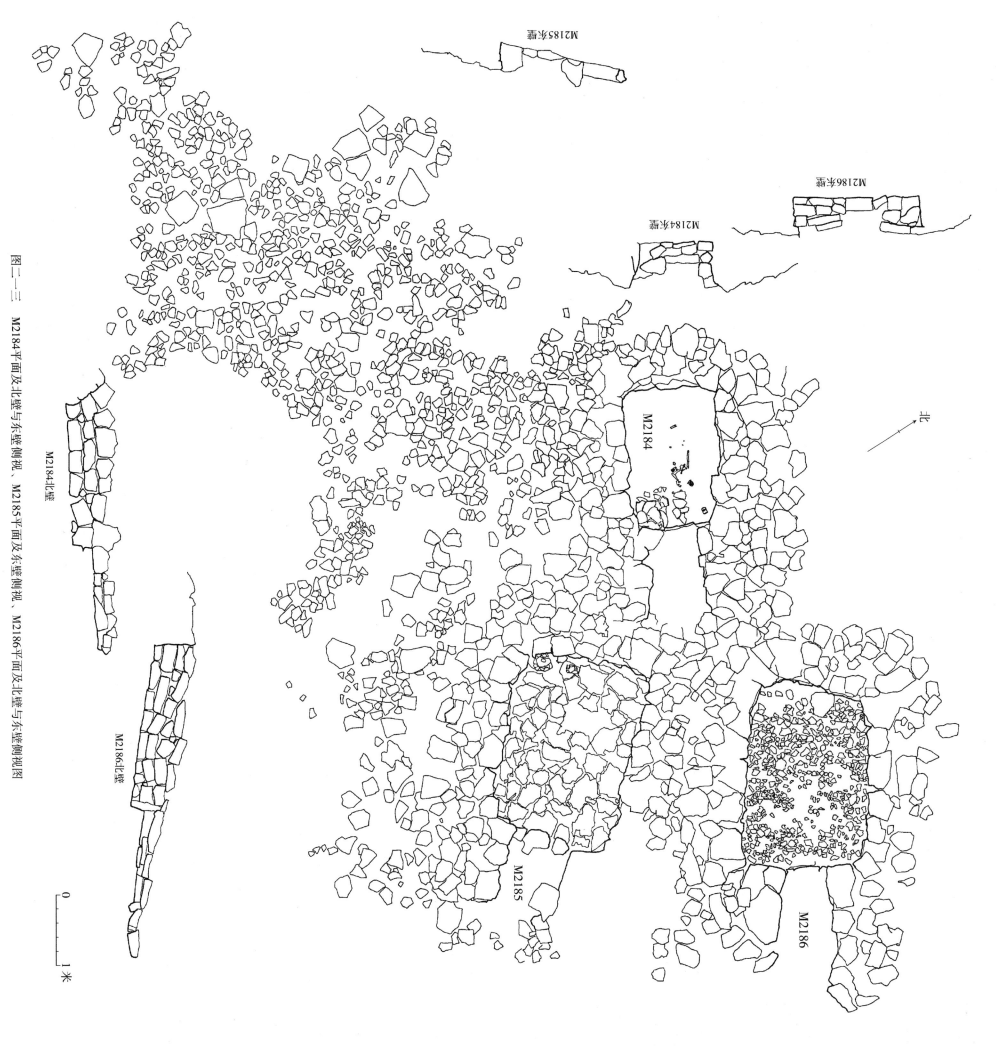

图二三　M2184平面及北壁与东壁侧视、M2185平面及东壁侧视、M2186平面及北壁与东壁侧视图

M2184随葬器物

1、2. 玛瑙珠　3、6. 铜环　4. 铜鸟头饰　5、7、11. 铜牌饰　8、9. 铁螺旋器　10. 陶瓷　12. 陶长腹罐

M2185随葬器物

1. 陶鼓腹罐　2. 陶瓶　3. 陶长腹罐

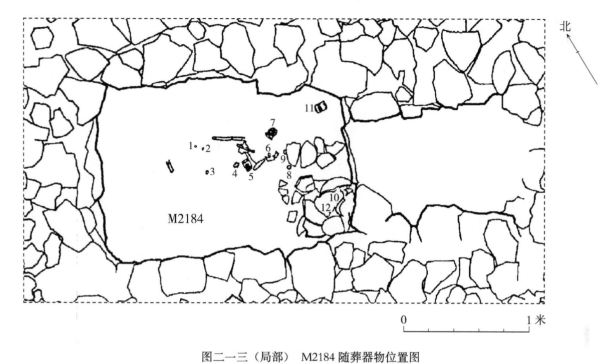

图二一三（局部） M2184 随葬器物位置图

1、2. 玛瑙珠　3、6. 铜环　4. 铜鸟头饰　5、7、11. 铜牌饰　8、9. 铁螺旋器　10. 陶瓮　12. 陶长腹罐

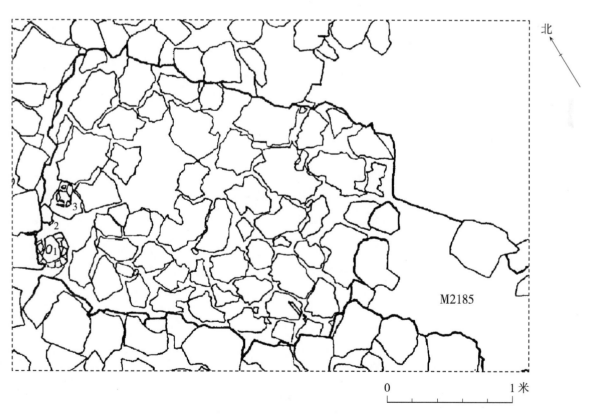

图二一三（局部） M2185 随葬器物位置图

1. 陶鼓腹罐　2. 陶瓶　3. 陶长腹罐

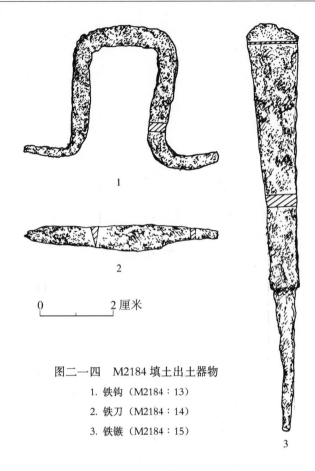

图二一四　M2184 填土出土器物

1. 铁钩（M2184：13）

2. 铁刀（M2184：14）

3. 铁镢（M2184：15）

径 20.1、通高 37.2、腹径 36.2、底径 16.4 厘米（图二一六：1，图版七九：2）。

陶长腹罐　1 件（M2184：12）。夹砂褐陶，手制，口沿经过慢轮修整，腹部留下烟熏的痕迹。重唇，侈口，口径等于腹径，平底，素面。口径 11、通高 17.7、底径 4.2 厘米（图二一六：2，图版七九：3）。

M2185

位于 M2184 西南角，其东壁与 M2186 西壁相连。墓的方向为 129°。有石块堆积，其范围不太规整，高出地面约 0.4 米。墓葬填土为夹沙黄褐土，土质松散，发现少量夹砂褐陶片，器形不明。墓底采用扁平石板块拼缝平铺，个别空隙处以小河卵石填塞。墓葬为半地穴式建筑，墓室内缘较整齐，此墓系在地表上挖一个深约 0.3 米的长方形坑，然后用粗加工的玄武岩质大小石板紧挨土坑壁平砌墓室四壁。墓壁砌至 0.3 米时，在南壁中央原生地表上用同样石材修筑墓道。墓室平面近似于长方形，长 2.32、宽 1.88、深 0.44 米。墓道长 1.2、宽 0.86、深 0.28 米。

发现 2 根成年人碎肢骨，其性别不明。出土文物有陶长腹罐 1 件、陶鼓腹罐 1 件、陶瓶 1 件，分别位于墓室北部（图二一三，图版二四：1）。

随葬器物

陶鼓腹罐　1 件（M2185：1）。夹砂褐陶，手制，口沿经过慢轮修整。尖圆唇，侈口，圆鼓腹，平底，素面。口径 11.8、通高 22.2、腹最大径 21.6、底径 12.6 厘米（图二一七：1，图版七九：4）。

陶瓶　1 件（M2185：2）。夹砂红褐陶，手制，腹部有斑纹。圆唇，侈口，束颈，长腹，平底，素面。口径 6.6、通高 16.4、腹最大径 11.6、底径 8.1 厘米（图二一七：2，图版八○：1）。

陶长腹罐　1 件（M2185：3）。夹砂褐陶，手制，口沿经过慢轮修整。重唇，侈口，口径大于腹径，平底，素面。口径 11.2、通高 16.8、腹最大径 10.4、底径 6 厘米（图二一七：3，图版八○：2）。

M2186

位于 M2184 之东南，其西壁与 M2185 东壁相连。墓的方向为 126°。有封土覆盖，其形状不太规整，高出地面 0.4 米左右。墓室填土为夹沙黄褐土，土质松散，纯净，无包含物。墓葬为半地穴式建筑，墓室在地表上挖一个长方形浅坑，沿着四壁平砌大石板，约砌 0.2 米时，在墓室南壁中间设一墓道。墓室底部均以小石块铺砌。墓室平面近似于长方形，长 2.7、宽 1.8、深 0.54 米。墓道长 2.1、宽 0.8、深 0.34 米。

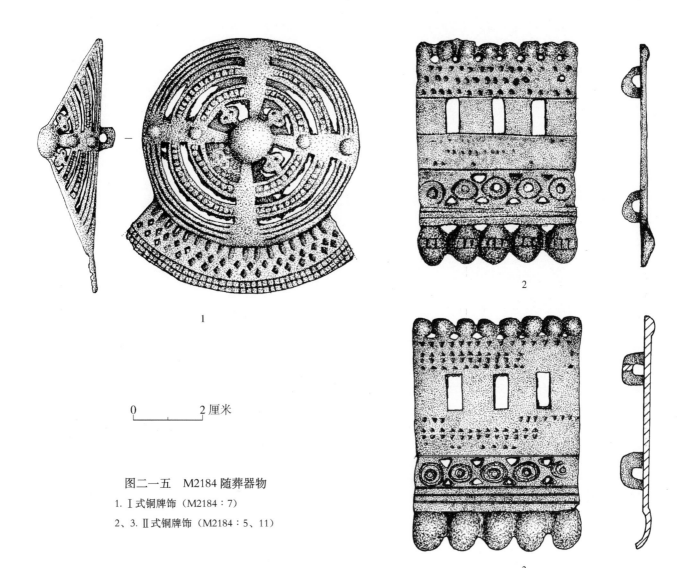

0   2 厘米

图二一五　M2184 随葬器物

1. Ⅰ式铜牌饰（M2184∶7）

2、3. Ⅱ式铜牌饰（M2184∶5、11）

无人骨，随葬品亦未见（图二一三，图版二四∶2）。

M2189

位于 M2188 之东南，与 M2190 相连。墓的方向为 125°。在地表上可见微凸的封土和石块堆积。墓室填土为夹沙黄褐土，土质松散，墓底亦是夹沙黄褐色生土层。填土中发现夹砂褐陶长腹罐残片 2 件（有口无底）。墓葬为半地穴式建筑，此墓先在地表挖一个深约 0.5 米的长方形坑，然后用玄武岩大石板立支作四壁，其上面再铺叠较小的石块，个别空隙处以小河卵石填塞。墓室南壁中间原生土地表上以同样石材修筑墓道。墓室平面近似于长方形，长 1.86、宽 1.34、深 1 米。墓道长 1.26、宽 0.84、深 0.5 米。

有少量骨头，性别与年龄均不明。随葬品亦未见（图二一八，图版二五∶1）。

填土出土器物

陶长腹罐口沿　2 件。夹砂褐陶，手制，口沿经过慢轮修整。M2189∶1 重唇（图二一九∶1，图版一三六∶4）。M2189∶2 重唇，侈口，肩饰凹弦纹夹水波纹（图二一九∶2，图版一三六∶5）。

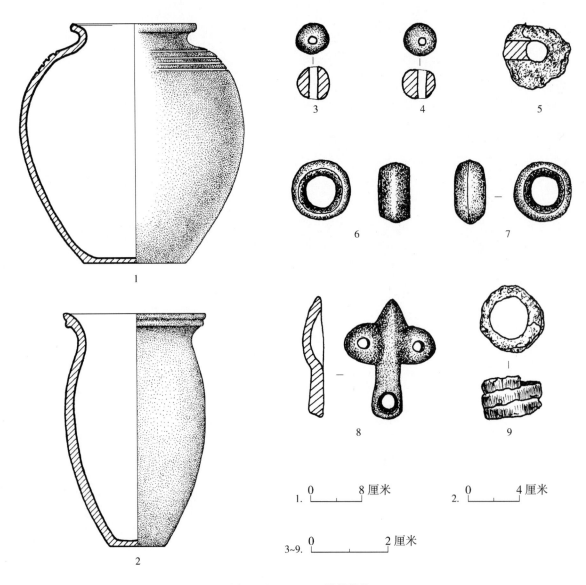

图二一六　M2184 随葬器物

1. 陶瓮（M2184：10）　2. 陶长腹罐（M2184：12）　3、4. 玛瑙珠（M2184：1、2）　5、9. 铁螺旋器
（M2184：8、9）　6、7. 铜环（M2184：3、6）　8. 铜鸟头饰（M2184：4）

M2190

位于 M2188 之西南，与 M2189 相连。墓的方向为 115°。在地表上可见微凸的封土和石块堆积，高出地面约 1.1 米。墓室填土为夹沙黄褐土，土质松散。填土中发现夹砂褐陶片，器形有鼓腹罐 2 件、长腹罐 1 件（均残）。墓葬为半地穴式建筑，此墓先在地表上挖 0.4 米深的长方形坑，用未经修琢的玄武岩石块和石板平铺墓室四壁与墓道，大石块用于墓室与墓道内壁，其周围再用较小的石块铺叠，墓室的个别空隙处以小河卵石填塞。在墓室南壁中央原生土地表上设一墓道。墓室平面近似于长方形，长 2.14、宽 1.4、深 1.08 米，墓道长约 2、宽 0.7～0.8、深 0.72 米。

无人骨痕迹，随葬品亦未见（图二一八，图版二五：1）。

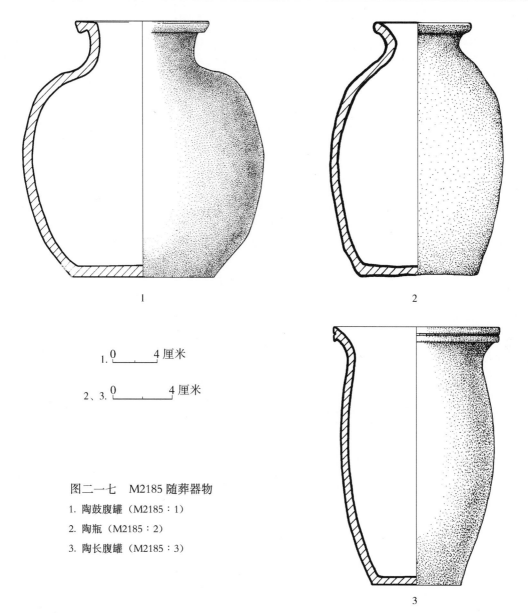

1. 0 ___ 4 厘米

2、3. 0 ___ 4 厘米

图二一七　M2185 随葬器物

1. 陶鼓腹罐（M2185：1）

2. 陶瓶（M2185：2）

3. 陶长腹罐（M2185：3）

填土出土器物

陶鼓腹罐残片　2 件。M2190：3 夹砂褐陶，手制，鼓腹，素面（图二二〇：1，图版一二〇：3）。M2190：1 夹砂灰陶，手制，口沿经过慢轮修整，圆唇，侈口（图二二〇：2）。

陶长腹罐口沿　1 件（M2190：2）。夹砂褐陶，手制，重唇，侈口，素面（图二二〇：3，图版一三六：6）。

M2192

位于 M2193 之西北约 5 米处。墓的方向为 195°。有明显的封土范围，呈长方形，长约 4.8、宽 4 米。墓室填土为灰褐土，质地松散，土质纯净，墓底亦是夹沙灰褐色原生土层。填土中发现夹砂褐陶长腹罐 1 件（已残）、肥颈壶口沿 1 件。墓葬为地面建筑，用粗加工的玄武岩石板和大小不等的石块垒砌墓室与墓道，墓道两侧竖立石板，东壁 2 块，西壁 1 块。墓室平面近似于长方形，长 2.6、宽 1.7、深 0.48 米；墓道设于墓室南部，长 1.1、宽 0.76 米。

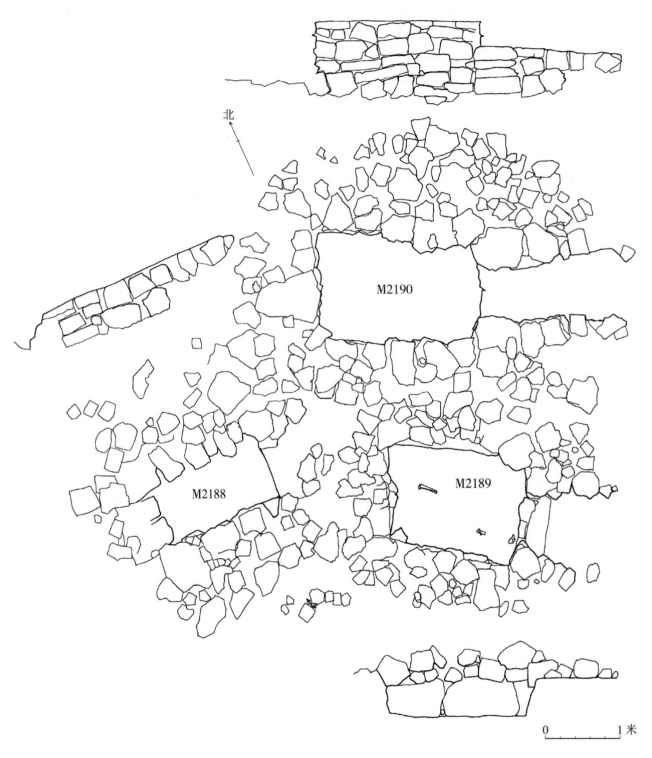

图二一八　M2188 平面及南壁侧视、M2189 平面及北壁侧视、M2190 平面及南壁侧视图

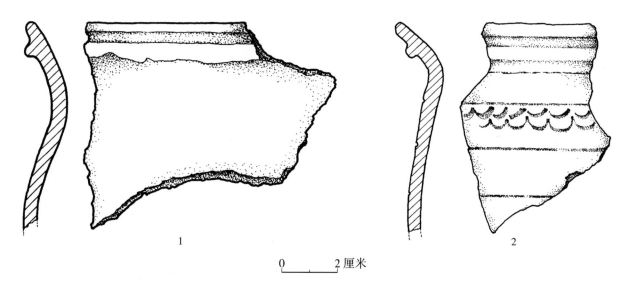

0 _____ 2 厘米

图二一九　M2189 填土出土器物

1、2. 陶长腹罐口沿（M2189：1、2）

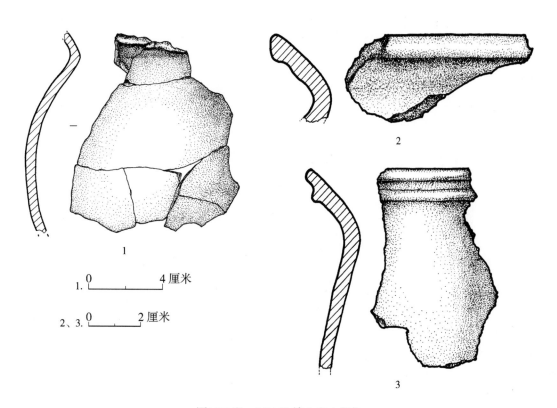

1. 0 _____ 4 厘米

2、3. 0 _____ 2 厘米

图二二〇　M2190 填土出土器物

1、2. 陶鼓腹罐口沿（M2190：3、1）　　3. 陶长腹罐口沿（M2190：2）

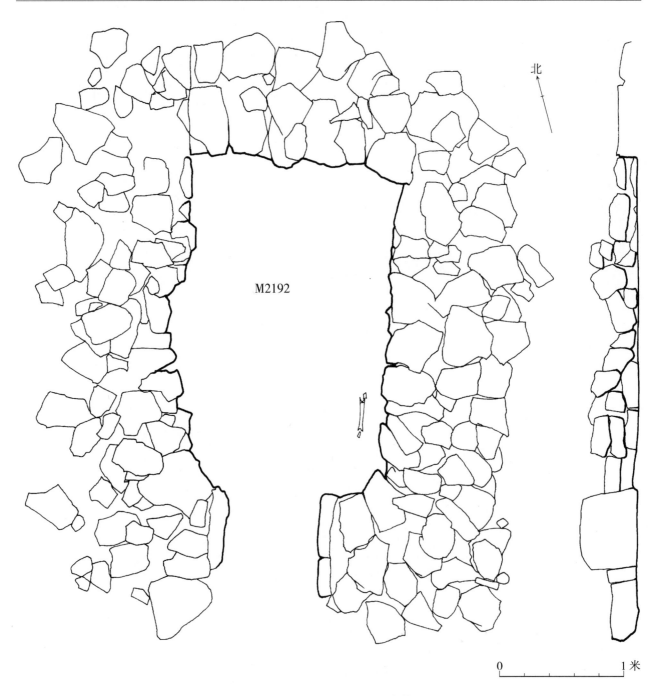

图二二一　M2192 平面及西壁侧视图

墓室西南角有 1 根上肢骨，性别与年龄均不明。未见随葬品（图二二一，图版二五：2）。

填土出土器物

陶长腹罐口沿　1 件（M2192：1）。夹砂褐陶，手制，重唇（图二二二：1）。

陶肥颈壶口沿　1 件（M2192：2）。夹砂褐陶，手制，尖圆唇，侈口（图二二二：2）。

M2194

位于 M2193 之北约 5 米处。墓的方向为 110°。有封土覆盖，形状近似于长方形，南北长约 5、东西宽 4.6、高出地面 0.7 米。墓室填土为灰褐土，土质较黏，墓底为灰褐色生土层。填土中发现夹砂褐陶短颈壶口沿 1 件、长腹罐口沿 1 件、长颈壶残片 1 件。墓葬为半地穴建筑，此墓先在地表挖深约 0.2 米的长方形坑，然后用粗加工的玄武岩石板平铺墓室四壁，其周围再用较小的石块铺叠，个别空隙处以小河卵石填塞。石板平铺墓室约 0.2 米后，在南壁中央原生土地表上以同样石材同时平铺墓道。墓室平面呈长方形，长 2.3、宽 1.8、深 0.66 米。墓道长 0.86、宽 0.95、深 0.46 米。

墓室南部发现少量成年碎骨，其性别不清。出土文物有陶鼓腹罐 1 件、陶长腹罐 1 件、陶瓮 1 件、铜牌饰 1 件，均置于墓室南部（图二二三，图版二六：1）。

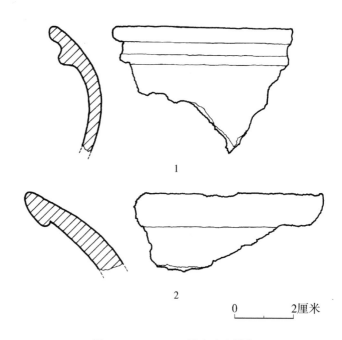

图二二二 M2192 填土出土器物
1. 陶长腹罐口沿（M2192：1） 2. 陶肥颈壶口沿（M2192：2）

1. 填土出土器物

陶短颈壶口沿 1 件（M2194：5）。夹砂褐陶，手制，重唇，短颈。口径 8.65 厘米（图二二四：1，图版一三七：1）。

陶长腹罐口沿 1 件（M2194：6）。夹砂褐陶，手制，重唇（图二二四：2）。

陶长颈壶残片 （M2194：7）。夹砂褐陶，手制（图二二四：3）。

2. 随葬器物

陶瓮 1 件（M2194：1）。夹砂灰陶，手制，口沿经过慢轮修整。圆唇，侈口，鼓腹，平底。肩饰三道凹弦纹，中间有两排"×"纹。口径 25.4、通高 48.8、腹径 42.3、底径 22.7 厘米（图二二五：1，图版八〇：3）。

陶鼓腹罐 1 件（M2194：3）。夹砂褐陶，手制，口沿和颈部经过慢轮修整。圆唇，侈口，短颈，圆鼓腹，平底，出土时口沿处堵一块小石头。肩饰弦纹夹水波纹。口径 6.3、通高 14.7、腹径 12.3、底径 7.8 厘米（图二二五：2，图版八〇：4）。

陶长腹罐 1 件（M2194：2）。夹砂褐陶，手制，口沿经过慢轮修整。重唇，侈口，口径略大于腹径，平底，素面。口径 12.3、通高 17.2、腹最大径 12、底径 6.2 厘米（图二二五：3，图版八一：1）。

铜牌饰 1 件（M2194：4）。长方形，上下两端饰连珠纹，上半部饰 3 个长方形镂孔，面饰凹弦纹，三角纹，圆圈纹。背面饰 4 鼻。高 6.7、宽 4.9、厚 0.2 厘米（图二二五：4，图版一四三：2）。

M2195

位于 M2209 之北约 4 米处。墓的方向为 90°。有封土覆盖，石块堆积近似于长方形，中间微凹，南北长 5.5、东西宽 5 米。墓葬填土为夹沙黑褐土，土质松散，纯净，墓底在夹沙褐色原生土层上铺

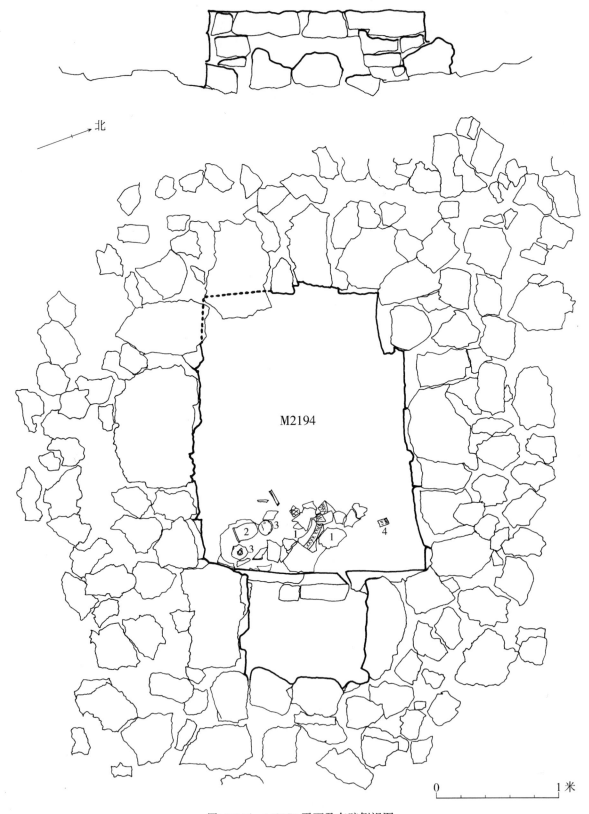

图二二三　M2194 平面及东壁侧视图

1. 陶瓮　2. 陶长腹罐　3. 陶鼓腹罐　4. 铜带饰

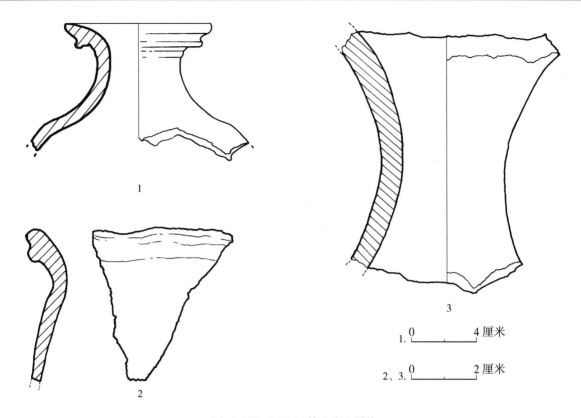

图二二四　M2194 填土出土器物
1. 陶短颈壶口沿（M2194：5）　2. 陶长腹罐口沿（M2194：6）　3. 陶长颈壶残片（M2194：7）

一层玄武岩小石块，北部已被破坏。填土中发现夹砂褐陶片，器形有陶长腹罐 1 件、陶鼓腹罐 1 件（皆无底）、铜带銙 1 件。墓葬为地面建筑，用粗加工的玄武岩石块平砌墓葬，较大的石块用于墓室与墓道内壁，小石块堆砌于其周围，空隙用小石块填塞。墓室平面呈长方形，长 2.58、宽 2.26、深 0.31 米。墓道设于墓室东壁正中，长 1.11、宽 0.72 米。

无人骨，随葬品亦未见（图二二六）。

填土出土器物

陶长腹罐口沿　1 件（M2195：2）。夹砂褐陶，手制，口沿经过慢轮修整，重唇，侈口（图二二七：1）。

陶鼓腹罐口沿　1 件（M2195：1）。夹砂红褐陶，手制，口沿经过慢轮修整。重唇，侈口，肩饰箆点纹（图二二七：2）。

铜带銙　1 件（M2195：3）。三面平直，一面尖角，边缘折起，中间饰一长方形孔，背面饰 3 个小钉。长 2.4、宽 1.9、孔长 1.6、宽 0.5 厘米（图二二七：3）。

M2198

位于 M2197 之北约 3 米处。墓的方向为 100°。封顶已被破坏，墓室被压在南北向的小道底下，地表上只见几块石头。墓室填土为沙子夹黑褐土，土质松散，纯净，墓底为原沙子生土层。填土中发现夹砂褐陶碎片和布纹瓦残片 1 件。墓葬为地面建筑，用粗加工的玄武岩石块垒砌墓葬，墓室北壁破坏严重。其平面近似于长方形，长 3.17、宽 2、深 0.44 米。不太规则的墓道设于墓室东壁中央，

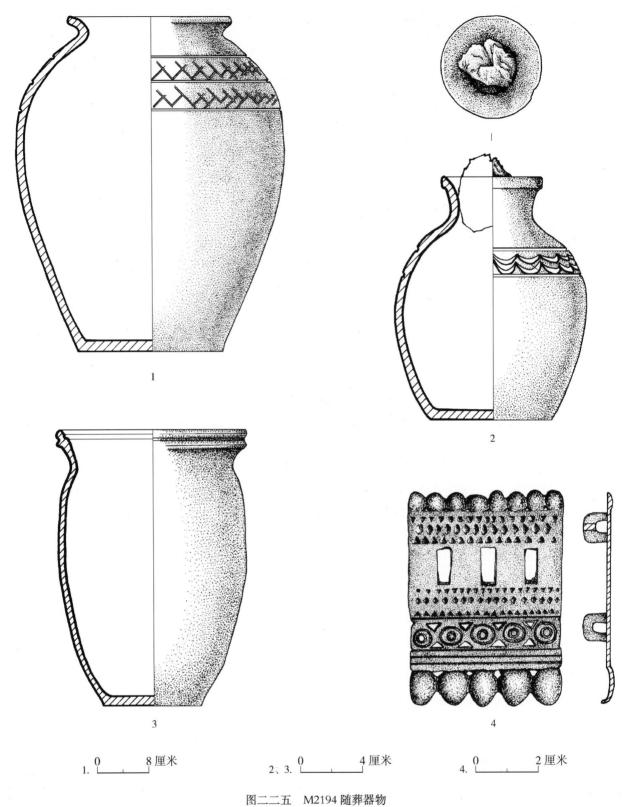

图二二五　M2194 随葬器物

1. 陶瓮（M2194：1）　　2. 陶鼓腹罐（M2194：3）　　3. 陶长腹罐（M2194：2）　　4. 铜带饰（M2194：4）

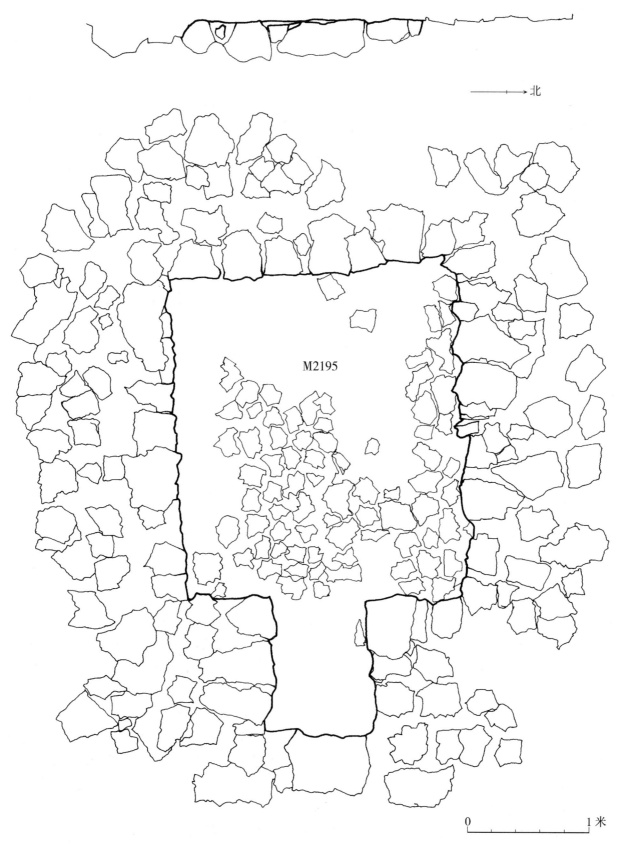

北

M2195

0   1米

图二二六 M2195 平面及东壁侧视图

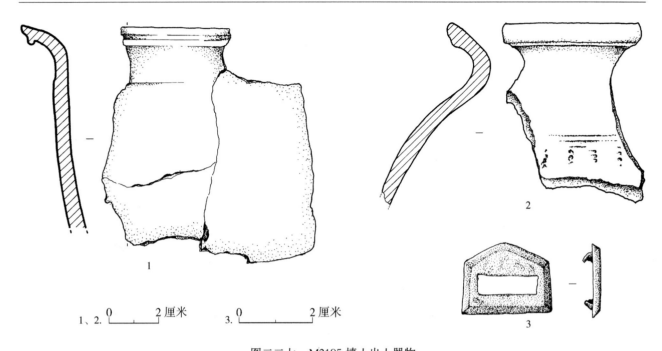

1、2.　0 ——— 2厘米　　　3.　0 ——— 2厘米

图二二七　M2195 填土出土器物

1. 陶长腹罐口沿（M2195：2）　2. 陶鼓腹罐口沿（M2195：1）　3. 铜带銙（M2195：3）

长 0.7、宽 0.65 米。

无人骨，靠近墓室东壁发现铁甲片 1 件（图二二八）。

1. 填土出土器物

布纹瓦残片　1 件（M2198：2）。板瓦（图二二九，图版一三七：2）。

2. 随葬器物

铁甲片　1 件（M2198：1）。薄铁片，略呈长方形，上端抹去两角，下端平直，边缘饰对称的小圆孔。长 8.2、宽 2.9、厚 0.15 厘米（图二三〇，图版一六一：3）。

M2200

位于 M2314 之东约 2.5 米处。墓的方向为 90°。有封土覆盖，其形状近似于长方形，东西长约 5、南北宽 3、高出地面约 0.5 米。墓室填土为夹沙灰褐土，土质松散，纯净，墓底为夹沙褐色原生土层。填土中发现夹砂红褐陶鼓腹罐口沿 1 件。墓葬为半地穴式建筑，用粗加工的玄武岩石块平砌墓葬，较大的石块用于墓室与墓道内壁，其周围堆砌小石块。墓室平面近似于长方形，长 2.94、宽 1.46、深 0.43 米。墓道设于墓室东壁中间，高出墓底 0.1 米，长 1.3、宽 0.62、深 0.33 米。

头骨皆堆于墓室北侧，少量肢骨置于墓室东侧，系二次葬。4 个头骨均属于青年个体，其中 3 个头骨（A、B、C）均系男性，东边头骨（D）性别为女性，肢骨（E）性别不清，属于成年个体。出土文物有陶鼓腹罐 1 件，位于墓室靠东壁中间；长腹罐 2 件，发现于东南角（图二三一，图版二六：2）。

1. 填土出土器物

陶鼓腹罐口沿　1 件（M2200：4）。夹砂红褐陶，手制，口沿经过慢轮修整，重唇，侈口（图二三二）。

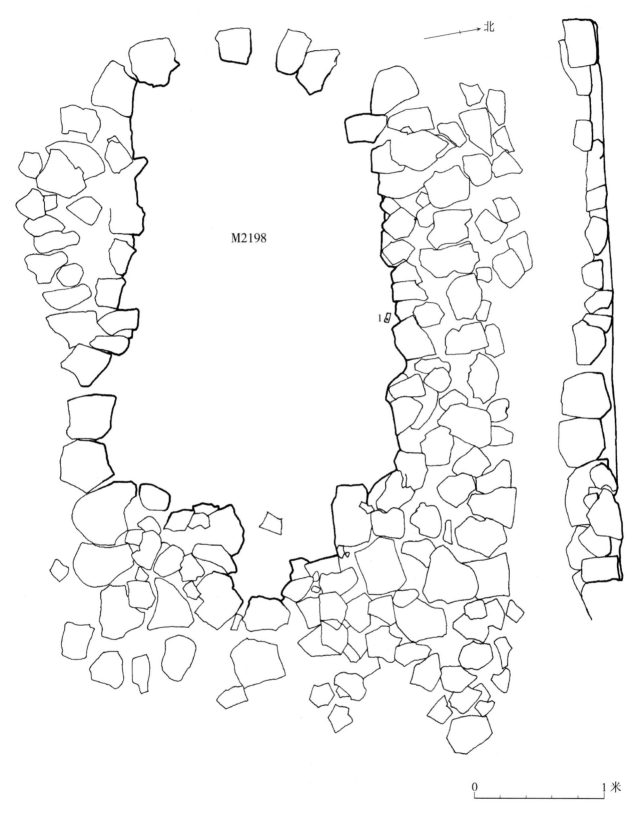

北

0   1 米

图二二八 M2198 平面及南壁侧视图

1. 铁甲片

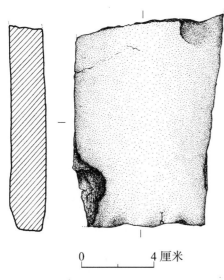

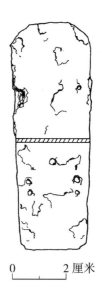

图二二九　M2198 填土出土器物
布纹瓦残片（M2198：2）

图二三〇　M2198 随葬器物
铁甲片（M2198：1）

2. 随葬器物

陶鼓腹罐　1 件（M2200：1）。夹砂红褐陶，手制，口沿经过慢轮修整，肩部有斑痕。圆唇，侈口，微折肩，平底，素面。口径 8.6、通高 14.8、腹最大径 16.2、底径 10.7 厘米（图二三三：1，图版八一：2）。

陶长腹罐　2 件。夹砂褐陶，手制，口沿经过慢轮修整，腹有烟熏的痕迹。重唇，侈口，平底。M2200：2 口径略大于腹径，口径 9.6、通高 14.6、腹最大径 9.8、底径 5.2 厘米（图二三三：2，图版八一：4）。M2200：3 腹径略大于口径，口径 9.8、通高 15、腹最大径 9.4、底径 4.8 厘米（图二三三：3，图版八一：3）。

M2204

位于 M2205 之南 0.7 米处。墓向为 80°。封土已被破坏，墓葬南高北低。封顶石板和石块无规律地散落在墓室内，形成凹坑。墓室填土为黄沙土，土质松散，纯净，墓底亦是原沙土层。填土中发现夹砂褐陶长腹罐和肥颈壶各 1 件（均残，无底）。墓葬为半地穴式建筑，墓室内缘较整齐，此墓系在地表上挖一个深约 0.3 米的长方形坑，然后用粗加工的玄武岩质大小石板紧挨土坑壁平砌成墓室四壁。墓壁砌至 0.3 米时，在南壁中央原生地表上同样石材修筑墓道。墓室平面近似于长方形，长 2.6、宽 1.92、深 0.61 米。墓道长 1.45、宽 0.98、深 0.31 米。

人骨少，墓主人属于成年女性个体，其年龄不明。出土文物有陶长腹罐 1 件、陶器盖 1 件，分别位于墓室西南角；2 件铜带銙，置于靠墓室东壁中间（图二三四，图版二七：1）。

1. 填土出土器物

陶长腹罐口沿　1 件（M2204：5）。夹砂褐陶，手制，重唇，侈口（图二三五：1）。

陶肥颈壶口沿　1 件（M2204：6）。夹砂褐陶，手制，口沿经过慢轮修整，平唇，侈口（图二三五：2）。

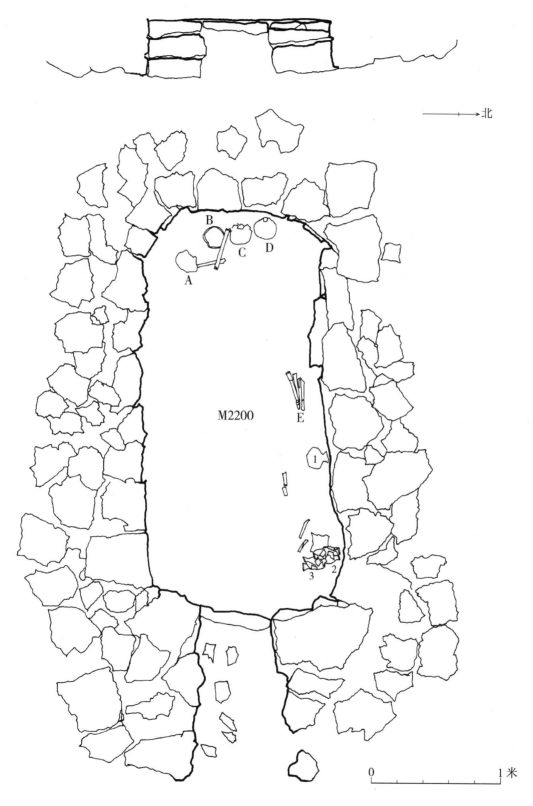

→北

图二三一　M2200 平面及东壁侧视图

1. 陶鼓腹罐　2、3. 陶长腹罐

2. 随葬器物

陶长腹罐　1 件（M2204∶1）。夹砂褐陶，手制，口沿经过慢轮修整，腹部和颈部有斑纹。重唇，侈口，腹径大于口径，平底，素面。口径 11.2、通高 19.2、腹最大径 12、底径 6.4 厘米（图二三六∶1，图版八二∶1）。

陶器盖　1 件（M2204∶2）。夹砂褐陶，手制，带灰色斑纹。斜壁，喇叭状。残高 6.7、底径

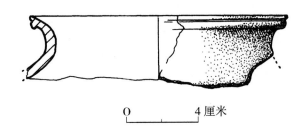

图二三二　　M2200 填土出土器物
陶鼓腹罐口沿（M2200∶4）

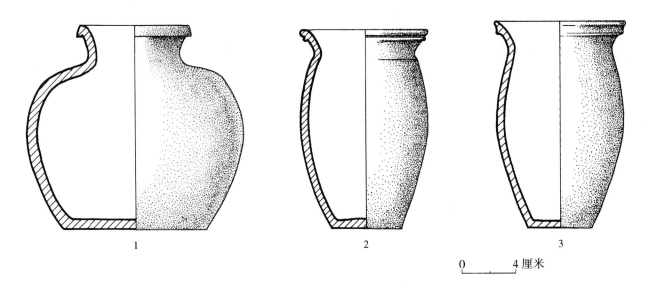

1　　　　　　　　　　2　　　　　　　　　　3

0　　　　　4 厘米

图二三三　　M2200 随葬器物
1. 陶鼓腹罐（M2200∶1）　 2、3. 陶长腹罐（M2200∶2、3）

15.4 厘米（图二三六∶2）。

铜带銙　2 件。形状不同，可分二式。

Ⅰ式　1 件（M2204∶3）。下端平直，其余呈弧形，边缘折起，两片复合，中间饰一长方形孔，背面有 3 个小钉。长 3.1、宽 2.3、厚 0.7、孔长 1.6、宽 0.6 厘米（图二三六∶3）。

Ⅱ式　1 件（M2204∶4）。长方形，边缘折起，两片复合，上半部饰一长方形孔，中间夹皮，背面饰 4 个小钉。长 3.1、宽 .8、厚 0.7、孔长 1.8、宽 0.7 厘米（图二三六∶4）。

M2208

位于 M2207 之南 1.1 米处。墓向为 90°。封顶破坏，与地面低平。墓室填土为沙土，土质松散，纯净，无包含物。墓葬为地面建筑，墓室南壁和底部尚存破坏痕迹。墓壁系用粗加工的玄武岩质大小石板由下而上依次叠筑，其周围铺垫小石块。墓室平面呈长方形，墓底和墓道连接处平铺一层长方形红砖，红砖大小规格基本相同。墓室长 2.63、宽 1.5、深 0.33 米。在墓室东壁中央设一墓道，长 0.9、宽 0.8 米。

发现少量肢骨，属于成年男性个体。出土文物有陶长腹罐 1 件、铁刀 1 件、铁镞 1 件、铁长刀 1

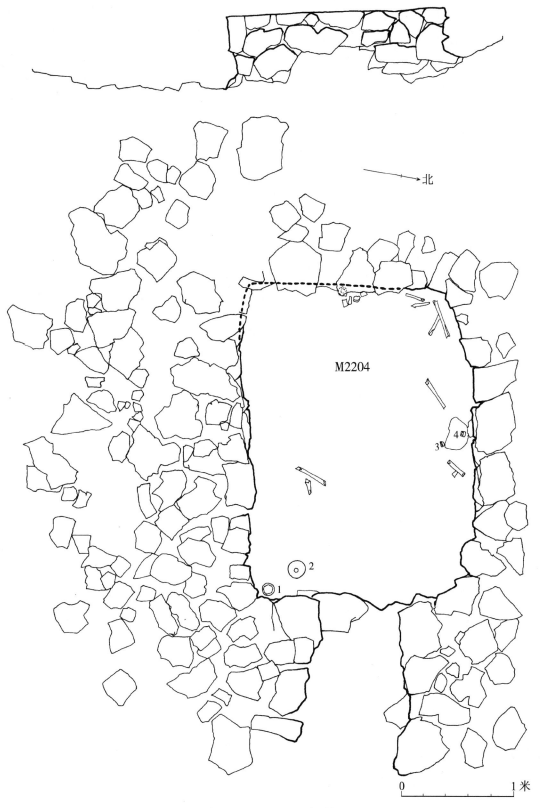

图二三四　M2204 平面及东壁侧视图

1. 陶长腹罐　2. 陶器盖　3、4. 铜带鐈

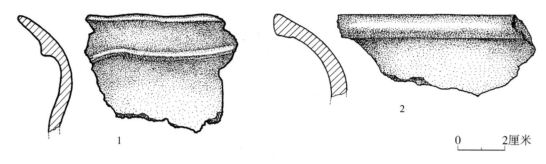

图二三五　M2204 填土出土器物

1. 陶长腹罐口沿（M2204∶5）　　2. 陶肥颈壶口沿（M2204∶6）

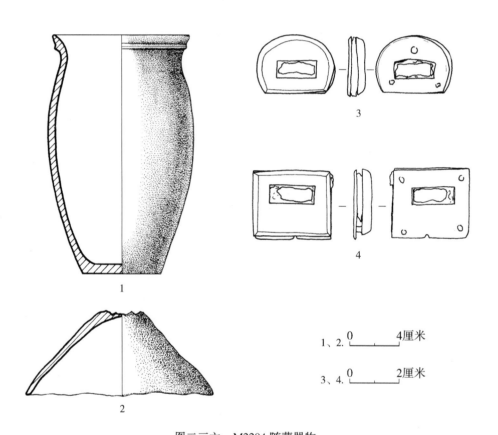

图二三六　M2204 随葬器物

1. 陶长腹罐（M2204∶1）　　2. 陶器盖（M2204∶2）　　3. Ⅰ式铜带銙（M2204∶3）　　4. Ⅱ式铜带銙（M2204∶4）

件、玛瑙珠 36 件、蓝色料珠 1 件、铁环 1 件、铜带銙 1 件，无规律地散放在墓室内（图二三七，图版二七∶2）。

随葬器物

铜带銙　1 件（M2208∶1）。三面平直，一面尖角，边缘折起，中间饰一长方形孔。长 2.6、宽 2、厚 0.15、孔长 1.7、宽 0.7 厘米（图二三八∶5）。

铁镞　1 件（M2208∶2）。镞身为扁平三角形，双翼，锥状铤，其横截面为圆形。长 3.8、铤长 1.5 厘米（图二三八∶2）。

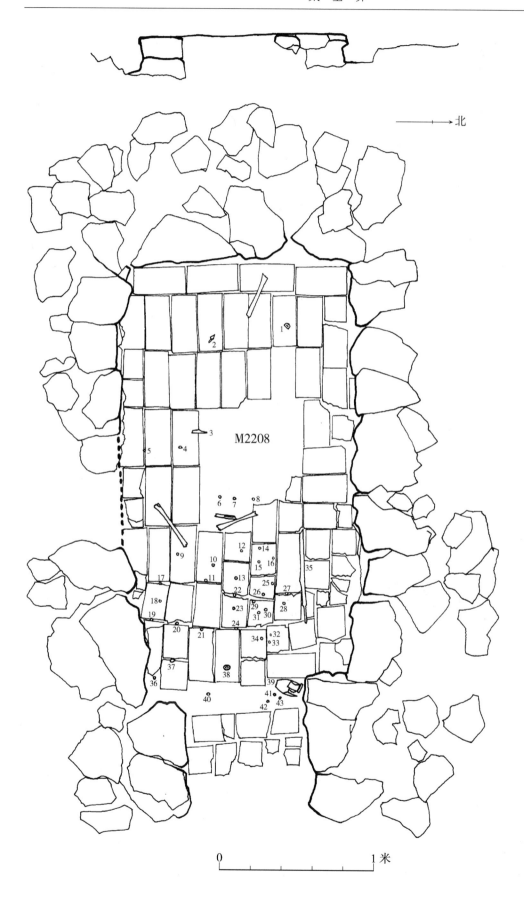

图二三七
M2208 平面及
东壁侧视图
1. 铜带鐈
2. 铁镞
3. 小铁刀
4～34. 玛瑙珠
35. 铁长刀
36. 玛瑙珠
37. 蓝色料珠
38. 铁环
39. 陶长腹罐
40～43. 玛瑙珠

M2208

北

0　　　　　　　　　1米

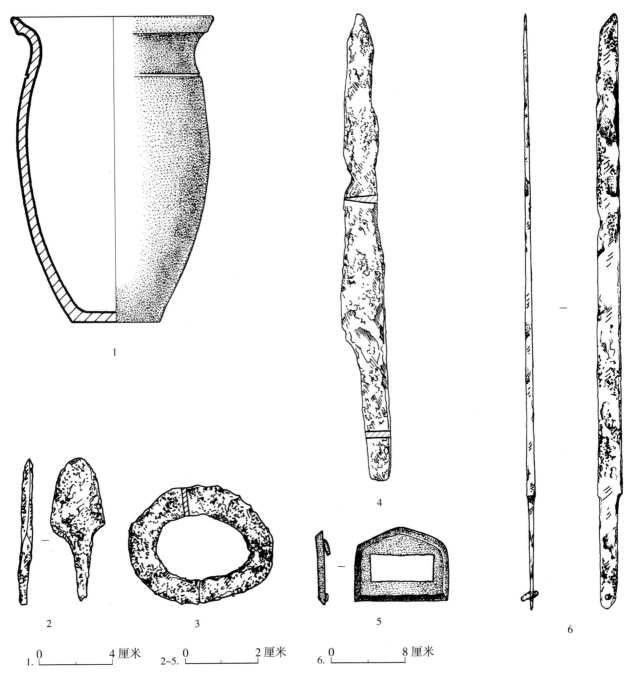

图二三八　M2208 随葬器物

1. 陶长腹罐（M2208：39）　2. 铁镞（M2208：2）　3. 铁环（M2208：38）　4. 小铁刀（M2208：3）

5. 铜带銙（M2208：1）　6. 铁长刀（M2208：35）

　　铁刀　1 件（M2208：3）。直背，斜刃，其横截面为三角形，短柄，横截面为长条形。通长 12.3、刃宽 1.2、柄长 3.5 厘米（图二三八：4）。

　　铁长刀　1 件（M2208：35）。直背，直刃，其横截面为三角形，短柄。通长 62.8、刃宽 26、柄长 11.6、刃宽 2.4 厘米（图二三八：6，图版一六二：5）。

　　蓝色料珠　1 件（M2208：37）。瓜棱形，中间钻一圆孔。外径 0.9、高 1、孔径 0.2 厘米（图二三九：30)。

铁环 1件（M2208：38）。呈扁平椭圆形，其横截面为扁平长条形。外长径4、短径3.2、内长径2.6、短径1.7厘米（图二三八：3）。

陶长腹罐 1件（M2208：39）。夹砂褐陶，手制，口沿经过慢轮修整。圆唇，侈口，口径略大

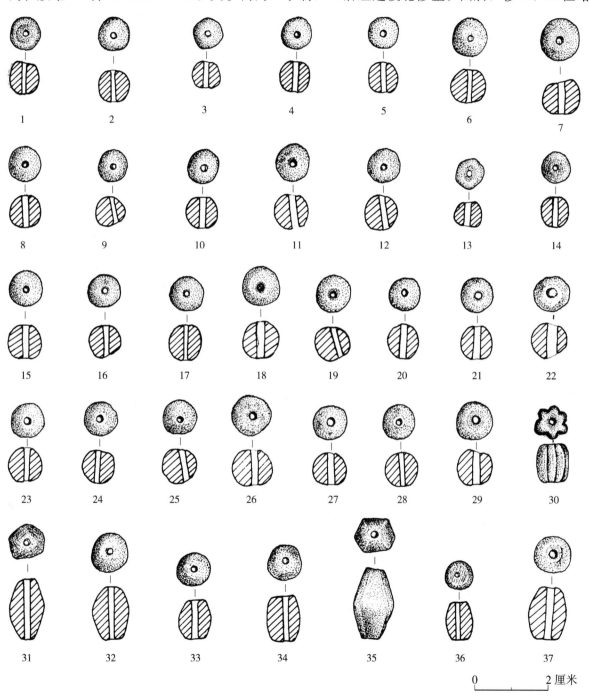

图二三九　M2208 随葬装饰品

1～29. Ⅰ式玛瑙珠（M2208：5～12、14～22、24、26～28、30～32、34、36、41～43）　31～37. Ⅱ式玛瑙珠
（M2208：4、13、23、25、29、33、40）　30. 蓝色料珠（M2208：37）

于腹径，平底，肩饰一圈凹弦纹。口径 10.8、通高 16.4、腹最大径 10.4、底径 4.7 厘米（图二三八：1，图版八二：2）。

玛瑙珠　36 件。形状不同，可分三式。

Ⅰ式　29 件（M2208：5～12、14～22、24、26～28、30～32、34、36、41～43）。圆球状，中间钻一孔。直径 0.65～1、孔径 0.1～0.15 厘米（图二三九：1～29）。

Ⅱ式　7 件（M2208：4、13、23、25、29、33、40）。梭形，中间钻一孔。长 0.9～1.6 厘米，孔径 0.1～0.2 厘米（图二三九：31～37）。

M2212

位于 M2183 之西约 1.5 米处。墓的方向为 170°。微凸的封土覆盖，高出地面约 0.4 米。墓葬填土为黄褐色黏土，土质较硬，填土中发现夹砂褐陶片，器形有长腹罐 1 件（有口无底）。墓葬为半地穴式建筑，此墓先在地表挖一个深约 0.3 米深的长方形坑，然后用粗加工的玄武岩石板和石块砌成墓室四壁，第一层把石板立支作壁，其上逐层铺叠小石板，大石板用于墓室内壁，个别空隙处以小河卵石填塞。墓室平面呈长方形，长 2.2 米，宽 1.54 米，深 0.59 米。在南壁中央原生地表上以同样石材修筑墓道，长 1.22、宽 0.8、深 0.29 米。

人骨少，属于成年男性个体。随葬器物有陶长腹罐 3 件、铁镞 1 件、铜带銙 1 件，分别位于墓室的四周（图二四○，图版二八：1）。

1. 填土出土器物

陶长腹罐口沿　1 件（M2212：6）。夹砂褐陶，手制，口沿经过慢轮修整，重唇（图二四一，图版一三七：3）。

2. 随葬器物

陶长腹罐　3 件。夹砂褐陶，手制，腹有烟熏的痕迹。M2212：1 圆唇，侈口，微折腹，平底，素面。口径 7.4、通高 10.8、腹最大径 9、底径 5.3 厘米（图二四二：4，图版八二：3）。M2212：4 口沿经过慢轮修整，重唇，腹径大

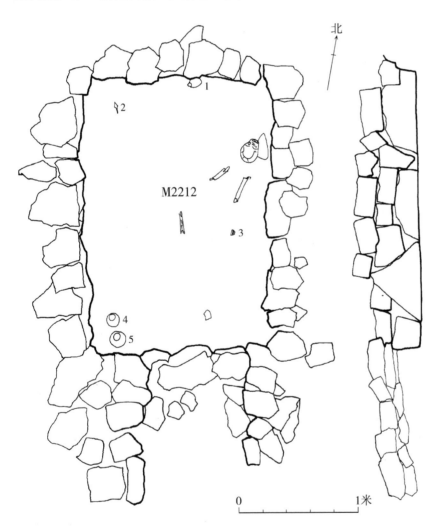

图二四○　M2212 平面及西壁侧视图

1. 陶长腹罐　2. 铁镞　3. 铜带銙　4、5. 陶长腹罐

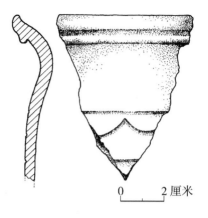

图二四一　M2212 填土出土器物
陶长腹罐口沿（M2212：6）

于口径，平底，素面。口径 9.6、通高 14.4、腹最大径 10.1、底径 4.8 厘米（图二四二：2，图版八二：4）。M2212：5 口沿经过慢轮修整，重唇，侈口，口径略大于腹径，平底，肩饰"爪"字形纹饰。口径 11、通高 17.9、腹最大径 11、底径 5 厘米（图二四二：1，图版八三：1）。

铁镞　1 件（M2212：2）。镞身为扁平三角形，尖锋，双翼，长铤，其横截面为圆形。通长 6.1、铤长 3.5 厘米（图二四二：3，图版一六一：6）。

铜带銙　1 件（M2212：3）。三面平直，一面尖角，边缘折起，两面复合，中间饰一长方形孔，背面饰 3 个小钉。长 2.5、

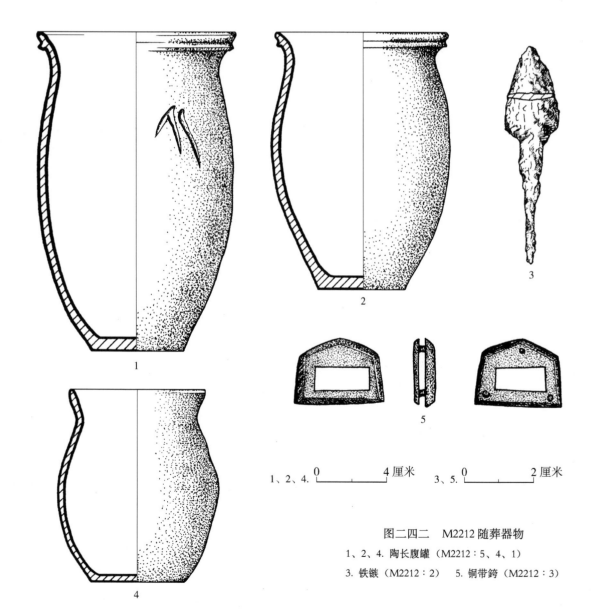

图二四二　M2212 随葬器物

1、2、4. 陶长腹罐（M2212：5、4、1）

3. 铁镞（M2212：2）　　5. 铜带銙（M2212：3）

宽 1.9、厚 0.6、孔长 1.6、宽 0.6 厘米（图二四二：5，图版一四四：2）。

M2252

位于 M2256 之北 2.5 米处。墓的方向为 145°。封土已被破坏，墓葬周围略高于地表，墓室中间塌出凹坑。墓室填土为黄泥土，土质硬，质地紧密，墓底亦是原黄泥生土层。填土中发现夹砂褐陶鼓腹罐 1 件、长腹罐 1 件（均残），墓葬系半地穴式建筑，在地表上挖一个长方形竖穴坑，然后用粗加工的玄武岩石板沿着坑壁平砌墓室，四壁砌至 0.3 米时，在南壁中间原生土地表上用同样石材修筑墓道。墓室平面近似于长方形，长 2.8、宽 1.88、深 0.86 米，墓道长 1.9、宽 0.7、深 0.46 米。

人骨保存欠佳，有 3 个头骨和少量四肢骨，均属于二次葬。葬于西南边的头骨（A）性别不明，东南边的两个头骨（B、C）系男性，三个头骨皆为成年个体。出土文物有陶长腹罐 2 件、陶器盖 1 件、陶短颈壶口沿 1 件、陶罐底片 1 件、铁管饰 4 件、料珠 1 件、料珠管饰 1 件、铁螺旋器 12 件、铁环 1 件、铁器 1 件、铁圈 1 件，所有随葬品无规律地散落在墓室内（图二四三，图版二八：2）。

1. **填土出土器物**

陶鼓腹罐残片　1 件（M2252：29）。夹砂褐陶，手制，肩饰三道凹弦纹（图二四四：1）。

陶长腹罐口沿　1 件（M2252：28）。夹砂褐陶，手制。重唇（图二四四：2，图版一二〇：4）。

2. **随葬器物**

陶长腹罐　2 件。夹砂褐陶，手制，腹有烟熏的痕迹。侈口近似于小盘口，口径略大于腹径，平底，素面。M2252：1 重唇，口径 7.9、通高 10.7、腹最大径 7.6、底径 3.8 厘米（图二四五：1，图版八三：2）。M2252：2 口沿饰锯齿纹。口径 10.9、通高 17.7、腹最大径 10.2、底径 4 厘米（图二四五：2，图版八三：3）。

陶短颈壶口沿　1 件（M2252：3）。夹砂褐陶，手制，圆唇，侈口。口径 11.2 厘米（图二四五：3，图版一二〇：5）。

陶器残底片　1 件（M2252：23）。夹砂褐陶，手制，底饰"十"字纹。底径 7.6 厘米（图二四五：4）。

陶器盖　1 件（M2252：11）。夹砂褐陶，手制。顶端为椭圆形纽，中间微凹，斜壁，平口，素面。纽长径 4.4、短径 3、通高 4.9、口径 6.8 厘米（图二四五：6，图版一二五：4）。

陶鼓腹罐口沿　1 件（M2252：27）。夹砂红褐陶，手制，重唇，侈口，鼓腹。口径 7 厘米（图二四五：5，图版一二〇：6）。

铁管饰　4 件。用薄铁片围成箭状，上粗下细，呈锥状。M2252：4 长 2.7 厘米（图二四五：8）。M2252：17 长 3.1 厘米（图二四五：9）。M2252：21 长 2.9 厘米（图二四五：10）。M2252：26 长 4 厘米（图二四五：7）。

铁螺旋器　12 件（M2252：7～10、12、13、15、16、19、20、22、25）。用铁丝旋成螺状，均残（图二四五：11～22）。

瓜棱形料珠　1 件（M2252：14）。蓝色，中间钻一小孔。直径 1.1、高 1、孔径 0.2 厘米（图二四五：23，图版一八四：4）。

铁环　1 件（M2252：18）已残，其横截面为圆形（图二四五：24）。

玛瑙珠　1 件（M2252：24）。圆形，中间饰一圆孔，直径 0.8、高 0.7、孔径 0.2 厘米（图二四

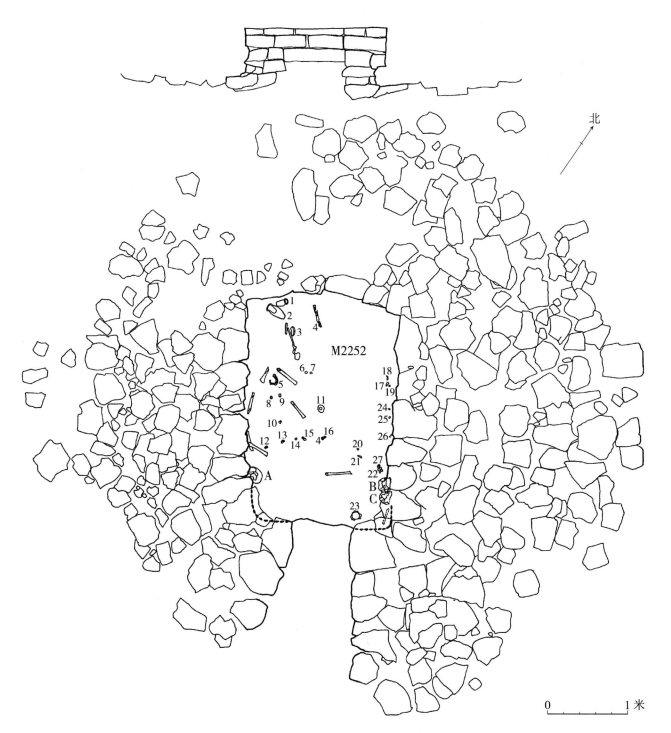

北

0 ____ 1 米

图二四三 M2252 平面及南壁侧视图

1、2. 陶长腹罐　3. 陶短颈壶口沿　4、17、21、26. 铁管饰　5. 料珠管饰　6. 铁圈
7~10、12、13、15、16、19、20、22、25. 铁螺旋器　11. 陶器盖　14. 瓜棱形料珠
15、16. 铁螺旋器　18. 铁环　23. 陶器残底片　24. 玛瑙珠　27. 陶鼓腹罐口沿

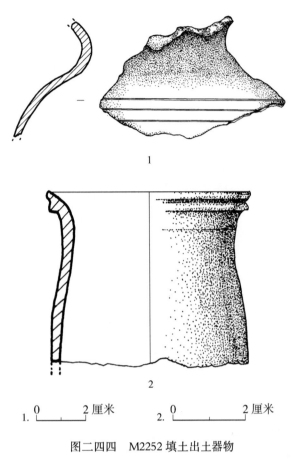

图二四四　M2252填土出土器物

1. 陶鼓腹罐残片（M2252∶29）

2. 陶长腹罐口沿（M2252∶28）

五∶25）。

料珠管饰　1件（M2252∶5）。蓝色，管状，已碎（图二四五∶26）

铁圈　1件（M2252∶6）。用薄铁片围成环状。外径1.2、内径0.7、高1厘米（图二四五∶27）。

M2253

位于M2254之东1.5米处。墓的方向为175°。有封土覆盖，墓室已塌出凹坑，墓室内发现原封顶石块，无明显规律。墓室填土为黄泥土，土质较硬，墓底亦是原黄泥生土层。填土中发现数量较多的夹砂灰陶片，器形有瓮1件（残）。墓葬为半地穴式建筑，在地表上挖一个长方形竖穴坑，然后用粗加工的玄武岩石板沿着坑壁平砌墓室，四壁砌至约0.35米，在南壁偏西原生土地表上修筑墓道。墓室平面近似于长方形，长2.4、宽1.45、深0.68米。墓道长1.03、宽0.7、深0.35米。

发现2个头骨，属于二次葬。北边头骨（A）系幼儿，其性别不明。南部头骨（B）属于成年女性。未见随葬品（图二四六）。

填土出土器物

陶瓮口沿　1件（M2253∶1）。夹砂灰陶，手制，口沿经过慢轮修整，圆唇，侈口（图二四七）。

M2254

位于M2253之西1.5米处。墓的方向为150°。有封土覆盖，近似于椭圆形，长径5.8、短径3.7米，高出地面约0.5厘米。墓室中间已塌出凹坑，发现原封顶大石块，无明显规律。墓室填土为黄泥土，土质较硬，墓底亦是原黄泥生土层。填土中发现数量较多的夹砂灰褐陶片，器形有瓮1件（腹部残片）。墓葬为半地穴式建筑，在地表上挖一个长方形竖穴坑，然后用粗加工的玄武岩石板沿着坑壁平砌墓室，四壁砌至约0.35米，在南壁偏东原生土地表上修筑墓道。墓室平面呈长方形，长2.6、宽1.94、深0.7米。墓道长1.26、宽0.98、深0.36米。

发现4个头骨和少量肢骨，均二次葬。墓室北边头骨（A）系成年男性，其南边头骨（B）属于成年女性。墓道北边头骨（C）为成年男性；其南边头骨（D）系成年女性。出土文物有陶长腹罐4件、陶鼓腹罐1件、陶细颈壶1件、陶短颈壶1件、陶瓮残片1件、铜牌饰1件，分别置于墓室北半部（图二四八，图版二九∶1）。

随葬器物

陶长腹罐　4件。夹砂褐陶，手制，腹有烟熏的痕迹。侈口，平底。形状不同，可分三式。

Ⅰ式　1件（M2254∶4）。口饰一圈附加堆纹，腹径略大于口径。口径11.1厘米，通高16.3、

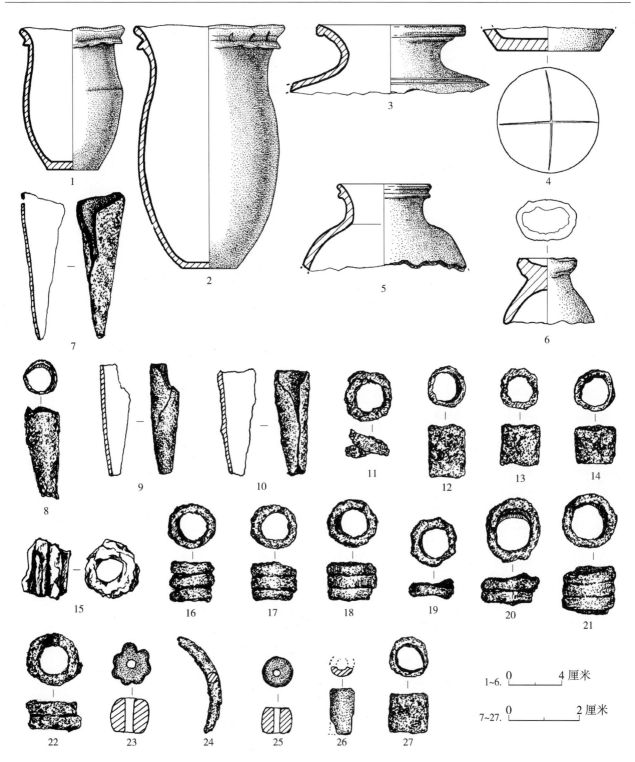

图二四五 M2252 随葬器物

1、2. 陶长腹罐（M2252：1、2） 3. 陶短颈壶口沿（M2252：3） 4. 陶器残底片（M2252：23） 5. 陶鼓腹罐口沿
（M2252：27） 6. 陶器盖（M2252：11） 7～10. 铁管饰（M2252：26、4、17、21） 11～22. 铁螺旋器（M2252：7～10、
12、13、15、16、19、20、22、25） 23. 瓜棱形料珠（M2252：14） 24. 铁环（M2252：18） 25. 玛瑙珠（M2252：24）
26. 料珠管饰（M2252：5） 27. 铁圈（M2252：6）

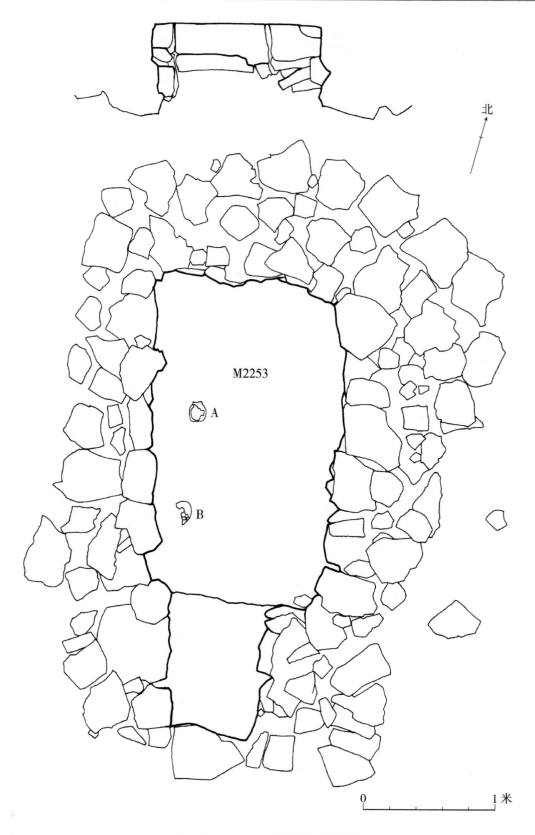

北

0 _____ 1 米

图二四六　M2253 平面及南壁侧视图

腹最大径 11.7、底径 6.2 厘米（图二四九：4，图版八四：3）。

Ⅱ式　2件。口沿经过慢轮修整，重唇，口径与腹径基本相同。M2254：2 肩饰凹弦纹夹水波纹，口径 9.6、通高 13.8、腹最大径 9.5、底径 4.4 厘米（图二四九：2，图版八四：1）。M2254：7 肩饰一圈凹弦纹，口径 8.7、通高 13.2、腹最大径 8.8、底径 4.3 厘米（图二四九：5，图版八五：1）。

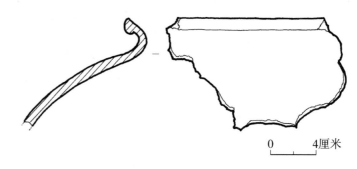

图二四七　M2253 填土出土器物
陶瓮口沿（M2253：1）

Ⅲ式　1件（M2254：1）。尖唇，口径略小于腹径，素面。口径 10.4、通高 16.6、腹最大径 10.5、底径 5.4 厘米（图二四九：1，图版八三：4）。

陶鼓腹罐　1件（M2254：3）。夹砂褐陶，手制，口沿经过慢轮修整。尖圆唇，侈口，圆鼓腹，平底，肩饰三道凹弦纹夹水波纹。口径 7、通高 15、腹径 15、底径 10.4 厘米（图二四九：3，图版八四：2）。

陶细颈壶　1件（M2254：5）。夹砂褐陶，手制，口沿经过慢轮修整。侈口，长颈，圆鼓腹，平底，肩饰凹弦纹夹水波纹。口径 6.4、通高 23.9、腹最大径 18.6、底径 10.6 厘米（图二四九：6，图版八四：4）。

陶短颈壶　1件（M2254：6）。夹砂褐陶，手制，腹有斑纹。鼓腹，平底，素面。残高 11.8、腹最大径 12.1、底径 7.5 厘米（图二四九：9，图版八五：2）。

陶瓮残片　1件（M2254：8）。夹砂灰陶，手制，肩饰网格纹（图二四九：8）。

铜牌饰　1件（M2254：9）。长方形，上下边缘饰连珠纹，上半部饰 3 个长方形镂孔，面饰凹弦纹，圆圈纹，三角形纹饰，背面饰 4 鼻。长 6.5、宽 4.8、厚 0.2 厘米（图二四九：7，图版一四三：3）。

M2255

位于 M2256 之东 1 米处。墓的方向为 175°。上有封土覆盖，长径约 4、短径 3.2、高出原地表 0.45 米。墓室填土为黄泥土，土质较硬，墓底亦是原黄泥生土层。填土中发现夹砂褐陶长腹罐 1 件、铁钉 1 件。墓葬为半地穴式建筑，此墓先在地表上挖一个深约 0.4 米深的长方形坑，然后用粗加工的玄武岩石板紧挨土坑壁平砌成墓室四壁。墓壁砌至 0.36 米，在南壁中央原生土地表上以同样石材修筑墓道。墓室平面呈长方形，长 2.28、宽 1.43、深 0.64 米。墓道长 0.7、宽 0.8、深 0.3 米。

单人二次葬，骨架堆在墓室西侧，墓主身份为 35 岁左右的男性。出土文物有陶长腹罐 1 件、陶碗 1 件、陶器底 1 件、陶长腹壶口沿 1 件、陶短颈壶口沿 1 件、铁镯 3 件，分别散放在墓室北半部（图二五〇）。

1. 填土出土器物

铁钉　1件（M2255：9）。钉身为四棱锥状。残长 2 厘米（图二五一：2）。

陶长腹罐　1件（M2255：10）。夹砂褐陶，手制，口沿经过慢轮修整。重唇，侈口，腹径略大

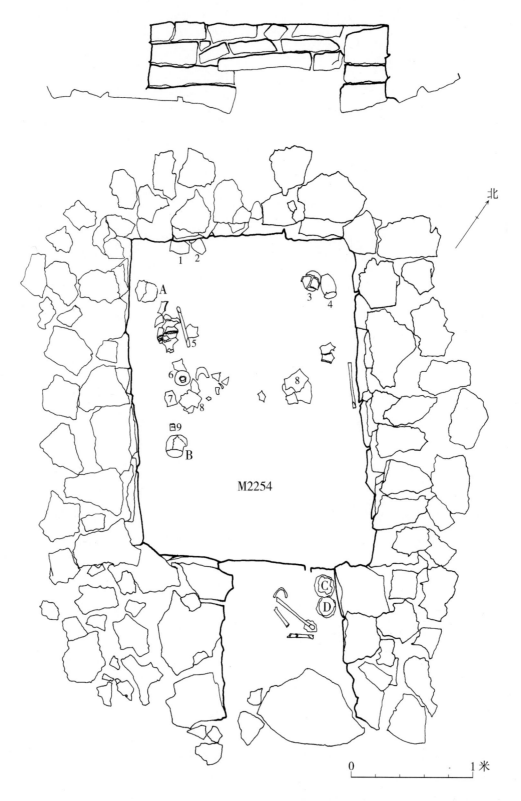

图二四八　M2254 平面及南壁侧视图

1、2、4、7. 陶长腹罐　3. 陶鼓腹罐　5. 陶细颈壶　6. 陶短颈壶　8. 陶瓮残片　9. 铜牌饰

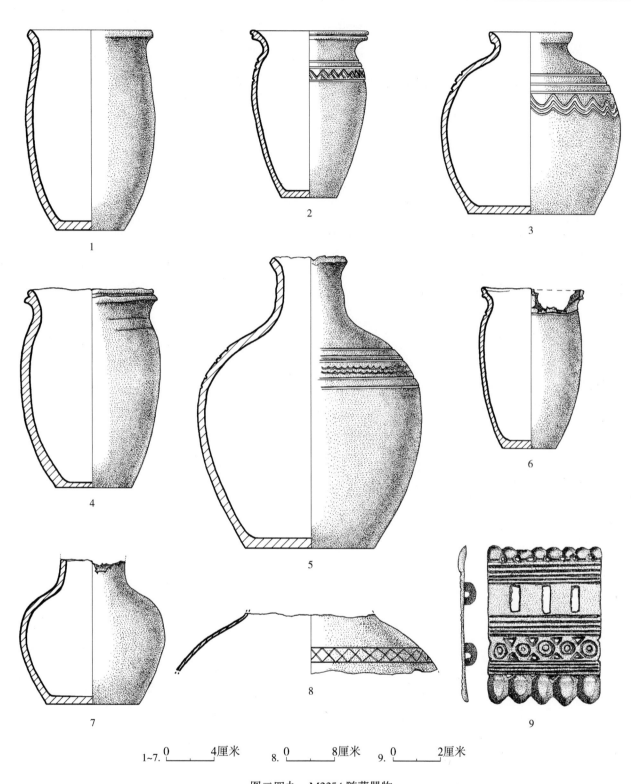

图二四九　M2254 随葬器物

1. Ⅲ式陶长腹罐（M2254：1）　　2、5. Ⅱ式陶长腹罐（M2254：2、7）　　4. Ⅰ式陶长腹罐（M2254：4）

3. 陶鼓腹罐（M2254：3）　　6. 陶细颈壶（M2254：5）　　7. 铜牌饰（M2254：9）　　8. 陶瓮残片

（M2254：8）　　9. 陶短颈壶（M2254：6）

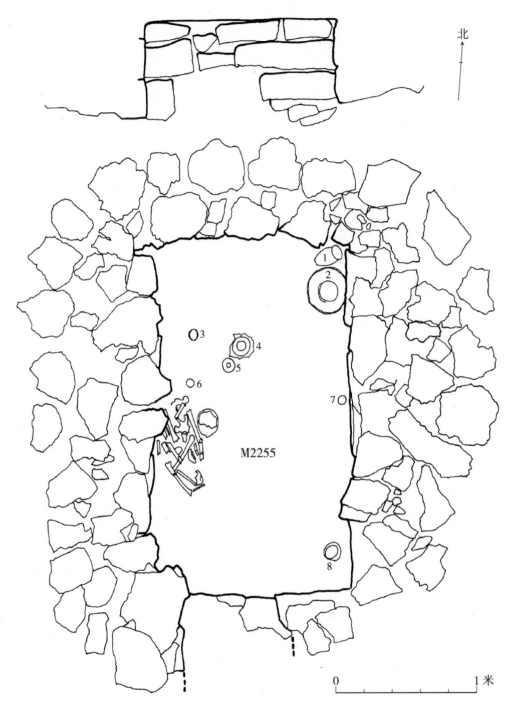

图二五〇　M2255 平面及南壁侧视图

1. 陶长腹罐　2. 陶器底　3. 铁镯　4. 陶长腹壶口沿　5. 陶短颈壶口沿　6、7. 铁镯　8. 陶碗

于口径，素面，底饰"十"字符号。口径 12.6、通高 17.8、腹最大径 14.2、底径 5.7 厘米（图二五一：1）。

2. 随葬器物

陶长腹罐　1 件（M2255：1）。夹砂褐陶，手制，口沿经过慢轮修整，腹有烟熏的痕迹。重唇，

侈口，腹径略大于口径，平底，素面。口径 9.5、通高
15.8、腹最大径 10、底径 4.3 厘米（图二五二：1，图
版八五：4）。

陶器底 1 件（M2255：2）。夹砂褐陶，手制，平
底。底径 8.8 厘米（图二五二：2，图版一二一：1）。

陶碗 1 件（M2255：8）。夹砂黄褐陶，手制，底
呈灰褐色。平唇，敞口，平底，素面。口径 10.2、通
高 4.6、底径 7.8 厘米（图二五二：3，图版八六：2）。

陶长腹壶口沿 1 件（M2255：4）。夹砂褐陶，手
制，圆唇，侈口，肩饰三道凹弦纹。口径 10.6 厘米
（图二五二：4）。

陶短颈壶口沿 1 件（M2255：5）。夹砂褐陶，手
制。圆唇，子口，短颈。口径 7.2 厘米（图二五二：5，
图版一二一：2）。

铁镯 3 件（图版一六二：6）。近似于圆形，中间
有一豁口。M2255：3 横截面为椭圆形，直径 7 厘米
（图二五二：6）。M2255：6 横截面为圆形，直径 6.3 厘
米（图二五二：7）。M2255：7 横截面为圆形，直径 6
厘米（图二五二：8）。

M2257

位于 M2258 之东 1.5 米处。墓的方向为 150°。封
顶已被破坏，墓室范围已塌出凹坑，原封顶石块无规律
地散落在墓室内。墓室填土为黄泥土，土质硬，墓底亦
是原黄泥生土层。填土中发现数量较多的夹砂褐陶片，
器形有长腹罐 1 件，（已残）。墓葬为半地穴式建筑，在
地表上挖一个长方形竖穴坑，然后用粗加工的玄武岩石
板沿着坑壁平砌墓室，四壁砌至 0.3 米，在南壁稍偏东
原生土地表上用同样石材修筑墓道。墓室四壁较规整，
平面呈长方形，长 2.74、宽 2.05、深 0.55 米。墓道长
1.12、宽 0.8、深 0.25 米。

发现 1 个头骨和 2 根肢骨，属于二次葬。头骨（A）
身份为成年女性。肢骨（B）系成年男性。随葬品有陶长腹罐 4 件、陶瓮 1 件、铜耳环 1 件，分别位于
墓室东南角和西南角（图二五三，图版二九：2）。

1. **填土出土器物**

陶长腹罐口沿 1 件（M2257：7）。夹砂褐陶，手制，口沿经过慢轮修整。重唇，侈口（图二五
四）。

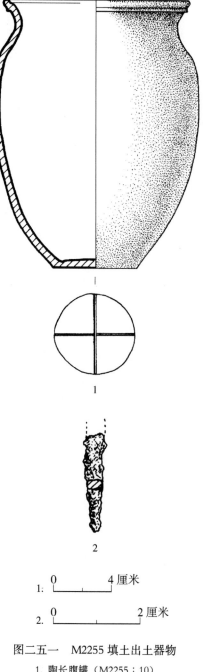

图二五一 M2255 填土出土器物
1. 陶长腹罐（M2255：10）
2. 铁钉（M2255：9）

1: 0 ____ 4 厘米

2: 0 ____ 2 厘米

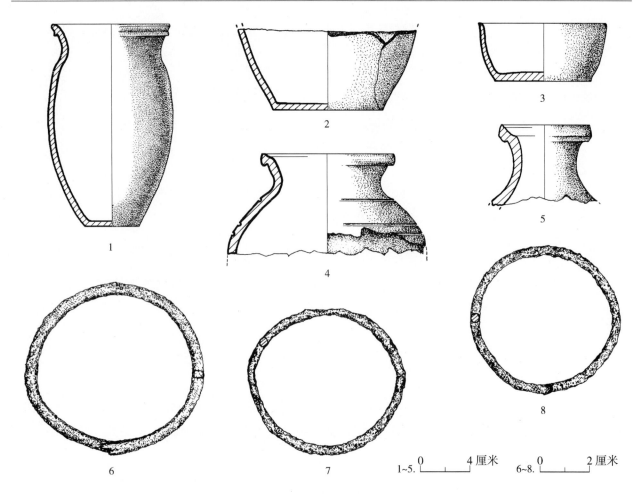

图二五二　M2255 随葬器物

1. 陶长腹罐（M2255：1）　2. 陶器底（M2255：2）　3. 陶碗（M2255：8）　4. 陶长腹壶口沿（M2255：4）
5. 陶短颈壶口沿（M2255：5）　6～8. 铁镯（M2255：3、6、7）

2. 随葬器物

陶长腹罐　4 件。夹砂褐陶，手制，口沿经过慢轮修整，腹有烟熏的痕迹。重唇，侈口，平底。M2257：1 口径略大于腹径，素面。口径 10.2、通高 17.2、腹最大径 9.6、底径 4.3 厘米（图二五五：1，图版八六：1）。M2257：2 腹径略大于口径，肩饰一圈凹弦纹。口径 11.4、通高 20、腹最大径 11.4、底径 6.4 厘米（图二五五：2，图版八六：3）。M2257：3 口径大于腹径，素面。口径 10.1、通高 16.5、腹最大径 9.6、底径 5.2 厘米（图二五五：4）。M2257：4 腹径略大于口径，素面。口径 9.8、通高 18、腹最大径 10.1、底径 5.3 厘米（图二五五：5，图版八六：4）。

陶瓮　1 件（M2257：5）。夹砂灰陶，手制，尖唇，侈口，深腹，平底。口径 20.9、通高 46、底径 22.5 厘米（图二五五：3）。

铜耳环　1 件（M2257：6）。圆形，其横截面亦是圆形，中间有一豁口。外径 2.4、内径 1.7 厘米（图二五五：6，图版一四三：4）。

M2258

位于 M2257 之西 1.5 米处。墓的方向为 150°。封顶已被破坏，墓室范围已塌出凹坑，墓室内发现原

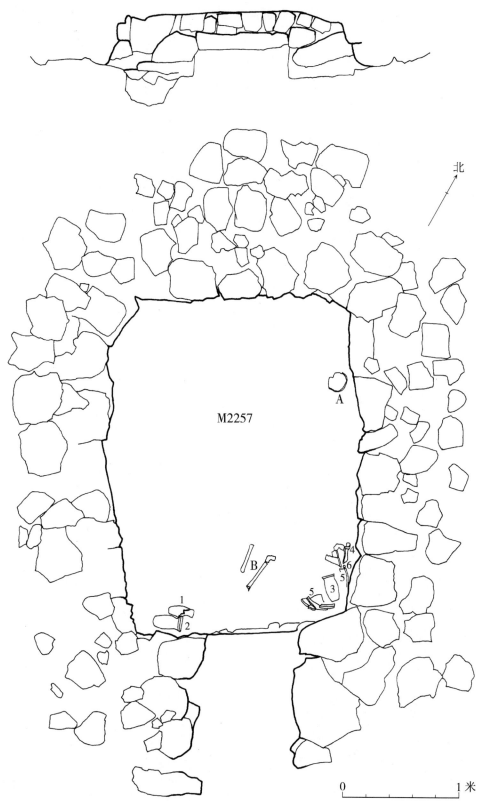

图二五三 M2257 平面及南壁侧视图

1～4. 陶长腹罐 5. 陶瓮 6. 铜耳环

封顶石板和石块，无明显规律。墓室填土为黄泥土，土质硬，墓底亦是原黄泥生土层。填土中发现夹砂褐陶纹饰陶片 1 件、夹砂灰陶瓮 2 件（均残）。墓葬系半地穴式建筑，在地表上挖一个长方形竖穴坑，然后用粗加工的玄武岩石板沿着坑壁平砌墓室，四壁砌至 0.3 米，在南壁中央原生土地表上以同样石材修筑墓道。墓室四壁较规整，平面呈长方形，长 2.46、宽 1.55、深 0.83 米。墓道长 1.23、宽 0.7、深 0.5 米。

墓室里发现 2 个头骨和部分四肢骨，系 2 个个体，均二次葬。北边左侧头骨（A）为男性，其年龄

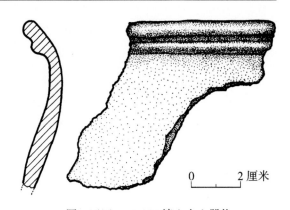

图二五四　M2257 填土出土器物
陶长腹罐口沿（M2257：7）

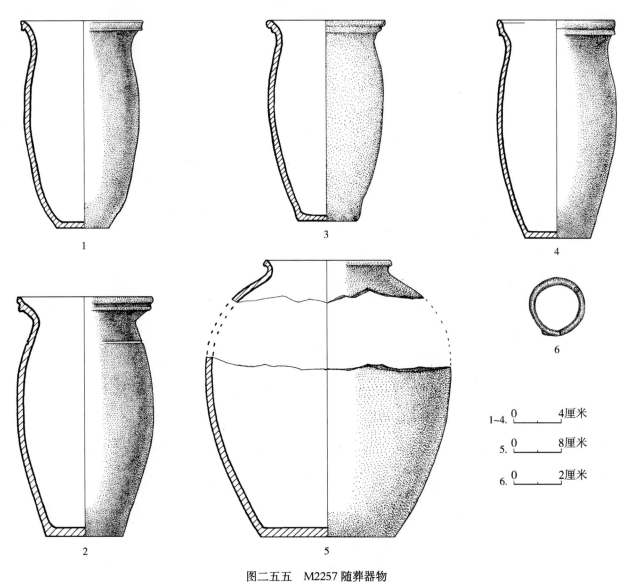

图二五五　M2257 随葬器物

1、2、4、5. 陶长腹罐（M2257：1～4）　　3. 陶瓮（M2257：5）　　6. 铜耳环（M2257：6）

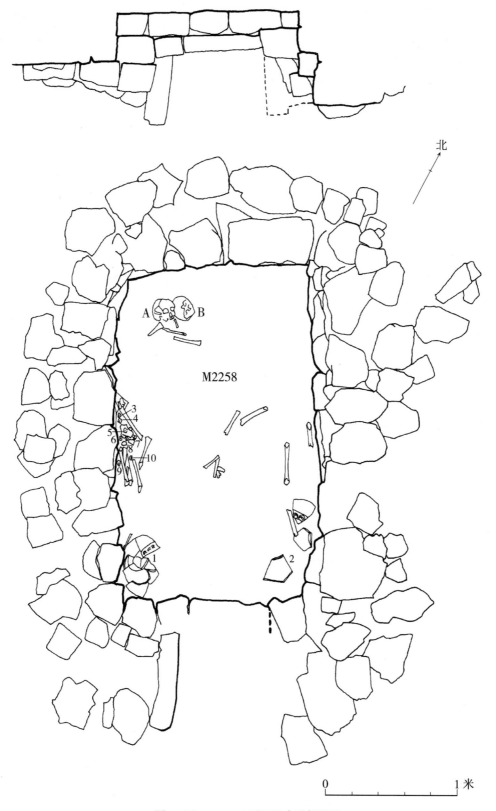

图二五六 M2258 平面及南壁侧视图

1. 陶瓮 2. 陶鼓腹罐 3~6. 铁带銙 7. 铜带扣 8~10. 铁带銙

约35岁左右。右侧头骨（B）系成年女性。出土文物有陶瓮1件、陶鼓腹罐1件、铜带镑7件、铁带扣1件，皆位于墓室中南部边缘（图二五六，图版三〇：1）。

1. 填土出土器物

陶瓮口沿　2件。夹砂灰陶，手制。M2258：11尖唇，侈口（图二五七：1，图版一二一：3）。M2258：13圆唇，侈口（图二五七：2）。

纹饰陶片　1件（M2258：12）。夹砂褐陶，凹弦纹夹水波纹（图二五七：3）。

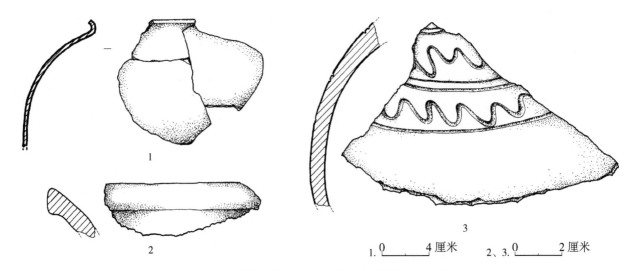

图二五七　M2258填土出土器物

1、2. 陶瓮口沿（M2258：11、13）　　3. 纹饰陶片（M2258：12）

2. 随葬器物

陶瓮　1件（M2258：1）。夹砂灰陶，手制。尖圆唇，侈口，鼓腹，平底，肩饰凹弦纹夹水波纹。口径20.8、通高39.5、腹径38.6、底径19.6厘米（图二五八：1，图版八七：1）。

陶鼓腹罐　1件（M2258：2）。夹砂红褐陶，手制，口沿与颈部有慢轮修整的痕迹。圆唇，侈口，圆鼓腹，平底，肩和腹间饰凹弦纹夹水波纹。口径17.2、通高27.7、腹最大径29.7、底径12厘米（图二五八：2，图版八七：2）。

铜带扣　1件（M2258：7）。椭圆形铜圈上搭扣，已残。长3.6、残高2厘米（图二五九：2，图版一四三：5）。

铁带镑　7件。形状不同，可分二式。

Ⅰ式　2件（图版一六四：1-3、4）。长方形，边缘折起，两片复合，上半部饰一长方形孔，背面饰4个小钉。M2258：4长3.35、宽3、厚0.7、孔长2、宽0.6厘米（图二五九：1）。M2258：5长3.3、宽3、厚0.8、孔长1.8、宽0.6厘米（图二五九：3）。

Ⅱ式　5件（图版一六四：1、2、5～7）。三面平直，一面尖角，边缘折起，两片复合，中间饰一长方形孔，背面饰3个小钉。M2258：3长3、宽2.3、厚0.7、孔长1.7、宽0.65厘米（图二五九：4）。M2258：6长3、宽2.3、厚0.7、孔长1.7、宽0.75厘米（图二五九：5）。M2258：8长3、宽2.4、厚0.8、孔长1.7、宽0.7厘米（图二五九：6）。M2258：9长3、宽2.3、厚0.8、孔长1.8、

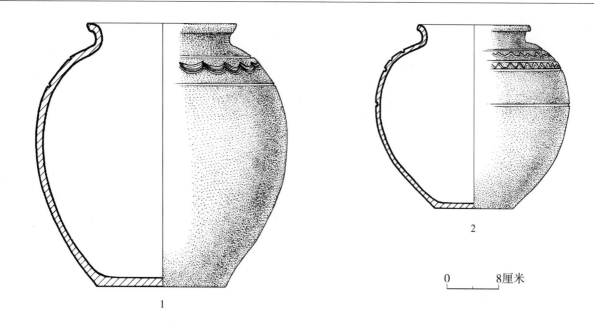

图二五八　M2258 随葬器物

1. 陶瓮（M2258：1）　　2. 陶鼓腹罐（M2258：2）

宽 0.65 厘米（图二五九：7）。M2258：10 长 2.9、宽 2.3、厚 0.7、孔长 1.6、宽 0.8 厘米（图二五九：8）。

M2260

位于 M2261 之东 2.5 米处，墓葬西南角被 M2004 破坏。墓的方向为 175°。有微凸的封土覆盖，墓葬东南角已明显破坏。墓室填土为沙土，土质松散，墓底亦是原沙土层。填土中发现夹砂红褐陶片，器形有长腹罐 1 件（已残）、铁钉 1 件。墓葬为半地穴式建筑，墓室内缘较整齐，此墓系在地表上挖一个深约 0.45 米的长方形坑，然后用粗加工的玄武岩质大石板紧挨土坑立支四壁一圈，然后以同样的石材平砌在墓室东、西、北与南壁西侧。墓壁砌至 0.5 米时，在南壁中间原生地表上以同样石材修筑墓道，墓道与墓室衔接处平铺 3 块石板。墓室平面近似于长方形，长 2.9、宽 1.6、深 0.58 米。墓道长 1、宽 0.88、深 0.14 米。

墓室里发现少量成年人骨头，其性别不明。出土文物有陶短颈壶 1 件、陶瓮 1 件，分别位于墓室西南角和东南角，墓道里发现 1 件铁镞（图二六〇，图版三〇：2）。

1. **填土出土器物**

铁镞　1 件（M2260：4）。尖锋已残，锥状铤。残长 5.3 厘米（图二六一：1）

陶长腹罐口沿　1 件（M2260：5）。夹砂红褐陶，手制，口沿经过慢轮修整，重唇，肩饰凹弦纹夹水波纹（图二六一：2）。

2. **随葬器物**

陶短颈壶　1 件（M2260：1）。夹砂红褐陶，手制，侈口，短颈，圆鼓腹，平底。残高 29.2、腹径 26、底径 16.4 厘米（图二六二：1，图版八七：3）。

陶瓮　1 件（M2260：2）。夹砂灰陶，手制，深腹，平底，腹上半部饰凹弦纹。残高 51.7、腹径

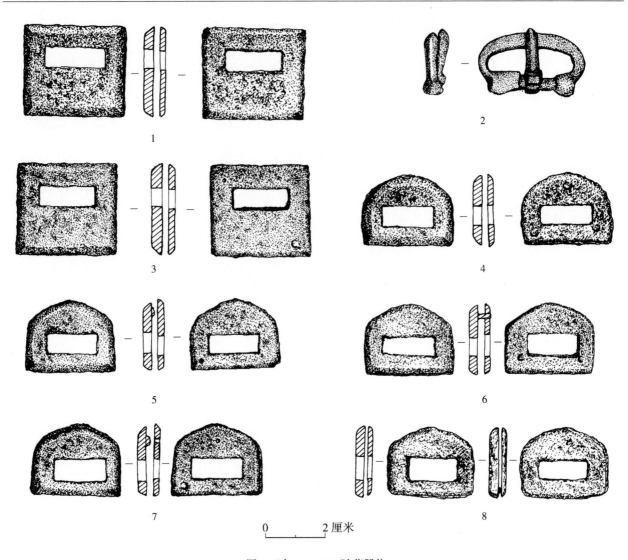

0 _____ 2 厘米

图二五九　M2258 随葬器物

1、3. Ⅰ式铁带銙（M2258：4、5）　2. 铜带扣（M2258：7）　4～8. Ⅱ式铁带銙（M2258：3、6、8～10）

49.2、底径 25.8 厘米（图二六二：2，图版八七：4）。

铁镞　1件（M2260：3）。镞身近似于扁平柳叶形，中间饰一微凸的脊，铤为四棱锥状。通长 8.5、铤长 4.3 厘米（图二六二：3，图版一六三：3-1）。

M2261

位于 M2260 之西 2.5 米处。墓的方向为 185°。封土被破坏，墓葬西南角已明显破坏。墓室填土为黄沙土，土质松散，纯净。填土中发现夹砂褐陶长腹罐 1 件、鼓腹罐 2 件（均残）。墓底平铺大小不等的石板，个别空隙处用小石块和河卵石填充。墓葬为半地穴式建筑，墓室内缘较整齐，此墓系在地表上挖一个深约 0.35 米的长方形坑，然后用粗加工的玄武岩质大石板紧挨土坑立支东、西、北三壁一圈，然后以同样的石材平砌成墓室南壁与墓道。墓壁砌至约 0.4 米时，在南壁中间原生土地表上修筑墓道。墓室平面近似于长方形，东壁明显往里倾斜，长 2.86、宽 2.1、深 0.58 米。墓道长 1.54、宽 0.86、深 0.24 米。

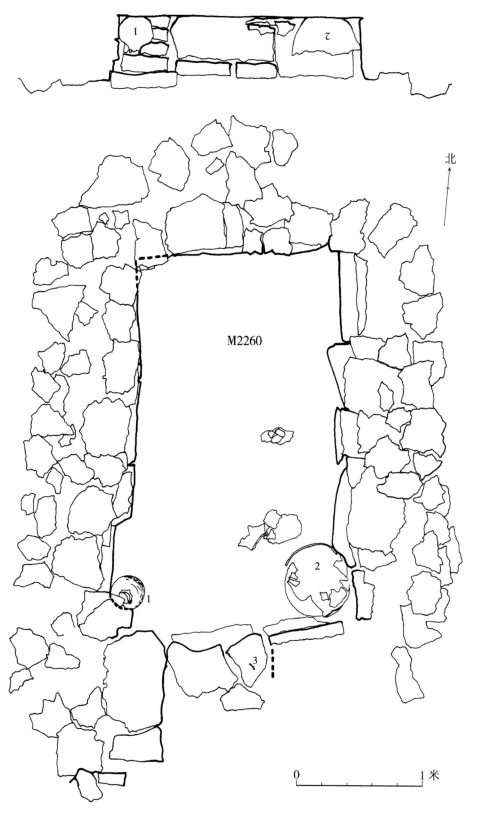

图二六〇　M2260平面及南壁侧视图

1. 陶短颈壶　2. 陶瓮　3. 铁镞

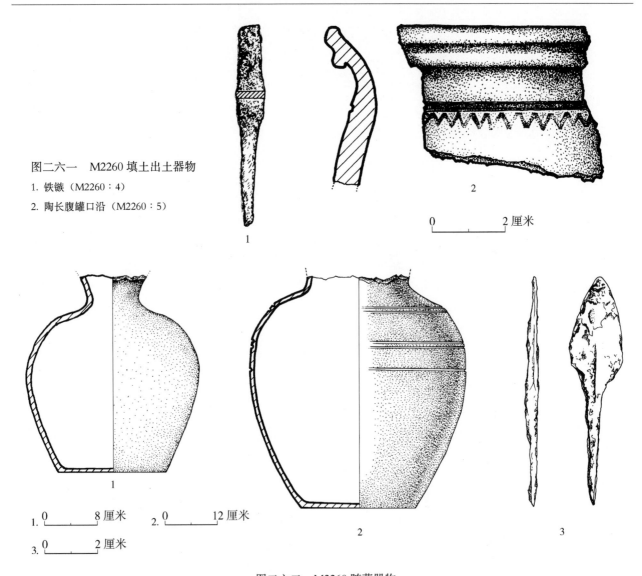

图二六一　M2260 填土出土器物

1. 铁镞（M2260：4）

2. 陶长腹罐口沿（M2260：5）

0 —— 2 厘米

1. 0 —— 8 厘米　　2. 0 —— 12 厘米

3. 0 —— 2 厘米

图二六二　M2260 随葬器物

1. 陶短颈壶（M2260：1）　　2. 陶瓮（M2260：2）　　3. 铁镞（M2260：3）

在墓室南边发现两根成年人肢骨，其性别不明。出土文物有陶长腹罐 2 件、玛瑙珠 26 件、蓝色料珠 1 件、陶瓮 1 件、陶长腹罐口沿 1 件、铜耳环 1 件、铁镞 3 件，所有随葬品无规律地散落在墓室内（图二六三，图版三一：1）。

1. 填土出土器物

陶长腹罐口沿　1 件（M2261：36）。夹砂褐陶，手制，口沿经过慢轮修整。重唇，侈口，肩饰凹弦纹夹水波纹（图二六四：1）。

陶鼓腹罐口沿　2 件。夹砂褐陶，手制，口沿经过慢轮修整。M2261：37 尖圆唇，侈口（图二六四：3）。M2261：38 尖唇，侈口（图二六四：2）。

2. 随葬器物

陶长腹罐　2 件。夹砂褐陶，手制，腹有烟熏的痕迹。M2261：5 口沿经过慢轮修整，唇部饰两

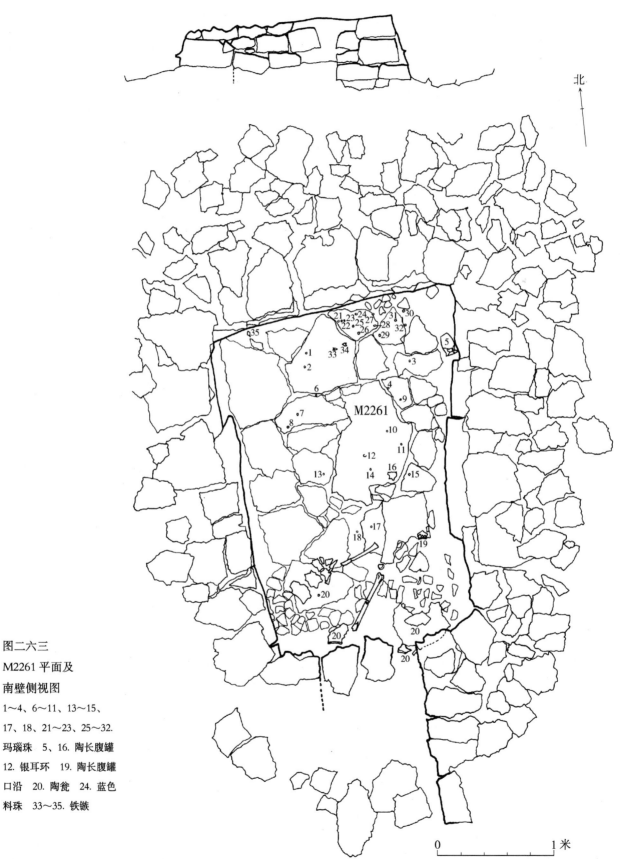

图二六三

M2261 平面及
南壁侧视图

1~4、6~11、13~15、
17、18、21~23、25~32.
玛瑙珠 5、16. 陶长腹罐
12. 银耳环 19. 陶长腹罐
口沿 20. 陶瓮 24. 蓝色
料珠 33~35. 铁镞

0   1 米

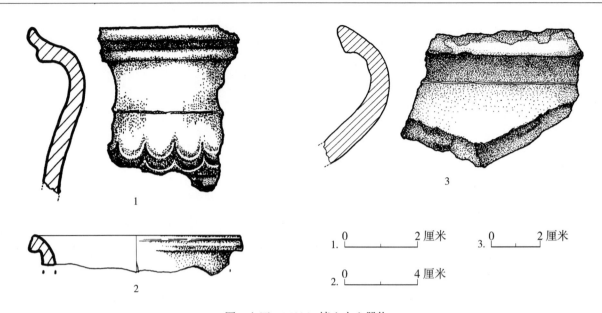

图二六四　M2261 填土出土器物

1. 陶长腹罐口沿（M2261：36）　　2、3. 陶鼓腹罐口沿（M2261：38、37）

道凹弦纹，呈重唇，侈口，口径略大于腹径，平底。口径 12.1、通高 19.8、腹最大径 11.2、底径
6.2 厘米（图二六五：1，图版八八：1）。M2261：16 重唇，侈口，平底。口径 11.2 厘米（图二六
五：3，图版一二一：5）。

陶长腹罐口沿　1 件（M2261：19）。夹砂褐陶，手制，腹有烟熏的痕迹。肩饰凹弦纹夹水波纹。
口径 8.8 厘米（图二六五：4，图版一二一：4）。

陶瓮　1 件（M2261：20）。夹砂褐陶，手制。尖圆唇，侈口，微折肩，鼓腹，平底。口径 23.2、
通高 53.6、腹径 52.4、底径 24.8 厘米（图二六五：2，图版八八：2）。

银耳环　1 件（M2261：12）。圆形，其横截面亦是圆形。外径 2.2、内径 1.6 厘米（图二
六五：5）。

铁镞　3 件。形状不同，可分二式。

Ⅰ式　2 件。扁平镞身，尖锋，双翼。M2261：33 长 3.9、宽 1.5、厚 0.2 厘米（图二六五：7）。
M2261：34 长 3.9、宽 1.7、厚 0.25 厘米（图二六五：8，图版一六三：3-3）。

Ⅱ式　1 件（M2261：35）。镞身呈扁平柳叶形，脊微凸，短铤，其横截面为圆形。通长 4.6、铤
长 1.3 厘米（图二六五：6）。

玛瑙珠　26 件。形状不同，可分三式。

Ⅰ式　12 件。圆球状，中间饰一小圆孔。M2261：3、6、8～10、14、15、18、21、23、27、31
直径 0.6～1.2、孔径 0.1～0.2 厘米（图二六六：1～12）。

Ⅱ式　10 件。圆饼状，中间饰一孔。M2261：1、2、7、11、13、17、22、25、26、29 直径
0.6～1.1、孔径 0.1～0.2 厘米（图二六六：13～22）。

Ⅲ式　4 件。梭形，中间钻一孔。M2261：4、28、30、32 长 1.1～1.5、孔径 0.1～0.15 厘米
（图二六六：23～26）。

图二六五　M2261 随葬器物

1、3. 陶长腹罐（M2261：5、16）　2. 陶瓮（M2261：20）　4. 陶长腹罐口沿（M2261：19）　5. 银耳环（M2261：12）

6. Ⅱ式铁镞（M2261：35）　7、8. Ⅰ式铁镞（M2261：33、34）

蓝色料珠　1件（M2261：24）。筒状，中间饰一孔。长 0.9、孔径 0.2 厘米（图二六六：27）。

M2262

位于 M2263 之东约 2 米处。墓的方向为 180°。有封土覆盖，其形状为椭圆形，长径 4.5、短径 4、高出地面约 0.4 米。墓室中间已塌出凹坑，原封顶石块无规律地散落在墓室内。墓室填土为夹沙黄褐土，土质松散，纯净，墓底亦是原夹沙黄褐色生土层。墓葬为半地穴式建筑，在地表上挖一个

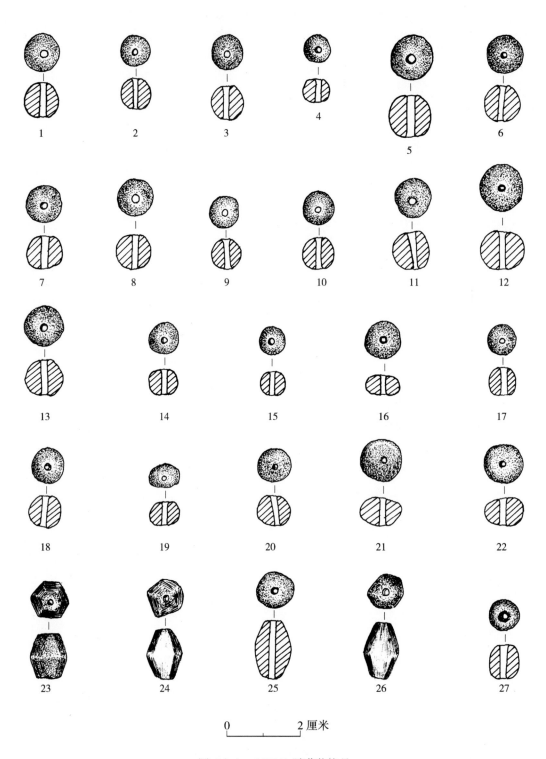

0 _____ 2厘米

图二六六　M2261 随葬装饰品

1～12. Ⅰ式玛瑙珠（M2261：3、6、8～10、14、15、18、21、23、27、31）　13～22. Ⅱ式玛瑙珠
（M2261：1、2、7、11、13、17、22、25、26、29）　23～26. Ⅲ式玛瑙珠（M2261：4、28、30、32）
27. 蓝色料珠（M2261：24）

长方形竖穴坑，然后用未加修琢的玄武岩石板沿着坑壁平砌墓室，四壁砌至约 0.33 米，在南壁偏东原生土地表上以同样石材修筑墓道。墓室平面呈长方形，长 2.4、宽 1.94、深 0.7 米。墓道长 1.04、宽 0.78、深 0.43 米。

发现 1 个头骨和少量肢骨，两个个体，属于二次葬。西北角头骨（A）系女性，40～45 岁。墓室中间肢骨（B）其性别不清，属于儿童骨骼。出土文物有陶长腹罐 5 件、陶鼓腹罐 1 件、陶短颈壶腹片 1 件、铁镞 1 件，无规律地置于墓室内（图二六七，图版三一：2）。

随葬器物

陶长腹罐 5 件。夹砂褐陶，手制，腹有烟熏的痕迹。M2262：5 残甚，只剩下腹部与底片（图二六八：3，图版一二五：3）。其余 4 件，形状不同，可分二式。

Ⅰ式 2 件。侈口，腹径略大于口径，平底，素面。M2262：3 重唇，口径 9.8、通高 13.5、腹最大径 9.7、底径 5.6 厘米（图二六八：2，图版八八：4）。M2262：7 方唇，口径 10.6、通高 19、腹最大径 11.6、底径 5.8 厘米（图二六八：4，图版八九：2）。

Ⅱ式 2 件。口沿经过慢轮修整。重唇，侈口，腹径大于口径，平底，素面。M2262：1 口径 11.8、通高 19.6、腹最大径 12.6、底径 5.4 厘米（图二六八：1，图版八八：3）。M2262：4 口径 13.5、通高 20.7、腹最大径 15.8、底径 6.6 厘米（图二六八：7，图版七七：4）。

陶鼓腹罐 1 件（M2262：6）。夹砂红褐陶，手制，口沿经过慢轮修整，腹有斑纹。圆唇，侈口，斜腹，平底，素面。口径 8.8、通高 15.5、腹最大径 14、底径 8.6 厘米（图二六八：5，图版八九：1）。

陶短颈壶（残） 1 件（M2262：8）。夹砂褐陶，手制，圆鼓腹，平底，腹上半部饰凹弦纹。残高 15.8、底径 14 厘米（图二六八：8）。

铁镞 1 件（M2262：2）。镞身近似于扁平柳叶形，双翼，锥状铤。通长 5.7、铤长 2 厘米（图二六八：6，图版一六三：3-2）。

M2263

位于 M2262 之西约 2 米处。墓的方向为 165°。有封土覆盖，其形状呈椭圆形长径约 5、短径 4.4、高出地面约 0.5 米。墓室中间已塌出凹坑，墓室内发现原封顶石块，无明显规律。墓室填土为夹沙黄褐土，土质松散，墓底亦是原夹沙黄褐色生土层。填土中发现夹砂褐陶长腹罐 1 件（已残）。墓葬为半地穴式建筑，先在地表上挖一个长方形竖穴坑，然后用粗加工的玄武岩石板沿着坑壁平砌墓室，四壁砌至约 0.35 米，在南壁中央原生土地表上以同样石材修筑墓道。墓室与墓道衔接处平铺 1 块大石板和几块小河卵石。墓室平面呈长方形，长 2.6、宽 1.62、深 0.76 米。墓道长 1、宽 0.8、深 0.43 米。

墓室中发现 1 根肢骨，性别及年龄均不明。未见随葬品（图二六九）。

填土出土器物

陶长腹罐口沿 1 件（M2263：1）。夹砂褐陶，手制，口沿经过慢轮修整，重唇，侈口（图二七〇）。

M2264

位于 M2263 之西约 1.2 米处。墓的方向为 170°。封顶已被破坏，墓室中间已塌出凹坑，墓室内发现原封顶石块，无明显规律（图版三二：1）。墓室填土为黄褐土，土质较硬，墓底亦是原黄褐色生

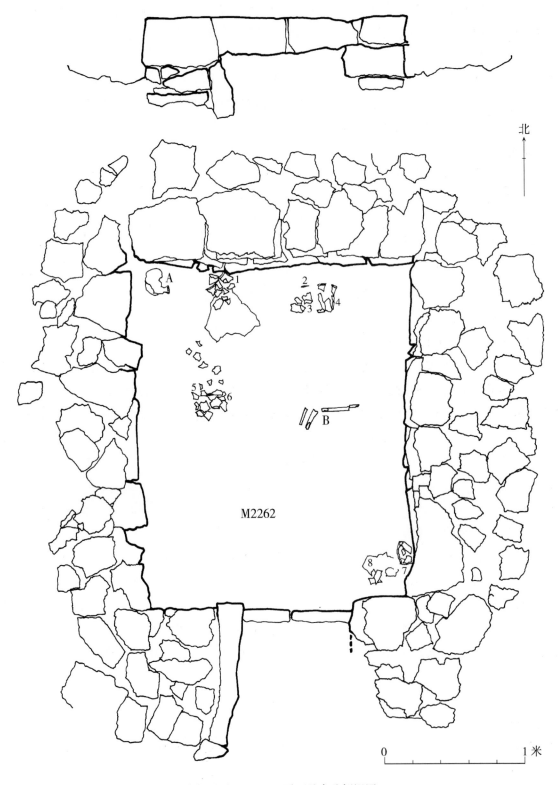

图二六七　M2262 平面及南壁侧视图

1、3～5、7. 陶长腹罐　2. 铁镞　6. 陶鼓腹罐　8. 陶短颈壶腹底

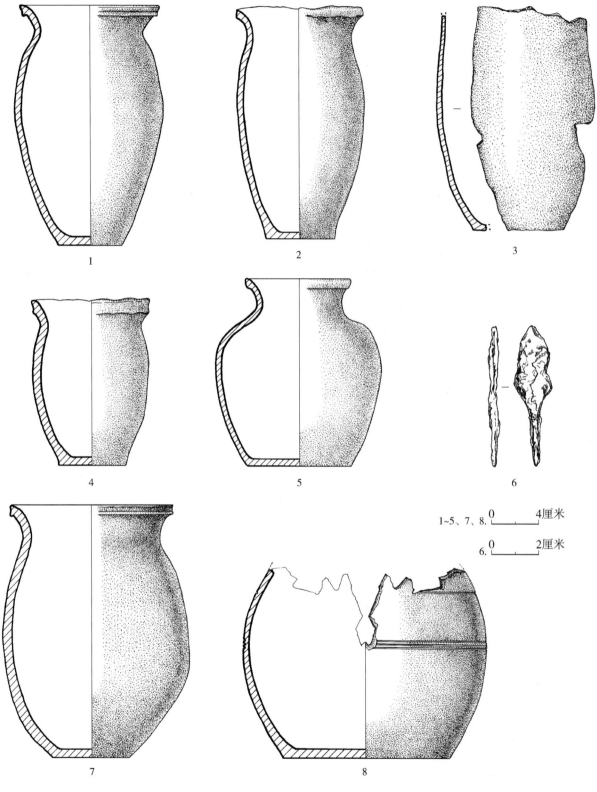

图二六八　M2262 随葬器物

1、7. Ⅱ式陶长腹罐（M2262：1、4）　　2、4. Ⅰ式陶长腹罐（M2262：3、7）　　3. 陶长腹罐（M2262：5）

5. 陶鼓腹罐（M2262：6）　　6. 铁镞（M2262：2）　　8. 陶短颈壶（M2262：8）

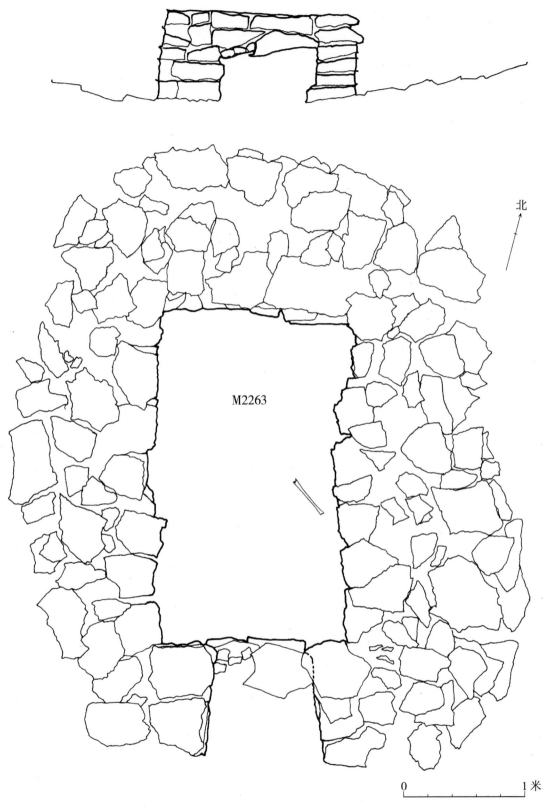

北

0　　　　　　　　　1 米

图二六九　M2263 平面及南壁侧视图

土层。填土中发现夹砂灰陶瓮碎片，铁镢 2 件。墓葬为半地穴式建筑，在地表上挖一个长方形浅竖穴坑，然后用粗加工的玄武岩石板沿着坑壁平砌墓室，四壁砌至约 0.15 米时，在南壁中间原生土地表上以同样石材修筑墓道。墓室平面近似于长方形，北壁与南壁微倾斜，长 2.86、宽 1.82、深 0.56 米。墓道长 1.2、宽 0.7、深 0.44 米。

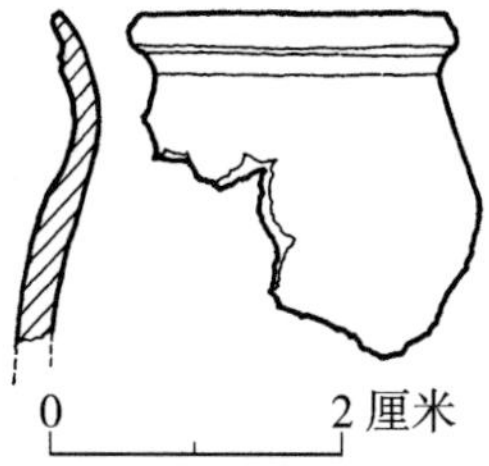

在墓室东北角发现少量人骨，系成年女性。随葬品有陶长腹罐 1 件、陶釜 1 件、银耳环 1 件，分别位于墓室东北角和东南角（图二七一，图版三二：2）。

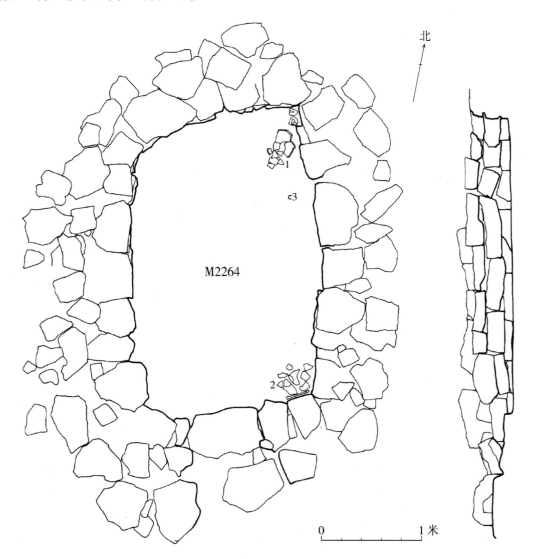

图二七〇　M2263
填土出土器物
陶长腹罐口沿（M2263：1）

1. 填土出土器物

陶瓮残片　1 件（M2264：6）。夹砂褐陶，手制，凹弦纹（图二七二：1）。

铁镢　2 件。形状不同，可分二式。

图二七一　M2264 平面及西壁侧视图
1. 陶长腹罐　2. 陶釜　3. 铜耳环

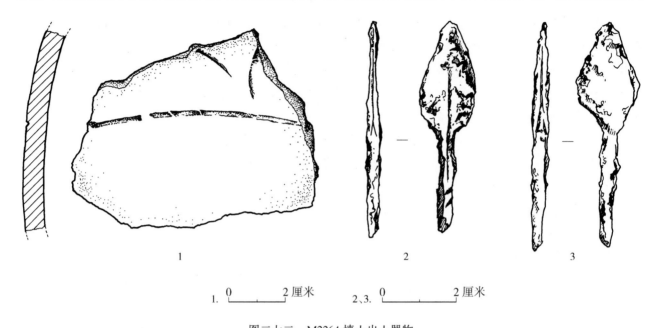

1. ⊢——⊣ 2厘米　2、3. ⊢——⊣ 2厘米

图二七二　M2264 填土出土器物

1. 陶瓮残片（M2264：6）　2. Ⅰ式铁镞（M2264：5）　3. Ⅱ式铁镞（M2264：4）

Ⅰ式　1件（M2264：5）。镞身为扁平柳叶形，尖锋，锥状铤，其横截面为圆形。长5.6、铤长2.5厘米（图二七二：2，图版一六三：3-5）。

Ⅱ式　1件（M2264：4）。镞身呈扁平菱形，铤较长，其横截面为圆形。通长6、铤长3.1厘米（图二七二：3，图版一六三：3-4）。

2. 随葬器物

陶长腹罐　1件（M2264：1）。夹砂褐陶，手制，口沿经过慢轮修整，腹有烟熏的痕迹。重唇，侈口，腹径大于口径，平底，素面。口径10.2、通高17.2、腹最大径11.2、底径4.8厘米（图二七三：1，图版八九：3）。

陶釜　1件（M2264：2）。夹砂褐陶，手制。口微敛，颈饰凹凸弦纹，鼓腹，下腹较深，平底，腹饰四系板状耳。口径19.5、通高32、底径11.4厘米（图二七三：2，图版八九：4）。

铜耳环　1件（M2264：3）。圆形，其横截面亦是圆形。直径3.2、横截面直径0.2厘米（图二七三：3，图版一四三：6）。

M2265

位于M2264之西约2.5米处。墓的方向为155°。封土已被破坏，墓壁周围略凸出于地表，原封顶石块无规律地散落在地表上。墓室填土为夹沙河卵石，土质松散，墓底亦是夹沙河卵石生土层。填土中发现夹砂褐陶器盖残片1件、铁刀1件。墓葬为半地穴式建筑，在地表上挖一个长方形浅竖穴坑，然后用未经修琢的玄武岩石板沿着坑壁平砌墓室，四壁砌至0.22米时，在墓室南壁中间原生土地表上以同样石材修筑墓道。墓室南壁抹角呈弧形，长2.54、宽1.25、深0.78米。墓道长0.64、宽0.52、深0.5米。

无人骨。未见随葬品（图二七四）。

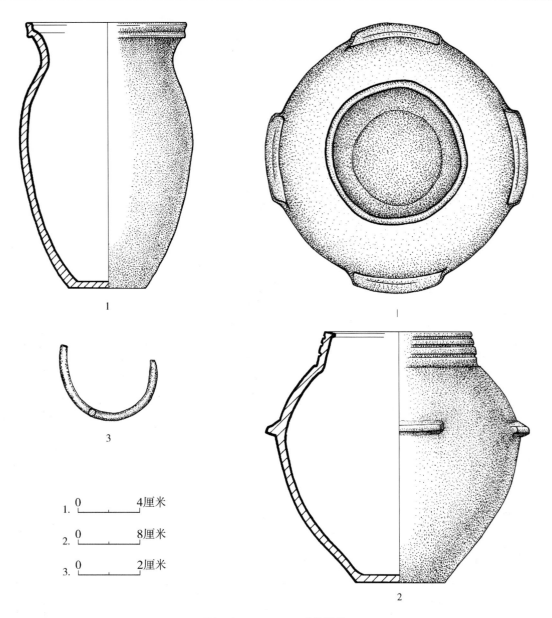

图二七三　M2264 随葬器物

1. 陶长腹罐（M2264∶1）　　2. 陶釜（M2264∶2）　　3. 铜耳环（M2264∶3）

填土出土器物

陶器盖残片　1件（M2265∶1）。夹砂褐陶，手制，口缘饰重唇（图二七五∶1）。

铁刀　1件（M2265∶2）。直背，斜刃，其横截面为三角形。通长18.3厘米（图二七五∶2，图版一六四∶2）。

M2268

位于M2273之南约2.5米处。墓的方向为160°。有封土覆盖，其范围较大，南北长约7、东西宽4.8、高出地表约0.6米。墓室填土为夹沙黑褐土，土质较硬，填土中发现若干块夹砂褐陶片，器形不明。墓底平铺一层天然河卵石，个别处有缺失。墓葬为半地穴式建筑，此墓在地表挖一个深约0.2

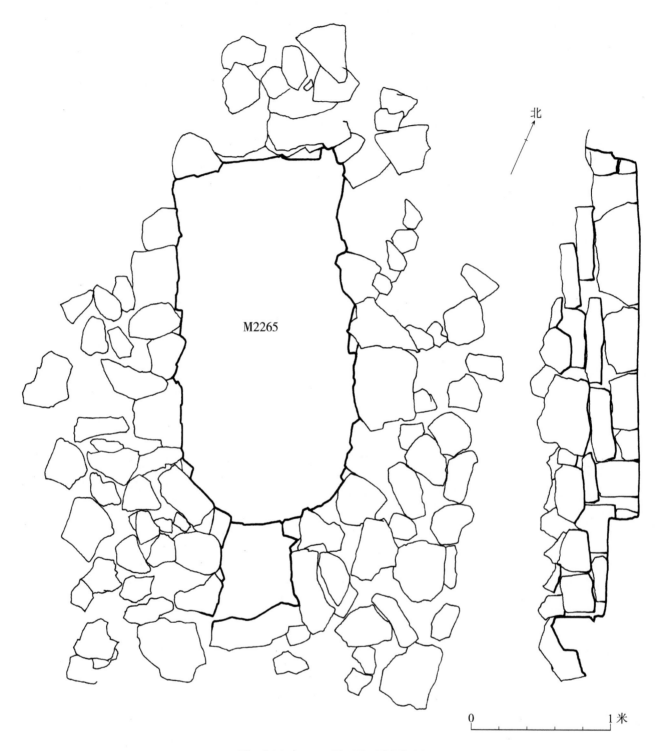

北

0　　　　　　　　　　　1米

图二七四　M2265 平面及西壁侧视图

米的长方形坑，然后用粗加工的玄武岩石板紧挨土坑壁平砌成墓室四壁，石板空隙处以小河卵石块填塞。墓壁砌至第一层石板时，在南壁中间原生土地表上以同样石材砌筑墓道。墓室平面近似于长方形，长3.11、宽1.9、深0.74米。墓室与墓道衔接处铺一块大石板，墓道长1.5、宽0.78、深0.25米。

在墓室东南角和东北角各发现1根肢骨，其身份为成年女性。出土文物有陶长腹罐1件、陶短颈壶1件、陶器盖1件、陶长腹罐底1件、纹饰陶片1件、铜耳环1件，分别置于墓室肢骨周围（图二七六，图版三三：1）。

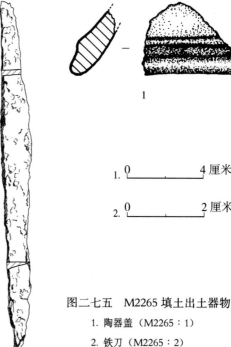

图二七五　M2265 填土出土器物
1. 陶器盖（M2265：1）
2. 铁刀（M2265：2）

随葬器物

纹饰陶片　1件（M2268：1）。夹砂褐陶，手制。弦纹（图二七七：6）。

陶鼓腹罐　1件（M2268：2）。夹砂褐陶，手制，腹有斑纹。重唇，侈口，圆鼓腹，平底，素面。口径8.8、通高15.4、腹径15、底径9厘米（图二七七：2，图版九○：1）。

陶器盖　1件（M2268：4）。夹砂灰褐陶，手制，器纽为圆形，微凹底，斜壁，平口，素面。纽直径4.4、通高4.6、口径8.4厘米（图二七七：3，图版九○：3）。

陶长腹罐　1件（M2268：3）。夹砂褐陶，手制，口沿经过慢轮修整，腹有烟熏的痕迹。重唇，侈口，腹径大于口径，平底，素面。口径8.9、通高14.5、腹最大径9.8、底径4.4厘米（图二七七：1，图版九○：2）。

陶长腹罐底　1件（M2268：5）。夹砂褐陶，手制，平底。底径5.4厘米（图二七七：5）。

铜耳环　1件（M2268：6）。圆形，其横截面亦是圆形，中间有一豁口。外径1.7、内径1.3厘米（图二七七：4）。

M2269

位于M2268之西北约6.5米处。墓的方向为155°。有封土覆盖，近似于长方形，南北长约4.7、东西宽3.6、高出地表约0.7米。墓室填土为夹沙黄褐土，土质松散，无包含物，墓底平铺一层天然河卵石。墓葬系半地穴式建筑，此墓在地表上挖一个深约0.2米的长方形坑，然后用粗加工的玄武岩石板紧挨土坑壁平砌成墓室四壁，石板空隙处以小河卵石块填塞。墓壁砌至第一层石板时，在南壁中间原生土地表上以同样石材砌筑墓道。墓室平面呈长方形，长2.43、宽1.42、深0.8米。墓道位于墓室南壁中间，与墓室衔接处铺一块大石板，墓道口立支1块石板，墓道长1.17、宽0.8、深0.6米。

在墓室南边发现一对腓骨，其性别与年龄均不明。未见随葬品（图二七八，图版三三：2）。

M2270

位于M2271之西南约5.5米处。墓的方向为160°。封土已被破坏，墓葬略凸于地表，原封顶石

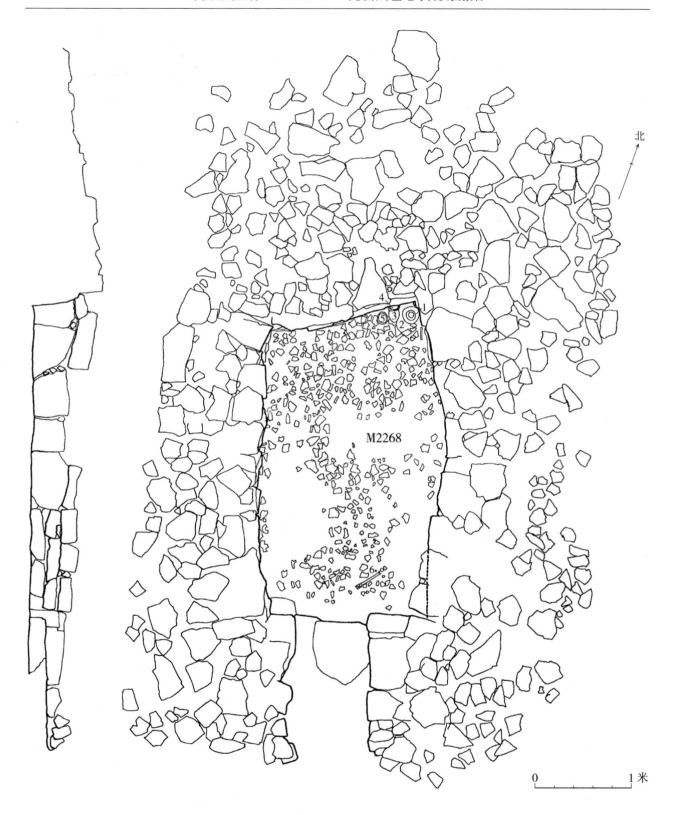

北

0　　　　1米

图二七六　M2268 平面及东壁侧视图

1. 纹饰陶片　2. 陶鼓腹罐　3. 陶长腹罐　4. 陶器盖　5. 陶长腹罐底　6. 铜耳环

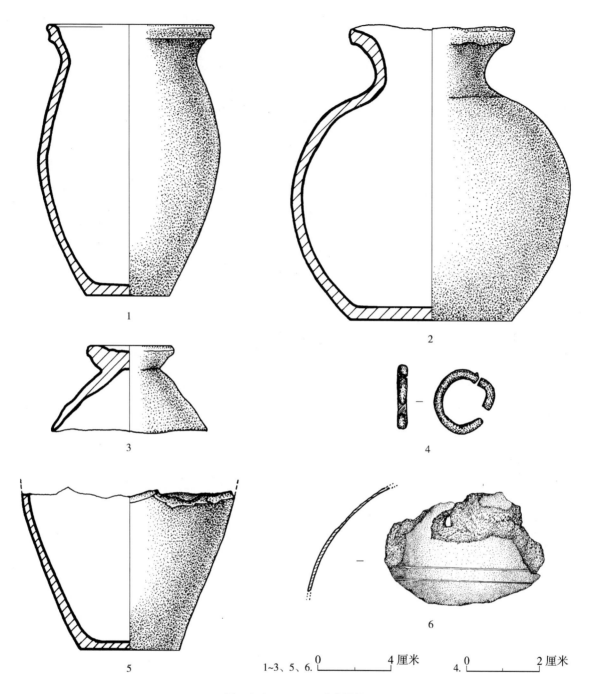

图二七七　M2268 随葬器物

1. 陶长腹罐（M2268：3）　　2. 陶鼓腹罐（M2268：2）　　3. 陶器盖（M2268：4）　　4. 铜耳环（M2268：6）

5. 陶长腹罐底（M2268：5）　　6. 纹饰陶片（M2268：1）

块无规律地散落在墓室内。墓室填土为夹沙黑褐土，土质较硬，墓底亦是夹沙黑褐色生土层。填土中发现夹砂褐色陶壶碎片。墓葬建于地面，先将地面平整后，用粗加工的玄武岩石板平砌墓室四壁和墓道，石板空隙处以小河卵石块填塞。墓室平面呈长方形，长 2.53、宽 1.44、深 0.62 米。墓道位于墓室南壁中间，长 0.98、宽 0.87 米。

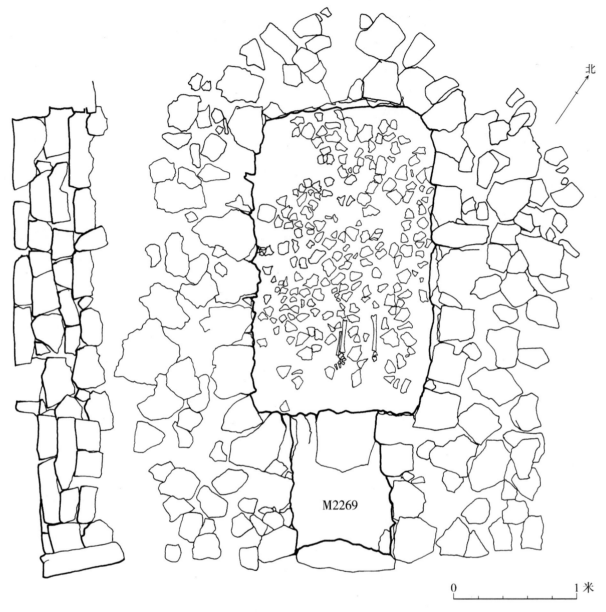

图二七八　M2269 平面及东壁侧视图

在墓室西边葬一人四肢骨，无头骨，其身份为 41 岁左右的男性。未见随葬品（图二七九，图版三四∶1）。

M2278

位于 M2277 之东北约 2 米处。墓的方向为 190°。有微凸的封土，其形状不规则，高出地面约 0.5 米。墓室中间已塌出凹坑，发现几块原封顶石块，无明显规律。墓室填土为夹沙黑褐土，土质松散、纯净，墓底亦是原夹沙灰褐色生土层。墓葬为地面建筑，用粗加工的玄武岩石板和石块平砌墓室和墓道，在南壁偏东原生土地表上修筑墓道。墓室平面近似于长方形，长 2.12、宽 1.5、深 0.48 米。墓道长 1.13、宽 0.86 米。

在墓室东北角发现一头骨，系成年男性。未见随葬品（图二八〇）。

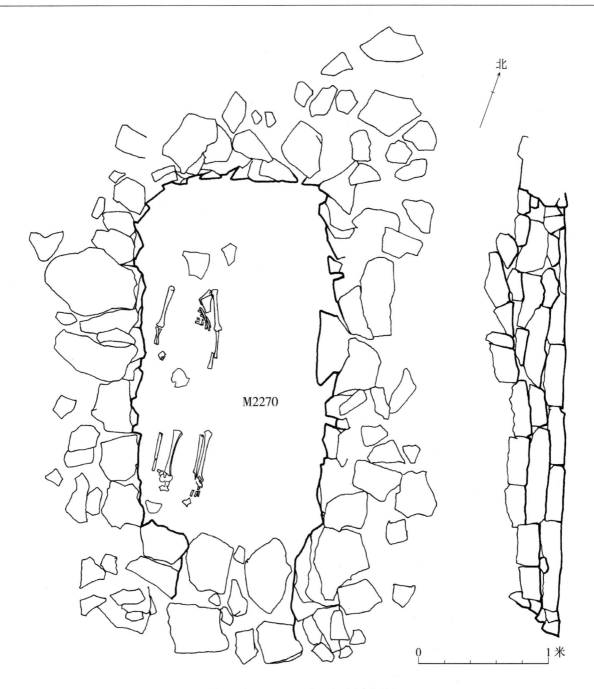

图二七九　M2270 平面及西壁侧视图

M2279

位于 M2280 之西约 3.5 米处。墓的方向为 180°。有封土覆盖，其范围较大，南北长约 6、东西宽 4.5、高出地表约 0.6 米。墓室填土为夹沙黑褐土，土质松散，纯净，无包含物。墓底平铺一层玄武 岩小石板，东南角铺几块长方形碎砖。墓葬为半地穴式建筑，此墓先在地表挖一个深约 0.4 米的长方 形坑，然后用粗加工的玄武岩石板紧挨土坑壁立支墓室四壁，之后在南壁中间原生土地表上以同样 石材砌筑墓道，墓道堆放几块石头。墓室平面近似于长方形，长 2.6、宽 1.76、深 0.74 米。墓道长

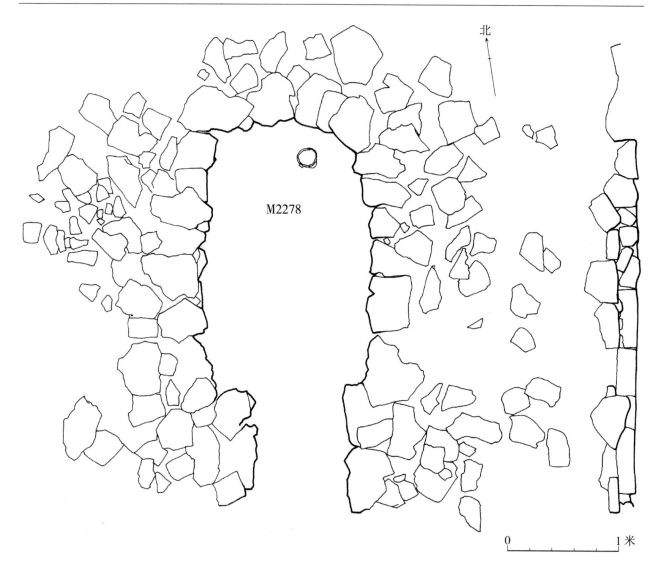

图二八〇　M2278 平面及西壁侧视图

1.5、宽 1、深 0.4 米。

　　墓室里发现 4 个个体，均二次葬。西部肢骨（A）为成年男性。中间四肢骨（B）亦属于成年男性。东部四肢骨系（C）男性，40 岁。西南角头骨（D）为女性，约 35~40 岁。出土文物有陶直口罐 1 件、陶碗 1 件、陶长腹罐 2 件，分别置于墓室西南角和西北角（图二八一，图版三四：2）。

　　随葬器物

　　陶直口罐　1 件（M2279：1）。夹砂红褐陶，手制。圆唇，直口，圆鼓腹，平底。口径 7.8、通高 10.4、腹最大径 12.4、底径 7.2 厘米（图二八二：1，图版九〇：4）。

　　陶碗　1 件（M2279：2）。夹砂灰褐陶，手制。圆唇，侈口，束口，平底。口径 15.2、通高 6.3、底径 9.8 厘米（图二八二：2，图版九一：1）。

　　陶长腹罐　2 件。夹砂褐陶，手制，口沿经过慢轮修整，腹有烟熏的痕迹。重唇，侈口，束颈，口径等于腹径，平底。肩饰两道凹弦纹和"×"符号。M2279：3 口径 8.8、通高 12.7、底径 4.5 厘

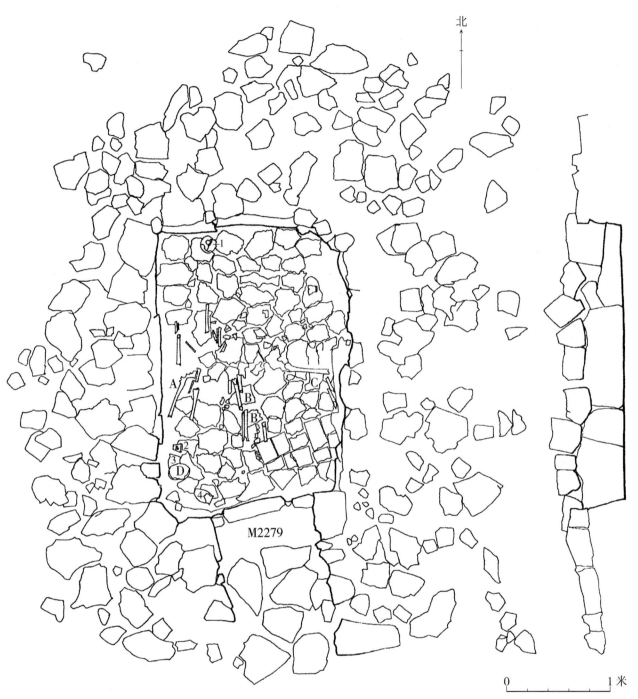

北

M2279

0 —————— 1 米

图二八一　M2279 平面及西壁侧视图
1. 陶直口罐　2. 陶碗　3、4. 陶长腹罐

米（图二八二：3，图版九一：2）。M2279：4 口径 9.5、通高 13.9、底径 4.7 厘米（图二八二：4，图版九一：3）。

M2280

位于 M2279 之东约 2.5 米处。墓的方向为 205°。有封土覆盖，其形状呈椭圆形，长径约 5.2、短径 4、高出地面约 0.6 米。墓室中心已塌出凹坑，发现几块原封顶石块，无明显规律。墓室填土上层

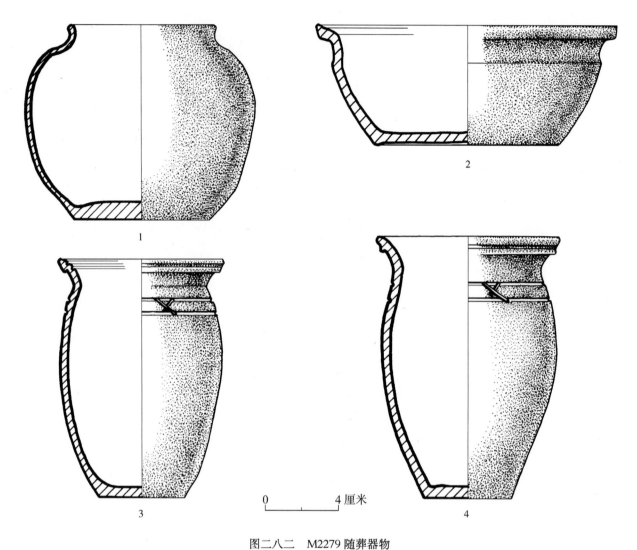

图二八二　M2279 随葬器物

1. 陶直口罐（M2279：1）　　2. 陶碗（M2279：2）　　3、4. 陶长腹罐（M2279：3、4）

为黑褐土，下层为黑土夹沙河卵石块，墓底为夹沙河卵石原生土层。填土中发现夹砂灰陶瓮 1 件（残）。墓葬为半地穴式建筑，在地表上挖一个长方形竖穴坑，然后用粗加工的玄武岩石板沿着坑壁平砌墓室，四壁砌至约 0.37 米，在南壁偏东原生土地表上以同样石材修筑墓道。墓道与墓室衔接处平铺 2 块石板，墓室平面呈长方形，长 2.43、宽 1.7、深 0.58 米。墓道长 1.35、宽 0.76、深 0.42 米。

骨架缺失，可以断定三个个体，均属于二次葬。东南角头骨（A）系 10 岁左右的儿童，其性别不明。墓室西南边肢骨（B）属于成年女性。西北角肢骨（C）为成年男性。出土文物有陶长腹罐 2 件、陶碗 1 件、陶瓮 1 件、铁凿 1 件、铁片 1 件、铁带銙 1 件、铁镞 1 件，所有随葬品无规律地置于墓室和墓道内（图二八三，图版三五：1）。

1. **填土出土器物**

陶瓮口沿　1 件（M2280：9）。夹砂褐陶，手制，圆唇，侈口（图二八四）。

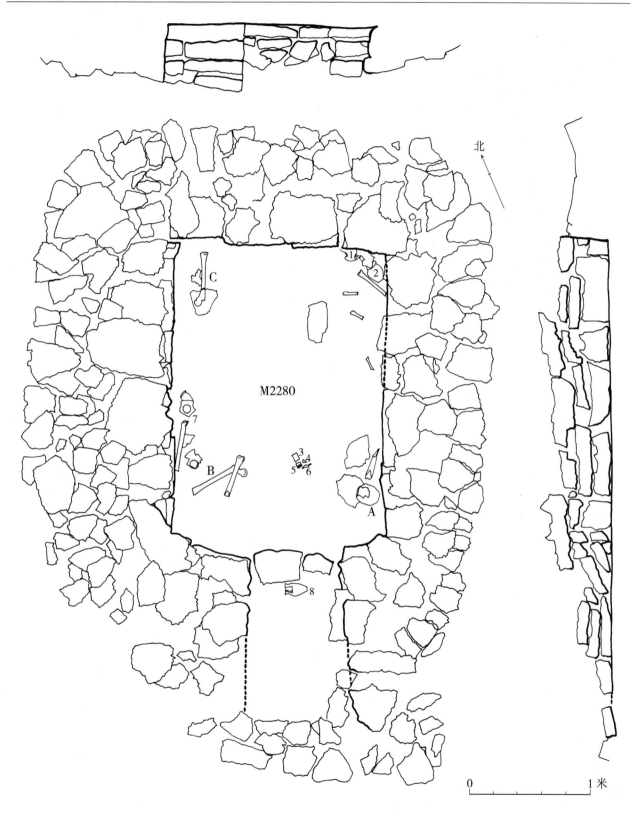

图二八三 M2280 平面、西壁与南壁侧视图

1. 陶瓮口沿 2、8. 陶长腹罐 3. 铁凿 4. 铁片 5. 铁带銙 6. 铁镞 7. 陶碗

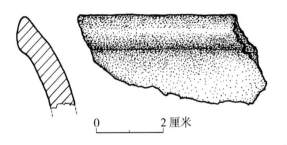

图二八四　M2280 填土出土器物
陶瓮口沿（M2280：9）

2. 随葬器物

陶瓮口沿　1 件（M2280：1）。夹砂灰陶，手制，口沿经过慢轮修整。圆唇，侈口，束颈，广肩。口径 15.2 厘米（图二八五：2）。

陶长腹罐　2 件。夹砂褐陶，手制，腹有烟熏的痕迹。形状不同，可分二式。

Ⅰ式　1 件（M2280：8）。口沿饰一圈锯齿附加堆纹，侈口，垂腹，平底。口径 11.6、通高 20.4、腹最大径 11.2、底径 6 厘米（图二八五：5，图版九二：1）。

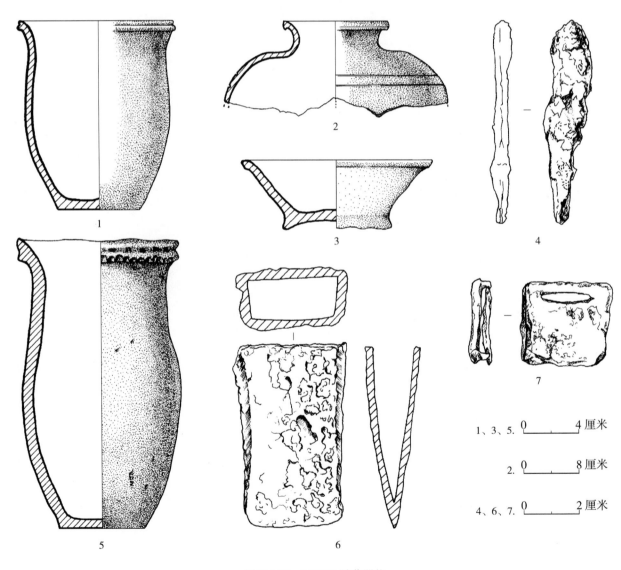

1　　　0　　　　2 厘米

1、3、5.　0　　　　4 厘米

2.　0　　　　8 厘米

4、6、7.　0　　　　2 厘米

图二八五　M2280 随葬器物

1. Ⅱ式陶长腹罐（M2280：2）　2. 陶瓮口沿（M2280：1）　3. 陶碗（M2280：7）　4. 铁镞（M2280：6）
5. Ⅰ式陶长腹罐（M2280：8）　6. 铁凿（M2280：3）　7. 铁带銙（M2280：5）

Ⅱ式 1件（M2280：2）。重唇，侈口，筒形，平底。口径11.2、通高13.4、腹最大径10.4、底径5.8厘米（图二八五：1，图版九一：4）。

碗 1件（M2280：7）。夹砂灰褐陶，手制。圆唇，敞口，斜壁，圈足，素面。口径13.6、通高4.8、底径7.8厘米（图二八五：3，图版九二：2）。

铁凿 1件（M2280：3）。板状铁块，双面开刃，顶端为銎，其平面呈长方形。高6.5、刃宽3.5厘米（图二八五：6，图版一六四：4）。

铁带銙 1件（M2280：5）。方形，边缘折起，两片复合，上端饰一长方形孔。边长3.2、宽3、厚0.7、孔长1.7、宽0.4厘米（图二八五：7，图版一六四：5）。

铁镞 1件（M2280：6）。镞身为扁平柳叶形，短铤。通长7.1厘米（图二八五：4）。

铁片 1件（M2280：4）。薄铁片，残甚，形状不明。

M2285

与M2291相邻，墓向为100°。封土已被破坏，墓壁周围略凸于地表，封顶结构已破坏无存，部分石块无规律地散落在墓室和地表上。墓室填土为夹沙黄褐土，土质松散，墓底亦是夹沙黄褐色生土层。填土中发现夹砂褐陶瓶1件、陶器底片1件（均残）。墓葬为半地穴式建筑，在地表上挖一个长方形浅竖穴坑，然后用粗加工的玄武岩石板和石块沿着坑壁平砌墓室，四壁砌至0.3米，在南壁中间原生土地表上以同样石材修筑墓道。墓室平面近似于长方形，长2.46、宽2.33、深0.96米。墓道长1.75、宽0.84、深0.66米。

无人骨，随葬品亦未见（图二八六）。

填土出土器物

陶瓶 1件（M2285：1）。夹砂褐陶，手制，细颈，长腹，平底。残高25.8、底径12厘米（图二八七：1，图版九二：3）。

陶器底片 1件（M2285：2）。夹砂褐陶，手制，平底。直径6.1厘米（图二八七：2）。

M2297

位于M2296之西1处。墓向为115°。有封土覆盖，呈椭圆形，东西长径4.5米，南北短径3.8米。墓顶坍塌呈凹坑，墓室填土为黑褐土，土质较松软，墓底为夹沙河卵石生土。填土中发现数量较多的夹砂褐长腹罐1件、夹砂灰陶瓮1件（均残）。墓葬为地面建筑，先把地表平整之后，在南、北壁和西壁各立支一层玄武岩石板，其上再堆砌小石板和石块，在东壁中间以同样石材修筑墓道，墓道与墓室衔接处平铺3块小石板。墓室平面呈长方形，长2.29、宽1.54、深0.4米。墓道东西长0.5、南北宽0.8、深0.2米。

未见人骨。在墓室中间发现陶短颈壶1件、铁刀1件（图二八八，图版三五：2）。

1. 填土出土器物

陶瓮口沿 1件（M2297：3）。夹砂灰陶，手制，口沿经过慢轮修整。圆唇，侈口，肩饰凹弦纹。口径20.2厘米（图二八九：1）。

陶长腹罐底 1件（M2297：4）。夹砂褐陶，手制，平底。直径5厘米（图二八九：2）。

2. 随葬器物

陶短颈壶 1件（M2297：1）。夹砂褐陶，手制。圆唇，侈口，鼓腹，肩饰凹弦纹夹水波纹。口

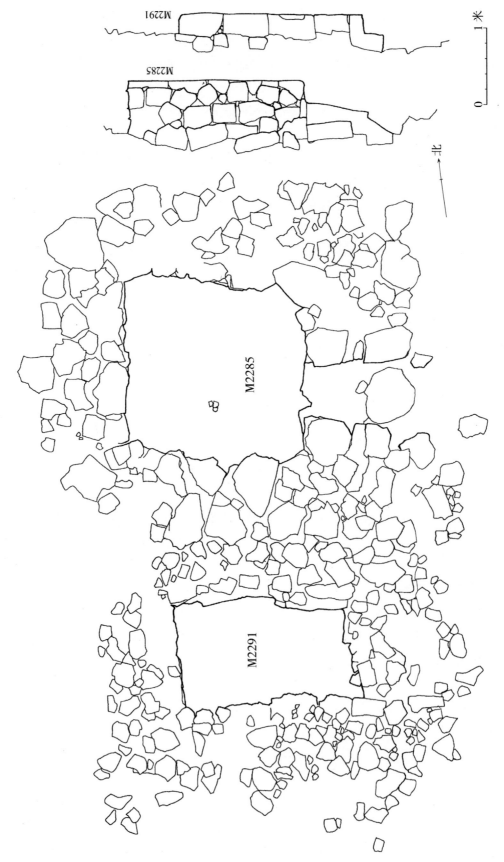

图二八六　M2285、M2291 平面及南壁侧视图

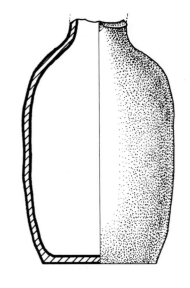
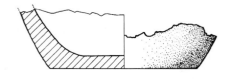

图二八七　M2285 填土出土器物

1. 陶瓶（M2285：1）　　2. 陶器底片（M2285：2）

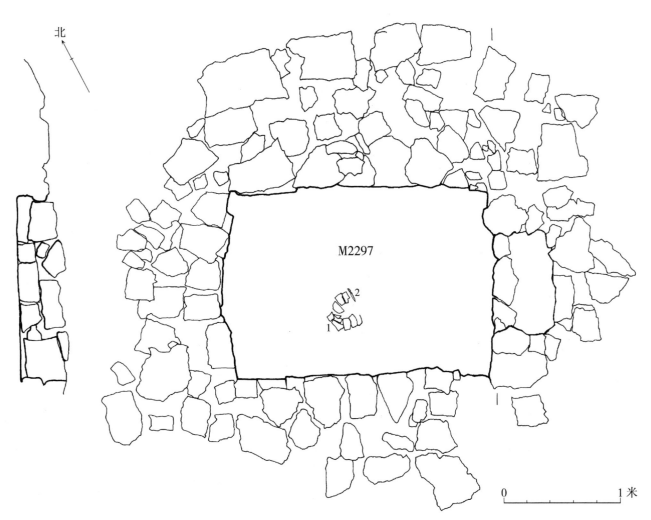

图二八八　M2297 平面及东壁侧视图

1. 陶短颈壶　2. 铁刀

径 14.8、残高 26.4 厘米（图二九〇：1）。

铁刀　1 件（M2297：2）。直背，斜刃，其横截面为三角形。通长 12.6、刃宽 1.3、柄长 4 厘米（图二九〇：2，图版一六四：3）。

M2298

位于 M2297 之西 1 处。墓向为 115°。封土及封顶已被破坏，在地表上只见几块零散的石块。墓室填土为夹沙黑褐土，土质较松软，纯净，墓底为夹沙河卵石生土。填土中发现夹砂褐陶长腹罐 2 件、鼓腹罐口沿 1 件、夹砂灰陶瓮口沿 1 件、纹饰陶片 1 件。墓葬系地面建筑，先把地表平整之后，用粗加工的玄武岩石板平砌墓室，在东壁中间以同样的石材设墓道。墓室平面近似于长方形，长 1.96、宽 1.5、深 0.71 米。墓道长东西 1.13、南北宽 0.7 米。

人骨、随葬品均不见（图二九一，图版三六：1）。

填土出土器物

陶长腹罐　2 件。夹砂褐陶，手制，器表有烟熏的痕迹。

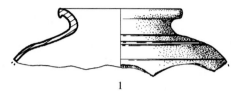

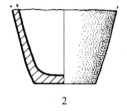

图二八九　M2297 填土出土器物
1. 陶瓮口沿（M2297：3）
2. 陶长腹罐底（M2297：4）

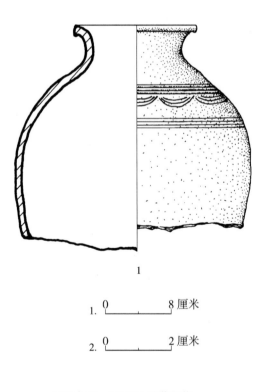

图二九〇　M2297 随葬器物
1. 陶短颈壶（M2297：1）
2. 铁刀（M2297：2）

M2298：1 尖圆唇，侈口，腹径略大于口径，肩饰一道凸弦纹。口径 11.4、通高 22、腹最大径 13.2、底径 5 厘米（图二九二：1，图版九二：4）。M2298：2 重唇，侈口，垂腹，平底，素面。口径 10、通高 19.2、腹最大径 11、底径 5.8 厘米（图二九二：2，图版九三：1）。

陶短颈壶口沿　1 件（M2298：3）。夹砂褐陶，手制，重唇，细颈。口径 8.6 厘米（图二九二：4）。

陶器底　1 件（M2298：5）。夹砂褐陶，手制，平底。底径 13.4 厘米（图二九二：5）。

陶短颈壶　1 件（M2298：4）。夹砂褐陶，手制。重唇，侈口，圆鼓腹，平底，素面。口径 8.3、通高 19.8、腹径 18.3、底径 11.1 厘米（图二九二：2，图版九三：2）。

M2310

位于 M2032 之南 1 处。墓向为

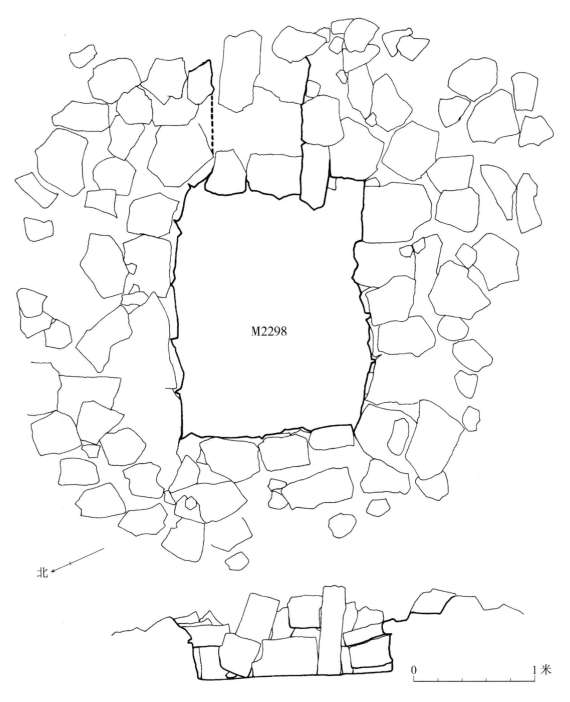

图二九一　M2298 平面及东壁侧视图

180°。现存封土略高出于地面，地表上已露出几堆墓壁石块。墓室填土为黑土，土质松散，墓底为原沙子生土层。填土中发现夹砂褐陶长腹罐 1 件。墓葬为地面建筑，用较小的天然石块垒砌墓室与墓道，墓室近似于长方形，东北角已变形呈弧形，长 2.99、宽 1.3、深 0.35 米。墓道在墓室南壁中间，长 0.8、宽 0.6 米。

墓室西部有两具骨架，可能是一次葬。东边（A）个体属男性，50 岁左右。西边骨架（B）为成

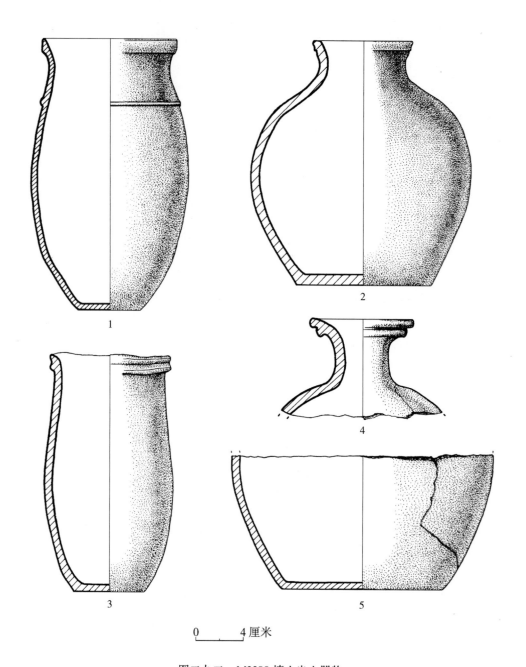

图二九二　M2298填土出土器物

1、3. 陶长腹罐（M2298：1、2）　2. 陶短颈壶（M2298：4）　4. 陶短颈壶口沿（M2298：3）

5. 陶器底（M2298：5）

年女性。墓室西部发现铁镯和铜镯各1件（图二九三）。

1. 填土出土器物

陶长腹罐　1件（M2310：3）。夹砂红褐陶，手制，口沿经过慢轮修整，腹有烟熏的痕迹。重唇，侈口，腹径大于口径，平底，素面。口径13.3、通高18.1、腹最大径14.2、底径7.1厘米（图二九四，图版九三：3）。

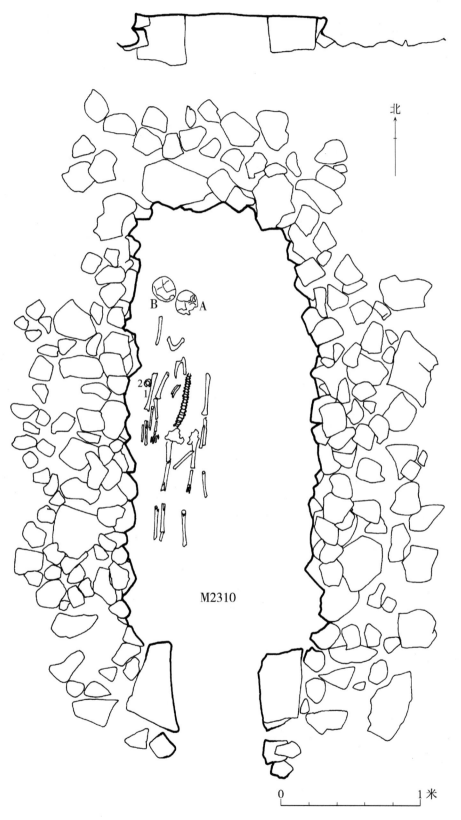

北

M2310

0　　　　　　　　　　　　1 米

图二九三　M2310 平面及南壁侧视图

1. 铜镯　2. 铁镯

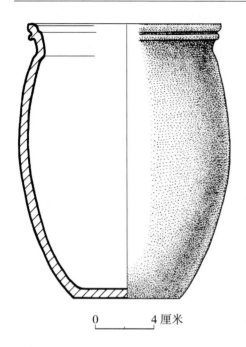

图二九四　M2310 填土出土器物
陶长腹罐（M2310：3）

2. 随葬器物

铜镯　1件（M2310：1）。圆形，其横截面为菱形。外径6.6、内径5.7、宽0.9厘米（图二九五：1，图版一五四：1）。

铁镯　1件（M2310：2）。残甚，形状不明（图二九五：2）。

（二）刀形石室墓（Ab 型）

M2015

位于 M2311 之东 1.5 米处。墓的方向为190°。有封土覆盖，呈漫坡状，北高南低。墓室填土为黑褐土，土质松软，夹一些石块，无包含物。墓底铺一层黄沙土。墓葬为地面建筑，用天然石块垒砌墓葬。墓室平面呈长方形，长2.8、宽1.66、深0.56米。墓道在墓室南壁东侧，长1.1、宽1.08米。

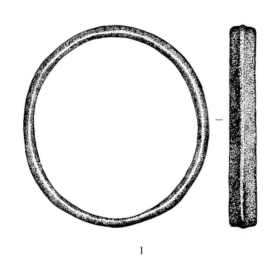
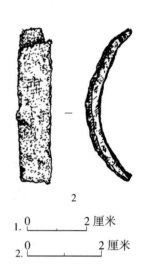

图二九五　M2310 随葬器物
1. 铜镯（M2310：1）　2. 铁镯（M2310：2）

两根女性肢骨发现在墓室东部，约 40 岁左右。2 件陶长腹罐分别出土于墓室北部（图二九六）。

随葬器物

陶长腹罐　2件。夹砂褐陶，手制，口沿经过慢轮修整，腹部留下烟熏的痕迹。重唇，侈口，腹径大于口径平底，素面。M2015：1底饰凸"十"字。口径10.7、通高16、腹最大径11.8、底径6.6厘米（图二九七：1，图版九三：4）。M2015：2 口径11.3、通高17.1、腹最大径12、底径 6 厘米（图二九七：2，图版九四：1）。

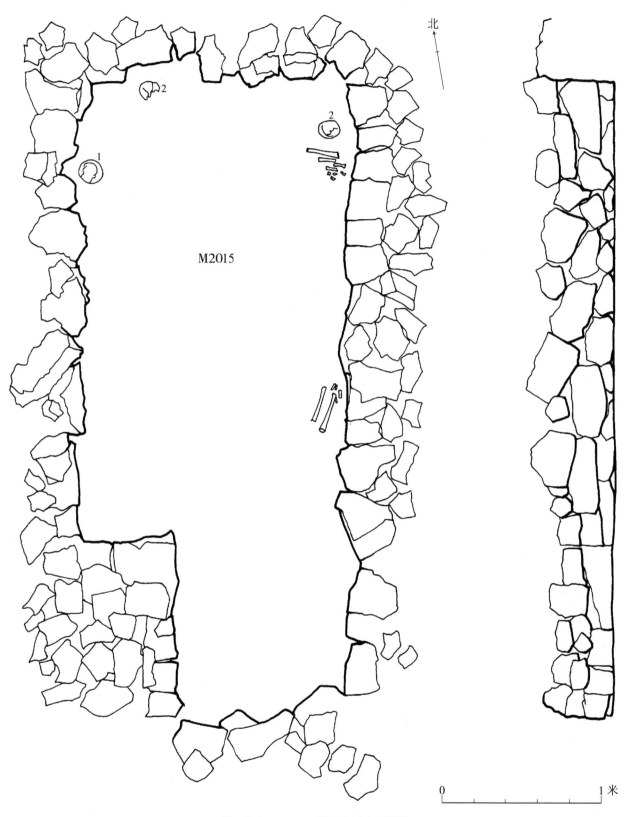

北

图二九六 M2015 平面及西壁侧视图

1、2. 陶长腹罐

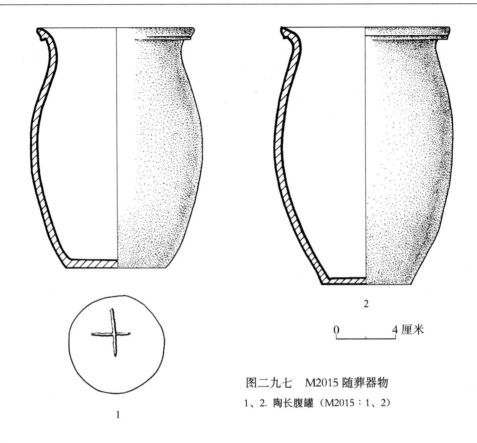

图二九七　M2015 随葬器物

1、2. 陶长腹罐（M2015：1、2）

M2018

位于 M2014 之西南 2 米处。墓的方向为 200°。无明显封土，地表上露出墓室北侧的石块。墓葬填土为夹沙黑褐土，土质较硬，墓底为褐色生土层。填土中发现夹砂褐陶碎片。墓葬为地面建筑，用玄武岩石块垒砌墓葬，墓室平面近似于长方形，东北壁呈弧形，长 2.52、宽 1.42、深 0.62 米。墓道在墓室南壁东侧，长 1.05、宽 0.74 米。

两具人骨架，均二次葬。紧靠墓室东壁有一具（A），头骨移位，肢骨已乱，是成年女性，40 岁左右。另一具（B）在墓室西部，无头骨，是为成年男性。墓室中未发现随葬品（图二九八）。

M2019

位于 M2311 西南 1.8 米处。墓向 175°。封土已被破坏，地面上露出部分石块。墓室填土为夹沙黑褐土，土质较硬，无包含物，墓底为褐色生土层。墓葬系地面建筑，用天然河卵石大石块垒砌墓葬，墓室四壁较整齐。墓室平面近似于长方形，东北角呈圆角，长 2.6、宽 1.56、深 0.67 米。墓道修在墓室南壁东侧，长 1.02、宽 0.92 米。

人骨散乱，是一具成年女性个体。随葬器物已不见（图二九九）。

M2020

在 M2311 西北 1.5 米处。墓向为 185°。有封土覆盖，呈椭圆形，长径约 5.8、短径约 3.5、高出地面 0.7 米。封顶已被破坏，几块石头无规律地散落在墓室中间，墓室填土为黑褐色，土质松散，墓底为黄沙土层。填土中发现夹砂褐陶长腹罐 1 件、夹砂灰陶瓮 1 件（均残）。墓葬为地面建筑，用玄武岩石板和天然河卵石平砌墓葬，较大的石块用于内壁。墓室平面呈长方形，长 2.56、宽 1.35、深 0.62 米。墓道较长，位于墓室南壁东侧，长 1.41、宽 0.94 米。

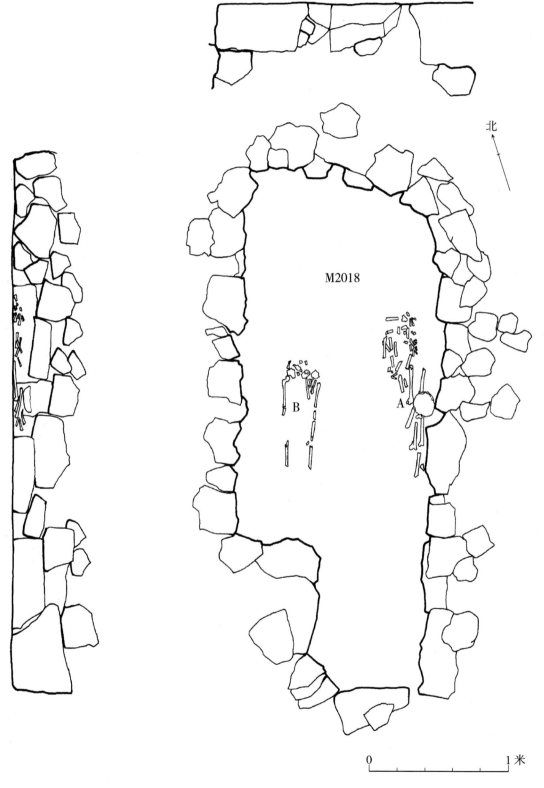

北

M2018

B

A

0   1米

图二九八　M2018 平面及东、南壁侧视图

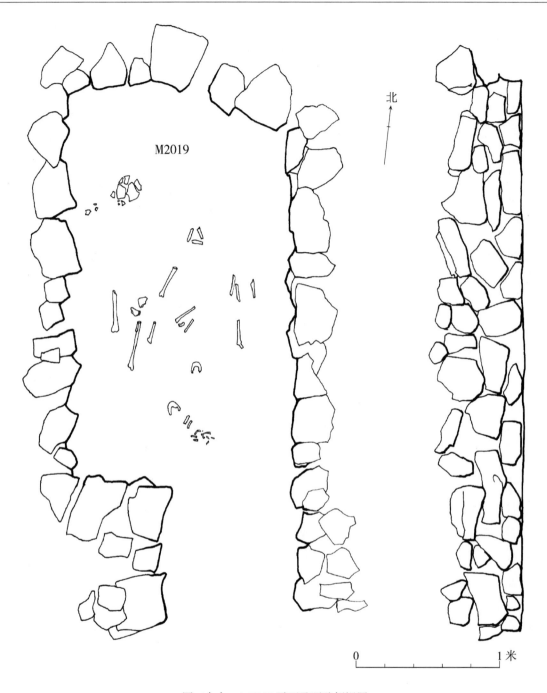

图二九九　M2019 平面及西壁侧视图

　　一块下颌骨位于墓室的东北角，其余两具成年四肢骨分别排列在墓室中间。东边肢骨（A）为男性，其西边肢骨（B）属于女性。墓主年龄不明。出土文物有陶壶 1 件，位于墓室的南部。陶长腹罐 1 件，在西侧。2 件料珠位于肢骨南边（图三〇〇）。

1. **填土出土器物**

陶瓮口沿　1 件（M2020∶6）。夹砂灰陶，手制，平唇（图三〇一∶1）。

陶长腹罐口沿　1 件（M2020∶7）。夹砂褐陶，手制，口沿经过慢轮修整，重唇（图三〇一∶2）。

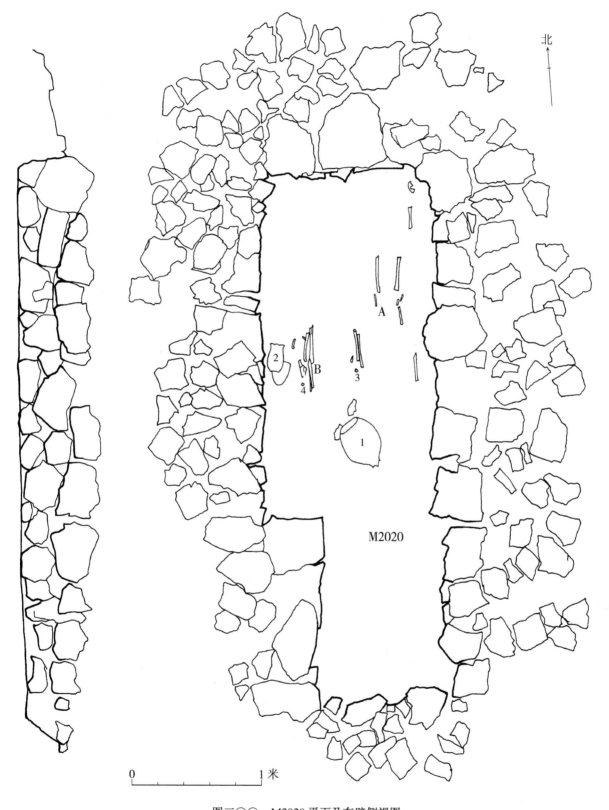

北

图三〇〇 M2020 平面及东壁侧视图

1. 陶短颈壶 2. 陶长腹罐 3. 绿色料珠 4. 黄色料珠

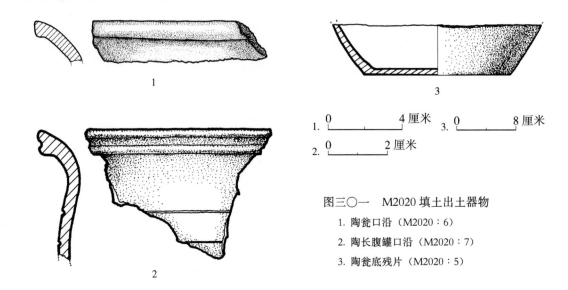

图三〇一　M2020 填土出土器物

1. 陶瓮口沿（M2020：6）
2. 陶长腹罐口沿（M2020：7）
3. 陶瓮底残片（M2020：5）

陶瓮底残片　1 件（M2020：5）。夹砂灰陶，手制，平底。底径 20 厘米（图三〇一：3）。

2. 随葬器物

陶短颈壶　1 件（M2020：1）。夹砂褐陶，手制，重唇，侈口，鼓腹，平底。口径 13.2、通高 30.8、腹最大径 24.8、底径 16 厘米（图三〇二：1，图版九四：2）。

陶长腹罐　1 件（M2020：2）。夹砂红褐陶，手制，腹部留下烟熏的痕迹。重唇，侈口，口径大于腹径，筒形，平底。口径 10.4、通高 15.4、腹最大径 10、底径 6.6 厘米（图三〇二：2，图版九四：3）。

绿色料珠　1 件（M2020：3）。浅绿色，饼状，中间钻一孔。直径 0.6、高 0.3、孔径 0.25 厘米（图三〇二：3，图版一八四：3-1）。

黄色料珠　1 件（M2020：4），饼状，中间钻一孔。直径 0.7、高 0.3、孔径 0.25 厘米（图三〇二：4，图版一八四：3-2）。

M2021

位于 M2011 之北 1.5 米处。墓向为 176°。墓葬北高南低，呈斜坡状，最高距地表 0.6 米，墓葬西北壁的几块石头已露出地面，5 块原封顶石头坍塌在墓室中间，墓室填土为黑土，土质较松，墓底为黄沙土。填土中发现夹砂褐陶长腹罐 1 件、鼓腹罐 1 件（均残）、铜环 1 件、纹饰陶片 1 件、陶罐底 1 件。墓葬为地面建筑，用粗加工的玄武岩大石块平砌墓葬内壁，小石块铺砌于大石块外围。墓室平面为长方形，长 2.18、宽 1.78、深 0.52 米。墓道东壁已被破坏，西壁保存完整，长 1.7、宽 1.08 米。

墓室地面较干净，无任何骨屑。在墓室西南角出土陶长腹罐 1 件，西北角出土 1 件陶瓶、2 件铜环（图三〇三）。

1. 填土出土器物

陶罐底　1 件（M2021：5）。夹砂褐陶，手制，平底。底径 6.6 厘米（图三〇四：4，图版一二一：6）。

陶鼓腹罐口沿　1 件（M2021：6）。夹砂褐陶，手制。重唇，侈口，鼓腹。口径 6、残高 7.6 厘

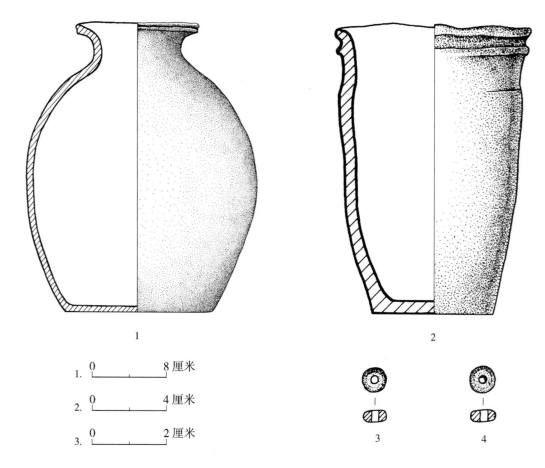

1

2

1. 0 ⊢———⊢ 8 厘米

2. 0 ⊢———⊢ 4 厘米

3. 0 ⊢———⊢ 2 厘米

3   4

图三〇二 M2020 随葬器物

1. 陶短颈壶（M2020：1） 2. 陶长腹罐（M2020：2） 3. 绿色料珠（M2020：3） 4. 黄色料珠（M2020：4）

米（图三〇四：1，图版一二二：1）。

纹饰陶片 1件（M2021：5）。夹砂褐陶，水波纹（图三〇四：4）。

陶长腹罐口沿 1件（M2021：8）。夹砂褐陶，手制，口沿经过慢轮修整，重唇，侈口（图三〇四：2）。

铜环 1件（M2021：9）。圆形，其横截面为不规则的长方形。外径1.7、内径0.8厘米（图三〇四：3，图版一四四：1-2）。

2. 随葬器物

陶瓶 1件（M2021：1）。夹砂褐陶，手制。短颈，折肩，腹下垂，大平底，腹饰两组凹弦纹，每组3根。颈口（残）4.4、残高21、腹最大径16.7、底径12.7厘米（图三〇二：1，图版九四：4）。

陶长腹罐 1件（M2021：2）。夹砂褐陶，手制，口沿经过慢轮修整。重唇，腹径大于口径，平底。口径11.4、残高18、腹最大径12、底径7.2厘米（图三〇五：2，图版一二二：2）。

铜环 2件（图版一四四：1-1、3）。近似于圆形，其横截面为不规则的长方形。M2021：3外径1.4、内径0.9、宽0.6厘米（图三〇五：3）。M2021：4外径1.3、内径0.8、宽0.7厘米（图三〇五：4）。

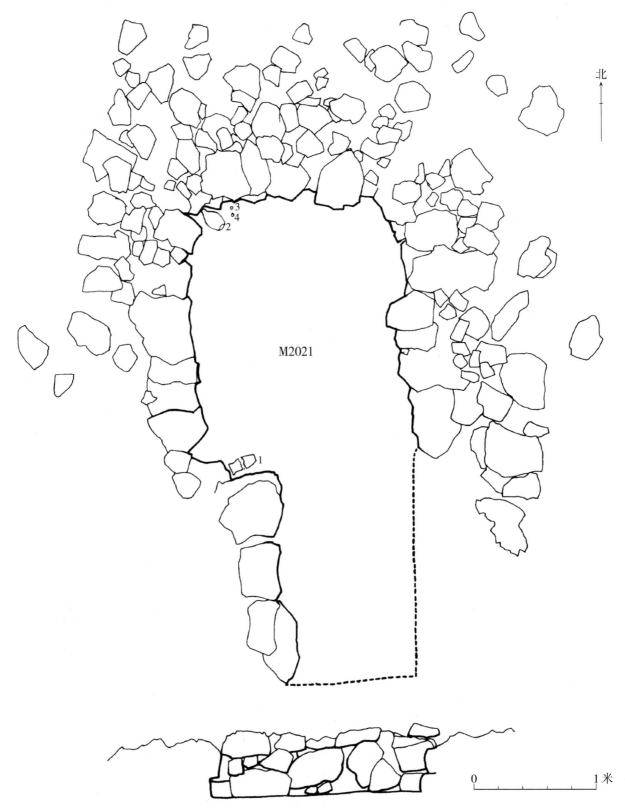

图三〇三　M2021 平面及北壁侧视图

1. 陶瓶　2. 陶长腹罐　3、4. 铜环

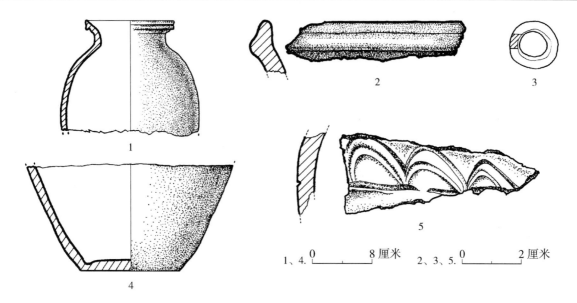

图三〇四　M2021 填土出土器物

1. 陶鼓腹罐口沿（M2021：6）　2. 陶长腹罐口沿（M2021：8）　3. 铜环（M2021：9）

4. 陶罐底（M2021：5）　5. 纹饰陶片（M2021：7）

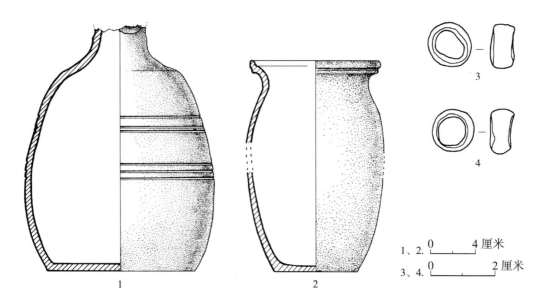

图三〇五　M2021 随葬器物

1. 陶瓶（M2021：1）　2. 陶长腹罐（M2021：2）　3、4. 铜环（M2021：3、4）

M2022

位于 M2109 之东北 2 米处。墓向为 184°。封顶坍塌，中间内凹，北部墓壁周围高出地面约 0.6 米。墓葬填土为黑土，土质松软，墓底为黄沙土。填土中发现夹砂灰陶瓮碎片。墓葬为地面建筑，用玄武岩大石块砌筑墓室和墓道内壁，墓室平面近似于方形，东北角呈弧形，边长约 2.4 米，深 0.44 米。墓道位于墓室南壁东侧，南北长 1.12 米，东西宽 1.2 米。

无人骨。3 件陶器被埋在墓室北侧，其中有陶鼓腹罐 1 件、陶长腹罐 2 件（图三〇六）。

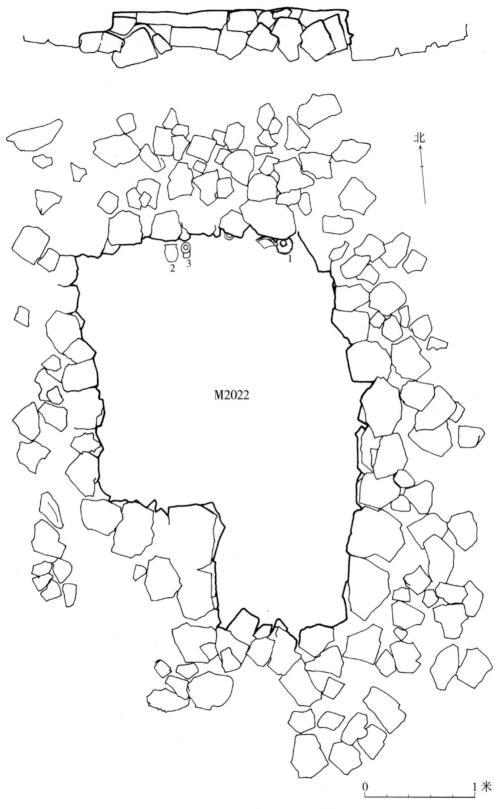

北

0 　 1 米

图三〇六　M2022 平面及南壁侧视图
1. 陶鼓腹罐　2、3. 陶长腹罐

随葬器物

陶鼓腹罐 1件（M2022：1）。夹砂褐陶，手制，口沿经过慢轮修整。尖唇，侈口，圆鼓腹，平底，素面。口径9.8、通高17.5、腹最大径17.2、底径10.2厘米（图三〇七：1，图版九五：1）。

陶长腹罐 2件。夹砂褐陶，手制，形状不同，可分二式。

Ⅰ式 1件（M2022：3）。圆唇，侈口，筒形，平底，素面。口径8.9、通高12.1、腹最大径8.4、底径6.4厘米（图三〇七：3，图版九五：3）。

Ⅱ式 1件（M2022：2）。口沿经过慢轮修整，重唇，侈

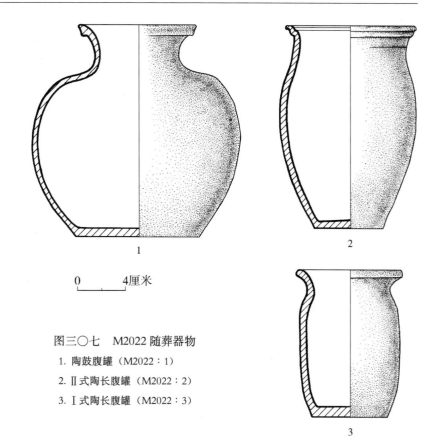

图三〇七　M2022随葬器物

1. 陶鼓腹罐（M2022：1）
2. Ⅱ式陶长腹罐（M2022：2）
3. Ⅰ式陶长腹罐（M2022：3）

口，腹最大径略大于口径，平底，素面。口径11、通高16.6、腹最大径11.4、底径5.8厘米（图三〇七：2，图版九五：2）。

M2026

位于M2027之东南约1.5米处。墓的方向为185°。有封土覆盖，其南北长4.5米，东西宽3.1米，高出地面0.7米。墓顶已破坏，原封顶石块无规律地散落在墓室内，墓室填土为黑土夹少量河卵石块，土质纯净，无包含物。墓葬为地面建筑，用天然石板和石块垒砌墓壁，四壁较整齐，墓室平面呈长方形，长2.84、宽1.84、深0.7米。墓道在墓室南壁东侧，长1.13、宽1米。

三具骨架保存较好，排列整齐，皆为仰身直肢一次葬，头朝北脚朝南。东边头骨（A）已错位，女性25岁左右，中间骨架（B）和西边骨架（C）均为女性50～55岁。四件陶器置于墓室西南角人骨足下，有长腹罐2件、短颈壶2件。1件铁刀置于东边骨架上肢骨右侧（图三〇八）。

1. **随葬器物**

陶长腹罐 2件。夹砂褐陶，手制，口沿经过慢轮修整，腹部留下烟熏的痕迹。侈口，腹径大于口径，平底，素面。唇部不同，可分二式。

Ⅰ式 1件（M2026：1）。唇饰两道凹弦纹。口径11.2、通高18.2、腹最大径12.9、底径5.9厘米（图三〇九：1，图版九五：4）。

Ⅱ式 1件（M2026：2）。圆唇。口径11、通高17.5、腹最大径12、底径6.2厘米（图三〇九：2，图版九六：1）。

陶短颈壶 2件。夹砂褐陶，手制，口沿经过慢轮修整。重唇，侈口，圆鼓腹，平底，素面。

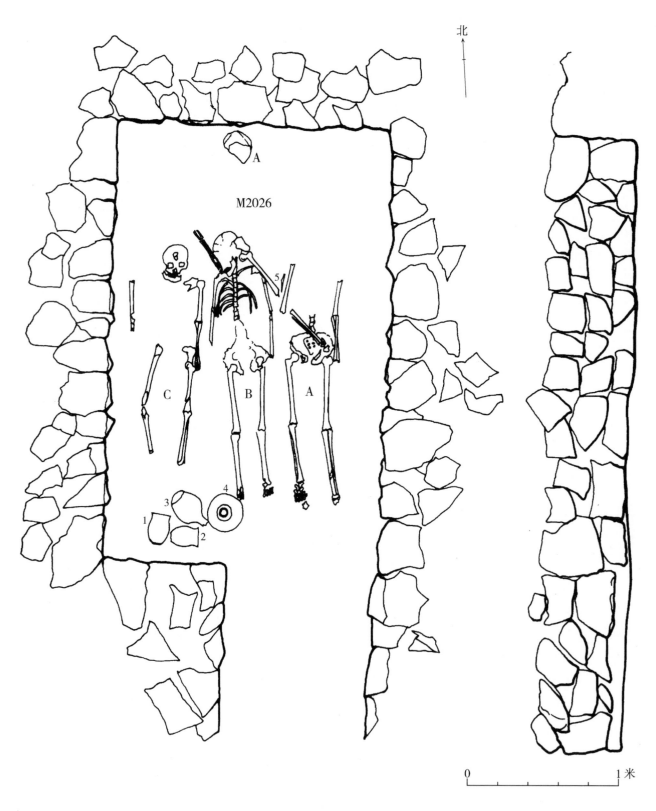

图三〇八　M2026 平面及西壁侧视图

1、2. 陶长腹罐　3、4. 陶短颈壶　5. 铁刀

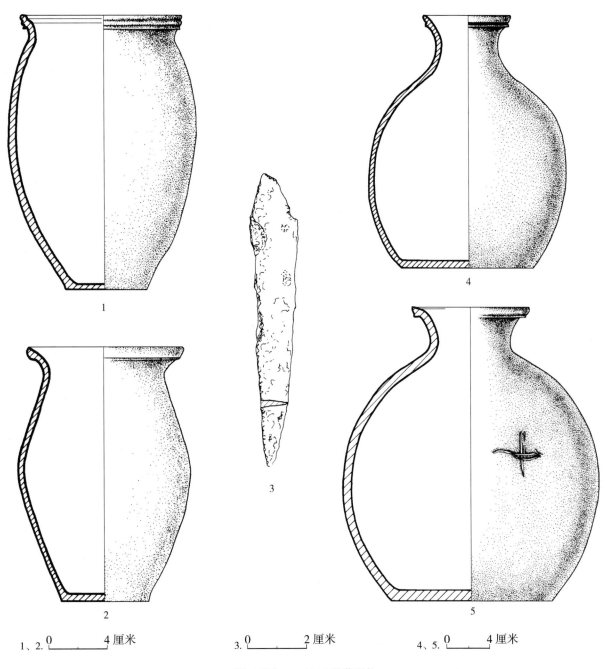

图三〇九　M2026 随葬器物

1. Ⅰ式陶长腹罐（M2026：1）　2. Ⅱ式陶长腹罐（M2026：2）　3. 铁刀（M2026：5）　4、5. 陶短颈壶（M2026：3、4）

M2026：3 口径 8、通高 22.6、腹最大径 18.2、底径 12 厘米（图三〇九：4，图版九六：2）。M2026：4 腹饰一"十"字符号。口径 10.8、通高 26.2、腹最大径 23.6、底径 14.8 厘米（图三〇九：5，图版九六：3）。

铁刀　1 件（M2026：5）。直背，斜刃，其横截面为三角形，短柄。通长 9.8、刃最宽处 1.6 厘米（图三〇九：3）。

M2027

位于 M2028 之南 1 米处。墓的方向为 180°。有微凸的封土覆盖，北高南低，最高处距地表 0.7 米左右。西北角的石块已露出地面，墓顶坍塌，几块盖顶石无规律地散落在墓室内。墓室填土为黑土，土质较松，无包含物。墓葬为地面建筑，用天然石块垒砌墓壁，墓室平面呈长方形，长 2.15、宽 1.8、深 0.72 米。墓道位于墓室南壁东侧，南北长 0.76、东西宽 1 米。

墓室内葬两具骨架。东面骨架（A）为二次葬，成年男性；西侧骨架（B）系一次葬，15～16 岁的女性。未见随葬品（图三一○）。

M2028

位于 M2027 正北 1 米处。墓的方向为 200°。地表见有微凸的封土与几处石堆。墓室填土为黑色，土质松散，无包含物，墓底为天然沙土层。墓葬为地面建筑，用未加工的玄武岩质石块垒砌而成，墓室为长方形，长 2.58、宽 1.6、深 0.5 米。墓道修于墓室南壁东侧，南北长 0.7、东西宽 0.8 米。

墓室内见有几块成年肢骨，其性别与年龄均不明。墓室南部随葬 1 件鸡腿瓶，在肢骨旁边发现铜铊尾 1 件（图三一一）。

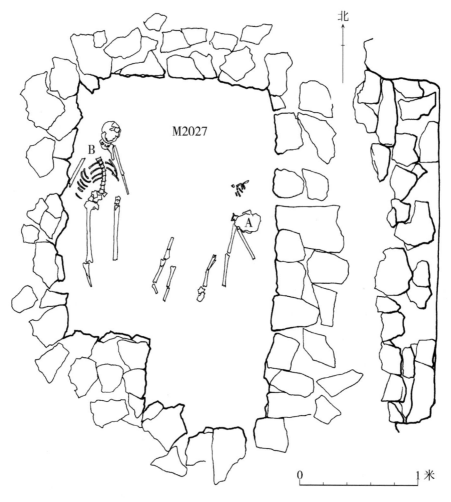

图三一○　M2027 平面及西壁侧视图

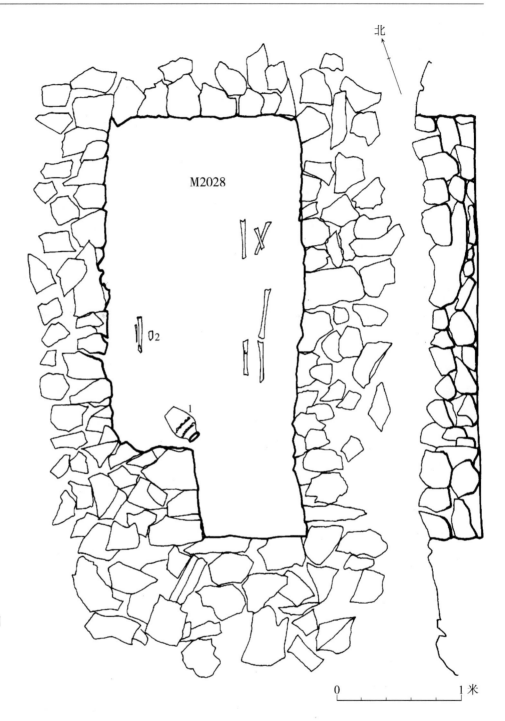

图三一一

M2028 平面及西壁侧视图

1. 陶鸡腿瓶

2. 铜铊尾

随葬器物

陶鸡腿瓶　1 件（M2028：1）。夹砂褐陶，手制，口沿和颈部经过慢轮修整，通体打磨光。尖唇，唇部饰一凸棱，短颈，长腹，平底。腹部饰两组凹弦纹夹水波纹。口径 10、通高 25.3、腹最大径 17.4、底径 11.2 厘米（图三一二：1，图版九六：4）。

铜铊尾　1 件（M2028：2）。圭形，表面涂一层黑漆。边缘折起，连片复合，一侧饰四个小钉，方头留有夹皮带痕迹。长 4.7、宽 2.7、厚 0.6 厘米（图三一二：2，图版一四四：5）。

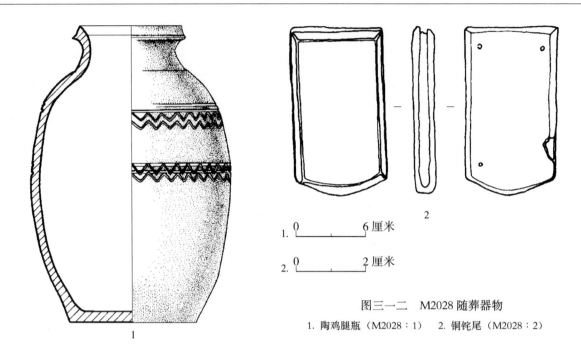

图三一二　M2028 随葬器物

1. 陶鸡腿瓶（M2028∶1）　　2. 铜铊尾（M2028∶2）

M2029

位于 M2030 之东 1 米处。墓的方向为 190°。有部分封土，其形状不规则，几块墓壁石块已露出地面。墓室内发现不规侧的石头和腐殖土，土质松软，墓底为天然沙土层。填土中发现夹砂褐陶罐底 1 件、布纹瓦片 1 件。墓葬为地面建筑，用天然石块垒砌墓壁，墓室四壁较规整，平面呈长方形，长 2.25、宽 1.4、深 0.34 米。墓道在墓室南壁东侧，长 0.84、宽 0.8 米。

墓室与墓道中发现两块肢骨，墓主人为成年女性。在墓室北侧发现 2 件随葬陶器，有长腹罐 1 件、短颈壶 1 件（图三一三）。

1. **填土出土器物**

陶罐底　1 件（M2029∶3）。夹砂褐陶，手制，平底（图三一四∶1）。

布纹瓦残片　1 件（M2029∶4）。夹细砂褐陶，阴面为麻布纹（图三一四∶2）。

2. **随葬器物**

陶长腹罐　1 件（M2029∶1）。夹砂褐陶，手制，口沿经过慢轮修整，腹部有斑纹。重唇，侈口，腹径大于口径，平底，素面。口径 11.4、通高 18.6、腹最大径 12.6、底径 6.1 厘米（图三一五∶1，图版九七∶1）。

陶短颈壶　1 件（M2029∶2）。夹砂褐陶，手制。圆唇，侈口，鼓腹，平底，肩饰一圈凹弦纹。口径 7、通高 19.7、腹最大径 18、底径 10 厘米（图三一五∶2，图版九七∶2）。

M2030

位于 M2029 之西 1 米处。墓的方向为 175°。封顶已被破坏，墓壁石块已露出地面。墓葬填土为黑土，土质松软，墓底为原黄沙生土层。填土中发现夹砂褐陶鼓腹罐（已残）1 件。墓葬为地面建筑，用天然石块垒砌墓壁，墓室平面呈不规则的长方形，东西墓壁中间稍微往里倾斜，长 2.26、宽 1.5、深 0.74 米。墓道位于墓室南壁东侧，长 1.2、宽 0.83 米。

人骨不全，在墓室中南部发现成年女性肢骨。随葬器物有铁刀 1 件，置于墓室中间（图三一六）。

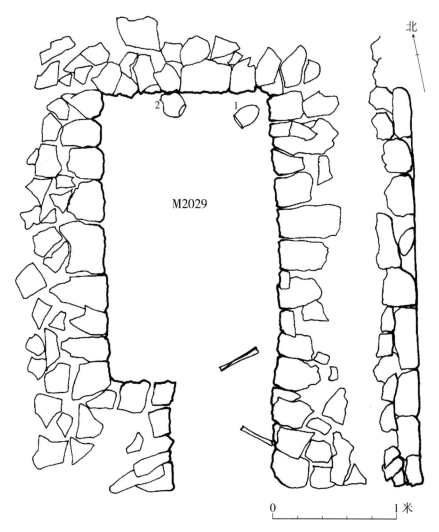

图三一三　M2029 平面及西壁侧视图

1. 陶长腹罐　2. 陶短颈壶

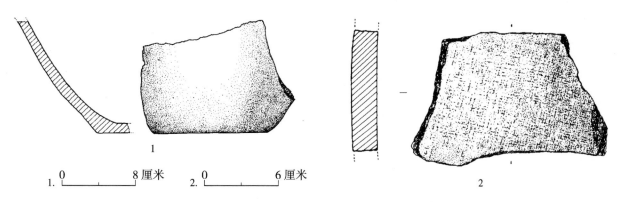

图三一四　M2029 填土出土器物

1. 陶罐底（M2029：3）　2. 布纹瓦（M2029：4）

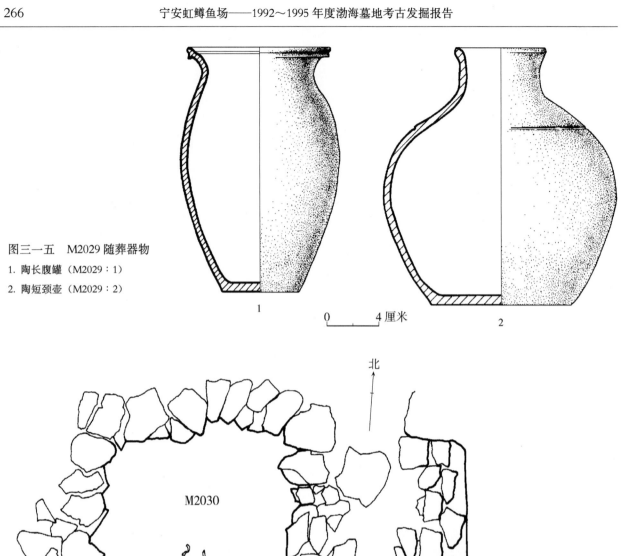

图三一五　M2029 随葬器物

1. 陶长腹罐（M2029：1）

2. 陶短颈壶（M2029：2）

0 ———— 4 厘米

北

M2030

图三一六
M2030 平面及
西壁侧视图
1. 铁刀

0 ———— 1 米

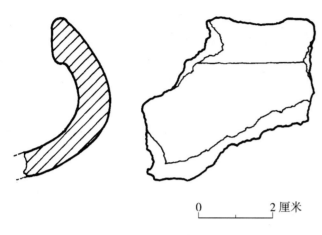

图三一七　M2030 填土出土器物
陶鼓腹罐口沿（M2030：2）

1. **填土出土器物**

陶鼓腹罐口沿　1件（M2030：2）。夹砂褐陶，手制，平唇，侈口（图三一七）。

2. **随葬器物**

铁刀　1件（M2030：1）。直背，斜刃，其横截面为三角形，短铤。通长18.3、铤长1.7厘米（图三一八）。

M2032

位于 M2033 之西 1.5 米处。墓的方向为 180°。地表上已露出几堆墓壁石块，墓室范围微凹。墓室填土为黑土，土质松散，出土少量夹砂褐陶鼓腹罐碎陶片。墓葬为地面建筑，用粗加工的玄武岩石板和天然河卵石垒砌墓壁，墓室平面近似于长方形，长2.21、宽1.26、深0.64米。墓道在墓室南壁东侧，长1.25、宽0.8米。

墓室南部有三具骨架，可能是一、二次混合葬。最东边（A）头骨是男性，45岁左右。中间骨架（B）可能是属于一次葬，女性，30～35岁左右。靠南壁头骨（C）属二次葬，肢骨也比较乱，性别与年龄均不明。墓室东北部出土1件铁刀，中间出土1件残陶鼓腹罐（图三一九）。

随葬器物

陶鼓腹罐　1件（M2032：2）。夹砂褐陶，手制，口沿经过慢轮修整。重唇，侈口，鼓腹，平底，腹饰凹弦纹夹一周水波纹。口径16.1、通高25.2、腹最大径24.2、底径14.4厘米（图三二〇：1，图版一二二：3）。

铁刀　1件（M2032：1）。直背，弧刃，其横截面为三角形，柄较长。通长14.7、柄长4.9厘米（图三二〇：2）。

M2033

在 M2032 之东 1.5 米处。墓的方向为 175°。封土高出地面，近似于长方形，南北长4.1、东西宽3.1、高0.8米。墓顶坍塌，墓室填土为黑土夹少量河卵石块，土质较黏，墓底为灰褐色生土层。填土中发现夹砂褐陶鼓腹罐1件（已残）。墓葬为地面建筑，系用天然玄武岩石块和河卵石平砌墓壁，较大的石块用于内壁，其外围堆砌小石块。墓室平面近似于长方形，四壁不甚规整，长2.28、宽1.42、深0.65米。墓道靠墓室南壁西侧，南北长0.8、东西宽1.05米。

墓室中部发现两具骨架，皆为二次葬。东边骨架（A）为成年男性，西边骨架（B）系成年女性。未发现随葬品（图三二一）。

填土出土器物

陶鼓腹罐口沿　1件（M2033：1）。夹砂褐陶，手制，重唇，侈口。口径11.8厘米（图三二二）。

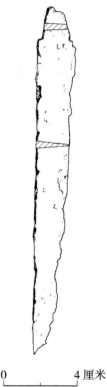

图三一八　M2030
随葬器物
铁刀（M2030：1）

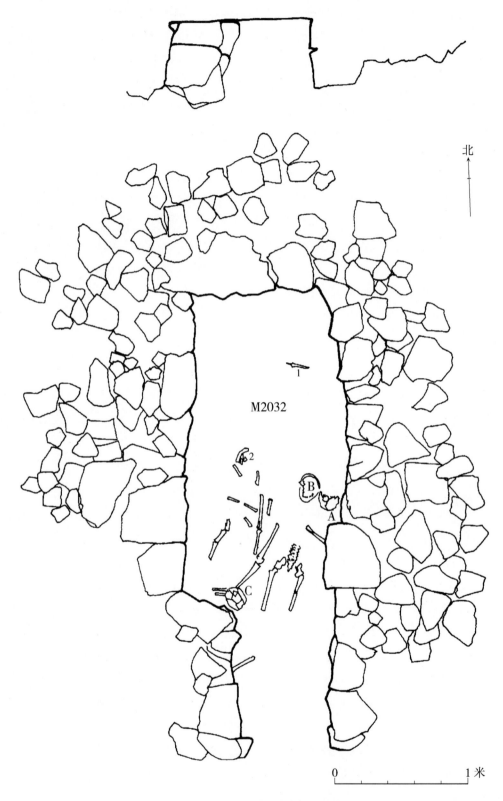

北

0　　　　　　　　　1米

图三一九　M2032平面及南壁侧视图

1. 铁刀　2. 陶鼓腹罐

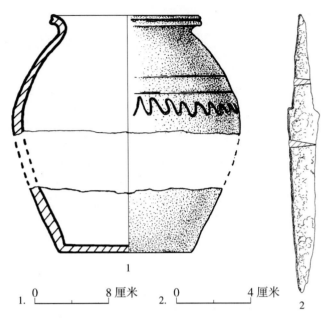

1.　　0　　　　　　8厘米　　2.　0　　　　4厘米

图三二〇　M2032 随葬器物

1. 陶鼓腹罐（M2032：2）　　2. 铁刀（M2032：1）

南角人骨（C）系成年男性。墓室中未见随
葬品（图三二三）。

填土出土器物

陶长腹罐口沿　1件（M2036：1）。夹
砂褐陶，手制，口沿经过慢轮修整，重唇，
侈口（图三二四）。

M2041

位于 M2040 之东南 2.5 米处。墓的方
向为 180°。有封土覆盖，北高南低呈缓坡
状，有的墓壁石块已露出地面。墓室填土为
黑土，土质松散，墓底为黄色沙土层。填土
中发现夹砂褐陶长腹罐碎片。墓葬为地面建
筑，用粗加工的玄武岩石板和河卵石平砌墓
壁，小石块铺砌于墓室周围，墓葬形状较规
整，墓室平面呈长方形，长 2.6、宽 1.64、
深 0.53 米。墓道位于墓室南壁东侧，长 1、
宽 0.9 米。

人骨发现于墓室的西部和南部，共三个
个体，皆为二次葬。最北的头骨（A）为成
年男性。西侧中间人骨（B）性别不明，是

M2036

位于 M2035 之北 1.3 米处。墓的方向为
170°。封土被破坏，墓顶坍塌呈凹坑，原封
顶石块无规律地散落在墓室中间，部分墓壁
石块已露出地面。墓室填土为黑褐色，土质
纯净，墓底为夹沙黄褐色生土层。填土中发
现夹砂褐陶长腹罐 1 件（已残）。墓葬为地面
建筑，用天然石块垒砌墓壁，墓室平面呈长
方形，长 2.6、宽 1.68、深 0.59 米。墓道位
于墓室南壁东侧，长 1.4、宽 0.7 米。

墓室内散乱的人骨中有 3 个头骨，是属
于二次葬。墓室东边的人骨（A）为成年女
性。中间人骨（B）其性别不明，是儿童。西

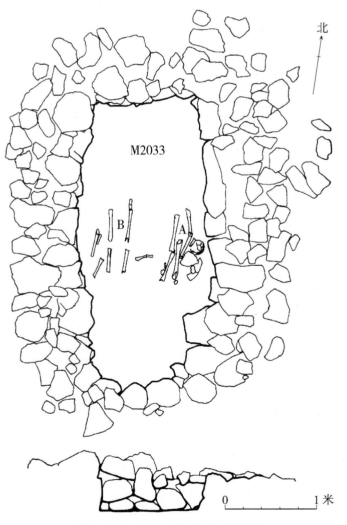

北

M2033

B　　A

0　　　　　　1米

图三二一　M2033 平面及北壁侧视图

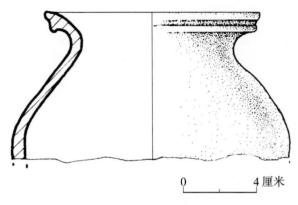

图三二二　M2033 填土出土器物
陶鼓腹罐口沿（M2033：1）

儿童骨架。南边头骨和肢骨（C）是一个成年个体，但性别不明。在墓室西北角发现陶长腹罐 1 件（图三二五）。

随葬器物

陶长腹罐　1 件（M2041：1）。夹砂褐陶，手制，口沿经过慢轮修整，腹部留有烟熏的痕迹。重唇，侈口，腹径略大于口径，平底，肩饰两道凹弦纹夹水波纹。口径 10.6、通高 17.4、腹最大径 10.3、底径 5.2 厘米（图三二六，图版九七：3）。

M2045

位于 M2048 之东南约 3 米处。墓的方向为 190°。有封土覆盖，南高北低，呈缓坡状。墓室填土为黑色腐殖土，土质松散，无包含物。墓底为黑褐土，可能是原来的路面。墓葬为地面建筑，用粗加工的玄武岩石板垒砌墓壁，墓室平面近似于长方形，东壁北段稍微往里倾斜，长 2.75、宽 1.8、深 0.64 米。墓道在墓室南壁东侧，长 1.26、宽 1 米。

两个头骨和部分肢骨位于墓室北部和南部，留下经过火烧的痕迹，二次葬。最北头骨（A）为成年男性。南边头骨（B）为男性，年龄 25～30 岁。南边的肢骨均属于成年男性，可能和北边某头骨是属于一个个体。随葬品置于墓室北部和西南部，有陶长腹罐 1 件、陶肥颈壶 1 件、陶器盖 1 件、铜耳环 1 件（图三二七）。

随葬器物

陶长腹罐　1 件（M2045：1）。夹砂褐陶，手制，腹部留有烟

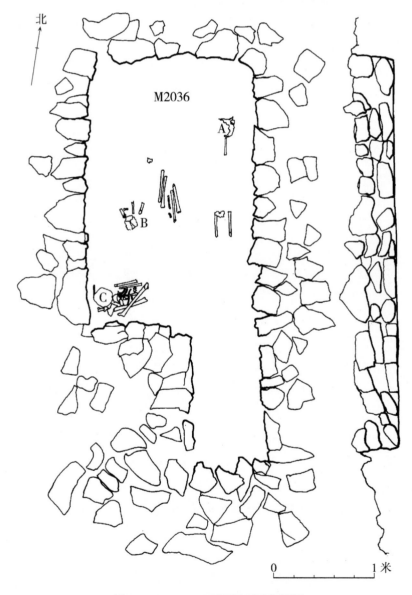

图三二三　M2036 平面及西壁侧视图

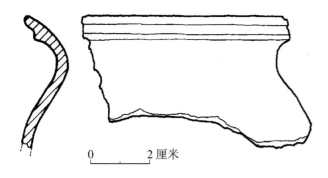

图三二四　M2036 填土出土器物
陶长腹罐口沿（M2036∶1）

纹组成的复合纹饰。直径 10.5、壁厚 0.7
厘米（图三二八∶3，图版九八∶1）。

　　铜耳环　1件（M2045∶3）。近似于圆
形，其横截面亦是圆形。外径 1.6、内径
0.9、横截面直径 0.3 厘米（图三二八∶4）。

M2046

　　位于 M2313 正北约 1 米处。墓的方向
为 168°。未见封土，只有几块石头无规律地
散落在地表上。墓室填土为黑褐土，土质密
集，墓底为原生土，呈褐色。填土中发现夹
细砂灰陶碎片。墓葬为地面建筑，比较简
陋，用天然河卵石垒砌墓壁，墓室平面近似
于长方形，东壁中间往里倾斜，长 2.46、
宽 1.6、深 0.34 米。墓道在墓室南壁东侧，
长 0.94、宽 0.72 米。

　　在墓室西南发现肢骨，是属于老年女
性。未发现随葬品（图三二九）。

M2047

　　位于 M2016 之东北 1.5 米处。墓的方向
为 170°。未见封土，墓室已被破坏，几块墓
壁石块散落在地表上。墓室填土为黑褐土，
土质密集，无包含物，墓底为原生土，呈灰
褐色。墓葬为地面建筑，用粗加工的玄武岩
石板和天然河卵石平砌墓壁，墓室平面近似
于长方形，长 1.7、宽 1.48、深 0.48 米。墓
道设在墓室南壁东侧，长 0.8、宽 0.89 米。

熏的痕迹。重唇，侈口，口径大于腹径，平底，
素面。口径 9.9、通高 14.2、腹最大径 9.4、底
径 6 厘米（图三二八∶1，图版九七∶4）。

　　陶肥颈壶　1件（M2045∶4）。夹砂褐陶，
手制。尖唇，侈口，鼓肩，平底，素面。口径
12.8、通高 28.1、肩宽 20、底径 14.4 厘米
（图三二八∶2，图版九八∶2）。

　　陶器盖　1件（M2045∶2）。夹砂褐陶，手
制。圆形蘑菇状，表面饰弦纹、锥刺纹、水波

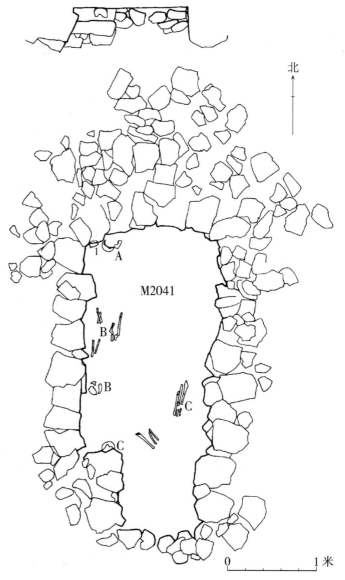

图三二五　M2041 平面及南壁侧视图
1. 陶长腹罐

墓室西北角有少量碎骨，无法鉴别其性别与年龄。未见随葬品（图三三○）。

M2049

位于 M2048 之东 2.5 米处。墓的方向为 170°。封土低平，有的石块已露出地面。墓室填土为黑褐土，土质较密集，墓底为原生土层，呈黑褐色。填土中发现铁带扣 1 件、铜器 1 件。墓葬系地面建筑，用粗加工的玄武岩石板平砌墓壁，墓室平面近似于长方形，西南角呈弧形，长 2.72、宽 2.22、深 0.36 米。墓道位于墓室南部东侧，长 1.06、宽 0.84 米。

墓室南部发现一对腓骨，其成年性别与年龄不明。未发现任何随葬品（图三三一）。

填土出土器物

铁带扣　1 件（M2049：1）。上端呈椭圆形，中间搭一扣，下

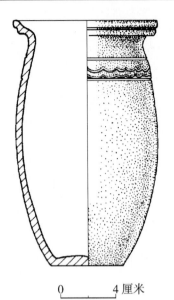

0　　　　　　4 厘米

图三二六　M2041 随葬器物
陶长腹罐（M2041：1）

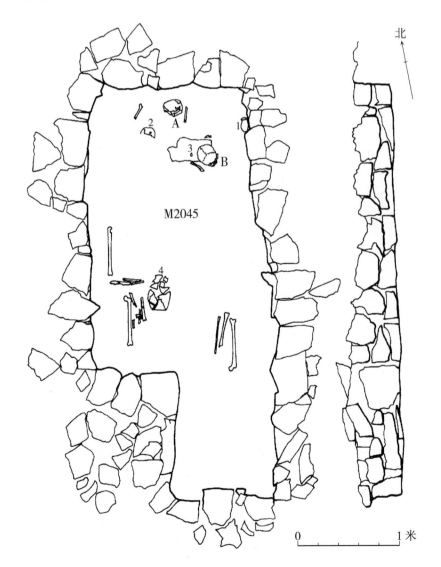

0　　　　　　1 米

图三二七

M2045 平面及西壁侧视图

1. 陶长腹罐　2. 陶器盖

3. 铜耳环　4. 陶肥颈壶

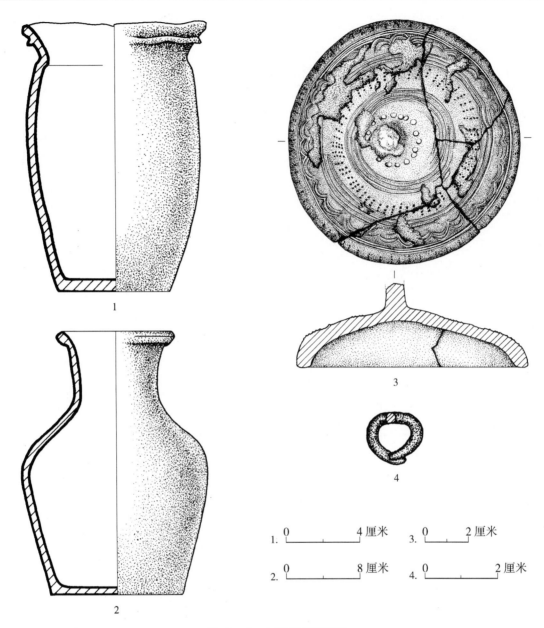

图三二八 M2045 随葬器物

1. 陶长腹罐（M2045：1） 2. 陶肥颈壶（M2045：4） 3. 陶器盖（M2045：2） 4. 铜耳环（M2045：3）

端呈舌状。长 5.2、最宽 3.9 厘米（图三三二：1）。

铜器　1 件（M2049：2）。近似于香蕉状，其横截面为三角形，用途不明。长 3.5、宽 0.5、厚 0.2 厘米（图三三二：2）。

M2052

位于 M2293 和 M2294 中间，其东部封顶石打破 M2293，西部封顶石打破 M2294。该墓葬与左右两座墓的封土毗邻，推测相互间关系密切，封土高于地面约 0.5 米。墓的方向为 171°。墓室填土为黑土，土质松散，墓底铺一层黄沙土。填土中出土铜带銙 1 件、数量较多的夹砂褐陶碎片。墓葬为地面建筑，用粗加工的玄武岩石板平砌墓壁，墓室平面可能是长方形，残长 2.6、宽 1.66、深 0.46 米。

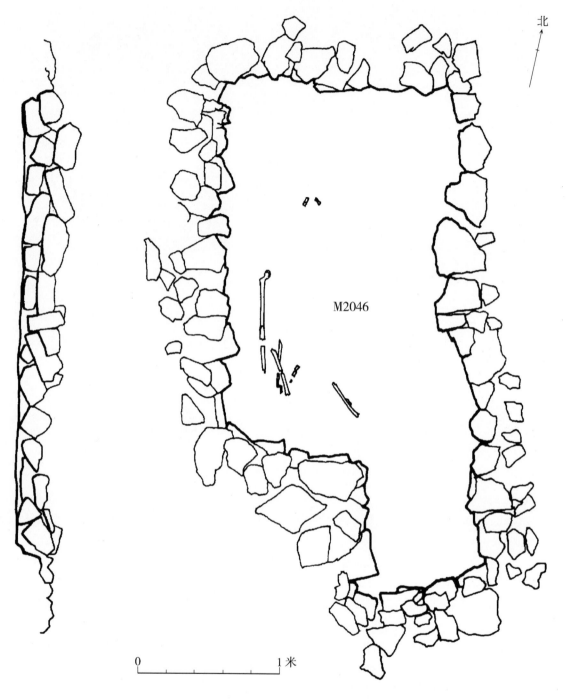

北

0　　　　　　　1 米

图三二九　M2046 平面及东壁侧视图

由于南壁破坏无存，墓道原形已不得而知，但从修筑东西两壁迹象中，可以推测该墓原来的形状可能是刀形墓。

　　两个头骨和相关肢骨集中在墓室南部，皆为二次葬。西侧骨架（A）为女性，25～30 岁左右。南边骨架（B）保存欠佳，无法判断其性别，但可以肯定是成年个体。墓室里发现 3 件陶器，分别置于东北角、西北角和西南边，其中有陶长腹罐 2 件、陶鼓腹罐 1 件、铜带銙 3 件，位于墓室西南侧（图

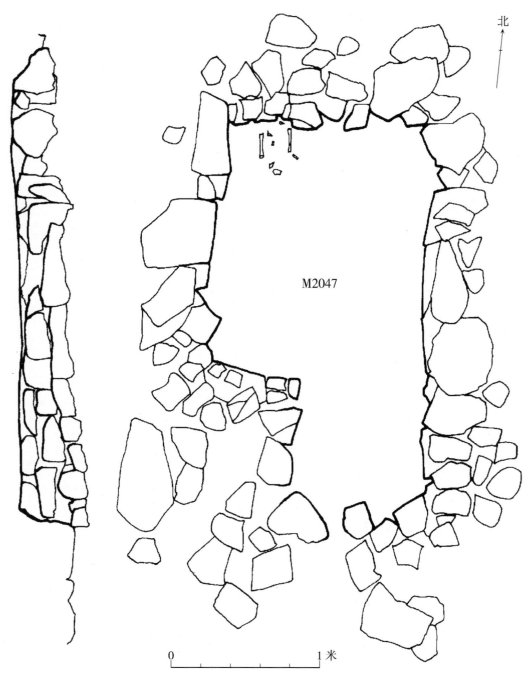

北

0 1 米

图三三〇 M2047 平面及东壁侧视图

三三三）。

1. 填土出土器物

铜带銙 1件（M2052：7）。通体呈长方形，四边折起，两片复合，上端设一长方形孔，中间夹皮，背面饰4个小钉。长2.8、宽1.8、厚0.6、孔长1.8、宽0.7厘米（图三三四，图版一四一：4）。

2. 随葬器物

陶长腹罐 2件。夹砂褐陶，手制，腹部留有烟熏的痕迹，重唇，侈口，平底。M2052：1口沿

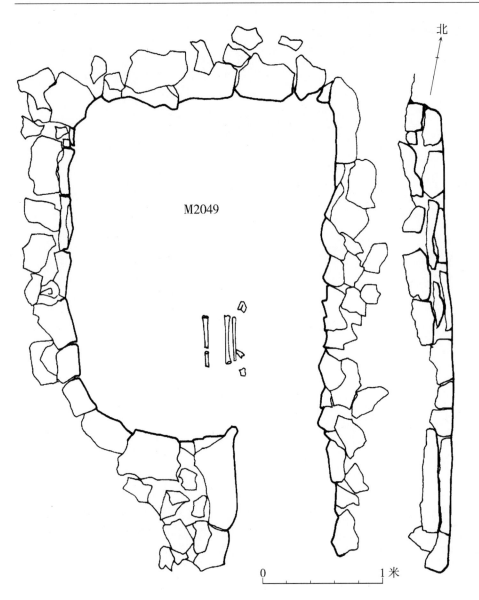

图三三一
M2049 平面及西壁侧视图

经过慢轮修整，口径与腹径相同，肩饰水波纹夹弦纹，颈部饰一"×"号符。口径 9.8、通高 14.9、腹最大径 9.7、底径 5.2 厘米（图三三五：1，图版九八：3）。M2052：2 口径略大于腹径，素面。口径 13、通高 17、腹最大径 12、底径 6.2 厘米（图三三五：2，图版九八：4）。

　　陶鼓腹罐　1件（M2052：3）。夹砂褐陶，手制，口沿经过慢轮修整。圆唇，侈口，鼓腹，平底，肩饰凹弦纹。口径 6.2、通高 17.6、腹最大径 11.6、底径 7.4 厘米（图三三五：3，图版九九：1）。

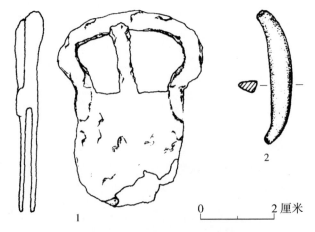

图三三二　M2049 填土出土器物

1. 铁带扣（M2049：1）　2. 铜器（M2049：2）

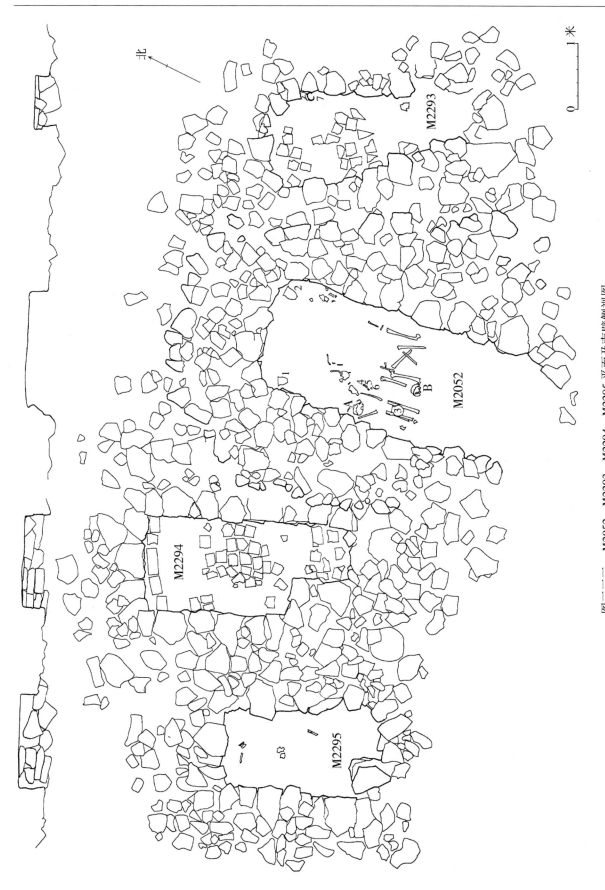

图三三三 M2052、M2293、M2294、M2295 平面及南壁侧视图

M2052 随葬器物 1、2. 陶长腹罐 3. 陶鼓腹罐 4~6. 铜带钩 M2293 随葬器物 7. 陶长腹罐

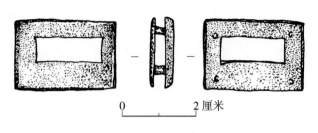

图三三四　M2052填土出土器物
铜带銙（M2052：7）

铜带銙　3件。通体呈长方形，四边折起，两片复合，上端设一长方形孔，背面饰4个小钉。M2052：4长2.8、宽1.9、厚0.8、孔长2、宽0.7厘米（图三三五：4，图版一四一：3）。M2052：5中间夹皮，长2.7、宽2.4、厚0.7、孔长1.9、宽0.8厘米（图三三五：5，图版一四一：1）。M2052：6中间夹皮，长2.8、宽1.9、厚0.5、孔长1.9、宽0.6厘米（图三三五：6，图版一四一：2）。

M2055

位于M2054之东3米处。墓的方向为160°。有封土覆盖，范围不太规则，高出地表约0.4米左右。填土为黑土，土质松软，无包含物，墓底为黄沙土层。墓葬为地面建筑，用玄武岩石板平砌墓室内壁，其周围堆砌小石块，墓室近似于长方形，长3.3、宽1.9、深0.42米。墓道在墓室南壁东侧，长1.5、宽1～1.28米。

墓室内有三个头骨和部分肢骨，散乱无序，皆为二次葬。西南角骨架（A）为女性，25～30岁。中间头骨（B）为男性，55岁左右。西北角头骨与四肢骨（C）应该是一个个体，成年男性。随葬器物只有2件：铜带銙1件，位于墓道口，铜铊尾1件，出土于墓室北侧（图三三六）。

随葬器物

铜带銙　1件（M2055：1）。三面平直，一面尖角，两片复合，中间饰一长方形孔。长2.5、宽1.8、厚0.7厘米（图三三七：1）。

铜铊尾　1件（M2055：2）。近似于长方形，中空，顶端开口。长3.5、宽2.4、厚0.6厘米（图三三七：2）。

M2058

位于M2059之西7米处。墓的方向为190°。封土低平，墓顶破坏无存。墓葬填土为黑褐土，土质松散，无包含物，墓底为原生土层，呈褐色。墓葬为地面建筑，结构比较简陋，用天然石块垒砌墓壁，墓室近似于长方形，长2.34、宽1.22、深0.33米。墓道位于墓室南壁东侧，南北长0.5、东西宽0.66米。

此墓系火葬。在墓室中间发现已经烧成黑颜色的成年肢骨，其性别与年龄欠明。墓主人可能是火葬之后迁过来的，因为在骨架周围未发现红烧土和木炭。未见任何随葬品（图三三八）。

M2060

位于M2309之东1米处。墓的方向为170°。有封土覆盖，形状不太规则，高出地面约0.9米。填土为黑土，土质较密集，无包含物，墓底铺一层黄沙土。墓葬系地面建筑，用玄武岩石板和不规则的石块平砌墓壁，墓室平面呈不规则的长方形，西壁呈弧形，长约2.46、宽1.5、深1米。墓道在墓室南壁东侧，长1、宽0.81米。

墓室西侧有一堆零碎的骨头，无法鉴别其年龄与性别。未见随葬品（图三三九）。

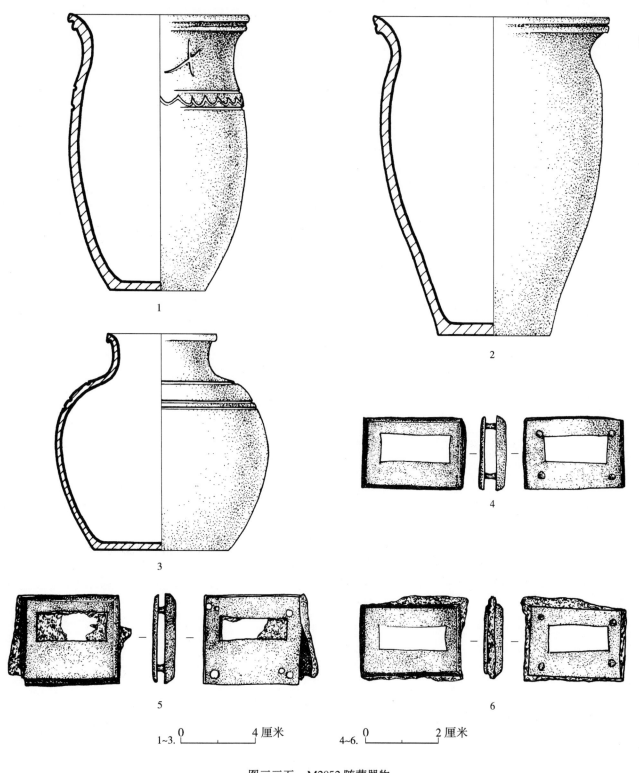

1~3. ├─0────4厘米
4~6. ├─0────2厘米

图三三五　M2052 随葬器物

1、2. 陶长腹罐（M2052：1、2）　　3. 陶鼓腹罐（M2052：3）　　4～6. 铜带銙（M2052：4、5、6）

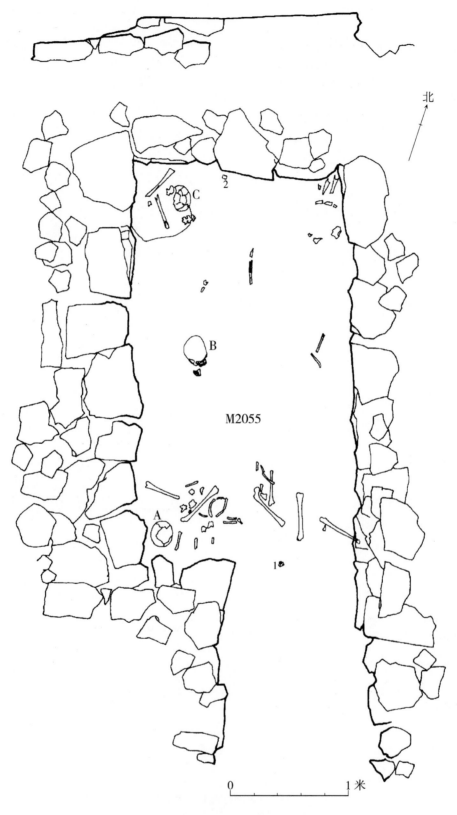

图三三六　M2055 平面及南壁侧视图

1. 铜带銙　2. 铜铊尾

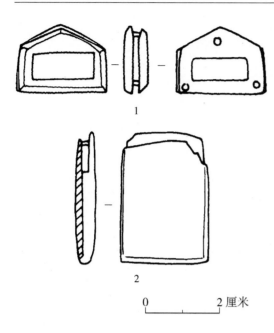

图三三七　M2055 随葬器物

1. 铜带銙（M2055∶1）
2. 铜铊尾（M2055∶2）

M2065

位于 M2309 之东 1 米处。墓的方向为 180°。封土已被破坏，几块石头无规律地散落在地表上，墓葬范围略高于地表。填土为灰土，土质较密集，无包含物。墓葬为地面建筑，用大小不同规格的石块逐层垒砌，墓壁都在一条曲线上。墓室平面略呈长方形，很不规整，长约 2.2、宽 1.12、深 0.6 米。墓道位于墓室南壁东部，长 0.76、宽 0.7 米。

在墓室南部发现两个成年头骨，系二次葬，其性别与年龄均不明。未发现随葬品（图三四○）。

M2067

位于 M2012 之东 1.5 米处。墓的方向为 170°。封土已被破坏，墓顶亦无存。填土呈黑土，土质松软，无包含物。墓葬为地面建筑，用大石板和小石块交叉修砌墓室，个别空隙处填塞小河卵石。墓室平面近似于长方

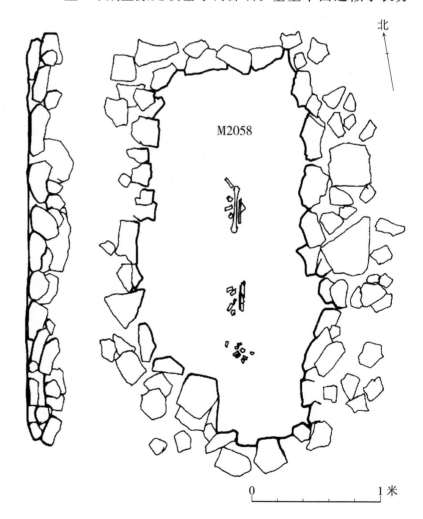

图三三八
M2058 平面及东壁侧视图

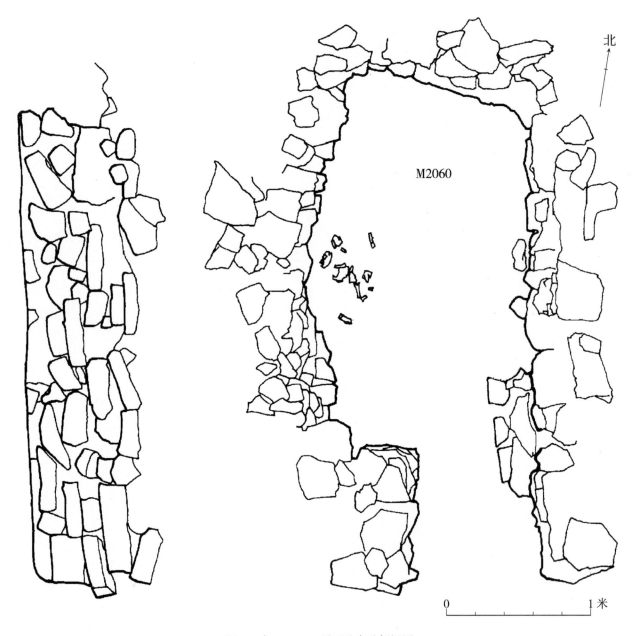

北

0 ⸻⸻⸻ 1 米

图三三九　M2060 平面及东壁侧视图

形，东壁稍微往里倾斜，长 2.5、宽约 1.5、深 0.56 米。墓道在墓室南壁东侧，亦不太规整，长 0.7、宽约 0.74 米。

　　在墓室西边发现零散的骨头，其性别与年龄均不明。未见随葬品（图三四一）。

M2068

　　位于 M2066 之西南约 1.7 米处。墓的方向为 175°。有封土覆盖，近似于长方形，长约 4.5、宽 2.1、高出地表 0.7 米左右。填土为黑土，土质松软，无包含物，墓底铺一层黄沙土。墓葬为地面建筑，用粗加工的玄武岩石板和石块平砌墓室和墓道，个别空隙处用小石块填塞。长方形墓室，长 2.7、宽 1.3、深 0.82 米。墓道在墓室南壁东侧，长 1.1、宽 0.72 米。

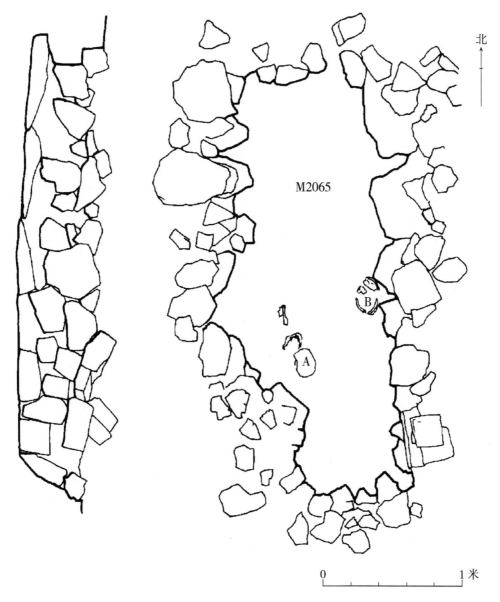

0   1 米

图三四〇 M2065 平面及东壁侧视图

在墓室中北部发现头骨和零乱的肢骨，性别不好辨认，年龄 35～40 岁。未见随葬品（图三四二）。

M2069

位于 M2071 之东北约 1.5 米处。墓的方向为 160°。有微凸封土覆盖，其平面形状不规整，几块石头已露出地面。填土为黑土，土质松散，无包含物，墓底铺一层黄沙土。墓葬为地面建筑，用天然石块垒砌墓葬，墓室平面近似于长方形，西壁比东壁长出 0.2 米，墓室长 2.3～2.5 米，宽 1.36、深 0.82 米。墓道在墓室南壁东侧，南北长 0.62、东西宽 0.68 米。

墓室内发现两个头骨和三根肢骨，属于二次葬。南侧头骨（A）为成年男性。其北边头骨（B）系成年女性。在墓室东北角发现 1 件漆碗（图三四三）。

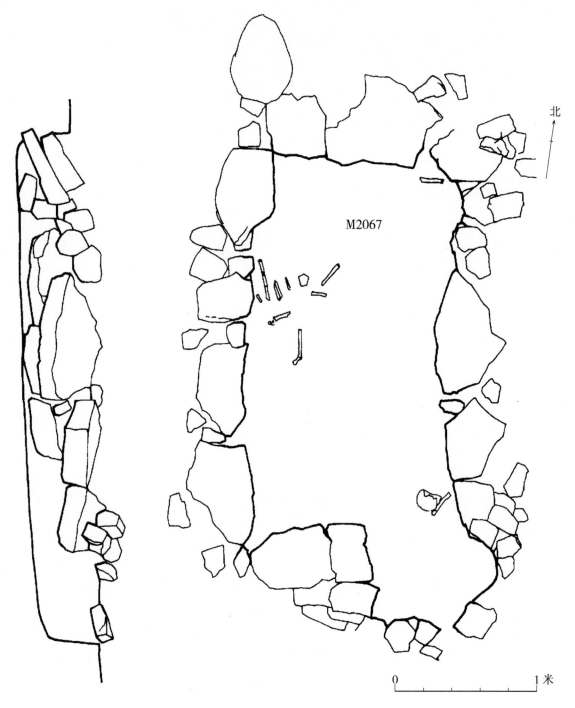

北

0　　　　　　　　　1 米

图三四一　M2067 平面及东壁侧视图

随葬器物

漆碗　1 件（M2069：1）。呈咖啡色，木胎，表面涂漆。圆唇，平口，平底。口径 12.6、通高 5、底径 8.4 厘米（图三四四）。

M2072

位于 M2073 之西 4 米处。墓的方向为 180°。有封土覆盖，形状呈椭圆形，长径 5.9、短径 5、略

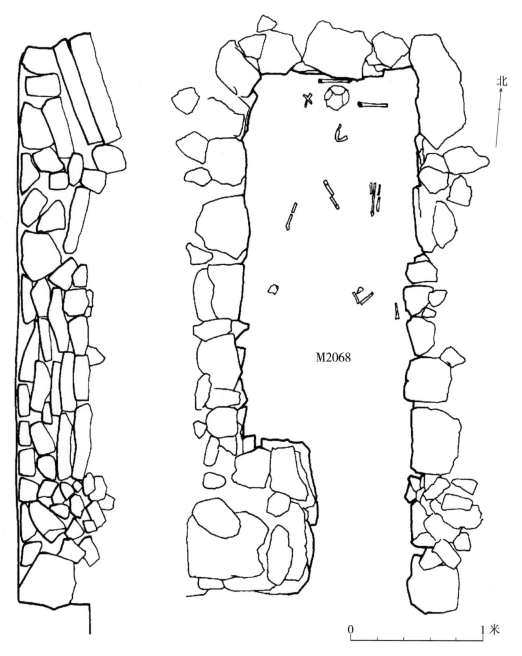

0   1 米

图三四二　M2068 平面及东壁侧视图

高出地面 0.7 米。填土为黑土，土质松软，无包含物，墓底呈灰褐土，土质较硬，是原来的表土（路土）。墓葬为地面建筑，用粗加工的玄武岩石板平砌墓室与墓道内壁，大小不等的小石块堆砌在其周围，墓室四壁与墓道较整齐。墓室平面近似于长方形，西壁呈微弧，南北长 2.4、东西宽 1.4～1.8、深 0.63 米。墓道在墓室南壁东侧，长约 1.2、宽 0.8 米。

一堆碎肢骨散落在墓室西侧，另三根残肢骨在墓室南部，人骨保存欠佳，其性别与年龄均不明。随葬品有陶瓶 1 件，位于墓室的西南角（图三四五）。

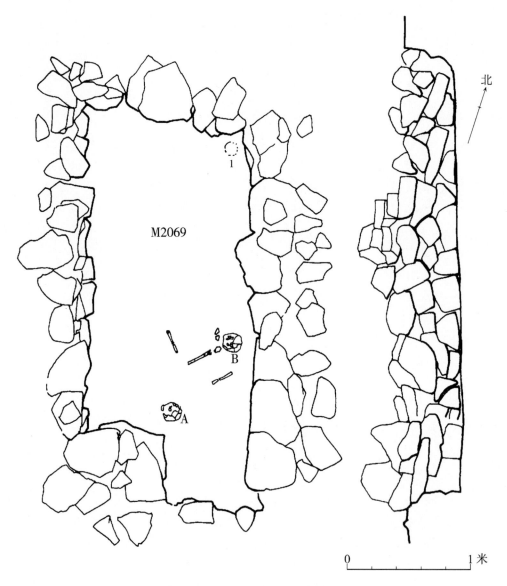

图三四三　M2069 平面及西壁侧视图

1. 漆碗

随葬器物

陶瓶　1 件（M2072：1）。夹砂褐陶，手制，腹有斑纹。圆唇，侈口，束颈，斜腹，大平底，素面。口径 5、通高 14.5、腹最大径 11.2、底径 8.8 厘米（图三四六，图版九九：2）。

M2078

位于 M2306 之西南约 1.5 米处。墓的方向为 160°。墓葬略高于地表 0.5 米左右。填土为黑土，土质松散，无包含物。墓葬为地面建筑，系用粗加工的玄武岩石块垒砌墓

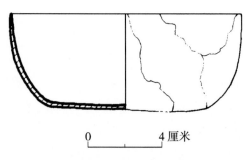

图三四四　M2069 随葬器物

漆碗（M2069：1）

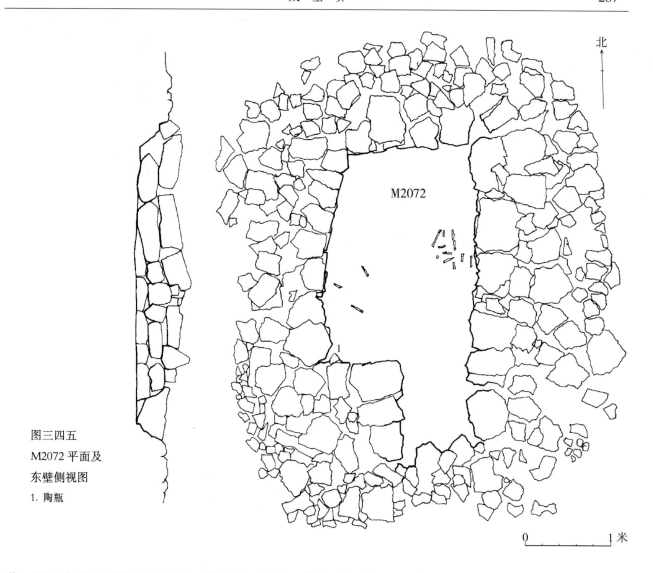

图三四五
M2072 平面及
东壁侧视图
1. 陶瓶

0   1 米

葬，墓室南部和墓道已被破坏。墓室平面近似于长方形，长 2.4、宽 1.4～1.62、深 0.54 米。墓道位于墓室南壁东侧，南北长 0.65、东西宽 0.76 米。

墓室南部有一头骨，墓道东侧有一堆与其相关的肢骨，是属于一个个体。墓主人为男性，45～50 岁左右。随葬品有铜铊尾 1 件，位于头骨西侧（图三四七）。

随葬器物

铜铊尾　1 件（M2078：1）。呈舌状，顶端开口，中间夹皮，下端边缘折起，两片复合呈弧形。长 3.3、宽 2.7、厚 0.6 厘米（图三四八）。

M2079

位于 M2074 和 M2306 中间，其西南角封土压着 M2306 东北角封土。墓的方向为 158°。封土较低，高出地面约 0.4 米左右。填土为黑褐土，土质松散，无包含物，墓底为原生土层，呈灰褐色。墓葬为地面建筑，墓室用天然石块平砌而成，形状较规整。墓室呈长方形，长 2.56、

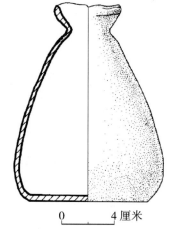

0   4 厘米

图三四六　M2072 随葬器物
陶瓶（M2072：1）

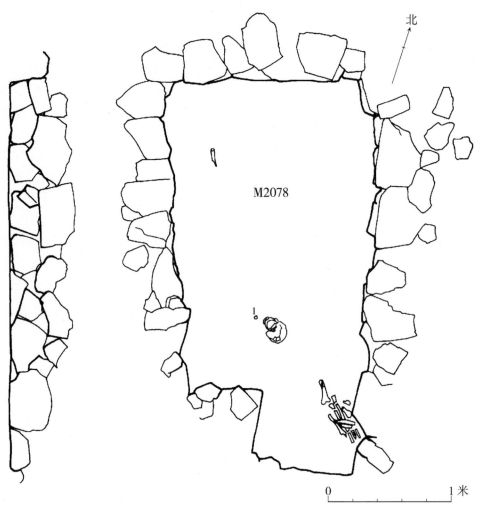

图三四七　M2078 平面及东壁侧视图
1. 铜铊尾

宽 1.55、深 0.44 米。墓道位于墓室南壁东侧，系用较大的石板平砌而成，长 0.94、宽 0.88 米。

墓室北部有一头骨，中部两侧各有肢骨，可能是两个个体，均属于二次葬。东部肢骨（A）男性，30～35 岁。头骨和西侧肢骨是一个个体（B），亦属于男性，30～35 岁。随葬器物有陶盂 1 件，位于东部肢骨旁边（图三四九）。

随葬器物

陶盂　1 件（M2079：1）。夹砂褐陶，手制。圆唇，侈口，浅腹，平底，腹饰凹弦纹。口径 14、通高 10.9、腹最大径 14.8、底径 11.6 厘米（图三五〇，图版九九：3）。

M2083

位于 M2082 之东 1.2 米处。墓的方向为 170°。有封土覆盖，墓葬东南部已被破坏，有的石块已露出地面。填土为黑褐土，土质较松软，无包含物，墓底为原生土层，呈褐色。墓葬为地面建

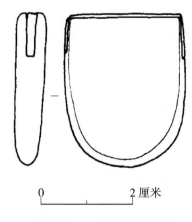

图三四八　M2078 随葬器物
铜铊尾（M2078：1）

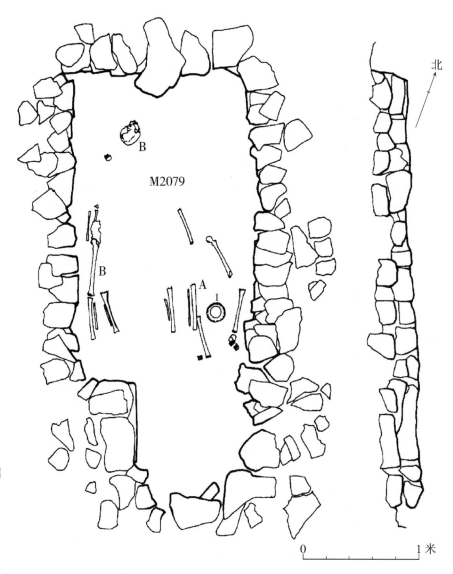

图三四九

M2079 平面及西壁侧视图

1. 陶盂

图三五〇　M2079 随葬器物

陶盂（M2079：1）

筑，用粗加工的玄武岩石板和河卵石石块垒砌墓壁，墓室东壁和东侧墓道破坏严重。墓室近似于长方形，长2.98、宽1.3、深0.72米。墓道位于墓室南壁东侧，长0.7、宽1米。

人骨很乱，四个头骨和相关的肢骨散放在墓室里，均二次葬。北边头骨（A）为成年女性。南边东侧头骨（B）系男性，年龄约30～35岁。中间头骨（C）亦是男性，年龄为35～40岁。西南角头骨（D）属于成年男性。未见随葬品（图三五一）。

M2088

位于 M2092 之西南 1.5 米处。墓的方向为 170°。有封土覆盖，高出地表约 0.8 米。填土为灰褐土，土质较松

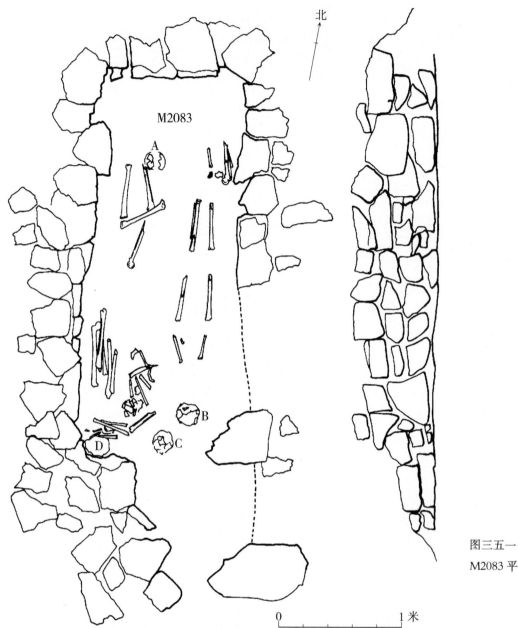

图三五一

M2083 平面及西壁侧视图

0　　　　　　　　　　1 米

软，墓底为黄土层。填土中发现完整的陶器盖 1 件。墓葬为地面建筑，用大小不等的天然石块垒砌墓室与墓道，较大的石块用于内壁，小石块堆砌在其周围。墓室近似于长方形，长 1.86、宽 1.02、深 0.73 米。墓道位于墓室南壁东侧，长 1.01、宽 0.86 米。

墓室无人骨，随葬品亦未见（图三五二）。

填土出土器物

陶器盖　1 件（M2088：1）。夹砂褐陶，手制。喇叭口状，口边饰一圈附加堆纹。口径 11.6、残高 4 厘米（图三五三）。

M2095

位于 M2102 之南 1.5 米处。墓的方向为 170°。有封土覆盖，呈长方形，南北长 4.5、东西宽

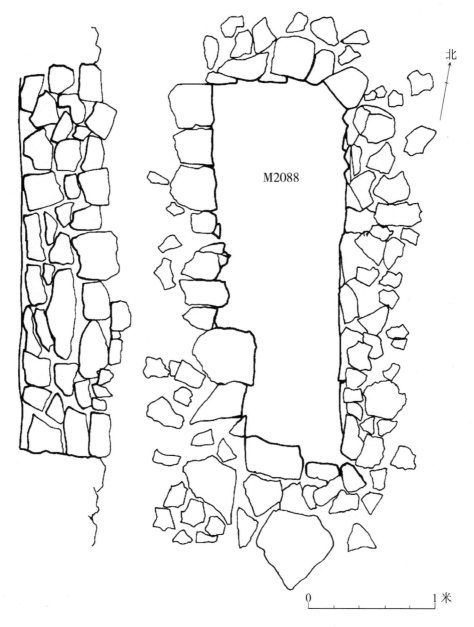

图三五二　M2088平面及东壁侧视图

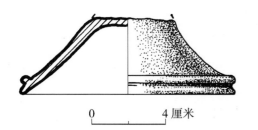

图三五三　M2088填土出土器物

陶器盖（M2088∶1）

2.6、高出地表约0.6米。墓室填土为黑土，土质松散，无包含物，墓底为原生土层，呈灰褐色。墓葬为地面建筑，用大小不同的天然石块垒砌墓葬，四壁较整齐。墓室呈长方形，长2.46、宽1.45、深0.62米。墓道位于墓室南壁东侧，平铺3层石板，长0.74、宽0.78米。

墓室西北角有一成年头骨，墓室中间的碎肢骨可能和头骨是一个个体，无法鉴别其性别与年龄。随葬品有铜带銙7件、铜铊尾1件，集中出土于墓室中部（图三五四）。

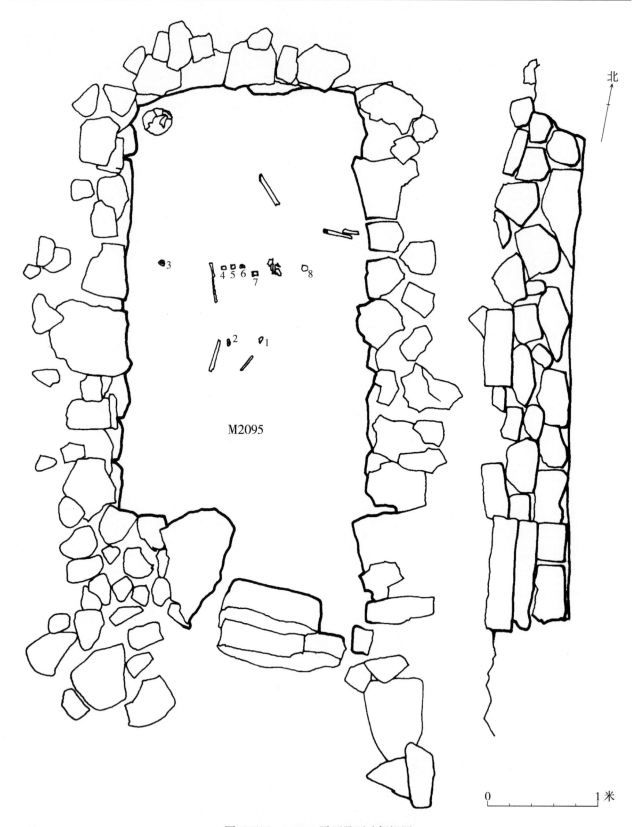

北

0 ——————— 1 米

图三五四　M2095 平面及西壁侧视图

1～7. 铜带銙　8. 铜铊尾

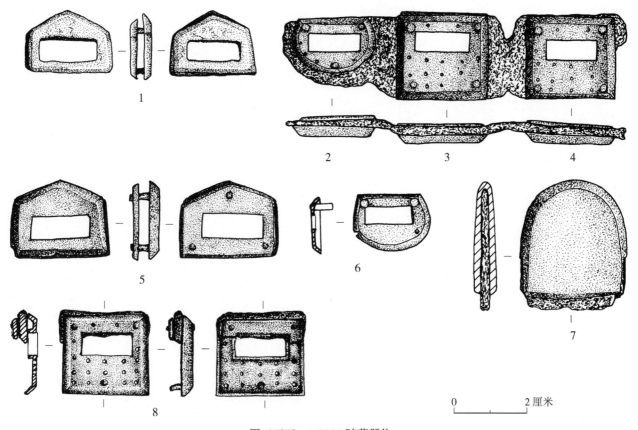

图三五五　M2095 随葬器物

1、5. Ⅰ式铜带銙（M2095：1、2）　2、6. Ⅱ式铜带銙（M2095：4、3）　3、4、8. Ⅲ式铜带銙（M2095：5～7）

7. 铜铊尾（M2095：8）

随葬器物

铜带銙　7件。不同形状，可分三式。

Ⅰ式　2件。三面平直，一面呈尖角，通体略呈圭形，中间饰一长方形孔，边缘折起，系两片复合，背面饰 3 个小钉。M2095：1 长 2.4、宽 1.3、厚 0.5、孔长 1.6、宽 0.6 厘米（图三五五：1）。M2095：2 长 2.7、宽 2.05、厚 0.8、孔长 1.6、宽 0.6 厘米（图三五五：5，图版一四四：3）。

Ⅱ式　2件。近似于半圆形，边缘折起，两片复合，中间饰一长方形孔，背面饰 3 个小钉。M2095：3 长 2.1、宽 1.5、厚 0.5、孔长 1.3、宽 0.5 厘米（图三五五：6）。M2095：4 两片中间夹皮，面饰若干个小圆点。长 2.5、宽 1.7、厚 0.6、孔长 1.3、宽 0.5 厘米（图三五五：2，图版一四四：6-1）。

Ⅲ式　3件。呈长方形，边缘折起，两片复合，上端饰一长方形孔，一面布满落干个小圆孔。M2095：5、6 中间夹皮，一面饰 4 个小钉。长 2.5、宽 2.3、厚 0.6、孔长 1.5、宽 0.5 厘米（图三五五：3、4，图版一四四：6-2、3）。M2095：7 一面饰 3 个小钉。长 2.4、宽 2.2、厚 0.6、孔长 1.4、宽 0.5 厘米（图三五五：8，图版一四四：6-4）。

铜铊尾　1件（M2095：8）。呈舌状，方头开口处夹皮，其余边缘折起，呈弧形，背面饰 3 个小钉。长 3.4、宽 2.9、厚 0.6 厘米（图三五五：7，图版一四四：4）。

M2097

位于 M2096 之东北 5.8 米处。墓的方向为 168°。有微凸的封土，个别石块已露出地面。填土为黑土，土质松软，无包含物。墓葬为地面建筑，用粗加工的玄武岩石块平砌墓壁，内壁较整齐。墓室平面呈长方形，长 2.6、宽 1.9、深 0.58 米。墓道位于墓室南壁东侧，长 1.44、宽 0.8 米。

墓室西北部有一成年头骨和三根肢骨，属于二次葬，其性别与年龄欠明。未见随葬品（图三五六）。

M2106

位于 M2105 之东南 2.2 米处。墓的方向为 185°。有微凸的封土覆盖，高出地面约 0.5 米。填土

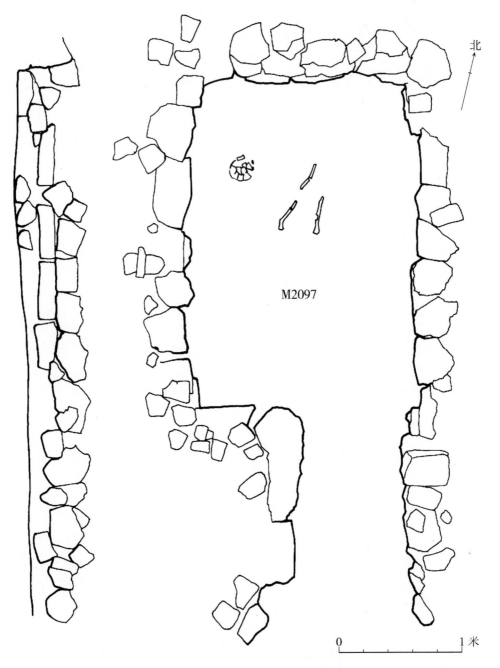

图三五六　M2097 平面及东壁侧视图

为黑土，土质松软，无包含物，墓底为原黄沙生土层。墓葬为地面建筑，用天然石块垒砌墓壁，内壁较整齐。墓室呈长方形，长2.5、宽1.42、深0.56米。墓道位于墓室南壁东侧，长0.68、宽0.69米。

墓室西部南北两侧各葬一个头骨，其周围有少量肢骨，均属二次葬。北侧头骨（A）为男性，30～35岁。南侧头骨（B）亦属男性，大约40岁左右。出土文物有2件铜带銙，分别置于墓室东北角（图三五七）。

随葬器物

铜带銙　2件。形状不同，可分二式。

Ⅰ式　1件（M2106∶1）。三面平直，一面呈尖角，边缘折起，两片复合，通体略呈圭形，中间设一长方形孔，背面饰三个小钉，中间有夹皮的痕迹。长2.8、宽2.1、厚0.6、孔长1.8、宽0.7厘米（图三五八∶1，图版一四五∶1-1）。

Ⅱ式　1件（M2106∶2）。通体呈长方形，边缘折起，两片复合，上端饰长方形孔，背面饰四个小钉，中间有夹皮的痕迹。长3.15、宽2.8、厚0.7、孔长1.85、宽0.65厘米（图三五八∶2，图版一四五∶1-2）。

M2107

位于 M2031 之西 1 米处。墓的方向为 190°。封土已被破坏，大量石块无规律地散落在墓

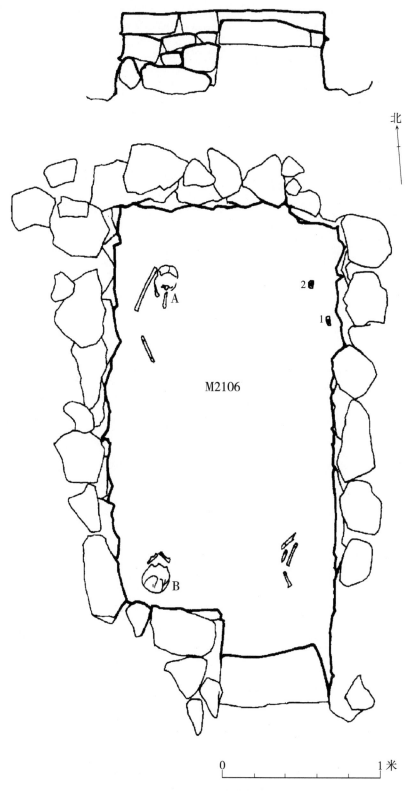

北

图三五七　M2106 平面及南壁侧视图

1、2. 铜带銙

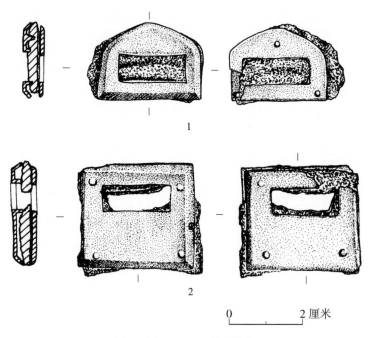

图三五八　M2106 随葬器物

1. Ⅰ式铜带銙（M2106：1）　2. Ⅱ式铜带銙（M2106：2）

室中间。填土为黑土，土质松软，无包含物，墓底为天然沙土层。墓葬为地面建筑，用大小不等的天然石块垒砌墓室，显得简陋。墓室近似于长方形，西壁石块往里倾斜，长 3.08、宽 1.8、深 0.34 米。墓道位于墓室南壁西侧，长 0.88、宽 1.08 米。

在墓室中间发现少量碎肢骨，已被烧焦，其性别与年龄均不明。出土文物有铁镞 2 件、铁带銙 15 件、铁小刀 1 件，集中置于墓室西侧（图三五九）。

随葬器物

铁小刀　1 件（M2107：1）。直背，斜刃，尖柄。通长 4.7 厘米（图三六〇：7）。

铁镞　2 件。形状不同，可分二式。

Ⅰ式　1 件（M2107：2）。扁平无脊，尖锋，镞身为弧形，双翼中间饰对称的小圆孔，四棱锥形铤。通长 13、翼宽 3.9、铤长 4.3、孔径 0.8 厘米（图三六〇：14，图版一六五：3）。

Ⅱ式　1 件（M2107：3）。镞身近似于扁平柳叶形，尖锋，双翼，锥状铤。通长 8.3、翼宽 1.6、铤长 2.8 厘米（图三六〇：6，图版一六五：5）。

铁带銙　15 件。形状不同，可分二式。

Ⅰ式　8 件（M2107：4、7、8、9、13、14、18）。半圆形，边缘折起，一端饰一长方形孔，背面饰 3 个小钉。最大径 2.8、宽 2、厚 0.4、孔长 1.1、宽 0.3 厘米（图三六〇：1～5、8、9，图版一六五：2）。M2107：6 已残。

Ⅱ式　7 件（M2107：5、10～12、15～17）。方形，边缘折起，上端饰一长方形孔，背面有 4 个小钉。边长 2.9、厚 0.5、孔长 1.4、宽 0.2 厘米（图三六〇：10～13、15～17，图版一六五：1、4）。

M2108

位于 M2107 之北约 1 米处。墓的方向为 190°。封土已被破坏，个别石块已露出地面，高出地面约 0.4 米。填土为黑土，土质松软，无包含物，墓底为天然沙土层。墓葬为地面建筑，用天然石块垒砌墓室与墓道。墓室呈长方形，四壁较规整，长 2.23、宽 1.74、深 0.52 米。墓道位于墓室南壁东侧，长 0.91、宽 0.98 米。

墓室葬一具人骨，骨架零碎缺失，头骨碎片发现在墓室北部，系二次葬。墓主人为成年男性。未见任何随葬品（图三六一）。

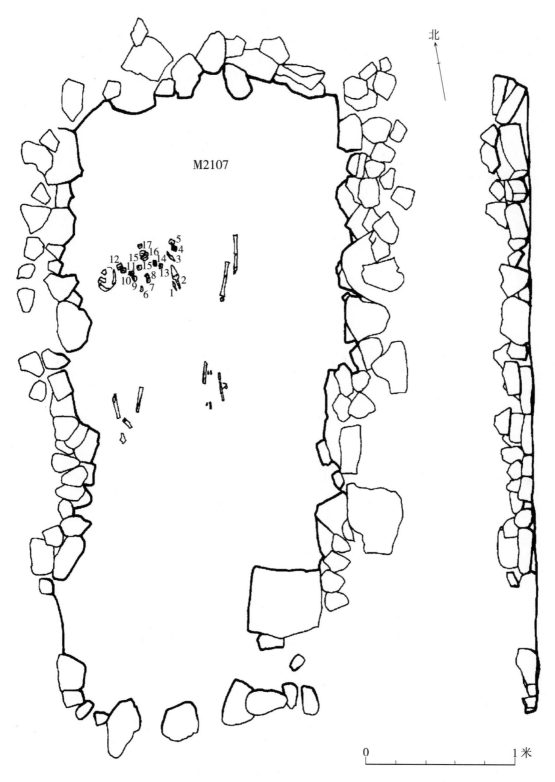

图三五九　M2107 平面及西壁侧视图

1. 铁小刀　2、3. 铁镞　4～17. 铁带銙

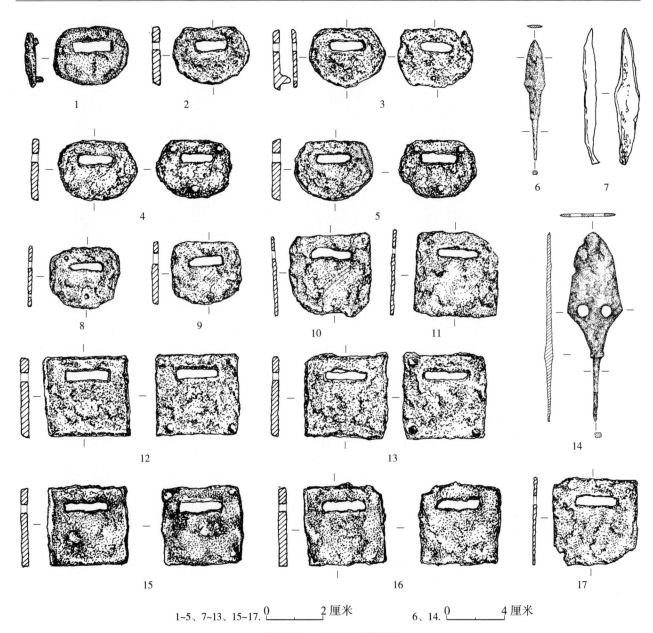

图三六〇　M2107 随葬器物

1～5、8、9. Ⅰ式铁带銙（M2107：4、7～9、13、14、18）　6. Ⅱ式铁镞（M2107：3）　7. 铁小刀（M2107：1）

10～13、15～17. Ⅱ式铁带銙（M2107：5、10～12、15～17）　14. Ⅰ式铁镞（M2107：2）

M2113

位于 M2116 之东约 14.5 米处。墓的方向为 125°。有封土覆盖，呈椭圆形，长径约 6.3、短径 5、高出地面 0.4 米左右。清理封土，墓室西部有几块原封顶石头（图三六二）。墓葬可分为两层。

第一层：填土为沙子夹河卵石，墓底平铺大石板，填土中发现铁甲片 25 件、若干块夹砂褐陶片、器形有长腹罐 1 件。第一层为半地穴建筑。用粗加工的石板和石块平砌墓葬，墓室近似于长方形，长 2.68、宽 1.74、深 0.8 米。墓道位于墓室东壁右侧，用大小不等的石块封堵墓道，长 1.56、宽 0.81 米。

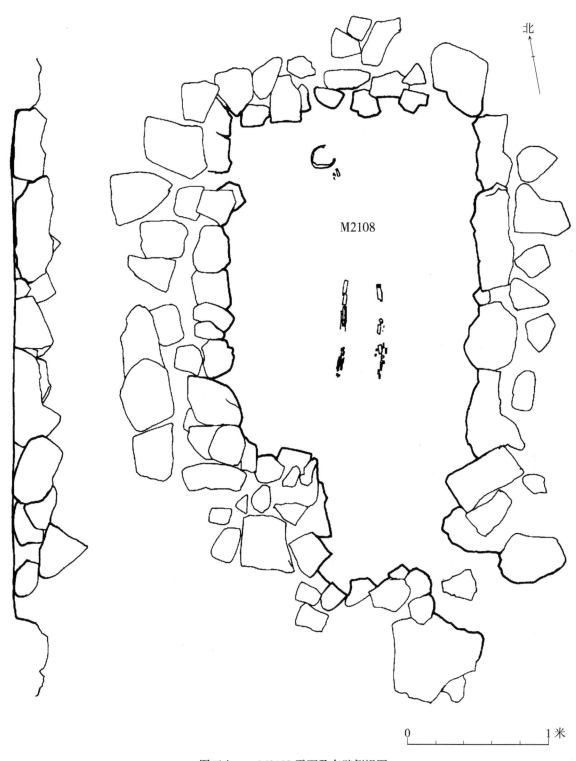

北

图三六一　M2108 平面及东壁侧视图

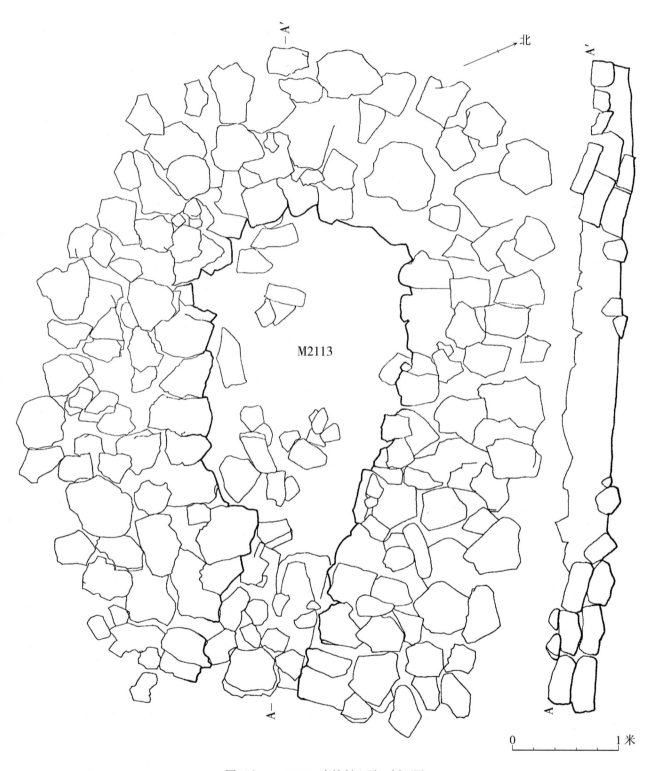

图三六二　M2113 去掉封土平、剖面图

上层墓室发现三个头骨，均属于二次葬。东北角头骨（A）为成年个体，性别不明。墓室中间头骨（B）为男性，40～45岁。西南角头骨（C）亦是男性，30～35岁。未发现随葬品（图三六三）。

填土出土器物

陶长腹罐口沿　1件（M2113：33）。夹砂褐陶，手制，口沿经过慢轮修整。重唇。口径13.2厘米（图三六四：16）。

铁甲片　25件（M2113：8～22、23～32）。均残，薄铁片，个别留下小圆孔（图三六四：1～15，图三六五：1～10）。

第二层，填土为沙子夹河卵石，墓底亦是沙子夹河卵石，填土中发现夹砂褐陶碎陶片。第二层为地穴。墓室的形状和长宽与第一层相同，深0.91～1.06米，墓底呈斜坡状，南高北低。墓道深0.55～0.7厘米。

下层墓室中发现三个头骨，肢骨多有缺失，且较零散，东南角的一堆肢骨与头骨的关系不明，暂确认四个个体，系均属二次葬。西北角头骨（A）为男性，30岁左右。中北部头骨（B）为女性，40岁左右。东侧头骨（C）性别不明，是成年个体。东南角肢骨（D）为男性，30～35岁。出土文物有铁甲片7件（图版六二：2），置于墓室南边（图三六六）。

随葬器物

铁甲片　7片。M2113：7上端抹去两角，呈弧形，下端为直线，边缘饰穿孔，其排列左右对称。长8.7、宽2.8、厚0.1厘米（图三六七：7）。

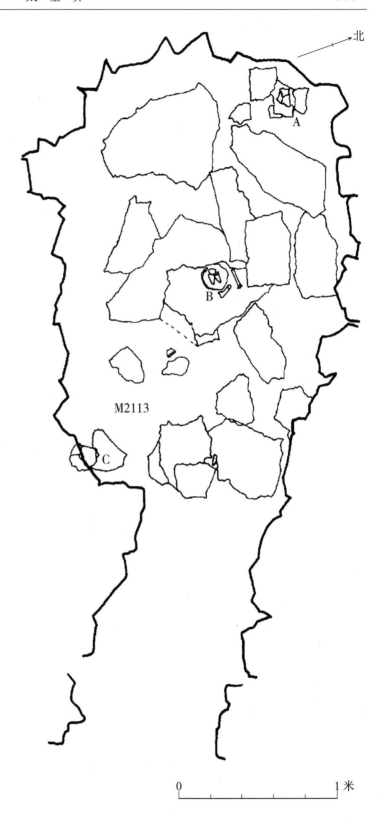

图三六三　M2113第一层平面图

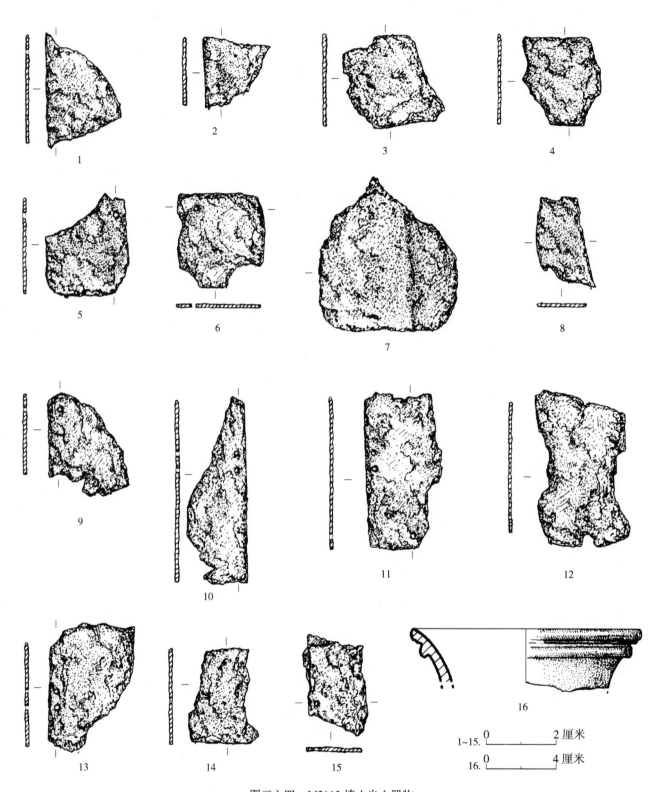

图三六四　M2113 填土出土器物

1～15. 铁甲片（M2113：8～22）　　16. 陶长腹罐口沿（M2113：33）

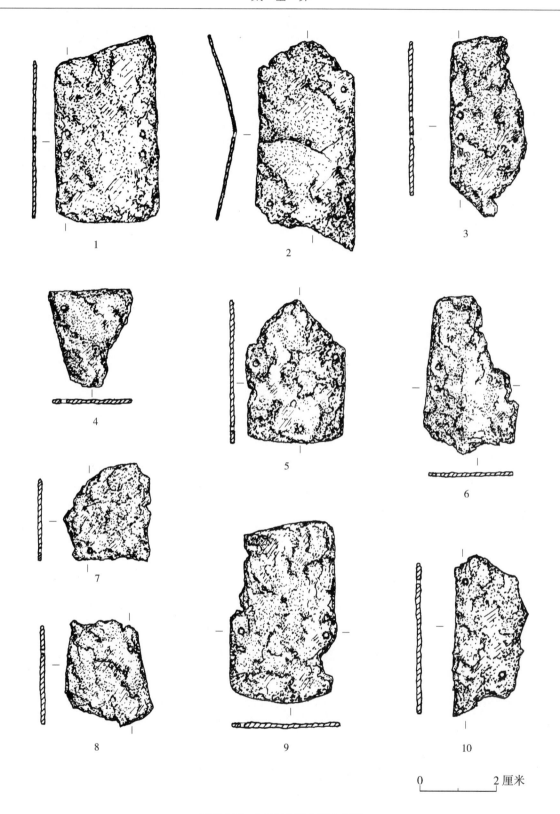

0   2厘米

图三六五　M2113 填土出土器物

1～10. 铁甲片（M2113：23～32）

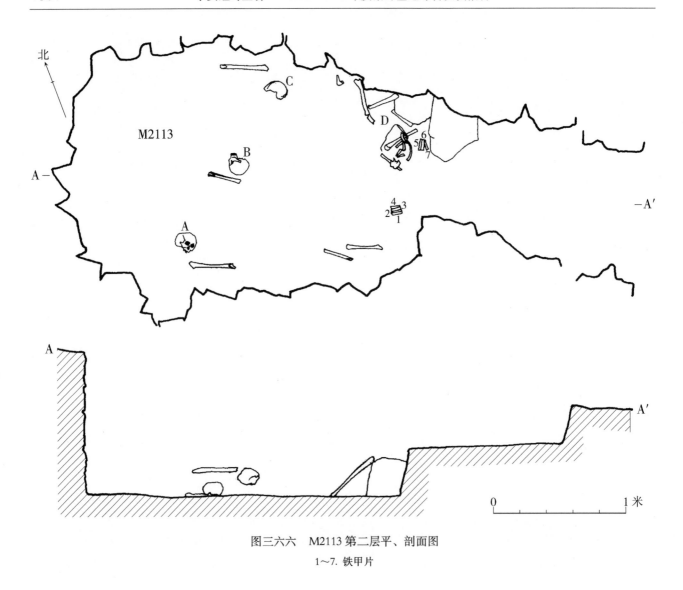

图三六六　M2113 第二层平、剖面图

1～7. 铁甲片

其余 6 件均残，其形状不甚规整（图三六七：1～6）。

M2125

位于 M2124 西南 0.5 米处。墓的方向为 170°。封土已被破坏，原墓壁石板暴露于地面，清理时发现几块不规则的大小石块散落在墓室中。墓室填土为夹沙黄褐土，土质松软，纯净，填土中发现夹砂褐陶长腹罐底片。墓底铺砌一层大小不等的长方形红砖，排列有序，共 6 排，每排 8 块（靠北壁第一排为 7 块），靠南壁处用碎砖拼缝平铺。东西两壁靠墓底空隙处用小石块填塞。墓葬为地面建筑，墓壁系用粗加工的玄武岩大小石板由下而上依次叠筑 3 层，大石板用于墓室内壁，其周围铺垫小石块。墓室呈长方形，长 2.3、宽 1.4、深 0.34 米。在南壁偏东侧设一墓道，长 1.5、宽 0.82 米。

墓道内只发现 3 根零碎的肢骨，无法鉴别其性别与年龄。墓道中发现 1 件陶壶口沿残片（图三六八，图版三六：2）。

1. **填土出土器物**

陶长腹罐底　1 件（M2125：2）。夹砂褐陶，手制，平底（图三六九）。

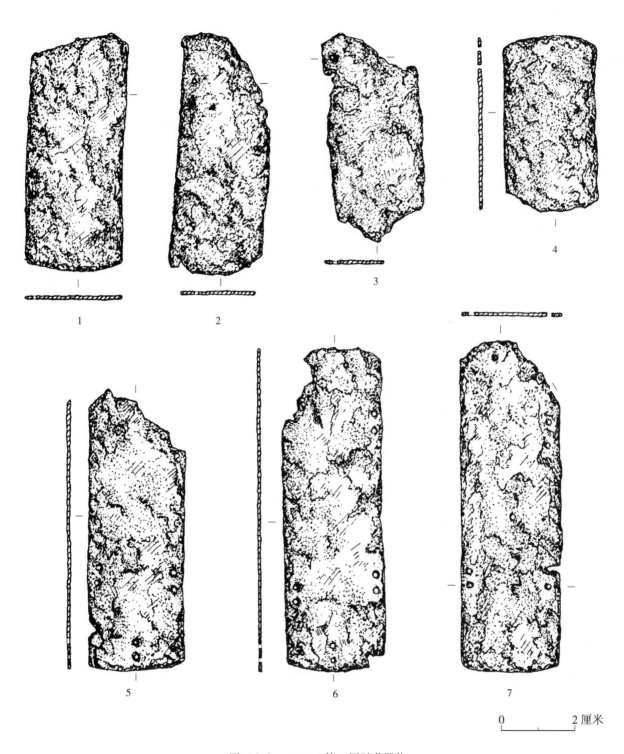

图三六七　M2113 第二层随葬器物

1～7. 铁甲片（M2113∶1～7）

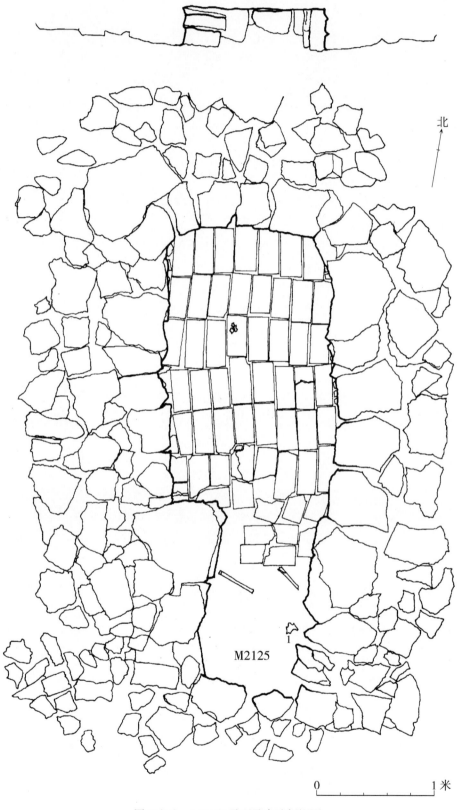

北

图三六八　M2125 平面及南壁侧视图
1. 陶短颈壶口沿

2. 随葬器物

陶短颈壶口沿　1件（M2125：1）。夹砂褐陶，手制（图三七〇）。

M2137

位于 M2157 之西约 3 米处。墓的方向为190°。墓室周围尚保存微凸的封土，原封顶石块散落在墓葬四周，墓顶坍塌，墓室范围呈凹坑。墓室填土为黑褐土，土质较硬，无包含物。墓葬为地面建筑，墓室与墓道在一个平面上。墓葬用大小不同的天然石块垒砌，较大的石块用于修墓室和墓道内壁，小块用于其周围。墓室近似于长方形，长 2.3、宽 1.2、深 0.5 米。墓道设于墓室南壁东侧，长 1.1、宽 0.7 米。

发现 3 具人骨架，均属于二次葬。东北角头骨（A）为成年男性。西边人骨为（B）成年女性。东南角头骨（C）为成年男性。出土文物有铜带銙 6 件、铜甲片 1 件、陶壶底残片 1 件，均分布于墓室东部和北部（图三七一，图版三七：1）。

随葬器物

铜带銙　6 件。形状不同，可分二式。

Ⅰ式　4 件。三面平直，一面呈尖角，边缘折起，中间饰长方形孔，背面饰 3 个小钉。M2137：1 长 2.7、宽 2、厚 0.5、孔长 1.7、宽 0.6 厘米（图三七二：1，图版一四五：6-4）。M2137：3 长 2.3、宽 1.6、厚 0.6、孔长 1.6、宽 0.6 厘米（图三七二：2，图版一四五：6-5）。M2137：4 长 2.5、宽 1.9、厚 0.7、孔长 1.5、宽 0.6 厘米（图三七二：3，图版一四五：6-3）。M2137：6 长 2.6、宽 2、厚 0.6、孔长 1.5、宽 0.6 厘米（图三七二：6，图版一四五：6-1）。

Ⅱ式　2 件。长方形，边缘折起，两片复合，上端饰一长方形孔，背面饰 4 个小圆钉。M2137：2 长 2.7、宽 2.3、厚 0.6、孔长 1.5、宽 0.6 厘米（图三七二：5，图版一四五：6-2）。M2137：5 长 2.7、宽 2.4、厚 0.6、孔长 1.6、宽 0.6 厘米（图三七二：4，图版一四五：6-6）。

铜甲片　1 件（M2137：7）。薄铁片，三面平直，上端微弧，四角饰小圆孔。长 3.7、宽 2.6、厚 0.1 厘米（图三七二：7，图版一四五：3）。

陶壶底残片　1 件（M2137：8）。夹砂褐陶，手制，平底，底饰"十"字。底径 7.4 厘米（图三七二：8，图版一二二：4）。

M2139

位于 M2138 之西南约 2 米处。墓的方向为 180°。有封土覆盖，其形状近似于长方形，长约 6、宽 4.8、高出当时地面约 0.5 米。墓室填土为黄褐色黏土，土质较硬，纯净，无包含物，墓底亦是黄褐

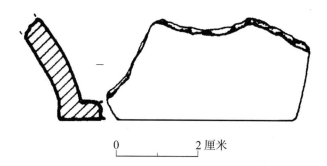

0 ⊢—⊢ 2 厘米

图三六九　M2125 填土出土器物
陶长腹罐底（M2125：2）

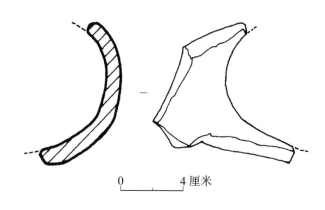

0 ⊢—⊢ 4 厘米

图三七〇　M2125 随葬器物
陶短颈壶口沿（M2125：1）

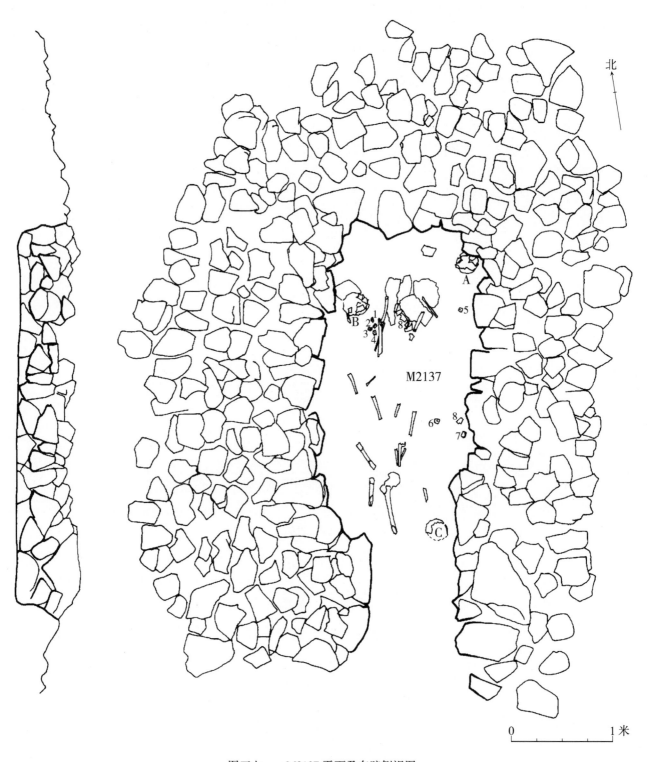

图三七一　M2137 平面及东壁侧视图

1～6. 铜带銙　7. 铜甲片　8. 陶壶底残片

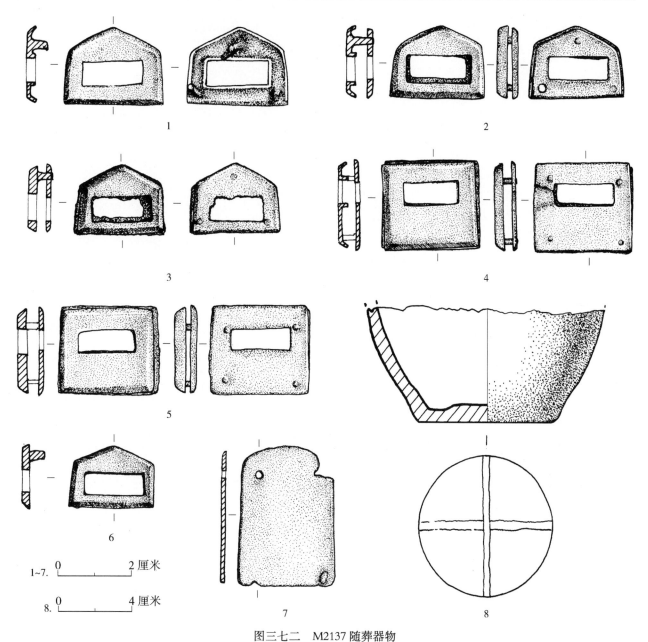

图三七二　M2137 随葬器物

1～3、6. Ⅰ式铜带銙（M2137∶1、3、4、6）　　4、5. Ⅱ式铜带銙（M2137∶5、2）

7. 铜甲片（M2137∶7）　8. 陶壶底残片（M2137∶8）

色黏土。墓葬为地面建筑，用天然石块垒砌墓室和墓道，较大的石块修于墓室与墓道内壁，较小的石块填塞石头缝隙和堆砌于墓葬四周。墓室平面呈长方形，长 2.4、宽 1.5、深 0.53 米。墓道位于墓室南壁东侧，长 1.2、宽 0.7 米。

无人骨。随葬品亦未见（图三七三）。

M2172

位于 M2173 之东北 1.5 米处。墓的方向为 170°。有微凸的封土覆盖，但多年的风雨侵蚀，很多墓石已暴露在地面，高出地面约 0.4 米。墓室填土为黄褐土，土质较硬，墓底为原生黄褐土层。填土

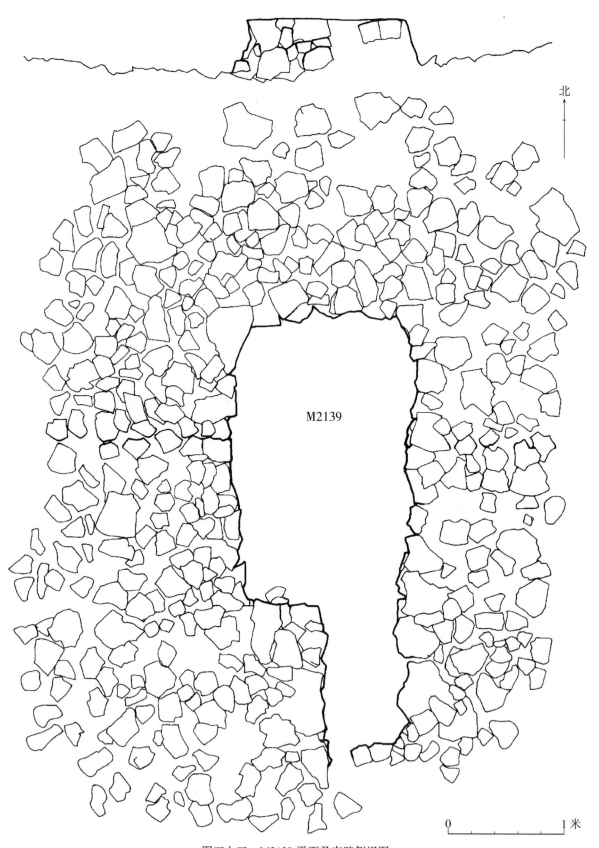

北

图三七三　M2139 平面及南壁侧视图

中发现夹砂褐陶鼓腹罐残片。墓葬属于地面建筑，用大小不等的天然玄武岩石块垒砌墓室和墓道。
墓室平面呈长方形，长 2.5、宽 1.04、深 0.38 米。墓道设在墓室南壁东侧，长 0.78、宽 0.8 米。

　　墓室中间有一堆散放的肢骨，属于二次葬，墓主人为成年女性。出土文物有陶鼓腹罐 1 件、陶长
腹罐 1 件、铁镞 1 件，分别置于墓室的中部和北部（图三七四，图版三七：2）。

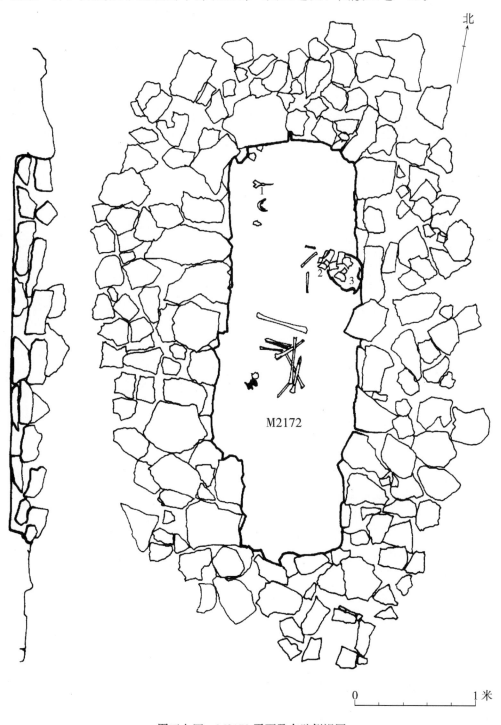

北

0　　　　　　　　　　1 米

图三七四　M2172 平面及东壁侧视图
1. 铁镞　2. 陶长腹罐　3. 陶鼓腹罐

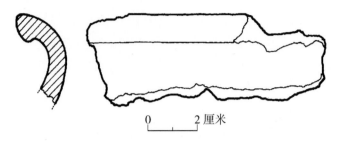

图三七五　M2172 填土出土器物
陶鼓腹罐口沿（M2172∶4）

1. 填土出土器物

陶鼓腹罐口沿　1 件（M2172∶4）。夹砂褐陶，手制，圆唇，侈口（图三七五）。

2. 随葬器物

铁镞　1 件（M2172∶1）。扁平镞身，双锋，圆锥状铤，其横截面为长方形。长 6.4、铤长 3.1 厘米（图三七六∶1，图版一六六∶1）。

陶长腹罐　1 件（M2172∶2）。夹砂褐陶，手制，腹有烟熏的痕迹。圆唇，侈口，口径略大于腹径，平底，素面。口径 10.6、通高 18.6、腹最大径 10.3、底径 5.4 厘米（图三七六∶2，图版一○○∶1）。

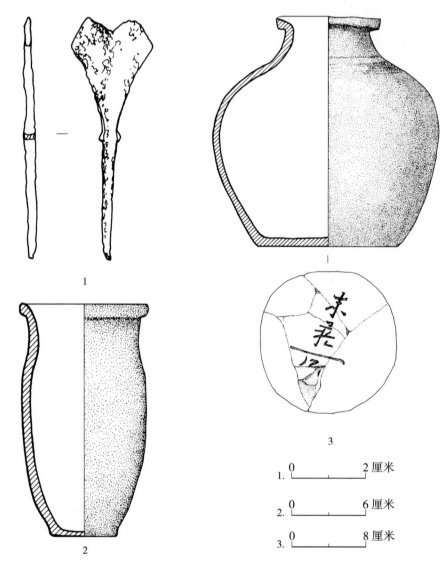

图三七六　M2172 随葬器物

1. 铁镞（M2172∶1）　2. 陶长腹罐（M2172∶2）　3. 陶鼓腹罐（M2172∶3）

陶鼓腹罐 1件（M2172：3）。夹砂褐陶，手制。尖圆唇，肥颈，颈与肩之间有一条棱，鼓腹，平底。素面，底饰阴刻渤海殊异字。口径11.2、通高24.8、腹径24.2、底径15.2厘米（图三七六：3，图版一○○：2）。

M2174

位于M2179之西南，其东壁与M2180西壁相接。墓的方向为170°。有封土覆盖，高出地面约0.6米。墓室填土为夹沙黄褐土，土质松散，纯净，无包含物。墓底亦是夹沙黄褐色原生土层。墓葬为地面建筑，用粗加工的玄武岩石板和河卵石同时垒砌墓室和墓道，大石块用于内壁，小石块铺砌于墓室外围。墓室平面近似于长方形，东北角抹角呈弧形，长2.32、宽1.16、深0.53米。墓道设于墓室南壁东侧，长0.97、宽0.74米。

人骨3具，肢骨较全，缺一头骨，均属于一次葬。东边肢骨（A）为成年男性。中间骨架（B）为女性，50岁左右。西边骨架（C）为成年男性。出土文物有陶短颈壶1件，位于墓室北侧（图二○八，图版三八：1）。

随葬器物

陶短颈壶 1件（M2174：1）。夹砂褐陶，手制，口沿经过慢轮修整。重唇，侈口，折肩，鼓腹，平底，素面。口径7.8、通高17.2、腹最大径15、底径10.4厘米（图三七七，图版九九：4）。

M2175

位于M2156东侧，其西壁与M2156东壁相接。墓的方向为185°。地表上已露出东壁一排石头，高出地面约0.6米。墓室填土为夹沙灰褐土，土质较硬，墓底亦是夹沙灰褐色原生土层。填土中发现夹砂褐陶肥颈壶残片。墓葬修于地面，用天然玄武岩石块和河卵石垒砌墓葬，大石块砌于内壁。墓室西南角已被破坏，平面呈长方形，长约2.8、宽1.62、深0.7米。墓道设于墓室南壁东侧，长1、宽0.84米。

3具骨架，单人一次葬与二人二次合葬。东边单人（A）一次葬，墓主人身份为30岁左右的女性。其余2具骨架（B、C）皆性别不明，均属于成年个体。出土文物有陶长腹罐1件、陶敛口罐1件、铁器1件、铁钩1件、铁刀3件，所有随葬品置于墓室北边（图三七八，图版三八：2）。

1. **填土出土器物**

陶肥颈壶口沿 1件（M2175：8）。夹砂褐陶，手制，尖圆唇，侈口（图三七九）。

2. **随葬器物**

陶长腹罐 1件（M2175：1）。夹砂褐陶，手制，口沿经过慢轮修整。重唇，侈口，口径略大于腹径，平底，素面。口径9.6、通高13.4、腹最大径9.2、底径5.2厘米（图三八○：1，图版一○○：3）。

0 —————— 4厘米

图三七七 M2174随葬器物
陶短颈壶（M2174：1）

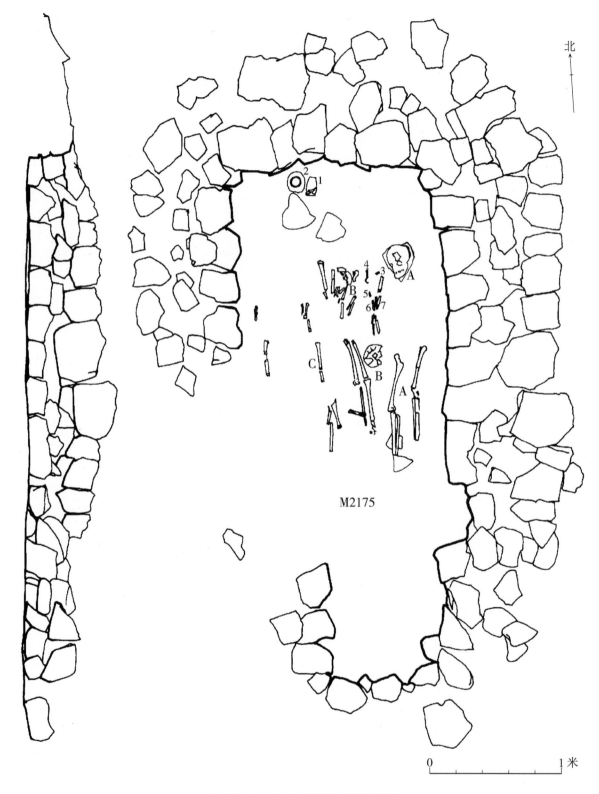

图三七八　M2175 平面及东壁侧视图

1. 陶长腹罐　2. 陶敛口罐　3. 铁器　4. 铁钩　5～7. 铁刀

陶敛口罐　1件（M2175：2）。夹砂褐
陶，手制，口沿经过慢轮修整。尖唇，敛口，
折肩，鼓腹，平底，素面。口径 9.2、通高
10.2、腹最大径 15.2、底径 11.2 厘米（图三
八〇：4，图版一〇〇：4）。

铁钩　1件（M2175：4）。用一根铁条，
其一头围成半圆形。长 10.5 厘米（图三八
〇：7）。

铁刀　3件。直背，直刃，其横截面为三
角形。M2175：6 残长 7 厘米（图三八〇：5）。
M2175：7 残长 8.5 厘米（图三八〇：6）。
M2175：5 残长 3.4 厘米（图三八〇：2）。

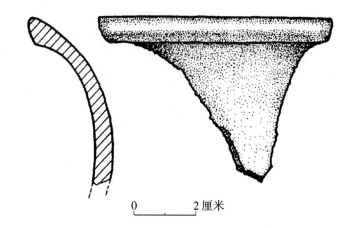

图三七九　M2175 填土出土器物
陶肥颈壶口沿（M2175：8）

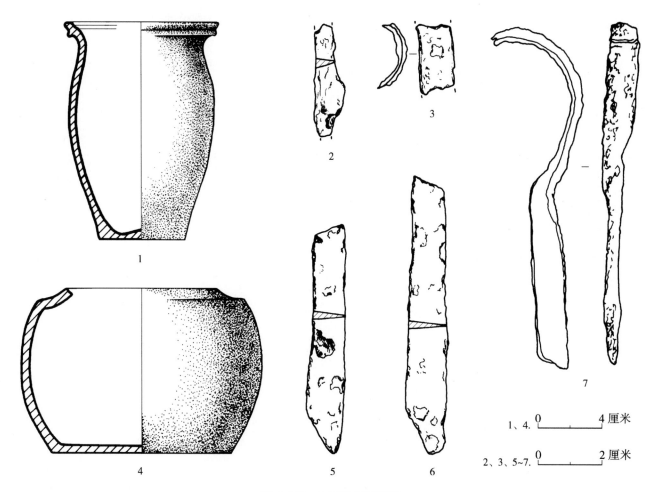

图三八〇　M2175 随葬器物

1. 陶长腹罐（M2175：1）　2、5、6. 铁刀（M2175：5、6、7）

3. 铁器（M2175：3）　4. 陶敛口罐（M2175：2）　7. 铁钩（M2175：4）

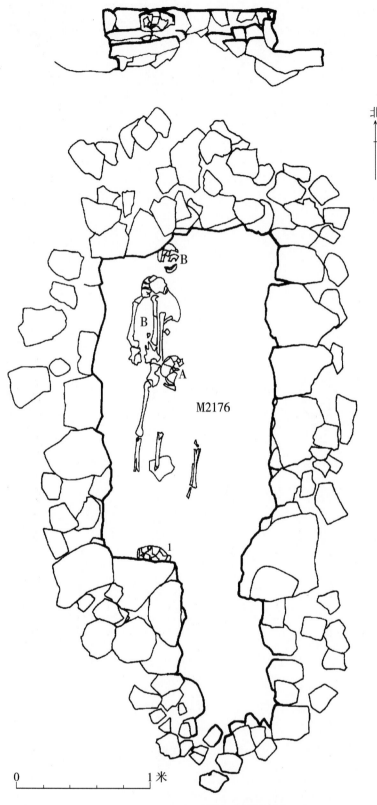

北

图三八一　M2176 平面及南壁侧视图
1. 陶瓶

铁器　1 件（M2175：5）。薄铁片呈半圆形，残甚，其形状不明。残长 2、宽 1.1 厘米（图三八〇：3）。

M2176

位于 M2160 之东约 0.8 米处。墓的方向为 180°。不见封土，地表上可见石块堆积，高出地面约 0.6 米。墓室填土为夹沙黄褐土，土质松散，纯净，无包含物。墓底亦是夹沙黄褐色原生土层。墓葬为地面建筑，用粗加工的玄武岩石板平砌墓室和墓道内壁，小石块铺砌于其周围。墓室平面呈长方形，长 2.4、宽 1.31、深 0.54 米。墓道位于墓室南壁东侧，长 1.2、宽 0.7 米。

人骨两具，单人一次葬和单人二次合葬。墓室中间头骨（A）为成年女性。西边骨架（B）为男性，40 岁左右。出土文物有陶瓶 1 件，位于墓室西南角（图三八一）。

随葬器物

陶瓶　1 件（M2176：1）。夹砂褐陶，手制，口沿经过慢轮修整。圆唇，小盘口，细短颈，长腹，平底，肩、腹部饰凹弦纹。口径 5.9、通高 22.9、腹最大径 14.3、底径 9.6 厘米（图三八二，图版一〇一：1）。

M2178

位于 M2181 之西北约 2 米处。墓的方向为 170°。有封土覆盖，高出地面约 0.6 米。墓室填土为夹沙黄褐土，土质松散，墓底亦是夹沙黄褐色生土层。填土中发现夹砂褐陶片，器形不明。墓葬为地面建筑，用粗加工的玄武岩石材平砌墓葬，大石板用于墓葬内壁，小石块铺砌于其周围。墓室平面呈长方形，长2.7、宽1.6、深0.52米。墓道位于墓室南壁东侧，长1.36、宽0.9米。

无人骨，随葬品亦未见（图三八三）。

M2179

位于M2174东北角，其墓道与M2180北壁相连。墓的方向为170°在地表上发现微凸的石块堆积，高出地面约0.6米。墓室填土为夹沙黄褐土，土质松散，纯净，无包含物，墓底亦是夹沙黄褐色原生土层。墓葬为地面建筑，用大小不等的天然玄武岩石块平砌墓室与墓道，其外围铺垫小石块。墓室平面呈长方形，长2.52、宽1.5、深0.56米。墓道设于墓室南壁东侧，长1.32、宽0.8米。

人骨保存欠佳，头骨与肢骨各残缺，属于二次葬。东边骨架（A）为成年女性。西边骨架（B）为成年男性。未见随葬品（图二○八，图版三九：2）。

M2181

位于M2178之东南2.5米处。墓的方向为180°。有微凸的封土覆盖，高出地面约0.4米。墓葬填土为夹沙灰褐土，土质较松散，纯净，无包含物。墓葬系地面建筑，用粗加工的玄武岩石板和石块平砌墓室和墓道，大石板用于内壁，小石块铺砌于其周围。墓室平面呈长方形，长2.64、宽1.2、深0.45米。墓道设于墓室南壁东侧，长0.84、宽0.7米。

在墓室中间发现一对下肢骨，其身份为成年男性。未见随葬品（图三八四）。

M2182

位于M2180之东约2米处。墓的方向为160°。有封土覆盖，呈椭圆形，长径5、短径4、高0.6米。墓室填土为夹沙灰褐土，土质松散，纯净。填土中发现夹砂褐色水波纹陶片。墓葬为地面建筑，用粗加工的玄武岩石板和石块平砌墓室和墓道，大石板用于内壁，小石块堆砌在大石板周围。墓室四壁较规整，呈长方形，长2.6、宽1.59、深0.51米。墓道设于墓室南壁东侧，长1.16、宽0.74米。

人骨可分两层，可能是数量较多的人骨迁葬时重叠堆放的，皆为二次葬。第一层骨架中位于西北角的头骨（A）为男性，50岁左右。其余4具骨架集中堆积在墓室南部。最西边头骨（B）为男性，亦50岁左右。其东边头骨（C）为女性，25岁左右。东侧北边头骨（D）属于成年男性。东南角骨架（E）为男性，50岁以上。出土文物有铜剪刀1件，置于墓室的东北角；陶盘口壶1件，位于墓室的西南角（图三八五）。第二层骨架是第一层头骨的肢骨，系成年男性个体（图三八六，图版三九：1）。

1. **填土出土器物**

纹饰陶片　1件（M2182：3）。夹砂褐陶，手制，凹弦纹夹水波纹（图三八七）。

2. **随葬器物**

铜剪刀　1件（M2182：1）。顶端饰一挂环，双刃交叉。通长4.5厘米（图三八八：1，图版

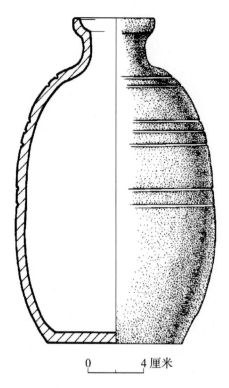

图三八二　M2176随葬器物
陶瓶（M2176：1）

0 ____ 4厘米

北

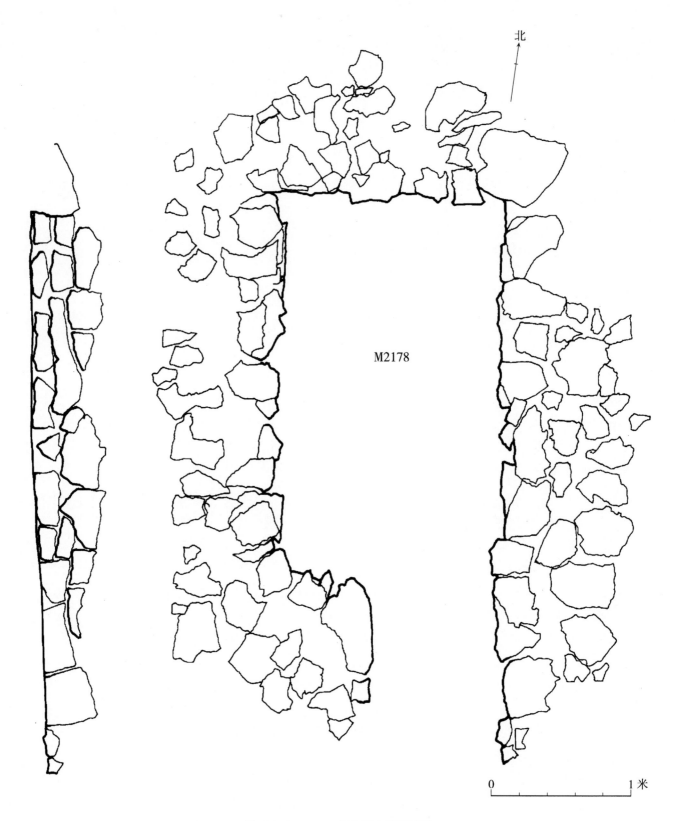

M2178

0　　　　　　　　　　　1 米

图三八三　M2178 平面及东壁侧视图

北

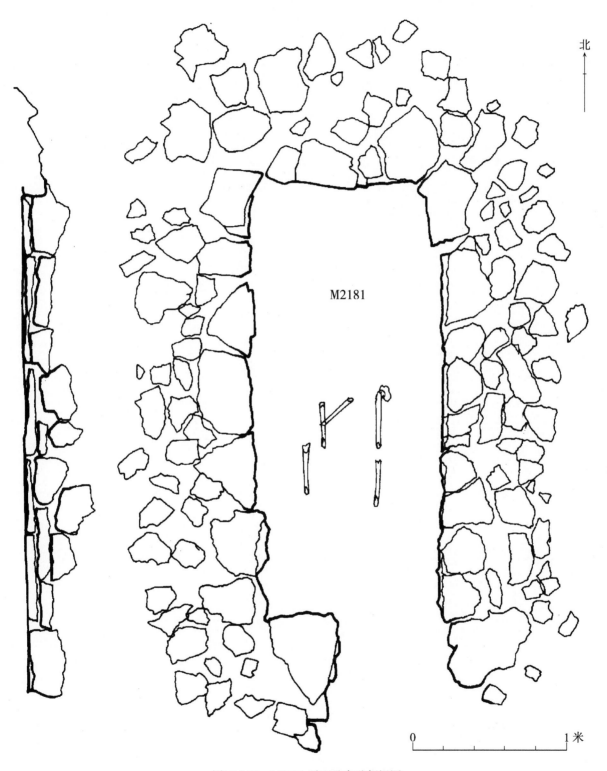

M2181

0   1米

图三八四　M2181 平面及东壁侧视图

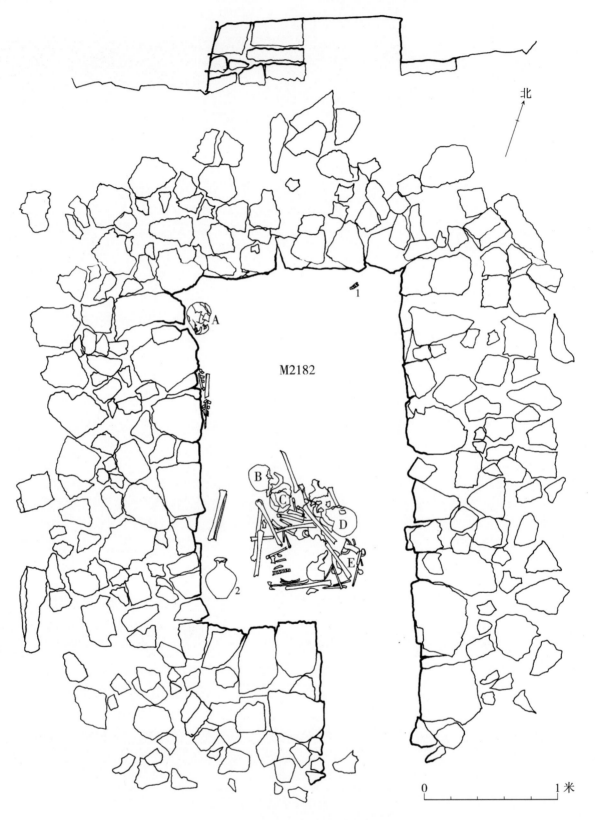

图三八五　M2182 第一层平面及南壁侧视图

1. 铜剪刀　2. 陶盘口壶

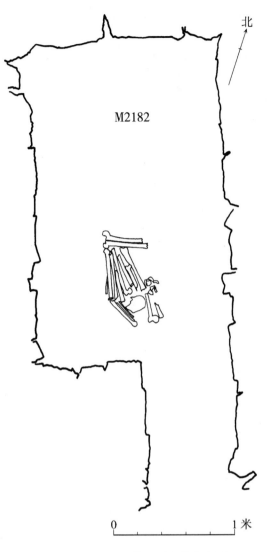

图三八六　M2182 第二层人骨分布图

一四五：4）。

陶盘口壶　1 件（M2182：2）。夹砂褐陶，手制，口沿经过慢轮修整。重唇，侈口，溜肩，圆鼓腹，平底，素面。口径 9.6、通高 26.5、腹最大径 21.2、底径 10 厘米（图三八八：2，图版一〇一：2）。

M2193

位于 M2192 之东南约 5 米处。墓的方向为 180°。封土已被破坏，可见明显的石块堆积。墓室填土为夹沙灰褐土，土质松散，纯净，墓底亦是夹沙灰褐色原生土层。填土中发现夹砂红褐色陶片，器形不明。墓葬为地面建筑，用粗加工的玄武岩石板和石块平砌墓室和墓道，大石块砌于墓室内壁，小石块堆砌在其外围。墓室平面呈长条形，长 2.42、宽 1.06、深 0.52米。墓道设于墓室南壁东侧，长 1.1、宽 0.76 米。

发现二次葬人骨架 1 具，系成年女性。未发现随葬品（图三八九，图版四〇：1）。

M2196

位于 M2211 之北约 1.5 米处。墓的方向为 190°。封土已被破坏，地表上可见微凸的石头堆积。墓室填土为夹沙黑褐土，土质松散，纯净，墓底亦是夹沙黑褐色原生土层。墓室里墓壁与墓底中间有 0.2 米深的

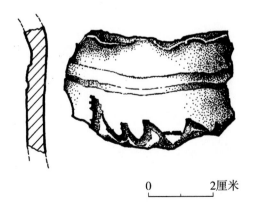

图三八七　M2182 填土出土器物

纹饰陶片（M2182：3）

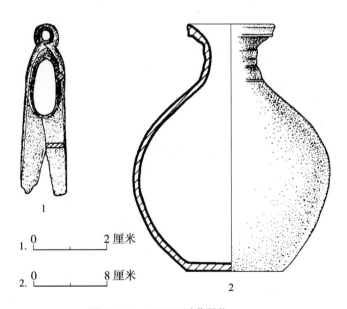

图三八八　M2182 随葬器物

1. 铜剪刀（M2182：1）　2. 陶盘口壶（M2182：2）

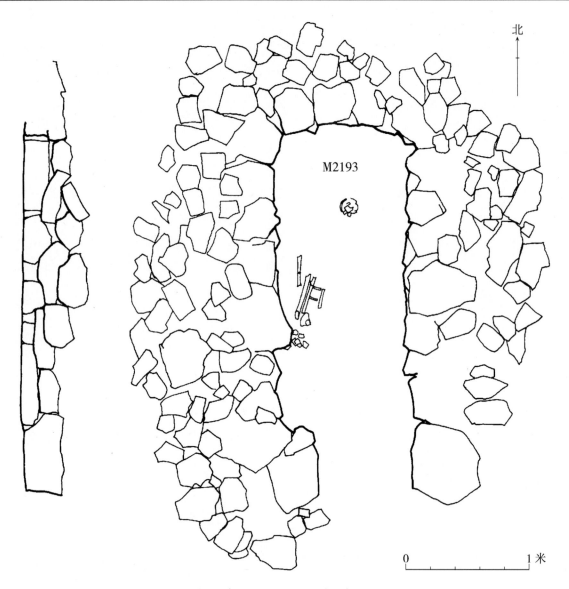

图三八九　M2193 平面及东壁侧视图

花土层。填土中发现夹砂红褐陶鼓腹罐 1 件（已残）。墓葬为地面建筑，用大小不等的石块垒砌墓壁。东壁被破坏，往里倾斜。墓室平面近似于长方形，长 3.14、宽 1.86、深 0.64 米。墓道位于墓室南部东侧，南北长约 0.9、东西宽约 1 米。

无人骨，随葬品亦未见（图三九〇）。

填土出土器物

陶鼓腹罐口沿　1 件（M2196：1）。夹砂红褐陶，手制，口沿经过慢轮修整。方唇，侈口（图三九一）。

M2210

位于 M2209 之南 2 米处。墓的方向为 110°。墓葬西南部已被破坏，地表上可见东北壁的石块堆积。墓室填土为沙土，土质松散，纯净，无包含物，墓底亦是原沙土层。墓葬为地面建筑，用天然玄

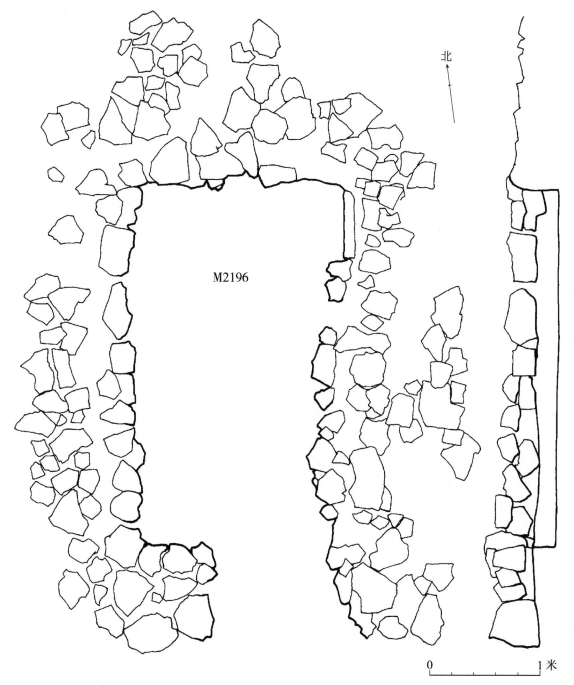

M2196

北

0   1 米

图三九〇   M2196 平面及西壁侧视图

武岩石块和河卵石垒砌墓室与墓道。现存迹象推测，原墓室平面可能是长方形，长 2.6、宽不明，深 0.38 米。墓道位于墓室南部东侧，长 0.81、宽 1.2 米。

无人骨，随葬品亦未见（图三九二）。

M2256

在 M2255 之西 1.5 米处。墓的方向为 175°。上有封土覆盖，呈椭圆形，长径约 4 米，短径 3 米，高出原地表 0.6 米。墓室填土为黄泥土，土质较硬，墓底亦是原黄泥生土层。填土中发现夹砂褐色陶

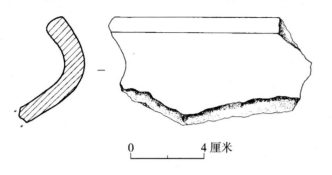

图三九一　M2196 填土出土器物
陶鼓腹罐口沿（M2196：1）

片，器形有长腹罐 1 件、鼓腹罐 1 件、器盖 1 件（均残）。墓葬为半地穴建筑，此墓先在地表上挖一个深约 0.6 米深的长方形坑，然后用未经雕琢的大小石板紧挨土坑壁平砌墓室四壁。墓壁砌至 0.4 米，在南壁偏东侧原生土地表上以同样石材修筑墓道。墓室平面近似于长方形，长 2.04、宽 1.04、深 1 米。墓道长 1.18、宽 0.7、深约 0.6 米。

无人骨。出土文物有陶长腹罐 1 件、铁带銙 2 件、铜耳环 1 件，皆位于墓室边缘（图三九三，图版四〇：2）。

1. 填土出土器物

陶长腹罐残片　1 件（M2256：5）。夹砂褐陶，手制，残甚，形状不明（图三九四：1）。

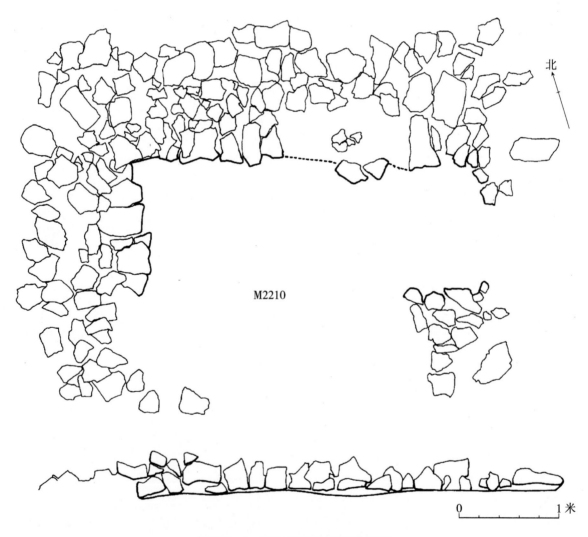

图三九二　M2210 平面及北壁侧视图

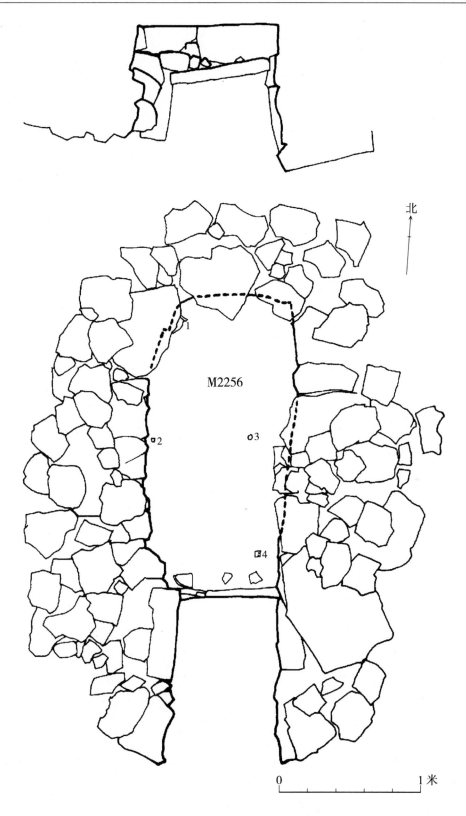

北

0　　　　　　　　1米

图三九三　M2256平面及南壁侧视图

1. 陶长腹罐　2、4. 铁带銙　3. 铜耳环

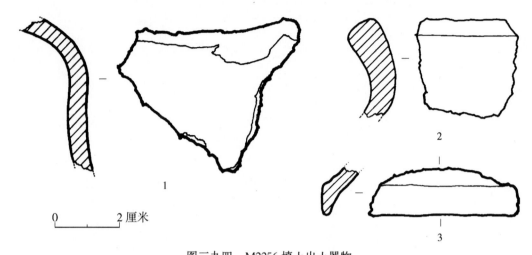

图三九四　M2256 填土出土器物

1. 陶长腹罐残片（M2256：5）　2. 陶鼓腹罐口沿（M2256：6）　3. 陶器盖（M2256：7）

陶鼓腹罐口沿　1件（M2256：6）。夹砂褐陶，手制。方唇，侈口（图三九四：2）。

陶器盖　1件（M2256：7）。夹砂褐陶，手制，喇叭口状（图三九四：3）。

2. 随葬器物

陶长腹罐　1件（M2256：1）。夹砂褐陶，手制，口沿经过慢轮修整，腹有烟熏的痕迹。重唇，侈口，口径略大于腹径，平底，肩饰水波纹夹弦纹。口径 10.4、通高 13.6、腹最大径 9.6、底径 4.5厘米（图三九五：1，图版一〇一：3）。

铜耳环　1件（M2256：3）。圆形，其横截面亦是圆形，中间有一豁口。外径 2.3、内径 1.8 厘米（图三九五：2）。

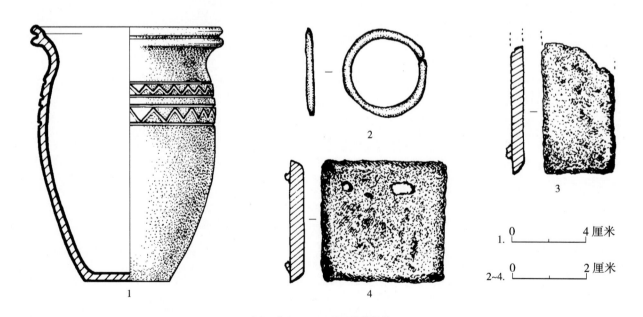

图三九五　M2256 随葬器物

1. 陶长腹罐（M2256：1）　2. 铜耳环（M2256：3）　3、4. 铁带銙（M2256：2、4）

铁带銙 2件。M2256：4近似于方形，上端饰一长方形孔。边长3.3、厚0.4厘米（图三九五：4）。M2256：2残甚，形状不明（图三九五：3）。

M2259

位于M2189之西1.5米处，西南角封土被M2186打破。墓的方向为145°。墓室填土为夹沙黄褐土，土质松散，墓底亦是夹沙黄褐色生土层。填土中发现布纹瓦残片1件。墓葬为半地穴建筑，此墓在地表挖一个0.15米深的长方形坑，然后用粗加工的玄武岩石板平砌墓室四壁，上面再用较小的石块铺叠，个别空隙处以小河卵石填塞。墓室砌至0.1米，在南边靠东壁原生土地表上以同样石材修筑墓道。墓室平面呈长方形，长1.82、宽0.92、深0.81米，墓道长1米，宽0.66、深0.7米。

无人骨。在墓室北侧发现陶长腹罐1件、铁钉1件（图三九六）。

1. **填土出土器物**

布纹瓦残片 1件（M2259：3）。夹砂褐陶，板瓦，一面饰布纹（图三九七）。

2. **随葬器物**

陶长腹罐 1件（M2259：1）。夹砂褐陶，手制，口沿经过慢轮修整，腹有烟熏的痕迹。重唇，侈口，腹径大于口径，平底，素面。口径9.2、通高15.2、腹最大径9.8、底径4.3厘米（图三九八：1，图版一〇一：4）。

铁钉 1件（M2259：2）。扁平钉帽，钉身为四棱锥状。长6.3厘米（图三九八：2）。

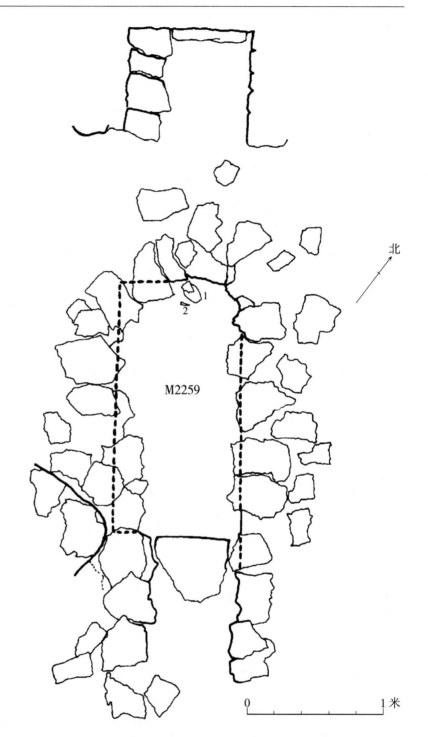

北

0   1米

图三九六 M2259平面及南壁侧视图
1. 陶长腹罐 2. 铁钉

M2272

位于M2267之西南约1.5米处。墓的方向为165°。有封土覆盖,其范围东高西低,最高距地面约0.6米。墓室填土为夹沙灰褐土,土质松散,墓底亦是夹沙灰褐土。填土中发现铁甲片1件、夹砂灰陶瓮1件(已残)。墓葬为地面建筑,用粗加工的玄武岩石板和石块平砌墓室和墓道,大石板用于内壁,小石块堆砌在其周围。墓室西壁已被破坏,长2.52、宽约1.24、深0.48米。墓道设于墓室南壁东侧,长0.72、宽0.8米。

无人骨。未见随葬品(图三九九)。

填土出土器物

铁甲片　1件(M2272:1)。薄铁片,顶端呈弧形,边缘饰若干个小圆孔。残长7.2、宽2.5、厚0.1、孔径0.15厘米(图四○○:1)。

陶瓮口沿　1件(M2272:2)。夹砂灰陶,手制,口沿经过慢轮修整。圆唇,侈口。口径19.2厘米(图四○○:2,图版一二二:5)。

M2293

与M2052相邻,西壁被其东边封土打破,墓向为147°。封土已被破坏,地表上可见微凸的石块,高出地表约0.15米,墓顶坍塌墓室呈凹坑。墓室填土为夹沙黑褐土,土质松软,纯净,无包含物。墓底为原沙土层,之上留有几块长方形碎砖。墓葬为地面建筑,用大小不等的石块垒砌墓室与墓道。墓室平面呈不规则的长方形,长1.82、宽1.34、深0.4米。墓道位于墓室南部东侧,南北长1.28、东西宽0.82米。

未见骨架。在墓室东北角发现陶长腹罐1件(图三三三)。

随葬器物

陶长腹罐　1件(M2293:1)。夹砂褐陶,手制,腹有烟熏的痕迹。圆唇,侈口,口径大于腹径,平底,素面。口径10、通高15.6、腹最大径9.8、底径7厘米(图四○一,图版一○二:1)。

M2294

与M2295相邻,东壁被M2052封土打破,墓向为155°。封土已被破坏,封顶石板已坍塌,墓葬高出地表约0.25米。墓室填土为夹沙黑褐

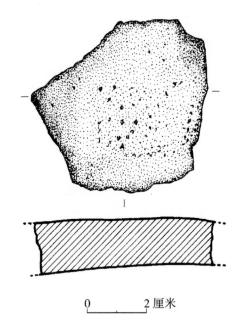

图三九七　M2259填土出土器物
布纹瓦残片(M2259:3)

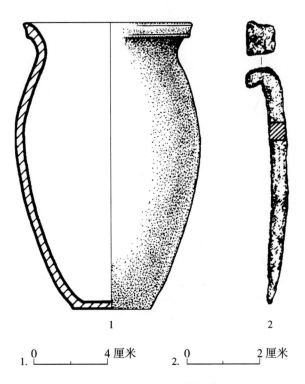

图三九八　M2259随葬器物

1. 陶长腹罐(M2259:1)　2. 铁钉(M2259:2)

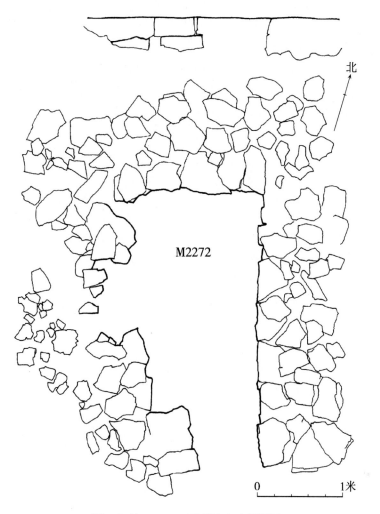

图三九九　M2272 平面及南壁侧视图

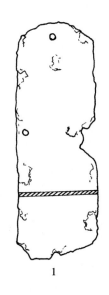

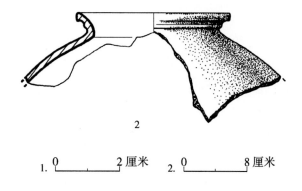

图四〇〇　M2272 填土出土器物

1. 铁甲片（M2272∶1）　　2. 陶瓷口沿（M2272∶2）

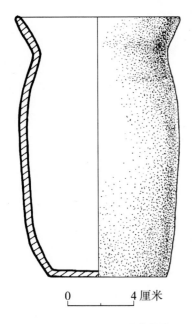

0　　　　4厘米

图四〇一　M2293 随葬器物
陶长腹罐（M2293：1）

土，土质松软。墓室与墓道铺一层长方形红砖，有的已被破坏露出原沙土层。填土中发现夹砂褐陶长腹罐口沿 1 件。墓葬为地面建筑，用大的石板平砌墓室与墓道内壁，较小的石块堆砌于其外围。墓室平面呈长方形，长 2.28、宽 1.4、深 0.4 米。墓道设于墓室南部东侧，长 0.94、宽 0.78 米。

人骨、随葬品均不见（图三三三）。

填土出土器物

陶长腹罐　1 件（M2294：1）。夹砂褐陶，手制。尖唇，侈口，筒形，口径与腹径相同，平底。口径 10.6、通高 13.4、底径 6.2 厘米（图四〇二，图版一〇二：2）。

M2295

与 M2294 相邻，墓向为 155°。未见明显的封土范围，在地表上可见一堆石头，高出地表约 0.55 米左右。墓室填土为夹沙黑褐土，土质松软，纯净，无包含物。墓葬为地面建筑，用大的石板平砌墓室与墓道内壁，较小的石板与石块堆砌在其周围。墓室平面呈长方形，长 1.94、宽 1.19、深 0.58 米。墓道设于墓室南部东侧，南北长 0.48、东西宽 0.68 米。

墓室有碎人骨，性别与年龄均不清。不见随葬品（图三三三）。

M2309

位于 M2060 之西 1 米处。墓的方向为 175°。有封土覆盖，形状近似于长方形，南北长 5、东西宽约 3.8、高出地面 0.5 米。填土为黑土，土质较密，墓底铺一层黄沙土，填土中发现夹砂褐陶碗残片 1 件。墓葬为地面建筑，用粗加工的天然玄武岩石块垒砌墓室和墓道，大石块用于内壁，小石块铺砌于墓室外围。墓室平面呈不规则的长方形，长 2.93、宽 1.95、深 0.45 米。墓道设于墓室南壁东侧，长 0.59、宽 0.87 米。

在墓室中部发现三根肢骨，属于一个个体，墓主人为成年男性。出土文物有铜带銙 2 件、铜铊尾 1 件、铜带扣 1 件，分别置于墓室中部（图四〇三）。

1. **填土出土器物**

陶碗　1 件（M2309：5）。夹砂褐陶，手制，敞口，平底（图四〇四）。

2. **随葬器物**

铜带銙　2 件。形状不同，可分二式。

Ⅰ式　1 件（M2309：1）。长方形，边缘折起，两片复合，上端饰一长方形孔，背面饰 4 个小钉。长 2.7、宽 2.4、

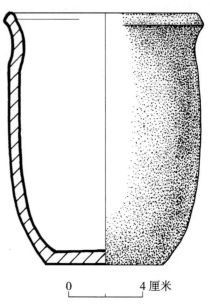

0　　　　4厘米

图四〇二　M2294 填土出土器物
陶长腹罐（M2294：1）

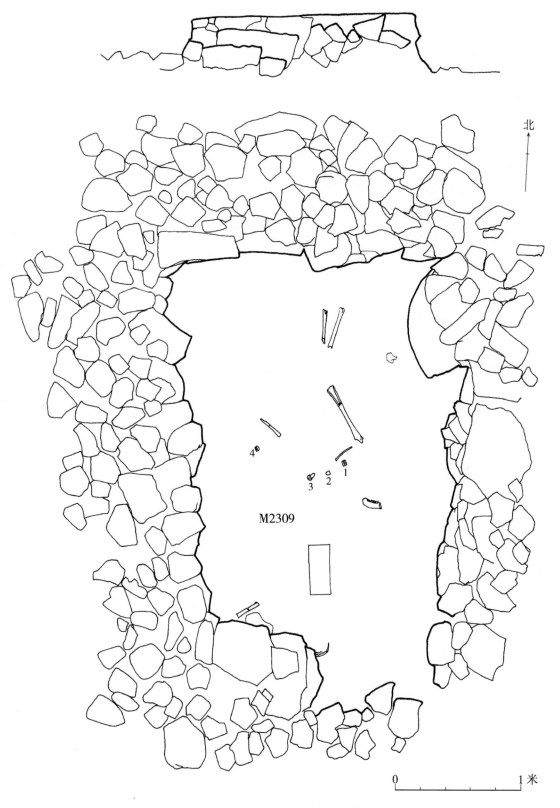

图四〇三　M2309 平面及南壁侧视图

1、4. 铜带銙　2. 铜铊尾　3. 铜带扣

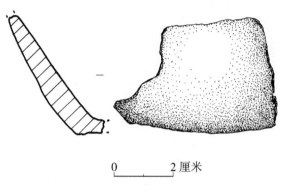

图四〇四　M2309 填土出土器物
陶碗（M2309：5）

厚 0.5、孔长 1.7、宽 0.6 厘米（图四〇五：1，图版一四五：2-2）。

Ⅱ式　1件（M2309：4）。近似于半圆形，边缘折起，两片复合，中间饰一长方形孔，背面有 3 个小钉。长 2.5、宽 1.7、厚 0.6、孔长 1.5、宽 0.6 厘米（图四〇五：2，图版一四五：2-1）。

铜铊尾　1件（M2309：2）。呈舌状，边缘折起，两片复合，一端开口，背面有 3 个小钉。长 2.8、宽 2.2、厚 0.5 厘米（图四〇五：3）。

铜带扣　1件（M2309：3）。顶端为椭圆形圈，中间搭扣，下端呈舌状，两片复合，一面饰 4 个小钉。长 5.2、顶端宽 3.2 厘米（图四〇五：4，图版一四五：5）。

M2313

位于 M2046 之南 1 米处。墓的方向为 185°。封土已被破坏，只有几块石头无规律地散落在墓葬周围。墓室填土为黑褐土，土质较密集，无包含物，墓底为原生土，呈褐色。墓葬为地面建筑，用粗加工的天然玄武岩石板平砌墓室和墓道，大石块用于内壁，小石块堆砌于墓室外围。墓室近似于长方形，长 2.05、宽 1.18、深 0.6 米。墓道在墓室南壁东侧，长 1.06、宽 0.7 米。

墓室有两具骨架，皆为一次葬。东边（A）个体属男性，50 岁左右。西边骨架（B）为女性，35 岁左右。墓室北部发现陶壶 1 件、陶长腹罐 1 件，两人骨中间出土 1 件铁刀（图四〇六）。

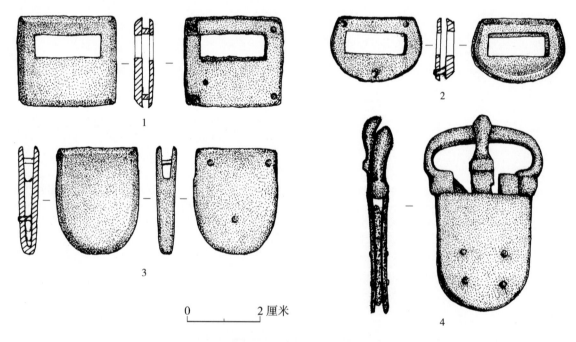

图四〇五　M2309 随葬器物

1. Ⅰ式铜带銙（M2309：1）　2. Ⅱ式铜带銙（M2309：4）　3. 铜铊尾（M2309：2）　4. 铜带扣（M2309：3）

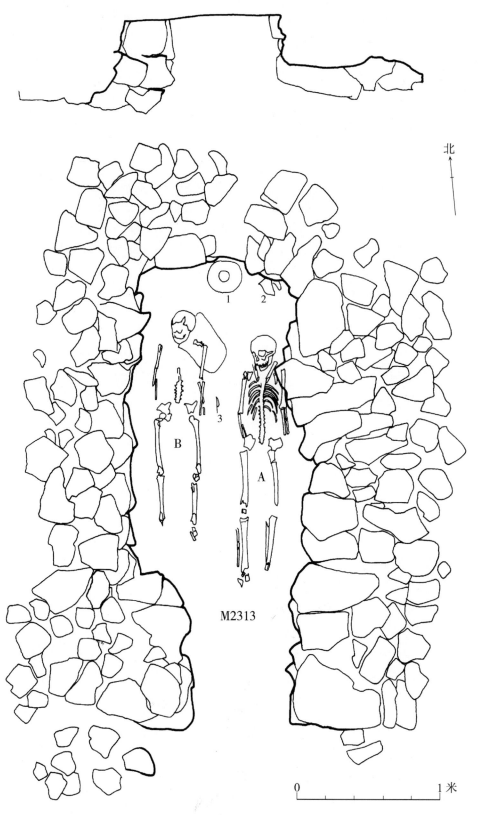

北

M2313

0 1 米

图四〇六 M2313 平面及南壁侧视图

1. 陶短颈壶 2. 陶长腹罐 3. 铁刀

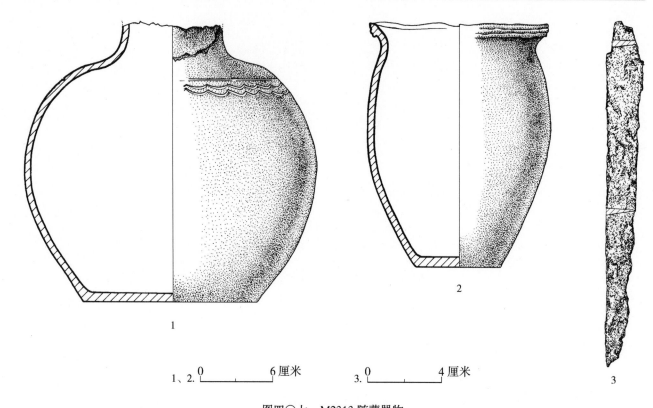

　1、2.　0　　　　　　6 厘米　　　　3.　0　　　　　　4 厘米

图四〇七　M2313 随葬器物

1. 陶短颈壶（M2313：1）　　2. 陶长腹罐（M2313：2）　　3. 铁刀（M2313：3）

随葬器物

陶短颈壶　1 件（M2313：1）。夹砂褐陶，手制。侈口，圆鼓腹，平底，肩饰凹弦纹夹水波纹。残高 22.2、腹最大径 23.7、底径 14 厘米（图四〇七：1，图版一〇二：3）。

陶长腹罐　1 件（M2313：2）。夹砂褐陶，手制，腹有烟熏的痕迹。唇饰两道凹弦纹，侈口，腹径略大于口径，平底，素面。口径 14.6、通高 19.8、腹最大径 14.8、底径 6.7 厘米（图四〇七：2，图版一〇二：4）。

铁刀　1 件（M2313：3）。直背，斜刃，其横截面为三角形。长 18.1、柄长 1.6 厘米（图四〇七：3，图版一六六：2）。

M2319

位于 M2295 西北角 0.5 米处。墓的方向为 170°。封土破坏无存，墓室东北角和墓道已被破坏。墓室填土为夹沙黑褐土，土质松软，纯净，无包含物。墓葬为地面建筑，用大的石板平砌墓室与墓道内壁，较小的石板与石块堆砌在墓葬周围。墓室平面呈不规则的长方形，长 2.2、宽 1.26、深 0.4 米。墓道设于墓室南部东侧，长 1.2、宽 0.66 米。

靠墓室西壁葬一具骨架（A），系一次葬，男性，35 岁左右。右侧几根肢骨（B）烧成黑色，其性别与年龄均不清。墓室北侧随葬铜带銙 1 件，在西壁外侧发现铜螺旋器 1 件（图四〇八，图版四一：1）。

随葬器物

铜带銙　1 件（M2319：1）。长方形，边缘折起，上端饰一长方形孔，中间饰一长方形孔。长

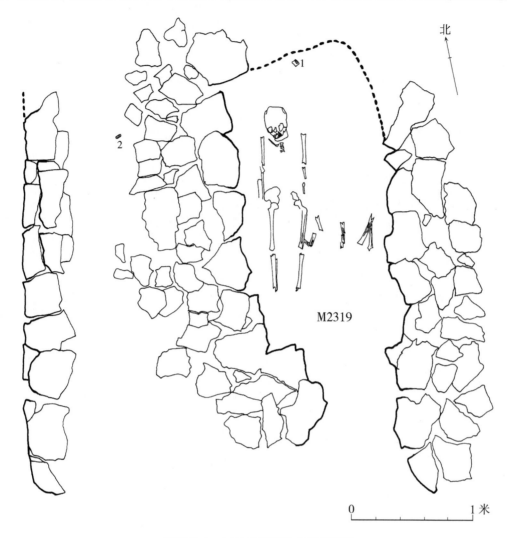

图四〇八　M2319平面及东壁侧视图

1. 铜带銙　2. 铜螺旋器

3.2、宽 2.8、孔长 1.9、宽 0.7 厘米（图四〇九：1，图版一四六：2）。

铜螺旋器　1件（M2319：2）。管状，中空，螺纹饰。长 2.8、直径 1.3、孔径 0.7 厘米（图四〇九：2，图版一四六：1）。

（三）长方形石室墓（Ac 型）

M2011

位于 M2012 之东 1 米处。墓的方向为 195°。封土堆呈缓坡状。墓室南壁堵头已被破坏，三壁保存完好。墓室填土为夹沙黑土，土质较硬，纯

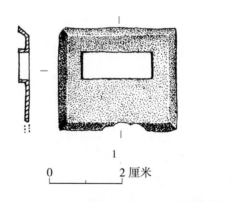

图四〇九　M2319随葬器物

1. 铜带銙（M2319：1）　2. 铜螺旋器（M2319：2）

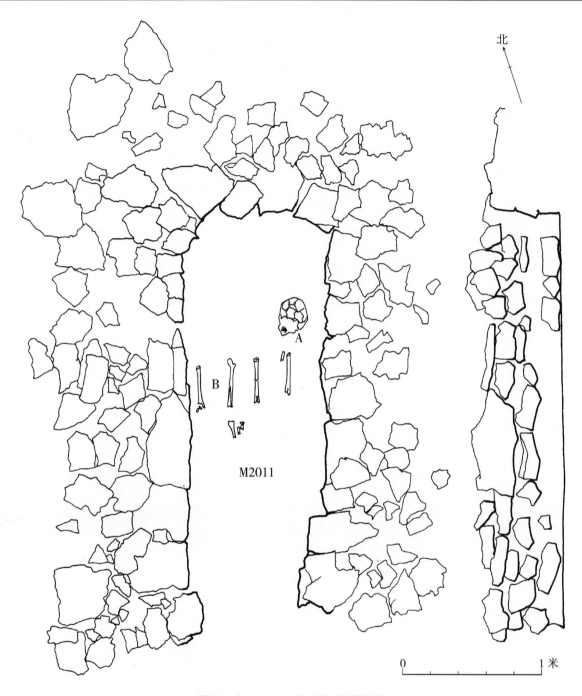

图四一〇　M2011 平面及西壁侧视图

　　净，无包含物，墓底亦是夹沙黑土层。墓葬系地面建筑，用天然玄武岩石块平砌墓室，大块石头垒砌墓室内壁，其周围用小石块铺叠。墓室平面呈长条状，长 2.13、宽 1.04、深 0.7 米。

　　人骨缺损，有一头骨和部分肢骨，属于二次葬。东边头骨（A）为成年男性。西侧肢骨（B）性别不清，其年龄 15～16 岁。未发现随葬器物（图四一〇）。

M2012

　　位于 M2011 之西南 1 米处。墓的方向为 200°。墓室东壁和南壁多遭破坏，东壁基本破坏无存。

保存较好的北壁和部分西壁已露出地面。墓室填土为夹沙黑土，土质较硬，墓底亦是夹沙黑土层。填土中发现夹砂褐陶长腹罐（残）1件。墓葬为地面建筑，用天然玄武岩石板平砌墓室，其周围铺砌小石块。现存迹象看墓室平面可能是长方形，长 2.68、宽 1.66 米、深 0.62 米。

　　无人骨痕迹，未见随葬品（图四一一）。

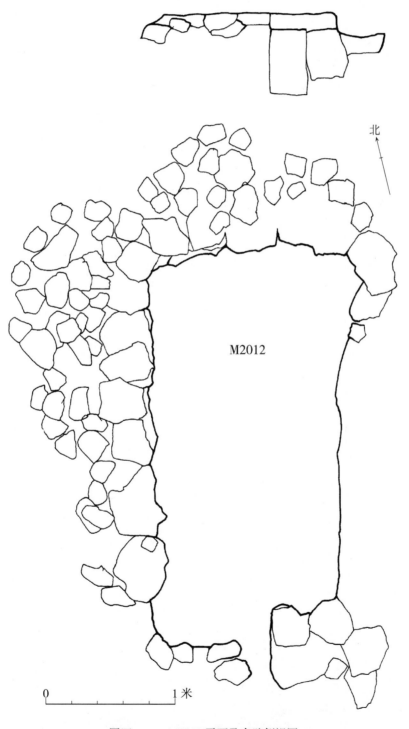

图四一一　M2012 平面及南壁侧视图

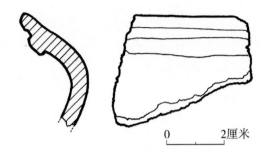

图四一二　M2012 填土出土器物
陶长腹罐口沿（M2012：1）

填土出土器物

陶长腹罐口沿　1 件（M2012：1）。夹砂褐陶，手制，重唇，侈口（图四一二）。

M2038

位于 M2037 往东 3.5 米处。墓的方向为 185°。封土不十分明显，只有几块石头已露出地面。墓室填土为黑土，土质松散，无包含物，墓底为黄沙生土层。墓葬为地面建筑，用粗加工的玄武岩石块和石板砌筑墓室东、西、北壁，南壁封堵一块大石头。墓室呈不太规则的长方形，长约 2.42、宽 0.7～0.9、深 0.53 米。

头骨和肢骨无规律地堆放在墓室中间，其中有 4 个头骨，皆为二次葬。最北的头骨（A）为成年男性。中间东边头骨（B）为男性，30～35 岁。中间西边头骨（C）为成年男性。最南边头骨（D）为男性，40 岁左右。无任何随葬品（图四一三）。

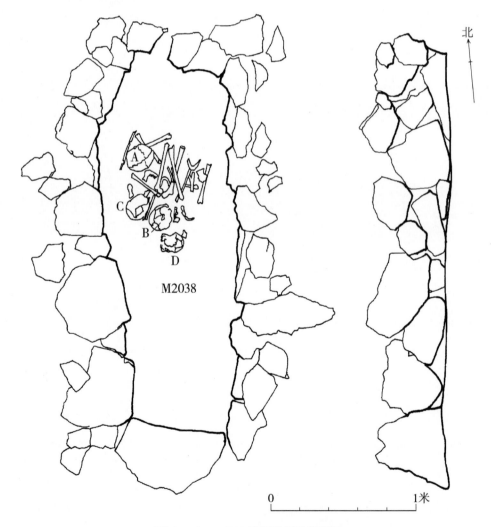

图四一三　M2038 平面及西壁侧视图

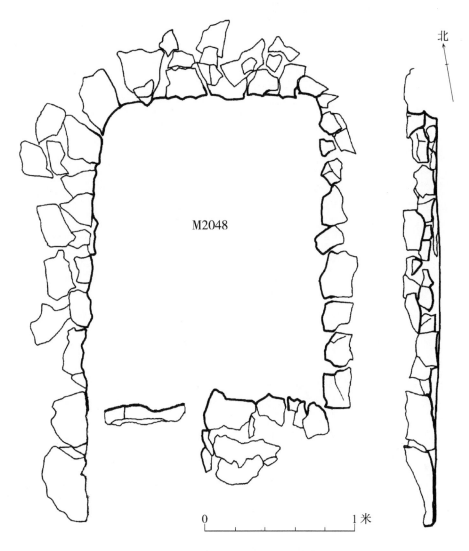

图四一四　M2048 平面及西壁侧视图

M2048

位于 M2049 之西约 2.5 米处。墓的方向为 190°。封土已被破坏，有的石块已露出地表上。墓室填土为黑土，土质较密，墓底为原生土层，呈灰褐色。填土中发现夹砂褐陶片，器形有壶、鼓腹罐、长腹罐（均碎片）。墓葬为地面建筑，用天然石块简单垒砌墓壁，墓室简陋，其形状呈长方形，长 1.96、宽 1.53、深 0.24 米。

无人骨痕迹，随葬品亦未见（图四一四）。

M2057

位于 M2056 之东约 3.6 米处。墓的方向为 180°。有封土覆盖，近似于椭圆形，长径约 4.3、短径 3、高约 0.5 米。墓室填土为黑褐土，土质松散，无包含物，墓底铺一层黄沙土。墓葬为地面建筑，用玄武岩石块垒砌墓壁，四壁不太整齐。墓室平面呈长条形，长 3.1、宽 0.86、深 0.4 米。

人骨保存欠佳，系二次葬，其性别为男性，40～45 岁。未见随葬品（图四一五）。

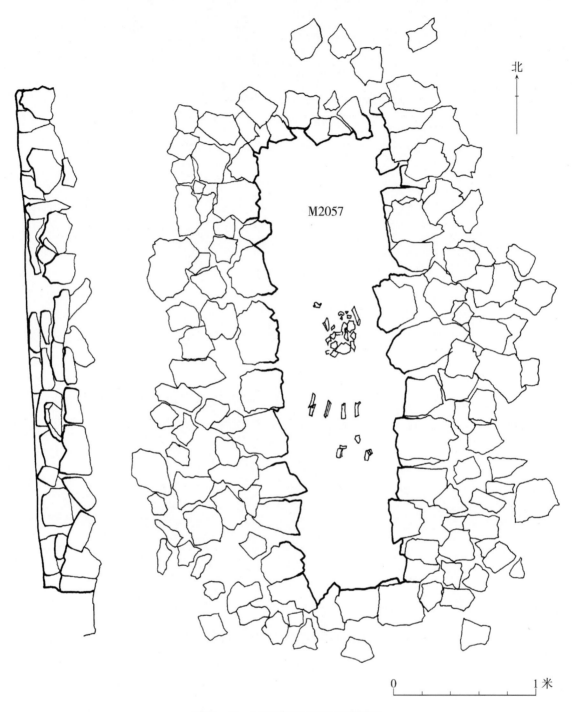

北

0　　　　　　　　1 米

图四一五　M2057 平面及东壁侧视图

M2059

位于 M2058 之东约 7 米处。墓的方向为 185°。有封土覆盖，呈斜坡状，西北高，东南低。填土为黑土，土质松散，无包含物，墓底铺一层黄沙土。墓葬为地面建筑，用粗加工的玄武岩石块平砌墓壁，四壁不太规整，近似于长条形，南壁已被破坏，长 2.56、宽 0.74、深 0.5 米。

墓室中间有一块石板，上边发现几块碎骨头，其性别与年龄均不明。未见随葬品（图四一六）。

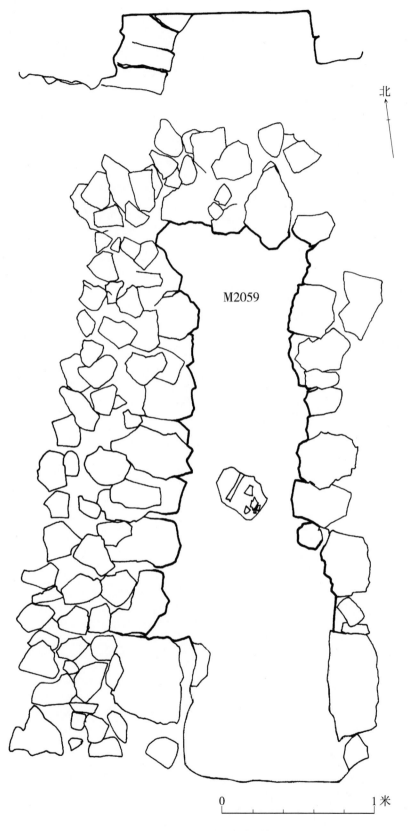

北

M2059

0　　　　　　　　1 米

图四一六　M2059 平面及南壁侧视图

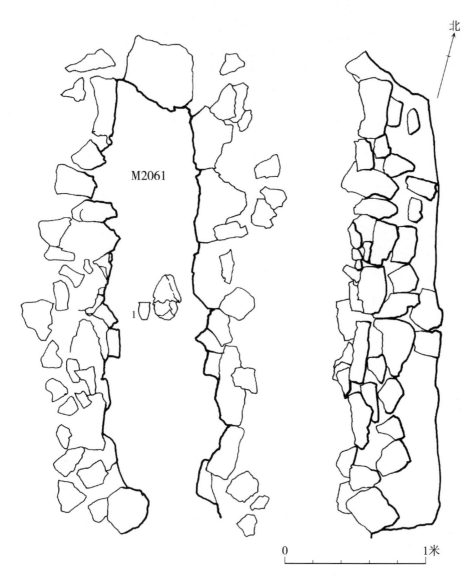

图四一七
M2061 平面及西壁侧视图
1. 陶长腹罐

0　　　　　　　　　　　1米

M2061

位于 M2057 之东北约 2.7 米处。墓的方向为 165°。有封土覆盖，高出地面约 0.8 米。墓室填土为黑褐土，土质较密，墓底为原生土层。填土中发现夹砂褐陶罐口沿 1 件（已残）。墓葬系地面建筑，用天然玄武岩石块垒砌墓壁，四壁不甚规整。墓室平面近似于长条形，南壁已被破坏，长 2.61、宽 0.74、深 0.72 米。

墓室中部有一头骨，其性别与年龄均欠明。1 件陶长腹罐位于头骨东边（图四一七）。

1. 填土出土器物

陶罐口沿　1 件（M2061：2）。夹砂褐陶，手制，侈口（图四一八）。

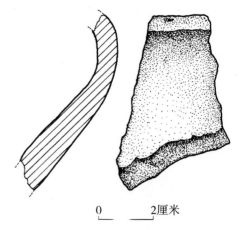

0　　　　2厘米

图四一八　M2061 填土出土器物
陶罐口沿（M2061：2）

2. 随葬器物

陶长腹罐 1 件（M2061：1）。夹砂褐陶，手制，口沿经过慢轮修整，腹部留下烟熏的痕迹。重唇，侈口，口径大于腹径，平底，肩饰锥刺纹夹附加堆纹。口径 10.3、通高 14.5、腹最大径 9.8、底径 5 厘米（图四一九，图版一〇三：1）。

M2062

位于墓地最西部，与 M2277 相隔 8 米。墓的方向为 205°。封土已破坏无存，墓葬破坏严重。墓室填土为沙土，无包含物。墓葬系地面建筑，用粗加工的玄武岩石块垒砌墓壁，四壁均遭到破坏，尤其南壁已破坏无存。从现存迹象推测，墓室原是长方形，残长 2.22、宽 0.86、深 0.56 米。

墓室北部发现一个成年头骨，其性别与年龄均不明。在头骨西侧发现陶长腹罐 1 件（图四二〇）。

随葬器物

陶长腹罐 1 件（M2062：1）。夹砂褐陶，手制，口沿经过慢轮修整，腹部留下烟熏的痕迹。重唇，侈口，腹径大于口径，平底。口径 10.2、通高 18.4 腹径 12.2、底径 6.2 厘米（图四二一）。

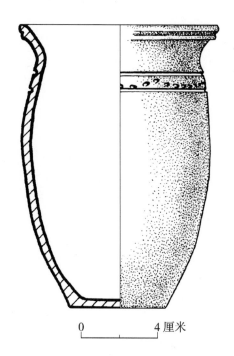

0   4厘米

图四一九 M2061 随葬器物
陶长腹罐（M2061：1）

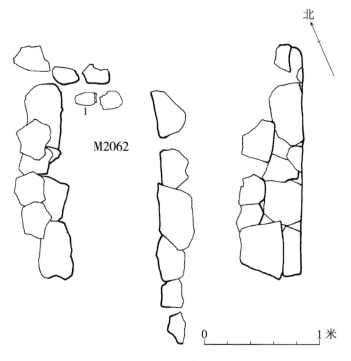

北

M2062

0   1 米

图四二〇 M2062 平面及西壁侧视图
1. 陶长腹罐

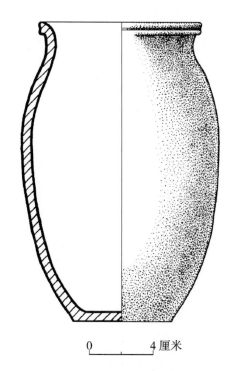

0   4厘米

图四二一 M2062 随葬器物
陶长腹罐（M2062：1）

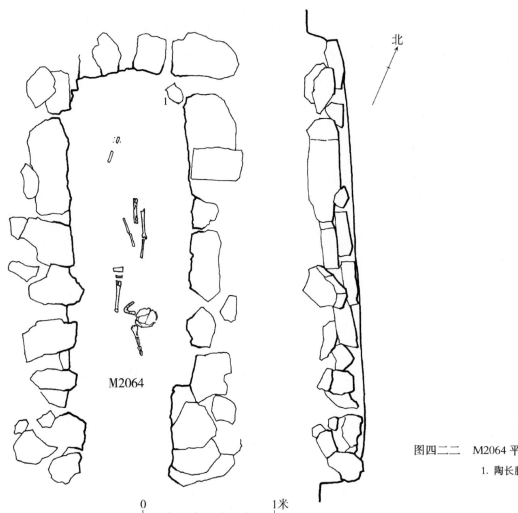

图四二二　M2064 平面及西壁侧视图

1. 陶长腹罐

M2064

位于 M2058 东北约 3 米处。墓的方向为 155°。封土低平，其范围不明显，在地面上已露出几块石头。填土为黑褐土，土质松散，无包含物，墓底为原生土层，呈灰色。墓葬系地面建筑，用大小不等的玄武岩石板和石块垒砌墓壁，墓室平面呈长条形，南壁已被破坏，长 2.36、宽 0.9、深 0.41 米。

骨架缺失，可能是一个个体，系二次葬。墓主人为成年男性。在墓室东北角发现陶长腹罐 1 件（图四二二）。

随葬器物

陶长腹罐　1 件（M2064：1）夹砂褐陶，手制，口沿经过慢轮修整，腹部留有烟熏的痕迹。重唇，侈口，腹径大于口径，平底，肩饰弦纹夹水波纹。口径 9.9、通高 17.3、腹最大径 12.4、底径 5.9 厘米（图四二三，图版一〇三：2）。

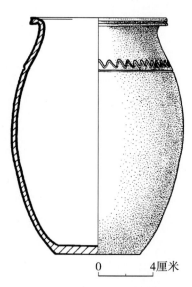

图四二三　M2064 随葬器物

陶长腹罐（M2064：1）

M2066

位于 M2068 东北约 1.7 米处。墓的方向为 170°。有微凸的封土覆盖，地表上已露出几块石头。填土呈黑色，土质松软，无包含物，墓底为原沙土层。墓葬为地面建筑，用玄武岩石块和石板垒砌墓室东、西、北壁，南壁已被破坏。墓室近似于长条形，残长 3.5、宽 0.8～1、深 0.58 米。

在墓室东壁和西北角发现若干块肢骨，其性别与年龄均不明。未发现随葬品（图四二四）。

M2070

位于 M2068 东北约 1.7 米处。墓的方向为 180°。有封土覆盖，近似于长方形，南北长约 3.8 米，东西宽 2 米左右，墓室中间坍塌呈凹坑状，其周围高出地面约 0.4 米左右。填土呈黑褐土，土质松散，无包含物，墓底为原生土层。墓葬为地面建筑，系用玄武岩石块垒砌墓室，平面略呈长方形，有的墓壁石块往里倾斜，长 2.96、宽 1.16、深 0.48 米。

发现三个头骨，肢骨多有缺失，属于二次葬。最北边骨架（A）为男性，30～35 岁。墓室西边骨架（B）为成年男性。东部骨架（C）亦为男性，35～40 岁左右。随葬品有银耳环 1 件，位于东部肢骨边上（图四二五，图版四一：2）。

随葬器物

银耳环　1 件（M2070：1）。系银丝屈曲而成，圆形开口，横截面亦是圆形。外径 1.5、内径 1.1、横截面直径 0.3 厘米（图四二六，图版一八〇：2）。

M2071

位于 M2068 东北约 1.7 米处。墓的方向为 190°。有微凸的封土覆盖，形状近似于椭圆形，长径 4.4、短径 2.6、高出地面约 0.5 米。填土为黑褐土，土质松散，填土中发现 1 件铜带鐍。墓底发现数十块红砖，其中一块红砖被压在骨头之下。墓葬为地面建筑，系用大小不等的玄武岩石块垒砌墓室四壁，封堵南壁用少量长方形碎砖，墓室呈长方形，长 3 米、宽 1.1 米、深 0.46 米。

人骨保存欠佳，碎骨零乱，性别为男性，25～30 岁。出土遗

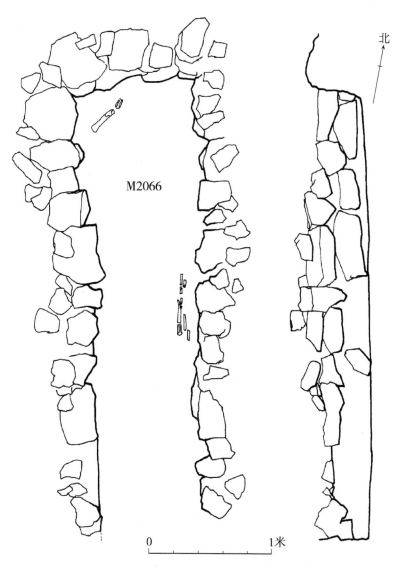

北

M2066

0   1米

图四二四　M2066 平面及西壁侧视图

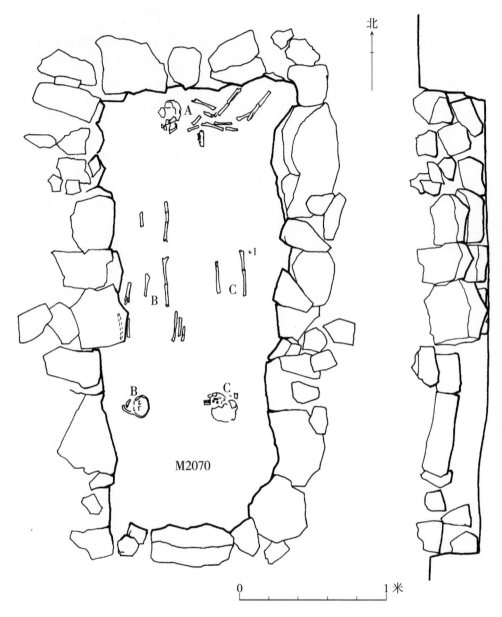

图四二五　M2070平面及西壁侧视图

1. 银耳环

物有陶鼓腹罐1件，位于墓室西南部。铜带饰1件、铁甲片1件，均出土于墓室中部东西两侧（图四二七，图版四二：1）。

1. 填土出土器物

铜带銙　1件（M2071：4）。呈长方形，边缘折起，两片复合，上端饰一长方形孔，背面饰3个小钉。长2.7、宽2.3、厚0.7、孔长1.5、宽0.6厘米（图四二八）。

2. 随葬器物

陶鼓腹罐　1件（M2071：1）。夹砂褐陶，手制，口沿经过慢轮修整，

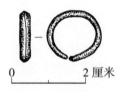

图四二六　M2070
随葬器物
银耳环（M2070：1）

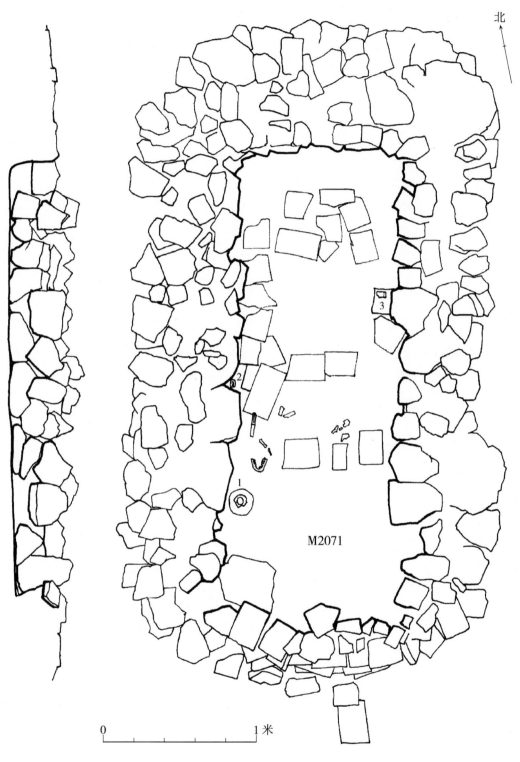

图四二七　M2071 平面及东壁侧视图

1. 陶鼓腹罐　2. 铜带銙　3. 铁甲片

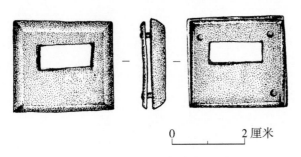

图四二八　M2071填土出土器物
铜带銙（M2071：4）

腹有斑纹。重唇，侈口，鼓腹，平底，素面。口径7.9、通高13.8、腹最大径15.2、底径8厘米（图四二九：1，图版一〇三：3）。

铜带銙　1件（M2071：2）。通体呈长方形，四边折起，中间饰一长方形孔，背面有4个小钉。长2.9、宽1.9、厚0.7、孔长1.8、宽0.7厘米（图四二九：2，图版一四六：4）。

铁甲片　1件（M2071：3）。薄铁片，两角抹去呈弧形，边饰对称的小圆孔。残长5.6、宽3、厚0.1厘米（图四二九：3）。

M2073

位于M2072之东约4米处。墓的方向为165°。有微凸的封土覆盖，略呈长方形，南北长约3.7、东西宽约2米。填土呈黑褐土，土质松散，无包含物，墓底为原生土层，呈黑褐色。墓葬系地面建筑，用天然石块垒砌四壁，墓室不太规整，近似于长方形，西壁有的石块已往里倾斜，长2.4、宽1.1、深0.38米。

碎头骨在墓室西部，亦有一些零散的肢骨，属于二次葬。墓主人性别为男性，35～40岁。随葬品有铜带銙1件，出土于头骨旁边（图四三〇）。

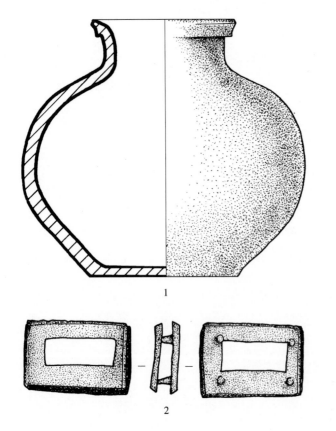

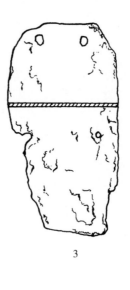

1. ⌊0　　　　4厘米⌋

2、3. ⌊0　　　2厘米⌋

图四二九

M2071随葬器物

1. 陶鼓腹罐（M2071：1）
2. 铜带銙（M2071：2）
3. 铁甲片（M2071：3）

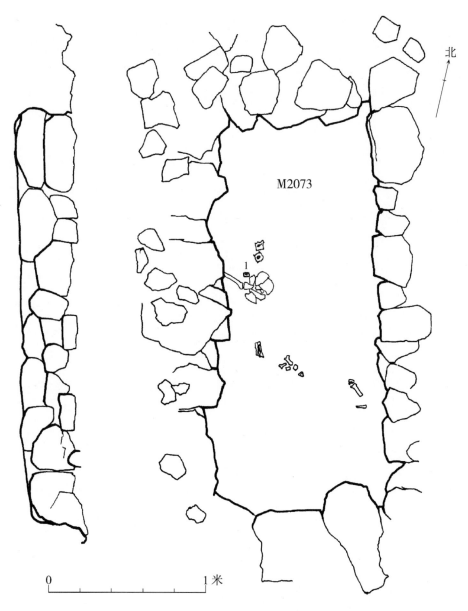

图四三〇　M2073 平面及东壁侧视图
1. 铜带銙

随葬器物

铜带銙　1件（M2073：1）。通体呈长方形，四个边缘折起，呈斜边，上端设一长方形孔，背面有1个小圆钉。长3.3、宽2.6、孔长1.8、宽0.5厘米（图四三一）。

M2075

位于 M2076 之北约1米处。墓的方向为170°。封土已被破坏，北高南低呈斜坡状，墓壁石块已露出地面。墓室填土为黑土，土质松软，无包含物。墓葬为地面建筑，系用粗加工的玄

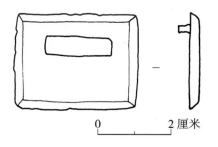

图四三一　M2073 随葬器物
铜带銙（M2073：1）

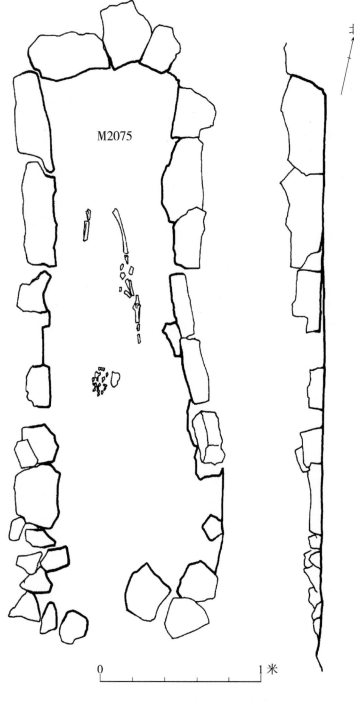

图四三二　M2075平面及西壁侧视图

武岩石板立支墓室东、西、北三壁，之后用小石块封堵墓室南壁，结构简单。墓室呈长条形，东壁往里倾斜，部分南壁已被破坏，长2.96、宽0.66～0.86、深0.28米。

人骨发现于墓室中部，经火烧，已零乱，仅存头骨和四肢骨的残片，墓主人的身份为成年男性。未见随葬品（图四三二）。

M2077

位于M2085之东南约1米处。墓的方向为176°。有封土覆盖，呈长方形，南北长4.4、东西宽2.4、高出地面约0.6米。填土为黑土，土质松散，无包含物。墓底为原生土层，呈灰色。墓葬系地面建筑，用玄武岩大石块和天然河卵石垒砌墓葬，墓室为不规则的长方形，西壁个别石块往里倾斜，长2.7、宽1.25、深0.6米。

墓室北部有一头骨，其周围有零散的肢骨，可能是两个个体，均属于二次葬。头骨（A）和其北边肢骨属于成年男性，头骨右侧肢骨（B）系成年女性。随葬品有铁刀1件，位于墓室南部；铜镜1件，发现于碎骨西边（图四三三）。

随葬器物

铁刀　1件（M2077：1）。直背，斜刃，其横截面为三角形。通长9.7、柄长3.1厘米（图四三四：1，图版一六六：3）。

铜镜　1件（M2077：2）。原形为圆形，镜缘微凸，残甚，图案只剩下一部分（图四三四：2，图版一四六：3）。

M2081

位于M2082之西南约4米处。墓的方向为170°。有封土覆盖，近似于长方形，南北长约4.5、东

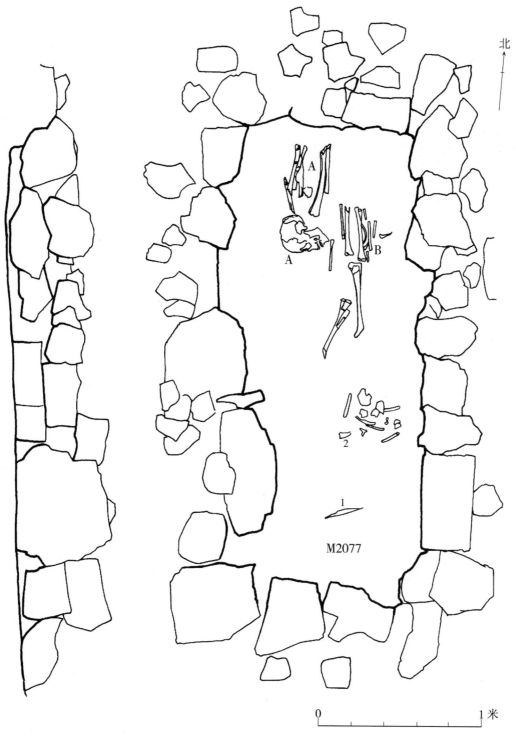

北

图四三三　M2077 平面及东壁侧视图

1. 铁刀　2. 铜镜

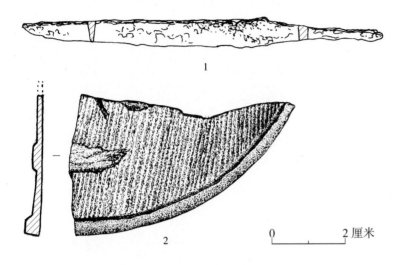

图四三四　M2077 随葬器物

1. 铁刀（M2077：1）　　2. 铜镜（M2077：2）

的方向为 165°。有封土覆盖，其形状近似于椭圆形，长径约 4.8、短径 3.5、高 0.8 米。填土为黑土，土质松软，填土中发现铁刀 1 件，墓底为原生土层，呈黑褐色。墓葬为地面建筑，先用粗加工的玄武岩石板立支东、西、北壁一层，之上再铺砌大石板，个别空隙填塞小河卵石，最后封堵墓室南壁，南壁已被破坏，现存迹象中可以推测，属于长方形石室墓。墓室呈长方形，长 2.8 米、宽 1.13、深 0.7 米。

墓室中间有一具仰身直肢人骨架（A），保存较好，头朝南，脚朝北，属于一次葬。墓主人的身份为男性，25 岁左右。二次葬骨架堆积在墓室北部，一次葬人骨足下，骨头较乱，根据头骨，可以断定五个个体。（B）头骨为男性，45 岁左右。（C）头骨为男性，35 岁左右。（D）头骨为男性，19~20 岁左右。（E）头骨性别不明，属于成年个体。（F）骨架系女性，50~55 岁。未见随葬品（图四三六，图版四二：2）。

西宽约 3.5、高出地面约 0.8 米。填土为黑土，土质松散，无包含物，墓底为原生土层，呈褐色。墓葬为地面建筑，系用粗加工的玄武岩石板和天然石块垒砌墓室，南壁不太规整，有的石块往里倾斜，墓室北侧有一条木炭痕迹，长约 1.6、宽 5 厘米。墓室平面呈长方形，长 2.84、宽 1.9、深 0.8 米。

无人骨痕迹，随葬品亦未见（图四三五）。

M2082

位于 M2083 之西 1.2 米处。墓

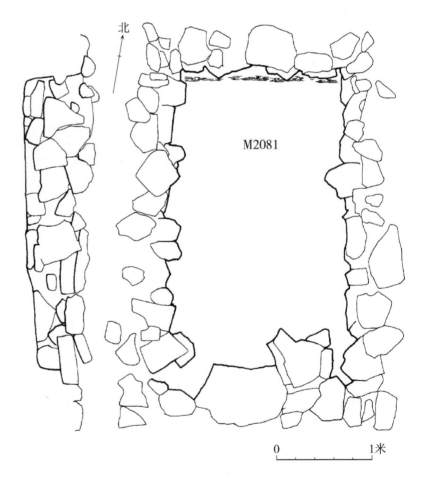

图四三五　M2081 平面及东壁侧视图

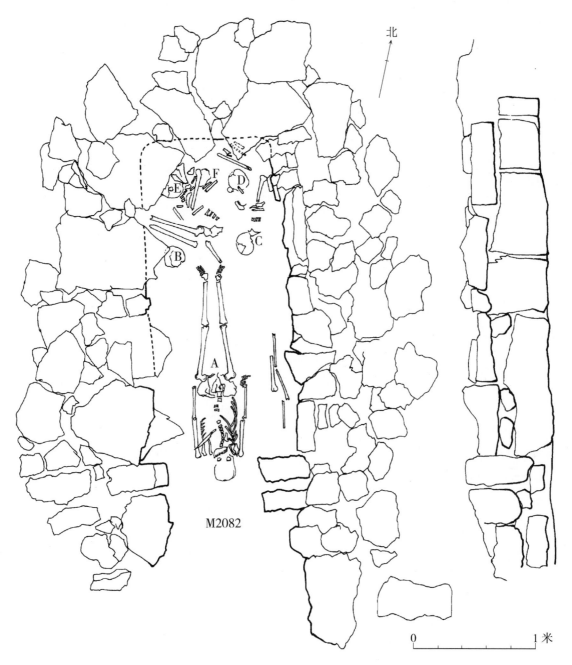

图四三六　M2082 平面及西壁侧视图

填土出土器物

铁刀　1件（M2082：1）。直背，斜刃，其横截面为三角形，柄横截面呈长方形。通长20.3、柄长5.9厘米（图四三七，图版一六六：4）。

M2086

位于M2087之西南约3米处。墓的方向为170°。封土北高南低，最高处距地面约有0.45米。填土为黑褐土，土质松散，无包含物，墓底铺一层黄沙土。墓葬为地面建筑，部分西南角墓壁已被破坏，其余保存完好，墓室系用粗加工的玄武岩石块平砌东、西、北三壁，最后用大小不等的石块封堵墓室南壁。墓室南壁已被破坏，平面近似于长方形，长2.66、宽1.62、深0.4米。

墓室西部葬一人骨，属于一次葬，头朝南，骨架保存欠佳，无法辨认其性别，年龄约有35~40岁。未见随葬品（图四三八）。

M2089

位于M2147之西3.7米处。墓的方向为170°。有封土覆盖，呈长方形，南北长4.5、东西宽3、高出地面0.6米。填土为黑土，土质松散，无包含物，墓底为原生土层，呈灰褐色，三块碎红砖散放在墓室南部。墓葬为地面建筑，墓壁较整齐，用大小石块垒砌墓室内壁，小石块铺砌于墓室外，南壁东侧已被破坏，墓室南壁原两块大石板已被挪到墓室外。墓室平面呈长方形，长2.8、宽1.2、深0.6米。两个头骨位于墓室北部，其余人骨散放在整个墓室东部，均属于二次葬，性别为男性。东边头骨（A）年龄为25~30岁，其西边头骨（B）年龄约50岁左右。出土文物有陶敛口罐1件，位于墓室南部的砖头上面；铁甲片1件、铁铊尾1件，分别出土于下肢骨周围（图四三九）。

随葬器物

陶敛口罐　1件（M2089：1）。夹砂红褐陶，手制。圆鼓腹，平底，肩饰弦纹夹水波纹。口径5.4、通高12.2、腹最大径14.3、底径8.7厘米（图四四〇：1，图版一〇三：4）。

铁甲片　1件（M2089：2）。薄铁片，残甚，形状不明。残长2.3、宽2.5、厚0.15厘米（图四四〇：2）。

铁铊尾　1件（M2089：

图四三七　M2082填土出土器物

铁刀（M2082：1）

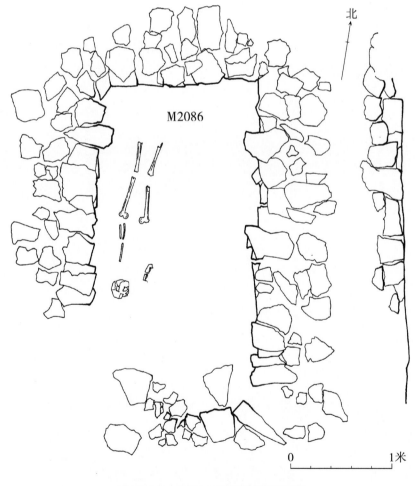

图四三八　M2086平面及西壁侧视图

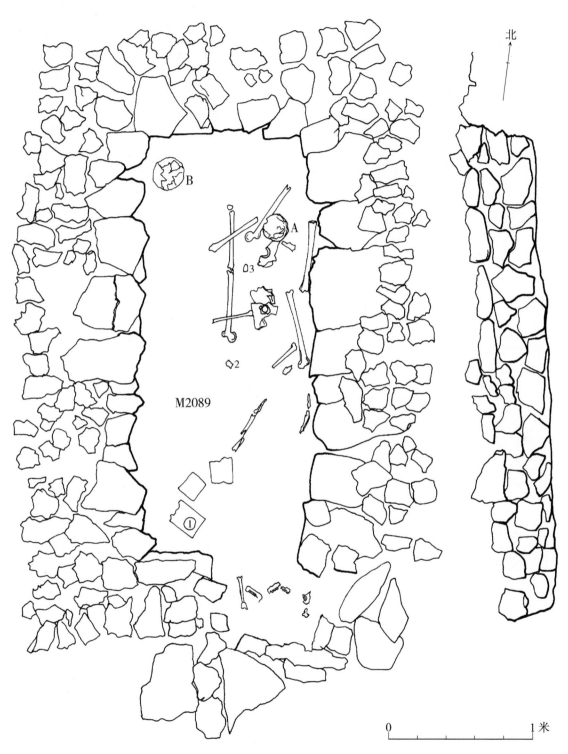

图四三九　M2089 平面及西壁侧视图

1. 陶敛口罐　2. 铁甲片　3. 铁铊尾

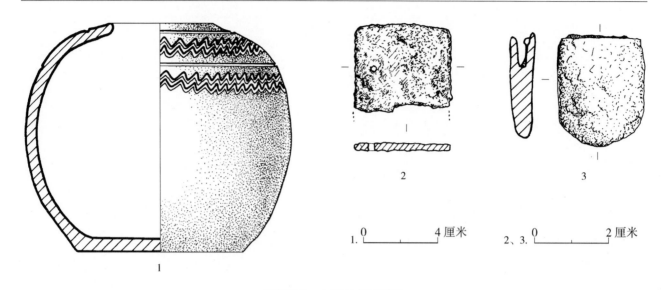

图四四〇　M2089 随葬器物

1. 陶敛口罐（M2089：1）　2. 铁甲片（M2089：2）　3. 铁铊尾（M2089：3）

3）。呈舌状，一端平直开口，其中间夹皮，其余边缘折起，呈弧形。长 2.9、宽 2.3、厚 0.6 厘米（图四四〇：3）。

M2091

位于 M2090 之东约 3 米处。墓的方向为 185°。有微凸的封土覆盖，高出地面约 0.4 米左右。填土为黑土，土质松散，无包含物，墓底为原生土层，呈灰褐色。墓葬为地面建筑，用大小不等的天然石块垒砌东西墓壁，四壁较整齐，南北两壁各用两块大石头封堵。墓室近似于长条形，长 3.1、宽 1、深 0.54 米。

人骨较乱，头骨位于墓室南部，四肢骨在墓室中部，属于二次葬。墓主人为 30 岁左右的男性。随葬品有陶折肩罐 1 件，位于墓室的东北部；铜带饰 2 件、铜带銙 4 件、铜带扣 1 件、铜铊尾 1 件、铜带饰 1 件，分别置于肢骨周围（图四四一，图版四三：2）。

随葬器物

陶折肩罐　1 件（M2091：1）。泥质褐陶，手制，腹有斑纹。斜腹，平底，素面。残高 11.6、腹最大径 17.3、底径 7.2 厘米（图四四二：1，图版一〇四：1）。

铜带扣　1 件（M2091：3）。上端为椭圆形圈中间搭扣，下端为扁平舌状，中间夹皮，背面有 2 个小钉。通长 5.3 厘米，椭圆形搭扣外径 3.7 厘米（图四四二：2，图版一四六：5）。

铜带銙　4 件。形状不同，可分二式。

Ⅰ式　3 件（图版一四七：1）。近似于半圆形，边缘折起，两片复合，中间饰一长方形孔，背面饰 3 个小钉。M2091：2 长 2.7、宽 2.1、厚 0.7、孔长 1.7、宽 0.7 厘米（图四四二：7）。M2091：5 长 2.9、宽 1.7、厚 0.5、孔长 1.8、宽 0.65 厘米（图四四二：4）。M2091：6 长 2.9、宽 2.3、厚 0.6、孔长 1.6、宽 0.7 厘米（图四四二：5）。

Ⅱ式　1 件（M2091：4）。通体呈长方形，四边折起，两片复合，上端饰长方形孔，背面有 4 个小钉。长 2.7、宽 2.5、厚 0.6、孔长 1.5、宽 0.5 厘米（图四四二：6）。

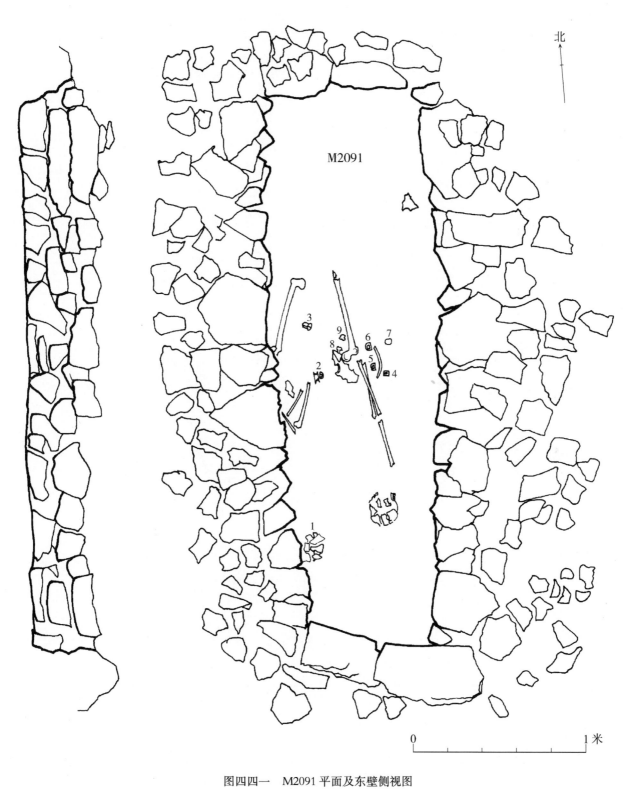

北

M2091

图四四一 M2091 平面及东壁侧视图

1. 陶折肩罐 2、4～6. 铜带銙 3. 铜带扣 7. 铜铊尾 8、9. 铜带饰

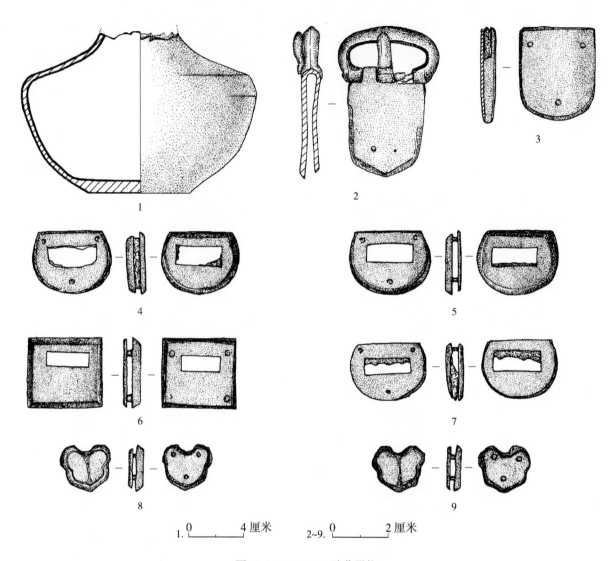

图四四二　M2091 随葬器物

1. 陶折肩罐（M2091：1）　2. 铜带扣（M2091：3）　3. 铁铊尾（M2091：7）　4、5、7. I 式铜带銙
（M2091：5、6、2）　6. Ⅱ式铜带銙（M2091：4）　8、9. 铜带饰（M2091：8、9）

铜铊尾　1 件（M2091：7）。通体呈舌状，边缘折起，下端为弧形，另一端为平直，中间开口夹皮，背面饰 3 个小钉。长 3.2、宽 2.7、厚 0.5 厘米（图四四二：3，图版一四六：6）。

铜带饰　2 件（M2091：8、9）。如云纹形，边缘折起，两片复合，中间空心，背面饰 3 个小钉。宽 1.9、高 1.7、厚 0.5 厘米（图四四二：8、9，图版一四七：6）。

M2094

位于 M2100 之东南 3 米处。墓的方向为 175°。有微凸的封土覆盖，北高南低，呈斜坡状。填土为黑土，土质松散，无包含物，墓底为原生土层，呈灰褐色。墓葬为地面建筑，用﹑石板平砌墓室内壁，小石块围筑墓室外墙。墓室呈长方形，长 2.48、宽 1.55、深 0.43 米。

在墓室东部和西南角发现落干块肢骨，属于成年男性。未发现随葬品（图四四三）。

M2096

位于 M2097 之西南 5.8 米处。墓的方向为 170°。有封土覆盖，高出地面约 0.55 米。填土为黑土，土质松散，无包含物，墓底为原生土层，呈灰褐色。墓葬为地面建筑，用大小不等的天然石块垒砌墓室，平面呈长方形，长 2.3、宽 0.96、深 0.54 米。

未发现人骨，随葬品亦未见（图四四四）。

M2098

位于 M2097 之东 2.5 米处。墓的方向为 165°。有微凸的封土覆盖，个别石块已露出地面。填土

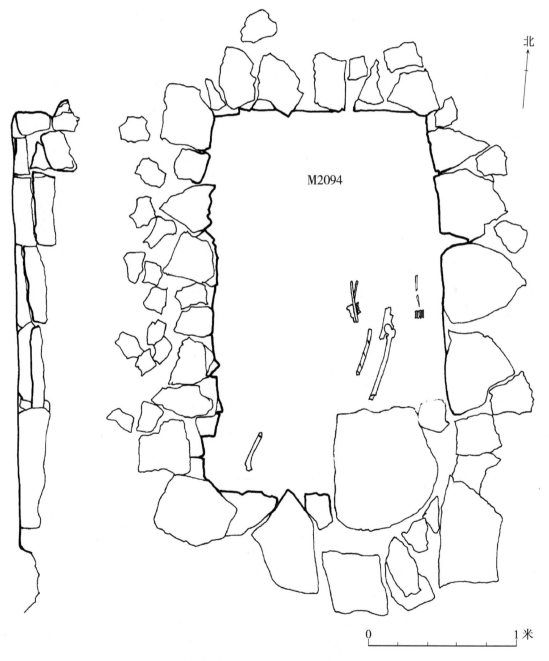

图四四三　M2094 平面及东壁侧视图

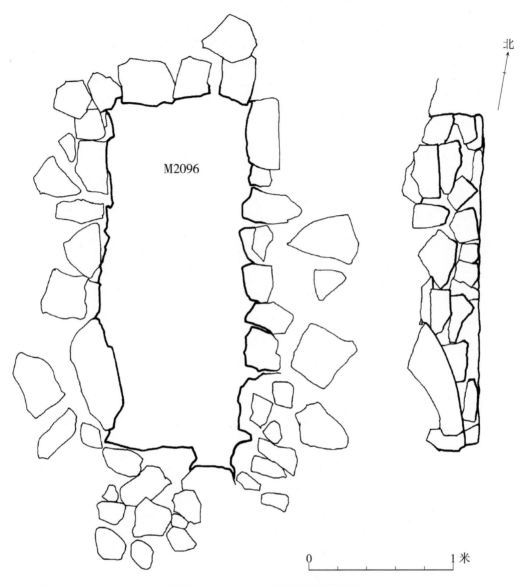

图四四四　M2096 平面及西壁侧视图

为黑土，土质松散，无包含物，墓底为灰褐色生土层。墓葬为地面建筑，用大小不等的天然石块垒砌墓室内壁，四壁较整齐，东壁的个别石块稍微往里倾斜。墓室近似于长方形，长 2.8、宽 1.3、深 0.59 米。

在墓室南部发现两个头骨，右侧头骨（A）为成年女性。左侧头骨（B）为男性，25～30 岁。未见随葬品（图四四五）。

M2099

位于 M2093 之北 1.5 米处。墓的方向为 165°。墓葬东南角已被破坏，不少石块散落在地表上。填土呈黑土，土质松散，无包含物，墓底为原生土层，呈灰褐色。墓葬为地面建筑，系用粗加工的玄武岩石板和大小不等的天然石块垒砌墓室，大石板砌于内壁，小石块铺垫于其周围。内壁较整齐，墓室东南角已被破坏，呈长条形，长 2.76、宽 0.68、深 0.52 米。

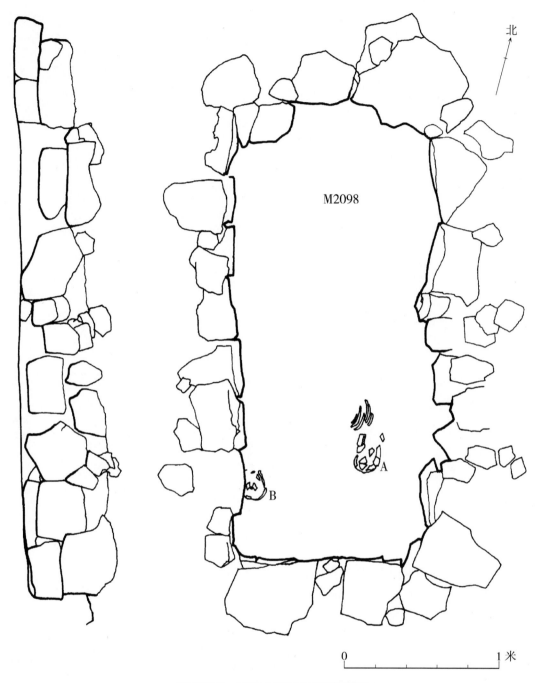

图四四五 M2098平面及东壁侧视图

未发现人骨痕迹，1件陶鼓腹罐位于墓室西南角（图四四六）。

随葬器物

陶鼓腹罐 1件（M2099：1）。夹砂褐陶，手制，腹下已脱落。侈口，束颈，鼓腹，平底，素面。残高13.8、腹最大径14.8、底径7.8厘米（图四四七，图版一〇四：2）。

M2100

位于M2094之西北3米处。墓的方向为170°。封土已被破坏，个别石块已露出地面。墓室填土为

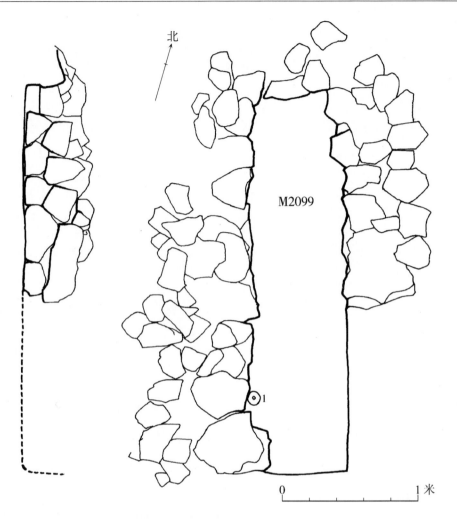

北

M2099

1

图四四六

M2099 平面及东壁侧视图

1. 陶鼓腹罐

0　　　　　　　　　　1 米

黑土，土质松散，无包含物，墓底为原生土层，呈黑褐色。墓葬为地面建筑，用大小不等的天然石块垒砌墓壁，东壁部分石块往外倾斜。墓室近似于长方形，长 2.2、宽 0.94、深 0.61 米。

在墓室东侧发现一具一次葬人骨架，男性，35 岁左右。未发现随葬品（图四四八）。

M2101

位于 M2099 之北约 3.5 米处。墓的方向为 180°。封土破坏无存，东壁石块已露出地面。墓葬填土为黑褐土，土质松软，无包含物，墓底为原黄沙土层。墓葬为地面建筑，用粗加工的玄武岩石块平砌墓室四壁。墓室平面呈长条形，长 2.42、宽 0.81、深 0.63 米。

墓室里发现一块猪骨，未见随葬品（图四四九）。

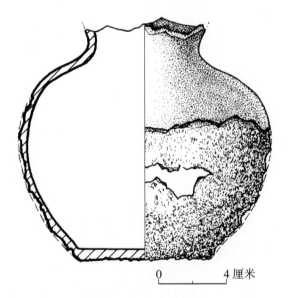

0　　　　　　　　4 厘米

图四四七　M2099 随葬器物

陶鼓腹罐（M2099：1）

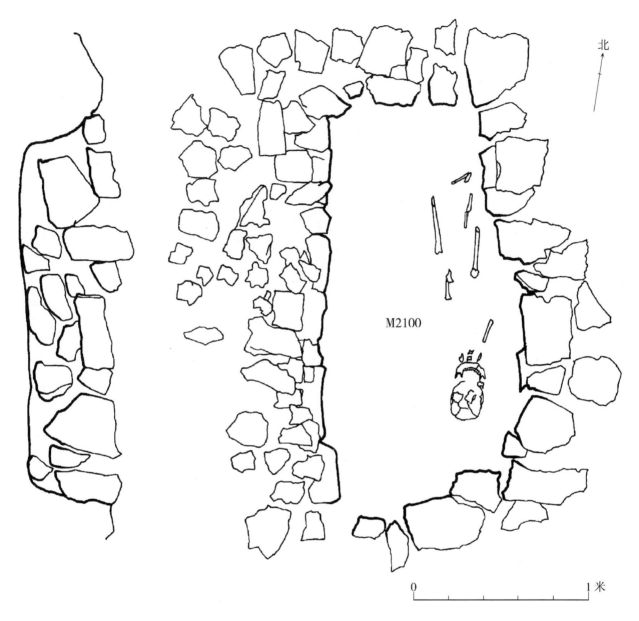

图四四八 M2100 平面及东壁侧视图

M2104

位于 M2301 之东约 1 米处。墓的方向为 175°。有微凸的封土，北高南低，呈椭圆形，中间微凹。墓葬填土为黑褐土，土质松软，无包含物，墓底为原黄沙土层。墓葬系地面建筑，用粗加工的玄武岩石板和石块垒砌墓室，墓室南壁已被破坏，平面呈长方形，残长 2.94、宽 1.08、深 0.66 米。

在墓室西北角发现少量骨屑，性别与年龄均不明。出土文物有陶瓶 1 件，位于墓室西侧（图四五〇）。

随葬器物

陶瓶　1 件（M2104：1）。夹砂红褐陶，手制。长颈，折肩，筒形状腹，平底，素面。残高 19.4、腹径 11.4、底径 9.4 厘米（图四五一，图版一〇四：3）。

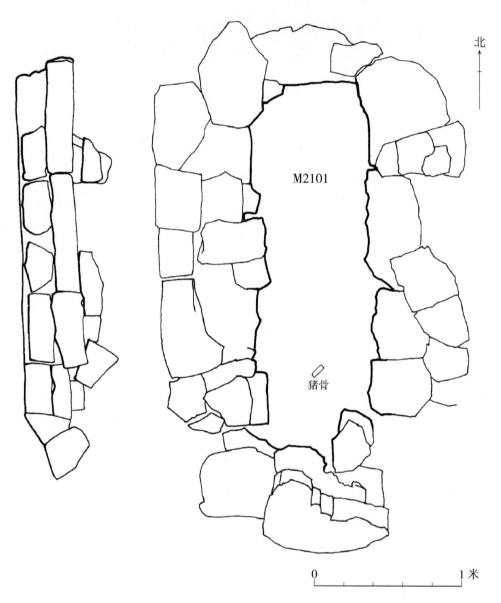

图四四九　M2101 平面及东壁侧视图

M2105

位于 M2106 之西北约 2.2 米处。墓的方向为 170°。有凸凹不平的封土与石块堆积，最高处距地表约有 1 米。墓葬填土为黑褐土，土质松散，无包含物，墓底为黄沙生土层。墓葬为地面建筑，系用玄武岩石块和天然河卵石垒砌墓室，墓室东壁和南壁已被破坏。墓室呈长条形，残长 2.4、宽 0.7～0.8、深 0.91 米。

未见人骨，随葬品亦不见（图四五二）。

M2112

位于 M2111 之东约 5 米处。墓的方向为 175°。封土破坏无存，地表上可见石块堆积。墓室填土为天然沙子夹小块河卵石，墓底亦是沙子河卵石层。填土中发现纹饰陶片，器形不明。墓葬为地面

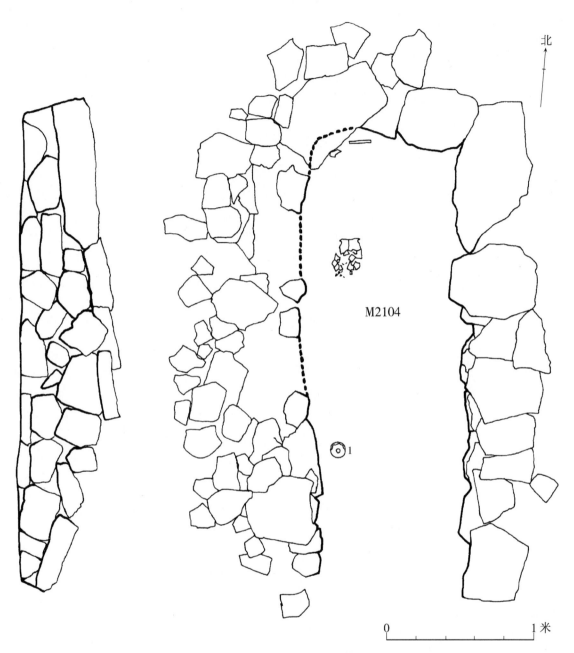

图四五〇 M2104 平面及东壁侧视图

1. 陶瓶

建筑，用粗加工的大石板和天然石块平砌墓室内壁，其外围堆砌小石块，原墓葬平面可能近似于长方形，东壁已被破坏，长2米左右，宽1.4、深0.4米。

在墓室西角北和南壁堵头石块中间发现若干块人骨，其性别与年龄均不明。出土1件残玉璧，置于人骨西侧；在南壁堵头石头缝中发现2件玛瑙珠（图四五三）。

1. 填土出土器物

纹饰陶片 1件（M2112：4）。夹砂褐陶，手制，箆点纹夹凹弦纹（图四五四）。

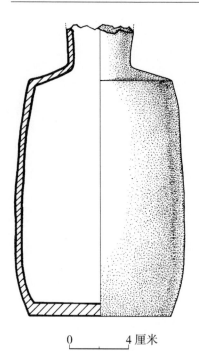

图四五一　M2104 随葬器物
陶瓶（M2104∶1）

2. 随葬器物

玉璧　1件（M2112∶1）。灰白色，残甚，形状不明。肉宽3.1、厚0.2厘米（图四五五∶1，图版一八九∶4）。

玛瑙珠　2件（M2112∶2、3）。圆形饼状，中间钻一孔。直径0.9、厚0.6、孔径0.1厘米（图四五五∶2、3，图版一八四∶5）。

M2114

位于 M2116 之西南约 10 米处。墓的方向为 180°。封土已被破坏，几块石头无规律地散落在墓葬周围，高出地面约 0.4 米，墓室坍塌呈凹坑。墓室填土为天然沙子夹小块河卵石，墓底为黄沙生土层。填土中发现铜带銙 1 件。墓葬为地面建筑，用大小不等的天然石块垒砌墓室，平面近似于长方形，四壁不太规整，长 2.1、宽 0.9、深 0.44 米。几块碎肢骨散放在墓室西侧，其性别与年龄均欠明。出土文物有铜带銙 3 件、铜环 8 件，分别置于墓室西侧（图四五六）。

1. 填土出土器物

铜带銙　1件（M2114∶12）。近似于半圆形，边缘折起，中间饰一长方形孔。长2.3、宽1.6、孔长1.5、宽0.6厘米（图四五七）。

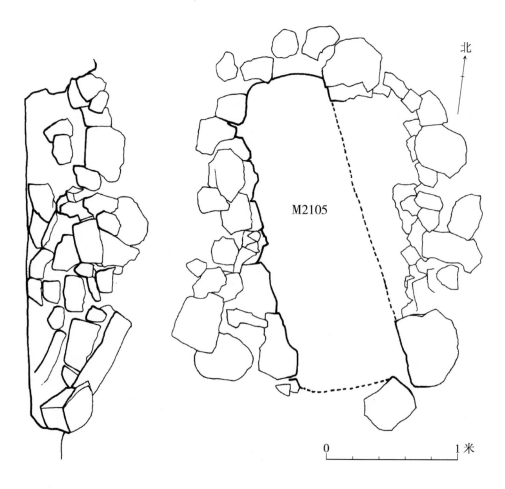

图四五二
M2105 平面及
东壁侧视图

M2105

北

0　　　　1米

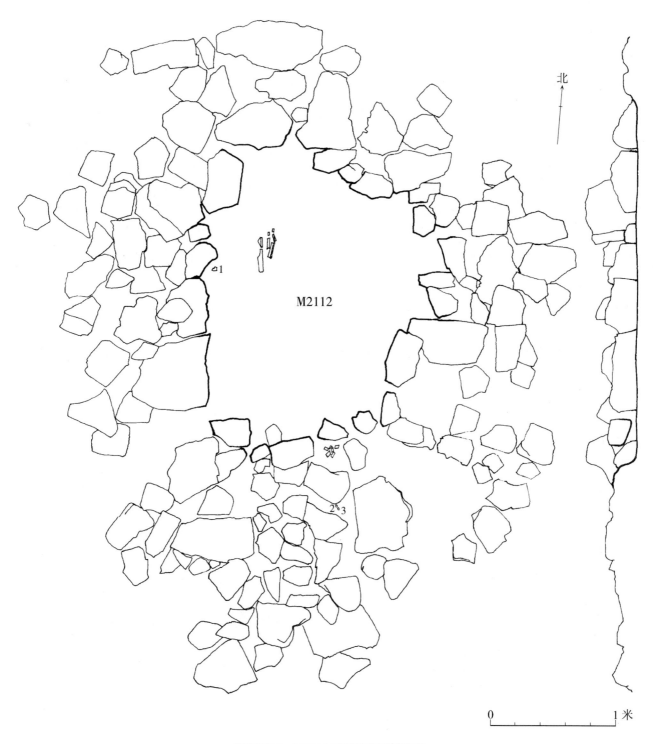

北

M2112

0 _____ 1 米

图四五三　M2112 平面及西壁侧视图

1. 玉璧　2、3. 玛瑙珠

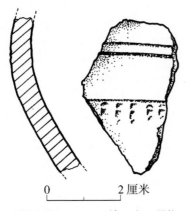

图四五四　M2112 填土出土器物

纹饰陶片（M2112：4）

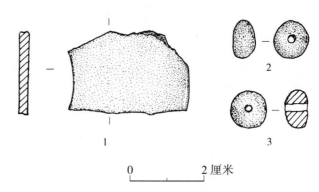

图四五五　M2112 随葬器物

1. 玉璧（M2112：1）　2、3. 玛瑙珠（M2112：2、3）

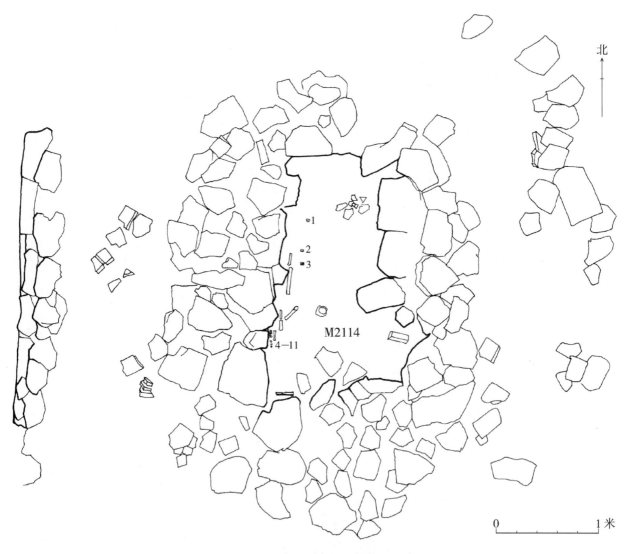

图四五六　M2114 平面及东壁侧视图

1～3. 铜带銙　4～11. 铜环

2. 随葬器物

铜带銙　3件。形状不同，可分三式。

Ⅰ式　1件，近似于半圆形（M2114：1）。边缘折起，两片复合，中间饰一长方形孔。长2.5、宽1.9、厚0.6、孔长1.1、宽0.3厘米（图四五八：1）。

Ⅱ式　1件（M2114：2）。呈圭形，三面平直，一面呈尖角，中间饰一长方形孔，边缘折起，两片复合，背面有3个小钉。长2.5、宽1.9、厚0.5、孔长1.7、宽0.5厘米（图四五八：2）。

Ⅲ式　1件（M2114：3）。残，近似于方形，上端饰一长方形孔。边长2.5、宽2.2、孔长1.5、宽0.5厘米（图四五八：3）。

铜环　8件（M2114：4～11）。形状与大小基本相同，圆形，横截面为椭圆形。尺寸小的外径有1.5、大的有1.6、内径尺寸小的有0.6、大的有0.9厘米（图四五八：4～11，图版一四七：3）。

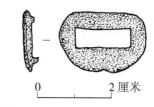

图四五七　M2114
填土出土器物
铜带銙（M2114：12）

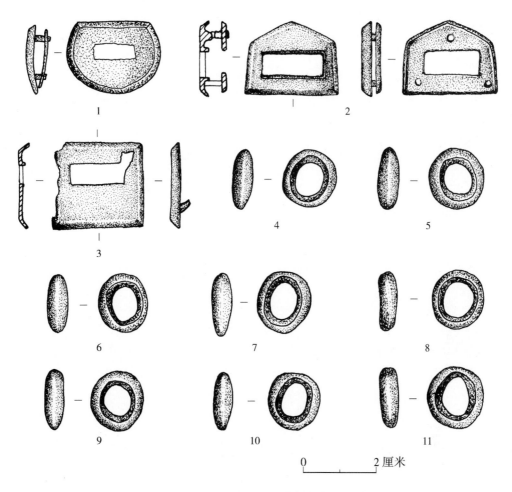

图四五八　M2114 随葬器物

1. Ⅰ式铜带銙（M2114：1）　2. Ⅱ式铜带銙（M2114：2）　3. Ⅲ式铜带銙（M2114：3）

4～11. 铜环（M2114：4～11）

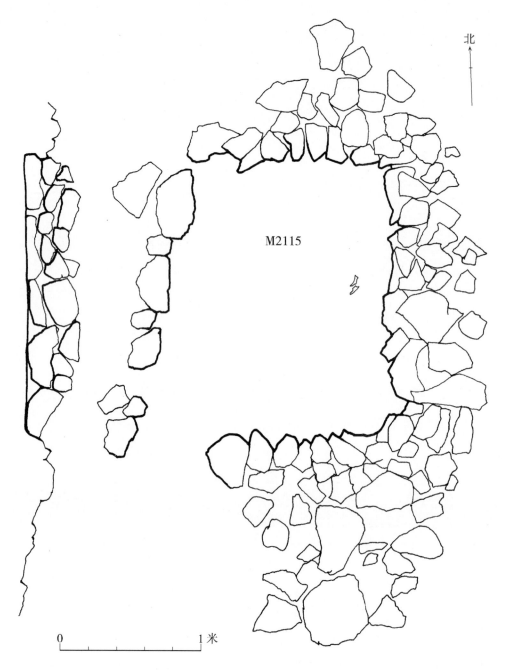

图四五九　M2115 平面及东壁侧视图

M2115

位于 M2114 之南约 10 米处。墓的方向为 185°。封土已被破坏，部分石块散落在地面上。墓室填土为夹沙河卵石，墓底亦是夹沙河卵石。填土中发现夹砂褐陶片，器形有卷沿罐残片、鼓腹罐残片、长腹罐残片各 1 件。墓葬为地面建筑，墓室用大小不等的天然石块垒砌，墓室西侧已被破坏，东壁保存完好，平面近似于长方形，长 1.86、宽 1.55、深 0.36 米。

墓室中无人骨痕迹，随葬品亦未见（图四五九）。

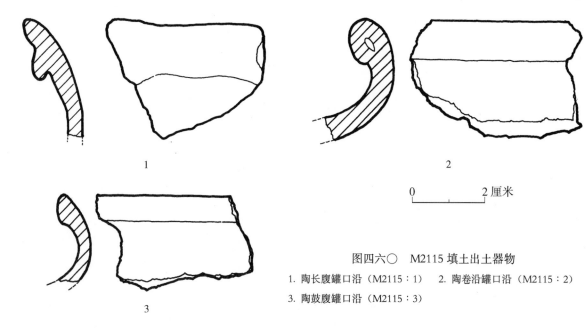

图四六〇　M2115 填土出土器物

1. 陶长腹罐口沿（M2115：1）　　2. 陶卷沿罐口沿（M2115：2）

3. 陶鼓腹罐口沿（M2115：3）

填土出土器物

陶长腹罐口沿　1件（M2115：1）。夹砂褐陶，手制，重唇（图四六〇：1）。

陶卷沿罐口沿　1件（M2115：2）。夹砂褐陶，手制（图四六〇：2）。

陶鼓腹罐口沿　1件（M2115：3）。夹砂褐陶，手制，圆唇（图四六〇：3）。

M2116

位于 M2117 之正北约 5 米处。墓的方向为 160°。有封土覆盖，近似于长方形，长约 4.8、宽 3.5、高出原地面约 0.6 米。墓室填土为夹沙河卵石，墓底亦是夹沙河卵石。填土中发现夹砂褐陶长腹罐底 1 件。墓葬为地面建筑，用粗加工的玄武岩石块平砌墓室内壁，其外围铺砌小石块，形状规整，保存完好。墓室呈长方形，长 2.61、宽 1.28、深 0.6 米。

墓室里有 2 个头骨，属于二次葬。最北的人骨（A）为成年女性。其南边头骨（B）性别为男，6～7 岁。未见随葬品（图四六一）。

填土出土器物

陶长腹罐底　1件。夹砂褐陶，手制，平底，底径 5.2 厘米（图四六二）。

M2117

位于 M2116 之正南约 5 米处。墓的方向为 200°。有封土覆盖，近似于长方形，长约 3.5、宽 3、高出原地面约 0.8 米。墓室填土为夹沙河卵石，墓底亦是夹沙河卵石。填土中发现夹砂褐陶长腹罐口沿 1 件。墓葬系地面建筑，四壁用粗加工的玄武岩石板和石块垒砌而成，大石板用于墓室内壁，小石块铺砌于其周围，墓室平面近似于长方形，长 2.2、宽 1、深 0.81 米。

墓室中发现 1 块成年人腿骨，其性别不明。未见随葬品（图四六三）。

1. 填土出土器物

陶长腹罐口沿　1件（M2117：1）。夹砂褐陶，手制，口沿饰一周锯齿纹（图四六四，图版一三七：4）。

M2119

位于 M2120 之北 1.5 米处。墓的方向为 175°。封土凸凹不平，高出原地表约 0.5 米。墓葬填土

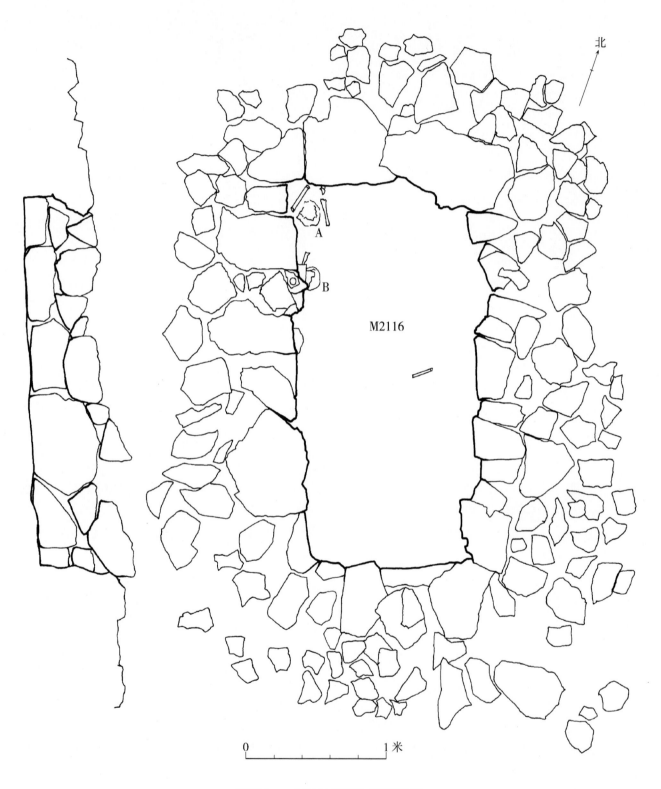

北

M2116

A

B

0 _____ 1 米

图四六一　M2116 平面及东壁侧视图

为沙子夹河卵石，土质松散，墓底亦是沙子夹河卵石。填土中发现夹砂褐陶长腹罐残片 1 件。墓葬为地面建筑，用天然大石块垒砌墓室内壁，其周围铺砌小石块。墓室平面近似于长方形，墓壁西南有一缺口，长约 2、宽 1.6、深 0.58 米。

在墓室东北角发现零碎的人骨，无法鉴别其性别与年龄。未见随葬品（图四六五）。

填土出土器物

陶长腹罐口沿　1 件（M2119：1）。夹砂褐陶，手制，重唇（图四六六）。

M2120

位于 M2119 之南 1.5 米处。墓的方向为 140°。有封土覆盖，高出原地表 0.7 米左右，清理封土可见两块原封顶石板

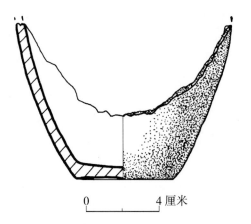

图四六二　M2116 填土出土器物
陶长腹罐底（M2116：1）

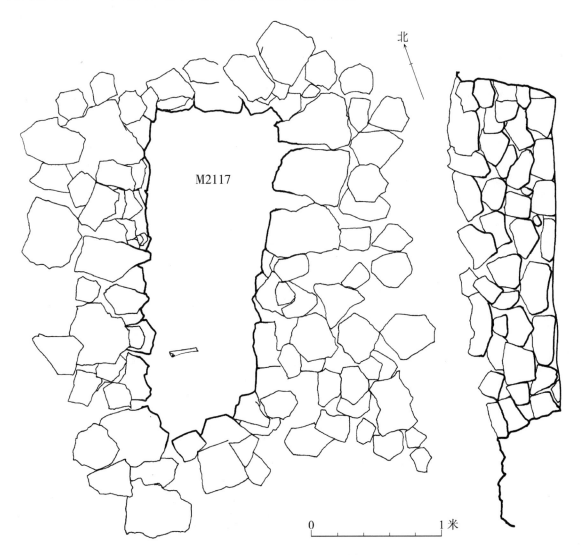

图四六三　M2117 平面及西壁侧视图

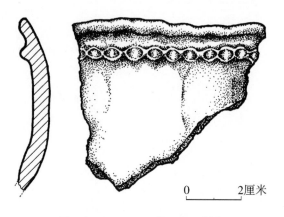

图四六四　M2117 填土出土器物

陶长腹罐口沿（M2117：1）

和石块搭在墓边。墓室填土为沙子夹河卵石，土质松散，墓底亦是沙子夹河卵石，填土中发现夹砂红褐陶短颈壶口沿1件。墓葬为地面建筑，墓室东、西、北三面立支大石板作墓壁，个别空隙处填塞小石块，南壁垒砌大小石块。墓室平面呈长方形，长约2.38、宽1.26、深0.8米。

在墓室西北部发现头骨2个，还有与其相关的少量四肢骨，均属于二次葬。东边头骨（A）为成年男性。西边头骨（B）为男童，6岁左右。未见随葬品（图四六七，图版四四：1）。

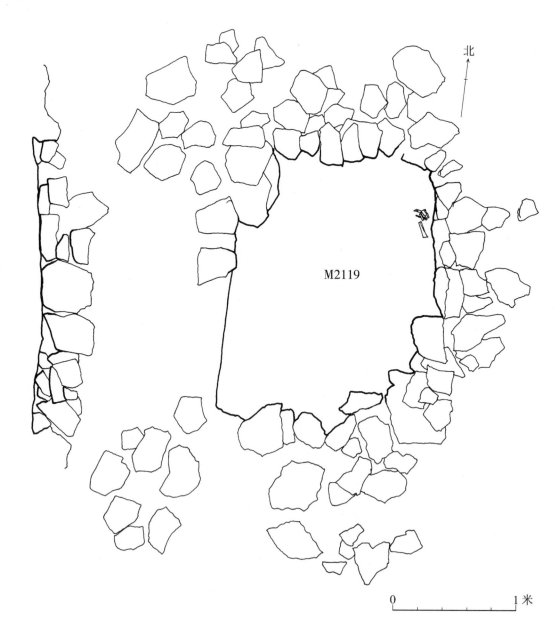

图四六五

M2119 平面及

东壁侧视图

填土出土器物

陶鼓腹罐口沿　1件（M2120：1）。夹砂褐陶，手制，重唇（图四六八）。

M2130

位于 M2129 之西南 1.5 米处。墓向为 183°。封土已被破坏，原封顶石块无规律地散落在地表上。墓室填土为夹沙河卵石，土质松散，无包含物，墓底亦是夹沙河卵石。墓葬为地面建筑，墓室北壁和东壁北半部已被破坏，现存墓室东西两壁用大石板立支作内壁，其周围铺砌小石块。原墓室平面为长方形，残长 2.7、宽 1.6、深 0.6 米。

人骨保存欠佳，1 块下额骨和几块肢骨无规律地散落在墓室内，皆属于二次葬。下额骨（A）属于成年男性。西侧四肢骨（B）为成年女性。未见随葬品（图四六九）。

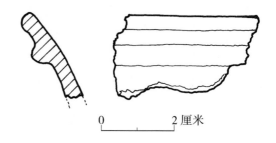

图四六六　M2119 填土出土器物
陶长腹罐口沿（M2119：1）

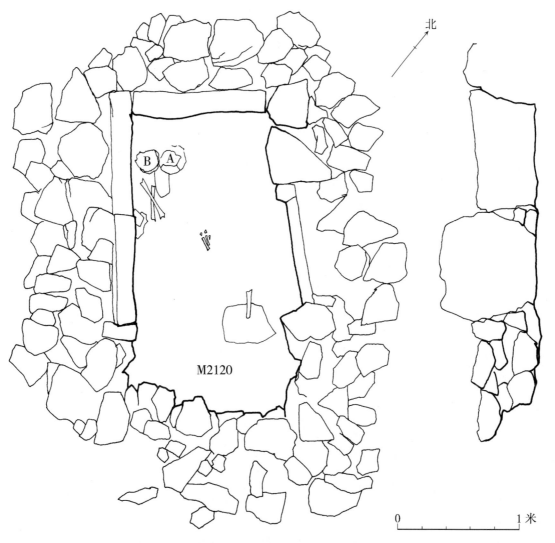

图四六七　M2120 平面及西壁侧视图

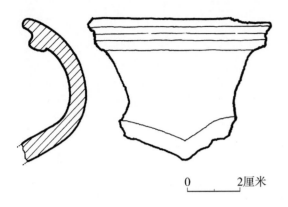

图四六八　M2120 填土出土器物
陶鼓腹罐口沿（M2120∶1）

M2136

位于 M2135 之南约 1.5 米处。墓的方向为 170°。墓葬东部封土已被破坏，地表上已露出一堆石头（墓室西壁）。墓室填土为夹沙黄褐色黏土，土质较硬，墓底铺一层天然河卵石。填土中发现铁刀 1 件。墓葬为地面建筑，用大小不等的天然石块垒砌墓室，较大的石块用于墓室内壁，其周围铺砌小石块。墓室平面呈长条形，东壁破坏较严重，长 3.2、宽 0.9、深 0.5 米。

在墓室中间发现一人下肢骨，其身份为成年女性。未见随葬品（图四七〇，图版四四∶2）。

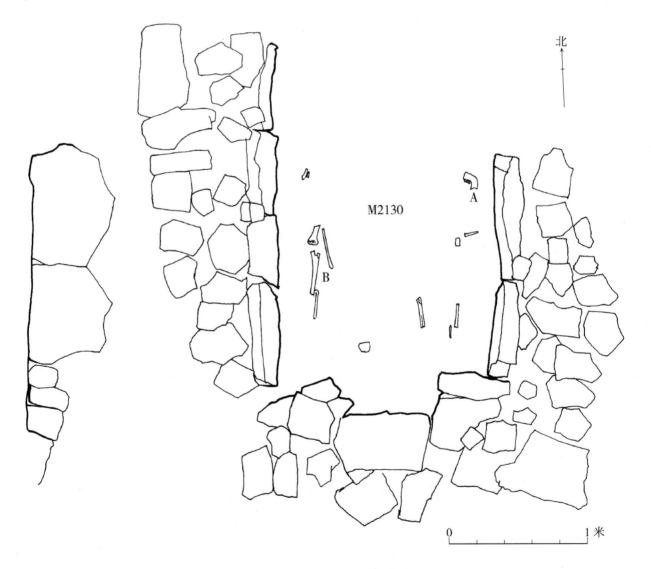

图四六九　M2130 平面及东壁侧视图

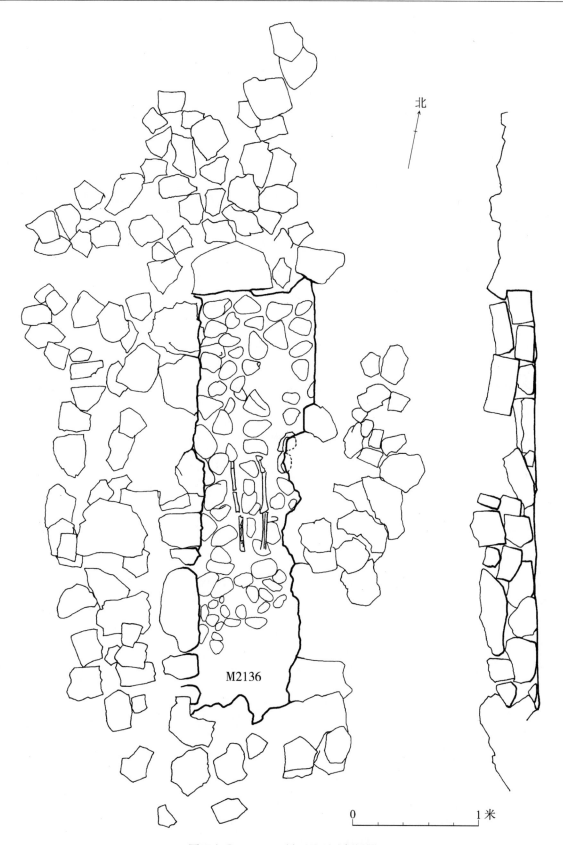

北

0　　　　　　　　1 米

M2136

图四七〇　M2136 平面及西壁侧视图

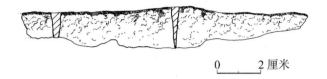

0　　2 厘米

图四七一　M2136 填土出土器物

铁刀（M2136：1）

填土出土器物

铁刀　1 件（M2136：1）。直背，斜刃，短柄。残长 12.9、柄长 4.6 厘米（图四七一）。

M2142

坐落在 M2144 西南约 1 米处。墓的方向为 170°。地表上可见原墓室西壁的石块，墓室填土为夹沙褐色土，土质松散，墓底亦是同样的土质土色，填土中发现夹砂褐色碎陶片。墓葬系地面建筑，用大小不等的天然石块垒砌墓壁，此墓南壁东侧已被破坏，墓室平面呈长方形，长 2、宽 1.2、深 0.3 厘米。

墓室中部有一人骨，系单人一次葬，墓主身份为 25 岁左右的男性。出土文物有陶鼓腹罐 1 件，发现在墓室西南角（图四七二）。

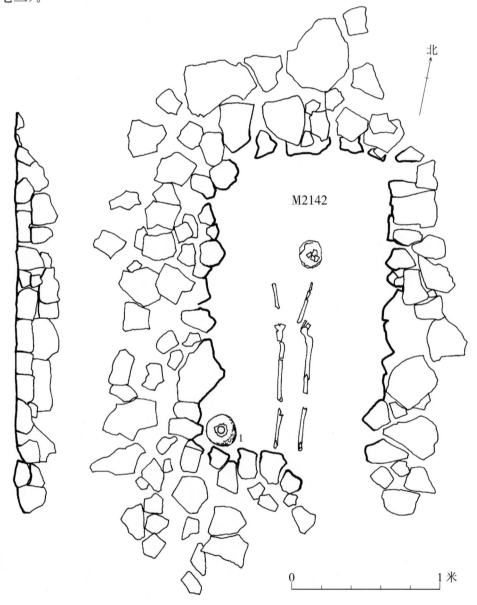

北

M2142

图四七二

M2142 平面及东壁侧视图

1. 陶鼓腹罐

0　　　　　　　　　　1 米

随葬器物

陶鼓腹罐 1件（M2142：1）。夹砂褐陶，手制，腹与肩有斑纹。侈口，鼓腹，平底，素面。残高16.7、腹最大径18、底径11.9厘米（图四七三，图版一〇四：4）。

M2145

东壁与 M2146 相连，部分石块被压在 M2146 封顶石块之下。墓的方向为180°。封土已被破坏，与现在的地面低平。墓室填土为夹沙褐土，土质松软，墓底亦是夹沙褐色生土层，填土中发现夹细砂灰陶瓮底1件。墓葬为地面建筑，四壁均被破坏，东壁中间尚保留一段墙壁，西壁中间只有一块大石板。原墓室平面断定为长方形，长3.8、宽2.05、深0.31米。

人骨很乱，可能是3个个体，均属于二次葬。西边四肢骨（A）为成年女性。北边人骨（B）性别不清，但属于成年个体。南边骨架（C）为男性，25～30岁。出土文物有铁刀1件，置于墓室东侧（图四七四）。

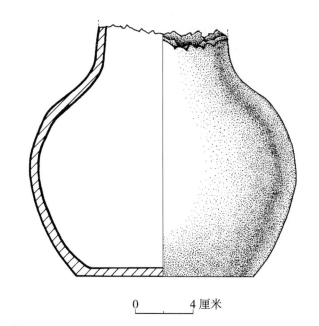

0   4厘米

图四七三 M2142 随葬器物
陶鼓腹罐（M2142：1）

1. **填土出土器物**

陶瓮底 1件（M2145：2）。夹细砂灰陶，手制，大平底（图四七五）。

2. **随葬器物**

铁刀 1件（M2145：1）。直背斜刃，其横截面为三角形，长柄。通长19、柄长5.4厘米（图四七六，图版一六六：5）。

M2146

西壁与 M2145 相连，部分石块压着 M2145 东壁。墓的方向为178°。有封土覆盖，其形状不太规整，高出地面约0.5米。墓室填土为夹沙褐土，土质松软，填土中发现夹砂褐陶长腹罐和瓮残片各1件。墓室西南地面铺2块大石板，其余原生土，呈夹沙褐色土。墓葬为地面建筑，用玄武岩石块和天然河卵石垒砌墓壁。墓室平面近似于长方形，长2.2、宽1.53、深0.3米。

在墓室西南角发现骨屑，无法鉴别其性别与年龄。未见随葬品（图四七四）。

填土出土器物

陶长腹罐口沿 1件（M2146：1）。夹砂褐陶，手制，口沿经过慢轮修整，重唇，侈口。口径10.8厘米（图四七七：1，图版一二二：6）。

陶瓮残片 1件（M2146：2）。夹砂褐陶，手制，大平底（图四七七：2）。

M2148

位于 M2150 和 M2147 中间，东壁被 M2150 打破，西壁打破 M2147。墓的方向为195°。封土已被破坏，石堆高出地面约0.5米。墓室填土为夹沙黄褐土，土质松散，墓底亦是黄褐色生土层。填土

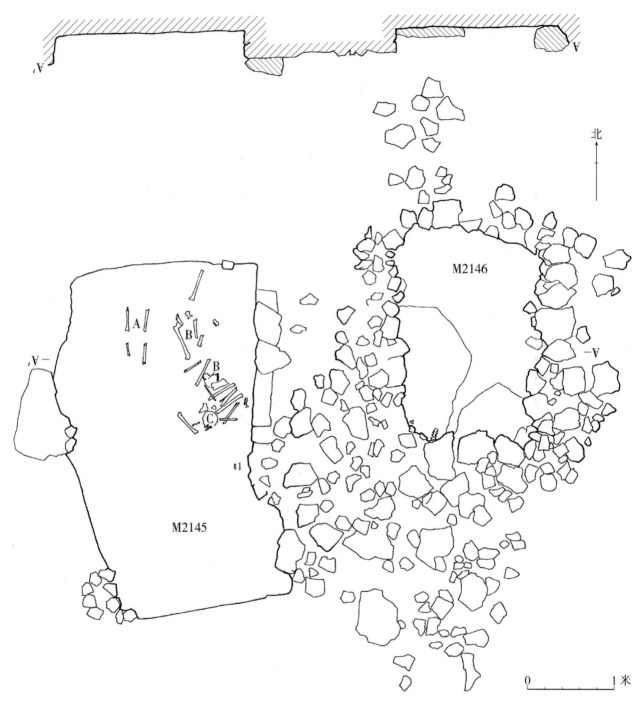

图四七四　M2145、M2146 平、剖面图
1. 铁刀（M2145：1）

中发现夹砂褐陶长腹罐 1 件（残）。墓葬为地面建筑，用粗加工的玄武岩大石块和天然河卵石石块垒砌墓室，大的石块用于墓室内壁，其外围铺垫小石块。墓室平面接近于方形，长 2.7、宽 2.6、深 0.45 米。

　　墓室中间有一堆人骨，其中有两个女性头骨和与其相关的四肢骨，均属于二次葬。东边头骨（A）

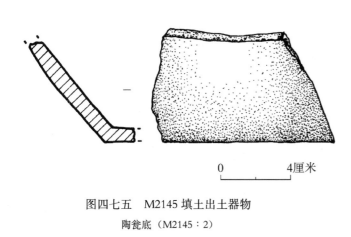

图四七五　M2145 填土出土器物
陶瓮底（M2145∶2）

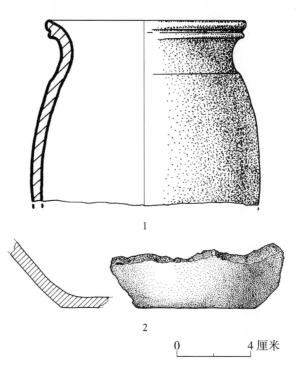

图四七七　M2146 填土出土器物
1. 陶长腹罐口沿（M2146∶1）　2. 陶瓮残片（M2146∶2）

图四七六　M2145 随葬器物
铁刀（M2145∶1）

系成年，西边头骨（B）年龄为 20～25 岁。出土文物有铁钗 1 件、铜带銙 1 件、铜片 1 件、陶壶口沿 1 件，分别出土于墓室北部和西北角（图一八四）。

1. 填土出土器物

陶长腹罐口沿　1 件（M2148∶5）。夹砂褐陶，手制，口沿经过慢轮修整，重唇（图四七八）。

2. 随葬器物

铁钗　1 件（M2148∶1）。细铁丝弯曲，呈两股锥状。残长 2.6 厘米（图四七九∶1）。

铜带銙　1 件（M2148∶2）。椭圆形，顶端饰一扁桃形孔。长径 3.1、短径 2.5、孔长径 1.5、短径 0.7 厘米（图四七九∶2，图版一四七∶2）。

铜片　1 件（M2148∶3）。薄铜片，残甚，形状不明（图四七九∶3）。

陶短颈壶口沿　1 件（M2148∶4）。夹砂褐陶，手制。尖圆唇，侈口。口径 7.6 厘米（图四七九∶4）。

M2149

位于 M2145 之东约 1.5 米处。墓的方向为 180°。封土低平，高出当时地面约 0.3 米，不少石块无规律地散落在地表上。墓室填土为夹沙黄褐土，土质松散，墓底为夹沙黄褐色生土层。填土中发现数量较多的夹砂褐陶片，器形不明。墓葬为地面建筑，系用粗加工的玄武岩石板和石块平砌墓室，较大的石板用于墓室内壁，其余

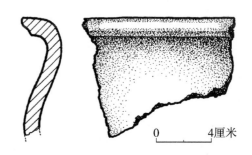

图四七八　M2148 填土出土器物
陶长腹罐口沿（M2148∶5）

小石块铺砌在墓室周围，范围较大，不规则。墓室平面近似于长方形，长 2.26、宽 1.8、深 0.38 米。

在墓室南边发现 3 根肢骨，其性别与年龄均不明。未见随葬品（图四八〇）。

M2150

位于 M2152 之西约 5 米处，打破 M2148 东壁。墓的方向为 195°。有封土和封石覆盖，其形状近似于椭圆形，长经 4.6、短径 3.6、高出地面约 0.45 米。

墓室填土为夹沙黄褐土，土质松散，无包含物，墓底是夹沙黄褐色生土。墓葬系地面建筑，用天然玄武岩石块垒砌墓室。墓室平面近似于长方形，西壁往里倾斜，长 3.2、宽 1.48、深 0.42 米。

无骨架。随葬品亦未见（图一八四）。

M2157

位于 M2137 之东约 2 米处，其东壁与 M2171 西壁相接。墓的方向为 190°。有微凸的封土和石块堆积，高出原地面约 0.45 米。墓室填土为夹沙黄褐土，土质松软，纯净，墓底亦是夹沙黄褐色生土层。在填土中发现泥质灰陶碎陶片和铁钉 1 件。墓葬为地面建筑，与 M2171 同时修筑的，两者之间无早晚关系。墓室呈长方形，用天然玄武岩和河卵石垒砌墓葬四壁，长 2.62、宽 1.3、深 0.43 米。

墓室里发现儿童骨头，其性别不明。出土文物有陶长腹罐 1 件，位于墓室东侧（图四八一，图版四五：2）。

1. 填土出土器物

铁钉　1 件（M2157：2）。扁平钉帽，钉身为四棱锥状。长 6.3 厘米（图四八二，图版一六六：6）。

2. 随葬器物

陶长腹罐　1 件（M2157：1）。夹砂褐陶，手制，口沿经过慢轮修整，腹有烟熏的痕迹。重唇，侈口，腹径大于口径，平底，素面。口径 9.5、通高 14、腹最大径 10.8、底径 5.7 厘米（图四八三，图版一〇五：1）。

M2158

位于 M2171 之南约 3 米处，其东

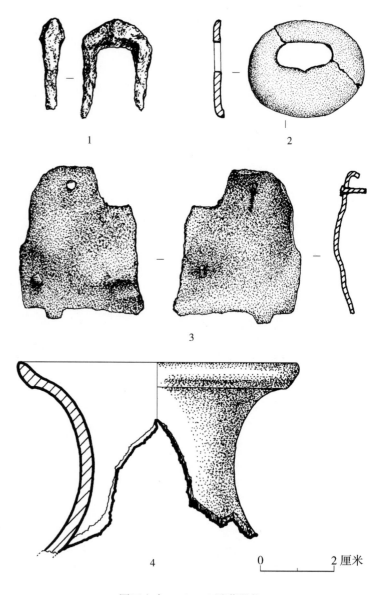

图四七九　M2148 随葬器物

1. 铁钗（M2148：1）　2. 铜带銙（M2148：2）

3. 铜片（M2148：3）　4. 陶短颈壶口沿（M2148：4）

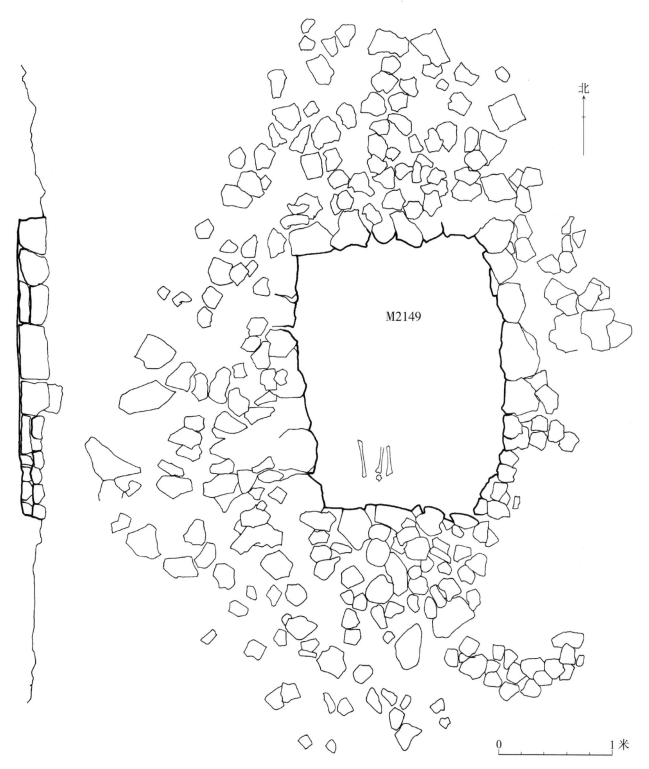

北

M2149

0 1米

图四八〇 M2149平面及东壁侧视图

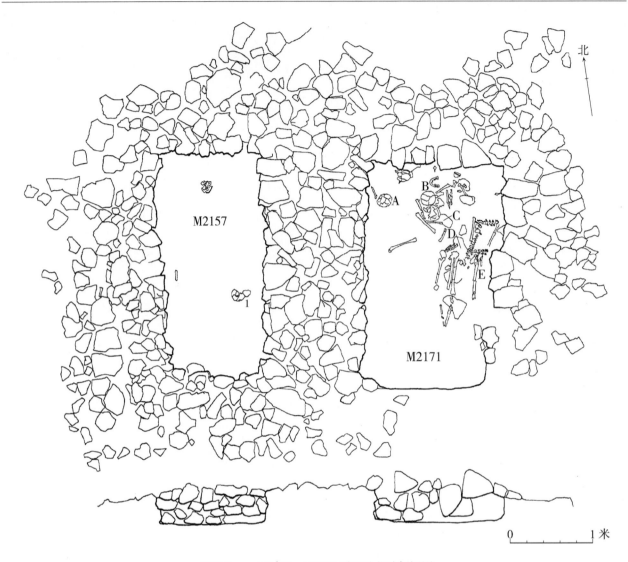

图四八一　M2157、M2171 平面及北壁侧视图
1. 陶长腹罐（M2157：1）

壁与 M2159 西壁相接。墓的方向为 168°。封土不明显，地表上只看见几块原封顶石块。墓葬填土为夹沙黄褐土，土质松散，纯净，无包含物，墓室中间和北部墓底共铺 3 块大石板，其余全是夹沙黄褐色生土。墓葬为地穴建筑，用粗加工的玄武岩石板和天然石块平砌墓室，大石板用于墓室内壁，小石块堆砌于大石板外围。墓室南壁已被破坏，平面呈长方形，长 2.65、宽 0.98、深 0.64 米。

　　墓室中发现几块碎骨，性别与年龄均不明。未见随葬品（图四八四）。

M2159

　　其西壁与 M2158 东壁相接，东壁打破 M2160。墓的方向为 180°。有微凸的封土覆盖，南高北低，最高处距原地面 0.4 米。墓葬填土为夹沙黄褐土，土质松散，纯净，无包含物，墓底亦是夹沙黄褐色生土。墓葬为地面建筑，用粗加工的玄武岩大石板平砌墓室内壁，其周围铺砌天然河卵石块。墓室平面近似于长方形，长 3.26、宽 1.3、深 0.4 米。

　　无人骨，随葬品亦不见（图四八四）。

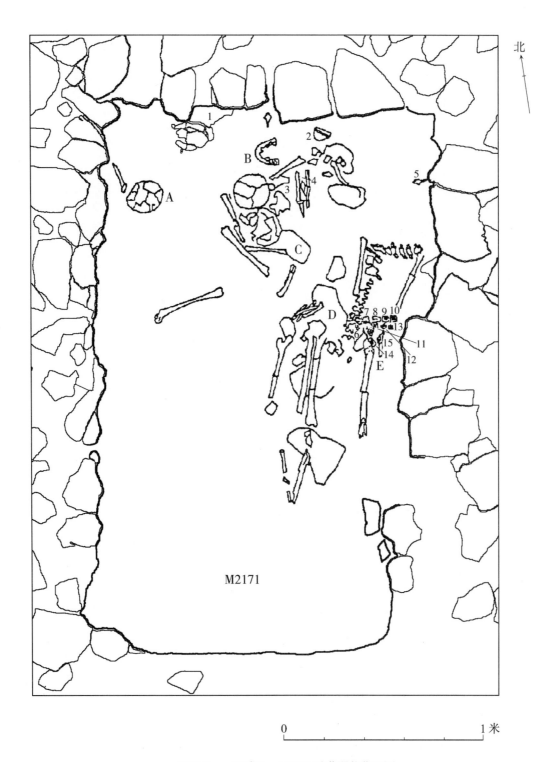

北

M2171

0　　　　　　　　　　　　　　　1 米

图四八一（局部）　M2171 随葬器物位置图

1. 陶长腹罐　2. 陶敛口罐　3. 铁刀　4、5、16. 铁镞　6～15. 铜带銙

0   2 厘米

图四八二　M2157

填土出土器物

铁钉（M2157：2）

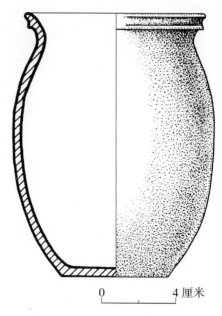

0   4 厘米

图四八三　M2157 随葬器物

陶长腹罐（M2157：1）

M2160

位于 M2159 之东，西壁被 M2159 打破。墓的方向为 180°。有封土覆盖，高出地面约 0.5 米。墓室填土为夹沙黄褐土，土质松散，纯净，无包含物，墓底亦是夹沙黄褐色生土。墓葬为地面建筑，用粗加工的玄武岩大石板平砌墓室内壁，其外围铺砌河卵石小石块，西壁和部分北壁已被破坏，墓室平面近似于长方形，残长 1.85、宽 1.1、深 0.5 米。

一具人骨葬于墓室北部，系二次葬。墓主人为成年女性。未见随葬品（图四八四）。

M2163

位于 M2162 之北 3.5 米处。墓的方向为 155°。封土与墓顶破坏无存。墓室填土为夹沙河卵石，墓底为黄沙生土层。填土中发现夹砂褐陶片，器形有长腹罐 1 件（残）。墓葬为地面建筑，用粗加工的玄武岩石块平砌墓室，北壁破坏无存，东、南壁保存一部分，可以推测该墓葬为长方形封土石室墓。墓室残长 1.7、宽 2.3、深 0.4 米。

无人骨痕迹。出土文物有陶长腹罐 1 件，置于墓室东南角（图四八五）。

1. 填土出土器物

陶长腹罐口沿　1 件（M2163：2）。夹砂褐陶，手制，重唇（图四八六）。

2. 随葬器物

陶长腹罐　1 件（M2163：1）。夹砂褐陶，手制，口沿经过慢轮修整。尖圆唇，侈口。口径 11.6、残高 9.2 厘米（图四八七）。

M2167

位于 M2168 和 M2166 中间，其东壁与 M2166 西壁相接，西壁与 M2168 东壁相接，3 座墓葬无叠压打破关系。墓的方向为 165°。有微凸的封土覆盖，高出地面约 0.4 米。墓室填土为夹沙黑褐土，

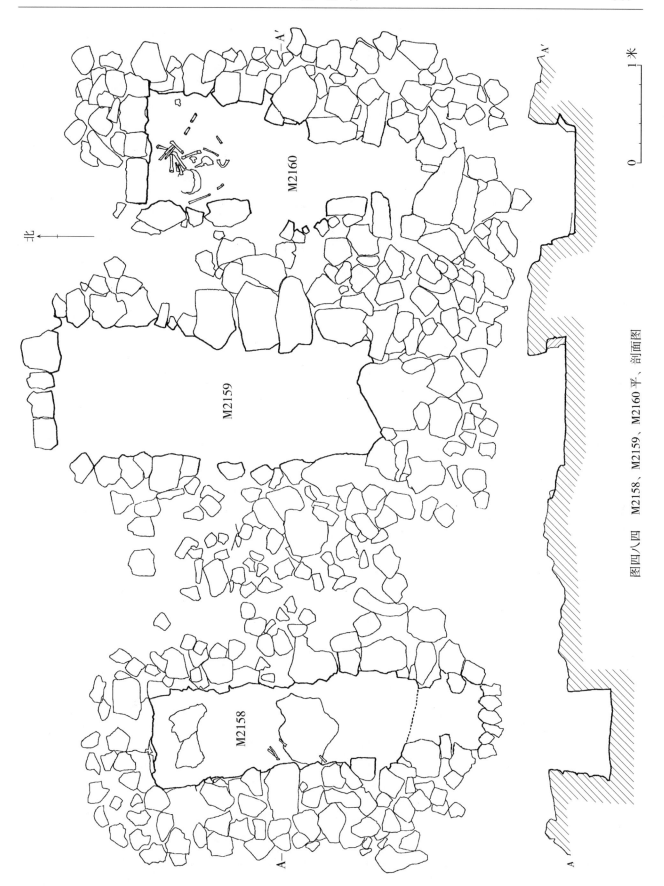

北

M2160

M2159

M2158

A'

A'

A

A

0 1米

图四八四 M2158、M2159、M2160 平、剖面图

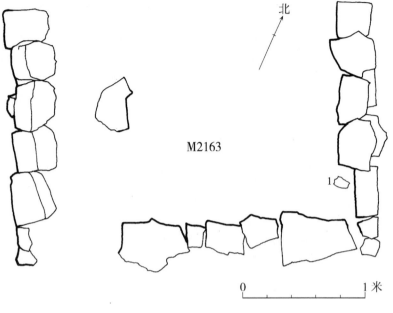

图四八五　M2163 平面及东壁侧视图
1. 陶长腹罐

土质较硬，墓底亦是夹沙黑土层。填土中发现夹砂红褐陶碎片。墓葬为地穴建筑，先在地表上挖一个长方形坑，然后用粗加工的玄武岩石板立支东、西、北三壁，南壁用石块垒砌。墓室平面不太规整，原来可能是长方形，长 2.4、宽 1.2、深 0.34 米。

人骨很乱，共 3 个个体，均为二次葬。东北角四肢骨（A）为成年男性。南部西侧肢骨和下颌骨（B）亦是成年男性。东南角头骨（C）为男性，约 25 岁左右。未见随葬品（图一九七）。

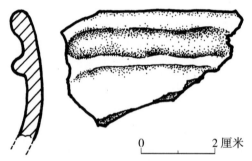

图四八六　M2163 填土出土器物
陶长腹罐口沿（M2163：2）

M2171

位于 M2158 之北约 2.5 米处，其西壁与 M2157 东壁相接。墓的方向为 190°。有微凸的封土和石块堆积，高出地面约 0.45 米。墓室填土为夹沙黄褐土，土质松软，纯净，墓底亦是夹沙黄褐色生土层。填土中发现夹砂红褐陶碎片。墓葬为地面建筑，与 M2157 同时修筑的，两者之间无早晚关系。墓室呈长方形，用天然玄武岩石块和河卵石垒砌墓室，四壁较规整，长 2.66、宽 1.64、深 0.6 米。

人骨很乱。大约 5 个个体，均为二次葬。西北角头骨（A）性别不明，是成年个体。北部中间头骨（B）为成年男性，其南边头骨（C）为成年女性。西侧四肢骨（D）为成年男性。东侧四肢骨（E）为女性，其年龄 22 岁。出土文物有陶长腹罐 1 件、陶敛口罐 1 件、铁刀 1 件、铁镞 3 件、铜带銙 10 件（图四八一，图版四五：2）。

随葬器物

陶长腹罐　1 件（M2171：1）。夹砂褐陶，手制，口沿经过慢轮修整，腹有烟熏的痕迹。重唇中间饰一道凸弦纹，口径略大于腹径，平底，肩饰两

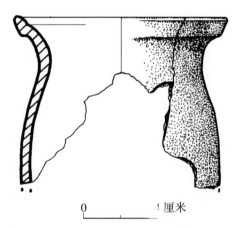

图四八七　M2163 随葬器物
陶长腹罐（M2163：1）

道凹弦纹中间夹锥刺纹，底饰"十"字纹。口径 11.8、通高 17.8、腹最大径 11.2、底径 5.8 厘米
（图四八八：1，图版一〇五：2）。

　　陶敛口罐　1件（M2171：2）。夹砂灰褐陶，手制，口沿经过慢轮修整。尖唇，子口，鼓腹，平
底，素面。口径 11、通高 16.8、腹最大径 15.9、底径 10.8 厘米（图四八八：2，图版一〇五：3）。

　　铁刀　1件（M2171：3）。直背，斜刃，其横截面为三角形，柄较长。通长 9.9、柄长 3.3 厘米
（图四八八：3，图版一六七：5）。

　　铁镞　3件。形状不同，可分二式。

　　Ⅰ式　1件（M2171：4）。镞身呈扁平柳叶形，锥状铤，其横截面为圆形。通长 6.6、铤长 3.2
厘米（图四八八：4，图版一六七：1-1）。

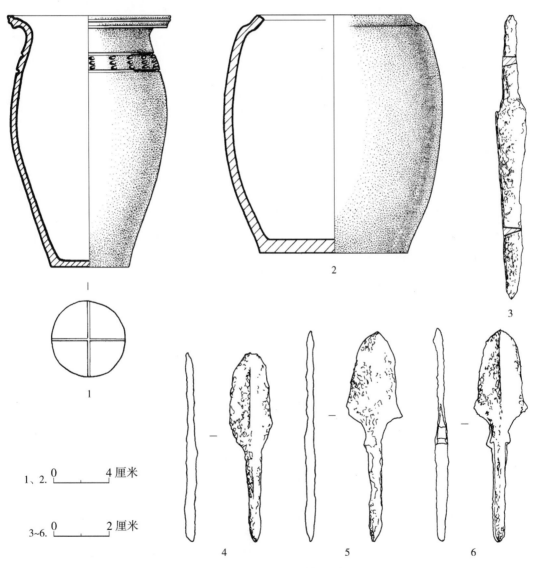

图四八八　M2171 随葬器物

1. 陶长腹罐（M2171：1）　　2. 陶敛口罐（M2171：2）　　3. 铁刀（M2171：3）

4. Ⅰ式铁镞（M2171：4）　　5、6. Ⅱ式铁镞（M2171：5、16）

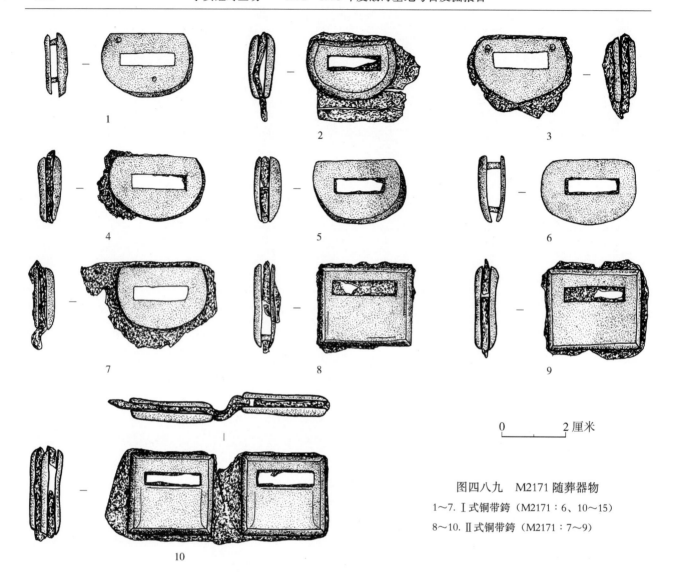

图四八九　M2171 随葬器物

1~7. Ⅰ式铜带銙（M2171：6、10~15）

8~10. Ⅱ式铜带銙（M2171：7~9）

Ⅱ式　2件。扁平镞身，尖锋，双翼，锥状铤，其横截面为圆形。M2171：5 通长 7.4、铤长 4 厘米（图四八八：5，图版一六七：1-2）。M2171：16 通长 7.5 厘米（图四八八：6，图版一六七：1-3）。

铜带銙　10件。形状不同，可分二式。

Ⅰ式　7件（图版一五三：3）。一面平直，其余呈弧形，边缘折起，两片复合，中间饰一长方形孔。M2171：6 背面饰 2 个小钉，长 2.9、宽 1.9、厚 0.7、孔长 1.7、宽 0.4 厘米（图四八九：1）。M2171：10 中间夹皮。长 2.8、宽 1.8、厚 0.8、孔长 1.6、宽 0.5 厘米（图四八九：2）。M2171：11 中间夹皮，背面饰 2 个小钉。长 2.9、宽 2、厚 0.7、孔长 1.8、宽 0.5 厘米（图四八九：3）。M2171：12 中间夹皮。长 2.9、宽 2、厚 0.7、孔长 1.7、宽 0.5 厘米（图四八九：4）。M2171：13 背面饰 3 个小钉。长 2.7、宽 2、厚 0.8、孔长 1.5、宽 0.5 厘米（图四八九：5）。M2171：14 长 3、宽 2、厚 0.9、孔长 1.6、宽 0.4 厘米（图四八九：6）。M2171：15 中间夹皮，背面饰 3 个小钉。长 2.9、宽 1.9、厚 0.7、孔长 1.7、宽 0.5 厘米（图四八九：7）。

Ⅱ式　3件（图版一五三：1）。长方形，边缘折起，两片复合，上端设一长方形孔，背面饰 4 个小钉。M2171：7 长 3、宽 2.5、厚 0.8、孔长 2、宽 0.4 厘米（图四八九：8）。M2171：8 中间夹皮。长 3、宽 2.5、厚 0.7、孔长 1.9、宽 0.4 厘米（图四八九：9）。M2171：9 中间夹皮，大小相同的 2 件连在一起。长 2.7、宽 2.5、厚 0.9、孔长 1.7、宽 0.4 厘米（图四八九：10）。

M2173

位于 M2172 之西南 1.5 米处。墓的方向为 170°。有微凸的封土，高出地面约 0.5 米。墓室填土为夹沙黄褐土，土质松散，纯净，无包含物。墓底亦是夹沙黄褐色生土层。墓葬为地穴建筑，在地表上挖一个长方形坑，然后用粗加工的玄武岩石板立支东、西、北三壁，南壁用小石块垒砌，墓室周围铺砌小石块。墓室平面呈长方形，长 2.2、宽 1.03、深 0.48 米。

无人骨，随葬品亦未见（图四九○）。

M2177

位于 M2176 之西南 0.5 米处。墓的方向为 185°。封土已被破坏，部分墓壁石块已露出地面。墓室填

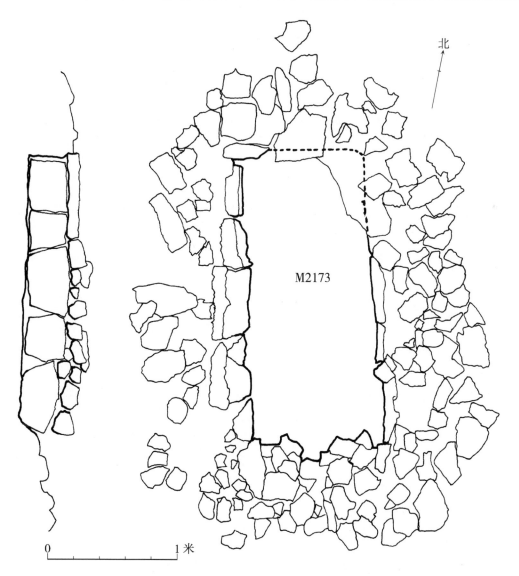

图四九○　M2173 平面及东壁侧视图

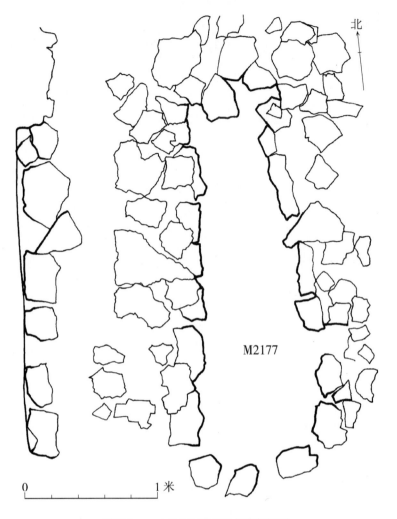

图四九一　M2177 平面及东壁侧视图

土为夹沙黄褐土，土质松散，墓底亦是夹沙黄褐色原生土层。填土中发现泥质灰陶盂 1 件（已残）。墓葬为地面建筑，用天然玄武岩石块修筑墓室，南壁已被破坏，东壁北段往里倾斜。墓室平面近似于长方形，长 2.52、宽 0.72、深 0.46 米。

无人骨，随葬品亦未见（图四九一）。

填土出土器物

陶盂口沿　1 件（M2177：1）。泥质灰陶，手制，口沿经过慢轮修整。圆唇，侈口，束颈（图四九二）。

M2187

位于 M2186 之东南 1.5 米处。墓的方向为 140°。墓葬南部封顶已被破坏，部分石块无规律地散落在地表上。墓葬填土为黄褐土，土质较硬，填土中发现夹砂褐陶碎片。墓葬系地面建筑，用粗加工的玄武岩石块垒砌墓室，墓室西壁已被破坏，墓底铺砌一层小河卵石，个别处缺失。墓室平面呈长方形，长 2.3、宽 1.9、深 0.36 米。

墓室西北角发现 1 个儿童头骨和少量肢骨，属于二次葬，其性别欠明。出土文物有陶短颈壶 1 件，位于墓室西北角（图四九三，图版四六：1）。

随葬器物

陶短颈壶　1 件（M2187：1）。夹砂褐陶，手制，口沿经过慢轮修整，腹有黑色斑纹。重唇，侈口，微折肩，鼓腹，平底，素面。口径 6.8、通高 13.9、腹最大径 13、底径 7.7 厘米（图四九四，图版一〇五：4）。

M2188

位于 M2190 之西北，与 M2189 相连。墓的方向为 90°。有微凸的封土，高出地面约 0.3 米。墓葬填土为夹沙黄褐土，土质松散，墓底亦是夹沙黄褐色生土。填土中发现夹砂褐陶长腹罐 1 件。墓葬为地穴建

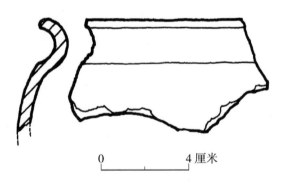

图四九二　M2177 填土出土器物
陶盂口沿（M2177：1）

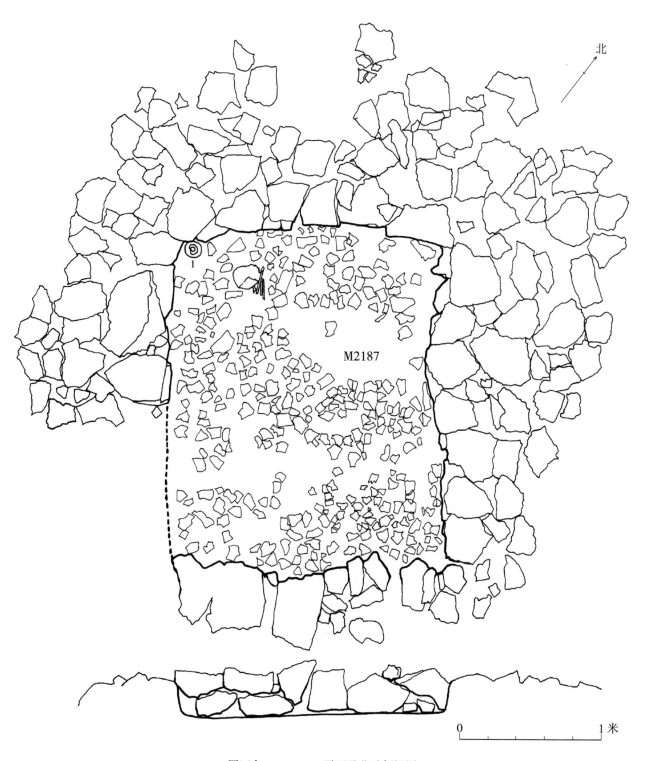

北

图四九三　M2187 平面及北壁侧视图
1. 陶短颈壶

图四九四　M2187 随葬器物
陶短颈壶（M2187：1）

筑，先在地表上挖一个深约 0.3 米的长方形坑，然后用粗加工的玄武岩石板和石块平砌墓葬，墓室平面呈长方形，长 1.6、宽 0.79、深 0.6 米。

无人骨，随葬品亦未见（图二一八）。

填土出土器物

陶长腹罐　1 件（M2188：1）。夹砂褐陶，手制。唇中间微凹，呈重唇，其间距较大，侈口，腹径略大于口径，平底，素面。口径 10.9、通高 19、腹最大径 11.6、底径 5.6 厘米（图四九五，图版一〇六：1）。

M2191

位于 M2189 之东 3 米处。墓的方向为 205°。有封土覆盖，高出地面约 0.4 米。墓葬填土为夹沙灰褐土，土质松，纯净，墓底亦是夹沙灰褐色原生土层。填土中发现夹砂褐陶碎片，器形欠明。墓葬为地穴建筑，此墓在地表上挖 1 米深的长方形竖穴坑，用粗加工的石板沿着坑壁立支墓室东、西、北三壁；

先存石板东壁有 4 块，西壁 5 块，北壁 2 块，个别空隙处填塞小石块，南壁垒砌大小不等的石块。墓室平面近似于长方形，长 2.76、宽 0.9、深 0.99 米。

墓室内无人骨，随葬品亦不见（图四九六，图版四七：1）。

M2197

位于 M2315 之北 1 米处。墓的方向为 205°。墓壁绝大部分石块已露出地面，其范围近似于长方形，长 5.5、宽 4.3 米、高 0.7 米。墓室中间坍塌出凹坑，填土为夹沙红褐土，发现夹细砂灰色陶片和夹砂红褐陶长腹罐 1 件（已残）、布纹瓦残片 1 件。墓底为原沙子生土层，颜色稍发黑。墓葬为地面建筑，用粗加工的玄武岩石块和天然河卵石垒砌墓室的东、西、北三壁，最后封堵墓室南壁，墓葬周围铺砌小石块，较整齐，个别空隙处填塞小河卵石。墓室平面近似于长方形，长 3.2、宽 1.6、深 0.62 米。

墓室内无人骨，随葬品亦未见（图四九七）。

填土出土器物

陶长腹罐口沿　1 件（M2197：1）。夹砂褐陶，手制，重唇，侈口（图四九八：1）。

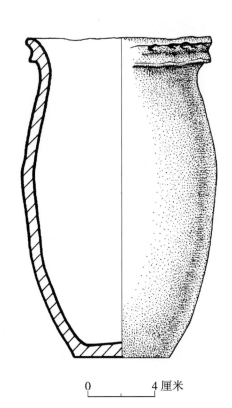

图四九五　M2188 填土出土器物
陶长腹罐（M2188：1）

图四九六　M2191 平面及东壁侧视图

布纹瓦残片　1件（M2197：2）。一面饰布纹（图四九八：2）。

M2199

位于 M2314 西北约 1 米处。墓的方向为 190°。封土破坏无存，大多数石块已露出地面，西壁已破坏殆尽。墓室填土为黑褐土，土质松散，填土中发现夹砂褐陶碎片。墓葬为地面建筑，用天然玄武岩石块垒砌墓的东、西、北三壁，然后封堵墓室南壁。墓室平面近似于长方形，东西长 2.4、南北宽约 2、深 0.4 米。

在墓室西北角发现 1 个头骨和少量肢骨，属于二次葬，墓主人为成年男性。未见随葬品（图四九九）。

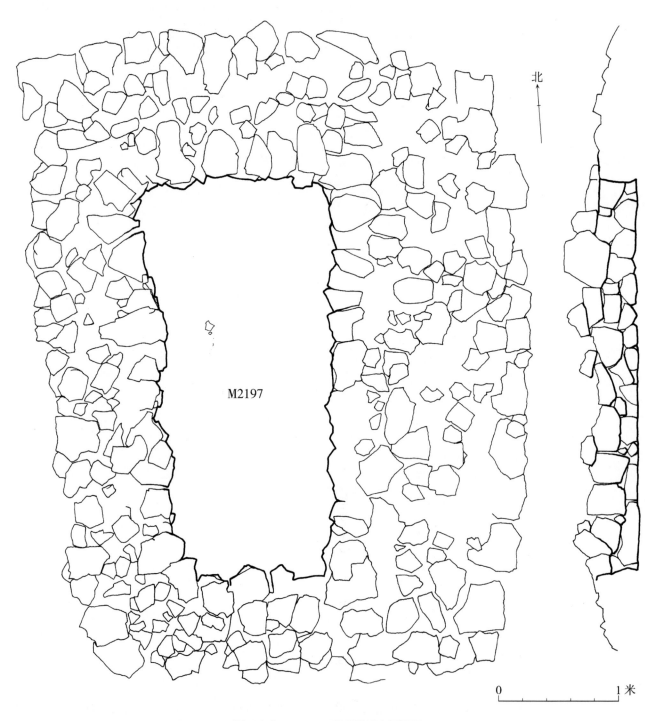

北

M2197

0 1 米

图四九七　M2197 平面及西壁侧视图

M2201

位于 M2197 东北约 3 米处。墓的方向为 190°。有微凸的封顶，其形状近似于椭圆形，长径约 4 米，短径 2.8 米，高出地面 0.4 米。墓室填土为夹沙黑褐土，土质松散，纯净，墓底亦是夹沙黑褐色生土层。填土中发现夹砂褐陶长腹罐 1 件。墓葬系地面建筑，墓室东、西、北壁用粗加工的玄武岩石板立支作壁，南壁用天然石块封堵。墓室平面近似于长方形，东、西两壁已被破坏，长 2.44、宽 0.94、深 0.44 米。

无人骨，随葬品亦未见（图五〇〇）。

填土出土器物

陶长腹罐 1 件（M2201∶1）。夹砂褐陶，手制，腹有烟熏的痕迹。重唇，侈口，口径略大于腹径，平底，素面。口径 11.6、通高 18.6、腹最大径 11、底径 6.2 厘米（图五〇一，图版一〇六∶2）。

M2202

位于 M2199 之北约 0.3 米处。墓的方向为 80°。封顶破坏严重，地表上已露出石块，西北高、东南低，呈坡状。墓室填土为沙土，土质松散，纯净，墓底亦是原沙土层。填土中发现夹砂褐陶片，器形有鼓腹罐 1 件（残）。墓葬为地穴建筑，先在地表挖一个长方形浅坑，用粗加工的玄武岩石板沿着四壁平砌墓

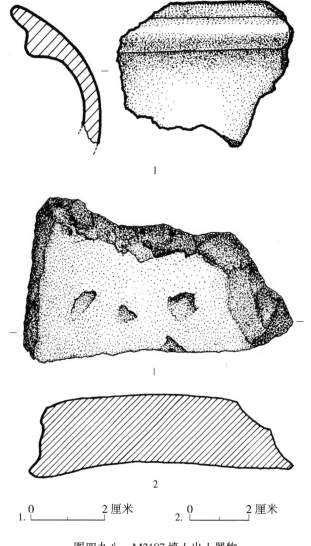

图四九八　M2197 填土出土器物
1. 陶长腹罐口沿（M2197∶1）　2. 布纹瓦残片（M2197∶2）

室，大石板用于墓室内壁，小石块堆砌在大石板外围。墓室平面呈长方形，东壁已被破坏，东西长 2.7、南北宽 1.9、深 0.48 米。

墓室中发现 1 具零乱的人骨，属于二次葬，是成年个体，其性别与年龄均不明。出土文物有陶长腹罐 1 件，位于头骨旁边和北侧（图五〇二，图版四七∶2）。

1. 填土出土器物

陶鼓腹罐口沿 1 件（M2202∶2）。夹砂褐陶，手制，圆唇，侈口（图五〇三）。

2. 随葬器物

陶长腹罐 1 件（M2202∶1）。夹砂褐陶，手制，口沿经过慢轮修整，腹有斑纹和烟熏的痕迹。重唇中间微凹，侈口，腹径大于口径，平底，素面。口径 9.5、通高 19.1、腹最大径 11.6、底径 5.7 厘米（图五〇四，图版一〇六∶3）。

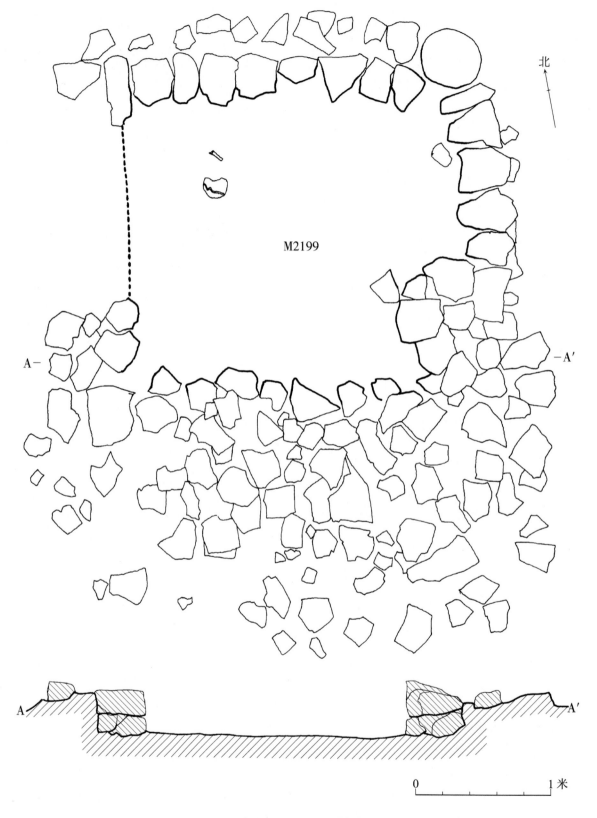

北

M2199

A—

—A'

A

A'

0　　　　　　　　　　1 米

图四九九　M2199 平、剖面图

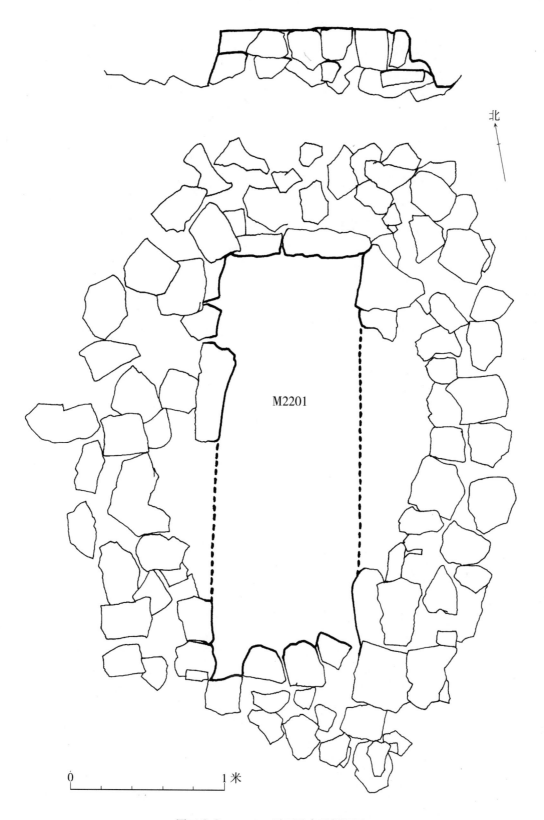

北

0 _____ 1米

图五〇〇 M2201 平面及南壁侧视图

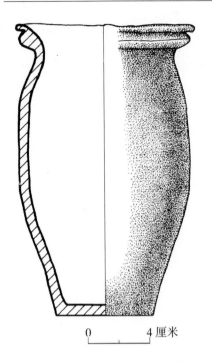

图五○一　M2201 填土出土器物
陶长腹罐（M2201：1）

M2203

位于 M2204 之东南约 1 米处。墓的方向为 100°。封顶已被破坏，地表上可见东西墓壁，墓室已塌出凹坑。墓室填土为黄沙土，土质松散，墓底亦是原黄沙土层。填土中发现夹砂褐陶鼓腹罐残片 1 件。墓葬为地穴建筑，先在地表上挖一个长方形坑，之后用粗加工的玄武岩石板和石块沿着四壁平砌墓室。墓室平面呈长方形，东西长 3.28、南北宽 1.6、深 0.8 米。

墓室中葬两具成年肢骨，其性别与年龄均不明。出土文物有陶短颈壶残底片 1 件，位于墓室东南角；1 件铁镞置于肢骨旁边（图五○五）。

1. **填土出土器物**

陶鼓腹罐口沿　1 件（M2203：3）。夹砂褐陶，手制，口沿经过慢轮修整，平唇，侈口（图五○六）。

2. **随葬器物**

陶短颈壶底片　1 件（M2203：1）。夹砂褐陶，手制，平底。底径 7.6 厘米（图五○七：1）。

铁镞　1 件（M2203：2）。扁平镞身，尖锋，双翼，锥状

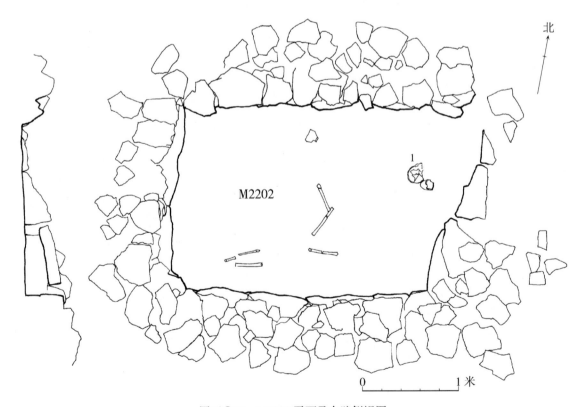

图五○二　M2202 平面及东壁侧视图

1. 陶长腹罐

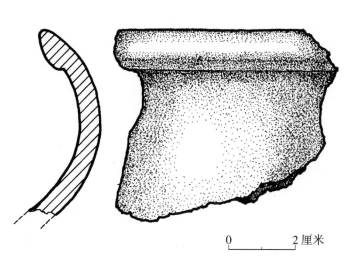

0   2 厘米

图五〇三　M2202 填土出土器物

陶鼓腹罐口沿（M2202：2）

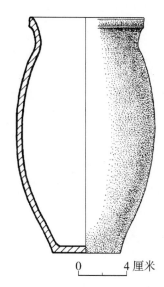

0   4 厘米

图五〇四　M2202 随葬器物

陶长腹罐（M2202：1）

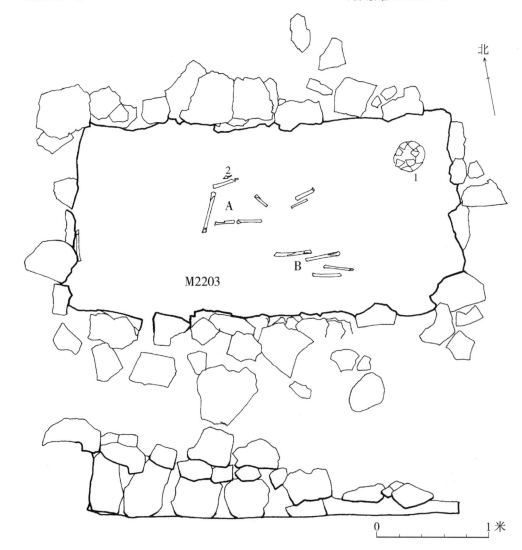

图五〇五

M2203 平面及

北壁侧视图

1. 陶短颈壶残片

2. 铁镞

0   1 米

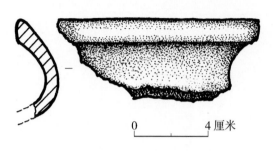

图五〇六　M2203 填土出土器物
陶鼓腹罐口沿（M2203：3）

铤。通长 7.4、铤长 3.6 厘米（图五〇七：2，图版一六七：3）。

M2218

位于墓地中部较高的岗地上，M2258 之南约 18 米处。墓的方向为 90°。封顶已被破坏，墓室已坍塌出凹坑。墓室填土为夹沙河卵石，土质松散，墓底为纯沙子生土层。填土中发现夹砂褐陶片，器形有鼓腹罐残片 1 件、长腹罐口沿 1 件。墓葬为地穴建筑，先在地表上挖一个长方形坑，然后用粗加工的玄武岩石块和石板沿着四壁平砌墓室，周围铺垫小石块，平面呈椭圆形。墓室平面呈长方形，四隅抹角，东西长 2.9、南北宽 1.7、深 0.88 米。

无人骨，随葬品亦未见（图五〇八，图版四六：2）。

填土出土器物

陶长腹罐口沿　1 件（M2218：1）。夹砂褐陶，手制，口沿经过慢轮修整。重唇，侈口，腹饰凹弦纹夹水波纹（图五〇九：1，图版一三七：5）。

陶鼓腹罐残片　1 件（M2218：2）。夹砂红褐陶，手制，饰凹弦纹夹水波纹（图五〇九：2，图版七五：2）。

M2271

位于 M2269 西北约 2 米处。墓的方向为 140°。有封土覆盖，呈长方形，南北长 4、东西宽 3、高出地面约 0.5 米。墓室填土为夹沙灰褐土，土质松散，纯净，墓底亦是夹沙灰褐色生土层。填土中发现夹砂褐陶碎片。墓葬为地面建筑，用粗加工的玄武岩石板和石块平砌墓室东、西、北三壁，最后用一块大石板封堵墓室南壁，小石块堆砌在墓室周围。墓室四壁近似于长方形，长 2.42、宽 1.13、深 0.49 米。

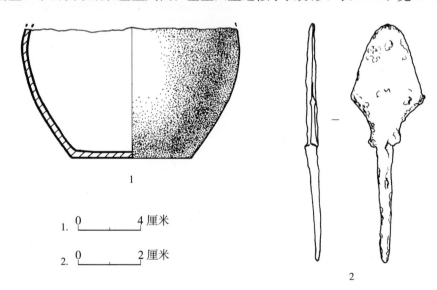

1

1. 0 ——— 4 厘米

2. 0 ——— 2 厘米

2

图五〇七　M2203 填土出土器物
1. 陶短颈壶底片（M2203：1）　　2. 铁镞（M2203：2）

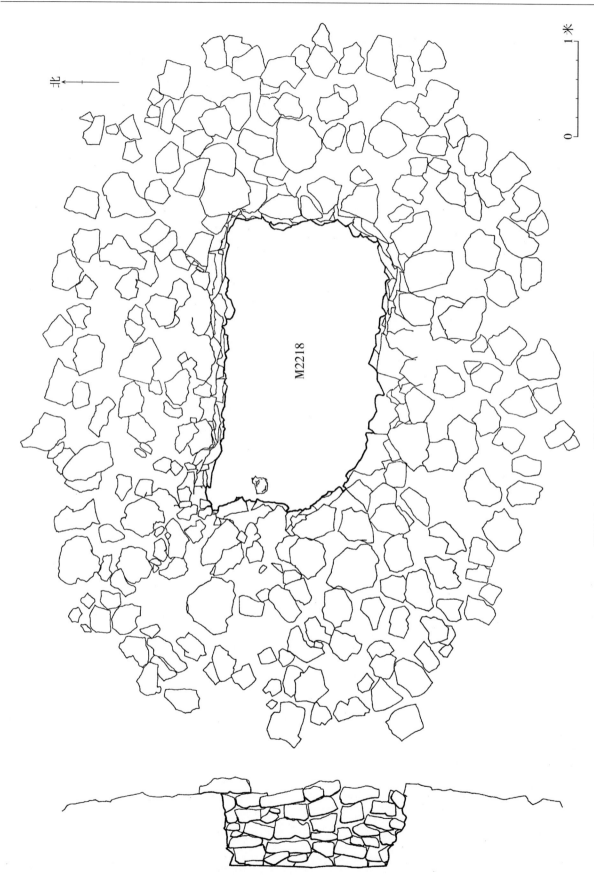

北

M2218

1米

0

图五〇八　M2218平面及东壁侧视图

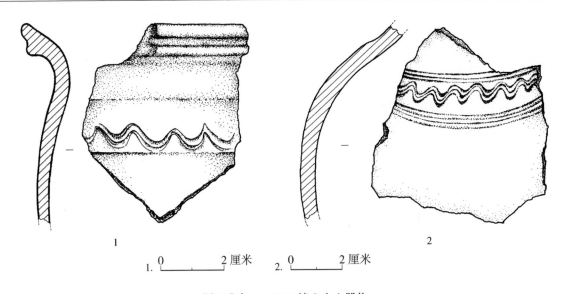

图五〇九　M2218 填土出土器物

1. 陶长腹罐口沿（M2218：1）　　2. 陶鼓腹罐残片（M2218：2）

墓室中间发现若干块肢骨和一侧骨盆，其身份为成年男性。未见随葬品（图五一〇，图版四八：1）。

M2273

位于 M2272 之西 3.5 米处。墓的方向为 155°。墓葬略高于地表，封顶已被破坏，在墓室里清理出两块封顶石板和零乱的小石块。墓室填土为夹沙黄褐土，土质松散，墓底亦是夹沙黄褐色生土层。填土中发现夹砂褐陶瓶 1 件（残）。墓葬为地穴建筑，在地表上挖一个长方形坑，用粗加工的玄武岩石块和石板平砌墓室东、西、北三壁，最后用三块大石板立支作南壁，墓室周围铺砌大小不等的石块。墓室平面呈长方形，长 2.6、宽 1.32、深 0.68 米。

无人骨。未见随葬品（图五一一）。

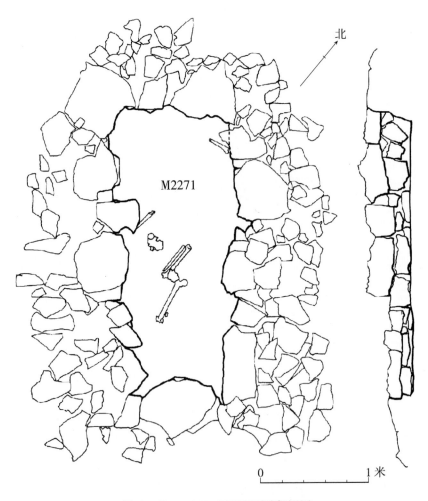

图五一〇　M2271 平面及西壁侧视图

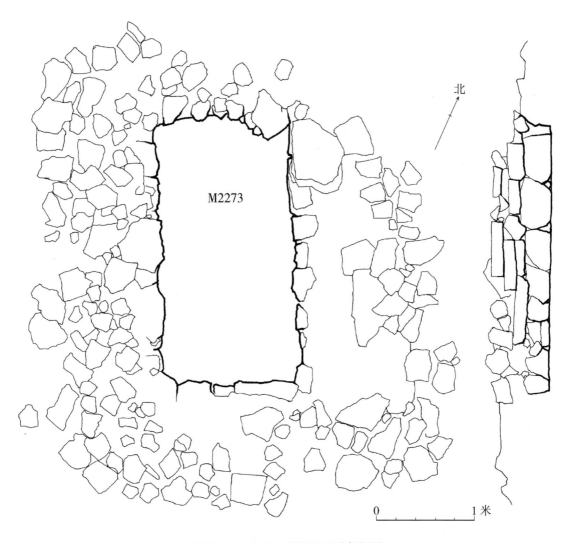

图五一一　M2273 平面及西壁侧视图

填土出土器物

陶瓶口沿　1件（M2273：1）。夹砂褐陶，手制。圆唇，侈口（图五一二）。

M2276

位于 M2275 之西北约 2 米处。墓的方向为 205°。未发现封顶结构，在地表上发现微凸的石块堆积。墓室填土为黑褐土，土质松软，无包含物，墓底平铺一层大小不等的河卵石。墓葬系地面建筑，用天然河卵石垒砌墓室四壁，小石块铺砌于墓室周围。墓室四壁近似于方形，边长约 2.1、深 0.43 米。

在墓室西南角发现两根烧黑的成年肢骨，其性别不清。未见随葬品（图五一三）。

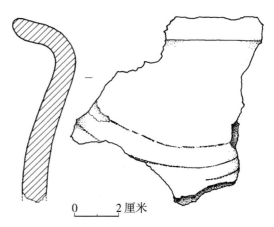

图五一二　M2273 填土出土器物
陶瓶口沿（M2273：1）

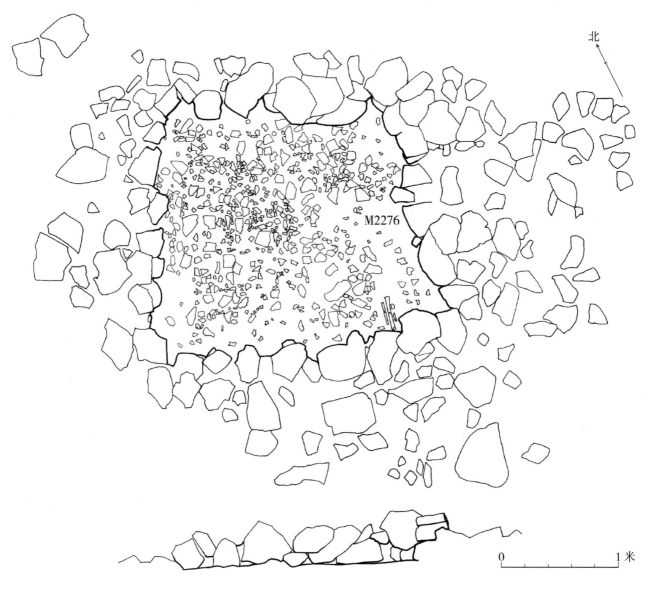

图五一三　M2276 平面及北壁侧视图

M2277

位于 M2275 之西南约 2 米处。墓的方向为 180°。未发现封顶结构，墓葬略凸于地表，北高南低。墓室填土为夹沙黑褐土，土质松软，无包含物，墓底亦是夹沙黑褐色生土层。墓葬系地面建筑，用天然河卵石垒砌墓室东、西、北三壁，较大的石块封堵墓室南壁，小石块铺砌在墓室外围。墓室平面呈长条形，长 2.8、宽 0.8、深 0.44 米。

在墓室中间发现零碎的人骨，属于二次葬。南边碎头骨（A）为儿童，性别不清。其余人骨（B）属于成年女性。未见随葬品（图五一四）。

M2281

位于 M2282 之西约 1.5 米处，东壁封土已被 M2282 打破。墓的方向为 205°。去掉封土可见较明显的墓葬范围，封顶已被破坏，在墓室中清理出几块原封顶石块。填土为夹沙黑褐土，土质较黏，

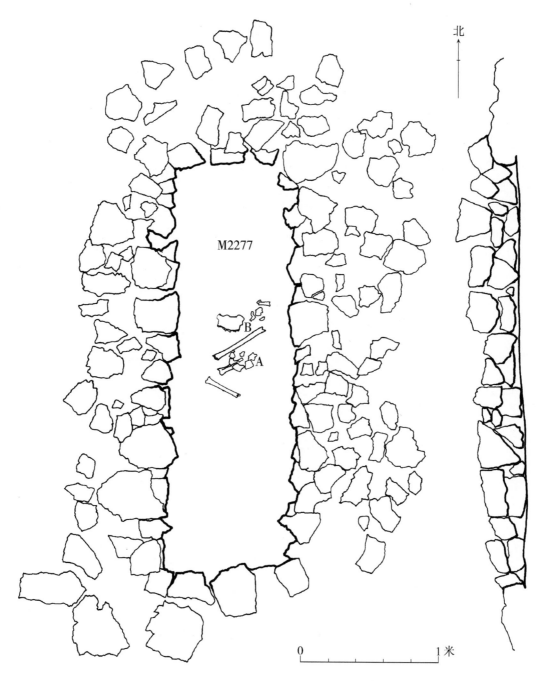

图五一四　M2277 平面及西壁侧视图

填土中发现少量夹砂褐陶片，器形不明。墓葬为地穴建筑，墓室先在地表上挖一个长方形坑，然后用粗加工的玄武岩石板和石块沿着东、西、北三壁立支一层，其上铺砌小石块，最后用小石块封堵墓室南壁，墓室周围铺垫小石块。墓室平面呈长方形，长 2.8、宽 1.9、深 0.64 米。

　　墓室中发现一头骨和少量四肢骨，系成年男性，二次葬。在北壁石块上发现 1 件铁镞（图五一五）。

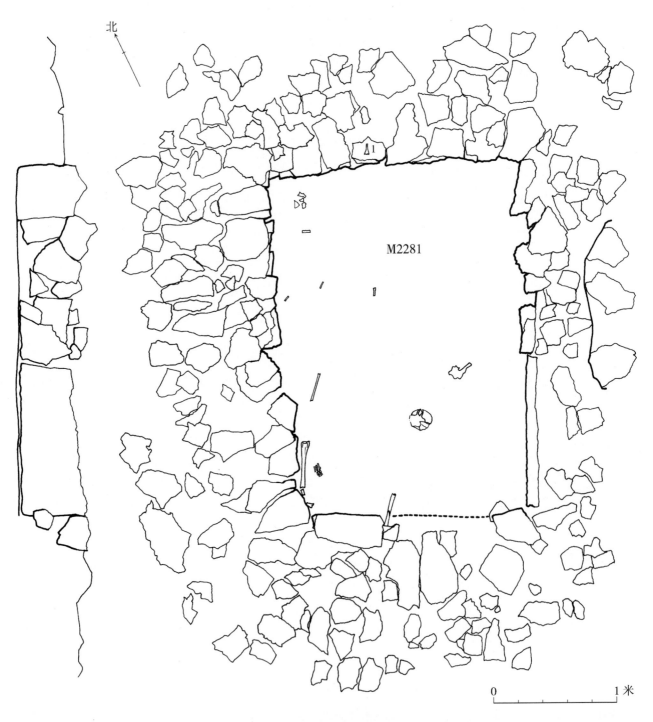

北

0　　　　　　　　　1米

图五一五　M2281 平面及东壁侧视图
1. 铁镞

随葬器物

铁镞　1件（M2281：1）。镞身呈扁平扇形，锥状铤，其横截面为圆形。通长10、铤长4.2厘米（图五一六，图版一六七：4）。

M2282

位于 M2281 之东约1.5米处，其西边封土打破 M2281 东壁。墓向为190°。墓葬略高于地表，封顶已被破坏，几块石头无规律地散落在墓室内。墓室填土为夹沙黄褐土，土质黏，墓底为夹沙黑褐土。填土中发现少量夹砂褐陶片，器形不明。墓葬为地穴建筑，在地表上挖一个长方形坑，用粗加工的玄武岩石板立支墓室一圈，其上用大小不等的石板和石块平砌东、西、北三壁，最后用大小石块封堵墓室南壁。墓室平面呈不规则的长方形，长2.36、宽1.12、深0.98米。

墓室中发现零乱的肢骨，属于二次葬，25～30岁左右的女性个体。未见随葬品（图五一七）。

M2286

位于 M2285 之东3.5米处。墓的方向为170°。封土无存，墓葬北半部已被破坏，原封顶石块无规律地散放在墓室南部周围。墓室填土为夹沙黄褐土，土质较松散，墓底亦是夹沙黄褐色生土层。填土中发现夹砂褐陶长腹罐1件（残）、瓶口沿1件、碗1件、器盖1件、玉佩1件、银耳环2件、玛瑙珠1件、铁钉1件。墓葬为地面建筑，用大小不等的玄武岩石板和石块平砌墓壁。墓室平面近似于长方形，长2.46、宽1.72、深0.48米。

墓室中部发现几根指骨，性别与年龄均不明。未见随葬品（图五一八）。

填土出土器物

玉佩　1件（M2286：1）。青玉，圆形，中间饰一梨状坠饰，直径2.7、肉宽0.8、厚0.2厘米（图五一九：1，图版一八九：5）。

银耳环　2件，圆形，中间有一豁口，其横截面亦是圆形。M2286：2已残，横截面直径0.1厘米（图五一八：2）。M2286：3外径1.6、内径1.25、横截面直径0.2厘米（图五一九：3，图版一八〇：3）。

玛瑙珠　1件（M2286：4）。圆饼状，中间饰一小圆孔。直径1、高0.9、孔径0.2厘米（图五一九：4，图版一八六：1）。

陶器盖　1件（M2286：5）。夹砂灰陶，手制。顶端为圆形柱状纽，斜壁，平口，素面。纽直径3.8、通高4、口径8.3厘米（图五一九：5，图版一二五：5）。

陶长腹罐口沿　1件（M2286：6）。夹砂黄褐陶，手制，重唇（图五一九：6，图版一三七：7）。

陶碗　1件（M2286：8）。夹砂褐陶，手制。圆唇，敞口，平底。口径8、通高5、底径5.2厘米（图五一九：7，图版一二五：6）。

陶瓶口沿　1件（M2286：7）。夹砂褐陶，手制，尖圆唇，侈口（图五一九：9）。

铁钉　1件（M2286：9）。无钉帽，钉身为四棱锥状。残长4.2厘米（图五一九：8）。

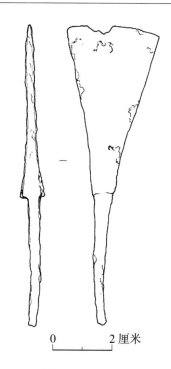

0　　　　2厘米

图五一六　M2281
随葬器物
铁镞（M2281：1）

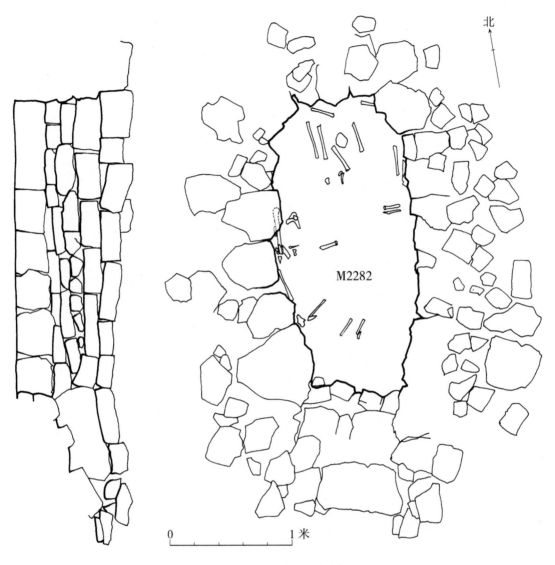

图五一七　M2282 平面及东壁侧视图

M2291

　　与 M2285 相邻，墓向为 100°。封土已被破坏，墓葬略凸于地表，少量原封顶石块无规律地散落在墓室和地表上。墓室填土为夹沙黄褐土，土质松散，纯净，无包含物。墓底亦是夹沙黄褐色生土层。墓葬为地面建筑，用粗加工的玄武岩石板立支作墓室内壁，其周围再铺垫小石块。墓室平面呈长方形，长 2.24、宽 1.38、深 0.48 米。

　　无人骨，亦未见随葬品（图二八六）。

M2296

　　位于 M2297 之东 1 米处。墓的方向为 120°。封土无存，封顶已被破坏，墓室呈凹坑，零乱的石块散落在墓室周围。墓室填土为黑褐土，土质松散，墓底亦是黑褐色生土层。填土中发现夹砂褐陶鼓腹罐底 1 件、瓮口沿 1 件、纹饰陶片 1 件、铁甲片 16 件。墓葬为地面建筑，用粗加工的玄武岩石

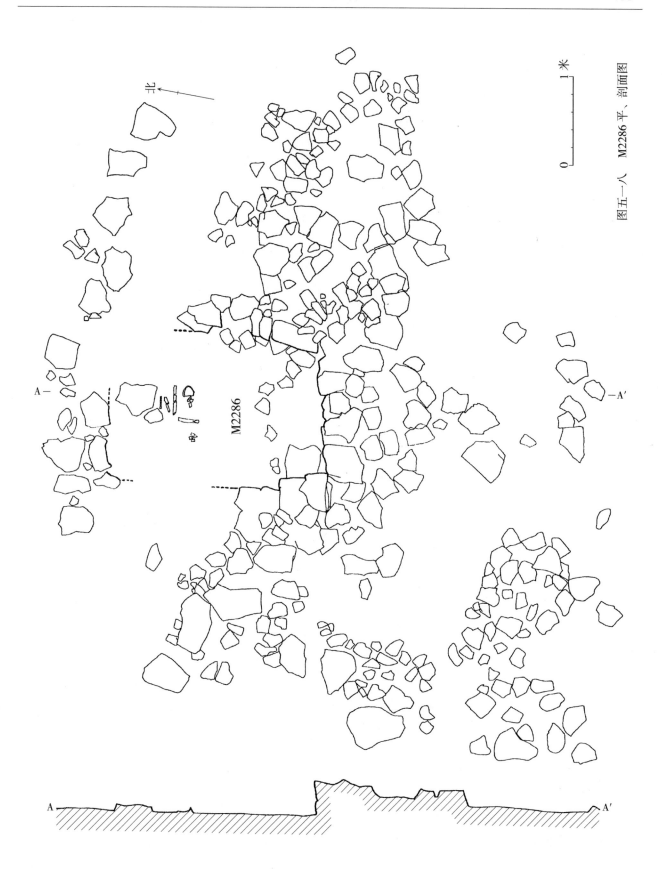

图五一八 M2286 平、剖面图

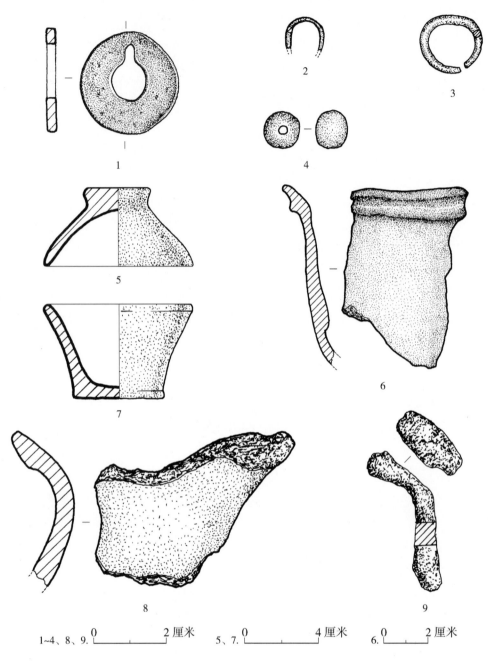

1~4、8、9. 0   2厘米   5、7. 0   4厘米   6. 0   2厘米

图五一九　M2286填土出土器物

1. 玉佩（M2286：1）　2、3. 银耳环（M2286：2、3）　4. 玛瑙珠（M2286：4）　5. 陶器盖（M2286：5）

6. 陶长腹罐口沿（M2286：6）　7. 陶碗（M2286：8）　8. 陶瓶口沿（M2286：7）　9. 铁钉（M2286：9）

板平砌墓室内壁，小石块铺砌于墓室外围，东壁往西南向倾斜，平面呈不规则的长方形，长2.21、宽1.42、深0.58米。

无人骨。未见随葬品（图五二〇，图版四八：2）。

填土出土器物

陶鼓腹罐口沿　1件（M2296：17）。夹砂褐陶，手制，圆唇，侈口（图五二一：1，图版一二三：1）。

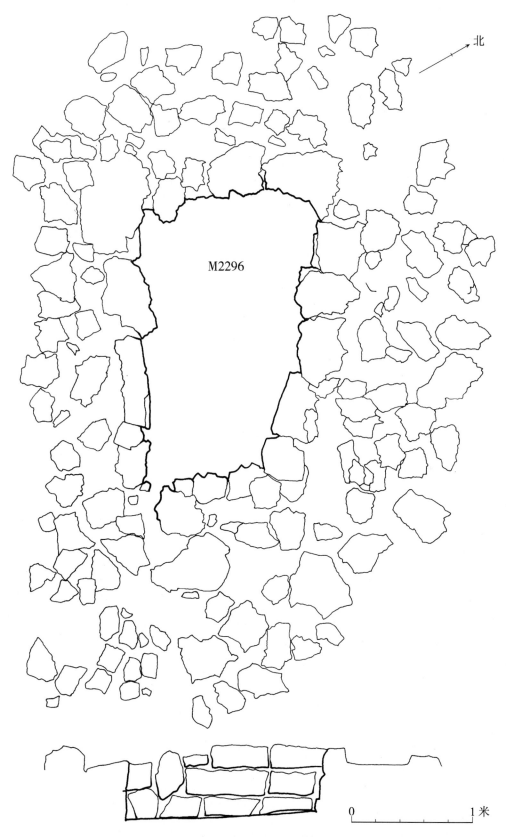

北

M2296

0　　　　　　　　　　1米

图五二〇　M2296 平面及西壁侧视图

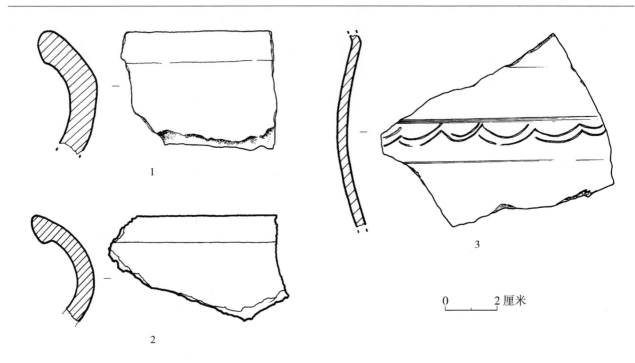

图五二一　M2296 填土出土器物

1. 陶鼓腹罐口沿（M2296：17）　　2. 陶瓮口沿（M2296：18）　　3. 纹饰陶片（M2296：19）

陶瓮口沿　1 件（M2296：18）。夹砂褐陶，手制，尖圆唇，侈口（图五二一：2）。

纹饰陶片　1 件（M2296：19）。夹砂褐陶，手制，饰凹弦纹夹水波纹（图五二二：3，图版一二三：2）。

铁甲片　16 件（M2296：12）。顶端两角抹去，呈圭形，中间和边缘饰圆形小孔。长 9.2、宽 2.7、厚 0.1 厘米（图五二二：12）。M2296：1～11、13～16 薄铁片，个别留下圆形小孔，均残，无法辨认其原形和大小尺寸（图五二二：1～11、13～16，器物 9～16 为图版一六七：6）。

M2299

位于 M2298 之西约 0.7 米处。墓的方向为 80°。封土略呈椭圆形，长径约 5、短径 4、高出地面约 0.6 米。墓室填土为夹沙灰褐土，土质松散，墓底系原沙土层。填土中发现夹砂褐陶长腹罐残片 1 件、瓮口沿 1 件、铁钉 2 件、铁镞 1 件。墓葬为地面建筑，用粗加工的玄武岩石板立支墓室东、西、北三壁，最后用一块大石板封堵墓室南壁，小石块铺砌于墓室周围。墓室四壁近似于长方形，长 2.7、宽 1.2、深 0.52 米。

未见人骨。在墓室东北角发现瓮底 1 件（图五二三，图版四九：1）。

1. **填土出土器物**

铁钉　2 件（图版一六七：2）。无钉帽，钉身为四棱锥状。M2299：2 长 7 厘米（图五二四：1）。M2299：3 长 7.2 厘米（图五二四：2）。

铁镞　1 件（M2299：4）。扁平镞身，尖锋，底微凹呈双翼。长 3、宽 1.6 厘米（图五二四：3）。

陶长腹罐口沿　1 件（M2299：5）。夹砂褐陶，手制，口沿经过慢轮修整。重唇，侈口（图五二四：4）。

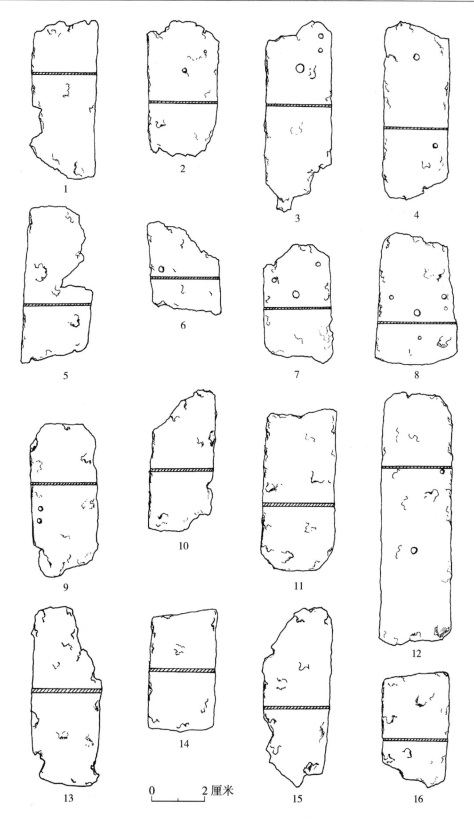

图五二二 M2296 填土出土器物

1～16. 铁甲片（M2296：1～16）

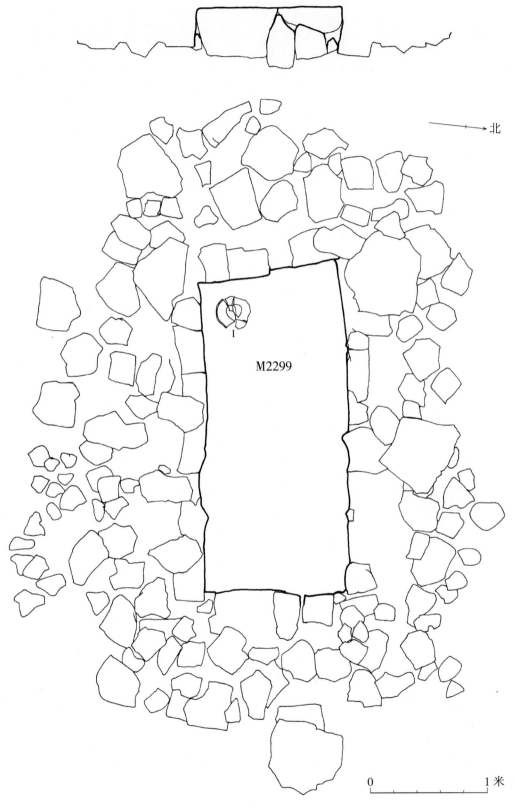

图五二三　M2299 平面及东壁侧视图

1. 陶瓮底

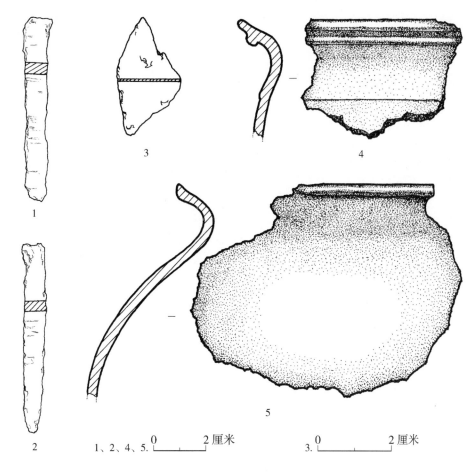

图五二四　M2299 填土出土器物

1、2. 铁钉（M2299：2、3）　3. 铁镞（M2299：4）　4. 陶长腹罐口沿（M2299：5）

5. 陶瓮口沿（M2299：6）

陶瓮口沿　1件（M2299：6）。夹砂褐陶，手制，口沿经过慢轮修整。圆唇，侈口，鼓腹（图五二四：5，图版一三七：8）。

2. 随葬器物

陶瓮底　1件（M2299：1）。夹砂褐陶，手制，平底，底径19.2厘米（图五二五）。

M2301

位于 M2104 之西 1 米处。墓的方向为160°。有微凸的封土覆盖，呈椭圆形，长径约4.8、短径3.8、高出地表0.4米。墓室填土为黑褐土，土质较黏，无包含物，墓底亦是黑褐色生土层。墓葬为地穴建筑，先在地表上挖一个长方形坑，然后用较大的天然河卵石沿着坑壁垒砌墓室东、西、北壁，之后用玄武岩大石板封堵墓室南壁，

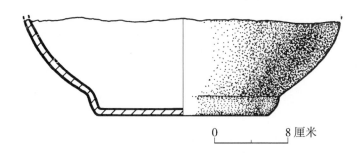

图五二五　M2299 随葬器物

陶瓮底（M2299：1）

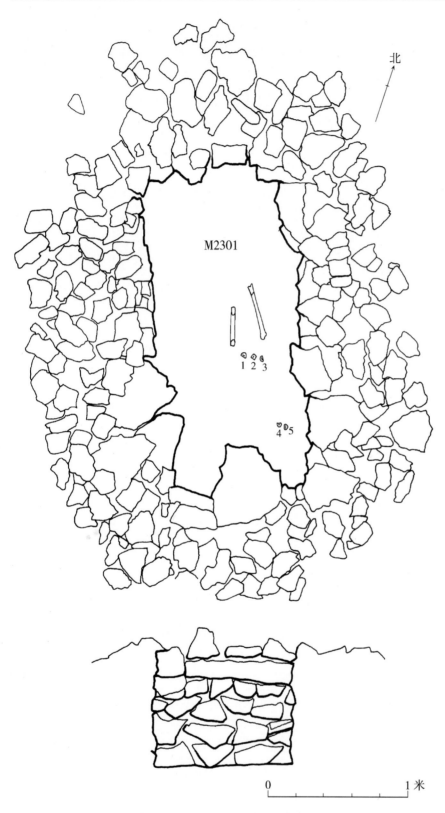

图五二六　M2301 平面及北壁侧视图

1~5. 铜带銙

用小河卵石块铺砌于墓室周围。墓室平面呈不太规则的长方形，长 2.25、宽 1.08、深 0.94 米。

在墓室中间发现两根肢骨，系成年女性。出土文物有 5 件铜带銙，分别置于墓室中部和东南部（图五二六）。

随葬器物

铜带銙　5 件。形状不同，可分二式。

Ⅰ式　4 件（图版一四七：5）。一面平直，其余呈弧形，边缘折起，两片复合，中间饰一长方形孔，背面饰 3 个小钉。M2301：1 长 3、宽 2.4、厚 0.9、孔长 1.6、宽 0.6 厘米（图五二七：1）。M2301：3 中间夹皮，长 2.9、宽 2.4、厚 0.8、孔长 1.6、宽 0.7 厘米（图五二七：2）。M2301：4 中间夹皮，长 3.1、宽 2.5、厚 0.8、孔长 1.8、宽 0.7 厘米（图五二七：3）。M2301：5 穿皮条，长 3、宽 2.5、厚 0.8、孔长 1.7、宽 0.65 厘米（图五二七：4）。

Ⅱ式　1 件（M2301：2）。长方形，边缘折起，两片复合，上半部饰一长方形孔，背面饰 4 个小钉，中间夹皮。长 3.05、宽 2.7、厚 0.5、孔长 1.6、宽 0.6 厘米（图五二七：5，图版一四七：4）。

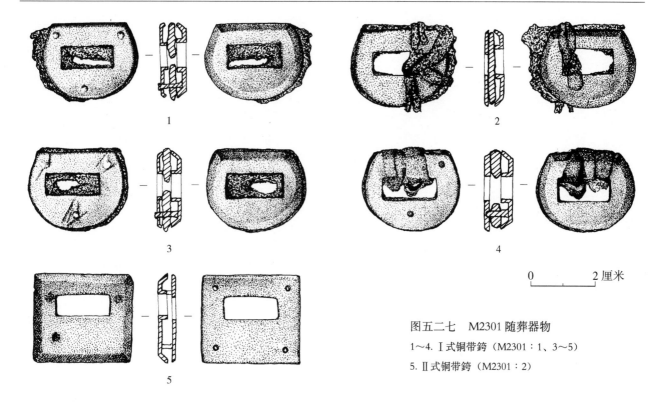

图五二七　M2301 随葬器物

1～4. Ⅰ式铜带銙（M2301：1、3～5）

5. Ⅱ式铜带銙（M2301：2）

M2307

位于 M2014 之南 1.5 米处。墓的方向为 180°。封土低平，在地表上到处可见石块。墓室填土为黑褐土，土质松软，墓底为原夹沙生土层，在填土中发现夹砂灰陶瓮碎片。墓葬为地面建筑，用粗加工的玄武岩石板平砌墓室东、西、北三壁，南壁封堵几块石头，墓室外围铺砌小石块。墓室平面近似于长方形，长 2.2、宽 0.9、深 0.53 米。

在墓室南半部发现一人下肢骨，其性别与年龄均不明。1 件陶桥状耳罐置于墓室东北角（图五二八）。

随葬器物

陶桥状耳罐　1 件（M2307：1）。夹砂褐陶，手制，口沿经过慢轮修整。重唇，侈口，折肩，鼓腹，平底。腹饰一对横桥状耳。口径 18、通高 29.8、腹径 31.2、底径 16 厘米（图五二九，图版一〇六：4）。

M2308

位于方坛 4 西南角，其封土与方坛 4 连成一片，无界线（图版六）。墓的方向为 150°。因为墓顶与墓室上半部已被破坏，当时有无墓道亦不得而知，但现存迹象推测，可能是封土石室墓。封顶石残损，见几块大石板和石块塌落在墓室内（图五三〇：3，图版四九：2）。墓室填土为黑土夹沙河卵石，在填土中发现铁带扣 1 件、铜圆形饰 3 件、铜铊尾 1 件、铜螺旋器 1 件、铁钉 6 件、玛瑙珠 22 件、齿轮状绿色料珠 1 件、黑色料珠 1 件、黄色料珠 5 件、蓝色料珠 15 件、木珠 1 件、铁镞 1 件、长颈壶口沿 1 件、短颈壶 1 件、铁器 1 件、铁螺旋器 1 件、铁片 1 件、金片 1 件。墓底用石板拼缝平铺。墓葬是半地穴式建筑，在地表上挖一个长方形浅坑，用粗加工的玄武岩质石板平砌墓室，现存墓壁共 3 层石板，高约 0.4 米。墓葬外围修筑方坛，其北侧已被破坏，方坛现只存一层，在地表上围一圈石板，东西长 6.96

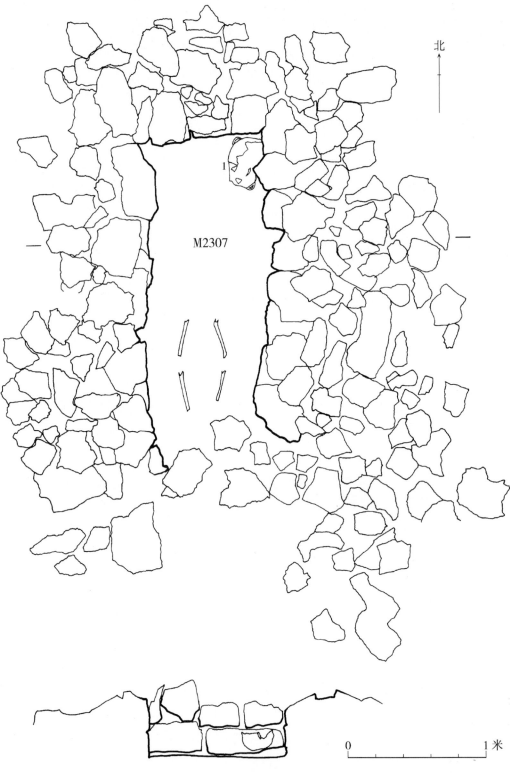

图五二八　M2307 平面及北壁侧视图

1. 陶桥状耳罐

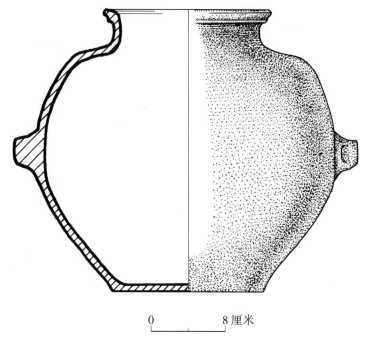

图五二九　M2307 随葬器物
陶桥状耳罐（M2307：1）

米，南北宽7.36米。墓室为长方形，长3.2、宽2.6、深0.4米。

墓室内葬有少量零散的二次葬人骨架，系成年女性。随葬品有铁带扣、铁镞、铜耳环各1件，均置于墓室东侧（图五三一，图版五〇：1）。

1. 填土出土器物

铁带扣　1件（M2308：4）。以两个椭圆形环连接在一起，小环中间有一扣。大环长径6.1、小环长径4.6厘米（图五三二：8，图版一六八：1）。

铜圆形饰　3件，形状与大小相同，M2308：7、9，2件完整，M2308：10，1件已碎。圆形，中间有一圆孔，面上有3个等距离的铆钉痕迹。外径1.9、内径0.5、厚0.12厘米（图五三二：2、3，图版一四八：2）。

铜铊尾　1件（M2308：8）粗舌状，中空，上有3个铆钉眼。长2.1、宽2.1、厚0.55厘米（图五三二：6，图版一四八：1）。

铜螺旋器　1件（M2308：12）。用铜丝旋成筒状，空心。长1.5、直径1.3厘米（图五三二：4）。

铁钉　6件。钉身皆为四棱锥状，钉帽不同，可分二式。

Ⅰ式　5件。无钉帽。M2308：13长3.85厘米（图五三二：13）。M2308：14长4.35厘米（图五三二：14）。M2308：62长5.4厘米（图五三二：15）。M2308：63长2.8厘米（图五三二：16）。M2308：64长4.2厘米（图五三二：18）。

Ⅱ式　1件（M2308：61）。扁平钉帽。长4.8厘米（图五三二：17）。

铁镞　1件（M2308：65）。扁平镞身，尖锋，底微凹呈双翼。长5.2、宽1.8、厚0.2厘米（图五三二：9，图版一六八：4）。

陶短颈壶　1件（M2308：67）。夹砂红褐陶，手制。短颈，圆鼓腹，平底，素面。口径5.2、残高15.8、腹最大径15.7、底径8厘米（图五三二：7，图版一〇七：1）。

陶长颈壶口沿　1件（M2308：60）。夹砂灰陶，手制。侈口，细颈。口径11.8厘米（图五三二：1，图版一二三：3）。

铁螺旋器　1件（M2308：11）。用铁丝旋成筒状，空心。长0.9、外径1.1、内径0.7厘米（图五三二：5）。

铁器　1件（M2308：66）。三面平直，下端被破坏，背面饰一钉。残长2.9、宽1.7厘米（图五三二：10）。

铁片　1件（M2308：5）。残甚，形状不明（图五三二：12，图版一六八：3）。

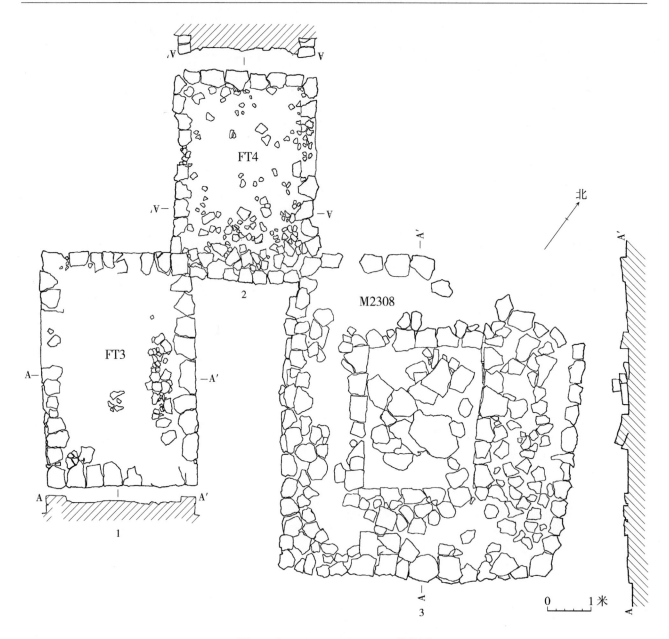

图五三〇　M2308、FT3、FT4 结构图

1. FT3 平、剖面图　2. FT4 平、剖面图　3. M2308 封土下平、剖面图

金片　1 件（M2308：6）。已碎，形状不明（图五三二：11）。

玛瑙珠　22 件。可分二式。

Ⅰ式　16 件，圆球状，中有穿孔（M2308：15、45～59）。有大小不同规格，最大者直径 1 厘米，最小者直径 0.7 厘米，孔径均 0.1 厘米左右（图五三三：1、6，图版一八八：1）。

Ⅱ式　6 件，圆饼状，中有穿孔（M2308：39～44）。有大小不同规格，最大者直径 0.9，最小者直径 0.7，孔径均 0.1 厘米左右（图五三三：8，图版一八八：3）。

黑色料珠　1 件（M2308：17）。饼状，中有穿孔。外径 0.7、孔径 0.1、厚 0.3 厘米（图五三三：2）。

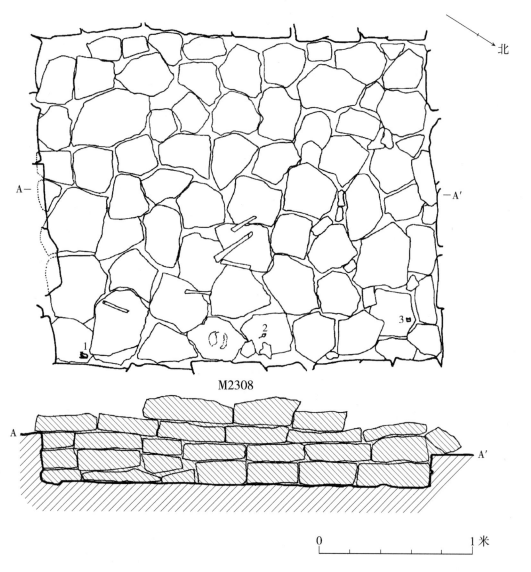

M2308

图五三一　M2308 平、剖面图

1. 铁带扣　2. 铁镞　3. 铜耳环

木珠　1 件（M2308：18）。圆柱状，中有穿孔。长 1、直径 1、孔径 0.2 厘米（图五三三：3）。

齿轮状绿色料珠　1 件（M2308：16）。高 1、孔径 0.15 厘米（图五三三：4）。

黄色料珠　5 件（M2308：19～23）。饼状，中有穿孔。外径 0.5～0.55、孔径 0.1～0.15、厚 0.2～0.3 厘米（图五三三：5，图版一八五：2）。

蓝色料珠　15 件（M2308：24～38）。饼状，中有穿孔。最大的外径 0.9、孔径 0.15 厘米，小的外径 0.6、孔径 0.1 厘米（图五三三：7，图版一八五：1）。

2. 随葬器物

铁带扣　1 件（M2308：1）。舌状，中间有一"T"字形扣。长 11.6、最宽处 5.4、最窄处 3.8 厘米（图五三四：1，图版一六八：2）。

铁镞　1 件（M2308：2）。镞身扁平菱形，短铤。残长 4.35 厘米（图五三四：2）。

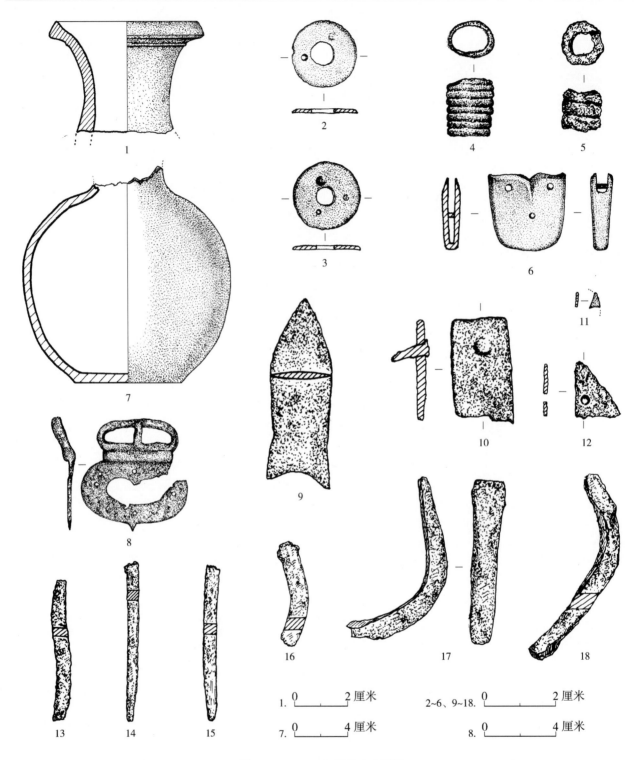

图五三二　M2308 填土出土器物

1. 陶长颈壶口沿（M2308：60）　2、3. 铜圆形饰（M2308：7、9）　4. 铜螺旋器（M2308：12）　5. 铁螺旋器（M2308：11）　6. 铜铊尾（M2308：8）　7. 陶短颈壶（M2308：67）　8. 铁带扣（M2308：4）　9. 铁镞（M2308：65）　10. 铁器（M2308：66）　11. 金片（M2308：6）　12. 铁片（M2308：5）　13～16、18. Ⅰ式铁钉（M2308：13、14、62～64）　17. Ⅱ式铁钉（M2308：61）

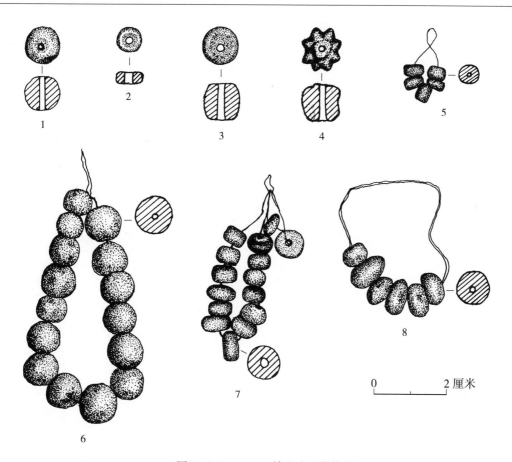

图五三三　M2308 填土出土装饰品

1、6. Ⅰ式玛瑙珠（M2308：15、45～59）　2. 黑色料珠（M2308：17）　3. 木珠（M2308：18）

4. 齿轮状绿色料珠（M2308：16）　5. 黄色料珠（M2308：19～23）　7. 蓝色料珠（M2308：24～38）

8. Ⅱ式玛瑙珠（M2308：39～44）

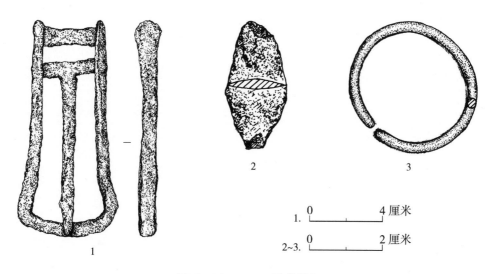

图五三四　M2308 随葬器物

1. 铁带扣（M2308：1）　2. 铁镞（M2308：2）　3. 铜耳环（M2308：3）

铜耳环　1 件（M2308：3）。圆形，其横截面为圆形，中间有一豁口。外径 3.5、内径 2.9、横截面直径 0.2 厘米（图五三四：3，图版一四八：3）。

M2317

位于 M2084 之东约 2 米处。墓的方向为 170°。封顶已被破坏，墓室西北角亦破坏严重，有的石块已露出地面。填土为黑褐土，土质较松软，无包含物，墓底为原生土层。墓葬为地面建筑，用粗加工的玄武岩大石板平砌墓室，墓室与墓壁外围中间填塞小石块，4 块原封堵墓室南壁石板堆放在墓葬南侧。墓室呈长方形，长 2.44、宽 1.3、深 0.7 米。

人骨、随葬品均不见（图五三五）。

M2320

与 M2321 相邻，位于其南边，墓的方向为 205°。封土已被破坏，数量较多的石块无规律地散落在墓室周围。墓葬填土为黑土，土质松软，墓底为原黄沙生土。填土中发现夹砂褐陶长腹罐 1 件、鼓腹罐 1 件（均残）。墓葬为地面建筑，用天然玄武岩石块垒砌四壁，墓室平面近似于方形，南北长 3.04、宽 3.01、深 0.48 米。

人骨较乱。8 个头骨和部分肢骨，皆为二次葬。西边北侧两个头骨为男性，（A）的年龄为 50 岁左右，（B）的年龄为 40～45 岁。西侧中间头骨（C）为女性，40 岁左右。西南角头骨（D）系男性，50 岁左右。墓室中间头骨（F）为成年女性。其南侧成年头骨（E）性别欠明。墓室最北边头骨（G）系 35 岁左右的女性。东北角头骨（H）属于 25～30 岁的女性。在墓室北部发现陶长腹罐 1 件（图五三六，图版五〇：2）。

1. 填土出土器物

陶长腹罐口沿　1 件（M2320：2）。夹砂褐陶，手制，口沿经过慢轮修整。重唇，侈口（图五三七：1）。

陶鼓腹罐残片　1 件（M2320：3）。夹砂褐陶，手制，重唇，侈口，鼓腹。口径 10 厘米（图五三七：2）。

2. 随葬器物

陶长腹罐　1 件（M2320：1）。夹砂褐陶，手制，口沿经过慢轮修整。重唇，侈口，腹径大于口径，平底。素面，底饰凸

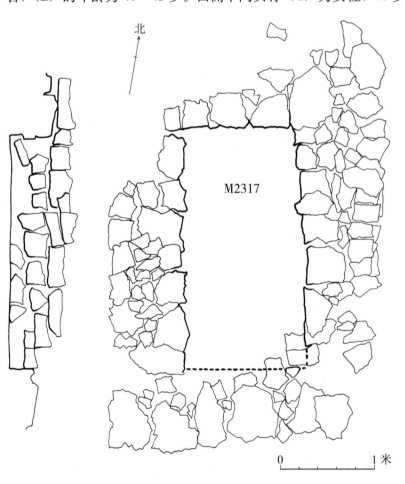

图五三五　M2317 平面及东壁侧视图

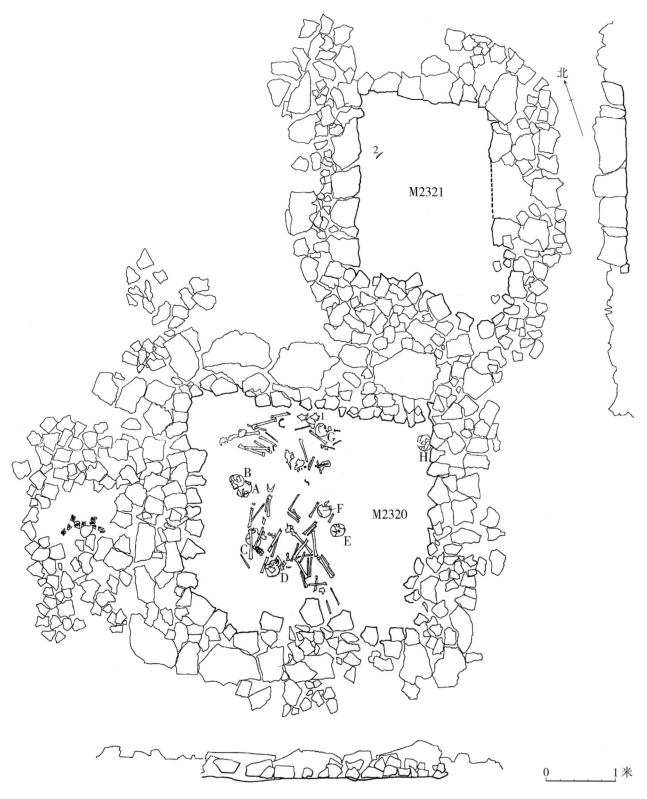

图五三六　M2320 平面及北壁侧视、M2321 平面及西壁侧视图
1. 陶长腹罐（M2320∶1）　　2. 铁刀（M2321∶1）

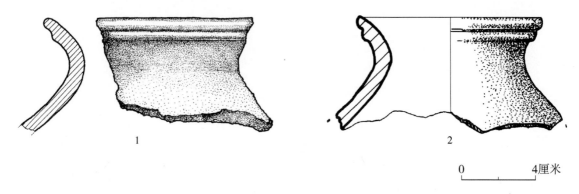

0　　　　　　4厘米

图五三七　M2320 填土出土器物
1. 陶长腹罐口沿（M2320：2）　　 2. 陶鼓腹罐残片（M2320：3）

"十"字纹。口径 10.6、通高 15.8、腹最大径 12.5、底径 6.1 厘米（图五三八，图版一〇七：2）。

M2321

与 M2320 相邻，位于其北部，墓的方向为 160°。封土已被破坏，地表上已露出几块石头。墓葬填土为黑土，土质松软，墓底为原黄沙生土。填土中发现夹砂红褐陶长腹罐 1 件（残）、夹砂褐陶瓮口沿 1 件（均残）。墓葬系地面建筑，用玄武岩石块修筑墓室，大石块用于墓室内壁，其周围铺砌小石块，南壁破坏严重，墓室呈长方形，长 2.46、宽 1.8、深 0.48 米。

无人骨。在墓室西部发现铁刀 1 件（图五三六）。

1. **填土出土器物**

陶瓮口沿　1 件（M2321：2）。夹砂褐陶，手制，圆唇，侈口（图五三九：1）。

陶长腹罐口沿　1 件（M2321：3）。夹砂红褐陶，手制，重唇（图五三九：2）。

2. **随葬器物**

铁刀　1 件（M2321：1）。直背，斜刃，其横截面为三角形。通长 14.3、柄长 4.5 厘米（图五四〇，图版一六八：6）。

M2322

位于 M2323 之西北角约 3 米处。墓的方向为 205°。封土、墓顶已破坏无存，地表上已露出几块石头。墓葬填土为黑土，土质松软，无包含物，墓底为原黄沙生土。墓葬为地面建筑，用天然玄武岩石块垒砌墓室，大石块用于墓室内壁，其周围堆砌小石块，南壁已破坏无存，墓室呈长方形，长 1.46、宽 0.92、深 0.46 米。

在墓室西北角发现一个头骨，其性别与年龄均不明。

0　　　　　　4厘米

图五三八　M2320 随葬器物
陶长腹罐（M2320：1）

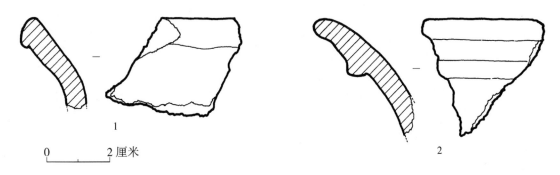

图五三九　M2321 填土出土器物
1. 陶瓮口沿（M2321∶2）　2. 陶长腹罐口沿（M2321∶3）

随葬陶器有长腹罐1件，置于墓室东南角（图五四一）。

随葬器物

陶长腹罐　1件（M2322∶1）。夹砂褐陶，手制，口沿经过慢轮修整，腹有烟熏的痕迹。重唇，侈口，腹径大于口径，平底，肩饰一道凹弦纹。口径9、通高16、腹最大径11、底径5.6厘米（图五四二，图版一〇七∶3）。

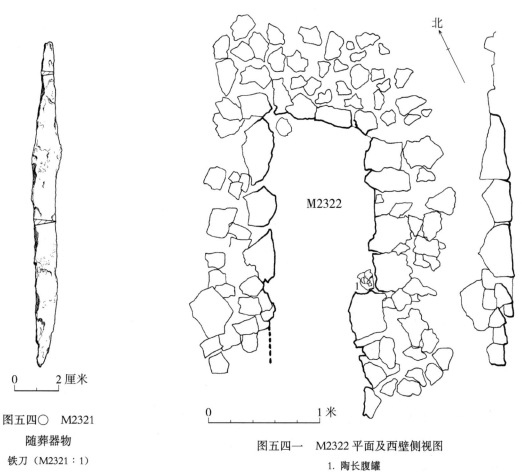

图五四〇　M2321
随葬器物
铁刀（M2321∶1）

图五四一　M2322 平面及西壁侧视图
1. 陶长腹罐

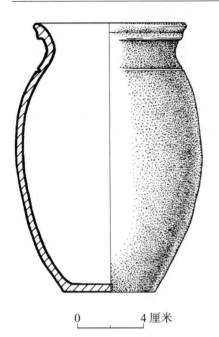

图五四二　M2322 随葬器物
陶长腹罐（M2322：1）

随葬器物

铁钉　5 件。钉身为四棱锥状，钉帽不同，可分二式。

Ⅰ式　4 件。扁平钉帽。M2323：1 长 7.15 厘米（图五四四：1，图版一七五：1 - 1）。M2323：2 长 7.6 厘米（图五四四：2，图版一七五：1 - 2）。M2323：3 长 5.7 厘米（图五四四：3，图版一七五：1 - 3）。M2323：4 长 6.9 厘米（图五四四：4，图版一七五：2 - 1）。

Ⅱ式　1 件（M2323：5）。无钉帽，长 6.3 厘米（图五四四：5，图版一七五：2 - 2）。

铜镯　1 件（M2323：6）。圆形，其横截面为椭圆形，中间有一豁口。外径 5.8、内径 5.2、宽 0.9 厘米

M2323

位于 M2322 之东南角约 3 米处。墓的方向为 205°。封土已破坏无存，墓室南壁亦缺损，地表上已露出几块石头。墓葬填土为黑土，土质松软，无包含物，墓底为原黄沙生土。墓葬为地面建筑，用天然玄武岩石块平砌墓室。墓室近似于长方形，东壁往里倾斜，南壁已被破坏，长 2.14、宽 1.3、深 0.19 米。

在墓室中间发现两具人骨，属于一次葬。东边骨架（A）为女性，35～40 岁。西边人骨（B）系男性，年龄约 45 岁左右。墓室东南边缘处发现铁钉 5 件、铜镯 1 件（图五四三）。

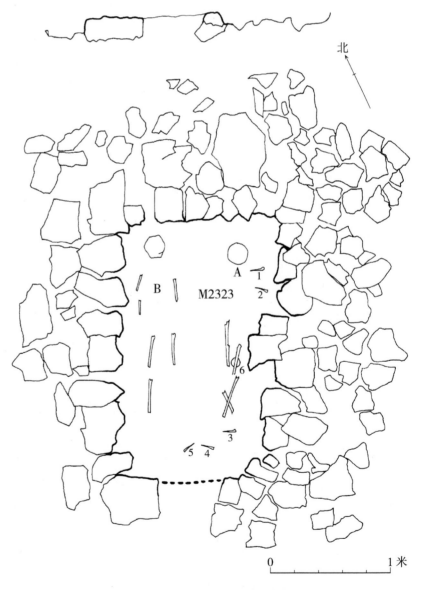

图五四三　M2323 平面及南壁侧视图
1～5. 铁钉　6. 铜镯

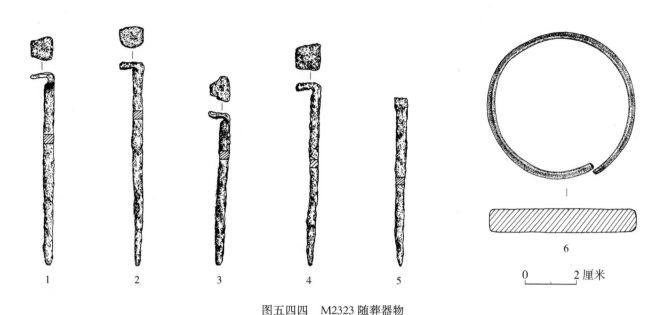

图五四四　M2323 随葬器物

1～4. Ⅰ式铁钉（M2323：1～4）　5. Ⅱ式铁钉（M2323：5）　6. 铜镯（M2323：6）

（图五四四：6，图版一五四：2）。

（四）双室石室墓（Ad 型）

M2044

位于 M2048 之西南约 2 米处。墓的方向为 190°。封土迹象不明显，几块封顶石块散落在墓葬周围。墓室填土为夹沙黄褐土，土质较硬，无包含物，墓底皆为黄沙生土。墓室为双室，右室呈长条形，左室为长方形。右室为地穴建筑，墓室四壁均用平直的玄武岩大石板立支作壁，墓室西壁中间留一缺口，墓室长 2.04、宽 0.42、深 0.56、缺口宽约 0.64 米。左室为地面建筑，用玄武岩石块垒砌墓壁，长 1.3、宽 1.04、深 0.56 米。

右室无葬具痕迹，单人一次葬，头朝北，面朝东。墓主人为男性，35～40 岁。在左室西南角发现 2 件陶器：陶鼓腹罐 1 件，陶长腹罐 1 件（图五四五，图版四三：1）。

随葬器物

陶长腹罐　1 件（M2044：1）。夹砂褐陶，手制，口沿经过慢轮修整，腹有烟熏的痕迹。重唇，侈口，垂腹，平底。素面，肩饰"×"符号。口径 10.8、通高 13.5、腹最大径 10、底径 5.5 厘米（图五四六：1，图版一〇七：4）。

陶鼓腹罐　1 件（M2044：2）。夹砂褐陶，手制。圆唇，侈口，平底，肩与腹部各饰两道凹弦纹。口径 13.4、通高 31、腹最大径 27.4、底径 15 厘米（图五四六：2，图版一〇八：1）。

M2085

位于 M2077 之西北 0.7 米处。墓的方向为 170°。有封土覆盖，北高南低，呈缓坡状，个别石块已露出地面。填土呈灰褐土，土质松散，墓底铺一层黄沙土。填土中发现夹砂褐陶器底 1 件。墓葬系

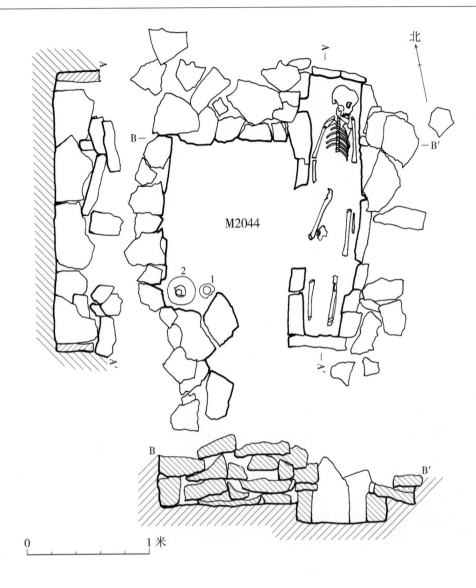

北

M2044

图五四五

M2044 平、剖面与
东、北壁侧视图

1. 陶长腹罐

2. 陶鼓腹罐

0　　　　　　1 米

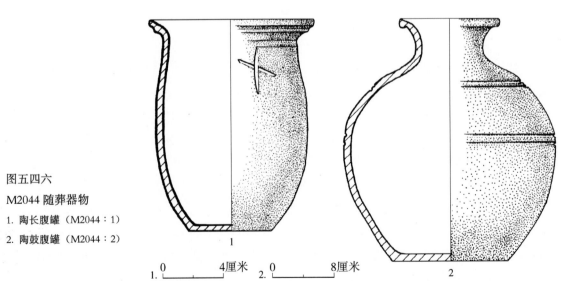

图五四六

M2044 随葬器物

1. 陶长腹罐（M2044：1）

2. 陶鼓腹罐（M2044：2）

1.　0　　　　　4 厘米　　　2.　0　　　　　8 厘米

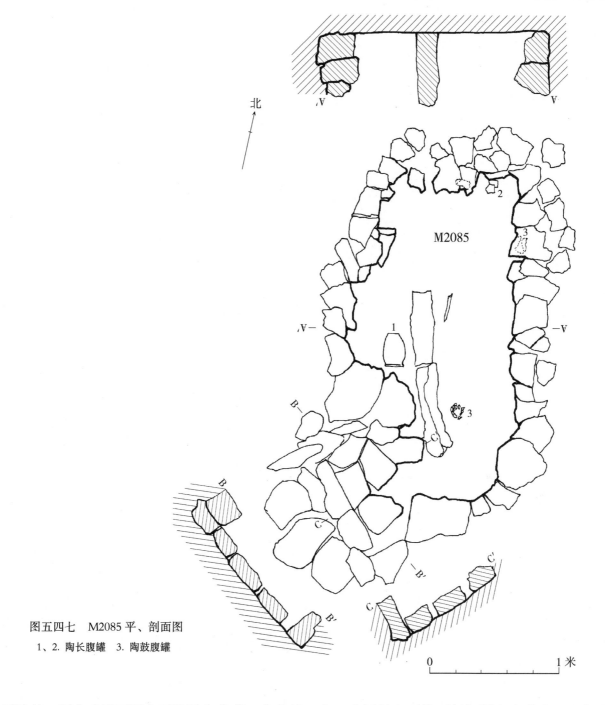

图五四七　M2085 平、剖面图

1、2. 陶长腹罐　3. 陶鼓腹罐

地面建筑，用玄武岩石板和石块平砌墓葬，墓室呈双室，中间竖立两块石板间隔左右墓室，北侧留一缺口。右室近似于不规则的长条形，长 2.4、宽 0.6、深 0.55 米。左室近似于长条形，长约 1.33、最宽处约 0.44、深 0.55 米。墓室西南有一堆石坛，平面近似于椭圆形。

在右墓室西侧发现一根碎肢骨，无法看出其性别和年龄。在右墓室的南北两侧发现陶长腹罐和陶鼓腹罐各 1 件，左墓室南边发现陶长腹罐 1 件（图五四七）。

1. 填土出土器物

陶器底　1 件（M2285：4）。夹砂褐陶，手制，平底。底径 19.6 厘米（图五四八）。

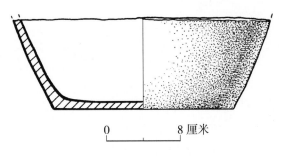

图五四八　M2085 填土出土器物
陶器底（M2085：4）

2. 随葬器物

陶长腹罐　2 件。夹砂褐陶，手制，腹有烟熏的痕迹。重唇，侈口，腹径大于口径，平底，素面。M2085：1 口径 15.1、通高 24、腹最大径 17.4、底径 11 厘米（图五四九：1，图版一〇八：2）。M2085：2 口沿经过慢轮修整，口径 11.2、通高 18、腹最大径 12、底径 7 厘米（图五四九：2，图版一〇八：3）。

陶鼓腹罐　1 件（M2085：3）。夹砂褐陶，手制。重唇，侈口，短颈，圆鼓腹，平底。口径 13.2、通高 31.9、腹径 28.8、底径 19.4 厘米（图五四九：3，图版一〇八：4）。

M2090

位于 M2091 之西 3 米处。墓的方向为 160°。封土低平，几块石头已露出地面。填土为黑褐土，土质松散，无包含物，墓底铺一层黄沙土。墓葬为地面建筑，墓壁较规整。墓室为双室，两个单室墓用中间一道共用之壁连在一起，两室隔开，属于一棺一室。右室为小石棺，呈长条形，均用玄武岩石板立支作壁，长 1.44、宽 0.51、深 0.43 米。左室大于右室，其形状近似于长方形，西壁南侧稍微往里倾斜，南壁被破坏有一缺口，南段置一块大石板。墓室长 2.9、宽 1.08、深 0.43 米。

人骨保存欠佳，右室发现一头骨，左室葬 4 根肢骨，均成年男性，是否是一个个体尚不清楚。未见随葬品（图五五〇）。

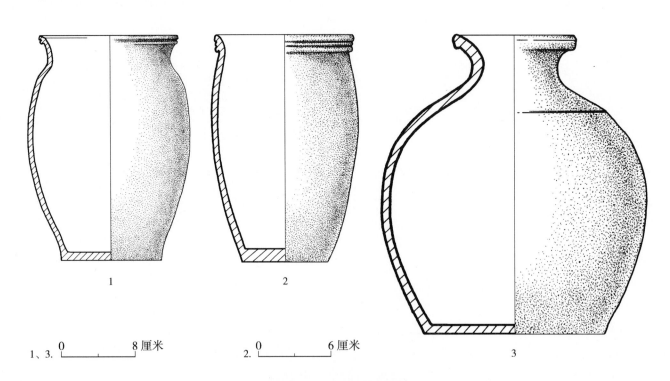

1、3. ┠───┨ 8 厘米
2. ┠───┨ 6 厘米

图五四九　M2085 随葬器物
1、2. 陶长腹罐（M2085：1、2）　3. 陶鼓腹罐（M2085：3）

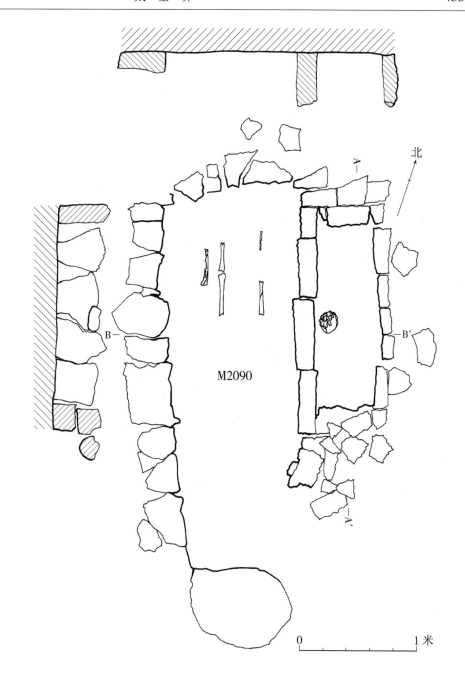

图五五〇

M2090 平、剖面图

0   1 米

（五）石圹墓（B 型）

M2009

位于 M2292 之南 0.5 米处。墓的方向为 145°。封土破坏无存，石块堆积高出地面 0.3 米，呈长方形，墓顶已被破坏。墓室填土为夹沙黑褐土，土质较硬，墓底为原夹沙河卵石生土层。填土中发现夹砂红褐陶壶（残）1 件。墓葬为地穴建筑，墓室在地表上挖一个长方形坑，西壁靠南侧用扁平的石板平砌墓壁，其余墓壁用大石板立支作壁，上面再铺叠较小的石块和石板。墓室平面近似于长方形，长 2.58、宽 0.92、深 0.84 米。

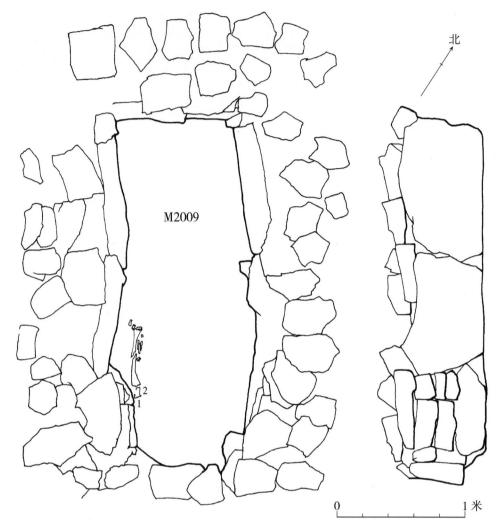

图五五一　M2009平面及西壁侧视图

1、2. 铁钉

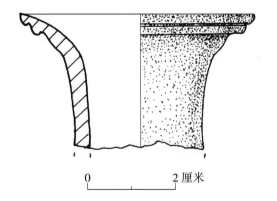

图五五二　M2009填土出土器物

陶长颈壶口沿（M2009：3）

在墓室西南发现少量成年人骨，其性别年龄均不明。随葬器物有铁钉2件，置于骨架旁边（图五五一）。

1. 填土出土器物

陶长颈壶口沿　1件（M2009：3）。夹砂褐陶。重唇，侈口，细颈。口径10.6厘米（图五五二，图版一二三：4）。

2. 随葬器物

铁钉　2件（图版一六八：5）。方锥体，前端聚成钉尖，后端向一侧卷折成钉帽。M2009：1长10.7厘米（图五五三：1）。M2009：2长8.4厘米（图五五三：2）。

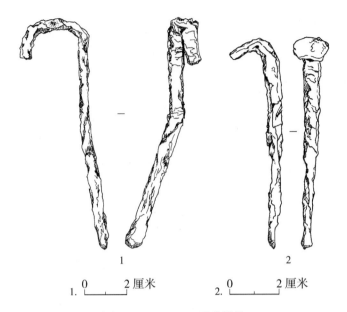

图五五三　M2009 随葬器物

1、2. 铁钉（M2009：1、2）

随葬器物

陶敛口罐　1件（M2040：1）。夹砂褐陶，手制。平口，鼓腹，平底，素面。口径 11.8、通高 14、腹最大径 15.7、底径 8.4 厘米（图五五五，图版一○九：1）。

M2056

位于 M2057 之西 3.6 米处。墓的方向为 170°。地表上未见封土，只有一块石头。此墓葬破坏严重，南、北壁石块已破坏无存，东、西两壁只有若干块石头。墓葬为地穴建筑，只有几块石板立在墓壁上，墓室近似于长条形，长 3.2、宽 1.12、深 0.26 米。

人骨发现在墓室的中部，经火烧，骨头已变成灰色，仅有少量肢骨残片，可以断定是成年个体，但无法辨认其性别。无随葬品（图五五六）。

M2063

位于 M2262 往东 3 米处。墓的方向为 175°。封土已被破坏，地表上

M2040

位于 M2312 之东 1.2 米处。墓的方向为 175°。墓葬南边比较低平，少量石块已露出地面。墓室填土为黑土，土质松散，无包含物，墓底为原夹沙褐色生土层。墓葬是地穴建筑，用天然石块沿着地穴修筑东、西、南三壁墓室，用大石板立支作壁，间隔平砌石块，个别空隙处填塞小石块，北壁垒砌小石块。墓室平面近似于长方形，长 2.49、宽 0.96、深 0.5 米。

墓室里有两块碎骨，其性别与年龄均欠明。在墓室南边发现 1 件陶敛口罐（图五五四）。

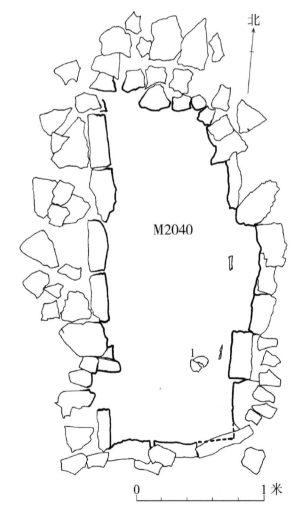

图五五四　M2040 平面及东壁侧视图

1. 陶敛口罐

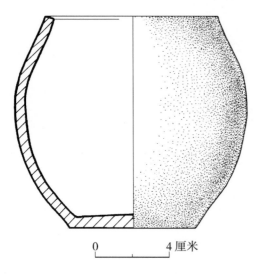

图五五五　M2040 随葬器物

陶敛口罐（M2040：1）

2. 随葬器物

铁螺旋器　1件（M2063：1）。用铁丝旋成筒状，空心。长 2.1、直径 1.5、孔径 1.1 厘米（图五五九：1）。

陶短颈壶　1件（M2063：2）。夹砂褐陶，手制。重唇，侈口，束颈，圆鼓腹，平底。口径 88、通高约（残）24、底径 12.4厘米（图五五九：2）。

M2109

位于 M2022 之西南约 2 米处。墓的方向为 175°。未见封土，在地表上只见两块凸起的石块。墓室填土为黑褐土，土质松散，墓底为黄沙土。填土中发现夹砂褐陶长腹罐 1件（已残）。墓葬是地穴建筑，墓室第一层用扁平的石板立支作壁，其上再铺叠较小的石块或石板。墓室呈长条形，东西墓壁往里倾斜，南北两壁部分程度的被破坏，长 2.34、宽 0.74、深 0.5 米。

在墓室北部发现几块碎骨，系成年骨架，其性别不明。未见随葬品（图五六〇）。

填土出土器物

陶长腹罐口沿　1件（M2109：1）。夹

已露出墓壁石头。填土为黑褐土，土质较松，墓底为原生土层，呈黑褐色。填土中发现夹砂褐陶长腹罐 1件（残）。墓葬为地穴建筑，用玄武岩石板沿着坑壁平砌四壁，形状规整，墓室呈长方形，长 2.04、宽 0.96、深 0.9 米。

墓室北侧有一成年头骨，保存欠佳，其性别与年龄均欠明。发现铁螺旋器 1件，位于头骨旁边；1件陶短颈壶置于墓室西北角（图五五七）。

1. 填土出土器物

陶长腹罐底　1件（M2063：3）。夹砂褐陶，手制，平底。底径 6.4 厘米（图五五八，图版一二四：1）。

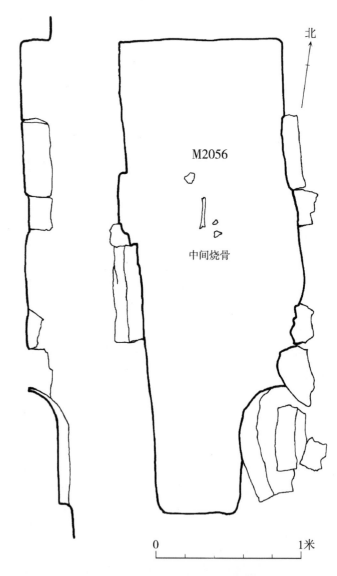

图五五六　M2056 平面及东壁侧视图

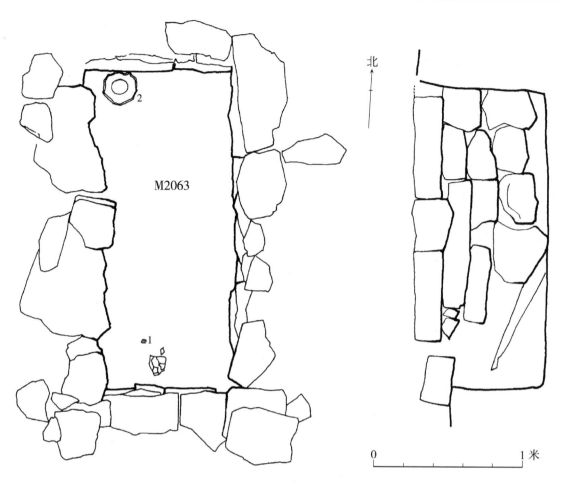

图五五七　M2063 平面及西壁侧视图

1. 铁螺旋器　2. 陶短颈壶

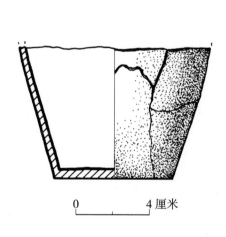

图五五八　M2063 填土出土器物

陶长腹罐底（M2063：3）

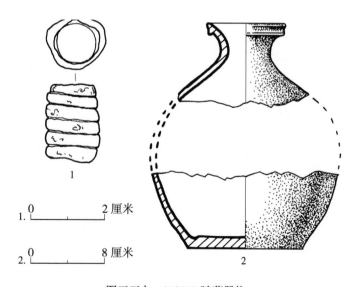

图五五九　M2063 随葬器物

1. 铁螺旋器（M2063：1）　2. 陶短颈壶（M2063：2）

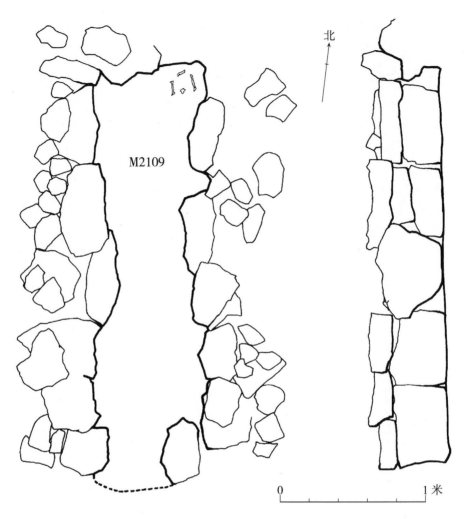

图五六〇　M2109 平面及西壁侧视图

砂褐陶，手制，尖唇（图五六一）。

M2131

位于 M2133 东北角，与其封土相连。墓的方向为 160°。不见封土，发现墓葬周围散放的几块石头。墓室填土为黄褐黏土，土质较硬，纯净，墓底亦是黄褐黏土。填土中出土夹砂红褐色碎陶片。墓葬为地穴建筑，墓室四壁平直，南北两壁各封堵一块大石板，东西两壁用平直的大石板立支作壁（东壁 3 块，西壁 4 块），东壁一处间隔垒砌小石块，其上压着大小不同的石板和小石块。墓室平面呈长方形，长 2.54、宽 0.74、深 0.6 米。

在墓室西北部发现一头骨，墓主人为成年女性。未见随葬品（图五六二）。

M2133

位于 M2131 西南角，与其封土相连。墓的方向为 170°。

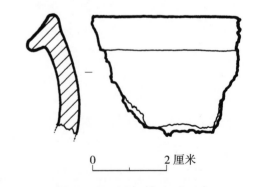

图五六一　M2109 填土出土器物
陶长腹罐口沿（M2109∶1）

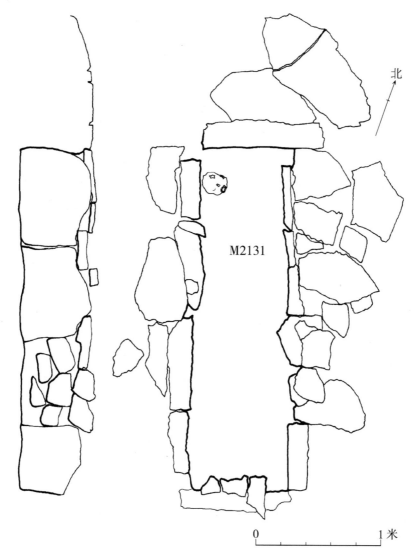

图五六二　M2131 平面及东壁侧视图

封土不见，地表上已露出几块石头。墓室填土为黄褐土，土质较硬，墓底平铺一层大小均匀的河卵石石块。填土中发现夹砂褐陶碎片，器形不明。墓葬为地穴建筑。墓室四壁较规整，平直，南北两壁各用 2 块石板，东壁用 4 块石板，西壁现存石板只有一块，其余已被破坏。墓室平面呈长方形，长 2.4、宽约 1、深 0.61 米。

人骨有 4 个个体，无规律地散葬在整个墓室里，均属于二次葬。最北（A）的人骨为女性。西南角 3 个头骨中北边头骨（B）亦是女性。西边头骨（C）为男性。东边头骨（D）性别不清。人骨均属于成年个体。随葬品有陶长腹罐 1 件，位于墓室东北部。料珠 1 件，置于墓室最北部（图五六三）。

随葬器物

陶长腹罐　1 件（M2133∶2）。夹砂褐陶，手制，口沿经过慢轮修整，腹有斑纹。重唇，侈口，腹径略大于口径，平底，素面。口径 11、通高 17.3、腹最大径 10.9、底径 4.8 厘米（图五六四∶1，图版一〇九∶2）。

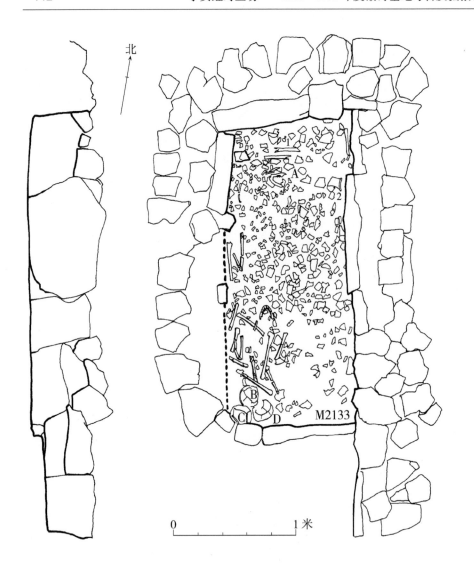

图五六三

M2133 平面及东壁侧视图

1. 蓝色料珠　2. 陶长腹罐

蓝色料珠　1 件（M2133：1）。圆饼状，中间饰一小孔。直径 0.6、高 0.3、孔径 0.1 厘米（图五六四：2，图版一八六：4）。

M2134

位于 M2133 西北约 3 米处。墓的方向为 160°。封土北高南低，南边墓壁已被破坏，最高距地面约 0.6 米。墓室填土为黄褐色黏土，土质较硬，墓底亦是黄褐色黏土。填土中发现夹砂褐陶片，器形有瓮 1 件、鼓腹罐 1 件（均残）。墓葬为地穴建筑，墓室内壁第一层用大石板立支作壁，之上再铺砌小石板，个别空隙处填塞河卵石小石块，东壁用 4 块大石板，西壁用 7 块大石板，北壁用 3 块大石板，南壁现

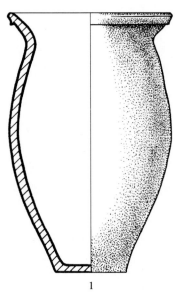

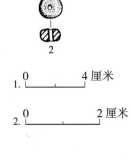

图五六四

M2133 随葬器物

1. 陶长腹罐（M2133：2）

2. 蓝色料珠（M2133：1）

存 1 块大石板，其余已被破坏。墓葬东、西、北三面有规律地铺垫大小石板。墓室平面近似于长方形，长 2.8、宽 1.5、深 0.57 米。

人骨很乱，可能是 4 个个体，皆属于二次葬。东北部头骨与四肢骨（A）为一个个体，是成年男性。墓室西侧骨架（B）为女性，20～25 岁。墓室东侧中间人骨（C）为成年男性。西南角人骨（D）为成年男性。出土文物有铜环 2 件、铜耳环 1 件、铜镯 1 件、黄色料珠 4 件、蓝色料珠 1 件，分别置

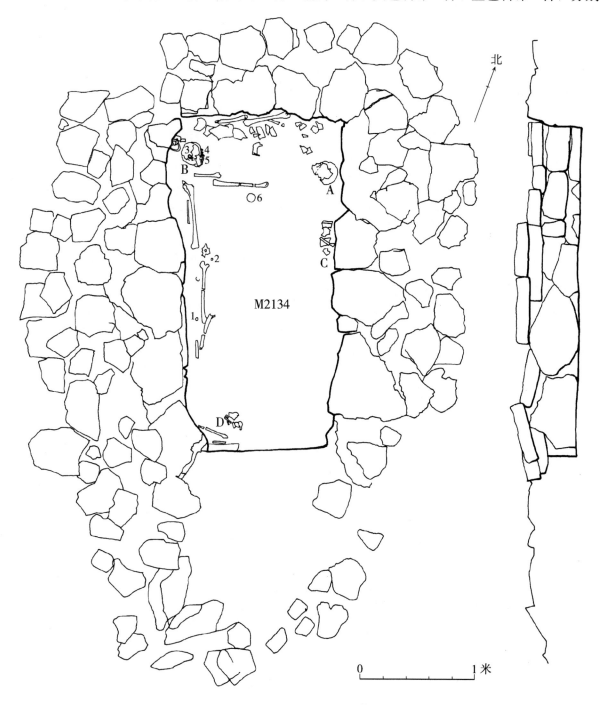

图五六五　M2134 平面及西壁侧视图

1、2. 铜环　3. 铜耳环　4. 蓝色料珠　5. 黄色料珠　6. 铜镯

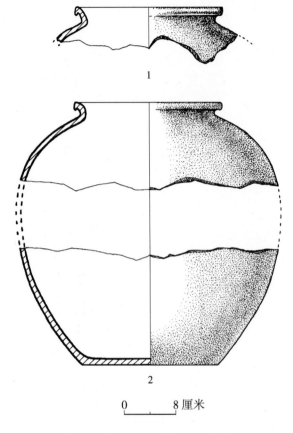

图五六六　M2134 填土出土器物

1. 陶鼓腹罐口沿（M2134：7）　2. 陶瓮（M2134：8）

于西北部骨架周围（图五六五）。

1. 填土出土器物

陶鼓腹罐口沿　1 件（M2134：7）。夹砂褐陶，手制，圆唇，侈口。口径 22.8 厘米（图五六六：1，图版一二三：5）。

陶瓮　1 件（M2134：8）。夹砂褐陶，手制，口沿经过慢轮修整。圆唇，侈口，鼓腹，平底。口径 22.4、通高约（残）40、底径 21 厘米（图五六六：2，图版一二三：6）。

2. 随葬器物

铜环　2 件（M2134：1、2）。圆形，横截面为半圆形。外径 1.3、内径 0.9、宽 0.5 厘米（图五六七：1、2，图版一四八：5）。

铜耳环　1 件（M2134：3）。圆形，其横截面亦是圆形，中间有一豁口。外径 2.6、内径 2.1 厘米（图五六七：3，图版一四八：4）。

蓝色料珠　1 件（M2134：4）。直径 0.6、孔径 0.2、高 0.3 厘米（图五六七：4）。

黄色料珠　4 件（M2134：5）。直径 0.5、孔径 0.2、高 0.6 厘米（图五六七：5）。

铜镯　1 件（M2134：6）。圆圈，有一豁口，横截面为半圆形。外径 5.4、内径 4.9、宽 0.65 厘米（图五六七：6，图版一四八：6）。

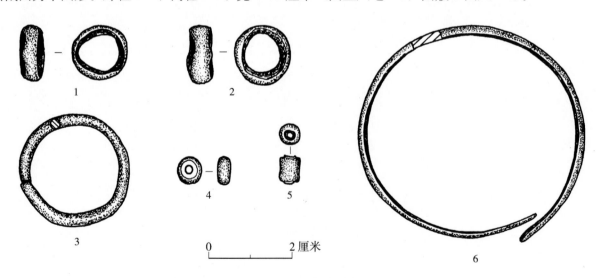

图五六七　M2134 随葬器物

1、2. 铜环（M2134：1、2）　3. 铜耳环（M2134：3）　4. 蓝色料珠（M2134：4）

5. 黄色料珠（M2134：5）　6. 铜镯（M2134：6）

M2138

位于 M2139 之东北约 2 米处。墓向为 170°。清理之前可见微凸的墓葬范围和几块石头。墓室填土为黄褐色黏土，土质较硬，纯净，无包含物，墓底亦是黄褐色黏土。墓葬为地穴建筑，在地表上挖一个长方形坑，然后用粗加工的石板沿着坑壁立支作壁，东壁用 4 块石板，西壁用 5 块石板，南北两壁各用 2 块石板，空隙处填塞小石块。墓室平面近似于长方形，长 2.27、宽 0.8、深 0.6 米。

墓室里发现少量碎骨，可能是属于成年男性的。出土遗物有陶敛口罐 1 件、陶瓮底 1 件，出土时分别置于墓室东部中间（图五六八，图版五一：1）。

随葬器物

陶敛口罐 1 件（M2138：1）。夹砂红褐陶，手制，肩与腹有烟熏的痕迹。尖圆唇，深腹，平底，素面。口径 16.1、通高 24.8、腹径 26.4、底径 17.6 厘米（图五六九：1，图版一〇九：3）。

陶瓮底 1 件（M2138：2）。夹

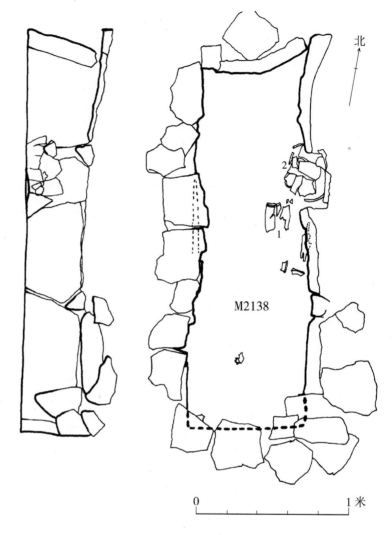

图五六八 M2138 平面及东壁侧视图
1. 陶敛口罐 2. 陶瓮底

砂褐陶，手制。平底，素面。底径 26 厘米（图五六九：2，图版一二四：2）。

M2153

位于 M2151 之东约 1.5 米处。墓的方向为 190°。封土已被破坏，2 块原封顶石板，斜放在东北和西北角上，呈抹角状。墓室填土为黄褐色黏土，土质较硬，纯净，无包含物，墓底亦是黄褐色黏土。墓葬为地穴建筑，在地表上挖一个长方形坑，用粗加工的玄武岩石板平砌墓室四壁。墓室平面近似于长方形，长 2.56、宽 1、深 0.8 米。

墓室西北角有一头骨，面朝南，与其相关的四肢骨乱放在头骨周围，属于单人二次葬。墓主人身份为成年男性。出土文物有铁钉 9 件，出土于墓室周围（图五七〇，图版五一：2）。

随葬器物

铁钉 9 件。钉身为四棱锥状。钉帽不同，可分二式。

Ⅰ式 7 件，扁平钉帽（图版一六九：1）。M2153：1 钉身弯曲成"L"形，长 6.4 厘米（图五七

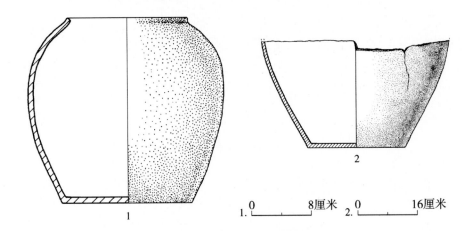

图五六九　M2138 随葬器物

1. 陶敛口罐（M2138：1）　2. 陶瓮底（M2138：2）

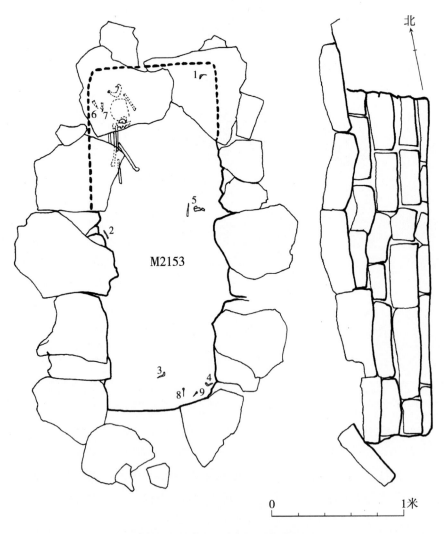

图五七〇　M2153 平面及西壁侧视图

1～9. 铁钉

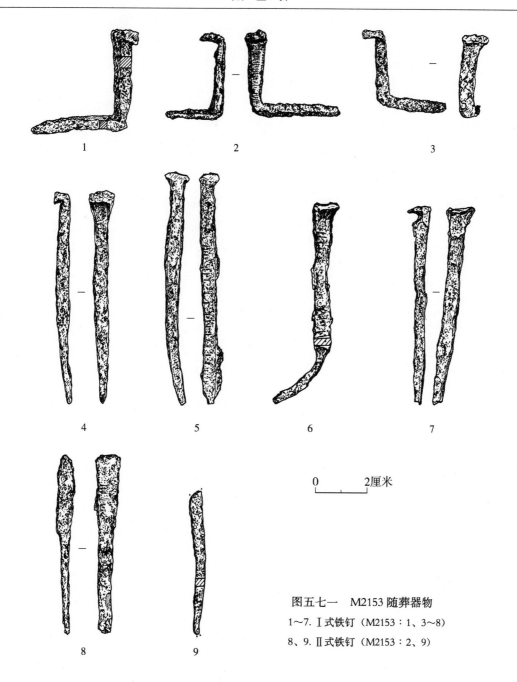

0 ————— 2厘米

图五七一　M2153 随葬器物
1～7. Ⅰ式铁钉（M2153：1、3～8）
8、9. Ⅱ式铁钉（M2153：2、9）

一：1）。M2153：3 弯曲成"L"形，长 5.9 厘米（图五七一：2）。M2153：4 弯曲成"L"形，长
4.8 厘米（图五七一：3）。M2153：5 长 8 厘米（图五七一：4）。M2153：6 长 8.6 厘米（图五七一：
5）。M2153：7 长 8 厘米（图五七一：6）。M2153：8 长 7.4 厘米（图五七一：7）。

Ⅱ式　2件，无钉帽（图版一六九：2）。M2153：2 长 6.7 厘米（图五七一：8）。M2153：9 长
5.4 厘米（图五七一：9）。

M2161

位于 M2205 之北约 15 米处。墓的方向为 120°。封土低平，在地表上可见微凸的墓葬范围。墓室
填土为夹沙河卵石块，土质纯净，墓底为砂土层。填土中发现数量较多的夹砂褐陶和夹砂灰陶片。

主要器形有短颈壶残片 1 件、长腹罐 1 件、长腹罐口沿 2 件、陶器底片 1 件、瓮 1 件、纹饰陶片 1 件。墓葬为地穴建筑，先在地表上挖一个长方形坑，然后用粗加工的玄武岩石板沿着坑壁平砌墓室。墓室平面呈长方形，四壁较规整，长 2.64、宽 1.7、深 0.47 米。

人骨很乱，2 个头骨位于墓室东北角，与其相关的肢骨无规律地置于整个墓室周围，均属于二次葬。最北的头骨（A）为成年男性。南边头骨（B）为成年女性。出土文物有陶长腹罐 1 件、陶长腹罐底 1 件、陶短颈壶口沿 1 件、陶鼓腹罐 1 件、陶器盖 2 件、铁钉 6 件、铜带扣 1 件、铜带銙 2 件、铁甲片 1 件，无规律地散落在墓室内（图五七二，图版五二：1）。

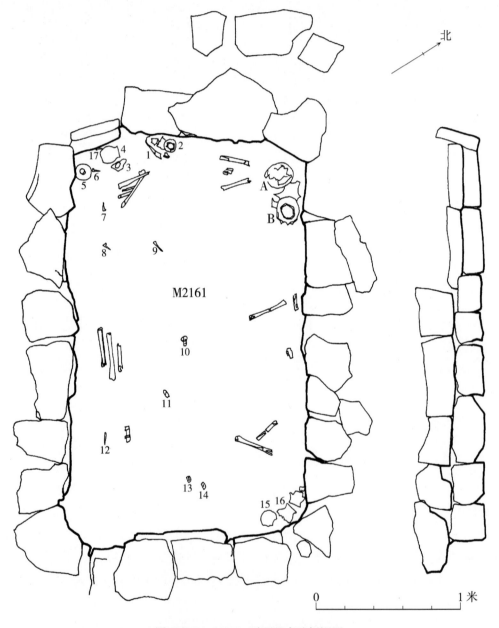

图五七二　M2161 平面及南壁侧视图

1. 陶长腹罐　2. 陶短颈壶口沿　3. 陶短颈壶底　4. 陶鼓腹罐　5、15. 陶器盖　6～9、12、17. 铁钉
10. 铜带扣　11. 铁甲片　13、14. 铜带銙　16. 陶长腹罐底

1. 填土出土器物

陶瓮　1件（M2161：18）。夹砂褐陶，手制，口沿经过慢轮修整。圆唇，侈口，广肩，平底，肩和腹部各饰两道弦纹。口径29.2、通高44.6、腹径44.8、底径21.2厘米（图五七三：1，图版一〇九：4）。

陶长腹罐口沿　2件。夹砂褐陶，手制，重唇。M2161：19唇间距较大（图五七三：2）。M2161：23口径11.6厘米（图五七三：6）。

陶器底片　1件（M2161：21）。夹砂褐陶，手制，平底（图五七三：3）。

陶短颈壶残片　1件（M2161：20）。夹砂褐陶，手制，圆鼓腹。颈部直径8.4、残高16.2厘米（图五七三：4，图版一二四：3）。

陶长腹罐　1件（M2161：24）。夹砂褐陶，手制，口沿经过慢轮修整，腹径大于口径，腹有烟熏的痕迹。圆唇，侈口，平底，素面。口径10.8、通高14、腹最大径9.5、底径5厘米（图五七三：5，图版一一〇：1）。

纹饰陶片　1件（M2161：22）。夹砂褐陶，弦纹夹水波纹（图五七三：7）。

2. 随葬器物

陶长腹罐　1件（M2161：1）。夹砂褐陶，手制，口沿经过慢轮修整，腹有烟熏的痕迹。圆唇，侈口，腹径大于口径，平底，素面。口径11.5、通高18.6、腹最大径11.6、底径5.2厘米（图五七四：1，图版一一〇：2）。

陶短颈壶口沿　1件（M2161：2）。夹砂褐陶，手制，口径11.4厘米（图五七四：2）。

陶短颈壶底　1件（M2161：3）。底径16厘米（图五七四：3）。

陶长腹罐底　1件（M2161：16）。夹砂褐陶，手制，底径5.7厘米（图五七四：4）。

陶器盖　2件。夹砂褐陶，手制。M2161：5顶端为空心状纽，其下为喇叭口状，平口，素面。纽直径4、通高5.1、口径10.5厘米（图五七四：5，图版一一〇：3）。M2161：15顶端为柱状纽，其下为喇叭状斜口壁，素面。纽直径5.8、通高7、底径13.6厘米（图五七四：6，图版一一〇：4）。

陶鼓腹罐　1件（M2161：4）。夹砂褐陶，手制，口沿经过慢轮修整。圆唇，侈口，圆鼓腹，平底。肩饰凹弦纹夹水波纹和锥刺纹。口径6.4、通高13.1、腹最大径12、底径6.1厘米（图五七四：7，图版一一一：1）。

铁钉　6件。钉身皆为四棱锥状，不同钉帽，可分二式。

Ⅰ式　5件（图版一六九：3）。扁平钉帽。M2161：6长7厘米（图五七五：1）。M2161：7长4.5厘米（图五七五：2）。M2161：8长6.1厘米（图五七五：3）。M2161：9长7.9厘米（图五七五：4）。M2161：17长6.8厘米（图五七五：5）。

Ⅱ式　1件。无钉帽。M2161：12长6.8厘米（图五七五：6，图版一六九：4）。

铜带扣　1件（M2161：10）。顶端为带椭圆形圈上饰一搭扣，下端为扁平舌状，下半部有2个小钉。通长5.5、椭圆形长径3.4厘米（图五七五：7，图版一四九：3）。

铁甲片　1件（M2161：11）。薄铁片，残甚，形状不明（图五七五：8）。

铜带銙　2件。形状不同，可分二式。

Ⅰ式　1件（M2161：13）。一面为平直，其余呈弧形，边缘折起，两片复合，中间饰一长方形孔，

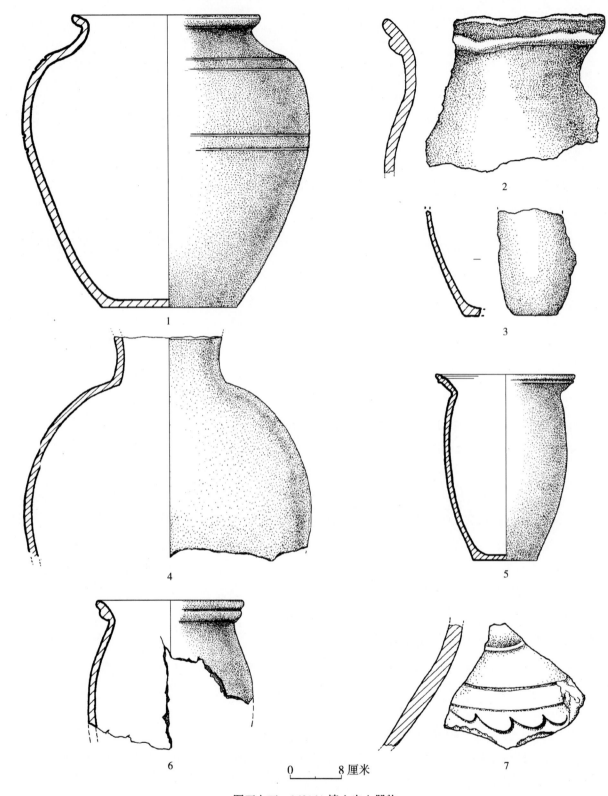

0 _____ 8 厘米

图五七三　M2161 填土出土器物

1. 陶瓮（M2161：18）　　2、6. 陶长腹罐口沿（M2161：19、23）　　3. 陶器底片（M2161：21）

4. 陶短颈壶残片（M2161：20）　　5. 陶长腹罐（M2161：24）　　7. 纹饰陶片（M2161：22）

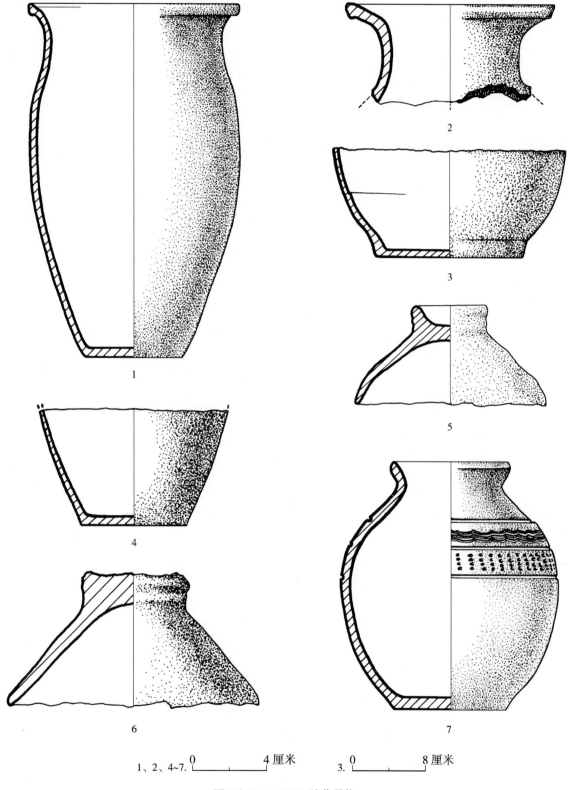

1、2、4~7. 0 _____ 4厘米   3. 0 _____ 8厘米

图五七四　M2161 随葬器物

1. 陶长腹罐（M2161：1）　2. 陶短颈壶口沿（M2161：2）　3. 陶短颈壶底（M2161：3）

4. 陶长腹罐底（M2161：16）　5、6. 陶器盖（M2161：5、15）　7. 陶鼓腹罐（M2161：4）

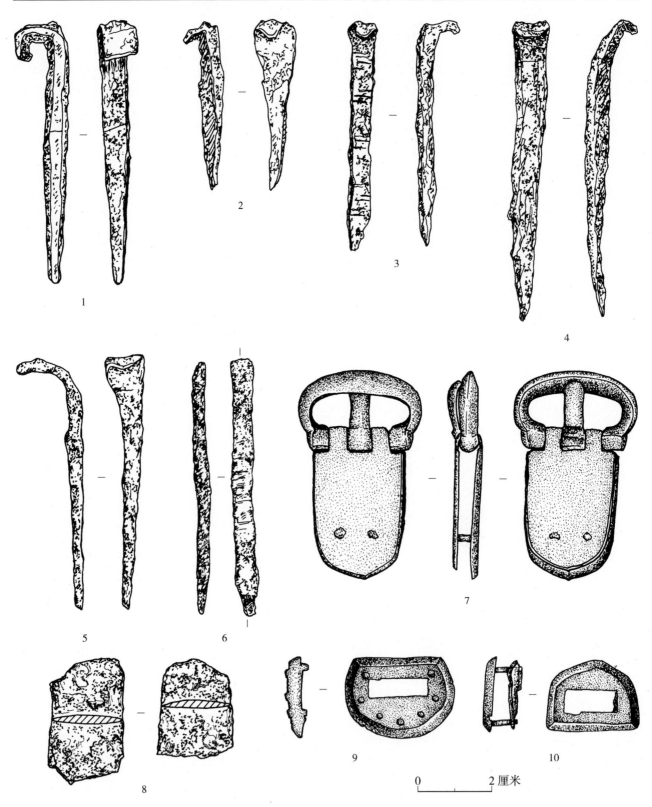

图五七五　M2161 随葬器物

1～5. Ⅰ式铁钉（M2161：6～9、17）　6. Ⅱ式铁钉（M2161：12）　7. 铜带扣（M2161：10）

8. 铁甲片（M2161：11）　9. Ⅰ式铜带銙（M2161：13）　10. Ⅱ式铜带銙（M2161：14）

边饰 7 个小圆钉。长 2.9、宽 2.1、厚 0.7、孔长 1.5、宽 0.5 厘米（图五七五：9，图版一四九：1）。

Ⅱ式　1 件（M2161：14）。三面平直，一面尖角，呈圭形，边缘折起，两片复合，中间饰一长方形孔。长 2.5、宽 1.8、厚 1.1、孔长 1.4、宽 0.5 厘米（图五七五：10，图版一四九：2）。

M2205

位于 M2204 之北约 0.7 米处。墓向为 90°。墓葬几乎与地面低平，墓顶已被破坏，石材已部分外露，墓室范围微凹，只有两块石头塌落在墓室中。墓室填土为沙土，土质松散，土色稍发黑，墓底为原沙土层。填土中发现夹砂褐陶碎片，铁螺旋器 1 件、铁钉 1 件、布纹瓦残片 1 件、玛瑙珠 1 件。此墓为地穴建筑，先在地表上挖一个长方形竖穴坑，用粗加工的玄武岩石板立支作壁，因为墓室修筑于坡地上，墓葬顺坡倾斜，西端高，东端底。墓室平面呈长方形，长 2.9、宽 1.8、深 0.66 米。

人骨很乱，共发现 3 个头骨和部分零散的四肢骨，均属于二次葬。墓室西北角骨架（A）为成年女性。北边头骨（B）亦属于成年女性。墓室中间和南部骨架（C、D）均属于儿童，其性别不清。随葬器物较多：有陶长腹罐 7 件、陶长腹壶 1 件、陶鼓腹罐 1 件、陶广肩罐 1 件、陶瓮 1 件、陶敛口罐 1 件、铁钉 11 件、铁镞 4 件、铜耳环 8 件、铁矛 1 件、铜螺旋器 2 件、铜牌饰 3 件、铜带銙 1 件、铜铊尾 1 件、铁片 2 件、铁螺旋器 1 件、铁器 1 件、石环 1 件。陶器多置于墓室西端，其他铜器、铁器、装饰品等无规律地散落在墓室内（图五七六，图版五二：2）。

1. **填土出土器物**

铁螺旋器　1 件（M2205：49）。用铁丝旋成筒状，空心。长 2.3、外径 1.6、内径 0.95 厘米（图五七七：1）。

铁钉　1 件（M2205：50）。扁平钉帽，钉身为四棱锥状。长 10.1 厘米（图五七七：4）。

玛瑙珠　1 件（M2205：51）。圆球状，中间有一孔。直径 0.8、孔径 0.1、高 0.6 厘米（图五七七：2）。

布纹瓦残片　1 件（M2205：52）。夹砂灰陶，板瓦（图五七七：3）。

2. **随葬器物**

陶长腹罐　7 件。夹砂褐陶，手制。形状不同，可分三式。

Ⅰ式　3 件。两唇中间微凹，间距较大，侈口，平底，素面，腹部留下烟熏的痕迹。M2205：2 口径略大于腹径。口径 11.3、通高 19.3、腹最大径 11、底径 5.2 厘米（图五七八：1，图版一一一：2）。M2205：8 腹径略大于口径。口径 9.4、通高 15.2、腹最大径 9.8、底径 5.5 厘米（图五七八：2，图版一一一：3）。M2205：1 圆唇，素面。口径 6.5、通高 7.7、底径 3.3 厘米（图五七八：5，图版一一二：2）。

Ⅱ式　1 件（M2205：15）。口沿经过慢轮修整，腹饰一椭圆形圆圈。侈口，垂腹，平底，腹饰"十"字款。口径 10.6、通高 14.2、底径 5.2 厘米（图五七八：4，图版一一二：1）。

Ⅲ式　3 件。口沿经过慢轮修整，腹部留下烟熏的痕迹。重唇，侈口，腹径大于口径，素面。M2205：30 口径 9.8、通高 14.7、腹最大径 10.6、底径 5 厘米（图五七八：3，图版一一一：4）。M2205：48 口径 8.4、通高 14.6、腹最大径 8.8、底径 4 厘米（图五七八：6，图版一一二：3）。M2205：29 口径 12.7、通高 21.1、腹最大径 13.2、底径 6.1 厘米（图五七八：7，图版一一二：4）。

陶长腹壶　1 件（M2205：3）。夹砂红褐陶，手制，器表斑驳不均。圆唇，侈口，束颈，平底，

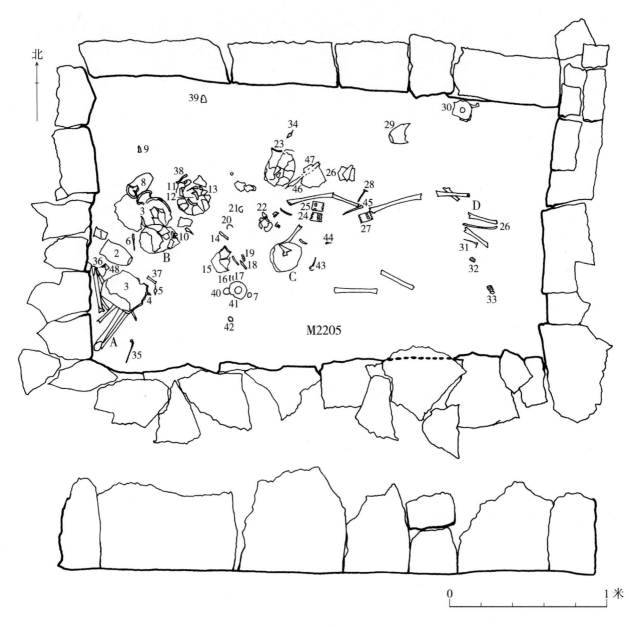

图五七六　M2205 平面及北壁侧视图

1、2、8、15、29、30、48. 陶长腹罐　3. 陶长腹壶　4、6、12、14、18、28、31、35、43～45. 铁钉　5、9、34、38. 铁
镞　7、16、17、20、21、40～42. 铜耳环　10、11. 铁片　13. 陶广肩罐　19、32. 铜螺旋器　22. 石环　23. 陶鼓腹罐
24、25、27. 铜牌饰　26. 陶瓮　33. 铁螺旋器　36. 铜带銙　37. 铁器　39. 铜铊尾　46. 铁矛　47. 陶敛口罐

素面。口径 11.6、通高 33.2、腹最大径 22.6、底径 14.4 厘米（图五七九：1，图版一一三：4）。

　　陶广肩罐　1 件（M2205：13）。夹砂灰陶，手制。尖圆唇，侈口，束颈，广肩，浅腹，平底，
素面。口径 10.9、通高 15.9、腹最大径 21.8、底径 12.6 厘米（图五七九：2，图版一一三：2）。

　　陶鼓腹罐　1 件（M2205：23）。夹砂红褐陶，手制，口沿经过慢轮修整。尖圆唇，侈口，深腹，
平底，素面。口径 8.9、通高 16.7、腹最大径 14、底径 8 厘米（图五七九：3，图版一一三：3）。

　　陶瓮　1 件（M2205：26）。夹砂灰陶，手制，尖圆唇，侈口，束颈，鼓腹。口径 24、残高 26 厘

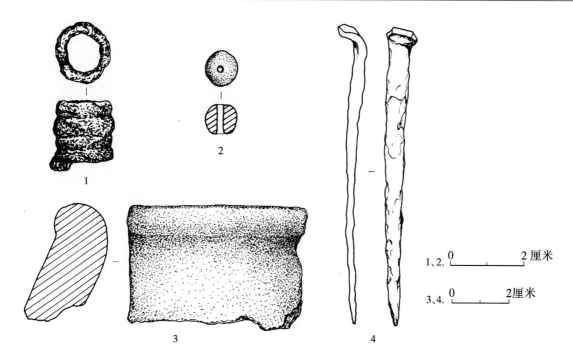

图五七七　M2205 填土出土器物

1. 铁螺旋器（M2205：49）　2. 玛瑙珠（M2205：51）　3. 布纹瓦残片（M2205：52）　4. 铁钉（M2205：50）

米（图五七九：4）。

陶敛口罐　1件（M2205：47）。泥质灰褐陶，手制，口沿经过慢轮修整。尖唇，折肩，平底，素面。口径8.8、通高8.4、腹最大径14.8、底径8.6厘米（图五七九：5，图版一一三：1）。

铁钉　11件。形状不同，可分二式。

Ⅰ式　1件（M2205：31）。形状独特，三根钉组合成一体。长8.4厘米（图五八○：1，图版一六九：5）。

Ⅱ式　10件（图版一六九：6）。方锥体，下端聚成钉尖，上端向一侧卷成钉帽。M2205：4长9.3厘米（图五八○：2）。M2205：6长9.2厘米（图五八○：3）。M2205：12长9.8厘米（图五八○：4）。M2205：14残长5.5厘米（图五八○：5）。M2205：18长6.7厘米（图五八○：6）。M2205：28长9.3厘米（图五八○：7）。M2205：35长9.3厘米（图五八○：8）。M2205：45长8.5厘米（图五八○：9）。M2205：44长7.4厘米（图五八○：10）。M2205：43长10.8厘米（图五八○：11）。

铁镞　4件。形状不同，可分二式。

Ⅰ式　3件（图版一七○：1）。镞身呈扁平三角形，尖锋，双翼，锥状铤。M2205：5通长6.5、铤长3厘米（图五八一：1）。M2205：9残长3.8、铤长1.9厘米（图五八一：2）。M2205：34通长4.6、铤长1.6厘米（图五八一：3）。

Ⅱ式　1件（M2205：38）。镞身为三棱形，中间有血槽，尖锋，锥状铤，横截面为椭圆形。通长9.8、镞身长5.9厘米（图五八一：4，图版一七○：4）。

铜耳环　8件。圆形，其横截面亦是圆形，中间有一豁口。M2205：7、16、17、20、21已残。

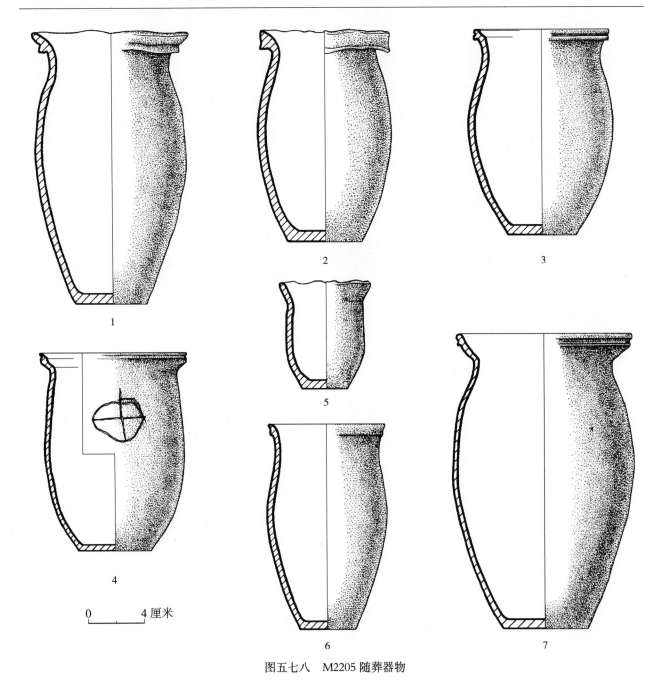

图五七八　M2205 随葬器物

1、2、5. Ⅰ式陶长腹罐（M2205：2、8、1）　4. Ⅱ式陶长腹罐（M2205：15）　3、6、7. Ⅲ式陶长腹罐（M2205：30、48、29）

M2205：40外径4.2、内径3.6、横截面直径0.3厘米（图五八一：13，图版一四九：5）。M2205：42外径4.15、内径3.6、横截面0.3厘米（图五八一：14）。M2205：41外径1.4、内径1、横截面0.15厘米（图五八一：11）。

铜螺旋器　2件。用铜丝旋成筒状，中间空心。M2205：19长3.4、外径0.5、孔径1.5厘米（图五八一：10）。M2205：32长2.2、孔径1厘米（图五八一：9）。

铜带銙　1件（M2205：36）。近似于半圆形，边缘折起，两片复合，中间饰一长方形孔，背面有3个小钉。长3、宽2.1、厚0.6、孔长1.7、宽0.6厘米（图五八一：12）。

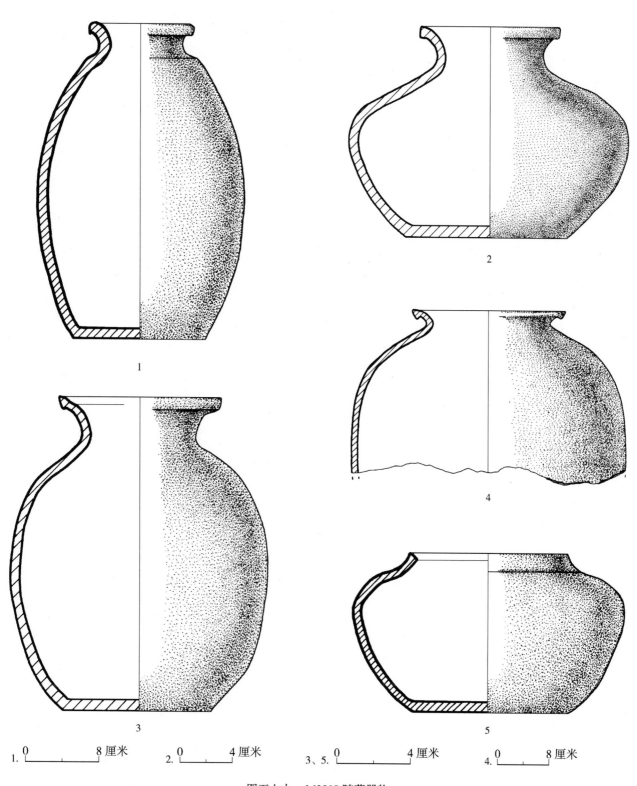

图五七九　M2205 随葬器物

1. 陶长腹壶（M2205：3）　2. 陶广肩罐（M2205：13）　3. 陶鼓腹罐（M2205：23）

4. 陶瓮（M2205：26）　5. 陶敛口罐（M2205：47）

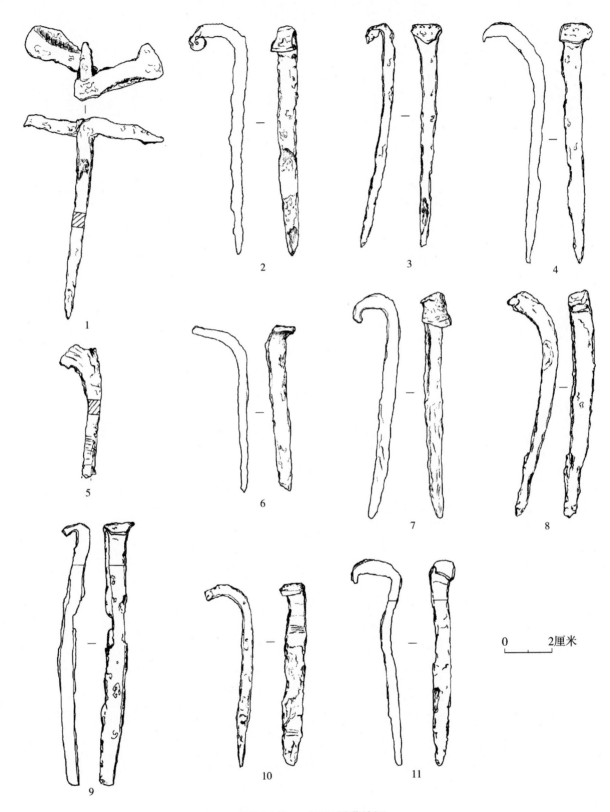

图五八○　M2205 随葬铁钉

1. I 式铁钉（M2205：31）　　2～11. II 式铁钉（M2205：4、6、12、14、18、28、35、45、44、43）

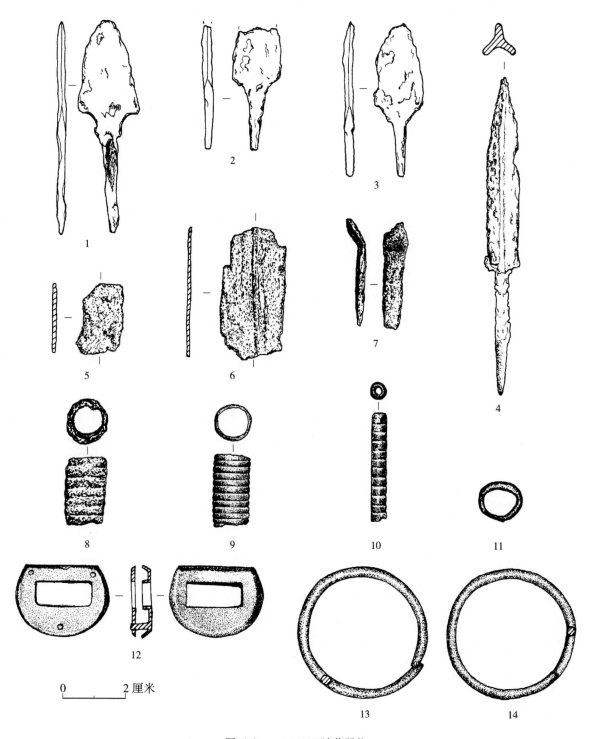

图五八一　M2205 随葬器物

1～3. Ⅰ式铁镞（M2205：5、9、34）　　4. Ⅱ式铁镞（M2205：38）　　5、6. 铁片（M2205：10、11）　7. 铁器（M2205：37）　8. 铁螺旋器（M2205：33）　9、10. 铜螺旋器（M2205：32、19）　11、13、14. 铜耳环（M2205：41、40、42）　12. 铜带鐏（M2205：36）

铁螺旋器　1件（M2205：33）。用铁丝旋成筒状，空心。残长2、外径1.3、孔径0.9厘米（图五八一：8）。

铁器　1件（M2205：37）。薄铁条，残甚形状不明（图五八一：7）。

铁片　3件（M2205：10、11）。M2205：10已碎，其余2件为薄铁片，残甚形状不明（图五八一：5、6）。

铜牌饰　3件。长方形，上下边缘饰连环纹，上半部有长方形镂孔，面饰三角纹、圆圈纹、绳纹，背面有4鼻。M2205：24长6.3、宽4.6、厚0.2厘米（图五八二：1）。M2205：25长6.6、宽4.9、厚0.2厘米（图五八二：2）。M2205：27长6.4、宽4.8、厚0.2厘米（图五八二：3）。

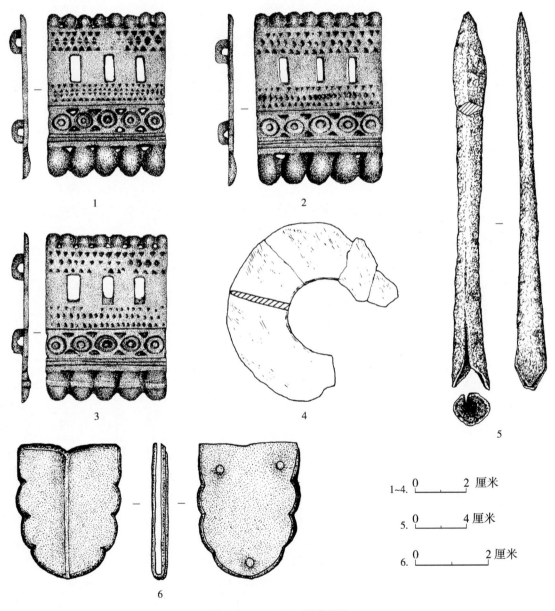

图五八二　M2205 随葬器物

1～3. 铜牌饰（M2205：24、25、27）　4. 石环（M2205：22）　5. 铁矛（M2205：46）　6. 铜铊尾（M2205：39）

铜铊尾 1件（M2205：39）。云纹状，边缘内折，一端留有夹皮的痕迹，背面饰3个小钉。长3.6、宽2.8厘米（图五八二：6，图版一四九：4）。

石环 1件（M2205：22）。圆形，中间有一圆好，肉横截面为柳叶形。外径6.9、内径3、肉宽2.4、厚0.25厘米（图五八二：4，图版一八九：6）。

铁矛 1件（M2205：46）。矛头为柳叶形，尖锋，中间起脊，剖面呈菱形，箭为圆筒状，中间两侧有豁口。通长28厘米（图五八二：5，图版一七○：3）。

M2206

位于M2207东北约1米处。墓的方向为130°。封土低平，墓葬微凸于地表。1块封顶石板塌落在墓室内，墓室填土为沙土，呈褐色，土质松软，墓底亦是褐色沙土层。在填土中发现夹砂褐陶碎片。墓葬为地穴建筑，墓室内壁第一层用大石板立支作壁，之上再铺砌小石板。墓室平面呈长方形，长2.04、宽0.73、深0.6米。

墓室中发现2个成年头骨和部分肢骨，皆属于二次葬，墓主人的性别不清。未见随葬品（图五八三）。

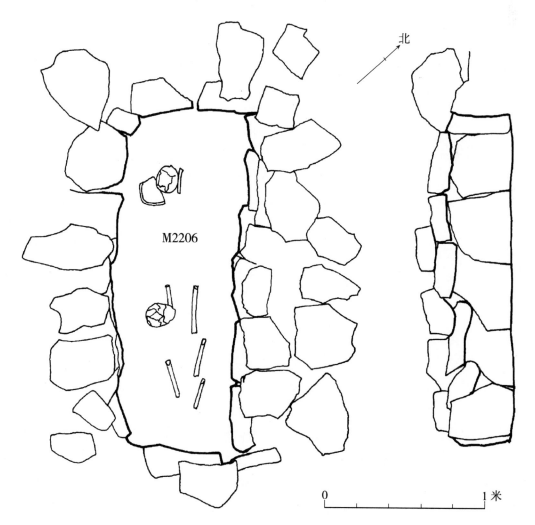

北

M2206

0　　　　　　　　　　1米

图五八三　M2206平面及西壁侧视图

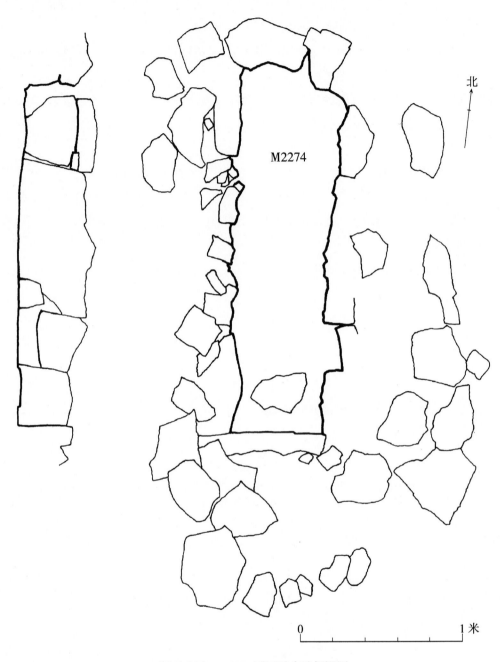

北

0   1 米

图五八四　M2274 平面及东壁侧视图

M2274

　　位于 M2287 之西约 1.2 米处。方向为 174°。封顶已被破坏，墓石已露出地面。墓室填土为沙子夹灰褐色土，土质松散，无包含物。墓底亦是沙子夹灰褐色生土。墓葬系地穴建筑，在地表上挖一个长条形坑，然后用粗加工的玄武岩石板立支作壁，南北两段各置一块大石板。墓室呈长条形，四壁不太规整，长 2.2、宽 0.6、深 0.48 米。

　　无人骨。未见随葬品（图五八四）。

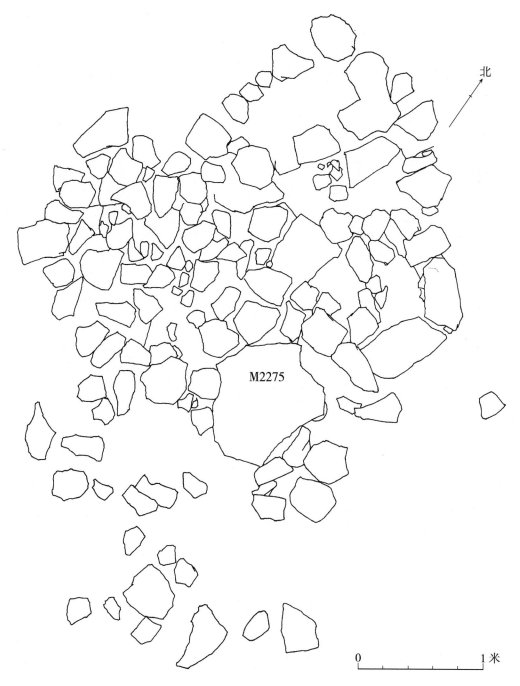

图五八五　M2275 封土下平面图

M2275

位于 M2276 之东约 3 米处。墓向为 160°。清理微凸的封土，可见原封顶结构，散放的石料无叠压痕迹（图五八五）。墓室填土为夹沙灰褐色土，土质松散，墓底亦是夹沙灰褐色生土层。填土中发现 1 件鼓腹罐（已残）。墓室四壁平直，南北两端各置一块大石板，东西两壁均用粗加工的玄武岩石板立支作壁（东壁 5 块，西壁 4 块）墓室平面呈长方形，长 1.89、宽 0.76、深 0.4 米。

无人骨痕迹，随葬品亦不见（图五八六）。

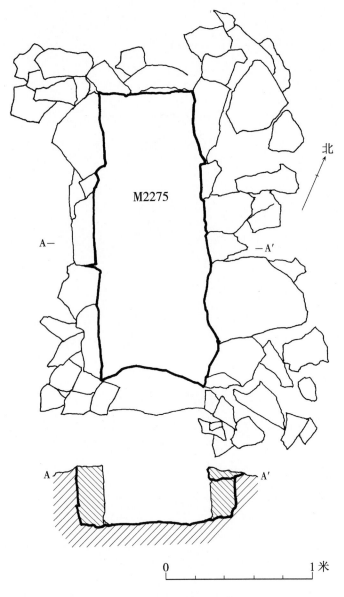

图五八六　M2275 平、剖面图

小的石板，个别空隙处用小石块填塞。墓室平面近似于长条形，长 2.5、宽 0.8、深 1.03 米。

在墓室中部发现两根肢骨，系成年男性。出土文物有铜带銙 3 件、铁钉 10 件、铜环 12 件、铜鸟头饰 1 件、铜铊尾 1 件，皆分别置于墓室中南部（图五八九，图版五三：1）。

1. 填土出土器物

陶长腹罐口沿　1 件（M2288：28）。夹砂褐陶，手制，重唇，侈口（图五九〇，图版五三：1）。

1. 填土出土器物

陶鼓腹罐　1 件（M2275：1）。夹砂灰褐陶，手制。鼓腹，平底，肩与腹部饰凹弦纹。残高 20.2、腹径 26.3、底径 17.1 厘米（图五八七，图版一一四：1）。

M2287

位于 M2112 之东约 5 米处。墓的方向为 175°。封土略凸于地表，已露出几块墓壁石头。墓室填土为夹沙黑褐土，土质较黏，纯净，墓底为夹沙黑褐色生土，未见包含物。墓葬为地穴建筑，墓室用粗加工的大石板立支作壁，个别空隙处填塞小石块，墓葬周围断断续续铺砌小石块。墓室呈长条形，长 2.28、宽 0.6、深 0.48 米。

在墓室南部发现成年男性头骨一个。未见随葬品（图五八八）。

M2288

位于 M2289 之东北约 1.5 米处。墓向为 150°。封顶已被破坏，与地表低平。墓室填土为夹沙灰褐土，土质黏，墓底亦是夹沙灰褐色黏土。填土中发现夹砂褐陶长腹罐 1 件（残）。墓葬为地穴建筑，在地表上挖一个长方形坑，然后用粗加工的石板沿着坑壁立支作壁一圈，其上平砌较

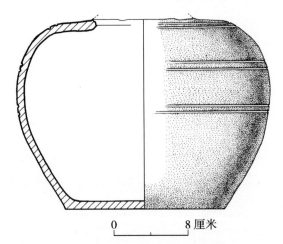

图五八七　M2275 填土出土器物
陶鼓腹罐（M2275：1）

北

0   1 米

图五八八　M2287 平面及东壁侧视图

2. 随葬器物

铜带銙　3 件。近似于长方形，边缘内折，上端饰一长方形孔。M2288：1 面饰 9 个小钉，长 3.15、宽 2.85、厚 0.7、孔长 1.9、宽 0.7 厘米（图五九一：1，图版一五〇：1 左）。M2288：7 边缘内折，两片复合，面饰 8 个小钉。长 3.1、宽 2.8、厚 0.6、孔长 1.7、宽 0.6 厘米（图五九一：4，图版一五〇：1 右）。M2288：10 面饰 4 个小钉，长 2.5、宽 2.3、厚 0.1、孔长 1.4、宽 0.5 厘米（图五九一：7）。

铜环　12 件。圆形，其横截面为柳叶形。M2288：3～5、8、9、12、13、15、16、22、25、26 外径 1.5～1.65 厘米，内径 0.8～1 厘米（图五九一：2、3、5、6、8、9、11～14、16、17，图版一

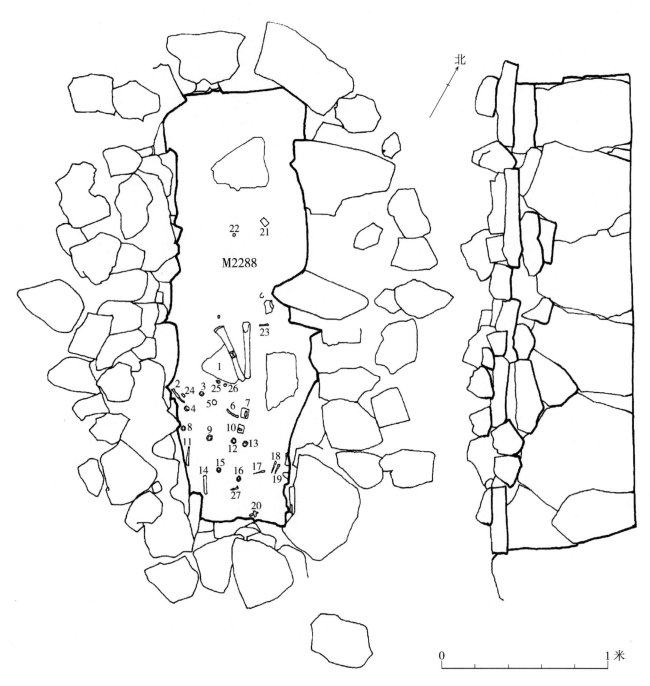

图五八九　M2288 平面及西壁侧视图

1、7、10. 铜带銙　2、6、11、14、17～19、23、24、27. 铁钉　3～5、8、9、12、13、15、16、22、25、26. 铜环
20. 铜鸟头饰　21. 铜铊尾

五三：4）。

　　铜鸟头饰　1 件（M2288：20）。顶端为尖状，两侧各有微凸的圆圈，另一端为长条状，端部有一圆形镂孔。长 2.7、宽 2.1、孔径 0.3 厘米（图五九一：10，图版一五〇：2）。

　　铜铊尾　1 件（M2288：21）。三面平直，通体近似于长方形，下端微弧，顶端开口，上半部饰 5

个小钉。长 3.8、宽 3 厘米（图五九一：15，图版一四九：6）。

铁钉 10 件，钉身为四棱锥状。M2288：6、17、24，3 件残甚，其形状不清，不可分式（图五九二：2、4、5），其余 7 件可分二式。

Ⅰ式 5 件，无钉帽。M2288：11 长 8.2 厘米（图五九二：3）。M2288：19 长 3.8 厘米（图五九二：6）。M2288：18 长 5.6 厘米（图五九二：7）。M2288：14 扁平钉帽。长 9.9 厘米（图五九二：8）。

Ⅱ式 3 件。M2288：2 长 7.5 厘米（图五九二：1）。M2288：23 长 7.4 厘米（图五九二：9）。M2288：27 长 7.8 厘米（图五九二：10）。

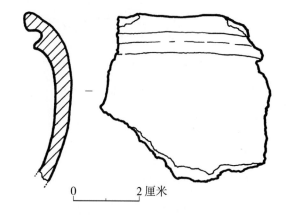

0　　　　2 厘米

图五九〇　M2288 填土出土器物
陶长腹罐口沿（M2288：28）

M2302

位于 M2007 之西约 1.5 米处。墓向为 160°。封顶破坏无存，地表上只见几块散乱的石块。墓室填土为黑褐土，土质松软，墓底为夹河卵石沙土层。填土中发现夹砂褐陶片，器形不明。墓葬为地穴建筑，在地表上挖一个长方形地穴，然后用粗加工的玄武岩大石板沿着坑壁立支作壁，东西壁各用 3 块石板，南北两壁各用 2 块石板，个别空隙处用小石块填塞，墓葬周围铺砌小石板。墓室平面近似于长方形，长 2.58、宽 1.1、深 0.82 米。

人骨甚少，系成年个体，其性别不明。东壁中间发现陶器底 1 件（图五九三）。

随葬器物

陶器底 1 件（M2302：1）。夹砂褐陶，手制，平底，底径 12.5 厘米（图五九四）。

M2306

M2079 西南角封土压着 M2306 东北角封土。墓向为 170°。封土基本与当时地面低平。墓葬仍保存 7 块原封顶石板。墓室填土为黑褐色黏土，土质较硬，无包含物，墓底为原夹沙黏土层。墓葬为地穴建筑，墓室系用天然石块和粗加工的玄武岩石板平砌而成，形状较规整。墓室平面呈长条形，长 3.34、宽 0.8、深 1.06 米。

墓室中间发现一次葬人骨一具，头朝南，面朝西，墓主人为 35 岁左右的女性。未见随葬品（图五九五）。

M2316

位于 M2173 之东 2 米处。墓的方向为 165°。封土已被破坏，部分石块已露出地面，墓室已坍塌呈凹坑。墓室填土为夹沙黄褐土，土质松散，墓底亦是夹沙黄褐色原生土层。墓葬为地穴建筑，系用粗加工的玄武岩石块平砌墓室，小石块铺砌于空隙处。墓室平面呈长方形，长 2.24、宽 0.92、深 0.68 米。

在墓室东北角发现一成年头骨，其性别不明。未见随葬品（图五九六）。

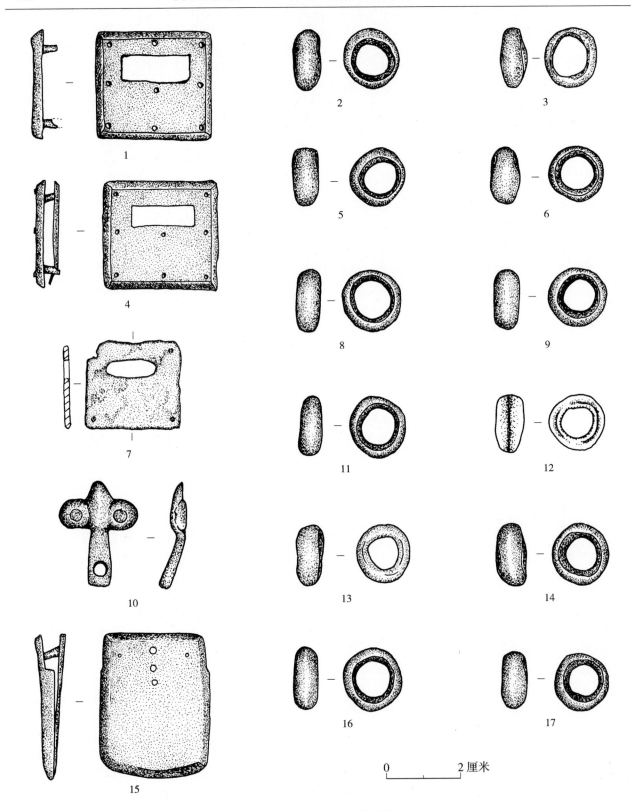

图五九一   M2288 随葬器物

1、4、7. 铜带銙（M2288∶1、7、10）   2、3、5、6、8、9、11～14、16、17. 铜环（M2288∶3～5、8、9、12、
13、15、16、22、25、26）   10. 铜鸟头饰（M2288∶20）   15. 铜铊尾（M2288∶21）

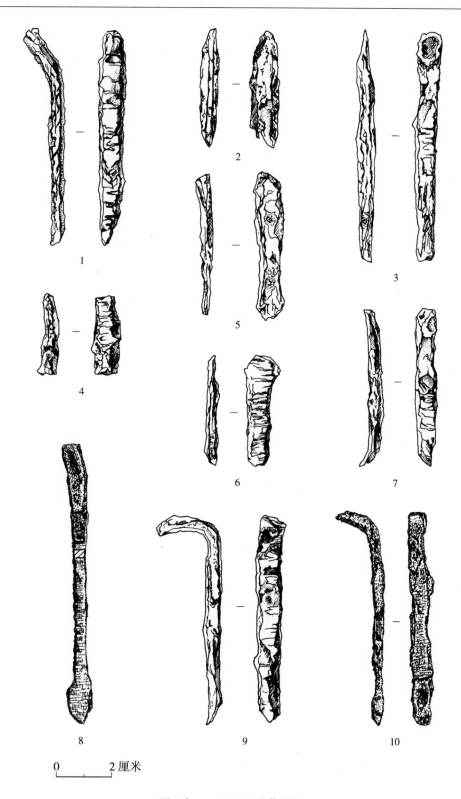

图五九二　M2288 随葬器物

3、6、7、8. Ⅰ式铁钉（M2288：11、19、18、14）　1、9、10.Ⅱ式铁钉（M2288：2、23、27）

2、4、5. 不可分式铁钉（M2288：6、24、17）

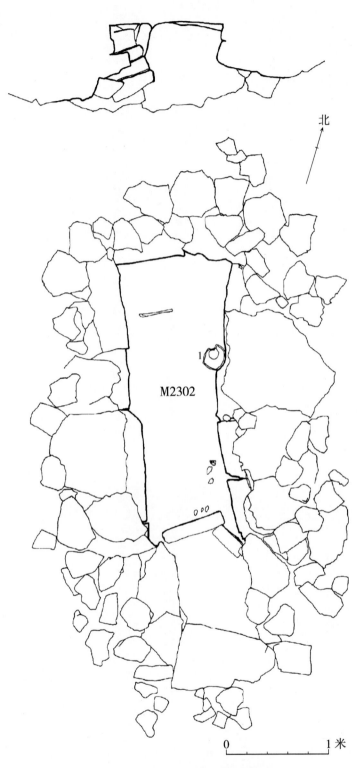

北

M2302

0　　　　　　　　1 米

图五九三　M2302 平面及南壁侧视图
1. 陶器底

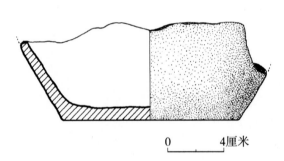

0　　　　　　4厘米

图五九四　M2302 随葬器物
陶器底（M2302：1）

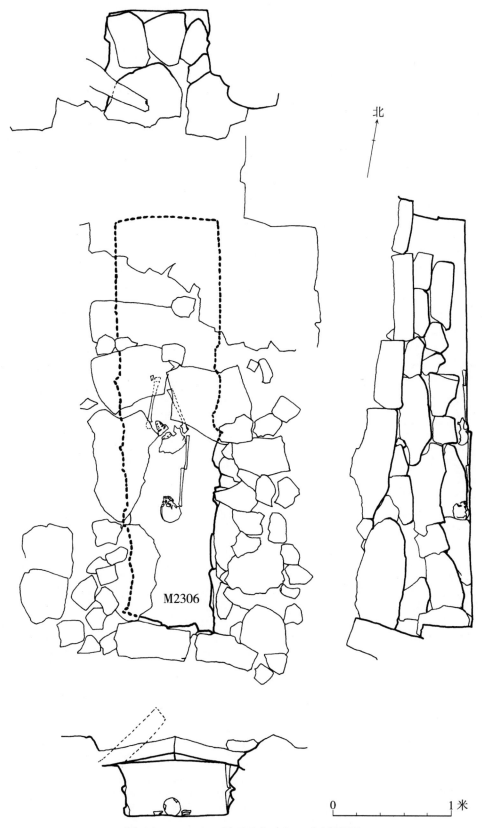

北

M2306

0   1米

图五九五   M2306 平面及南、北、西壁侧视图

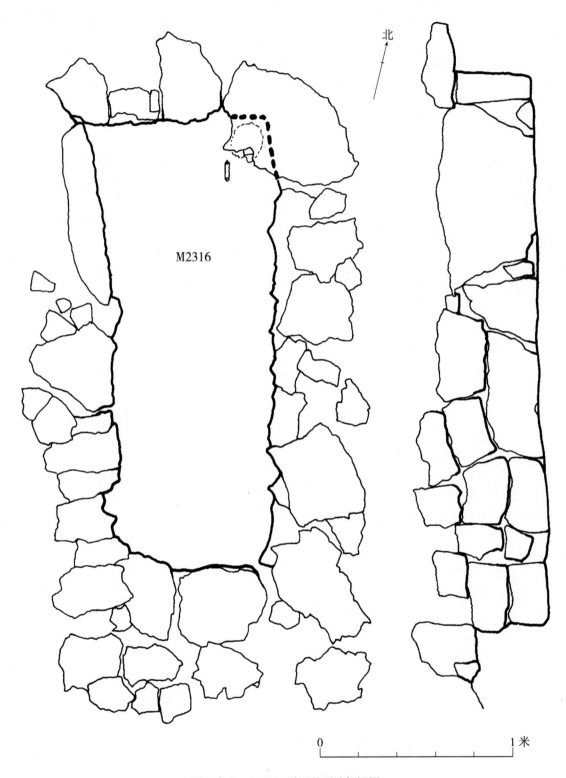

北

0　　　　　　　　　　　1 米

图五九六　M2316 平面及西壁侧视图

（六）石棺墓（C 型）

M2010

位于 FT2 的北部 0.5 米处。墓向为 155°。封土低平，中间有两块石头。墓室填土为黑土，土质密，墓底为原生土层，呈黑褐色。填土中发现夹砂褐陶长腹罐残片。墓葬系地面建筑，用天然石块简单垒砌四壁，墓室呈不规则的长方形，长 1.72、宽 0.58、深 0.35 米。

无人骨，随葬品亦不见（图五九七）。

填土出土器物

陶长腹罐口沿　1 件（M2010：1）。夹砂褐陶，手制，重唇（图五九八）。

M2087

位于 M2086 之东北 3.2 米处。墓向为 150°。未见明显封土。清理表土，可见 1 块原封顶石块塔在墓室南边的东西两壁，墓室填土为黄泥土，土质较黏，纯净，无包含物，墓底亦是黄泥土。墓葬为地穴建筑，先在地表上挖一个 0.5 米深的土坑，然后用天然石块沿着坑壁垒砌墓室，墓室呈长条形，长 2.3、宽 0.5～

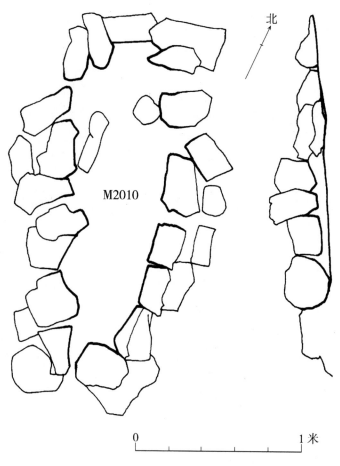

图五九七　M2010 平面及西壁侧视图

0.7、深 0.66 米。

墓室里发现较完整的下肢骨，可能是属于一次葬。墓主人为男性，25～30 岁。在墓室北部发现铜带銙 1 件（图五九九）。

随葬器物

铜带銙　1 件（M2087：1）。长方形，边缘内折，两片复合，上端饰一长方形孔。长 2.6、宽 2.3、厚 0.5、孔长 1.8、宽 0.5 厘米（图六〇〇，图版一五〇：3）。

M2102

位于 M2095 之北约 2 米处。墓的方向为

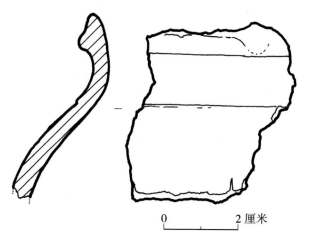

图五九八　M2010 填土出土器物

陶长腹罐口沿（M2010：1）

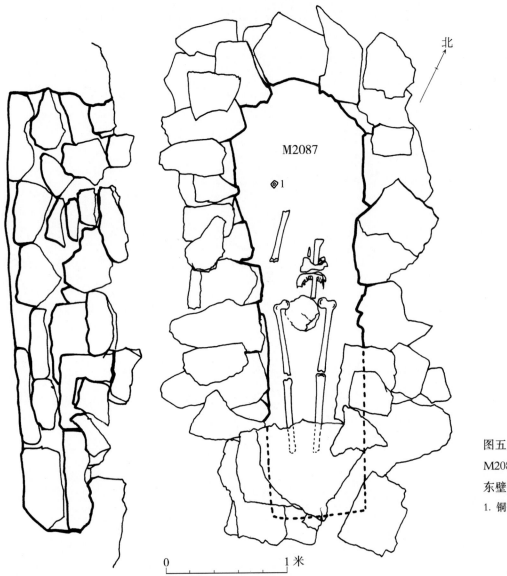

图五九九
M2087 平面及
东壁侧视图
1. 铜带銙

0　　　　　　　1 米

198°。墓葬凸出于地面，其形状不规则。墓室填土为黑褐土，土质较松散，无包含物，墓底为原黄沙土层。墓葬系地穴建筑，用粗加工的石板立支作壁。墓室平面呈长条形，个别石块往里倾斜，长 2.06、宽 0.78、深 0.47 米。

墓室中间发现少量小孩碎骨，无法判断其性别和年龄。未见随葬品（图六〇一）。

M2103

位于 M2102 之东北 3 米处。墓向为 170°。未见封土，墓室的部分石块已露出地表。填土为黑褐土，土质松散，无包含物，墓底为黄沙土。墓葬为地面建筑，墓室用粗加工的玄武岩石块垒砌四壁，其周围堆

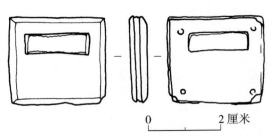

0　　　　　2 厘米

图六〇〇　M2087 随葬器物

铜带銙（M2087∶1）

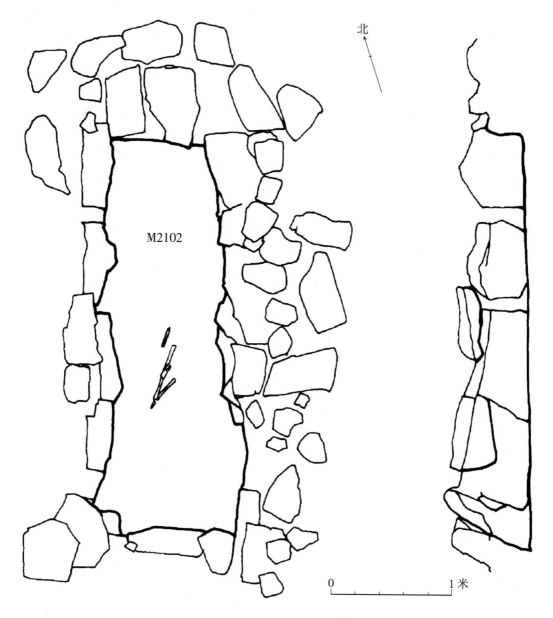

图六〇一 M2102 平面及西壁侧视图

砌不规则的小石块。墓室呈长方形，长 1.64、宽 0.54、深 0.5 米。

无人骨痕迹，随葬品亦未见（图六〇二）。

M2111

位于 M2112 之东约 5 米处。墓的方向为 175°。不见封土，地表上露出几块石头。墓室填土为沙土夹河卵石，墓底为沙土层。填土中发现夹砂褐陶长腹罐 1 件（残）。墓葬为地穴建筑，墓室由大小不等的天然石块沿着坑壁平砌墓壁，周围断断续续堆砌小石块，墓室平面近似于长条形，长 1.74、宽 0.5、深 0.44 米。

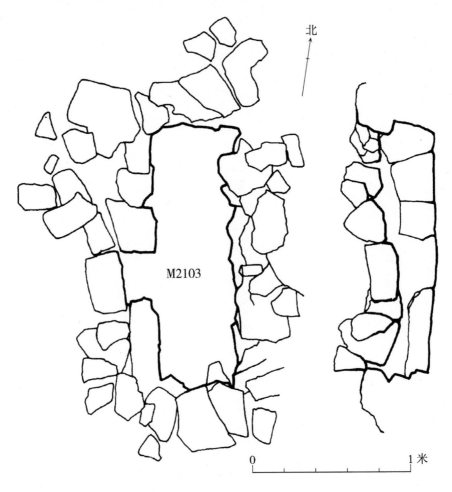

北

0　　　　　　　　1 米

图六〇二　M2103 平面及西壁侧视图

未发现人骨痕迹，随葬品亦未见（图六〇三）。

填土出土器物

陶长腹罐口沿　1 件（M2111：1）。夹砂褐陶，手制，口沿饰锯齿纹（图六〇四）。

M2118

位于 M2106 之东北约 2.5 米处。墓的方向为 180°。墓葬范围约高出地面 0.3 米，清理出 2 块原封顶石板。填土为黄褐泥土，土质较硬，纯净，无包含物，墓底为原黄褐色生土层。墓葬系地穴建筑，用大小不等的天然石块平砌墓室，平面近似于长条形，长 1.82、宽 0.6、深 0.77 米。

墓室中发现 1 具人骨，上肢骨和骨盆已被破坏，但可能是一次葬。墓主人的性别不清，是属于儿童个体。未见随葬品（图六〇五）。

M2122

位于 M2119 之东约 4 米处。方向为 185°。无明显封土，几块原封顶石块无规律地搭在东壁上。墓室填土为沙子夹河卵石，无包含物，墓底为原砂土层。墓葬为地穴建筑，共用 7 块大石板立支作壁，西壁 2 块，东壁 4 块，南北两段各置一块大石板。墓室呈长方形，四壁较规整，长 2.12、宽 0.7、深 0.64 米。

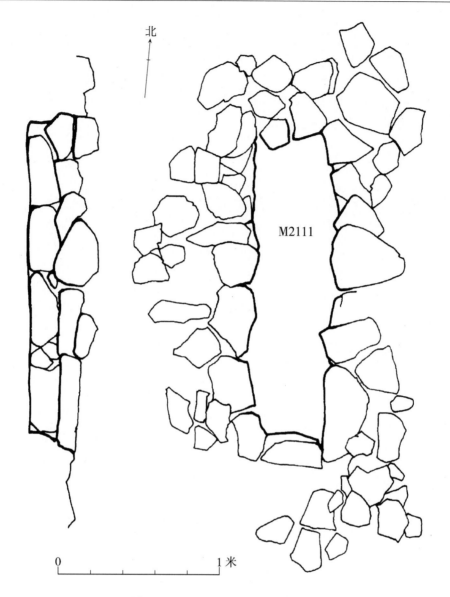

北

M2111

0　　　　　　　　　　　　1米

图六○三　M2111平面及东壁侧视图

墓室里发现头骨碎片和 4 块不太完整的肢骨，属于二次葬。墓主人身份为青年女性。未见随葬品（图六○六）。

M2207

位于 M2206 之西南约 1 米处。方向为 200°。封土低平，几块原封顶石板和石块无规律地散放在墓葬东西两侧，推测西边的大石板可能是原封顶石板。墓室填土为沙土，呈黑灰色，土质松软，墓底亦是黑灰色砂土层。填土中发现夹砂褐陶碎片。墓葬为地面建筑，现存墓室共有 7 块石板立支作壁，南北两段各置一块石板，东西两壁部分已被破坏。墓室呈长方形，四壁较规整，长 1.5、宽0.6、深 0.28 米。

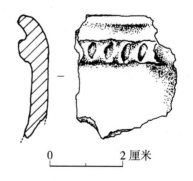

0　　　　　　2厘米

图六○四　M2111 填土出土器物
陶长腹罐口沿（M2111：1）

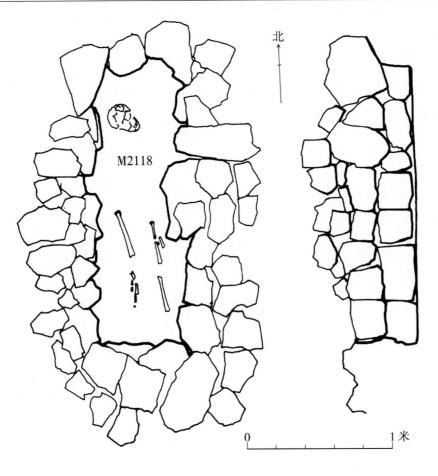

图六〇五
M2118平面及
西壁侧视图

0   1米

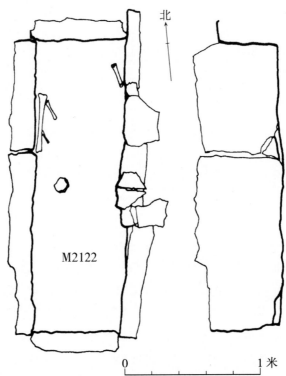

图六〇六
M2122平面及
西壁侧视图

0   1米

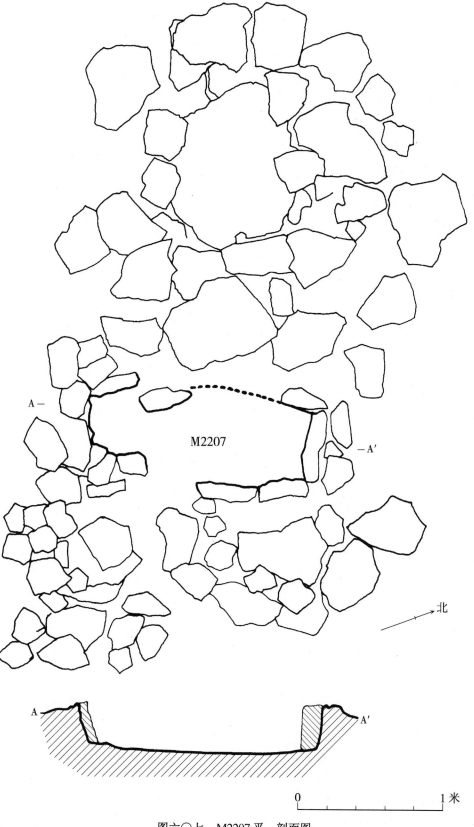

图六○七　M2207 平、剖面图

未发现人骨痕迹，随葬品亦未见（图六○七，图版五三：2）。

M2211

位于 M2196 之南约 2 米处。方向为 190°。封土不明显，地表上可见微凸的石头堆积，呈椭圆形（图六○八：5-1）。清理表土，原 3 块盖顶石块尚保存完好（图版五四：1）。墓室填土为夹砂黑褐土，土质松散，纯净，在填土中发现几块夹砂褐陶片，器形不明。墓葬为地穴建筑，墓室共用 8 块较大的石板立支作壁，南北两段各用一块石板，东西两壁各 3 块，空隙处用小石块填补，墓底采用 6 块扁平石板拼缝平铺，个别空隙处以小河卵石块填塞。墓室呈长方形，四壁较规整，长 1.84、宽 0.52、深 0.54 米。

有 3 根小孩肢骨，性别不清。随葬品亦未见（图六○八，图版五四：2）。

M2266

位于 M2308 东南约 7 米处。方向为 180°。封土略凸于地面。墓室填土为夹砂黑褐土，土质较硬，墓底为原沙土层。填土中发现夹砂褐色残陶器，器形有瓮、陶器底。墓葬系地穴建筑，东西两壁各竖立 3 块玄武岩石板，南北各立支 2 块小石板，上面再平铺较小的石块。墓室平面呈长方形，长 1.2、宽 0.6、深 0.38 米。

不见人骨，随葬品亦未见（图六○九）。

填土出土器物

陶瓮口沿　1 件（M2266：1）。夹砂褐陶，手制，口沿经过慢轮修整，卷沿（图六一○：1）。

陶器底　1 件（M2266：2）。夹砂褐陶，手制，平底（图六一○：2）。

M2283

位于 M2004 之东约 1.7 米处。方向为 145°。封顶已被破坏，墓室内清理出 3 块石板，可能是原盖顶石，因坍塌而落在墓室内。墓室填土为夹砂泥土，呈黄褐色，土质较松，墓底亦是夹砂黄褐色泥土层。在填土中发现夹砂褐陶片，可辨认的器形有长腹罐 2 件（残）、纹饰陶片 1 件、瓮口沿 1 件、器盖 1 件、银耳环 1 件、铜螺旋器 1 件、铜环 1 件、铁甲片 1 件。墓葬为地穴建筑，西北角已被破坏，墓室东西两壁各用 3 块大小不等的石板立支作壁，南北两段各竖立一块石板，空隙处用小石块填补。墓壁已不同程度的缺损，墓室呈不规则的长条形，长 1.83、宽 0.5、深 0.83 米。

人骨及随葬品均不见（图六一一）。

填土出土器物

陶器盖　1 件（M2283：1）。夹砂褐陶，手制。顶端为柱状纽，中间微凹，斜壁，平口。纽直径 4.7、通高 4.8、底径 10.7 厘米（图六一二：1，图版一一四：2）。

银耳环　1 件（M2283：2）。圆形，横截面亦是圆形，中间有一豁口。外径 1.65、内径 1.15、横截面直径 0.4 厘米（图六一二：2，图版一八○：4）。

铜螺旋器　1 件（M2283：3）。用铜丝旋成筒状，空心。长 1.8、外径 1.15、内径 0.9 厘米（图六一二：3，图版一五○：4）。

铁甲片　1 件（M2283：5）。薄铁片，已残（图六一二：4）。

陶长腹罐口沿　2 件（M2283：6、8）。夹砂褐陶，手制，重唇（图六一二：7、8）。

纹饰陶片　1 件（M2283：7）。夹砂褐陶，手制，凹弦纹夹水波纹（图六一二：9）。

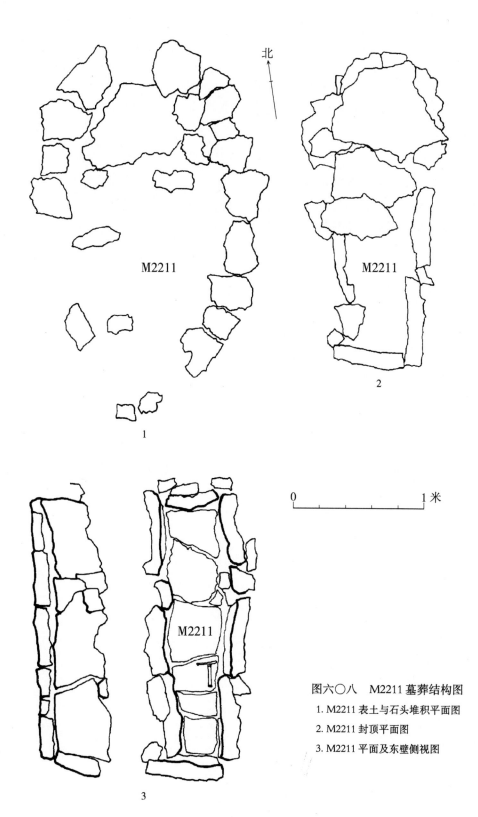

图六〇八　M2211 墓葬结构图

1. M2211 表土与石头堆积平面图

2. M2211 封顶平面图

3. M2211 平面及东壁侧视图

铜环　1 件（M2283：4）。环状，其横截面为椭圆形。外径 1.6、内径 1.1 厘米（图六一二：6）

陶瓮口沿　1 件（M2283：9）。夹砂褐陶，手制，口沿经过慢轮修整。尖圆唇，侈口。口径 24 厘米（图六一二：5）。

M2289

位于 M2288 之西南约 1.5 米处。墓向为 150°。封土已被破坏，墓室北侧两块原抹角封顶石板保存完好，其余石板无规律地散落在墓室周围。墓室填土为夹砂黄褐土，土质松散，无包含物，墓底铺两块石板。墓葬为地穴建筑，在地表上挖一个长方形坑，用玄武岩石板沿着坑壁立支作壁，每壁各立两块（南壁已被破坏，少一块）。墓室平面呈长方形，长 1.52、宽 0.7、深 0.6 米。

墓室北部葬一儿童头骨，其性别不清。出土文物有陶长腹罐 1 件、铁钉 2 件，位于墓室北侧和西壁中间（图六一三，图版五五：1）。

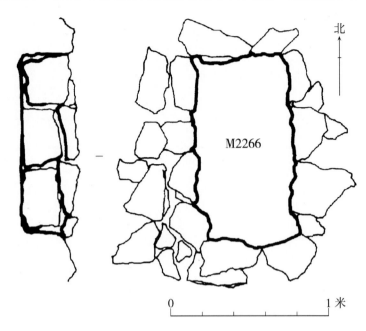

图六〇九　M2266 平面及东壁侧视图

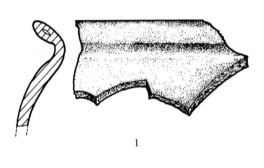

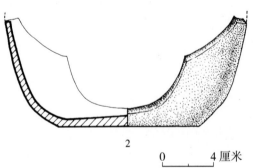

图六一〇　M2266 填土出土器物

1. 陶瓮口沿（M2266：1）

2. 陶器底（M2266：2）

随葬器物

铁钉　2 件（图版一七〇：2）。无钉帽，钉身为四棱锥状。M2289：1 长 4.4 厘米（图六一四：1）。M2289：2 长 4.2 厘米（图六一四：2）。

陶长腹罐　1 件（M2289：3）。夹砂褐陶，手制，腹有烟熏的痕迹。重唇，侈口，口径略大于腹径，平底，素面。口径 10.6、通高 16.3、腹最大径 10、底径 5.3 厘米（图六一四：3，图版一一四：3）。

M2290

位于 M2281 之东北约 2 米处。墓的方向为 200°。有封土覆盖，高出地面约 0.35 米，清理出 3 块原封顶大石板。墓室填土为夹砂黑褐土，土质松散，墓底亦是夹砂黑褐色生土层。填土中发现 1 件铜铊尾。墓葬为地穴建筑，用大小不等的玄武岩石块砌筑墓室，部分墓壁已被破坏。墓室平面呈长方形，长 1.62、宽 0.76、深 0.22 米。

无人骨，随葬品亦未见（图六一五）。

填土出土器物

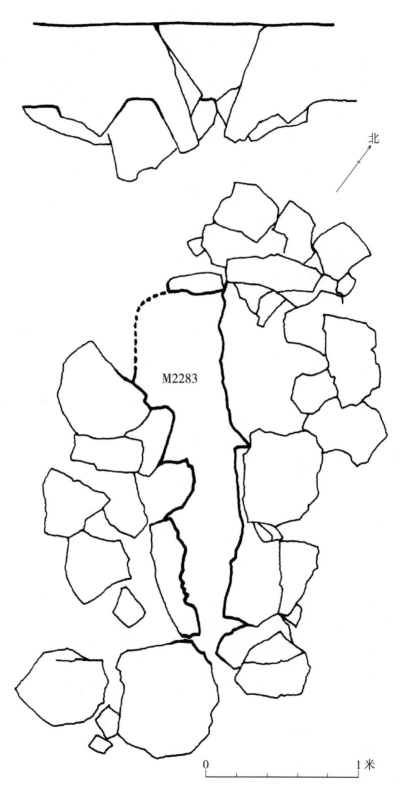

北

图六一一　M2283 平面及南壁侧视图

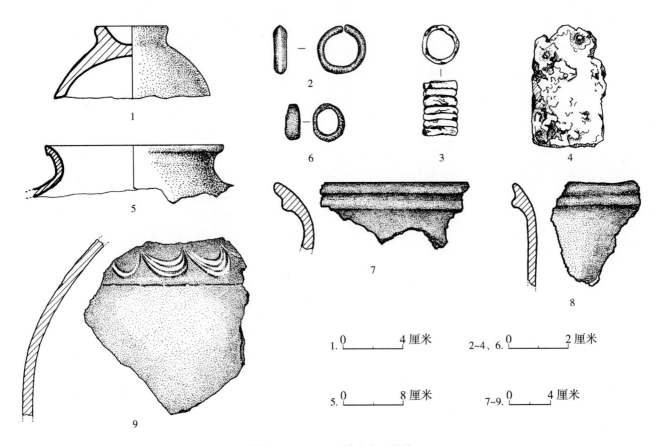

图六一二　M2283 填土出土器物

1. 陶器盖（M2283：1）　2. 银耳环（M2283：2）　3. 铜螺旋器（M2283：3）　4. 铁甲片（M2283：5）　5. 陶瓮
口沿（M2283：9）　6. 铜环（M2283：4）　7、8. 陶长腹罐口沿（M2283：6、8）　9. 纹饰陶片（M2283：7）

铜铊尾　1 件（M2290：1）。呈舌状，边缘内折，两片复合，顶端有豁口。长 3.4、宽 3、厚 0.6
厘米（图六一六，图版一五〇：5）。

M2292

位于 M2009 之北约 0.5 米处。墓向为 145°。封土低平，几块原封顶石板和石块无规律地散落在
墓室内。墓室填土为夹砂黑褐土，土质松散，墓底亦是夹砂黑褐色生土。填土中发现夹砂褐陶片，
器形不明。墓葬为地穴式建筑，用玄武岩石板平砌墓室四壁，平面呈长方形，四壁较规整，长 1.2、
宽 0.56、深 0.31 米。

在墓室北边发现 1 根儿童肢骨，其性别不清。出土 1 枚铜鸟头饰，置于墓室北侧（图六一七）。

随葬器物

铜鸟头饰　1 件（M2292：1）。顶端为尖状，两侧各有一圆，圆圈微鼓，圆中穿孔；另一端为长
条状，端部有一圆形镂孔。长 2.8、宽 2.2、孔径 0.2 厘米（图六一八，图版一五〇：6）。

M2311

位于 M2015 之西约 1.5 米处。方向为 175°。封土已被破坏，原封顶石板只剩一块，搭在墓室中
间。墓室填土为黑褐土，土质松散，无包含物，墓底铺一层黄沙子。墓葬为地穴建筑，墓室东西两壁

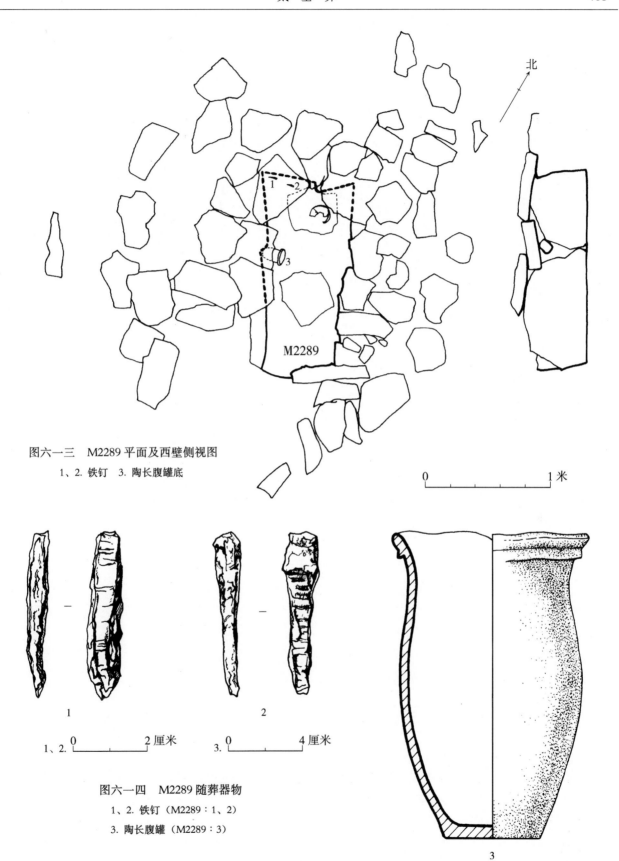

图六一三　M2289 平面及西壁侧视图

1、2. 铁钉　3. 陶长腹罐底

图六一四　M2289 随葬器物

1、2. 铁钉（M2289:1、2）

3. 陶长腹罐（M2289:3）

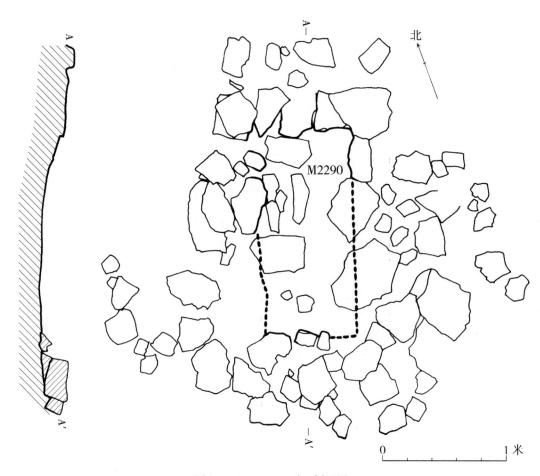

图六一五　M2290 平、剖面图

严重往里倾斜，各用 3 块大小不等的石板立支作壁，南北两端各置一块石板，墓室周围铺砌小石块。墓室呈不规则的长条形，长 1.64、宽 0.5、深 0.52 米。

墓室中间有一婴儿头骨，其性别不清。墓室北边发现陶长腹罐 1 件、陶瓮 1 件（图六一九）。

随葬器物

陶瓮　1 件（M2311：1）。夹砂褐陶，手制，口沿经过慢轮修整。尖圆唇，侈口，鼓腹，平底，肩饰三道凹弦纹。口径 20.6、通高 35.2、腹径 36.6、底径 21.2 厘米（图六二○：1，图版一一四：4）。

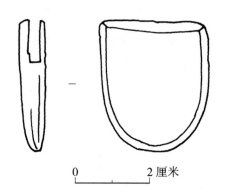

图六一六　M2290 填土出土器物
铜鉈尾（M2290：1）

陶长腹罐　1 件（M2311：2）。夹砂褐陶，手制，口沿经过慢轮修整，腹有烟熏的痕迹。重唇，侈口，腹径大于口径，平底，肩饰一阴刻符号，底饰凸"十"字。口径 11.3、通高 18.9、腹最大径 12、底径 6.4 厘米（图六二○：2，图版一一五：1）。

M2312

位于 M2040 之西约 1.2 米处。方向为 165°。有微凸的封土，南边比较低平，少量石块已露出地

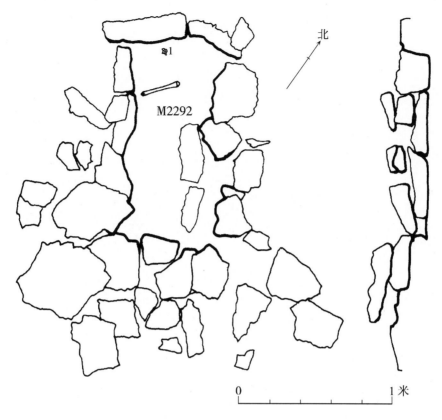

图六一七　M2292 平面及西壁侧视图
1. 铜鸟头饰

面。墓葬北侧三块原封顶石板保存完好，其余已破坏无存。墓室填土为黑土，土质松散，无包含物，墓底为原生土层，呈夹砂褐土。墓葬为地穴建筑，用天然石块平砌墓室，平面呈不规则的长条形，长 1.34、宽 0.3、深 0.43 米。

人骨、随葬品均不见（图六二一）。

M2314

位于 M2200 之西约 2.5 米处。墓的方向为 180°。封土低平，地表上可见原封顶石板。4 块大石板平放在墓室两头，中间已被破坏（图六二二：2，图版五五：2）。墓室填土为夹砂灰褐土，土质松散，纯净，墓底平铺 4 块玄武岩大石板。墓葬为地穴建筑，墓室东西各用 5 块大小不等的石板立支作壁，南北两端各置一块石板。石棺保存完好，呈长条形，长 1.72、宽 0.31、深 0.36 米。

在墓室中发现一根小孩肢骨，性别不清。未见随葬品（图六二二：1，图版五六：1）。

M2315

位于 M2197 之南约 1 米处。墓的方向为 195°。封土、封顶已全被破坏，地表上可见凸起的两块石头。墓室填土为夹砂黑褐土，土质松散，纯净，填土中发现夹砂褐色陶片，器形不明。墓底用 7 块玄武岩石板拼缝平铺。墓葬为地穴建筑，墓室东西各用 2 块石板立支作壁，南北两端各置一块石板。

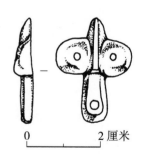

图六一八　M2292
随葬器物
铜鸟头饰（M2292：1）

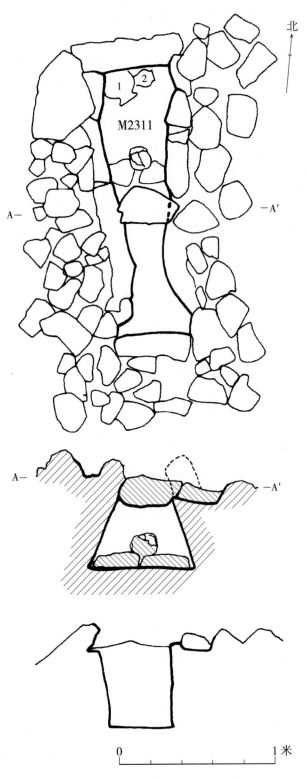

图六一九　M2311 平、剖面及北壁侧视图

1. 陶瓮　2. 陶长腹罐

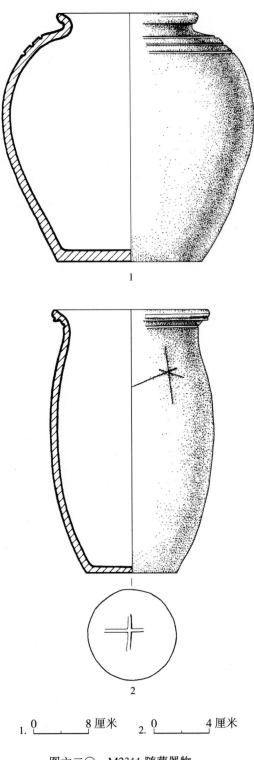

图六二〇　M2311 随葬器物

1. 陶瓮（M2311：1）　2. 陶长腹罐（M2311：2）

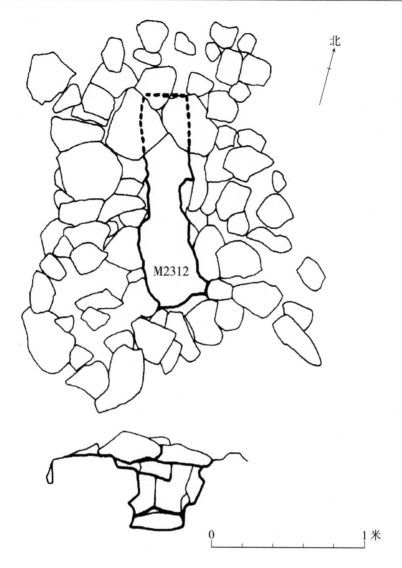

图六二一　M2312平面及北壁侧视图

石棺保存较好，平面近似于长方形，长1.8、宽0.6、深0.6米。

人骨、随葬品均不见（图六二三，图版五六：2）。

M2318

位于M2307之西约2米处。墓的方向为205°。封土已被破坏，地表上露出墓室北侧原封顶石板。墓葬填土为夹砂黑褐土，土质较硬，无包含物。墓底铺一层天然河卵石。墓葬为地穴建筑，墓室东西两壁各用4块大小不等的石板立支作壁，南北两端各置两块石板，之上再平铺石板，个别空隙处用小石块填补。墓室呈长方形，长1.78、宽0.68、深0.54米。

未见人骨。在墓室西北角和西南角发现陶直口罐1件、陶长腹罐1件（图六二四，图版五七：1）。

随葬器物

陶直口罐　1件（M2318：1）。夹砂褐陶，手制，口沿与颈部经过慢轮修整。方唇，鼓腹，平底，肩饰篦点纹夹凹弦纹和水波纹。口径15.2、通高20、腹最大径23.6、底径15.6厘米（图六二五：1，图版一一五：2）。

陶长腹罐　1 件（M2318：2）。夹砂褐陶，手制，口沿经过慢轮修整，腹有烟熏的痕迹。重唇，侈口，腹径大于口径，平底，素面。口径 10.6、通高 15.6、腹最大径 11.8、底径 6.9 厘米（图六二五：2，图版一一五：3）。

（七）砖室墓

砖室墓共 2 座，以砖砌成。虹鳟鱼场砖室墓的砖，有等边三角形、直角三角形、梯形、长方形、方形等不同规格的红砖。长方形砖以错缝平砌，三角形、梯形砖则相互对斜角平砌。砖室墓规模较小。

M2005

与 M2003 邻接，其东部封土被

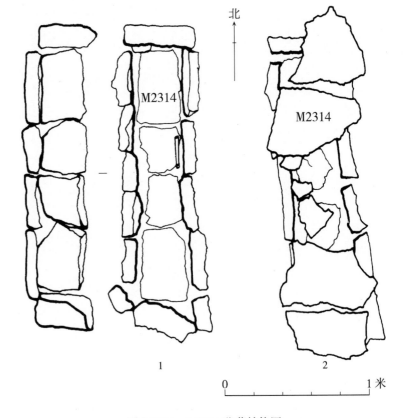

1　　　　　　2

0　　　　　　　　　1 米

图六二二　M2314 墓葬结构图

1. M2314 平面及东壁侧视图　2. M2314 封顶平面图

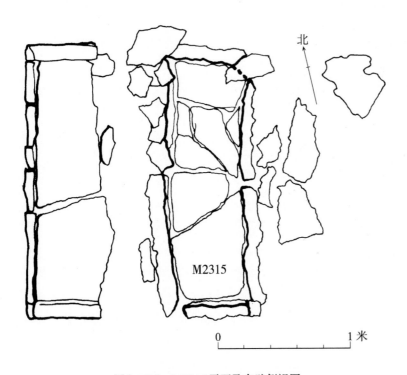

0　　　　　　　　　1 米

图六二三　M2315 平面及东壁侧视图

M2003 打破。方向为 155°。封土略高出地面，墓葬范围内散见各种碎砖，呈红褐色。墓顶已被破坏，但从残存迹象中推测原墓葬封顶系采用红砖，红砖碎块分布范围约南北长 4.3、东西宽 3 米左右。填土呈红褐色，质地松软，发现蓝色料珠 1 件、铜甲片 1 件、陶长腹罐残片 1 件、陶鼓腹罐残片 1 件。墓葬由墓室和墓道组成。墓室内壁用长方形红砖修砌，四壁整齐，长 2.4、宽 1.3、深 0.38 米。墓室砌至第四层砖时，在南壁正中同样用长方形红砖平砌墓道，长 0.8、宽 0.84、深 0.22 米。墓室东北角破坏严重，但其余砖墙保存完好，墙宽 0.7～0.8 米不等。

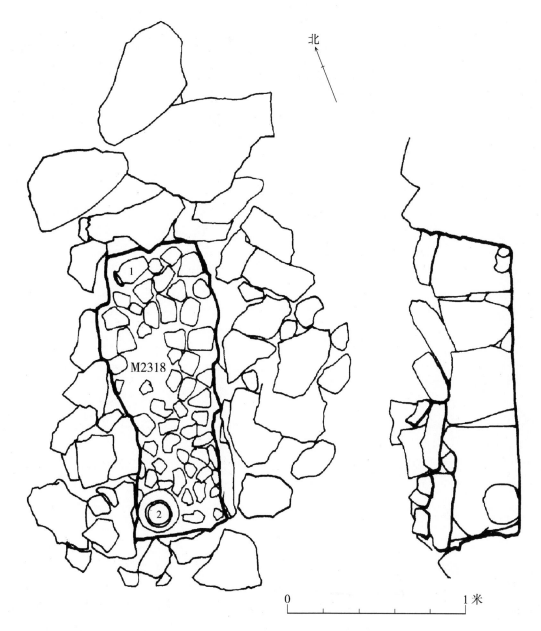

图六二四　M2318 平面及西壁侧视图

1. 陶直口罐　2. 陶长腹罐

墓室底部用三角形砖或碎砖错缝或斜角相对铺一层，墓道北半部亦用长方形砖和几块碎砖铺底。

　　人骨很乱，可能是三个个体，皆属于二次葬。在墓室东部的头骨和一些零散的肢骨（A）是男性成年。位于墓室东北角骨头（B）属于成年女性。另西北两堆肢骨（C）属于成年男性。随葬器物皆为陶器，陶长腹罐 1 件、陶鼓腹罐 1 件、陶器盖 1 件，出土于墓室南壁靠东侧（图六二六，图版五八：1）。

1. 填土出土器物

陶鼓腹罐口沿　1 件（M2005：7）。夹砂褐陶，手制，口沿经过慢轮修整，尖圆唇，侈口（图六

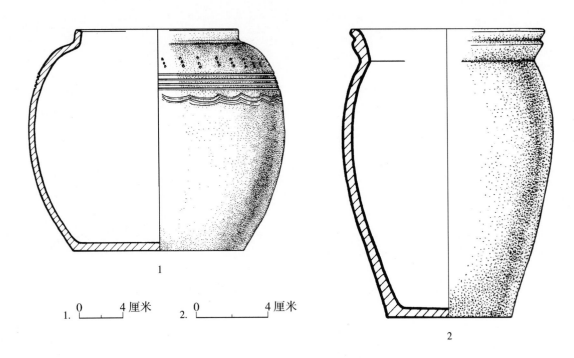

1.

2.

　1. 0 —— 4 厘米　　　 2. 0 —— 4 厘米

图六二五　M2318 随葬器物

1. 陶直口罐（M2318∶1）　　2. 陶长腹罐（M2318∶2）

二七∶1）。

　　蓝色料珠　1 件（M2005∶4）圆饼状，中间有一小圆孔。直径 1.3、孔径 2.5、厚 0.5 厘米（图六二七∶2）。

　　铜甲片　1 件（M2005∶5）。薄铜片，呈圭形，中间饰两排小圆孔，共 6 个。长 3.2、宽 2.8、厚 0.2 厘米（图六二七∶3）。

　　陶长腹罐口沿　1 件（M2005∶6）。夹砂褐陶，手制，重唇（图六二七∶4）。

2. 随葬器物

　　陶鼓腹罐　1 件（M2005∶1）。夹砂褐陶，手制，口沿经过慢轮修整，腹有烟熏的痕迹。圆唇，侈口，圆鼓腹，平底。底饰刻画符号，肩与腹中间饰三道凹弦纹。口径 8、通高 13.4、腹最大径 13.9、底径 7.9 厘米（图六二八∶1，图版一一五∶4）。

　　陶长腹罐　1 件（M2005∶2）。夹砂褐陶，手制，口沿经过慢轮修整。重唇，侈口，腹最大径大于口径，平底，颈下饰三凹弦纹，上两道中间饰一排锥刺纹。口径 11.6、通高 18.6、腹最大径 12.6、底径 5.6 厘米（图六二八∶2，图版一一六∶1）。

　　陶器盖　1 件（M2005∶3）。夹砂褐陶，手制。柱状纽，中间微凹，斜壁，喇叭口。纽直径 4.2、通高 3.3、口径 7.4 厘米（图六二八∶3，图版一一六∶2）。

M2267

　　位于 M2272 东北角约 1.5 米处。方向为 160°。封土低平，略高出地面，墓葬范围内散见各种碎砖，呈红褐色。墓顶已被破坏，但从残存迹象中推测，原墓葬封顶系用红砖。墓室填土为黄泥夹砂

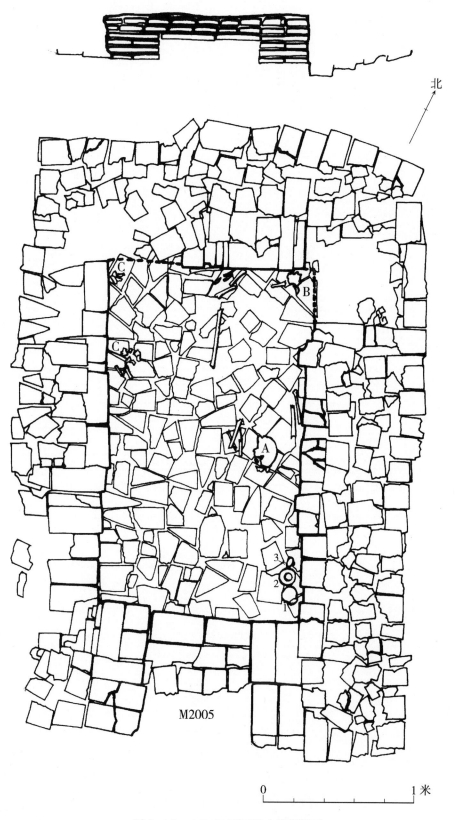

图六二六　M2005 平面及南壁侧视图

1. 陶鼓腹罐　2. 陶长腹罐　3. 陶器盖

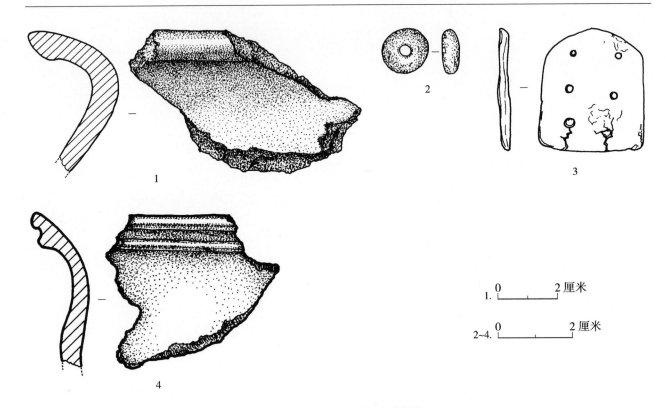

图六二七　M2005 填土出土器物

1. 陶鼓腹罐口沿（M2005：7）　2. 蓝色料珠（M2005：4）　3. 铜甲片（M2005：5）　4. 陶长腹罐口沿（M2005：6）

土，土质硬、黏。填土中发现夹砂褐陶鼓腹罐 3 件、长腹罐口沿 1 件（均残）、板状器耳 1 件、玛瑙珠 3 件、蓝色料珠 1 件、绿色琉璃连珠 1 件。墓室平面呈铲形，长 2.75、宽 1.15、深 0.65 米。墓葬建于地面，是先将地面平整后，用长方形、梯形、直角三角形、等边三角形等不同形状、不同规格的红砖，错缝或斜角相对由下而上垒砌四壁，现存墓室砖共 13 层，墓道为 10 层。墓室砌至三层时，在南壁修出墓道，长 0.9、宽 0.72 米，高 0.5 米，以两块玄武岩大石块封堵墓道口。墓室东壁靠北侧破坏严重，但平面上砖墙范围仍较清楚，墙宽 0.75～0.8 米不等。墓底原来可能铺有一层砖，现墓室东壁靠南侧仍保存若干块红砖。

此墓为二次葬，墓道和墓室南段见三个头骨，墓室西边头骨（A）为儿童，其性别不清。东边头骨（B）系女性，约 30 岁左右。墓道头骨（C）为成年男性。在墓室西北角发现 1 枚铁钉（图六二九，图版五九：1）。

1. 填土出土器物

玛瑙珠　3 件。形状不同，可分二式。

Ⅰ式　1 件（M2267：2）。圆球状，中间饰一小圆孔。直径 1.1、孔径 0.2 厘米（图六三〇：6，图版一八六：3-1）。

Ⅱ式　2 件。饼状，中间饰一小圆孔。M2267：3 直径 1、孔径 0.15、高 0.7 厘米（图六三〇：7，图版一八六：3-2）。M2267：6 直径 0.8、孔径 0.15、高 0.5 厘米（图六三〇：8）。

蓝色料珠　1 件（M2267：4）。圆柱状，中间饰一小圆孔。直径 0.8、孔径 0.15、高 0.7 厘米

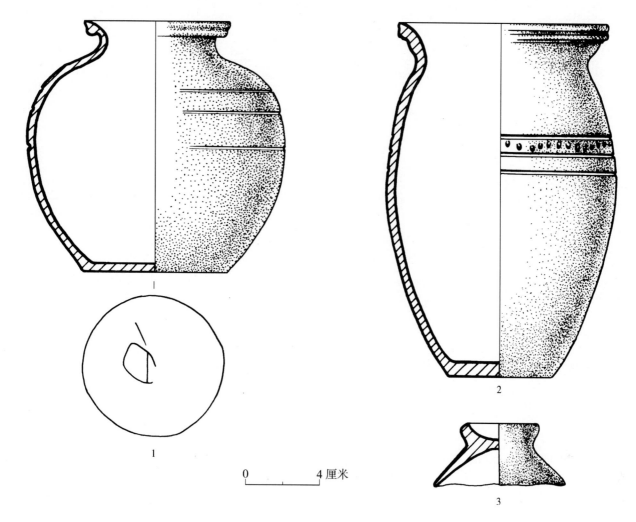

图六二八　M2005 随葬器物

1. 陶鼓腹罐（M2005：1）　　2. 陶长腹罐（M2005：2）　　3. 陶器盖（M2005：3）

（图六三〇：9，图版一八二：3）。

绿色琉璃连珠　1件（M2267：5）。长 0.8、孔径 0.3 厘米（图六三〇：10）。

陶鼓腹罐口沿　3件。夹砂红褐陶，手制。M2267：7 圆唇，侈口（图六三〇：2）。M2267：10 口径 8.3 厘米（图六三〇：3）。M2267：11 尖圆唇，子口，口径 13.2 厘米（图六三〇：1，图版一二四：4）。

陶长腹罐口沿　1件（M2267：8）。夹砂褐陶，手制，尖圆唇，子口。口径 11.4 厘米（图六三〇：5）。

陶板状器耳　1件（M2267：9）。夹砂褐陶，手制（图六三〇：4，图版一二四：5）。

2. 随葬器物

铁钉　1件（M2267：1）。蘑菇状钉帽，钉身为四棱锥状。帽直径 2.3、通长 9.9 厘米（图六三一，图版一七〇：5左）。

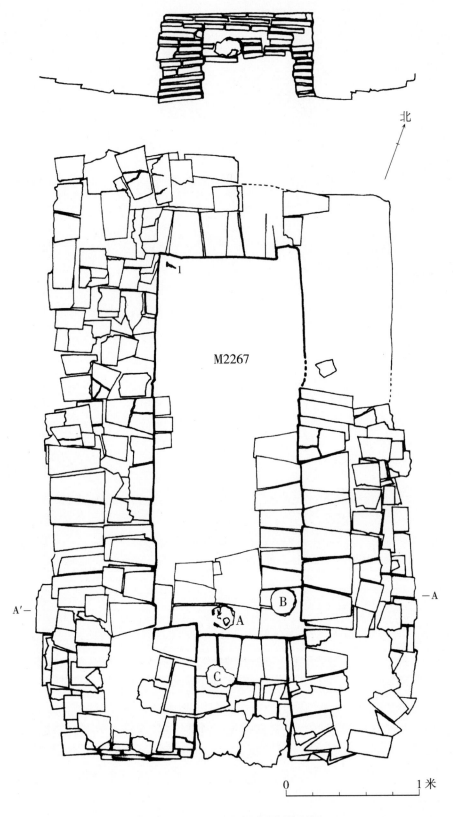

图六二九　M2267平面及南壁侧视图

1. 铁钉

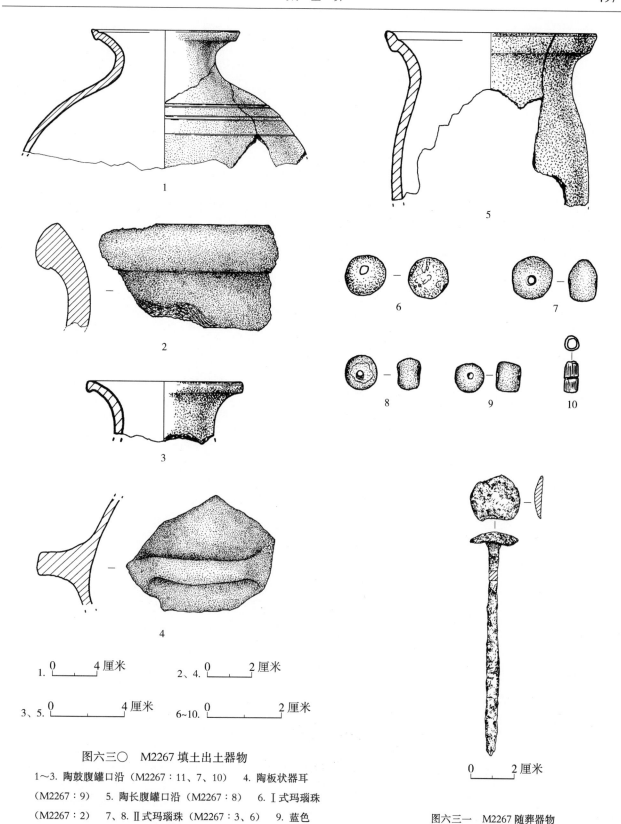

图六三〇　M2267 填土出土器物

1～3. 陶鼓腹罐口沿（M2267：11、7、10）　4. 陶板状器耳
（M2267：9）　5. 陶长腹罐口沿（M2267：8）　6. Ⅰ式玛瑙珠
（M2267：2）　7、8. Ⅱ式玛瑙珠（M2267：3、6）　9. 蓝色
料珠（M2267：4）　10. 绿色琉璃连珠（M2267：5）

图六三一　M2267 随葬器物
铁钉（M2267：1）

（八）砖石混筑墓

M2074

　　与 M2079 邻接，间隔约 0.4 米。墓的方向为 170°。封土低平，呈红褐色，高出地面约 0.4 米，墓顶已被破坏，但从残存迹象中推测原墓葬封顶系采用碎红砖和少量石块。墓顶坍塌，填土为红褐土夹灰土，颜色呈花土，在填土中发现夹砂褐陶长腹罐 1 件（已残）。墓室建于地表上，用长方形碎砖平砌四壁，东壁北半部用石块砌筑，北壁立支一块大石板。墓室呈长条形，长 2.88、宽 0.7、深 0.24 米。

　　墓室里发现少量肢骨，属于成年男性个体。未见随葬品（图六三二）。

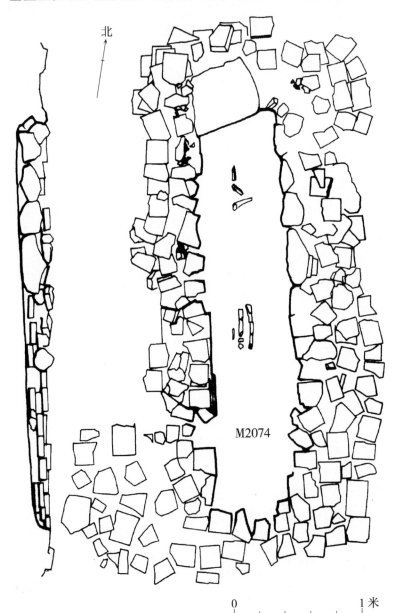

北

M2074

图六三二
M2074 平面及东壁侧视图

0　　　　　　　　　1 米

填土出土器物

陶长腹罐口沿 1件（M2074：1）。夹砂褐陶，手制，重唇（图六三三，图版五九：2）。

（九）形状不明者

M2084

位于 M2083 之东 0.7 米处。墓的方向为 160°。墓葬已破坏严重，只见散乱的石块和墓底。墓室北部发现一堆骨头，是属于成年男性。未见随葬品（图六三四）。

M2135

位于 M2136 之北约 1.5 米处。墓的方向为 180°。墓室西壁保存完好，用粗加工的玄武岩大石板平砌墓室内壁，之上铺砌较小的石块。墓葬填土中发现鼓腹罐口沿 1件。西壁残长约 3.85 米。

无人骨，未见随葬品（图六三五）。

填土出土器物

陶鼓腹罐口沿 1件（M2135：1）。夹砂褐陶，手制，圆唇，侈口（图六三六）。

M2141

墓室东壁距 M2143 之西 4 米。墓的方向为 175°。墓葬已被破坏，只剩下东壁。东壁周围土质较松软，纯净，无包含物。原墓室东北角发现 1 件陶长腹罐（图六三七）。

随葬器物

陶长腹罐 1件（M2141：1）。夹砂褐陶，手制，口沿经过慢轮修整，腹有烟熏的痕迹。尖圆唇，侈口，口径略大于腹径，平底，素面。口径 11.3、通高 10.6、腹最大径 10.2、底径 5.3 厘米（图六三八，图版一一六：3）。

M2143

墓室南部被 M2144 打破。墓的方向为

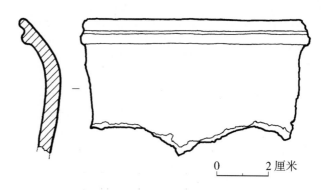

图六三三 M2074 填土出土器物
陶长腹罐口沿（M2074：1）

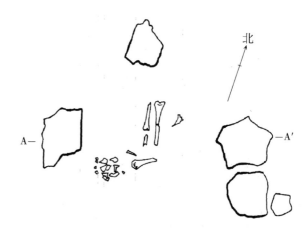

M2084

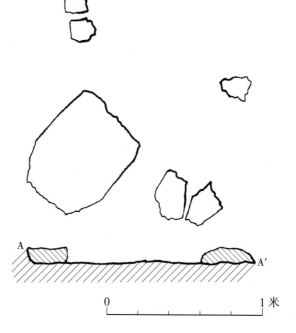

图六三四 M2084 平、剖面图

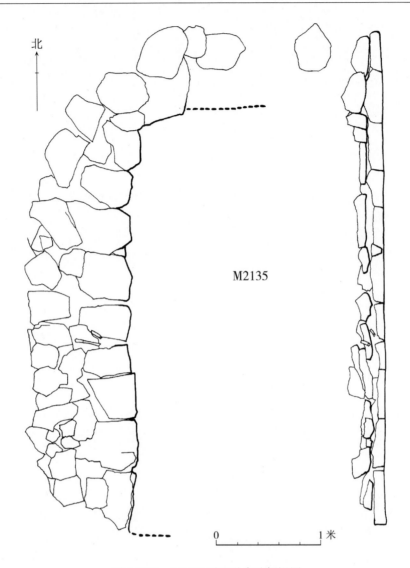

北

M2135

0　　　　　　1 米

图六三五　M2135 平面及东壁侧视图

180°。封土已被破坏，地表上可见几块散乱的石块。墓室填土为黑褐土，土质松软，纯净，墓底呈夹砂黑褐土。填土中发现夹砂褐陶片，器形不明。墓葬是地面建筑，用玄武岩石块和天然河卵石垒砌墓室。原墓室平面可能是长方形，残长 2.4、宽 1.43、深 0.3 米。

在墓室西北角发现一块下颌骨，其性别与年龄均欠明。墓室东侧有一堆炭。未见随葬品（图一八二）。

M2154

位于 M2048 之西南约 2.5 米处，墓的方向为 190°。墓室北壁的石块已露出地面，南壁被破坏形成北高南低的斜坡状。墓室填土为夹砂黄褐土，土质松散，墓

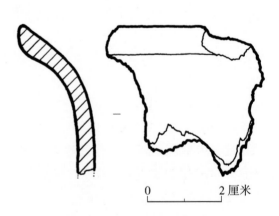

0　　　　2 厘米

图六三六　M2135 填土出土器物
陶鼓腹罐口沿（M2135∶1）

底也是夹砂黄褐土。在填土中发现夹砂褐陶片，器形有长颈壶1件。（有口沿无底）墓葬为地面建筑，南壁已被破坏，无法推测其原来形状。墓葬用天然的玄武岩石块和河卵石垒砌墓壁，平面呈长方形，长2.3、宽1.54、深0.56米。

发现3个头骨和与其相关的部分四肢骨，均属于二次葬。北边头骨（A）和西边头骨（B）皆成年男性。东侧南边骨架（C）为成年女性。出土文物有陶长腹罐1件，置于墓室北部（图六三九，图版四五：1左）。

1. **填土出土器物**

陶长颈壶口沿　1件（M2154：2）。夹砂褐陶，手制，口沿经过慢轮修整。重唇，侈口，细颈，口径8厘米（图六四〇）。

2. **随葬器物**

陶长腹罐　1件（M2154：1）。夹砂褐陶，手制，口沿经过慢轮修整，腹部有烟熏的痕迹。重唇，侈口，腹径大于口径，平底，素面，底饰"土"字符号。口径10、通高15.8、腹最大径11.8、底径5.7厘米（图六四一，图版一一六：4）。

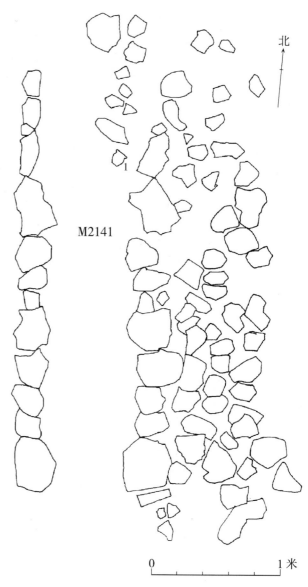

图六三七　M2141平面及东壁侧视图

1. 陶长腹罐（M2141：1）

M2155

墓室南部已被破坏，其北壁打破M2154南壁。墓的方向为180°。地表上可见一堆石块堆积，墓葬西南部已严重破坏。墓室填土为夹沙褐土层，土质松散，纯净，无包含物，墓底亦是夹砂褐色生土层。墓葬为地面建筑，用天然玄武岩石块和河卵石垒砌墓室。原墓室平面可能是长方形，残长2.33、宽1.4、深0.24米。

在墓室北部发现3个头骨和与其相关的四肢

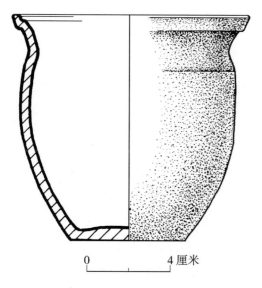

图六三八　M2141随葬器物

陶长腹罐（M2141：1）

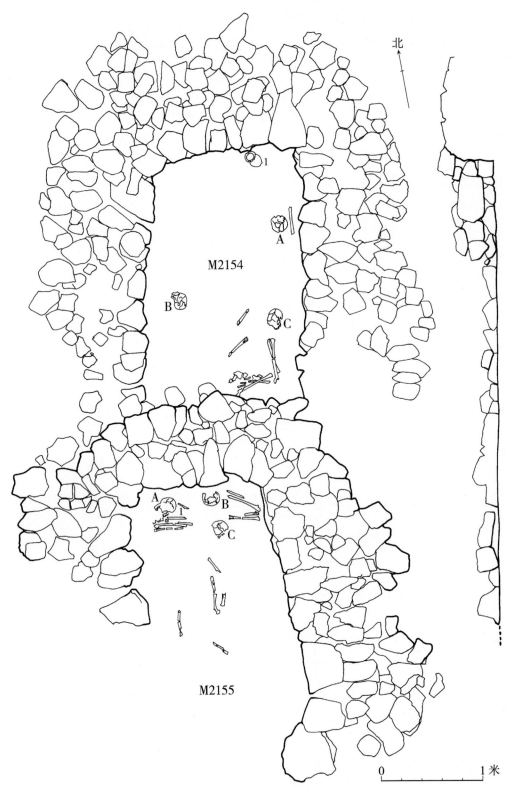

北

M2154

M2155

0　　　　　1 米

图六三九　M2154、M2155 平面及西壁侧视图

M2154 随葬器物　1. 陶长腹罐

M2155 随葬器物　1. 铁刀

骨，皆为二次葬。所有的骨架都是成年男性。出土文物有 1 件铁刀，位于墓室北部（图六三九，图版四五：1 右）。

随葬器物

铁刀　1 件（M2155：1）。直背，斜刃，其横截面为三角形。通长 12.5 厘米（图六四二）。

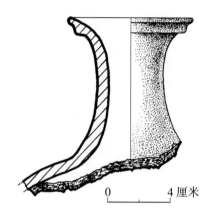

图六四〇　M2154 填土出土器物
陶长颈壶口沿（M2154：2）

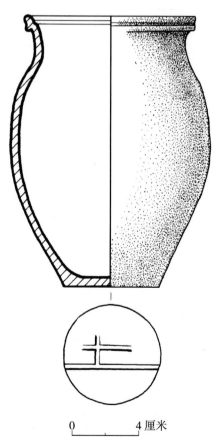

图六四一　M2154 随葬器物
陶长腹罐（M2154：1）

M2209

位于 M2210 之北约 2 米处。墓的方向为 80°。墓葬严重破坏，其西壁和南壁几乎破坏无存，地表上已露出东壁和北壁的一堆石块。墓室填土为沙土，土质松散，纯净，墓底亦是原沙土层。填土中发现夹砂褐陶长腹罐 2 件、瓮 1 件（均残）。墓葬为地面建筑，用天然玄武岩石块和河卵石垒砌墓室。原墓室平面可能是长方形，残长 2.45、宽 1.56、深 0.36 米。

无人骨。出土文物有铜带銙 4 件、铜铊尾 1 件，分别置于墓壁周围（图六四三，图版五七：2）。

1. 填土出土器物

陶瓮口沿　1 件（M2209：8）。夹细砂灰陶，手制，口沿经过慢轮修整。卷沿，侈口（图六四四：1）。

陶长腹罐口沿　2 件。M2209：6、7 夹砂褐陶，手制，重唇，侈口（图六四四：2、3）。

2. 随葬器物

铜带銙　4 件。形状不同，可分二式。

Ⅰ式　3 件（图版一五一：1）。表面涂一层黑漆。一面平直，略呈半圆形，边缘内折，两片复合，中间饰一长方形，背面有 3 枚小钉。M2209：1 长 2.9、宽 1.9、厚 0.6、孔长 1.8、宽 0.5 厘米（图六四五：1）。M2209：2 长 2.9、宽 2、厚 0.6、孔长 1.8、宽 0.5 厘米（图六四五：2）。M2209：5 长 2.8、宽 2、厚 0.7、孔长 1.9、宽 0.6 厘米（图六四五：3）。

Ⅱ式　1 件（M2209：4）。表面涂一层黑漆。长方形，边缘内折，两片复合，上半部饰一长方形孔，背面饰 4 枚小钉。长 3、宽 2.5、厚 0.5、孔长 1.9、宽 0.5 厘米（图六四五：4，图版一五一：6）。

图六四二　M2155 随葬器物
铁刀（M2155：1）

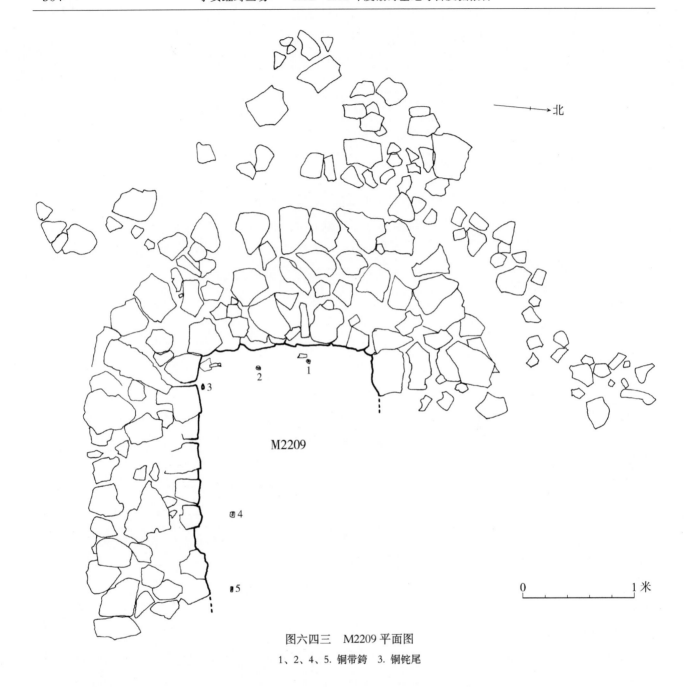

图六四三　M2209 平面图

1、2、4、5. 铜带銙　3. 铜铊尾

铜铊尾　1件（M2209：3）。外表饰一层黑色漆皮。呈舌状，边缘折起，平直一面开口，中间夹皮，背面饰3个小钉。长4.5、宽2.8、厚0.5厘米（图六四五：5，图版一五一：5）。

M2300

位于 M2306 东南4米处。墓葬已完全破坏，只存在一堆土和散乱的石块。墓室填土呈黑褐色腐蚀土，土质较黏，填土中发现夹砂褐陶器盖1件、铜环2件、玛瑙珠3件（图六四六）。

填土出土器物

陶器盖　1件（M2300：1）。夹砂褐陶，手制。柱状纽，斜壁，喇叭口状。纽直径3.6、通高2.9、口直径5.9（图六四七：1）。

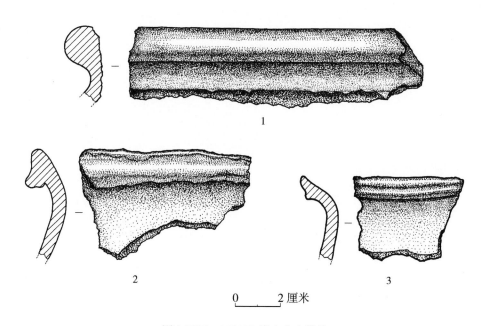

图六四四　M2209 填土出土器物

1. 陶瓮口沿（M2209：8）　　2、3. 陶长腹罐口沿（M2209：6、7）

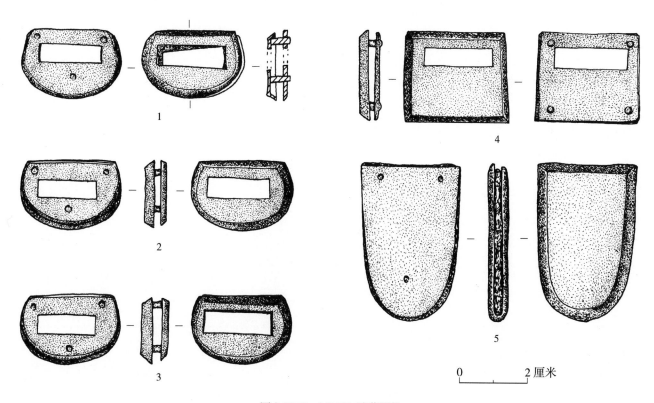

图六四五　M2209 随葬器物

1～3. Ⅰ式铜带銙（M2209：1、2、5）　　4. Ⅱ式铜带銙（M2209：4）　　5. 铜铊尾（M2209：3）

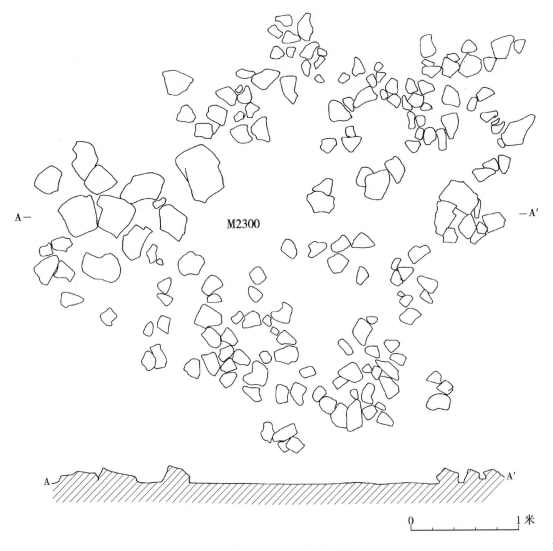

M2300

图六四六　M2300 平、剖面图

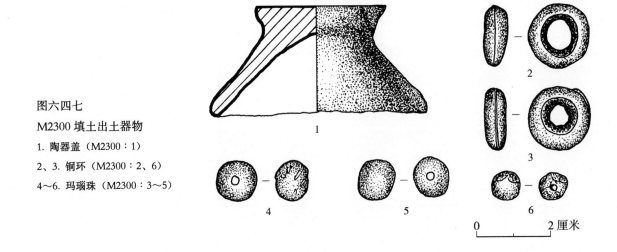

图六四七

M2300 填土出土器物

1. 陶器盖（M2300：1）

2、3. 铜环（M2300：2、6）

4～6. 玛瑙珠（M2300：3～5）

铜环　2件（图版一五一：2）。圆形，其横截面为椭圆形。M2300：2外直径1.7、内径0.6厘米（图六四七：2）。M2300：6外径1.7、内径0.5厘米（图六四七：3）。

玛瑙珠　3件（图版一八六：4）。近似于圆球状，中间饰一小圆孔。M2300：3直径1.1、孔径0.2厘米（图六四七：4）。M2300：4直径1、孔径0.2厘米（图六四七：5）。M2300：5直径0.8、孔径0.15厘米（图六四七：6）。

M2303

位于M2176之东约3米处，打破M2304和M2305。墓向为164°。墓葬南部已被破坏，北部保存完好。墓室填土为夹砂灰褐土，土质较硬。填土中发现夹砂褐陶长腹罐碎片。墓葬为地面建筑，系用玄武岩石块垒砌墓壁，大石块用于墓室内壁，其周围铺叠小石块，墓室残长3.3、宽1.81、深0.26米。

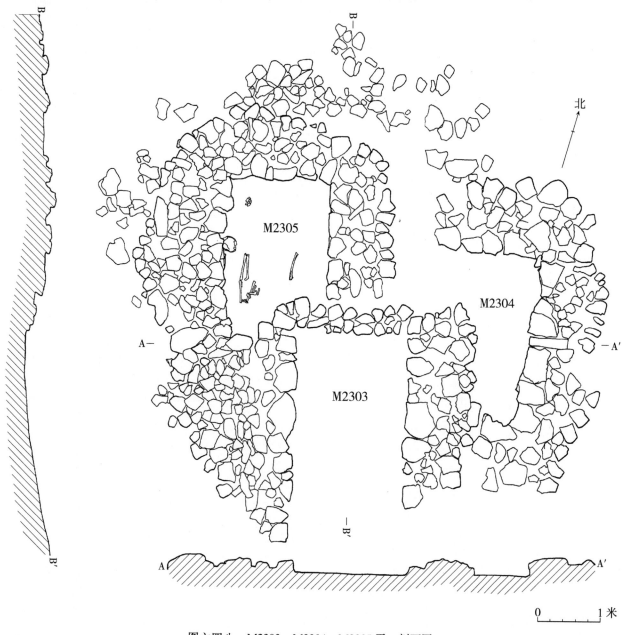

图六四八　M2303、M2304、M2305平、剖面图

人骨、随葬品均不见（图六四八）。

M2304

位于 M2182 之南约 2.5 米处，被 M2303、M2305 打破。墓向为 175°。墓葬南壁和西壁已基本破坏无存。墓室填土为夹砂灰褐土，土质较硬。填土中发现夹砂褐陶碎片和铁钉 1 件。墓葬为地面建筑，现存东壁较完整，系用玄武岩石块平砌墓室，东壁长 2.6、残宽 1.82、深 0.26 米。

人骨、随葬品均不见（图六四八）。

填土出土器物

铁钉　1 件（M2304：1）。无钉帽，钉身为四棱锥状。长 9 厘米（图六四九，图版一七〇：5 右）。

M2305

位于 M2176 之东北约 2.5 米处，南壁被 M2303 打破，东壁打破 M2304。墓向为 164°。墓葬南部已被破坏。墓室填土为夹砂灰褐土，土质松散，墓底为夹砂褐色生土层。填土中发现夹砂褐陶碎片。墓葬系地面建筑，用粗加工的玄武岩石板和河卵石平砌墓壁，周围再叠置小石块，形状较规整，墓室残长 2.42、残宽 1.68、深 0.47 米。

人骨保存欠佳，在墓室南部发现一个头骨和与其相关的部分肢骨，墓主人身份为成年男性。不见随葬品（图六四八）。

0　　　　2厘米

图六四九　M2304
填土出土器物
1. 铁钉（M2304：1）

四　方坛和房址

在第二墓区西侧，发现了 7 座方坛（附表三）。发掘前的方坛，地表较平整，皆为草皮所覆盖，有零星石块漏出。揭去草皮后发现方坛被平铺的石块覆盖，第一层石块中间略高于四周，大小不等，形状亦不规则，无迹象规律可寻，石块空隙之间的土均为腐殖土，土中不见任何包含物，石块系随意放置，之间咬合不紧密，较松动。绘图照相后，将可松动的石块移去后，可见方坛轮廓，多为较规整的长方形，四周围较大，较为规整的玄武岩石板砌筑，规整的边向外，内部空隙用较小的石块填充，石板之间咬合紧密，难以移动，部分方坛有遗物漏出。再次绘图照相后，将顶部和四周松动的石块移取后，将遗迹完全暴露出来（图六五〇，图版八：1）。

所有的方坛皆系地面建筑，其下经解剖和钻探，可确认为生土。

方坛 1

位于墓地西侧，清理第一层石块，明显看出方坛轮廓，方坛系用玄武岩石板和天然河卵石，大石板用于外墙，里面布满了小石块（图六五一（1），图版六〇：1）。方坛为地面建筑，平面呈长方形，较规整，方向 145°。外墙用玄武岩石块和石板在地表砌筑，外齐里不齐，长 6.7～7 米，宽 5.2 米，现存高度约 0.35 米。石墙内偏北处有一长方形坑，形状较规则，四隅见筑洞置柱的痕迹。坑南

北

FT4

FT3

FT5

M2308

FT2

FT1

0   2 米

图六五〇 去掉表土后的方坛遗迹分布图

北

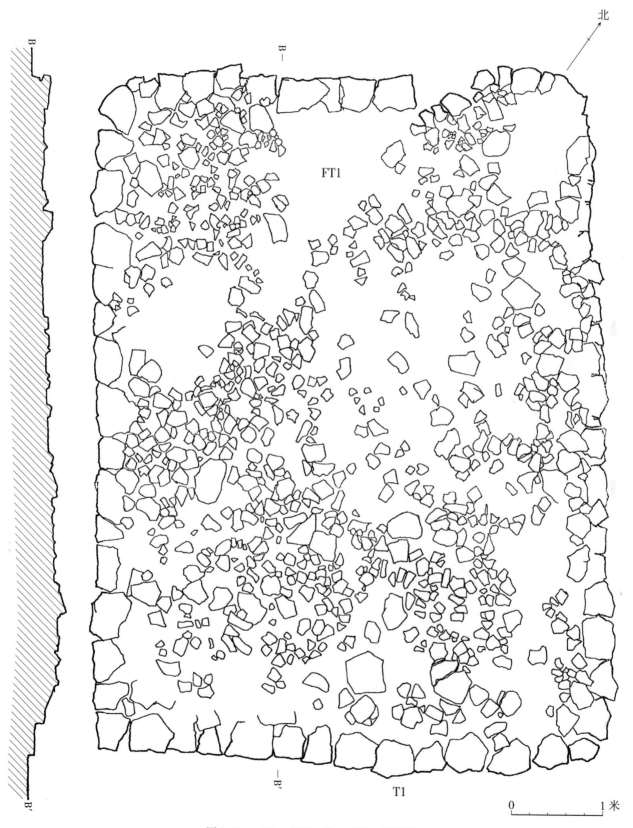

B
B—
FT1
T1
B—B'
B'

0 _____ 1 米

图六五一（1） 方坛 1 第一层平、剖面图

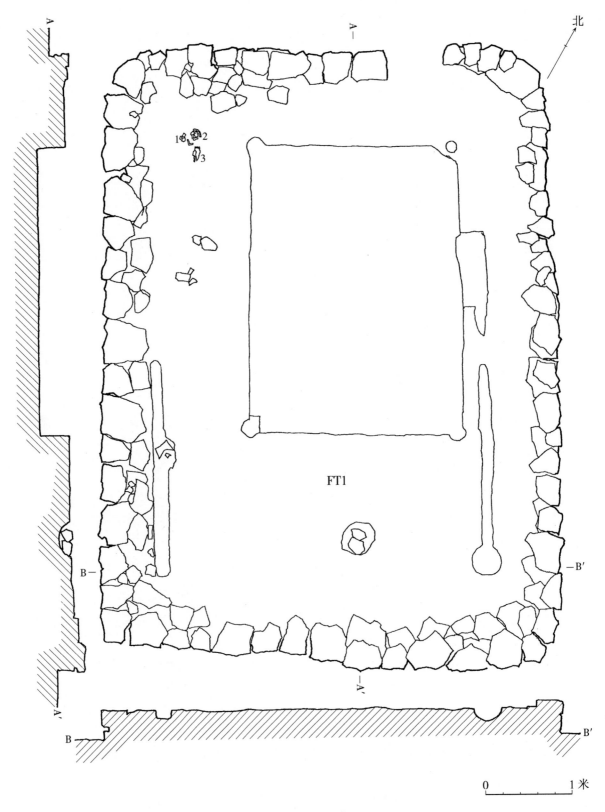

图六五一（2）　方坛 1 第二层平、剖面图

1～3. 陶长腹罐

北长 3.26、东西宽 2.45、深 0.33 米，柱洞直径 15～20、深 20 厘米。坑内填土呈灰褐色，质地松散，夹杂有炭屑及少量红烧土，填土中发现数量较多的装饰品铁甲片和铁钉等。

外墙和长方形坑之间为活动面，是砌墙后垫土形成的，先铺垫土数层，经压实后其上铺一层活动面。在南部中央筑洞置柱，柱洞呈圆形，直径 36、深 12 厘米，洞里留有两块加固用的石块。活动面土层为黄泥土，土质较硬，不见包含物。

活动面地表为百浆土夹黄泥土，厚约 3～5 厘米，布满石墙与长方形坑之间。其东南角有一圆形柱洞，由此有一条南北向、宽约 0.15 米、长 3.65 米的黑槽延伸至长方坑，中间缺一段。西部同样有一条黑槽，长 2.44 米，宽 0.1～0.17 厘米，深 0.1 米。西侧石墙与长方坑之间有 5 块石头，周围有红烧土，质地坚硬，形状不规则，其北面 0.7 米处发现 3 件陶长腹罐，腹部与底部尚留有烟熏的痕迹（图六五一（2），图版六○：2）。

1. 填土出土器物

玉环　1 件（FT1：4）。浅灰色，圆形，已残。肉宽 3.3、厚 0.3 厘米（图六五二：1，图版一八九：7）。

木珠　1 件（FT1：5）。圆筒状，中间有一孔，涂两种颜色，里为蓝色，外为黑色。长 1.2、直径 0.7、孔径 0.2 厘米（图六五二：5）。

铜牌　1 件（FT1：8）。近似于圭形，上有 3 个铆钉痕迹。长 2.2、宽 1.9、厚 0.1 厘米（图六五二：14，图版一五二：2）。

铜带銙　2 件，形状不同，可分二式。

Ⅰ式　1 件（FT1：19）。呈半圆形，中空，有 3 个铆钉。长 1、宽 1.6、厚 0.6 厘米（图六五二：2）。

Ⅱ式　1 件（FT1：34）。平面呈桃形，背面有 3 个铆钉。长 1.4、宽 1.6、厚 0.6 厘米（图六五二：3，图版一五一：4）。

铁钉　2 件。无钉帽，钉身为四棱锥状。FT1：31，2 件，长均 6 厘米（图六五二：8，图版一七一：2）。FT1：32 长 5.7 厘米（图六五二：13，图版一七一：1）。

铁带扣　1 件（FT1：33）。呈长方形，已残。长 5.8 宽、宽 4.5 厘米（图六五二：16，图版一七三：1）。

鎏金铜花饰　1 件（FT1：14）。近似于椭圆形，两头出尖，面饰如云花草纹，背有 3 个鼻。长 3.9、宽 2 厘米（图六五二：15，图版一九○：1）。

银带銙　1 件（FT1：15）。喇叭花叶形，中有 3 个铆钉。长 1.7、宽 1.5 厘米（图六五二：4，图版一八○：5）。

凝质岩珠　7 件（FT1：9～13）。灰白色，圆球状，中有穿孔。直径 1.3、孔径 0.2 厘米（图六五二：9，图版一八八：2）。

蓝色料珠　1 件（FT1：17）。圆饼状，中间有一孔。直径 0.45、厚 0.3、孔径 0.1 厘米（图六五二：6，图版一八九：3）。

黑色料珠　1 件（FT1：18）。饼状，中有穿孔。直径 0.8、厚 0.4、孔径 0.2 厘米（图六五二：7，图版一八九：2）。

玛瑙珠　1 件（FT1：16）。圆球状，中有小圆孔。直径 1、孔径 0.1 厘米（图六五二：12，图版

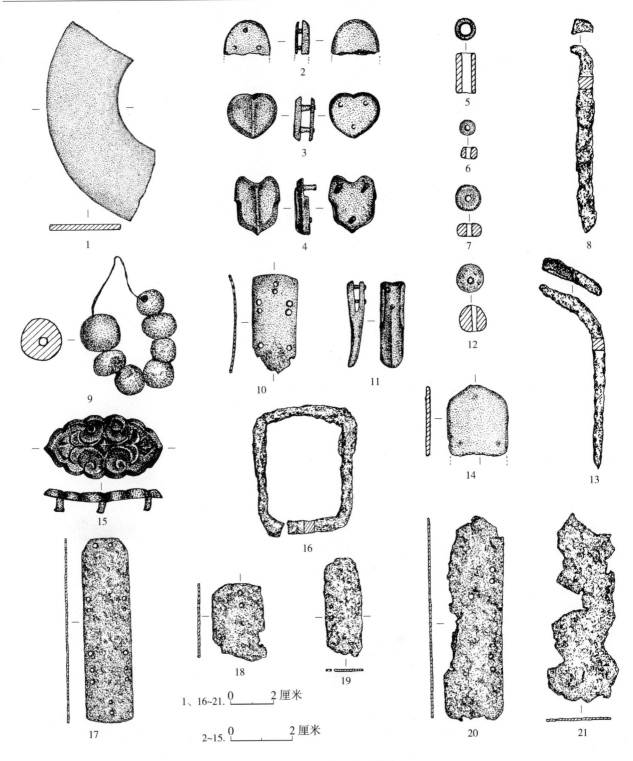

图六五二　FT1 填土出土器物

1. 玉环（FT1：4）　2. Ⅰ式铜带銙（FT1：19）　3. Ⅱ式铜带銙（FT1：34）　4. 银带銙（FT1：15）　5. 木珠
（FT1：5）　6. 蓝色料珠（FT1：17）　7. 黑色料珠（FT1：18）　8、13. 铁钉（FT1：31、32）　9. 凝质岩珠（FT
1：9～13）　10. 铜甲片（FT1：7）　11. 铜铊尾（FT1：6）　12. 玛瑙珠（FT1：16）　14. 铜牌（FT1：8）　15.
鎏金铜花饰（FT1：14）　16. 铁带扣（FT1：33）　17～21. 铁甲片（FT1：20、26、29、21、28）

一八九：1）。

铜铊尾　1件（FT1：6）。舌状，中间有脊，方头有3根铆钉。长2.55、最宽处为0.8厘米（图六五二：11，图版一五一：3）。

铜甲片　1件（FT1：7）。长方形，上端和左右两侧饰对称的小圆孔。残长3.2、宽1.5厘米（图六五二：10，图版一五二：1）。

铁甲片　152件。FT1：20较完整，系扁平铁片，略呈长方形，上端抹去两角，下端弧曲，有许多穿孔，其排列基本上左右对称。长8.3、宽2.15、厚0.2厘米（图六五二：17，图版一七一：3）。大多数已被破坏，现存的有薄铁片，上有若干钻孔。FT1：29残长4.5、宽1.8厘米（图六五二：19，图版一七一：4）。FT1：21残长9.3、宽2.7厘米（图六五二：20，图版一七一：5）。FT1：28残长8.8、宽3厘米（图六五二：21）。FT1：26残长3.6、宽2.5厘米（图六五二：18，图版一七一：6）。

2. 活动面出土器物

陶长腹罐　3件。夹砂褐陶，手制，腹有烟熏的痕迹。重唇，其间距较大，敞口近似于盘口，口径略大于腹径，平底，素面。FT1：1口径9.4、通高14、腹最大径9.2底径5.3厘米（图六五三：2，图版一一七：1）。FT1：2口径10.6、通高16.7、腹最大径10.4、底径6.4厘米（图六五三：1，图版一一七：2）。FT1：3口径13、残高14厘米（图六五三：3）。

方坛2

位于墓地西侧，上为草皮层覆盖，地表上可见零散的大小石块，方坛下面是直接叠压生土（图

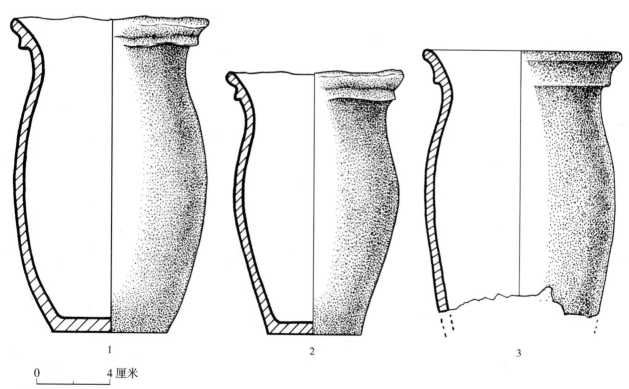

0　　　4厘米

图六五三　FT1活动面出土器物

1～3. 陶长腹罐（FT1：2、1、3）

六五四）。方坛为地面建筑，平面呈长方形，较规整，方向 145°。外墙用玄武岩石块和石板在地表砌筑，外齐里不齐，长 6.5～6.7 米，宽 5～5.15 米，现存高度约 0.4 米。石墙中间有一长方形坑，形状较规则，四隅见立柱加固石块堆积。坑南北长 3.7、东西宽 2.2、深 0.2 米。坑内填土呈灰褐色，质地松散，夹杂有炭屑及少量红烧土，填土中发现数量较多的陶器、铁器、铜器等。

外墙和长方形坑之间为活动面，是砌墙后垫土形成的，先铺垫土数层，经压实后其上铺一层活动面。活动面土层为黄泥土，土质较硬，不见包含物。

活动面地表为百浆土夹黄泥土，厚约 3～5 厘米，布满石墙与长方形坑之间。其东西、南三面各有一条黑槽，东部中间缺一段，通长 3.98 米，宽约 0.1 米左右，西部黑槽长 4.1、宽 0.14 米，南部黑槽较弯曲，长 1.76、宽 0.18 米（图六五四、六五五，图版六〇：1、2）。

填土出土器物

陶长腹罐　2 件。夹砂褐陶，手制，口沿经过慢轮修整，腹有烟熏的痕迹。重唇，侈口，平底，素面。FT2：1 口径与腹径基本相同，口径 10.3、通高 16.6、腹径 10.3、底径 5.4 厘米（图六五六：1，图版一一七：3）。FT2：2 口径略大于腹径，口径 10.6、通高 16、腹最大径 9.6、底径 4.5 厘米（图六五六：2，图版一一七：4）。

陶器盖　1 件（FT2：3）。夹砂灰褐陶，手制。顶端为柱状纽，喇叭状斜口，口沿处饰一圈凸弦纹。纽直径 3.8、通高 5.3、底径 10.5 厘米（图六五六：5，图版一一七：5）。

陶鼓腹罐口沿　1 件（FT2：47）。夹砂褐陶，手制，方唇，侈口（图六五六：6）。

陶瓶　1 件（FT2：46）。夹砂褐陶，手制，平唇，直口，鼓腹，腹有凹弦纹。口径 6、残高 14.8 厘米（图六五六：3，图版一二四：6）。

陶器底　1 件（FT2：48）。夹砂褐陶，手制，平底，底径 13 厘米（图六五六：4）。

铜螺旋器　17 件。用铜丝旋成筒状，中空。FT2：11 长 2.35、外径 1.2、内径 1 厘米（图六五七：1，图版一五五：4）。其余 16 件（FT2：18～33）皆完整，长 2～2.5、外径 1～1.5、内径 0.8～1.1 厘米（图六五七：2～17，图版一五二：3）。

铁合页　3 件。FT2：10 系扁薄铁片，穿孔 6 个，用带帽的铁钉钉入。长 15.8、宽 6.9、钉最长 7.4、最短 3.8 厘米（图六五八：1，图版一七三：4）。FT2：5 长条薄铁片，两头各穿孔 1 个，用带帽的铁钉钉入。长 12.5、宽 1.1、钉长 5.5、另一钉 2.5 厘米（图六五八：2，图版一七三：5）。FT2：6 长条薄铁片，两头各穿孔 1 个，用带帽的铁钉钉入。长 12.2、宽 1.1、钉长 4.7、另一钉 5.9 厘米（图六五八：3，图版一七三：6）。

铜鸟头饰　1 件（FT2：17）。顶端为尖状，两侧各有凸出圆形，其中间饰圆形镂孔，下端近似于长条形，端部有一小穿孔。长 3.2、面宽 2.5 厘米（图六五九：1，图版一五二：4）。

铁钉　14 件，钉身为四棱锥状。帽形状不同，可分三式。

Ⅰ式　8 件。蘑菇状圆形钉帽。FT2：4 帽直径 1.5、长 6.3 厘米（图六五九：2，图版一七二：1-1）。FT2：35 帽直径 1.4、长 5.3 厘米（图六五九：3，图版一七二：1-2）。FT2：37 帽直径 1.6、长 8.1 厘米（图六五九：4，图版一七二：1-3）。FT2：38 帽直径 1.6、长 8.1 厘米（图六五九：5，图版一七二：1-4）。FT2：39 帽直径 1.5、长 4.1 厘米（图六五九：6，图版一七二：1-5）。FT2：41 帽直径 1.4 厘米，长 4.3 厘米（图六五九：7，图版一七二：1-6）。FT2：42 帽直径 1.5 厘米，长

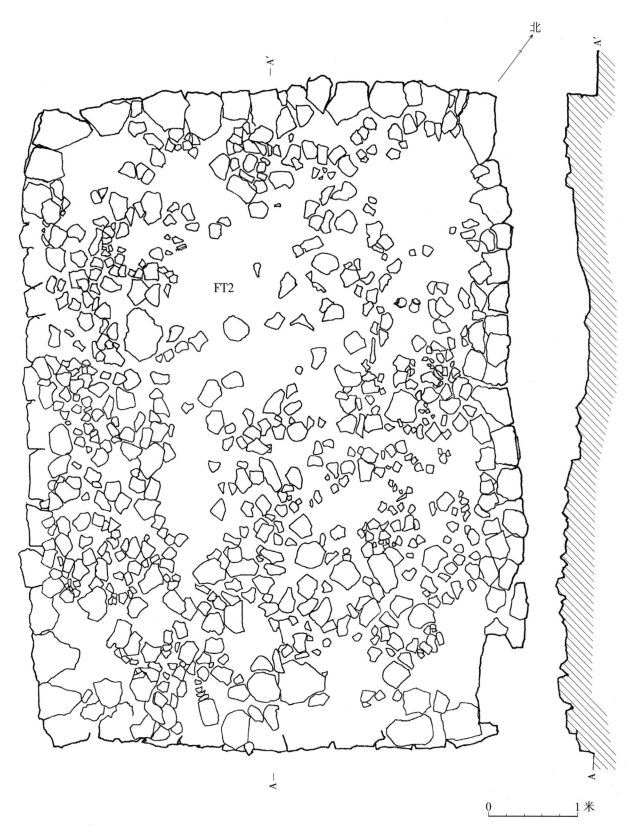

北

FT2

0   1米

图六五四　方坛 2 第一层平、剖面图

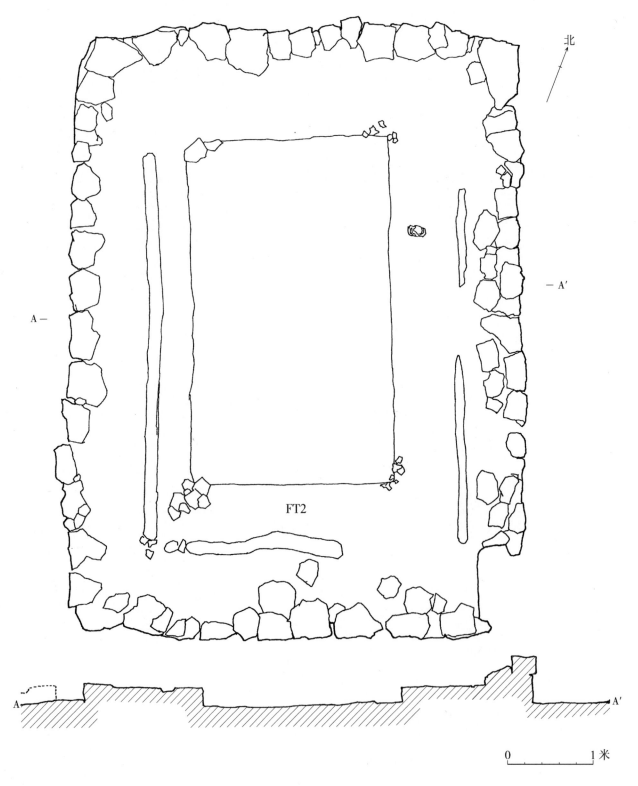

图六五五　方坛 2 第二层平、剖面图

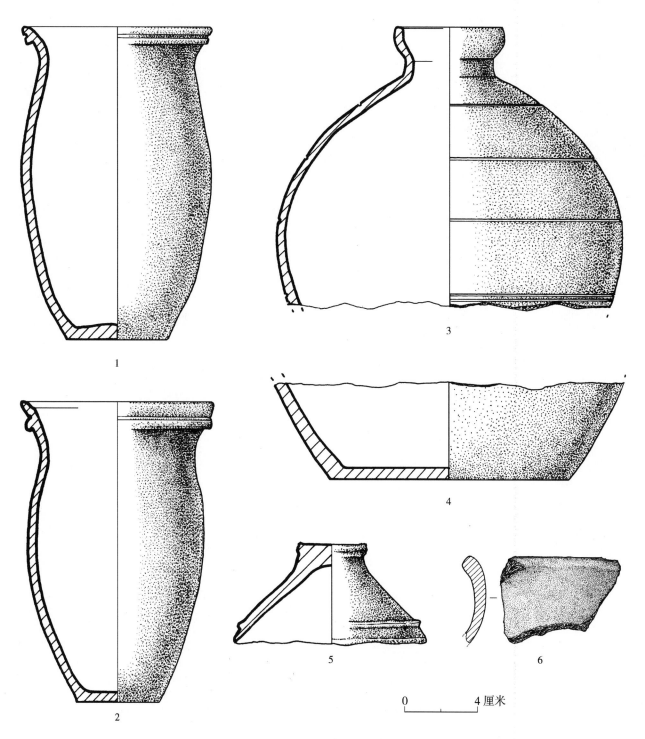

图六五六　FT2 填土出土器物

1、2. 陶长腹罐（FT2∶1、2）　3. 陶瓶（FT2∶46）　4. 陶器底（FT2∶48）

5. 陶器盖（FT2∶3）　6. 陶鼓腹罐口沿（FT2∶47）

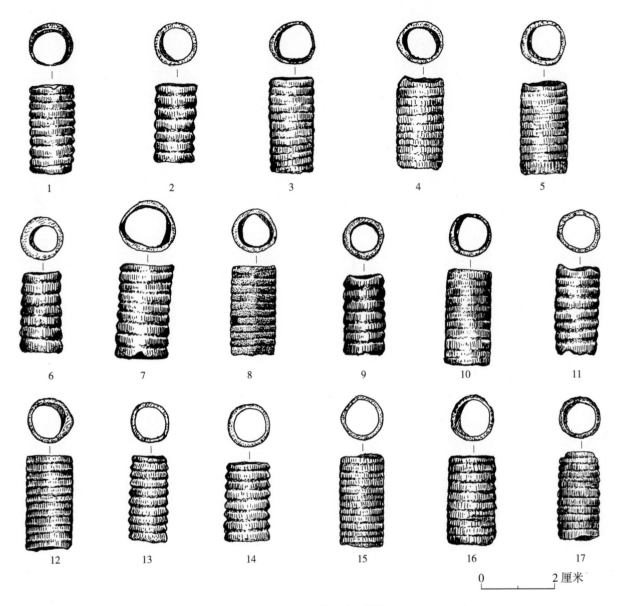

图六五七　FT2 填土出土器物

1～17. 铜螺旋器（FT2：11、18～33）

5.3 厘米（图六五九：8，图版一七二：2-1）。FT2：43 帽直径 1.3、长 4.9 厘米（图六五九：9，图版一七二：2-2）。

　　Ⅱ式　1 件（FT2：34）。无钉帽，残长 4 厘米（图六五九：12，图版一七三：2）。

　　Ⅲ式　5 件。方锥体，下端聚成钉尖，上端向一侧卷成钉帽。FT2：7 长 6.3 厘米（图六五九：10，图版一七二：2-3）。FT2：9 长 3.4 厘米（图六五九：13，图版一七二：2-4）。FT2：40 长 4.1 厘米（图六五九：14，图版一七二：2-5）。FT2：36 长 9.8 厘米（图六五九：11，图版一七二：2-6）。FT2：8 钉尖折成，和钉帽平行，长 5.5、宽 4.6 厘米（图六五九：15，图版一七三：3）。

　　包银铜饰件　5 件。形状不同，可分二式。

Ⅰ式　4件。FT2：12已残（图六六〇：
4，图版一五二：5），其余3件（FT2：13～
15）大小、形状基本相同。椭圆形，偏一侧有
一圆形镂孔，其周围再饰3个小圆圈。长径
2.4、短径2.2、厚0.3厘米（图六六〇：1～
3，图版一五五：1～3）。

Ⅱ式　1件（FT2：16）。菱形，中间饰一
菱形镂孔。完整边2.9、厚0.3厘米（图六六
〇：5，图版一五二：6）。

铁甲片　5件。薄铁片，个别处留有小圆
孔（图版一七五：3）。FT2：44－1、44－2、
45残甚形状不明（图六六〇：6～8）。FT2：
44－3、44－4长3.8、宽1.5厘米（图六六
〇：9、10）。

方坛3

位于M2308西侧，方向为145°。在一块
石板上对接方坛4西南角与方坛3的东北角。
原地表为草皮层覆盖，地表上可见零散的大小
石块，方坛下面是直接叠压生土。方坛平面呈
长方形，较规整，外墙用粗加工的玄武岩石块
和石板在地表砌筑，个别缝隙处填塞小石块，
石墙外齐里不齐，长5.22、宽3.53米，现存
高度约0.4米。石墙中间微凹，坑内填土呈灰
褐色，质地松散，夹杂有炭屑及少量红烧土，
填土中发现数量较多的陶器残片和铁器等。靠
东墙有一排大小不等的石块堆积，中间有5块
石块堆积（图五三〇：1）。

填土出土器物

陶盂口沿　1件（FT3：6）。夹砂褐陶，
手制，口沿经过慢轮修整。尖圆唇，中间微
凹，侈口，浅腹（图六六一：1）。

铁带铐　1件（FT3：3）。近似于方形，
中间饰一长方形镂孔。边长2.3、孔长0.8、
宽0.6厘米（图六六一：2）。

铁钉　4件。蘑菇状圆形钉帽，钉身为四
棱锥状。FT3：1帽直径1.2、通长3.9厘米

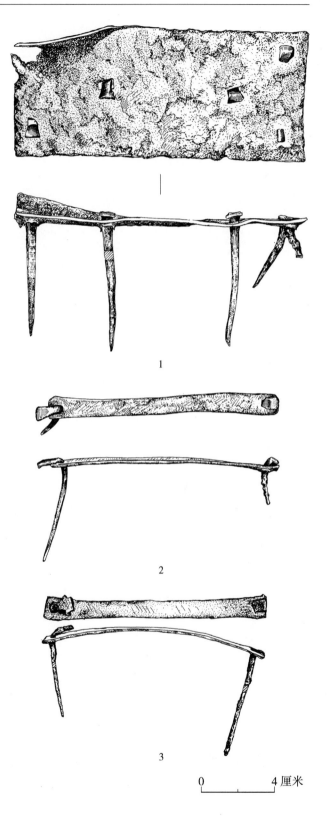

图六五八　FT2填土出土器物
1～3. 铁合页（FT2：10、5、6）

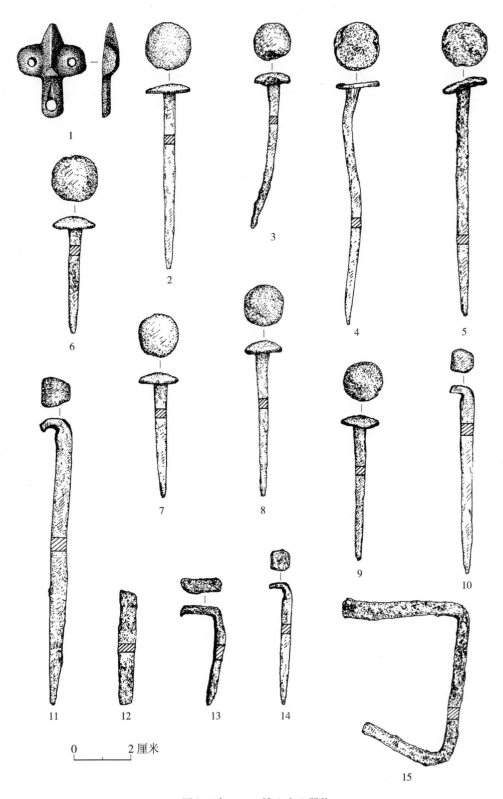

0　　　　2 厘米

图六五九　FT2 填土出土器物

1. 铜鸟头饰（FT2：17）　　2～9. Ⅰ式铁钉（FT2：4、35、37～39、41～43）
12. Ⅱ式铁钉（FT2：34）　　10、11、13～15. Ⅲ式铁钉（FT2：7、36、9、40、8）

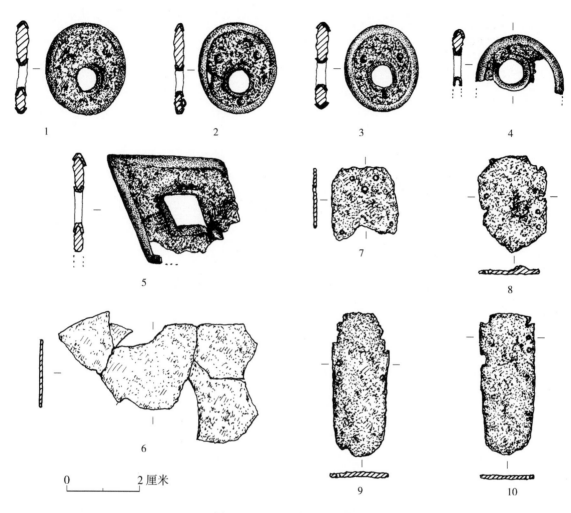

图六六〇 FT2 填土出土器物

1～4. Ⅰ式包银铜饰件（FT2：13～15、12） 5. Ⅱ式包银铜饰件（FT2：16） 6～8. 残铁甲片（FT2：45、44－2、44－1） 9、10. 铁甲片（FT2：44－3、44－4）

（图六六一：3，图版一七五：2－3）。FT3：2 帽直径 1.3、通长 4.6 厘米（图六六一：4）。FT3：4 帽直径 1.25、通长 4.6 厘米（图六六一：5）。FT3：5 帽直径 1.4、通长 4.1 厘米（图六六一：6）。

方坛 4

位于 M2308 与方坛 3 北侧，方向为 145°。其东南角对接 M2308 西北角，西南角对接方坛 3 东北角，三者相连。原地表为草皮层覆盖，地表上可见零散的大小石块，方坛下面是直接叠压生土。方坛平面呈长方形，较规整，外墙用粗加工的玄武岩石块和石板在地表砌筑，个别缝隙处填塞小石块，石板较为平直的一面均朝外，使得四壁显得整齐，长 4.7、宽 3.31 米，现存高度约 0.4 米。坑内填土呈灰褐色，质地松散，夹杂有炭屑及少量红烧土，填土中发现陶器（残）、铁器、银耳环、玛瑙等（图五三〇：2）。

填土出土器物

陶瓮口沿 1 件（FT4：5）。夹砂褐陶，手制，圆唇，侈口（图六六二：1）。

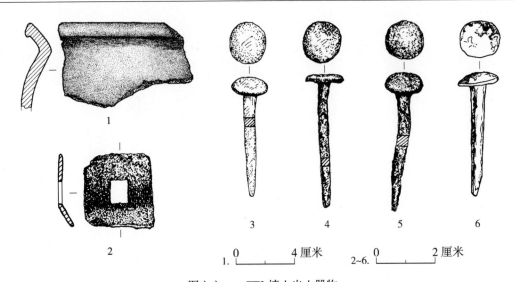

图六六一　FT3 填土出土器物

1. 陶盉口沿（FT3：6）　　2. 铁带銙（FT3：3）　　3～6. 铁钉（FT3：1、2、4、5）

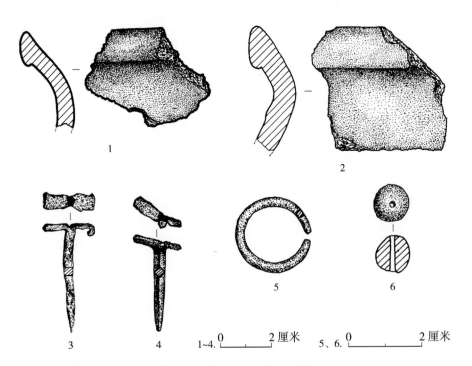

图六六二　FT4 填土出土器物

1. 陶瓮口沿（FT4：5）　　2. 陶鼓腹罐口沿（FT4：6）　　3、4. 铁钉（FT4：3、4）

5. 银耳环（FT4：1）　　6. 玛瑙珠（FT4：2）

　　陶鼓腹罐口沿　1件（FT4：6）。夹砂褐陶，手制，口沿经过慢轮修整，尖圆唇，侈口（图六六二：2）。

　　铁钉　2件。钉帽分成两股，钉身作方锥体。FT4：3长4.1厘米（图六六二：3）。FT4：4长3.4厘米（图六六二：4）。

　　银耳环　1件（FT4：1）。圆形，中间有一豁口，其横截面为圆形。外径2、内径1.6、横截面

1.5 厘米（图六六二：5）。

玛瑙珠　1 件（FT4：2）。圆球状，中间穿一小孔。直径 0.9、孔径 0.1 厘米（图六六二：6）。

方坛 5

位于 M2272 之北 2 米处，方向 155°。清理第一层石块，明显看出方坛轮廓，方坛为地面建筑，北边石墙已缺失，平面呈长方形，较规整，方坛系用玄武岩石板和天然河卵石，大石板用于外墙，个别空隙处铺叠小石块。墙壁外齐里不齐，长 4.8、宽 3.12 米，现存高度约 0.5 米。石墙内偏东处设一长方形坑，形状较规则，坑南北长 2.7 米，东西宽 1.7～1.9 米，深 0.2 米。坑内填土呈黑土，质地松散，夹杂有大量炭屑红烧土。在坑北边填土中发现小木柱已烧成炭，平面呈断断续续黑条，长约 1、宽 0.3～0.5 厘米，发现数量较多的烧焦的陶器残片，器形为瓮，还有铁饰品（图六六三）。

填土出土器物

陶瓮口沿　1 件（FT5：2）。夹砂褐陶，手制，口沿经过慢轮修整。圆唇，侈口（图六六四：1）。

陶瓮底　1 件（FT5：3）。夹砂褐陶，手制，平底（图六六四：2）。

铁饰件　1 件（FT5：1）。薄铁片，呈花瓣状。最大直径 3.9、厚 0.1 厘米（图六六四：3）。

方坛 6

位于 M2290 之东 3 米处，方向为 170°。表土呈黑灰色草皮层，揭去表土，即露出石墙（图六六五）。平面近似于方形，整个方坛西半部外墙不太规整，其中有些石块凸出原来墙壁，当系墙坍后所致。方坛为地面建筑，墙壁系用大小、形状不同的石块砌叠，推测原来的墙壁里外皆整齐，可能内墙壁面更整齐。现存南北外墙长约 6 米，东西宽约 5.5 米左右，高出地面 0.64 米。石墙壁的本身宽约 1 米左右，墙壁两侧用较大的石块和石板，其间夹杂一些小的石块。方坛东北角有木头烧痕，现存木炭呈长条状，原来可能是方木，方坛中间有几块炭块（图版六一：2）。东边黑炭条长 1.15 米、北边黑炭条长约 0.75 米，宽 0.8 厘米。填土中发现陶器、金银器和铜、玛瑙、玉饰件（图六六六，图版六二：1）。

填土出土器物

陶鼓腹罐　1 件（FT6：6）。夹砂灰褐陶，手制。侈口，鼓腹，平底，素面。残高 11.8、腹最大径 16.2、底径 9.9 厘米（图六六七：1）。

陶器底　1 件（FT6：8）。夹砂褐陶，手制，平底，底饰微凸的弦纹（图六六七：2）。

陶长腹罐口沿　2 件，夹砂褐陶，手制。FT6：11 重唇，侈口，口径 11.2 厘米（图六六七：3）。FT6：10 口沿经过慢轮修整，圆唇，侈口（图六六七：7）。

陶长腹罐底片　1 件（FT6：12）。夹砂褐陶，手制，平底，底径 6.8 厘米（图六六七：4）。

纹饰陶片　1 件（FT6：9）。水波纹夹凹弦纹（图六六七：6）

金耳环　1 件（FT6：1）。近似于圆形，横截面亦是圆形，中间有一豁口。外径 1.6、内径 0.95、横截面直径 0.3 厘米（图六六七：8，图版一八〇：6）。

银条　1 件（FT6：2）。细长条，顶端有一小圆孔。长 5.5、上宽 0.3、下宽 0.3、孔径 0.1 厘米（图六六七：5）。

铜耳环　1 件（FT6：3）。圆形，其横截面为椭圆形，中间有一豁口。外径 2.15、内径 1.7、横截面直径 2.5 厘米（图六六七：9）。

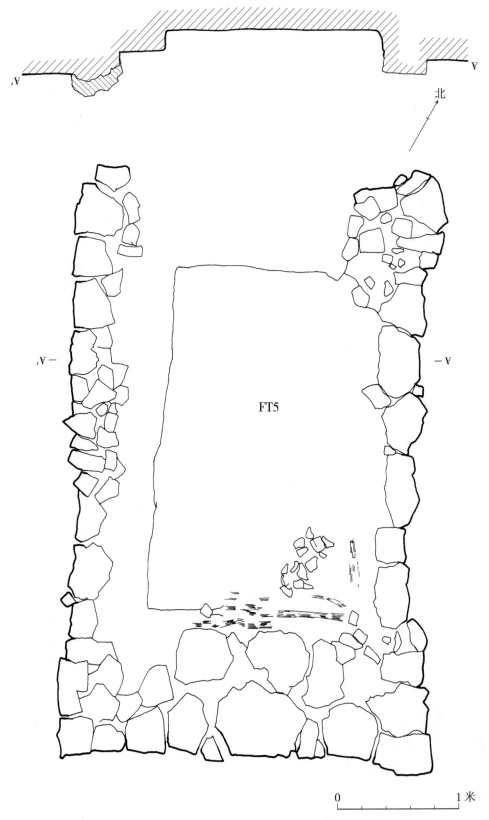

图六六三　方坛 5 平、剖面图

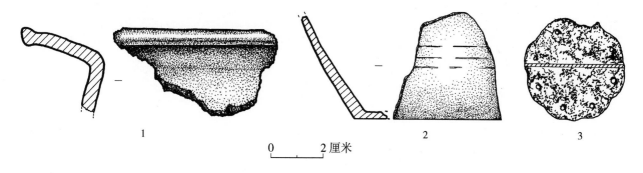

图六六四　FT5 填土出土器物

1. 陶瓮口沿（FT5：2）　2. 陶瓮底（FT5：3）　3. 铁饰件（FT5：1）

玛瑙珠　2件，饼状，中间穿一小孔。FT6：4直径1、孔径0.2、厚0.8厘米（图六六七：10）。FT6：5直径1、孔径0.1、厚0.6厘米（图六六七：11）。

玉瑗　1件（FT6：7）。已残，浅灰色，中间有一圆好，肉宽与中间好的直径基本相同。肉宽3.5、厚0.2～0.3厘米（图六六七：12，图版一九○：2）。

方坛7

位于 M2290 之东3米处，方向为160°，可以判断其结构和筑法应于方坛6基本相同。表土呈黑灰色草皮层，揭去表土，即露出石墙，其平面近似于长方形。方坛南部外墙不太规整，其中有些石块挤出原来墙壁，当系墙坍后所致。方坛为地面建筑，墙壁系用大小、形状不同的石块砌叠，推测原来的墙壁里外皆整齐，可能外墙壁面更整齐。方坛西南角有木头烧痕。现存南北外墙长6.2米左右，东西5.2米左右，高出地面0.3米。填土中未发现器物（图六六八）。

房址

房址亦位于在第二墓区西侧，方坛7的东南部，其西北角与方坛7东南角之间的距离为14米，方向为160°。该房址的埋藏方式和遗迹现象，与方坛1极为相似，只是四围没有砌筑石墙，可视作没有筑坛的"方坛"，故在此一并叙述。

房址在发掘前，地表较平整，皆为草皮所覆盖，揭去草皮后发现铺放相对平整的石块，范围大于房址，呈不规则的长方形，石块中间略高于四周，大小不等，形状亦不规则，无迹象规律可循，石块系随意放置，之间咬合不紧密，较松动，一直清理到底部，亦未见石块有迹象可寻。石块下为夹沙灰褐色土，较松软，厚约20厘米，包含物有零星的炭粒和烧融的料珠，将这层土清理后，可见房址轮廓。

房址为半地穴式，长方形，长2.9、宽1.94、深0.15米，其内中央近南壁处有四块石头，近西壁处有一块石头。西侧有两条充满黑色土的长槽，东西并列，东边的长1、宽0.1、深0.6米，西边的长0.83、宽0.8～0.1、深0.6米。房址西南角外有一圆形柱洞，直径0.13、深0.15米（图六六九）。

房址内填土与石块下的土相同，亦为灰褐色，夹砂，包含物有零星的炭粒、夹砂褐陶和夹砂红褐陶碎片。

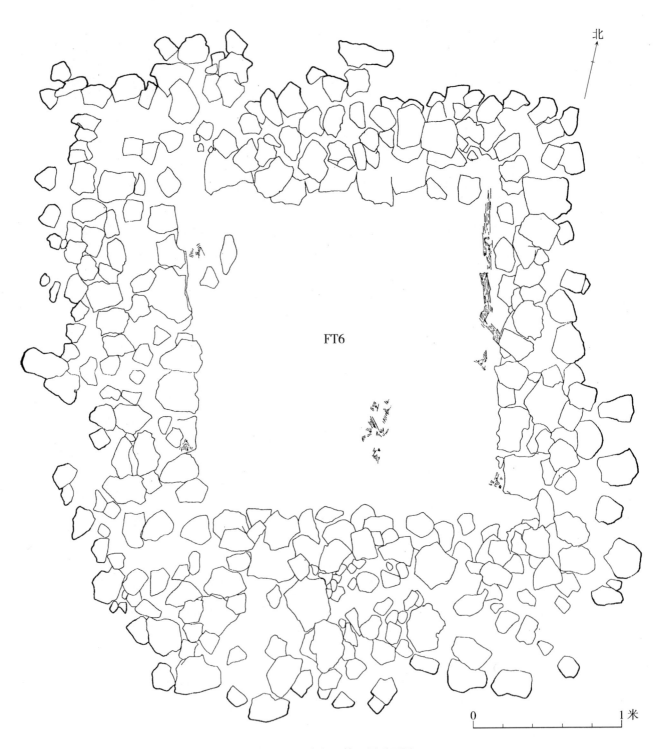

北

FT6

0　　　　　　　　　　　　　　1 米

图六六五　方坛 6 第一层平面图

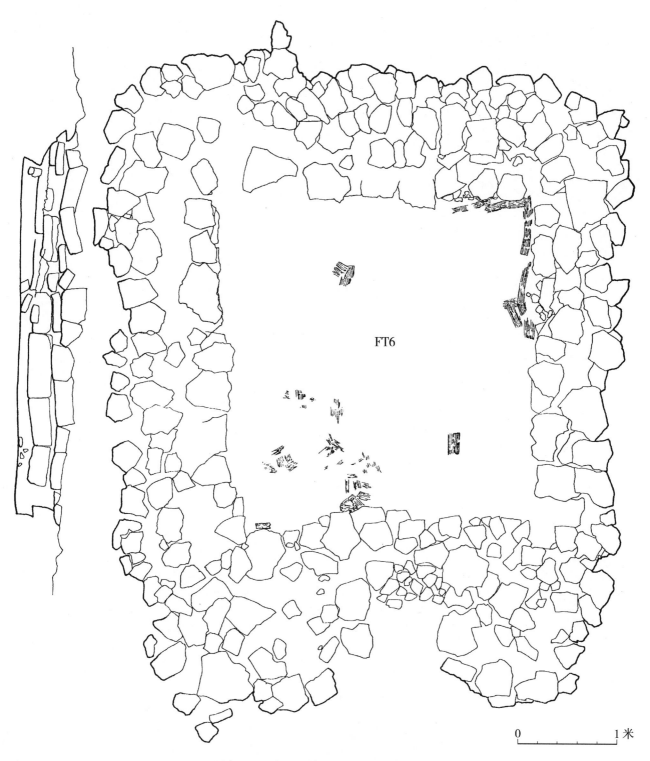

FT6

0　　　　　　1 米

图六六六　方坛 6 第二层平面及东壁侧视图

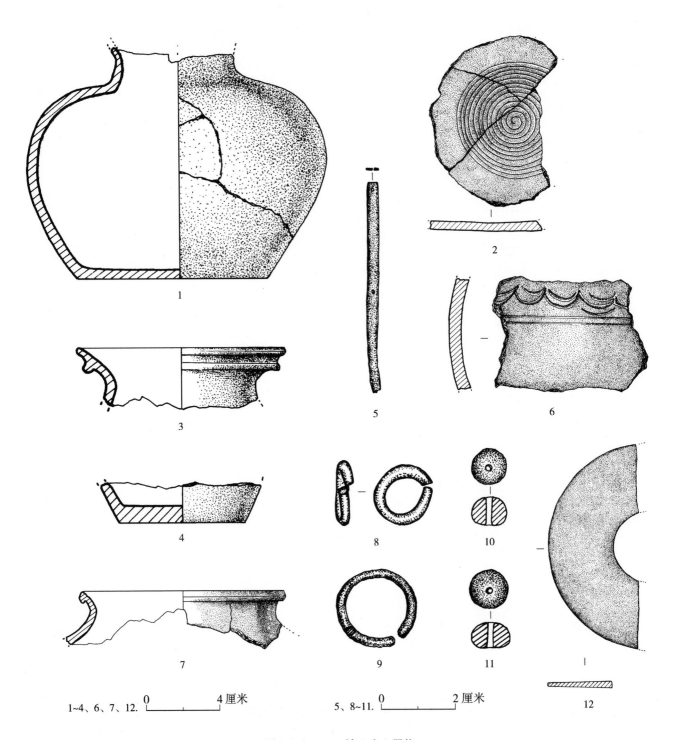

1～4、6、7、12. 　0　　　　　4厘米

5、8～11. 　0　　　2厘米

图六六七　FT6 填土出土器物

1. 陶鼓腹罐（FT6：6）　2. 陶器底（FT6：8）　3、7. 陶长腹罐口沿（FT6：11、10）　4. 陶长腹罐底片
（FT6：12）　5. 银条（FT6：2）　6. 纹饰陶片（FT6：9）　8. 金耳环（FT6：1）　9. 铜耳环（FT6：3）
10、11. 玛瑙珠（FT6：4、5）　12. 玉瑗（FT6：7）

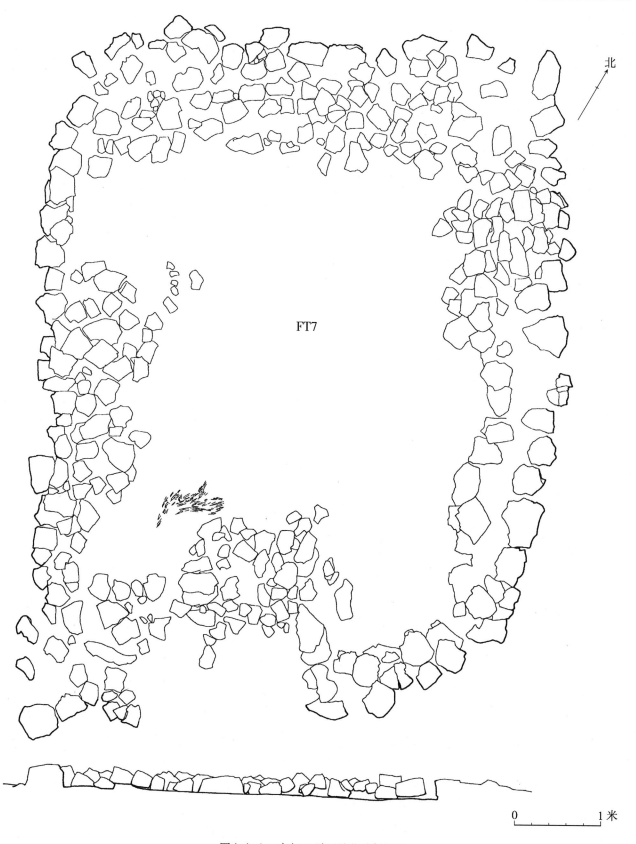

北

FT7

0　　　　　　1米

图六六八　方坛 7 平面及北壁侧视图

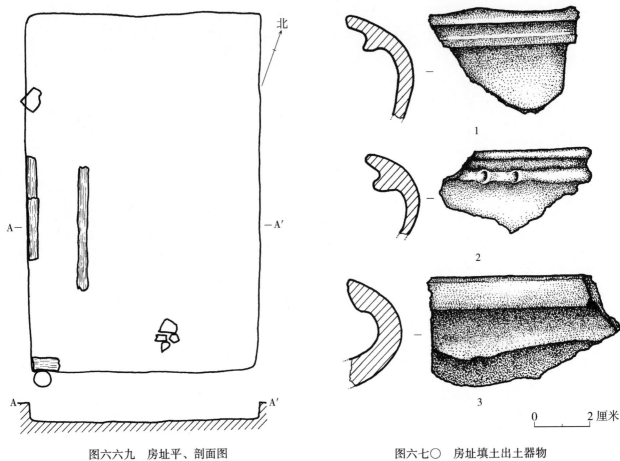

图六六九　房址平、剖面图

图六七〇　房址填土出土器物
1、2. 陶长腹罐口沿（房址：1、房址：2）
3. 陶鼓腹罐口沿（房址：3）

填土出土器物

陶长腹罐口沿　2 件，手制，重唇。房址：1 夹砂红褐陶，侈口（图六七〇：1）。房址：2 夹砂褐陶，（图六七〇：2）。

陶鼓腹罐口沿　1 件（房址：3）。夹砂褐陶，手制，口沿经过慢轮修整，尖圆唇，侈口（图六七〇：3）。

小　结

虹鳟鱼场墓地的方坛，是渤海考古中新发现的遗迹现象，截至到目前为止未见同类报道。方坛有如下特点：

1. 分布集中，所有的方坛均分布于第二墓区西侧。

2. 建筑方法与周围墓葬有别，方坛附近的墓葬，均为地穴或半地穴建筑，所有的方坛均为地面建筑。从构筑方法来看，墓葬以墓室为重点，内壁修筑规整，外壁绝大部分不规整，有的呈长方形或椭圆形，方坛恰恰相反，外壁修筑较规整，内壁不求整齐。二者面积亦不可比，方坛的面积基本大于墓室（M2001 稍大于 FT5）。墓葬有的没有封石，有封石的墓葬，封石的范围和密集程度也少于方坛。

3. 所有的方坛均有火烧的痕迹，所出文物以带具、饰物为主，均有火烧痕迹，未见任何人骨迹象。

综上所述，我们认为，虹鳟鱼场墓地的方坛，可能是对死者进行祭祀的场所，在筑方坛后，将死者生前的服饰、器用等焚烧，然后以石覆盖。类似的祭祀方式，直到今天，在中国北方习俗中仍保留着。2004 年，我们考察了吉林境内的渤海遗迹，在其他遗址，也发现了类似的迹象。

方坛有三种形式，第 1 种是筑坛，然后在坛上建房子，第 2 种是只筑坛，未见房子，第 3 种是只建房子，未见筑坛痕迹，这可能表明，方坛本身可能有等级差别。

方坛所服务的对象，可能是地位较高的贵族，所有的方坛均分布于第二墓区西侧，而整个墓地等级较高的墓葬，如 M2001、M2008 和 1984 年发掘的大型砖室墓，也都分布于这一区域，方坛中所见的文物，大多较精致，等级较高，似乎也在证明这一点。

方坛材料见诸报道之后，有学者对其性质进行过研究，或认为是祭坛，或以为是被破坏了的墓葬。虹鳟鱼场墓地的墓葬，从建筑材料角度而言，可分为石墓、砖墓和砖石混筑三种，如前所述，方坛与石墓构筑方式不同，且方坛上部封石保存完整，在未发掘之前，我们注意到该遗迹与石墓外在形式的差异，故采用了较谨慎的方法进行发掘，即每揭取一层石头，都进行绘图照相的程序，从而找到了方坛与石墓内涵上的差异。那么，方坛是否与砖墓有关？在发掘之前，方坛与砖墓的地表迹象不同，砖墓的封土及其周围较大的范围均被砖头碎末染成橘红色（图版六一：1），而方坛上部主要是封石，未发现与砖有关的任何迹象，且经过我们调查，整个墓地的破坏是因为西安村村民取沙，从北面开始的，然后延伸到西面，后被文物部门制止，所以第一墓区破坏严重，大部无存，第二墓区仅西部有少量破坏，墓地与破坏区域之间形成断崖。在断崖以外的区域，我们亦进行了调查，发掘了一座残余的墓葬（M2262），采集了所见文物，过程中未见任何砖的痕迹。我们利用居住在西安村的方便条件，对村民进行了调查。经了解，截止到我们离开工地为止，因为对墓地的东西有迷信、禁忌和文物部门采取了有力措施，村中没有人将墓地的石头和砖搬运回家中使用。被破坏墓区中见到的文物，或被村民就地破坏，或被渤海上京博物馆征集，因此，墓地中可判明的砖室墓只有两座，未发现方坛与墓葬之间存在关联。同样的原因，亦未发现砖石混筑墓与方坛之间的联系。

五　红　砖

M2005、M2267 为砖室墓，其建筑材料都是不同规格、不同形状的红砖。红砖均模制，火候较高，质地坚硬，有长方形、梯形、等腰三角形、等腰梯形等。2 座墓的部分红砖分别介绍如下：

M2005 红砖标本 19 件，形状不同，可分六型。

A 型　3 件。近似于三角形，一边略呈弧形。M2005：1 长 22.4、底宽 13.4、厚 3.2 厘米（图六七一：1，图版一二六：1）。M2005：2 长 23.2、底宽 14.8、厚 4 厘米（图六七一：2，图版一二六：

2）。M2005：3 长 24、底宽 13.6、厚 4 厘米（图六七一：3，图版一二六：4）。

B 型　5 件。直角三角形。M2005：4 长 26、底宽 14.8、厚 3.6 厘米（图六七一：4，图版一二六：3）。M2005：5 长 22、底宽 14.4、厚 3.2 厘米（图六七一：5，图版一二七：1）。M2005：6 长 22、底宽 15.6、厚 3.6 厘米（图六七一：6，图版一二七：2）。M2005：7 长 29.6、底宽 13.6、厚 4 厘米（图六七一：7，图版一二七：3）。M2005：8 长 30.8、底宽 13、厚 3.2 厘米（图六七一：8，图版一二七：4）。

C 型　4 件。等腰三角形。M2005：9 长 24.8、底宽 17.6、厚 3.2 厘米（图六七二：1，图版一二八：1）。M2005：10 长 26、底宽 18、厚 3.6 厘米（图六七二：2，图版一二八：2）。M2005：11 长 24、底宽 17.6、厚 3.2 厘米（图六七二：3，图版一二八：3）。M2005：12 长 28.4、底宽 13.6、厚 3.6 厘米（图六七二：4，图版一二八：4）。

D 型　3 件。三角形（不等腰）。M2005：13 长 20、底宽 15.6、厚 3 厘米（图六七二：5，图版一二九：1）。M2005：14 长 22、底宽 14、厚 4 厘米（图六七二：6，图版一二九：2）。M2005：15 长 24.8、底宽 13.6、厚 3.6 厘米（图六七二7，图版一二九：3）。

E 型　3 件。等腰梯形。M2005：16 长 31.2、宽 10～22 厘米（图六七三：1，图版一三〇：1）。M2005：17 长 36.4、宽 12～17.6、厚 3.6 厘米（图六七三：2，图版一三〇：2）。M2005：18 长 34、宽 16～26.4、厚 4 厘米（图六七三：3，图版一三〇：3）。

F 型　1 件（M2005：19）。直角梯形。长 25.6、宽 15.2、厚 3.6 厘米（图六七三：4，图版一三〇：4）。

M2267 红砖标本 17 件，形状不同，可分六型。

A 型　6 件。长方形。M2267：1 长 31.2、宽 13.6、厚 3.6 厘米（图六七四：1，图版一三一：1）。M2267：2 长 36、宽 15.2、厚 3.6 厘米（图六七四：2，图版一三一：2）。M2267：3 长 34.8、宽 15.6、厚 4.2 厘米（图六七四：3，图版一三一：3）。M2267：4 长 33.2 厘米，宽 15.2、厚 4 厘米（图六七四：4，图版一三一：4）。M2267：5 长 36.4、宽 16.4 厘米，厚 4.4 厘米（图六七四：5，图版一三二：1）。M2267：6 长 35.2、宽 15.2、厚 4 厘米（图六七四：6，图版一三二：2）。

B 型　5 件。等腰梯形。M2267：7 长 35.8、宽 16～23.6、厚 4 厘米（图六七四：7，图版一三二：3）。M2267：8 长 36、宽 16～24.4、厚 4 厘米（图六七四：8，图版一三二：4）。M2267：9 长 35.6、宽 16～24、厚 3.6 厘米（图六七五：1，图版一三三：1）。M2267：10 长 33.6、宽 11.2～15.6、厚 4 厘米（图六七五：2，图版一三三：2）。M2267：11 长 38、宽 12～18、厚 4 厘米（图六七五：3，图版一三三：3）。

C 型　5 件。近似于三角形。M2267：12 边微弧，长 23.2、底宽 12、厚 4 厘米（图六七五：4，图版一三三：4）。M2267：13 边微弧，长 21.2、底宽 14.8、厚 4 厘米（图六七五：5，图版一三四：1）。M2267：14 边微弧，长 24、底宽 14、厚 4 厘米（图六七五：6，图版一三四：2）。M2267：15 近似于等腰三角形，长 31、底宽 12.8、厚 4 厘米（图六七五：7，图版一三四：3）。M2267：16 近似于等腰三角形，长 22、底宽 15.2、厚 2.8 厘米（图六七五：8，图版一三四：4）。

D 型　1 件（M2267：17）。不规则型。长 34.4、宽 10～15.2、厚 4 厘米（图六七五：9，图版一三四：5）。

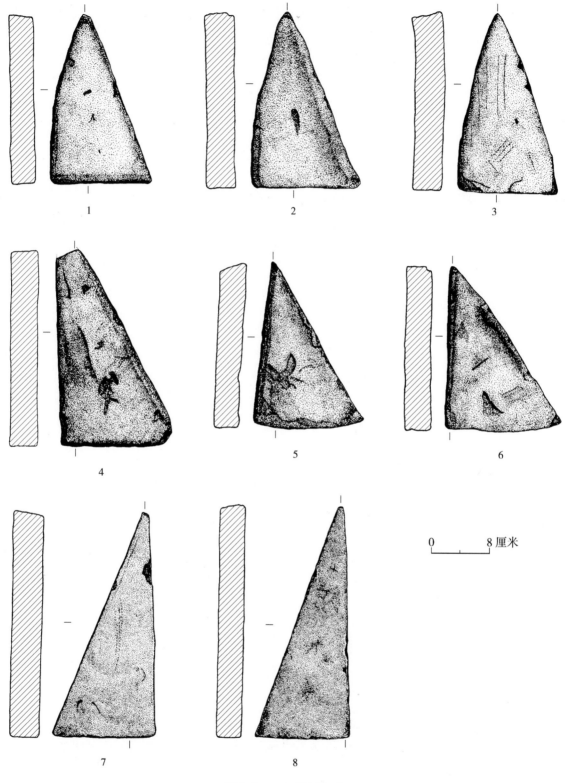

0　　　8厘米

图六七一　M2005 红砖

1～3. A 型砖（M2005：1～3）　　4～8. B 型砖（M2005：4～8）

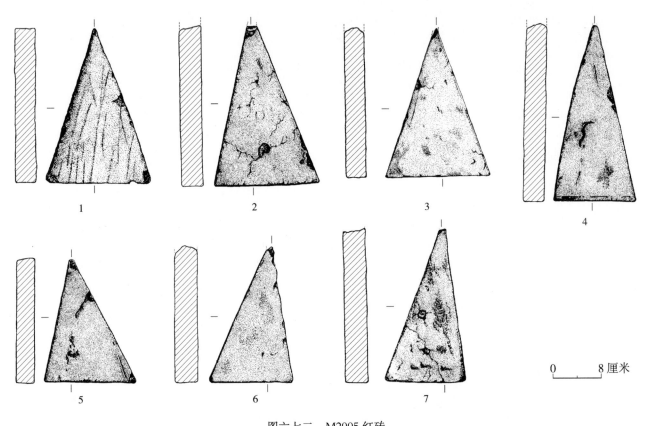

图六七二　M2005 红砖

1～4. C 型砖（M2005：9～12）　　5～7. D 型砖（M2005：13～15）

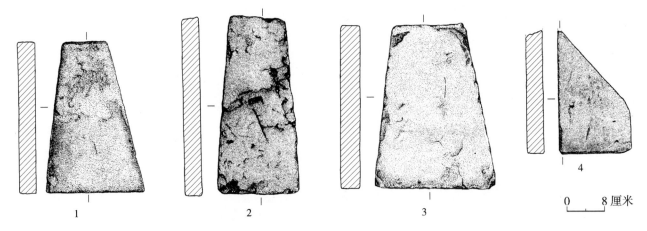

图六七三　M2005 红砖

1～3. E 型砖（M2005：16～18）　　4. F 型砖（M2005：19）

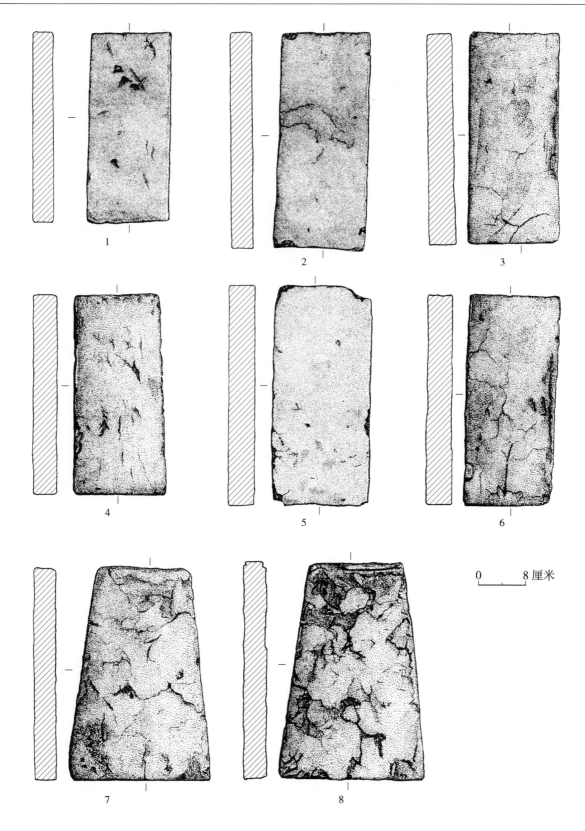

图六七四　M2267 红砖

1~6. A 型砖（M2267：1~6）　7、8. B 型砖（M2267：7、8）

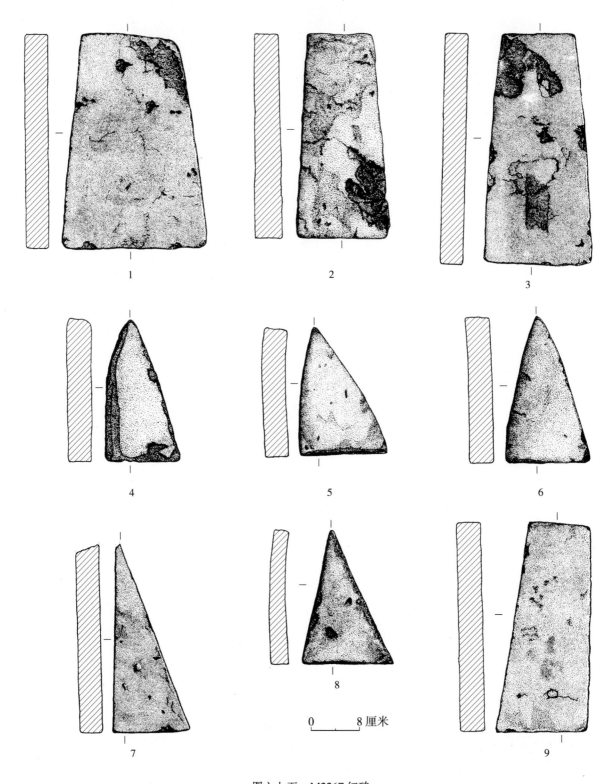

图六七五　M2267 红砖

1～3. B 型砖（M2267：9～11）　　4～8. C 型砖（M2267：12～16）　　9. D 型砖（M2267：17）

六　第二墓区采集文物

陶长腹罐　2件。采：39夹砂褐陶，手制，口沿经过慢轮修整，腹有烟熏的痕迹。重唇，侈口，腹径与口径基本相同，平底，素面。口径10.8、通高18.2、底径5.6厘米（图六七六：1，图版一一七：6）。采：40已残，底径8.8厘米（图六七六：2，图版一二五：1）。

铜带銙　8件。形状不同，可分四式。

Ⅰ式　3件。三面平直，一面尖角，边缘内折，呈圭形，中间饰一长方形镂孔，背面饰3个小钉。采：14边缘折起，两片复合，长2.8、高2.1、厚0.8、孔长1.6、宽0.5厘米（图六七六：3，图版一五七：3）。采：47边缘折起，两片复合，长2.5、高1.9、厚0.7、孔长1.4、宽0.4厘米（图六七六：4，图版一五七：2）。采：16长2.4、高1.7、厚0.6、孔长1.6、宽0.6厘米（图六七六：5，图版一五七：1）。

Ⅱ式　1件（采：6）。长方形，表面涂一层黑漆。边缘折起，两片复合，上端饰一长方形孔，背面饰4个小钉。长3.2、宽2.8、厚0.8、孔长1.5、宽0.6厘米（图六七六：6，图版一五七：4）。

Ⅲ式　3件。近似于半圆形，边缘内折，两片复合，中间饰一长方形镂孔，背面饰3个小钉。采：10长2.9、宽1.9、厚0.6、孔长1.7、宽0.4厘米（图六七六：7，图版一五七：6）。采：15长2.9、宽2、厚0.7、孔长1.5、高0.5厘米（图六七六：8，图版一五七：5）。采：31表面涂一层黑漆。长3.2、宽2.3、厚0.6、孔长1.7、宽0.8厘米（图六七六：9，图版一五六：1）。

Ⅳ式　1件（采：30）。近似于圆形，顶端有一缺口，背面饰鼻。直径2.6、厚0.6、孔长1、宽0.5厘米（图六七六：10，图版一五六：2）。

铜环　9件。圆形，其横截面为椭圆形（图版一五六：5、6，一九一：5）。采：5、9、17、18、21、29、37、42、45最大的外径1.4、内径0.9、宽0.5厘米。最小的外径1.3、内径0.8、宽0.6厘米（图六七六：11～19）。

铜镯　1件（采：7）。圆形，其横截面为菱形。外径5.9、内径5.1、宽0.8厘米（图六七七：4，图版一五六：4）。

铜牌饰　1件（采：33）。顶端为尖角，三面平直，中间有脊，背面有2个小钉。长3、宽1.6厘米（图六七七：1，图版一五六：3）。

铜螺旋器　1件（采：3）。用铜丝旋成筒状，中空。长3、外径1.3、内径1厘米（图六七六：23，图版一五五：6）。

铜耳环　3件。圆形，横截面为圆形，中间有豁口。采：11外径2.1、内径1.7厘米（图六七六：20，图版一五五：5）。采：12外径2.6、内径1.9厘米（图六七六：21）。采：28已残，横截面直径为0.2厘米（图六七六：22）。

铁镞　3件。形状不同，可分二式。

Ⅰ式　1件（采：2）。镞身为扁平扇状，铤为四棱锥状。通长12.8、铤长5.6厘米（图六七七：

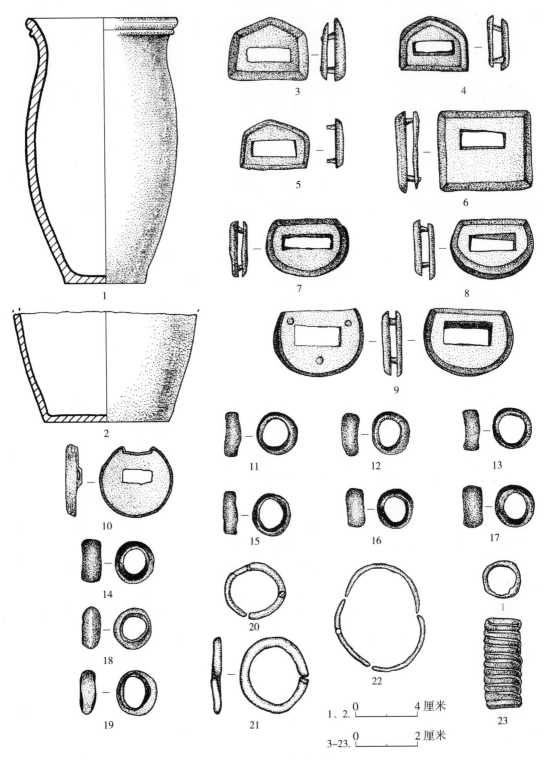

图六七六　第二墓区采集文物

1、2. 陶长腹罐（采：39、40）　3～5. Ⅰ式铜带銙（采：14、47、16）　6. Ⅱ式铜带銙（采：6）　7～9. Ⅲ式铜带銙（采：10、15、31）　10. Ⅳ式铜带銙（采：30）　11～19. 铜环（采：5、9、17、18、21、29、37、42、45）　20、21、22. 铜耳环（采：11、12、28）　23. 铜螺旋器（采：3）

5，图版一七四：5）。

Ⅱ式　2件。扁平薄铁片，尖锋，底凹呈双翼，无铤。采：4长3.5、宽1.65、厚0.15厘米（图六七七：2）。采：44长4.3、宽1.5、厚0.2厘米（图六七七：3）。

铁钉　5件。形状不同，可分二式。

Ⅰ式　2件。方锥体，下端聚成钉尖，上端向一侧卷成钉帽。采：1长9厘米（图六七七：6）。采：20钉身为四棱状，长3.8厘米（图六七七：7，图版一七四：6）。

Ⅱ式　3件。无钉帽3件。无钉帽，钉身为四棱锥状。采：8长6.4厘米（图六七七：8）。采：34钉身弯曲，长6.9厘米（图六七七：9，图版一七四：4）。采：35钉身弯曲，长5.2厘米（图六七七：10，图版一七四：3）。

铁甲片　22件。薄铁片，留有小圆孔。采：48残长8.9厘米，（图六七七：11）。采：36残长7.1厘米（图六七七：12）。采：32残长4.4厘米（图六七七：13，图版一七五：5）。其余19件，均残。

铁刀　2件。直背，斜刃，其横截面为三角形，短柄。采：13通长9.9、柄长2.8厘米（图六七八：7，图版一七四：1）。采：41长31厘米（图六七八：12，图版一七四：2）。

铁螺旋器　1件（采：19）。细铁丝旋成筒状，中空。残长1.6、内径1.5厘米（图六七七：14，图版一七五：4）。

铁环　1件（采：46）。椭圆形。长径2、短径1.2厘米（图六七八：8）

铁合页　1件（采：47）。系扁薄小铁片，穿圆孔2个，用带帽的铁钉钉入。长2.4、宽0.6厘米（图六七八：10，图版一六四：6）。

砖饼　1件（采：43）。夹细砂红褐陶，椭圆形，饼状。长径4.5、短颈4.3、厚2.7厘米（图六七八：4）。

蓝色料珠　1件（采：22）。枣状，中间有一小圆孔。直径1.3、孔径0.3、高1.3厘米（图六七八：1，图版一八七：4）。

绿色料珠　1件（采：23）。近似于圆球状，中间饰一小孔。直径1、孔径0.2、高0.7厘米（图六七八：5，图版一八七：3）。

黑色料珠　1件（采：24）。饼状，中间饰一小圆孔。直径0.65、孔径0.15、高0.35厘米（图六七八：2，图版一八七：1）。

黄色琉璃珠　1件（采：25）。红小豆状，中间钻一小圆孔。直径0.3、孔径0.15、长0.5厘米（图六七八：3，图版一八七：2）。

凝质岩珠　2件。圆球状，中间钻一小孔。采：26直径1.05、孔径0.15厘米（图六七八：6，图版一八七：5）。采：27直径0.9、孔径0.15厘米（图六七八：9，图版一八七：6）。

绿色料块　1件（采：38）烧焦，已不成型（图六七八：11，图版一九一：4）。

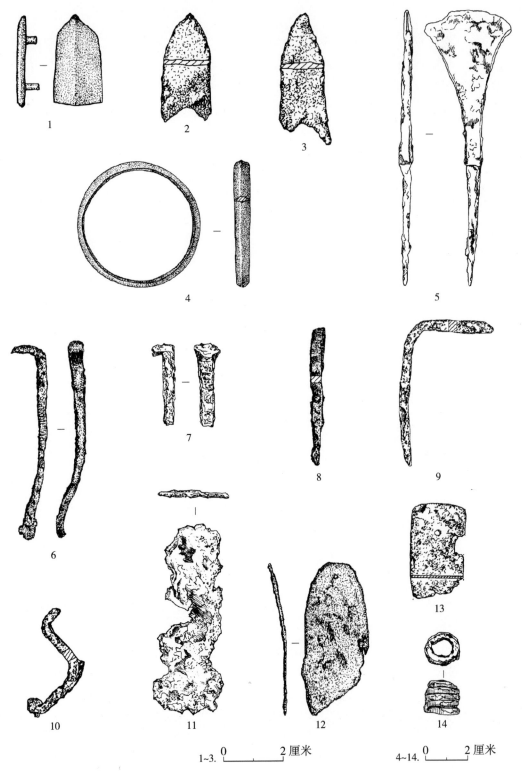

1~3. 0 ⌊＿＿＿＿⌋ 2 厘米　　　　4~14. 0 ⌊＿＿＿＿⌋ 2 厘米

图六七七　第二墓区采集文物

1. 铜牌饰（采：33）　　2、3. Ⅱ式铁镞（采：4、44）　　4. 铜镯（采：7）　　5. Ⅰ式铁镞（采：2）　　6、7. Ⅰ式铁钉（采：1、20）　　8～10. Ⅱ式铁钉（采：8、34、35）　　11～13. 铁甲片（采：48、36、32）　　14. 铁螺旋器（采：19）

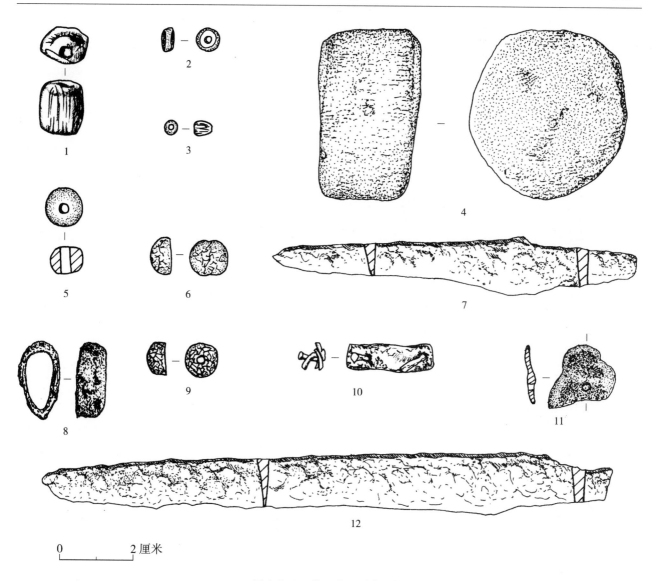

图六七八 第二墓区采集文物

1. 蓝色料珠（采：22）　2. 黑色料珠（采：24）　3. 黄色琉璃珠（采：25）　4. 砖饼（采：43）
5. 绿色料珠（采：23）　6、9. 凝质岩珠（采：26、27）　7、12. 铁刀（采：13、41）　8. 铁环
（采：46）　10. 铁合页（采：45）　11. 绿色料块（采：38）

宁安虹鳟鱼场

——1992～1995 年度渤海墓地考古发掘报告

黑龙江省文物考古研究所　编著

下册

文物出版社

叁　墓地性质及其相关问题研究

在虹鳟鱼场墓地发掘与研究中，我们最关心的问题是墓葬性质和与之相关的问题。众所周知，建立渤海国的主体势力是靺鞨人还是高句丽人，因对文献资料的不同解释而一直存在着激烈的争论。近些年，由于本墓地发掘及其他地方发掘的考古资料，为我们进一步厘清这个问题提供了新的资料，摆脱了只限于文献资料的局面。

该墓地包含着多种文化因素，最终形成为那个时期这一地区的渤海文化特点。现将墓地性质及其相关的几个问题分别叙述如下。

一　出土文物与兽骨

323 座墓葬中 160 座墓出土随葬品，194 座墓葬填土中发现文物，共 2000 余件（包括征集和采集），其中随葬器物约占出土文物总数的 56%。23 座一次葬墓葬中，只有 5 座墓的填土中发现文物，其余与二次葬相关的 300 座墓葬中，67% 墓葬填土中发现文物（附表一）。填土中发现文物，这可能与祭祀活动中毁弃器物的风俗和二次葬葬俗有关，这种习俗在目前有的少数民族葬礼中仍然存在。

第一区墓地 39 座墓有出土文物 109 件，每座平均 2.8 件，第二区 284 座墓出土文物 1433 件，每座平均 5 件（附表一〇）。由此可见，这个时期家族的贫富分化显示了经济发展中的不平衡。随葬品，在某种意义上反映死者生前具有的财富与经济实力，其中必然包含不可逾越的等级制度。该墓地 M2001 无疑是贵族墓葬。虽然墓顶已被破坏，但就墓室清理的情况来看，比别的墓葬区别还是很大的。墓葬中所发现的随葬品种类有陶器、铁器、铜器、金银器等达 100 多件，足以说明墓主人生前的富贵。

第二区墓地中，不同类型的墓葬表现出贫富之差。88 座铲形石室墓出土文物达 828 件，占出土文物总数的 58%，平均每座墓出土 9.4 件。61 座刀形石室墓中出土 172 件文物，平均每座 2.8 件。79 座长方形石室墓出土文物 218 件，平均每座 2.8 件。20 座石圹墓出土文物 140 件。但是同一类型墓葬之间也有一定的差别，有的墓葬有数十件随葬品，有的墓葬则不见随葬品。

出土器物的种类有陶器、铁器、铜器、骨器、玉器、金银饰件等，这些种类大体可分为生活用具、生产工具、兵器、马具和装饰品。兵器中的铁镞均出土于男性墓中。墓地近半数墓葬没有随葬品，有的墓葬（例如 M2001）随葬 100 多件不同种类的随葬品，这些随葬品可能是死者生前用过的。出土长腹罐几乎都带有烟熏的痕迹。

陶器约占出土文物的 28%。炊器和盛器等器皿都为陶器，器形有瓮、罐、釜、壶、盂、瓶、盖、碗。此次发掘共发现 200 多件完整的陶器，陶器皆为手制，个别陶器在口沿和颈部经过慢轮修整。墓地清理出的陶器素面居多，长腹罐口沿饰重唇的比较多，其他还有少量在陶坯上划成的弦纹、水波纹和锥刺纹。随葬陶器具有特点的有长腹罐，其数量较多，墓地出土 539 件陶器（包括填土发现陶器中可辨认的器形），其中长腹罐有 227 件，约占出土陶器的 42%，可见长腹罐在平时生活中的重要位置。

铁器有 695 件，约占出土文物的 37%，一般是兵器和生活用具。兵器有大长刀、铁甲片、各种不同形状的铁镞；生活用具则有铁钉、铁刀、铁螺旋器、带銙、带扣、马具等。

铜器亦有一定数量，共发现 325 件，约占出土文物的 16%。《辽史·地理志》载"渤海置铜山郡，地在上京龙泉府南，地多山险。"可见渤海曾是铜的重要产地，离墓地很近。墓地发现的主要铜制品有生活用具和装饰品，如镜子、带具、耳勺、耳环、镯、钗、剪刀等。铜器中大多数属青铜制品，也有少量白铜制品，说明渤海人已掌握了合金技术，并且工艺水平较高。

墓地发现的玉器、鎏金器、金银器，有的器物工艺精巧，反映出渤海国手工业的发达程度。其中鎏金铜花饰、鎏金铜钗等文物，工艺水平较高。

特别值得关注的是，墓地出土有极为罕见的带文字的陶器，它对研究渤海时期的文字有一定的参考价值。有的陶器器底和腹部表面还施有"＋""－"等符号，"＋"符号在欧亚大陆的许多民族间被象征太阳和阳光，并被认为具有保护陶器所盛的东西避免恶魔损害的作用[1]。另外在清理砖室墓中，出土一批珍贵的渤海时期的红砖，也有少量青砖。砖有等腰三角形、直角三角形、等腰梯形、直角梯形、长方形等不同规格和形状。其中红砖占多数，是研究渤海时期建筑风格的绝好资料。

渤海建国前后，这一地区的畜牧业在整个社会经济生活中所占比重较大，这在墓地中也有反映。从动物种属分析，在 30 座墓葬的填土内，出土了 33 个动物个体，其中马占 87.88%，牛占 6.06%，狗和猪分别为 3.03%。可以看出马的数量较多，地位也是最高的，也可能反映出独特的经济类型。从动物骨骼出土部位和数量分析，牙齿占骨骼数量的 87.88%，肩胛骨占 6.06%，股骨和胫骨各占 3.03%，在该墓地内动物牙齿是墓主人最崇拜部分，也可以看出该墓地特殊葬俗（附表四）。渤海人"善骑射"，所谓"胜兵十万"大多是指骑兵，这在史料中屡有记载。渤海有名的马有"率宾之马"，渤海产马，以马为贵，也在墓葬的填土中有所反映。史料中记载"其畜多猪"，"富人至数百口，食其肉而衣其皮"。更为突出的是，此次发掘发现马骨数量最多，均出土于填土中，还有少量牛、猪、狗，这是靺鞨人死后以马进行祭祀的风俗的反映。

二　葬　俗

虹鳟鱼场墓地埋葬方式有一次葬，二次葬，一、二次混合葬，火葬，表现形式为单人葬和多人

---

[1]《渤海国陶器上的五角形符箓和用途》，《东北亚考古译文集》第四辑，2002 年。

葬。二次葬是主要的埋葬方式，数量很多，有 194 座（不包括空墓和出土少量骨头的墓葬）占墓葬总数的 60% 以上。二次葬是这个墓地乃至渤海人的主要埋葬习俗（附表二、附表六）。

本墓地一次葬共 23 座，占 7%。其中单人一次葬有 17 座，二人一次葬 4 座，三人一次葬 2 座。一次葬较为简单，数量较多的是在一座墓葬中只有一个个体。超过两个个体以上的一次葬法，见于铲形、刀形、长方形石室墓中。

一次葬大多数葬于石棺墓。石棺墓中的人骨保存欠佳，但还是能看清人骨的准确位置。这种现象是受自然条件所破坏的结果，换句话说石棺墓中保存的人骨多数属于一次葬。虹鳟鱼场约 50% 石棺墓中无人骨，这可能是迁葬以后的现象，原本是属于一次葬。

二次葬是该墓地的主要埋葬方式，其中多人二次葬（三人以上）56 座（包括一、二次合葬），二人二次葬 42 座（包括一、二次合葬），单人二次葬 59 座。值得注意的是墓室中无人骨的空墓有 81 座，发现少量骨头、骨屑的墓葬 62 座。上述数据表明两处墓区中比较流行的是传统的二次葬，除了一次葬以外，其余不同的表现形式都与二次葬有关。

虹鳟鱼场二次葬存在两种形式，一是一次葬和复次迁葬的骨架合葬的二次葬，有 14 座。二是不存在一次葬，完全由迁葬的骨架合葬的二次葬，有 143 座。前者少于后者，不管是何种形式，两种方式最终表现为二次葬。二次葬中的合葬人数由二人到三人以至多人。考古界已公认二次葬是渤海墓葬的主要埋葬特点，虹鳟鱼场墓地亦不例外。

一次葬和复次迁葬的二次合葬，其特征是先埋葬墓主人后，其他人骨复次迁葬于同一墓室。墓地有 14 座墓葬中发现一次葬和二次葬的人骨葬在同一个墓室里。一、二次合葬中，均有 1 具一次葬骨架，其中 9 具为男性，其余 5 具为女性个体。合葬后的人骨架，每墓室有 2～7 个个体。二次葬的人骨往往没有规律地散落在墓室内，骨架包括老年、成年人和小孩，这种迹象反映出这些墓葬是通过迁葬以后合葬的墓葬。14 座墓葬中，1 座墓没有异性，合葬骨架皆为男性。其余 13 座墓均有男女合葬，其中 4 座墓有小孩骨架。

墓葬中的一次葬的墓主人可能是家族中的主要成员。另外可以确定的是这样的墓葬无一具一次葬小孩骨架。这就说明一次葬和复次迁葬的二次葬中墓主身份比较明显，一次葬的骨架是墓主人，其他二次葬的死者都是从别处迁葬过来的，而且属于家中的次要人员。

完全由迁葬的骨架合葬的二次葬有 143 座，其中多人二次葬（三人以上）48 座，二人二次葬 36 座，单人二次葬 59 座。虹鳟鱼场墓葬中数量较多的墓葬是无一次葬骨架的多人二次葬。二次合葬墓多数为封土石室墓，这种墓葬首先在地表上挖一个长方形土坑，先砌筑东西北三壁，然后埋入人骨，之后封顶，最后封墓门（或堵南壁）。二次葬的骨架残缺不全，散置或无规律的放置，骨骼或多或少，所迁骨架的墓葬也有差别，有的墓葬无人骨，有的墓葬留下少部分骨架。二次合葬放置的方式和位置也极随便，找不出任何规律，有的甚至和随葬品叠压在一起。但是从迹象看，迁葬或合葬时头骨最为重要，所以数量较多的二次葬只有头骨，其他骨骼则少或不存在。

迁葬后的墓葬。有的墓葬没有发现人骨，有的墓葬只发现骨屑和一部分零碎的随葬品。尤其有的墓葬因为迁葬时不注意，导致人骨架和随葬品散落在墓室周围。

二次葬是主要埋葬习俗。从墓葬结构看，一次葬的墓室小于二次葬，而二次葬的墓室大于一次葬，绝大多数为封土石室墓。

　　怎样理解墓地存在的二次葬的性质？该墓地56座多人合葬墓中，42座墓葬有男女合葬或小孩合葬的现象，约占75%。9座墓葬表现为同性合葬，其中8座墓葬由男性合葬，女性合葬的只有1座。6座墓中有的个体无法鉴别其性别。二人合葬有48座，10座墓葬无法鉴别其性别，其余27座有男女合葬现象，约占56%，11座墓葬为同性合葬墓，其中10座墓葬为男性合葬，女性合葬墓只有1座。

　　上述现象表明，虹鳟鱼场墓地中存在的二人或多人二次葬是一种以家族为单位的合葬墓。二次合葬的出现，首先其目的是为了不同个体的合葬，不同个体合葬的主要目的是为了同一个家族成员的合葬。学术界对渤海二次葬有不同的看法。一种观点认为它是"原始社会就曾存在过的古老葬俗"，反映出渤海"原始社会的氏族血缘关系还很牢固"[1]；另一种观点认为"实行二次葬的，很像是无姓而隶属于王族右姓的部曲和奴婢[2]。还有，二次葬制度是表明个体家庭已成为渤海社会基本单位的同时，作为原始社会残余的血缘纽带及其观念依然顽固地存在于渤海人的意识形态中。同时提出，二次葬埋葬者中或许有奴婢或奴婢身份的个体[3]。渤海的一、二次混合葬既不能看成是家族葬，也不能看成殉葬，只能看成是陪葬[4]。

　　观察和分析一下二次葬的迹象，渤海的多人二次葬有一定的规律。近几年的考古资料说明王室贵族墓中也存在多人葬和二次葬，比较典型的渤海三灵1号墓和2号墓都以多人葬的现象出现，1号墓中清理出3个男性成年个体，2号墓中出土15具人骨，这种现象充分说明，渤海的上层集团也顽固的保持了血缘关系。

　　通过虹鳟鱼场发掘资料看，在一个墓群中发现一次葬、二次葬、迁葬后的空墓，这种迹象比较符合一个墓群中以家族为单位埋葬的客观规律。

　　二次葬是多人葬的前提，为多人葬而产生的一种手段，多人葬大都与二次葬共存，可以相提并论。个别墓葬也有多人一次葬，但这种现象当时存在一个前提条件，而且到目前为止发掘的数量也极少。从发掘材料比较中得知，渤海早期墓葬中的人骨数量少于渤海中、晚期墓葬中的人骨数量。但从早期开始明显地留下了二次葬的埋葬习俗。墓葬中凡是二人葬以上的绝大多数是二次葬，同时亦存在单人二次葬，这种现象还需要进一步探讨。

　　该墓地中发现7座火葬墓，但其存在的数量较少，并且多人二次葬中没有发现火葬。从目前发表的材料来看，火葬习俗在第二松花江流域渤海早期墓葬中发现数量较多，其余同期墓葬中少见，到渤海稍晚些时候的墓葬中均不见。

　　虹鳟鱼场火葬墓中的骨架不完整，周围未发现红烧土和木炭，烧焦的骨架可能是火化之后迁过来的，7座墓葬中的烧骨均属于二次葬。有的墓葬中，在烧骨周围留下黑土痕迹。

　　二次葬是虹鳟鱼场墓地的主要埋葬方式，其主要的表现方式是多人葬，二人葬，单人葬，还有少数火葬，该墓地与二次葬有关的约占90%以上。二次葬是这个时期的主要埋葬习俗，一次葬次之，还保留少数火葬习俗。

---

〔1〕　郑永振：《渤海墓葬研究》，《黑龙江文物丛刊》1984年2期。
〔2〕　《文物考古三十年》第108页，文物出版社1979年版。
〔3〕　孙秀仁：《略论海林山嘴子渤海墓葬的形制、传统和文物特征》，《中国考古学会第一次年会论文集》，文物出版社1979年版。
〔4〕　严长录、朴龙渊：《北大渤海墓葬研究》，《渤海史研究》第2集，延边大学出版社1991年朝文版。

三　墓葬分期与年代

本墓地存在 15 组打破关系，但无法从打破关系入手找出其相对早晚关系。墓葬流行薄葬，323座墓葬中 163 座墓葬没有随葬品，约占 50%。每个墓葬出土随葬品种类较少，器物组合也简单，给分期带来了一定的困难。但尽管如此，还是可以寻找到有助于分期的线索。

随葬品中的铁器和铜器，其延续使用的时间跨度较大，分期意义不大，因此我们主要对陶器进行分期，了解墓地的早晚关系。陶器有瓮、壶、罐、碗、器盖、瓶等器类。由于墓葬缺乏有明显早晚关系的地层依据，我们只能以桥联法和横联法[1]对陶器进行排比，而将墓地出土的陶器分为三期，每期的主要器物特点可归纳如下。

第一期：本期陶器皆为一区墓地中的征集品，可以肯定完整陶器均出土于墓室内。陶器均为夹砂陶，器表呈红、褐色，素面，手制，烧制火候较低，显得斑驳不均。器物口沿下饰锯齿状附加堆纹，个别在堆纹上面饰等距离的 4 个指压纹。典型器物有长腹罐和鼓腹罐。

第二期：随葬陶器多数为夹砂陶，有少量夹砂红褐陶，手制，部分口沿经过慢轮修整，少数长腹罐口沿仍饰锯齿状附加堆纹，但数量上明显减少，而较流行重唇。这时候几乎不见第一期时候的器物特征，但是长腹罐和鼓腹罐明显与一期同类器物有相互衔接的迹象。器物种类明显比一期增多，有长腹罐、鼓腹罐、敛口罐、瓮、长颈壶、短颈壶。

第三期：不见第二期时候的器物特征。陶器种类比较多，陶质多为夹砂陶，均为手制，绝大部分器物经过慢轮修整，器形比较规整，出现少数灰陶和夹细砂陶器。器类器形多样，形态规整，纹饰有弦纹、锥刺纹和水波纹。此段的长腹罐、鼓腹罐（深腹、圆鼓腹）、敛口罐（子口、无颈）、壶（长颈、短颈）、瓮、直口罐等器物与二期同类器物比较，都有相互衔接的因素，说明其年代跨度不大。而且这时候各种器类的形状比较活跃，比其二期有新的器形出现，鼓腹罐中的长颈鼓腹罐和深腹罐、子口敛口罐、直口罐、盘口壶等器物均出自三期器物中。

二期和三期中间增多新的陶器，长腹罐中的垂腹（图六七九：1～4）、桥状耳罐（图六七九：5、6）、广肩罐（图六七九：7）、文字鼓腹罐（图六七九：8）、釜（图六七九：9）、折肩罐（图六七九：10、12）、圆球状鼓腹罐（图六七九：11）、盂（图六七九：13）、碗（图六七九：14～16）、盖（图六七九：17，图六八〇：11、12）。瓶和壶类器物更加活跃，有鼓腹瓶（图六八〇：1）、鸡腿瓶（图六八〇：2）、小口瓶（图六八〇：3）、大平底瓶（图六八〇：4）、折肩瓶（图六八〇：5）、长腹瓶（图六八〇：6）、斜腹瓶（图六八〇：7）、细颈壶（图六八〇：8）、长腹壶（图六八〇：9）、肥颈壶（图六八〇：10）等因为缺乏相关的器物组合，很难断定其相对早晚关系。

随葬陶器中，各期的长腹罐、鼓腹罐、敛口罐、瓮、长颈壶、短颈壶等器物数量较多，变化较快，演变轨迹较明显，故可作为分期的标型器。

---

〔1〕 张忠培：《地层学与类型学的若干问题》，《文物》1983 年 5 期。

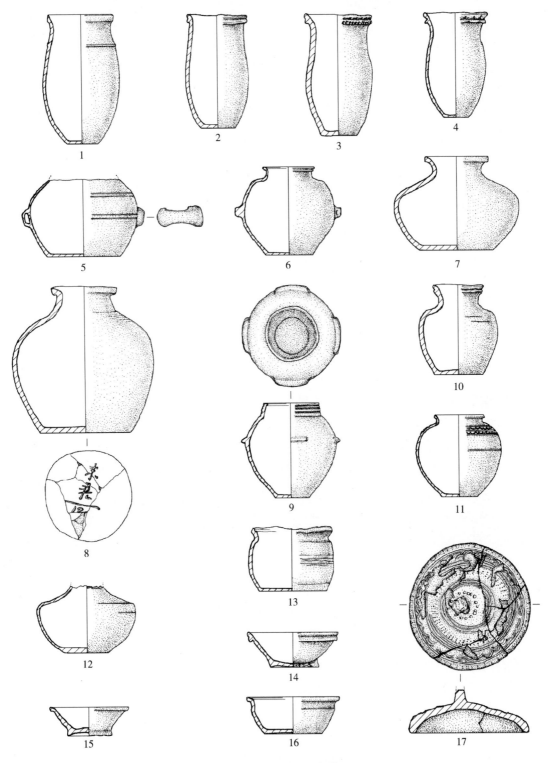

图六七九　墓地出土陶器

1～4. 长腹罐（M2298：1、M2298：2、M2280：8、M2252：2）　5、6. 桥状耳罐（M2004：2、M2307：2）　7. 广肩罐
（M2205：13）　8. 文字鼓腹罐（M2172：3）　9. 釜（M2264：2）　10、12. 折肩罐（M2054：1、M2091：1）　11. 圆球
状鼓腹罐（M2258：2）　13. 盂（M2079：1）　14～16. 碗（M2280：7、M2123：3、M2279：3）　17. 盖（M2045：2）

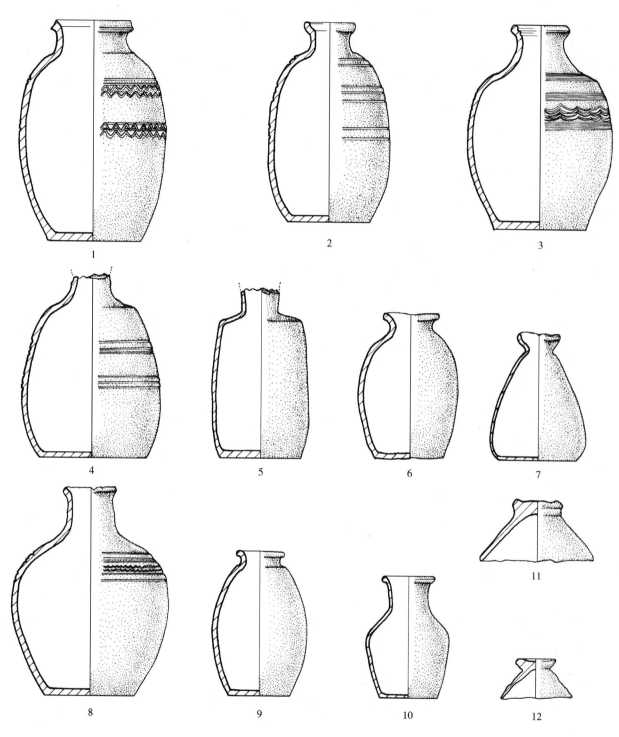

图六八○ 墓地出土陶器

1. 鼓腹瓶（M2166：2） 2. 鸡腿瓶（M2028：1） 3. 小口瓶（M2176：1） 4. 大平底瓶（M2021：6） 5. 折肩瓶（M2104：1） 6. 长腹瓶（M2185：2） 7. 斜腹瓶（M2072：1） 8. 细颈壶（M2264：5） 9. 长腹壶（M2205：3） 10. 肥颈壶（M2045：4） 11、12. 盖（M2165：15、M2268：4）

第一期：本期出土的有Ⅰ式长腹罐、Ⅰ式鼓腹罐，器物类型较少。

第二期：此期出土Ⅱ式长腹罐、Ⅲ式长腹罐、Ⅱ式鼓腹罐、Ⅰ式敛口罐、Ⅱ式敛口罐、Ⅰ式瓮、Ⅰ式长颈壶、Ⅱ式长颈壶、Ⅰ式短颈壶。

第三期：此期见有Ⅳ式长腹罐、Ⅴ长腹罐、Ⅲ式鼓腹罐、Ⅳ式鼓腹罐、Ⅰ式长颈鼓腹罐、Ⅱ式长颈鼓腹罐、Ⅰ式深腹罐、Ⅱ式深腹罐、Ⅰ式子口敛口罐、Ⅱ式子口敛口罐、Ⅲ式敛口罐、Ⅰ式直口罐、Ⅱ式直口罐、Ⅱ式瓮、Ⅲ式瓮、Ⅲ式长颈壶、Ⅱ式短颈壶、Ⅲ式短颈壶、Ⅰ式盘口壶、Ⅱ式盘口壶。

墓地出土陶器，二期和三期之间早晚相继的迹象较明显，一期和二期之间有一定差距。根据墓葬形状和随葬陶器的分析，可以认定整个墓地形成时间可划分为三个基本阶段。现将各期典型陶器的主要特点归纳如下（图六八一，附表七）。

长腹罐。Ⅰ式为侈口，手制，口径大于腹径，口沿部饰锯齿附加堆纹。Ⅱ式、Ⅲ式均为重唇，手制，口径略大或等于腹径。Ⅳ式重唇，口沿经过慢轮修整，腹径略大或等于口径，部分器物上出现纹饰。Ⅴ式重唇，口沿经过慢轮修整，口径明显小于腹径。长腹罐发展趋势是由口沿饰锯齿附加堆纹演变为重唇，一期口径大于腹径，到三期口径小于腹径。

鼓腹罐。Ⅰ式为手制，侈口，口沿饰锯齿附加堆纹，腹较长。Ⅱ式手制，圆唇，侈口，鼓腹。Ⅲ式为重唇，折沿，口沿经过慢轮修整，圆鼓腹。Ⅳ式为重唇、尖圆唇，短颈，圆鼓腹。其发展趋势是唇饰锯齿附加堆纹逐渐演变为重唇，口沿由外侈变为折沿，逐渐变成短颈，腹部由一期的长腹变成圆鼓腹，这时候纹饰较发达。

长颈鼓腹罐。Ⅰ式为长颈，口微侈，鼓腹，微折肩。Ⅱ式颈部变短，腹变为圆鼓腹。其发展趋势是颈部变短，腹变为圆鼓腹。

深腹罐。Ⅰ式为侈口，微折沿。Ⅱ式微侈口，腹近似于圆鼓腹，肩饰纹饰。其发展趋势是侈口演变微侈，腹变为圆形。

子口敛口罐。Ⅰ式子口较长，深腹。Ⅱ式子口较短，浅腹。其发展趋势是子口变短，深腹变浅腹。

敛口罐。Ⅰ式口微敛，深腹。Ⅱ式敛口；Ⅲ式敛口，腹呈圆球状。其发展趋势是深腹演变为圆球状。

瓮。Ⅰ式为深腹，溜肩。Ⅱ式微折肩；Ⅲ式圆鼓腹。其发展趋势是长腹演变为圆鼓腹状。

长颈壶。Ⅰ式、Ⅱ式为溜肩，深腹。Ⅲ式腹为圆球状，折肩。其发展趋势是颈部略变粗，深腹演变为圆球状。

短颈壶。Ⅰ式口沿重唇，长腹。Ⅱ式重唇，口沿经过慢轮修整，鼓腹。Ⅲ式呈圆鼓腹。其演变趋势是重唇经过慢轮修整，长腹变圆鼓腹。

盘口壶。Ⅰ式重唇，口沿手制，肥颈，大平底。Ⅱ式重唇，口沿经过慢轮修整，圆鼓腹。其发展趋势是口沿手制，经过慢轮修整，肥颈稍变细，大平底变为小平底，腹呈圆球状。

依据墓葬结构和形状、出土器物以及参照以往其他地方发掘的渤海墓葬对照，可以大体确定各期器物和不同形状墓葬的相对早晚关系。遗憾的是缺乏相关资料，不能定出每个墓的明确年代。

第一区墓葬，从形状和出土文物中可以看出，肯定早于第二期墓葬。第一区墓葬中长方形石室墓

图六八一 宁安虹鳟鱼场渤海墓地陶器分期图

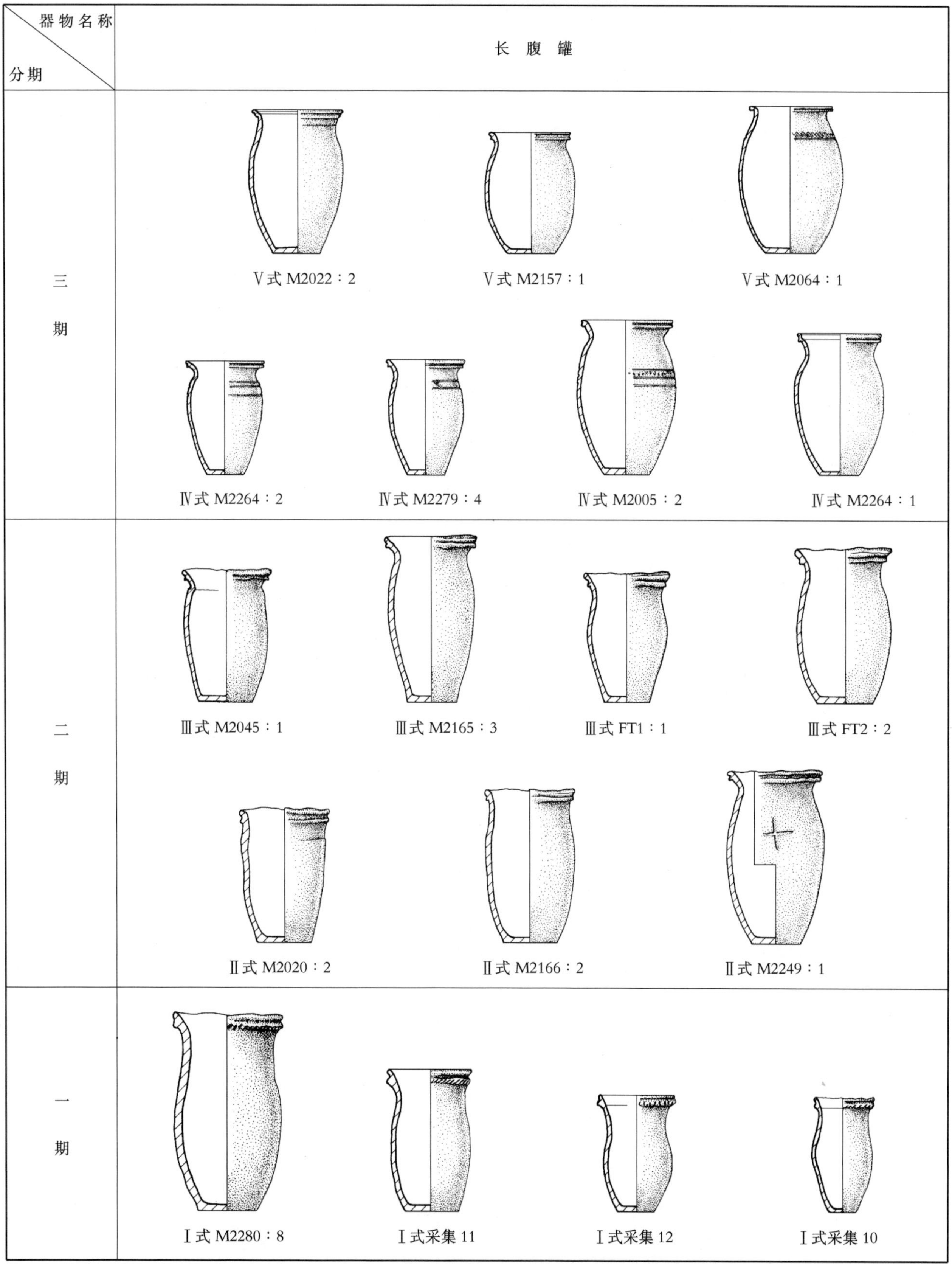

器物名称 / 分期	长 腹 罐

三期

Ⅴ式 M2022：2　　Ⅴ式 M2157：1　　Ⅴ式 M2064：1

Ⅳ式 M2264：2　　Ⅳ式 M2279：4　　Ⅳ式 M2005：2　　Ⅳ式 M2264：1

二期

Ⅲ式 M2045：1　　Ⅲ式 M2165：3　　Ⅲ式 FT1：1　　Ⅲ式 FT2：2

Ⅱ式 M2020：2　　Ⅱ式 M2166：2　　Ⅱ式 M2249：1

一期

Ⅰ式 M2280：8　　Ⅰ式采集 11　　Ⅰ式采集 12　　Ⅰ式采集 10

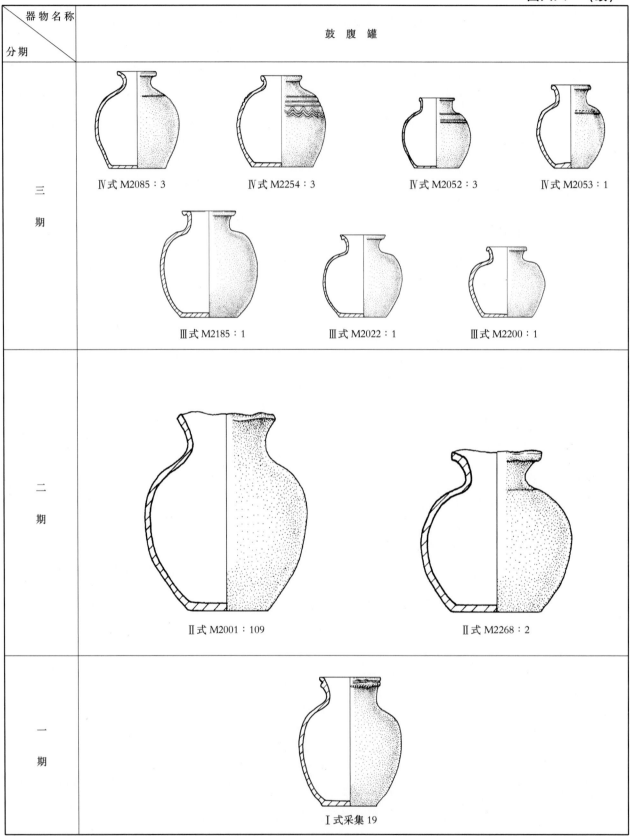

器物名称 分期	鼓 腹 罐
三 期	Ⅳ式 M2085：3　　Ⅳ式 M2254：3　　Ⅳ式 M2052：3　　Ⅳ式 M2053：1 Ⅲ式 M2185：1　　Ⅲ式 M2022：1　　Ⅲ式 M2200：1
二 期	Ⅱ式 M2001：109　　　　Ⅱ式 M2268：2
一 期	Ⅰ式采集 19

图六八一（续）

器物名称 / 分期	长颈鼓腹罐	深腹罐	敛口罐
三期	II式 M2161：7 I式 M3034：1	II式 M2194：3 I式 M2205：23	III式 M2289：1
二期			II式 M2138：1 I式 M2040：1
一期			

器物名称 分期	子 口 敛 口 罐		直 口 罐
三期	Ⅱ式 M2166：3　　Ⅱ式 M2205：47　　Ⅰ式 M2171：2　　Ⅰ式 M2175：2		Ⅱ式 M2318：1　　Ⅰ式 M2279：1
二期			
一期			

图六八一（续）

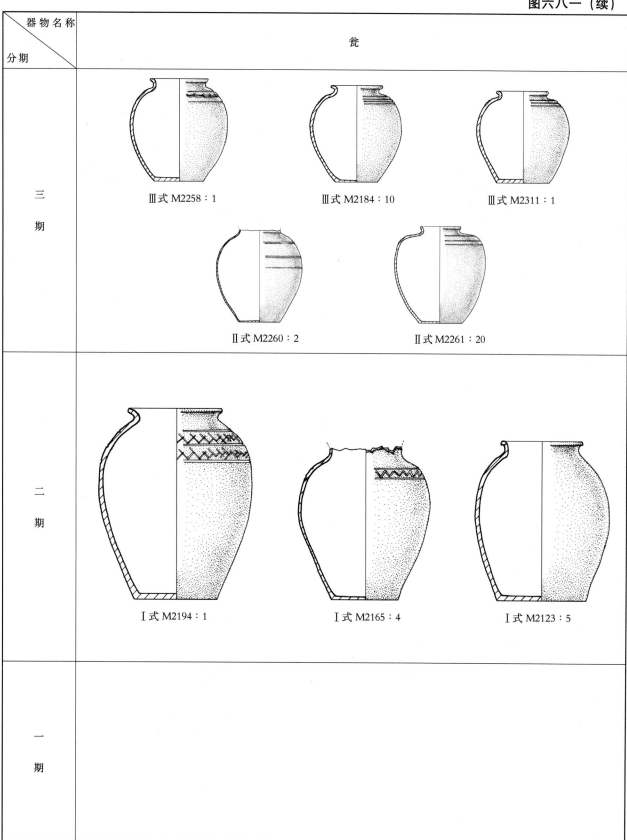

器物名称 分期	瓮		
三期	Ⅲ式 M2258：1	Ⅲ式 M2184：10	Ⅲ式 M2311：1
	Ⅱ式 M2260：2	Ⅱ式 M2261：20	
二期	Ⅰ式 M2194：1	Ⅰ式 M2165：4	Ⅰ式 M2123：5
一期			

器物名称　分期	长 颈 壶	短 颈 壶	盘 口 壶
三　期	Ⅲ式 M2034：3	Ⅲ式 M2174：1 Ⅱ式 M2026：4	Ⅱ式 M2182：2 Ⅰ式 M2024：2
二　期	Ⅱ式 M2001：115 Ⅰ式 M2001：116	Ⅰ式 M2020：1	
一　期			

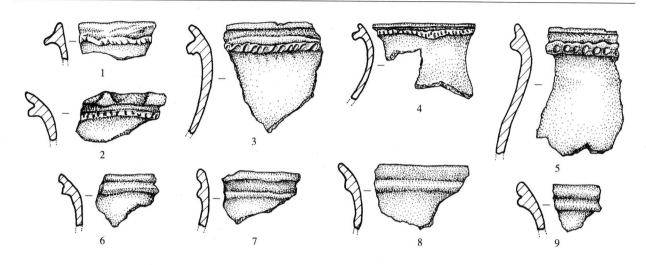

图六八二　第一墓区出土的长腹罐口沿

1～5. Ⅰ式长腹罐口沿（M2320：2、M2227：1、M2231：2、M2233：5、M2233：1）

6～9. Ⅱ式长腹罐罐（M2241：2、M2241：3、M2241：1、M2227：2）

占41%，未发现刀形墓和铲形墓，而恰恰都是无墓道的墓葬。长方形墓的墓室都矮小、简陋，它保留着较多早期的特点。墓葬出土的陶器也普遍保留着早期特点（图六八二），明显早于二期陶器，充分说明长方形石室墓早于刀形墓和铲形墓。

第二区墓葬均属第二期和第三期。墓地出土的陶器的陶质，制法及同类器物的形状相近，墓葬年代应相去不远，始终保持着相互衔接的关系。从墓葬形状及随葬器物分期相比较，可以断定刀形墓和铲形墓修筑的年代应晚于长方形石室墓。长方形、刀形、铲形墓同样都是封土石室墓，但是很难说出它们之间的渊源和演变关系。但是同一时期不同形状墓葬的兴衰可以说明它们之间的发展趋势和相对年代。铲形墓在第三期比例中占43%，刀形墓占23%，长方形石室墓只占14%。属于渤海晚期墓葬的和龙北大、海林山嘴子等墓地中铲形墓的比例明显增多，这就足以说明，铲形墓应是长方形石室墓和刀形墓进一步演进和完善的结果（附表八）。

该墓地编年的主要依据有两个方面。

首先，参考C-14测定数据。虹鳟鱼场墓地M2283人骨测定年代为距今1072±79，树轮校正年代为AD898-1036年。测定FT6中的木炭年代距今1520±60年。进入历史文字记载以后，C-14测定的年代只能起到参考作用。

其次，对照其他地方出土的墓葬形制和出土器物。从墓葬形制上看，虹鳟鱼场墓葬和敦化六顶山[1]、安图东清[2]、和龙北大古墓群[3]、海林山嘴子[4]、海林三道中学[5]等渤海墓葬形制相

〔1〕《六顶山与渤海镇》，中国社会科学院考古研究所编著，1997年。

〔2〕《东清渤海墓葬发掘报告》，《渤海史研究》3，延边大学出版社1992年版。

〔3〕《和龙北大渤海墓葬》，《延边博物馆文物》，1994年1期。

〔4〕孙秀仁：《略论海林山嘴子渤海墓葬的形制、传统的文物特征》，《中国考古学会第一次年会论文集》，文物出版社1979年版。

〔5〕《未刊稿》。

同。出土陶器比较接近于敦化六顶山、安图东清等墓地出土的同类器物。因此，可以认为虹鳟鱼场墓地比较接近于敦化六顶山和安图东清墓葬年代，明显早于和龙北大和海林山嘴子渤海墓葬。

　　总的看来，该墓地第一期年代相当于渤海早期，第三期年代可能到渤海中期，第二期年代则处于从第一期至第三期的过渡时期。

四　墓葬性质

　　所发掘的 323 座墓葬中，除 2 座砖室和 1 座砖石混筑墓之外，均系石墓。其文化遗存与中原文化、高句丽文化、靺鞨文化相比较都有一定的相同又不同之处。

　　首先看一下墓地的地理位置，虹鳟鱼场墓地离上京城只有 6.5 公里，这一地区是渤海时期的腹地。上京城作为都城的时间约占渤海存在时间的三分之二。这一地区是指以上京城为主的地区，包括所统之州县，其相邻府州地区留下的渤海墓葬也比较多。从 20 世纪 40 年代以后，渤海墓葬发现的数量渐多，发现的地域也较广。黑龙江省林口头道河子、北站、海林市山嘴子、柴河北站、三道河子乡东沙村、三道中学、桦林石场沟、柴河头道河子、上京城附近牡丹江两岸的大朱屯、沙兰乡西南的洋草沟等都发现渤海墓葬，虹鳟鱼场墓地是迄今为止发现墓葬数量最多、分布面积最广的一处。

　　上京城以西有大面积的熔岩台地，古称德林石，这里确有不少古代文化遗迹，值得我们注意的是，在虹鳟鱼场墓地往东北 3 公里处的熔岩台地上发现一块碑形石，俗称“无字碑”，高 2.35 米，宽 1.7 米，厚 0.5 米，《宁安县志》中有记载，可惜于 1992 年被炸毁。“无字碑”剥蚀较严重，很难辨别其他痕迹，它可能与墓葬或祭祀活动有关。围绕上京城和虹鳟鱼场这一地区是当时人类生存活动最频繁的地域。

　　虹鳟鱼场墓地，第一区墓葬有 39 座，第二区墓葬 284 座，未发现土坑墓，99％属于石墓。第一区墓葬年代明显早于第二区墓葬，铲形石室墓与刀形石室墓均发现于第二墓区内。第一区墓葬中，长方形石室为 16 座，占 41％，其中 12 座墓葬为地穴建筑；石圹墓有 10 座，占 26％，其中 8 座墓属于地穴建筑；石棺墓有 7 座，占 18％，其中 6 座墓为地穴建筑；双室墓只有 1 座，其余 5 座墓形状不明（附表五）。

　　第二区墓葬中，铲形石室墓有 88 座，占 31％，地面建筑与半地穴建筑比例各占一半。61 座墓葬为刀形石室墓，占 21％，有 3 座半地穴建筑，其余均系地面建筑。长方形石室墓有 79 座，占 28％，其中 66 座墓葬为地面建筑。石圹墓有 20 座，占 7％，均系地穴建筑。石棺墓有 19 座，占 7％，除 2 座以外，均属于地穴建筑。双室墓有 3 座。

　　第一区墓葬均无墓道，墓葬规模较小，可辨认形状的 34 座墓葬中，地穴建筑有 27 座，占 84％。封土石室墓一般为地穴建筑，而且规模比较小。石圹、石棺墓则地穴建筑为大宗，未见其他类型的墓葬。墓葬中出土的陶器皆为夹砂褐陶，口饰锯齿状附加堆纹，器壁厚薄不均，制作粗糙，火候较低。

　　第二区墓葬增加铲形墓和刀形墓共 149 座，占二区墓葬的 55％，除 2 座砖墓和 1 座砖室混筑墓以外，其余 121 座墓葬近似于第一区墓葬，其中地穴建筑占 40%，明显少于一区墓葬。二区墓葬与一区墓葬相比，既有共性，也存在着一定的差异。从结构看主要流行封土石室墓，石墓中存在不同形状，不同建筑方法，并且形状多样，有长方形、铲形、刀形，墓葬的封顶结构也见有封石封土、抹角叠涩封土、石板平顶封土。墓向多数为南北向，个别墓葬是东西向。大型石室墓和方坛集中在二区墓群中。

本墓地石墓底有 4 种结构（附表九），250 座墓底为沙、土结构，占墓葬总数的 88%，石板墓底有 14 座，占 5%，铺有小河卵石（包括铺玄武岩小石块）10 座，占 4%，铺红砖墓底的有 10 座（包括 2 座砖室墓），占 4%。墓底铺大石板或铺垫河卵石（玄武岩小石块）的现象在渤海同期墓葬中普遍存在，但数量并不多。而且在高句丽墓葬中亦有发现，吉林集安东大坡 M356、M262 高句丽墓葬底部铺有小河卵石。高句丽人可能认为河卵石圣洁，用来铺墓室底部大概是对河伯的一种崇拜和纪念[1]。石墓中 8 座墓以砖铺底，这种迹象在敦化六顶山贞惠公主墓[2]和洋草沟 M201[3]墓葬中也有出现。

虹鳟鱼场墓地在原渤海故地，墓葬的形状和结构，和以往发掘的吉林敦化六顶山、安图东清、沿海州契尔良基诺墓群中的 M46、M70、M71 石墓[4]、朝鲜咸镜北道会宁君弓心[5]、花台君旌门里[6]，清津市清岩区富居里涧芝洞第二墓区第一号墓[7]等渤海墓葬颇多相似之处，随葬品种类亦相一致，显然是同时期留下的遗存。此外，虹鳟鱼场墓地的封土石室墓的形状和修筑方法与目前发现的一些高句丽时期的封土石室墓亦有相似之处。如辽宁桓仁县高力墓子村高句丽墓葬[8]、吉林通化市东江村高句丽墓葬[9]、辽宁抚顺市前屯、洼浑木高句丽墓[10]、吉林集安洞沟高句丽墓[11]、沈阳市石台子山城高句丽墓葬[12]，1976 年发掘的洞沟高句丽墓[13]中发现的铲形、刀形、长方形、双室石室墓也基本相同。《考古》2008 年 10 期《沈阳市石台子山城高句丽墓葬 2002—2003 年发掘简报》结语中提到：石台子山城发现的铲形墓形制结构与吉林敦化六顶山 M205～M207 和 M215 等渤海墓葬的形制结构几乎完全相同，且都有在墓道两壁竖立大石板的做法。其中六顶山 M205 和 M206 墓底分别铺板石和碎石的做法与石台子山城发现的 02ⅡM3 墓底平铺碎石，02ⅡM4 与 03ⅢDM26 墓底平铺石板的做法也完全一致。此外，六顶山 M103、M104 和 M203 等墓葬的形制结构与石台子山

〔1〕《吉林集安东大坡高句丽墓葬发掘简报》，《考古》1991 年 7 期。
〔2〕《六顶山与渤海镇》，中国社会科学院考古研究所编著，1997 年。
〔3〕《黑龙江省海林市洋草沟墓地发掘报告》，《北方文物》1998 年 3 期。
〔4〕《沿海州契尔良基诺 5 渤海古墓群》，《大韩民国文化财韩国传统文化学校、俄罗斯联邦远东国立科技大学》2005 年、2006 年。
〔5〕《弓心墓群发掘报告》，《朝鲜考古研究》，社会科学出版社 1991 年 1 期。
〔6〕《昌德墓群发掘报告》，《朝鲜考古研究》，社会科学出版社 1990 年 3 期。
〔7〕《关于涧芝洞第二地区第一号墓》，《东北亚考古资料译文集》2002 年第四辑。
〔8〕《辽宁桓仁县高力墓子村高句丽墓葬》，《考古》1960 年 1 期。
〔9〕《吉林通化市东江村高句丽墓葬》，《考古》1960 年 7 期。
〔10〕《辽宁抚顺市前屯、洼浑木高句丽墓》，《考古》1964 年 4 期。
〔11〕《吉林集安洞沟高句丽墓》，《考古》1984 年 1 期。
〔12〕《沈阳市石台子山城高句丽墓葬 2002—2003 年发掘简报》，《考古》2008 年 10 期。
〔13〕《1976 年洞沟高句丽墓清理》，《考古》1984 年 1 期。

城发现的长方形墓葬的形制结构亦相似。

　　虹鳟鱼场墓葬结构与形状，和同时期的渤海墓葬相同，亦和高句丽时期的有些平民墓葬相似。高句丽、渤海是我国东北地区比较古老的少数民族政权，两个政权的更替，前后相距 30 年，部分统治地域重叠。高句丽灭亡以后，部分遗民融入渤海，使他们之间相互影响，在历史上留下相似的文化面貌。然而对渤海石墓国内外学者各有不同的观点：有的学者提出，渤海的封土石室墓是由竖穴土坑墓经竖穴土圹墓发展而来的；另一种观点是传统石墓和土圹墓已成为高句丽系和靺鞨系的主要标准。围绕这些问题，有必要探讨渤海墓葬、靺鞨墓葬和高句丽墓葬之间的关系。的确，过去渤海故地中发现的绝大部分石墓，包括渤海疆域中的朝鲜咸镜道一带，全都是石墓，而不见土坑墓。此外，除了渤海早期都城西古城附近有少数土圹墓，比如敦化六顶山和安图东清等地发现少数土圹墓，黑龙江省东宁大成子发现 1 座土圹墓，其余全部是石墓系统。与此相反，居住在黑龙江的黑水靺鞨，全部为土圹墓。这种现象出现在靠近高句丽领域的俄罗斯沿海洲一带，除了极少数为石墓外，绝大多数为土圹墓。普遍集中土圹墓的地域为粟末靺鞨、黑水靺鞨居住的第二松花江和黑龙江沿岸，这就进一步明确了渤海故地，渤海人活动过的中心地更流行的是石墓，而不是土圹墓，可以确切地讲，石墓系列是渤海时期的主要墓葬结构。这说明高句丽灭亡之后，高句丽时期流行的传统石墓风格延续于渤海，高句丽领地以外的黑龙江渤海故地发现的渤海石墓，其中包括虹鳟鱼场墓葬的渊源，可以解释为高句丽文化的影响。渤海墓葬的结构与形状，可能是渤海人接受了高句丽文化影响后仿照高句丽的石墓，结合本民族需要所建造的。另一方面是高句丽人来到这个地区以后建造的。不管出于那种情况，高句丽的石墓系列在渤海地区的影响是不容怀疑的。

　　据文献记载，高句丽灭亡后，有相当多的高句丽人融入渤海，随着这些高句丽人的加入，他们的生活习俗及其墓葬结构必然会影响到渤海地区。同样是封土石室墓，渤海人和高句丽人的墓葬结构就存在有不同之处。虹鳟鱼场墓葬未发现方坛阶梯，只有 2 座墓存在方坛（M2308、M2164），高句丽墓葬和渤海墓葬墓室都以石圹和石室形状出现，高句丽墓葬多数为地面建筑，而虹鳟鱼场的墓葬不同类型的墓葬有不同的特点。半数铲形墓为半地穴建筑，刀形墓和长方形石室绝大多数为地面建筑，石圹墓、石棺墓多数也是地穴建筑。这两个不同民族的墓葬既有共性，又存在差异，反映出渤海文化的发展进程和其他文化对它的影响，最终留下了自身文化的特征。虹鳟鱼场墓葬结构、形状及器物种类、形态都基本稳定，其所吸收的外来文化因素和自身固有的文化融为一体，发展出自己独特的文化体系。

　　从目前发掘的渤海墓葬材料中可以看出，土圹墓多见于渤海稍早些时候，越到晚期不见或仅见于个别墓例。土圹墓是渤海建国前后部分地区靺鞨人的埋葬习俗，绝大多数分布于靺鞨人生活过的地域。这说明渤海时期的土坑墓和石墓具有一定地域性和不同民族、不同文化传统的差别，两者之间不存在直接的早晚继承关系。那么渤海的封土石室墓是由竖穴土坑墓经竖穴土圹墓发展而来的论点，尚欠缺依据。

　　砖室墓在渤海墓葬中数量较少，过去认为其年代较晚，不少学者认为很可能到渤海中晚期。但经过虹鳟鱼场砖室墓的清理，可以把砖室墓的年代提到渤海中期以前，而且本墓地清理发掘的 2 座小型砖室墓，很可能是属于平民墓。渤海墓葬中砖室墓的数量较少，其中有明确年代的是公元 792 年的贞孝公主墓。渤海砖室墓的起因，很明显是受到了当时中原墓葬的影响[1]。

　　高句丽和渤海墓葬在随葬品种类、数量和规模上有很大的差异，高句丽墓葬盛行厚葬，金银财帛不惜陪葬，相反渤海时期反映的是薄葬，虹鳟鱼场墓地亦不例外。虹鳟鱼场出土的陶器与高句丽时期的相比，几乎找不出早晚文化相互演进的规律，从种类上发现类似高句丽时期的板状耳罐、敛口罐，但形状并不相同。值得关注的是，本墓地出土长腹罐[2]数量之多，约占陶器总数的42%。这种罐在东北出现的时间很早，一直延续到渤海时期，但高句丽陶器中几乎不见，过去在集安下活龙村高句丽墓葬中曾发现1件口沿带锯齿纹的鼓腹罐。耐用的金属器中可以找到相同的器物，如集安下活龙村高句丽墓出土的方形铜镜[3]，辽宁抚顺市前屯、洼浑木高句丽墓出土的铜铊尾、铜带銙[4]，辽宁桓仁凤鸣石室烧土墓附近出土的铜钗[5]等，与虹鳟鱼场墓地出土的同类器物相似。高句丽和渤海墓葬中出土相同的铜镜，这都是唐文化的因素。

　　该墓地反映的多人二次葬，填土中发现兽骨，随葬品中数量较多的长腹罐、铜牌饰等，这些都强烈地反映出靺鞨文化因素。其他在渤海墓地，包括虹鳟鱼场墓地中颇为流行的方坛遗迹和随葬品中发现的瓮、长腹罐、长颈壶、不同形状的陶瓶、罐等器物，是属于自身文化发展过程中产生的独特的渤海文化因素。

　　墓地323座墓葬中几乎不见葬具，其中27座墓葬中或其填土中发现棺钉，说明少数墓葬用过葬具。两唐书中记载："死者穿地理之，无棺敛之具，杀所乘马，于死前设祭"[6]，"死者埋之，无棺椁，杀所乘马以祭。"[7]说明靺鞨人一直到唐代没有使用棺。可以推测这里很少有棺材，当是靺鞨人还保留自己的传统习惯。但是27座墓葬中发现棺钉，说明在接受周边文化影响的过程中逐渐使用了葬具。如果这么理解，虹鳟鱼场墓地受外部文化影响，在使用葬具上已经出现一些变化。

　　渤海民族随着渤海国的建立，由于所处自然地理环境的影响，在与其他民族之间长期的经济来往、文化的相互影响、民族的相互融合的过程中，最终形成了自己独特的文化特征。虹鳟鱼场墓葬是典型的渤海民族的文化遗存。

〔1〕　魏存成：《渤海考古》，文物出版社，2008年。

〔2〕　学术界称靺鞨罐。

〔3〕　《集安县上、下活龙村高句丽古墓清理简报》，《文物》1984年1期。

〔4〕　《辽宁抚顺市前屯、洼浑木高句丽墓发掘简报》，《考古》1964年10期。

〔5〕　《辽宁桓仁出土青铜遗物墓葬及相关问题》，《博物馆研究》1994年2期。

〔6〕　《旧唐书》卷199下，靺鞨传。

〔7〕　《新唐书》卷219，黑水靺鞨传。

肆 结 语

虹鳟鱼场墓葬是渤海民族留下的重要的文化遗存，是研究渤海历史与文化的重要实物资料。由于渤海历史文献的相对匮乏和考古资料的局限性，使得渤海史研究不仅存在很多困难，而且也出现一些问题和分歧，成为争论较大的学术课题。不同类型的墓葬和与之相伴出土的一批新的重要文物，填补了渤海国历史与考古研究中的某些空白，这些墓葬资料是研究渤海史难能可贵的实物资料，因而引起国内外学者的关心与瞩目。

墓葬研究应该注意观察其地理位置、结构、形状、葬俗、随葬品、人骨等，这些材料都反映当时社会生活的一个侧面。但我们研究时受各种条件限制，有其相对的局限性，况且经过一千多年的漫长岁月很难保存原来的面貌。因而我们研究渤海墓葬不能解释的某些现象时，更需要进行深入细致的综合观察分析，找出规律性东西，踏踏实实地直面客观，才能对研究对象有个正确的认识，并在这一基础上，使我们的研究水平达到一个新的高度。

渤海墓葬研究，国内外学者都有各自的见解，但是从某些现象看存在两种相反的倾向。一是忽视靺鞨文化，只比较渤海和高句丽文化，认为渤海文化是高句丽文化的延续。另外一种观点是研究渤海墓葬就跟靺鞨文化比较，不注意高句丽文化的因素，这种研究方法到20世纪90年代以后表现得更为突出。"渤海国"存在229年，但其系统的文献史料相对较少。虹鳟鱼场墓地的全面发掘，可"证史之误，不识之无"，具有较高的学术价值，因为墓地出土的相当一批新的重要遗迹和珍贵文物记载了渤海国的历史。千年的古墓奇迹般地填补了"渤海国"历史与考古研究中的空白。

附录一

哈尔滨工业大学分析测试中心

测 试 报 告

委托单位	黑龙江省文物考古研究所	试样数量	5 个
试验名称	金相分析	试验仪器	奥林巴斯
试验材料	渤海国虹鳟鱼场墓地出土金属器	试验日期	2007 年 4 月 13 日

检验结果：

对 5 种送检样品进行镶嵌。经研磨、抛光、化学浸蚀后制备成金相试样，编号分别为 1♯、2♯、3♯、4♯、5♯。

由外观及金相组织检查可以初步认为：1♯、2♯、3♯试样为普通低碳钢材料，2♯试样被检面经化学浸蚀后，未发现明显的金属组织形态，电子探针检查发现 2♯试样被检面上仅存在铁和氧元素，可以认为 2♯试样被检面已被完全氧化，生成了铁的氧化物。4♯和 5♯试样是铜—铅合金铸件。

1♯——M2113 下层　铁甲片
2♯——FT1　铁甲片
3♯——M2001：134　铁片
4♯——M2095：3　铜带銙
5♯——M2208：1　铜带銙

试验人员	*于捷*	分析测试中心（盖章）
审 核	*贾尚*	2007 年 4 月 13 日

1-1　外观

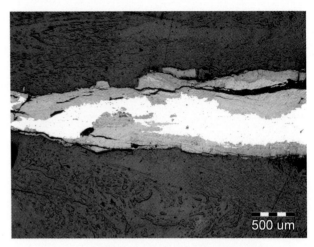

1-2　研磨抛光后金属和外层氧化皮形态

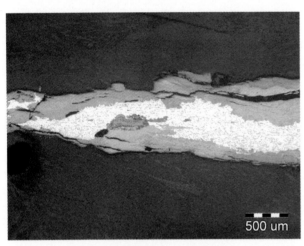

1-3　化学浸蚀后金属显现组织

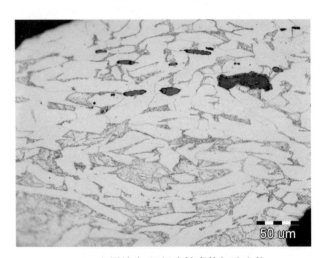

1-4　左图放大 组织为铁素体加珠光体

1 号试样外观及金相组织

2-1　外观

2-2　研磨抛光后"金属"和外层氧化皮形态

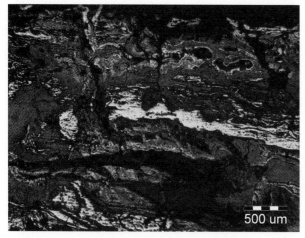

2-3 化学浸蚀后"金属"显现组织

2-4 左图放大 金属已全部生成氧化铁

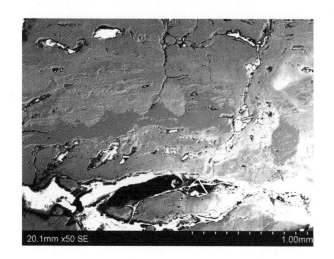

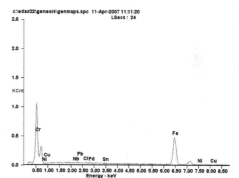

Element	Wt%	At%
OK	27.78	57.80
FeK	67.49	40.22
Matrix	Correction	ZAF

2号试样外观及金相组织

3-1 外观

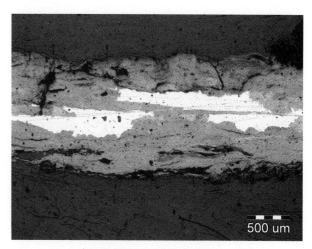

3-2 研磨抛光后金属和外层氧化皮形态

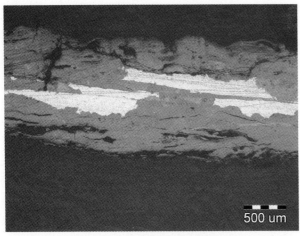

3-3　化学浸蚀后金属显现组织

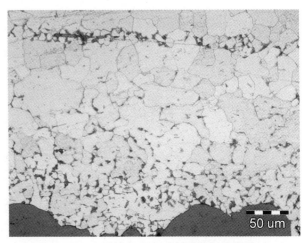

3-4　左图放大 组织为铁素体加珠光体

3 号试样外观及金相组织

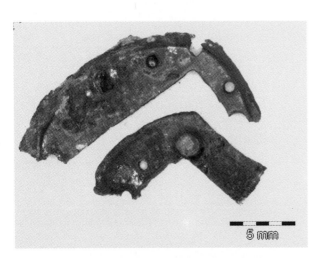

4-1　外观（正面、正面）

4-2　外观（反面、侧面）

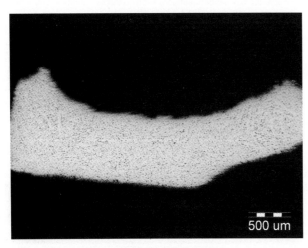

4-3　研磨抛光后金属形态

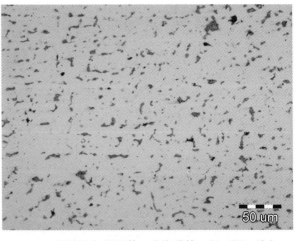

4-4　左图放大 铜基体上分布着第二相（铅）质点

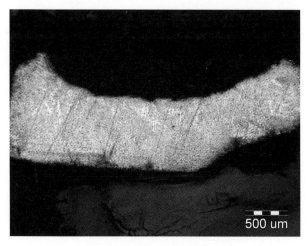

4-5　化学浸蚀后金属显现组织

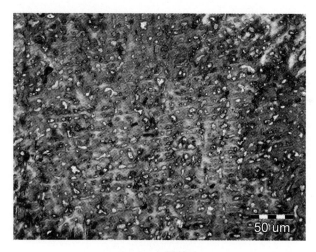

4-6　左图放大

组织：铸态铜基固熔体加枝晶间分布的铅质点

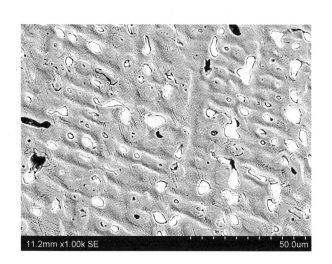

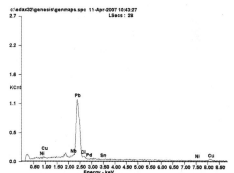

Element	Wt%	At%
PbM	87.90	70.85
CuK	07.59	19.95
Matrix	Correction	ZAF

4号试样外观及金相组织

5-1　外观（正面）

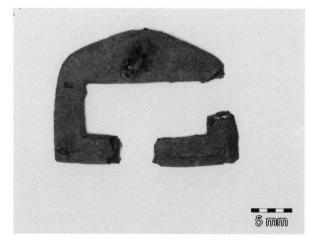

5-2　外观（反面）

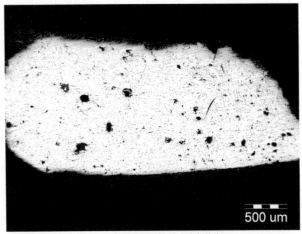

5-3　研磨抛光后金属形态

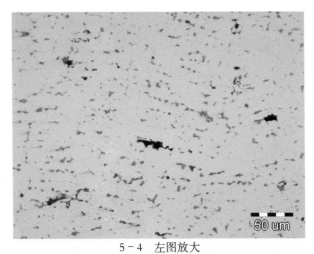

5-4　左图放大

铜基体上分布着第二相（铅）质点及缩孔

5-5　化学浸蚀后金属显现组织

5-6　左图放大

组织：铸态铜基固熔体加枝晶间分布的铅质点

试样存在大量铸造缺陷：缩孔

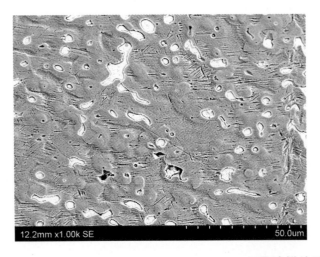

Element	Wt%	At%
PbM	87. 26	68. 30
CuK	05. 15	13. 15
Matrix	Correction	ZAF

5 号试样外观及金相组织

附录二

宁安虹鳟鱼场渤海墓地出土铁器的金相学考察

贾　莹　高秀华[1]　于立群[1]

摘　要：本文对虹鳟鱼场渤海墓地出土铁器样品进行金相检测，器物种类包括兵器、工具、杂器等。金相检测结果表明，当时工匠普遍采用热锻技术，将高碳钢或中碳钢与熟铁或低碳钢叠加锻打成型，碳钢的含碳量与器物类型相关。铁刀具锻打后经过淬火回火处理，材质和工艺已与现代刀具处理工艺类似。本遗址出土铁器中的夹杂物与吉林省延边州和龙西古城出土铁器有着本质的差异，表明两地的材料获取方式或许有别。由铁器的金相结构所得到的工艺信息，使我们对渤海国手工艺技术水平有更多的了解，同时也为中国钢铁技术发展历史的复原积累了重要的基础数据。

关键词：虹鳟鱼场；渤海国墓地；金相学；钢铁技术

虹鳟鱼场墓地出土铁器样品 19 件，包括铁甲片、铁刀、铁带銙及其他杂器。对铁器进行金相检测，不仅揭示出渤海国的手工艺技术水平，而且由于同时期中原地区经过金相检测的出土铁器寥寥无几，文献中只有零星的记载，因此，这些数据对于重构中国钢铁技术发展过程中阶段性技术也具有重要的意义（图版一九二～二一二）。

一、金相组织与工艺

虹鳟鱼场墓地 M2113 有墓葬重叠打破现象，考古发掘报告中将其分别标定为 M2113（上层）和 M2113（下层），本文选取了 M2113 不同层位墓葬出土的铁甲片，以观察在工艺方面是否有所差异。本文总计检测含有金属核心的铁器 19 件、铁甲片 15 件、铁刀 1 件、杂器 3 件，有些样品对多个部位进行观察，文中所标 A-A 面为横断面，B-B 面为纵向断面，铁甲片的观察面以短边横断面为 A-A 面，长边纵断面为 B-B 面。

铁器样品抛光后用 4% 硝酸酒精溶液擦蚀，利用光学金相显微镜进行观察，金相检测所用仪器为日本 Union 光学株式会社 Versamet-2 型金相显微镜。除特别标注外，照明条件均为明场。铁器样品的金相组织见表 1。

铁甲片和铁刀的多部位的观察表明，同一件铁器不同部位的含碳量差异很大。铁甲片

---

[1] 吉林省文物考古研究所　长春　130033

93NHM2113（下层）：1横断面 A-A 面观察为含碳量 0.8% 高碳钢，纵向断面 B-B 面观察为 0.1% 低碳钢＋熟铁，铁器整体显然是由 0.8% 高碳钢和熟铁相叠加锻打而成，低碳区域只是碳扩散过渡区。铁甲片 92M2001：2-A-A 面观察含碳 0.1%－0.2% 低碳钢＋熟铁，B-B 面观察为含碳 0.4%－0.5% 中碳钢＋含碳 0.1% 低碳钢，说明器物至少采用了中碳钢和熟铁相叠熔合。铁甲片 M2113（上层）：23A-A 面观察，有含碳量 0.8% 高碳钢和 0.2% 低碳钢组织存在，B-B 面观察到含碳量 0.8% 高碳钢和熟铁组织，表明器物由 0.8% 高碳钢和熟铁锻打结合而成。由此可见，选择大剖面以及不同的断面观察，可以得到较为全面的信息，尤其是考古发掘器物样品，由于残损和腐蚀，可能只残留星星点点的原始金属，全面观察显得尤为重要。

表 1　虹鳟鱼场墓地出土铁器金相组织

名　称	编　号	金　相　组　织	图　版
铁甲片	93NHM2113（下层）：1 A-A 面	器物为多层材料反复折叠锻打。断面表明这件铁甲片腐蚀比较严重，只残存点点原金属核心。铁甲片的晶粒非常细小，为含碳大约 0.8% 的高碳钢正火细片和粒状珠光体组织。	一九二：1～3
	B-B 面	中心含碳量大约 0.1% 低碳钢，铁素体＋珠光体组织，两侧为熟铁铁素体组织。 两个剖面观察含碳量差别很大，整体应为含碳量 0.8% 高碳钢和熟铁叠加锻打而成，低碳区域可能由于碳扩散的结果。	一九三：1、2
铁甲片	93NHM2113（下层）：8 B-B 面	尚未腐蚀的能够辨别的金属核心由含碳 0.8% 左右的一层材料和含碳大约为 0.2% 钢材叠加锻打，中间有明显的交界，边缘腐蚀区域层与层之间也有明显的交界。靠近表层为含碳量 0.2% 的铁素体＋珠光体组织，中心为含碳量 0.8% 的珠光体组织，残存的中心含碳量高于外侧相邻区。	一九四：1～3
铁甲片	92NHM2001：2 A-A 面	断面明显可见折叠锻打层与层之间的交界有长长的氧化铁。含碳 0.1%－0.2% 低碳钢组织为铁素体＋珠光体，熟铁为铁素体，两种材料叠加锻打后空冷。	一九五：1～3
	B-B 面	含碳 0.4% 中碳钢和含碳 0.1% 低碳钢，内部为铁素体和珠光体组织，热锻后空冷。 两个断面观察含碳量不等，为中碳钢和熟铁锻打，低碳部分区域可能由于碳扩散的结果。	一九六：1、2
铁甲片	92NHM2001：1 A-A 面	含碳 0.2% 低碳钢，铁素体＋珠光体组织。含有少量氧化亚铁的硅酸盐夹杂，呈长串状及比较细小圆粒状形态。	一九七：1、2
	B-B 面	铁甲片由多层折叠锻打，能辨别的尚存金属核心从断面一侧边缘到中心含碳量有明显的变化，含碳量高处含碳大约 0.6%，含碳量低区含碳大约 0.1%。 两个断面观察到高碳钢和 0.2%、0.1% 低碳钢，不排除应用熟铁并在锻打过程中增碳成钢的可能性。	一九八：1～3
铁甲片	93NHM2113（下层）：2 A-A 面	刃部纵向断面为观察面，含碳 0.8% 高碳钢＋含碳 0.2% 低碳钢相间叠加锻打，珠光体和铁素体＋珠光体组织交错分布。	一九九：1～3
	B-B 面	含碳 0.8% 高碳钢，珠光体组织，相邻区为含碳 0.2% 低碳钢，铁素体＋珠光体组织，有的区域含碳量介于二者之间。 两个断面观察到相一致的结果，不同含碳量钢材叠加锻打后空冷。	一九九：2、4
铁甲片	93NHM2113（下层）：4 B-B 面	铁甲片由含碳 0.5% 中碳钢、含碳 0.2% 低碳钢，两种材料叠加锻打，之间有明显的交界，铁素体＋珠光体组织，含碳不同区域珠光体比重不同，杂质很少。锻打之后空冷。	二〇〇：1、2
铁甲片	93NHM2113（下层）：5 B-B 面	含碳 0.8% 高碳钢反复折叠锻打，珠光体组织。热锻后空冷。	二〇一：1、2
铁甲片	93NHM2113（下层）：6 B-B 面	含碳量高的区域含碳 0.8%，为珠光体组织，含碳量 0.5%－0.6% 区域为珠光体＋铁素体组织，含碳量 0.2% 区域为铁素体组织，高、低碳材料之间有明显交界，折叠锻打之后空冷。	二〇二：1、2

续表一

名　称	编　号	金　相　组　织	图　版
铁甲片	93NHM2113（上层）：8 B-B面	残存区域均为含碳量0.8%的高碳钢珠光体组织。折叠锻打后空冷。	二〇三：1
铁甲片	93NHM2113（上层）：15 B-B面	铁甲片有珠光体组织，含碳量为0.8%左右，高碳钢，有含碳量0.5%-0.6%珠光体+铁素体组织区域，中碳钢结构，但是与珠光体区域分界不明显。	二〇三：2
铁甲片	93NHM2113（上层）：20	残存区域有含碳量为0.8%珠光体的组织，有含碳量0.2%的铁素体+珠光体组织，应为高碳钢与低碳钢折叠锻打，空冷。	二〇三：3
铁甲片	93NHM2113（上层）：21 B-B面	不同区域含碳量不同，分别为0.8%C，0.5%-0.6%C，0.2%C，这表明铁甲片是由0.8%高碳钢和含碳量0.2%低碳钢叠加锻打而成，多数区域含碳量为0.5%-0.6%C，层与层组织之间没有明显的界线。	二〇三：4 二〇四：1、2
铁甲片	93NHM2113（上层）：23 A-A面 B-B面	铁甲片由高碳钢和熟铁叠加锻打，空冷。 有含碳量0.8%珠光体区，0.2%以及含碳量居中铁素体+珠光体区。 有铁素体区域、0.8%珠光体区以及含碳量居中的铁素体+珠光体区。	二〇四：3、4 二〇五：1 二〇五：2～4 二〇六：1
铁甲片	93NHM2113（上层）：25 B-B面	铁甲片断面分层之间有明显的界线，但各层含碳均匀，为含碳量0.2%的低碳钢铁素体+珠光体组织。	二〇六：2
铁甲片	93NHM2113（上层）：27 B-B面	深色区为含碳量0.8%的珠光体组织，为高碳钢，说明有高碳来源，其他残存区为含碳量0.2%的铁素体+珠光体组织，为低碳钢。	二〇六：3
铁甲片	93NHM2113（上层）：31 B-B面	残存区域为均匀的含碳0.8%高碳钢珠光体组织。	二〇六：4
铁刀	93NHM2136：Y1 柄部A-A面 靠近刀尖A-A面 刃中部B-B面	铁刀柄横断面为观察面，断面可见色泽不同的分区，暗色为碳钢区，亮白色为熟铁区，边缘是铁刀的正反两面，都有碳钢相叠。中心为带有孪晶结构的铁素体等轴晶粒，两侧含碳量高处可达0.5%左右，低处约为0.1%。夹杂物比较多，为含有氧化亚铁的硅酸盐夹杂。铁刀脊部晶粒比较粗大。 靠近刀尖处横断面，刀背边缘为回火马氏体，未完全淬透，中心为铁素体+珠光体组织。有含量少量氧化亚铁的硅酸盐夹杂物。 刃部纵向断面为观察面。边缘可见回火马氏体伪晶。中心部未完全淬透，为极细珠光体+铁素体。含碳量为0.4%-0.5%中碳钢和熟铁相间叠加锻打，淬火后回火。	二〇七：1～3 二〇八：1～3 二〇九：1～3
尖状器	92NHM2008：Y1 B-B面	尖端已经腐蚀，靠近尖端区域呈现出熟铁的铁素体组织。侧面卷边显示出0.8%左右高碳钢与熟铁交错分布，由熟铁与高碳钢叠加锻打。	二一〇：1、2
螺旋器	93HHM2184：8 B-B面	残存的中心区为熟铁铁素体组织，相邻区已腐蚀，似为高碳区域？	二一〇：3
铁带銙	93NHM2107：6 A-A面	含碳和0.2%的低碳钢和熟铁叠加锻打，分别为铁素体+珠光体、铁素体组织。杂质很少。	二一一：1～3

　　表2是根据金相检测结果对铁器的材质和加工工艺所作的统计，从中可以看到存在一定的规律性，铁刀93NHM2136：Y1经过热锻淬火回火，其他器物均为热锻后空冷，器物不是采用单一材料折叠锻打，而是普遍用高碳钢或中碳钢与熟铁、低碳钢叠加锻打，器物所用钢材的含碳量与器物种类相关，铁甲片多为高碳钢，刀具用中碳钢，带銙为低碳钢，有些铁甲片在不同区域观察，钢的含碳量有高、中之差，是由于应用了高碳钢，其中的碳在加热过程中向熟铁中扩散产生中碳含量的过渡区，M2113上层出土的铁甲片，相邻区含碳量差异不十分明显，由于碳的扩散使相邻区组织趋于均匀。

表2　虹鳟鱼场墓地出土铁器工艺及材质

名　称	编号及观察部位	工　艺	材　料
铁甲片	93NHM2113（下层）：1 A-A 面 B-B 面	热锻空冷 热锻空冷 热锻空冷	含碳 0.8%高碳钢 + 熟铁 含碳 0.8%高碳钢 0.1%低碳钢 + 熟铁
铁甲片	93NHM2113（下层）：8B-B 面	热锻空冷	含碳 0.8%高碳钢 + 含碳 0.2%低碳钢
铁甲片	92NHM2001：2 A-A 面 B-B 面	热锻空冷 热锻空冷 热锻空冷	含碳 0.4%- 0.5%中碳钢 + 熟铁 含碳 0.1%- 0.2%低碳钢 + 熟铁 含碳 0.4%- 0.5%中碳钢 + 含碳 0.1%低碳钢
铁甲片	92NHM2001：1 A-A 面 B-B 面	热锻空冷 热锻空冷 热锻空冷	含碳 0.8%高碳钢 + 含碳 0.1%低碳钢 （不排除应用熟铁的可能性） 含碳 0.8%高碳钢 + 含碳 0.2%低碳钢 含碳 0.6%中碳钢 + 含碳 0.1%低碳钢
铁甲片	93NHM2113（下层）：2 A-A 面 B-B 面	热锻空冷 热锻空冷 热锻空冷	含碳 0.8%高碳钢 + 含碳 0.2%低碳钢 含碳 0.8%高碳钢 + 含碳 0.2%低碳钢 含碳 0.8%高碳钢 + 含碳 0.2%低碳钢
铁甲片	93NHM2113（下层）：4B-B 面	热锻空冷	含碳 0.5%中碳钢 + 含碳 0.2%低碳钢
铁甲片	93NHM2113（下层）：5B-B 面	热锻空冷	含碳 0.8%高碳钢
铁甲片	93NHM2113（下层）：6B-B 面	热锻空冷	含碳 0.6%高碳钢 + 含碳 0.2%低碳钢
铁甲片	93NHM2113（上层）：8	热锻空冷	含碳 0.8%高碳钢
铁甲片	93NHM2113（上层）：15	热锻空冷	含碳 0.8%高碳钢 + 0.5%- 0.6%中碳钢 （不排除应用 0.2%低碳钢的可能性）
铁甲片	93NHM2113（上层）：20	热锻空冷	含碳 0.8%高碳钢 + 含碳 0.2%低碳钢
铁甲片	93NHM2113（上层）：21	热锻空冷	含碳 0.8%高碳钢 + 含碳 0.2%低碳钢
铁甲片	93NHM2113（上层）：23 A-A 面 B-B 面	热锻空冷 热锻空冷	含碳 0.8%高碳钢 + 熟铁 含碳 0.8%高碳钢 + 含碳 0.2%低碳钢 含碳 0.8%高碳钢 + 熟铁
铁甲片	93NHM2113（上层）：25	热锻空冷	含碳量 0.2%的低碳钢
铁甲片	93NHM2113（上层）：27	热锻空冷	含碳 0.8%高碳钢 + 含碳 0.2%低碳钢
铁甲片	93NHM2113（上层）：31	热锻空冷	含碳 0.8%高碳钢
铁刀	93NHM2136：Y1 柄部 A-A 面 靠近刀尖 A-A 面 刃中部 B-B 面	热　锻 刃部淬火 回　火 热锻空冷 热　锻 淬火回火 热锻淬火 回　火	中碳钢 + 熟铁 含碳 0.5%中碳钢 + 熟铁 中碳钢 + 熟铁 中碳钢 + 熟铁
尖状器	92NHM2008：Y1B-B 面	热锻空冷	0.8%左右高碳钢 + 熟铁
螺旋器	93HHM2184：8B-B 面	热锻空冷	熟铁 + 高碳钢（腐蚀区）?
铁带銙	93NHM2107：6A-A 面	热锻空冷	含碳 0.2%低碳钢 + 熟铁

二、相关技术探讨

根据金相检测结果可知，当时的工匠对于铁器的质地与性能有比较明确的认识，成型工艺已形成了一定的规范。

1. 热锻是工匠普遍采用的技术

文中检测的铁器无论是铁甲片还是刀具和杂器，都经过锻打成型。可知在这一时期锻造已经成为主要成型技术。

2. 采用不同含碳量材料叠加锻打

铁器普遍用高碳钢或中碳钢与熟铁或低碳钢叠加锻打。除 M2113 上层铁甲片之外，铁器锻打温度保持在高碳区的碳尚未完全扩散致使熟铁增碳成钢。根据相关研究，在 900℃ 加热 8 小时就可以使原本不均匀的组织完全扩散而使器物得到均匀的含碳量，本文样品不同材料区域有明显的分界，或者碳有所扩散但并未达到整体均质，说明煅接温度低于 900℃ 或者加热时间很短。采用不同含碳量材料折叠锻打成型铁器，保持材料之间熔融接合但又不使含碳量完全达到一致，表明工匠的用意并非是要得到均质的含碳量中等的钢材，而是以达到器物所需性能要求为目的，对刀具则考虑器物不同部位对于性能的要求合理安排材料，需要高强度和硬度的部位用中、高碳钢，需要韧性好的部位则用熟铁。沈括《梦溪笔谈·卷十九·器用》中曾总结古代刀剑的做法"以剂钢为刃，柔铁为茎干"。现代刀具采用中、高碳钢作为刃钢，以 20 钢等性质柔软、不易淬硬的低碳钢作为本体，淬火后经过低温回火。由本文检测可知，虹鳟鱼场墓地出土铁刀已与现代工艺类似，既保证刀刃锋利坚硬，又有一定的柔韧性和弹性，不容易轻易折断。

M2113 上层出土铁甲片中，有 2 件残存铁芯的铁甲片具有均匀含碳 0.8% 的珠光体组织，高碳钢材料，一件 93NHM2113（上层）：25 具有均匀的含碳量 0.2% 铁素体和珠光体组织，低碳钢材料，93NHM2113（上层）：23 相互垂直的两个断面都观察到含碳量 0.8% 的高碳钢珠光体组织，A-A 断面发现熟铁的铁素体组织，B-B 面含碳量最低区域为 0.2%，表明铁甲片是由含碳量 0.8% 的高碳钢和熟铁锻打而成。

将 93NHM2113 上层出土的铁甲片与下层出土铁甲片相比较，均发现高低两种不同含碳量材料叠加锻打的迹象，但在细节上，显示出有所差异。不同含碳量材料组织之间分界不明显，碳扩散导致的含碳量居中区域扩大，金属结构趋于一致和均匀，这表明上层铁甲片锻打温度倾向于增高或锻打时间加长，使操作过程中碳扩散加强，组织趋于均匀。

本文检测铁器所用中、高碳钢非金属夹杂物比较少，为含有少量氧化亚铁的硅酸盐夹杂物，熟铁夹杂物多些，但没有低温冶炼产物的大块不规则形状复相夹杂物，也没有炒钢中常见的成簇分布的氧化亚铁硅酸盐夹杂物，有些较大夹杂物出现在两层材料叠加锻打的交界，这类夹杂物可能会在锻打过程中产生。所以，加工铁器所用高碳材料极有可能由生铁块退火得到。

3. 与西古城渤海铁器工艺的异同

与吉林省延边州和龙西古城出土铁器的检测结果比较，虹鳟鱼场墓地出土铁器的材质要纯净的多，钢材的含碳量普遍高于西古城铁器，但是同一遗址的铁器的含碳量与器物种类表现出相关性。西古城检测的铁器多为铁钉，可能用料上不十分讲究，因此不排除有器物种类的因素，但是西古城出土个别器物显示出与冶炼温度较低相关的组织结构，而且有较多比较复杂的不规则形状夹杂物，所用材料呈现出简陋生产模式产品的迹象，构成与虹鳟鱼场墓地出土铁器的显著差异。

三、结　论

综上所述，虹鳟鱼场墓地出土渤海铁器样品的金相结果揭示出如下规律：

1. 热锻是工匠普遍采用的技术。

2. 充分利用高碳钢具有高强度、硬度，低碳钢或熟铁则具有很好的韧性和延展性等特点，将不同含碳量材料叠加锻打提供器物的综合性能或兼顾器物不同部位必要的强度与韧性。

3. M2113 上层铁甲片层与层之间组织分界不明显，整体含碳量趋于均匀，可能由锻打温度提高或锻打时间延长所导致。

4. 虹鳟鱼场墓地出土铁器中的非金属夹杂物较少而且较为简单，没有观察到类似吉林省延边州和龙西古城遗址出土铁器中的复相夹杂物以及与低温冶炼产品类似的组织形态，因此两地铁器原材料的获得方法可能有别。

致　谢

承蒙黑龙江省文物考古研究所及金太顺、赵哲夫先生对本项工作极为重视并全力支持，谨此致谢。

Micrographic Investigation of Iron Artifacts from the Bohai State Cemetery in Hongzun Fish Fishery

Abstract

Iron objects discussed in this paper were excavated from cemetery of the Bohai state in Hongzun Fish Fishery, Heilongjiang Province. The samples include weapons, knife and other kinds. Microstructures of iron artifacts show that artisans used commonly forging technique to shape products. To capitalize on the hardness of steel and ductility (and cheapness) of iron the high or middle carbon Steel and wrought or low carbon steel were welded together to form composite artifacts. A weld is generally seen as a sharp division between two metal types (although carbon may diffuse across a boundary). In comparison with iron artifacts from Bohai State site of Xigucheng, Helong City, Jilin Province, high carbon steel is frequently found in cuirasses of this paper and the carbon content of object varies with sort of artifact. Iron nails from the Xigucheng site used usually low carbon steel and wrought to weld and some gained high carbon surface layer by carbonization. Difference of inclusions in objects from two sites is obvious which show that there is perhaps essential distinction in method getting material. Microstructures of samples make us more understand level of handicraft industry of Bo-Hai state, and provide significant base data for reconstructing development history of steel and iron technology in ancient China.

Keywords：Hongzun Fish Fishery; Bhai State Cemetery; Micrography; Steel and iron technology

附表一

宁安虹鳟鱼场墓葬登记表

墓号	方向	类型	形状	地层	墓室（米）长×宽－深	墓道（米）长×宽－深	葬俗	随葬器物	填土出土文物
M2001	173°	石室	铲形	半地穴	4.13×3.3－1.4	2.64×1.30－0.83	多人二次葬	陶长颈壶2,陶敛腹罐1,陶长腹罐1,Ⅰ式铁钉21,Ⅱ式铁钉1,Ⅲ式铁钉13,Ⅳ式铁钉3,铁钩1,铁甲片15,铁铰1,铁带钩2,铁铺首1,Ⅰ式铁器2,马衔1,"8"字形铁器2,Ⅲ式铁镞2,铁镞1,Ⅰ式铁带扣1,Ⅱ式铁带扣1,Ⅲ式铁带带扣1,Ⅲ式铁镞3,铁铊尾1,铁块2,铜铊尾2,铜器3,鎏金铜饰件2,鎏金铜带饰件7,鎏金铜带扣1,铜带扣2,银铊尾1,骨器2,银铊尾1,骨甲片9,骨甲片1,蚌壳3,玛瑙珠3,蓝色料珠3,玉管2	陶瓶1,陶长腹罐1,铁甲片29,Ⅰ式铁钉4,Ⅱ式铁钉7,铁环2,铁条1,铁钩2,Ⅰ式铜钉2,鎏金铜饰件4,黑色料珠1,灰色料珠4,玛瑙珠2,包金铜耳环1,铁片3,鎏金铜带扣2,Ⅰ式铁镞1,Ⅱ式铁镞1,鎏金铜饰1,铜带饰件1,银鎏头饰1,银铊尾1
M2002	165°	石室	铲形	半地穴	3.92×2.12－0.76	1.7×0.98－0.42	多人二次葬	Ⅰ式铁钉2,Ⅱ式铁钉3,铁甲片1,鎏金桃形铜饰件1,陶长腹罐1,铁条1	铁镞2,铁甲片12,铁钉1,铜带具1,陶长腹罐底1,陶长腹罐口沿1
M2003	170°	石室	铲形	地面 M2003→M2005	3×1.35－0.68	0.66×0.7	骨肩	无	夹砂褐陶碎片
M2004	160°	石室	铲形	地面 M2004→M2260	3.1×1.8－0.68	1.24×0.74	1根上肢骨	陶长腹罐1,陶桥状耳罐1	铁镞1,陶器底1,陶纹口罐口沿1
M2005	155°	砖室	铲形	半地穴 M2005→M2003	2.4×1.3－0.38	0.8×0.84－0.22	多人二次葬	陶长腹罐1,陶敛腹罐1,陶器盖1	蓝色料珠1,铜甲片1,陶长腹罐口沿1
M2006	155°	石室	铲形	地面 M2006→M2007	2.54×1.7－0.34	0.58×0.7	无人骨	无	夹砂褐陶长罐残片
M2007	200°	石室	铲形	半地穴 M2007←M2006	2.6×1.84－0.52	0.62×0.7－0.36	多人二次葬	Ⅰ式陶长腹罐1,Ⅱ式陶长腹罐2,Ⅳ式陶长颈壶1,Ⅰ式铁钉1,Ⅱ式铁钉6,玛瑙珠1,铜带铃2,铁柱1	陶长腹罐口沿1
M2008	155°	石室	铲形	半地穴	2.84×2.25－1.4	1.94×0.83－0.71	1块下颌骨	无	陶器盖1,玛瑙管饰1,陶敛腹罐口沿1
M2009	145°	石圹	长方形	地穴	2.58×0.92－0.84		少量骨头	铁钉2	陶长颈壶口沿1
M2010	155°	石棺	长方形	地穴	1.72×0.58－0.35		无人骨	无	陶长腹罐口沿1
M2011	195°	石室	长方形	地面	2.13×1.04－0.7		二人二次葬	无	无
M2012	200°	石室	长方形	地面	2.64×1.66－0.62		无人骨	无	陶长腹罐口沿1

续附表一

墓号	方向	类型	形状	地层	墓室（米）长×宽－深	墓道（米）长×宽－深	葬俗	随葬器物	填土出土文物
M2013	170°	石室	铲形	地面	2.55×1.84－0.7	0.9×0.72	多人二次葬	I式陶长腹罐1，III式陶长腹罐1，II式陶长腹罐1，I式铜带銙3，II式铜带銙3，III式铜带銙1，III式铜带銙2，铁刀1，III式铁镞1	夹砂褐陶碎片
M2014	192°	石室	铲形	半地穴	2.56×1.88－0.78	1.46×0.8－0.58	多人二次葬	陶长腹罐2，铁刀1	无
M2015	190°	石室	刀形	地面	2.8×1.66－0.56	1.1×1.08	两根肢骨	陶长腹罐2	无
M2016	165°	石室	铲形	地面	2.7×2.25－0.48	1.06×1	多人二次葬	铁刀1，陶鼓腹罐1	陶长腹罐口沿1
M2017	200°	石室	铲形	地面	2.94×2.14－0.42	1.32×1.1	多人二次葬	陶长腹罐1	陶长腹罐口沿1
M2018	200°	石室	刀形	地面	2.52×1.42－0.62	1.05×0.74	二人二次葬	无	夹砂褐陶碎片
M2019	175°	石室	刀形	地面	2.6×1.56－0.67	1.02×0.92	单人二次葬	无	无
M2020	185°	石室	刀形	地面	2.56×1.35－0.62	1.41×0.94	二人二次葬	陶短颈壶1，陶长腹罐1，绿色料珠1，黄色料珠1	陶长腹罐口沿1，陶瓮口沿1，陶底残片1
M2021	176°	石室	刀形	地面	2.18×1.78－0.52	1.7×1.08	无人骨	陶长腹罐1，陶瓶1，铜环1	陶长腹罐口沿1，铜环1，纹饰陶片1，陶鼓腹罐口沿1，陶罐底1
M2022	184°	石室	刀形	地面	2.4×2.4－0.44	1.12×1.2	无人骨	陶鼓腹罐1，I式陶长腹罐1，II式陶长腹罐1	夹砂灰陶瓮碎片
M2023	210°	石室	铲形	地面	2.92×1.92－0.72	1.02×0.81	二人一次葬	铁刀1	无
M2024	200°	石室	铲形	地面	2.16×1.6－0.68	1.04×0.74	单人一次葬	陶长腹罐2，陶肥颈壶1，铁镞1	陶长腹罐口沿1
M2025	180°	石室	铲形	地面	2.6×1.52－0.66	1.01×0.75	多人二次葬	陶长腹罐1，铁带铜銙1，铜带铜銙1	铁矛1
M2026	185°	石室	刀形	地面	2.84×1.84－0.7	1.13×1	三人二次葬	I式陶长腹罐1，II式陶长腹罐1，陶短颈壶1，铁刀1	无
M2027	180°	石室	刀形	地面	2.15×1.8－0.72	0.76×1	单人二次葬与单人二次合葬	无	无
M2028	200°	石室	刀形	地面	2.58×1.6－0.5	0.7×0.8	少量肢骨	陶鸡腿瓶1，铜铊尾1	无
M2029	190°	石室	刀形	地面	2.25×1.4－0.34	0.84×0.8	两块肢骨	陶长腹罐1，陶短颈壶1	陶罐底1，布纹瓦1
M2030	175°	石室	刀形	地面	2.26×1.5－0.74	1.2×0.83	少量肢骨	铁刀1	陶鼓腹罐口沿1
M2031	190°	石室	铲形	地面	2.2－2.46×1.64－0.51	1.16－1.36×1.04	单人二次葬	陶长腹罐2	无
M2032	180°	石室	刀形	地面	2.21×1.26－0.64	1.25×0.8	单人二次葬与二人二次合葬	铁刀1，陶短腹罐1	夹砂褐陶鼓腹罐碎片
M2033	175°	石室	刀形	地面	2.28×1.42－0.65	0.8×1.05	二人二次葬	无	陶鼓腹罐口沿1
M2034	170°	石室	铲形	地面	2.3×1.51－0.4	1.14×0.81	多人二次葬	陶鼓腹罐1，陶长腹罐1，I式陶短颈壶1，I式陶长腹罐1，II式陶长腹罐1，铁镞1	无

续附表一

墓号	方向	类型	形状	地层	墓室(米)长×宽-深	墓道(米)长×宽-深	葬俗	随葬器物	填土出土文物
M2035	175°	石室	铲形	地面	2.32×1.6-0.68	0.9×0.6	多人二次葬	陶长腹罐1、铁镯1	陶长腹罐口沿1
M2036	180°	石室	刀形	地面	2.6×1.68-0.59	1.4×0.7	多人二次葬	无	陶长腹罐口沿1
M2037	170°	石室	铲形	地面	2.38×1.5-0.68	0.9×0.86	无人骨	铜镯1	陶长腹罐口沿1
M2038	185°	石室	长方形	地面	2.42×0.7-0.9-0.53		多人二次葬	无	无
M2039	170°	石室	铲形	地面	2.44×1.75-0.5	1.05×0.8	多人二次葬	陶短颈壶1、I式铁钉1、II式铁钉5	陶长腹罐口沿1
M2040	175°	石圹	长方形	地穴	2.49×0.96-0.5		骨肩	陶敛口罐1	无
M2041	180°	石室	刀形	地面	2.6×1.64-0.53	1×0.9	多人二次葬	陶长腹罐1	夹砂褐陶长腹罐碎片
M2042	200°	石室	铲形	地面	2.4×1.42-0.56	1.1×0.68	二人二次葬	陶短颈壶1	夹砂红褐陶碎片
M2043	155°	石室	铲形	地面	2.3×1.7-0.7	1×0.7-0.8	无人骨	I式陶长腹罐1、II式陶长腹罐1	无
M2044	190°	石室	双室	右室地穴、左室地面	(右墓室)2.04×0.42-0.56 (左墓室)1.3×1.04-0.56		单人一次葬	陶长腹罐1、陶鼓腹罐1	无
M2045	190°	石室	刀形	地面	2.75×1.8-0.64	1.26×1	二人二次葬(烧骨)	陶长腹罐1、陶肥颈壶1、陶器盖1	无
M2046	168°	石室	刀形	地面	2.46×1.6-0.34	0.94×0.72	少量肢骨	无	夹细砂陶片
M2047	170°	石室	刀形	地面	1.7×1.48-0.48	0.8×0.89	少量肢骨	无	无
M2048	190°	石室	长方形	地面	1.96×1.53-0.24		无人骨	无	夹砂褐陶壶、陶鼓腹罐、陶长腹罐碎片
M2049	170°	石室	刀形	地面	2.72×2.22-0.36	1.06×0.84	一对排骨	铜耳环1	铁带扣1、铜器1
M2050	170°	石室	铲形	地面	2.2×1.91-0.48	1.06×0.9	无人骨	无	夹砂褐陶碎片
M2051	170°	石室	铲形	地面	2.66×2.04-0.6	0.96×0.9	二人二次葬	无	无
M2052	171°	石室	刀形	地面 M2052→M2293 M2294	2.6×1.66-0.46		二人二次葬	陶长腹罐2、陶鼓腹罐1、铜带铐3	铜带铐1、夹砂褐陶碎片
M2053	190°	石室	铲形	地面	2.6×2.5-0.48	1.13×1.1	单人二次葬	陶鼓腹罐1、玛瑙珠1、铜带扣2、铜带铐1	无
M2054	155°	石室	铲形	地面	2.5×1.75-0.44	1.5×0.86	二人二次葬	陶折肩罐1	无
M2055	160°	石室	刀形	地面	3.3×1.9-0.42	1.5×1-1.28	多人二次葬	铜铊尾1、铜带铐1	无
M2056	170°	石圹	长方形	地穴	3.2×1.12-0.26		单人二次(烧骨)	无	无
M2057	180°	石室	长方形	地面	3.1×0.86-0.44		单人二次葬	无	无

续附表一

墓号	方向	类型	形状	地层	墓室（米）长×宽-深	墓道（米）长×宽-深	葬俗	随葬器物	填土出土文物
M2058	190°	石室	刀形	地面	2.34×1.22-0.33	0.5×0.66	单人二次葬（烧骨）	无	无
M2059	185°	石室	长方形	地面	2.56×0.74-0.5		少量碎头	无	无
M2060	170°	石室	刀形	地面	2.46×1.5-1	1×0.81	少量碎骨	陶长腹罐1	陶罐口沿1
M2061	165°	石室	长方形	地面	2.61×0.74-0.72		单人二次葬	陶长腹罐1	无
M2062	205°	石室	长方形	地面	残长2.22×0.86-0.56		单人二次葬	陶长腹罐1	陶长腹罐底1
M2063	175°	石圹	长方形	地穴	2.04×0.96-0.9		单人二次葬	铁螺旋器1，陶短颈壶1	无
M2064	155°	石室	长方形	地面	2.36×0.9-0.41		单人二次葬	陶长腹罐1	无
M2065	180°	石室	刀形	地面	2.2×1.12-0.6	0.76×0.7	二人二次葬	无	无
M2066	170°	石室	长方形	地面	3.5×0.8-0.58		少量胶骨	无	无
M2067	170°	石室	刀形	地面	2.5×1.5-0.56	0.7×0.74	少量胶骨	无	无
M2068	175°	石室	刀形	地面	2.7×1.3-0.82	1.1×0.72	单人二次葬	无	无
M2069	160°	石室	刀形	地面	2.3~2.5×1.36-0.82	0.62×0.68	二人二次葬	漆碗1	无
M2070	180°	石室	长方形	地面	2.96×1.16-0.48		多人二次葬	银耳环1	铜带銙1
M2071	190°	石室	长方形	地面	3×1.1-0.46		单人二次葬	陶鼓腹罐1，铜带銙1，铁甲片1	无
M2072	180°	石室	刀形	地面	2.4×1.4-1.8-0.63	1.2×0.8	碎胶骨	陶瓶1	无
M2073	165°	石室	长方形	地面	2.4×1.1-0.38		单人二次葬	铜带銙1	无
M2074	170°	砖石混筑	长方形	地面	2.88×0.7-0.24		单人二次葬	无	陶长腹罐口沿1
M2075	168°	石室	长方形	地面	2.96×0.66~0.86-0.28	墓道东壁残长0.76	单人二次葬（烧骨）	无	无
M2076	170°	石室	铲形	地面	3.34×1.8-0.4		二人二次葬	陶长腹罐1	无
M2077	176°	石室	长方形	地面	2.7×1.25-0.6		二人二次葬	铁刀1，铜镜1	无
M2078	160°	石室	刀形	地面	2.40×1.4-1.62-0.54	0.65×0.76	单人二次葬	铜铊尾1	无
M2079	158°	石室	刀形	地面 M2079→M2306	2.56×1.55-0.44	0.94×0.88	二人二次葬	陶盂1	无
M2080	170°	石室	铲形	地面	2.3×1.56-0.7	0.9×0.68	单人二次葬与多人二次合葬	无	无
M2081	170°	石室	长方形	地面	2.84×1.9-0.8		无人骨	无	无
M2082	165°	石室	长方形	地面	2.8×1.13-0.7	0.82×0.73	单人二次葬与多人二次合葬	无	铁刀1
M2083	170°	石室	刀形	地面	2.98×1.3-0.72	0.7×1	多人二次葬	无	无
M2084	160°	不明	不明	地面			单人二次葬	无	无

续附表一

墓号	方向	类型	形状	地层	墓室(米)长×宽-深	墓道(米)长×宽-深	葬俗	随葬器物	填土出土文物
M2085	170°	石室	双室	地面	(右墓室)2.4×0.6-0.55 (左墓室)1.33×0.44-0.55		一根碎肢骨	陶长腹罐2,陶鼓腹罐1、	陶器底1
M2086	170°	石室	长方形	地面	2.66×1.62-0.4		单人一次葬	无	无
M2087	150°	石棺	长方形	地穴	2.3×0.5-0.7-66		单人一次葬	铜带銙1	无
M2088	170°	石室	刀形	地面	1.86×1.02-0.73	1.01×0.86	无人骨	无	陶器盖1
M2089	170°	石室	长方形	地面	2.8×1.2-0.6		二人二次葬	陶敛口罐1、铁甲片1、铁铊尾1	无
M2090	160°	石室	双室	地面	(右墓室)1.44×0.51-0.43 (左墓室)2.9×1.08-0.43		二人二次葬	无	无
M2091	185°	石室	长方形	地面	3.1×1-0.54		单人二次葬	陶折肩罐1、铜带銙1、I式铜带銙3、II铜带銙1、铜带扣1、铜铊尾1、铜带饰2	无
M2092	167°	石室砖底	铲形	地面	2.75×2.04-0.33	1.2×0.7	单人二次葬	陶长腹罐1、铜带銙1、	陶卷沿罐口沿1,陶瓮口沿1
M2093	170°	石室砖底	铲形	地面	2.9×23.4-0.57	1.7×0.93	少量肢骨	无	无
M2094	175°	石室	长方形	地面	2.48×1.55-0.43		单人二次葬	无	无
M2095	170°	石室	刀形	地面	2.46×1.45-0.62	0.74×0.78	单人二次葬	I式铜带銙2、II式铜带銙2、III式铜带銙3、铜铊尾1	无
M2096	170°	石室	长方形	地面	2.3×0.96-0.54		无人骨	无	无
M2097	168°	石室	长方形	地面	2.6×1.9-0.58	1.44×0.8	单人二次葬	无	无
M2098	165°	石室	刀形	地面	2.8×1.3-0.59		单人二次葬	无	无
M2099	165°	石室	长方形	地面	2.76×0.68-0.52		无人骨	陶鼓腹罐1	无
M2100	170°	石室	长方形	地面	2.2×0.94-0.61		单人一次葬	无	无
M2101	180°	石室	长方形	地面	2.42×0.81-0.63		无人骨	无	无
M2102	198°	石棺	长方形	地穴	2.06×0.78-0.47		小孩碎骨	无	无
M2103	170°	石棺	长方形	地穴	1.64×0.54-0.5		无人骨	无	无
M2104	175°	石室	长方形	地面	2.94×1.08-0.66		骨肩	陶瓶1	无
M2105	170°	石室	长方形	地面	2.4×0.7~0.8-0.91		无人骨	无	无
M2106	185°	石室	刀形	地面	2.5×1.42-0.56	0.68×0.69	二人二次葬	I式铜带銙1、II铜带銙1	无

续附表一

墓号	方向	类型	形状	地层	墓室(米)长×宽×深	墓道(米)长×宽×深	葬俗	随葬器物	填土出土文物
M2107	190°	石室	刀形	地面	3.08×1.8-0.34	0.88×1.08	碎肢骨(烧骨)	I式铁镞1、II式铁镞1、I式铁带钩8、II式铁带钩7、铁刀1	无
M2108	190°	石室	刀形	地面	2.23×1.74-0.52	0.91×0.98	单人二次葬	无	无
M2109	175°	石圹	长方形	地穴	2.34×0.74-0.5		少量碎骨	无	陶长腹罐口沿1
M2110	213°	石室	铲形	半地穴	2.44×1.51-0.86	1.39×0.68-0.48	无人骨	无	陶鼓腹罐残片1、陶罐底1、陶瓮口沿1
M2111	175°	石棺	长方形	地穴	1.74×0.5-0.44		无人骨	无	陶长腹罐口沿1
M2112	175°	石室	长方形	地面	2米左右×1.4-0.4		少量碎骨	玉璧1、玛瑙珠2	纹饰陶片1
M2113①	125°	石室	刀形	半地穴	2.68×1.74-0.8	1.56×0.81-0.56	多人二次葬	无	陶长腹罐口沿1、铁甲片25
M2113②	125°	石室	刀形	地穴	2.68×1.74-0.91~1.06	1.56×0.81-0.55~0.7	多人二次葬	铁甲片7	无
M2114	180°	石室	长方形	地面	2.1×0.9-0.44		少量肢骨	I式铜带钩1、II式铜带钩1、III式铜带钩1、铜环8	铜带钩1
M2115	185°	石室	长方形	地面	1.86×1.55-0.36		无人骨	无	陶长腹罐口沿1、陶卷沿罐口沿1、陶鼓腹罐口沿1
M2116	160°	石室	长方形	地面	2.61×1.28-0.6		二次葬	无	陶长腹罐口沿1
M2117	200°	石室	长方形	地面	2.2×1-0.81		一块腿骨	无	陶长腹罐口沿1
M2118	180°	石棺	长方形	地穴	182×60-77		单人一次葬	无	无
M2119	175°	石室	长方形	地面	2×1.6-0.58		少量碎骨	无	陶长腹罐口沿1
M2120	140°	石室	长方形	地面	2.38×1.26-0.8		二人二次葬	无	陶鼓腹罐口沿1
M2121	170°	石室	铲形	半地穴	2.6×1.48-0.84	1.4×0.81-0.5	多人二次葬	陶长腹罐2、铜螺旋器2、铜耳环1、铁螺旋2、铁扣1、铜带扣1、铜带钩1、铁条1、陶瓮底1	陶瓮口沿2
M2122	185°	石棺	长方形	地穴	2.12×0.7-0.64		单人二次葬	无	无
M2123	170°	石室	铲形	半地穴	2.2×1.74-0.83	1.2×0.73-0.43	单人二次葬	陶鼓腹罐1、陶瓮1、陶碗1、铁钉2、铁钉2	陶长腹罐口沿1
M2124	180°	石室	铲形	半地穴	2.6×2.12-0.8	1.48×0.8-0.56	多人二次葬	陶折肩罐1、陶长腹罐2、铁钉3、铁刀1、铜耳环4、银链1、玛瑙珠69、黄色琉璃管饰2、黑玛瑙料珠1、硅质岩管饰1、黄色琉璃连珠2、曜石连珠1、白色琉璃连珠2、玛瑙管饰1、黄色琉璃连珠3	陶瓮口沿1
M2125	170°	石室	刀形	地面	2.3×1.4-0.34	1.5×0.82	3根碎肢骨	陶短颈壶口沿1	陶长腹罐底1
M2126	170°	石室	铲形	地面	2.9×2.18-0.54	0.7×0.82	少量碎骨	玛瑙珠2	陶直口罐口沿1、陶板状器耳1

续附表一

墓号	方向	类型	形状	地层	墓室（米）长×宽×深	墓道（米）长×宽×深	葬俗	随葬器物	填土出土文物
M2127	200°	石室	铲形	半地穴	2.64×1.47-0.64	1.5×0.85-0.51	单人一次葬与单人二次合葬	Ⅰ式铜带钩3、Ⅲ式铜带钩4、铜带扣1、铜带饰1、铁镯1、玉环1	无
M2128	170°	石室	铲形	地面	2.8×1.8-0.52	1.1×0.8	多人二次葬	无	夹砂红褐陶与夹砂褐陶碎片
M2129	172°	石室	铲形	地面	2.52×1.6-0.86	1.88×0.82-0.6	单人二次葬	陶瓷底1、铁器1	陶长腹罐口沿1、陶长腹罐底1
M2130	183°	石室	长方形	地面	2.7×1.6-0.6		二人二次葬	无	无
M2131	160°	石圹	长方形	地穴	2.54×0.74-0.6		单人二次葬	无	夹砂红褐陶碎片
M2132	165°	石室	铲形	地面	2.68×1.98-0.62		二人二次葬	无	夹砂褐陶碎片
M2133	170°	石圹	长方形	地穴	2.4×1-0.61		二人二次葬	陶长腹罐1	夹砂褐陶碎片
M2134	160°	石圹	长方形	地穴	2.8×1.5-0.57		多人二次葬	铜环2、铜耳环1、蓝色料珠1、黄色料珠4、铜镯1	陶鼓腹罐口沿1、陶瓮1
M2135	180°	不明	不明	地面	残长3.85		无人骨	无	陶鼓腹罐口沿1
M2136	170°	石室	长方形	地面	3.2×0.9-0.5		一人下肢骨	铁刀1	铁刀1
M2137	190°	石室	刀形	地面	2.3×1.2-0.5	1.1×0.7	多人二次葬	Ⅰ式铜带钩4、Ⅱ铜带钩2、铜甲片1、陶敛口罐1、陶瓷底残片1	无
M2138	170°	石圹	长方形	地穴	2.27×0.8-0.6		单人一次葬	陶瓷底1	无
M2139	180°	石室	刀形	地面	2.4×1.5-0.53	1.2×0.7	无人骨	无	无
M2140	170°	石室	铲形	地穴	2.4×1.56-0.64	1×0.78-0.3	墓室无人骨、东壁外侧有一头骨	无	无
M2141	175°	不明	不明	地面	残长3.03		无人骨	陶长腹罐1	无
M2142	170°	石室	长方形	地面	2×1.2-0.3		单人一次葬	陶鼓腹罐1	夹砂褐陶碎片
M2143	180°	石室	铲形	地面 M2143→M2144	2.4×1.43-0.3		一块下颌骨	无	夹砂褐陶碎片
M2144	150°	石室	铲形	地面 M2144→M2143	2.86×1.5-0.38	0.8×0.7	无人骨	无	陶鼓腹罐口沿1、陶长腹罐口沿1、纹饰陶片1、陶壶口颈1
M2145	180°	石室	长方形	地面 M2145→M2146	3.8×2.05-0.31		多人二次葬	铁刀1、	陶瓷底1
M2146	178°	石室	长方形	地面 M2146→M2145	2.2×1.53-0.3		少量骨屑	无	陶长腹罐口沿1、陶瓮残片1
M2147	195°	石室	铲形	地面 M2147→M2148	2.84×2.08-0.42		无人骨	无	陶长腹罐口沿1
M2148	195°	石室	长方形	地面 M2147→M2148→M2150	2.55×2.6-0.45		二人二次葬	铁钗1、铜带钩1、陶短颈壶口沿1	陶长腹罐口沿1
M2149	180°	石室	长方形	地面	2.26×1.8-0.38		3根肢骨	无	夹砂褐陶碎片
M2150	195°	石室	长方形	地面 M2150→M2148→M2147	3.2×1.48-0.42		无人骨	无	长腹罐口沿1
M2151	198°	石室	铲形	地面	2.74×2.14-0.75	0.8×0.66	单人一次葬与多人二次合葬	铜器1、三彩陶片1、铜环1、铜片1、陶钉1、Ⅰ式铁钉5、Ⅱ武铁钉2	铁钉1、夹砂褐陶碎片

续附表一

墓号	方向	类型	形状	地层	墓室（米）长×宽-深	墓道（米）长×宽-深	葬俗	随葬器物	填土出土文物
M2152	185°	石室	铲形	地面	2.2×1.3-0.37	0.8×0.85	无人骨	无	铜带銙1
M2153	190°	石圹	长方形	地穴	2.56×1-0.8		单人二次葬	Ⅰ式铁钉7、Ⅱ式铁钉2	无
M2154	190°	石室	不明	地面→M2154←M2155	残长2.3×1.54-0.56		多人二次葬	陶长腹罐1	陶长颈壶口沿1
M2155	180°	石室	不明	地面 M2155→M2154	残长2.33×1.4-0.24		多人二次葬	铁刀1	无
M2156	180°	石室	铲形	地面	2.64×1.68-0.54	1.1×0.7	无人骨	无	铜带銙3、泥质褐陶碎片
M2157	190°	石室	长方形	地面	2.62×1.3-0.43		单人二次葬	陶长腹罐1	铁钉1、泥质灰陶碎片
M2158	168°	石室	长方形	地穴	2.65×0.98-0.64		少量碎骨	无	无
M2159	180°	石室	长方形	地面 M2159→M2160	3.26×1.3-0.4		无人骨	无	无
M2160	180°	石室	长方形	地面 M2160←M2159	1.85×1.1-0.5		单人二次葬	无	无
M2161	120°	石圹	长方形	地穴	2.64×1.7-0.47		二人二次葬	陶长腹罐1、陶短颈壶口沿1、陶鼓腹罐1、陶器盖1、Ⅰ式铁钉5、Ⅱ式铁钉1、铜带扣1、Ⅰ式铜带銙1、Ⅱ式铜带銙1、铁甲片1	陶瓮1、陶长腹罐1、陶长腹罐口沿1、纹饰陶片1、陶短颈壶底1、陶短腹罐底片1
M2162	168°	石室	铲形	地面	2.24×2.6-0.38	0.66×0.94	单人二次葬	陶长腹罐1	陶长腹罐底片2
M2163	155°	石室	长方形	地面	残1.7×1.7-0.4		无人骨	陶长腹罐1	陶长腹罐口沿1
M2164	165°	石室	铲形	半地穴	2.52×1.33-0.8	0.79×0.76-0.5	无人骨	无	陶长腹罐1
M2165	165°	石室	铲形	半地穴	3.2×2.46-0.86	1.3×0.9-0.51	多人二次葬	陶长腹罐1、陶瓮1、陶长腹罐口沿1、铁钉1、铜铊尾1、铜带銙1	夹砂褐陶碎片
M2166	170°	石室	铲形	半地穴	3.24×2.4-0.74	1.74×1.06-0.4	多人二次葬	纹饰陶片1、陶瓶1、陶敛口罐1、铁钉1、陶长腹罐1	铁钉1、陶短颈壶口沿1、陶长腹罐口沿1、陶瓮口沿1、陶短颈壶1
M2167	165°	石室	长方形	地穴	2.4×1.2-0.34		多人二次葬	无	夹砂红褐陶碎片
M2168	165°	石室	铲形	半地穴	2.4×1.81-0.83		多人二次葬	陶长腹罐1、陶短颈壶2、铜带銙1、铜夹2、铜耳环1	陶鼓腹罐口沿1、陶盒口沿1、铁镞1
M2169	171°	石室	铲形	地面	2.64×1.61-0.46	0.57×0.71-0.46	单人二次葬	陶鼓腹罐1	陶鼓腹罐口沿1
M2170	170°	石室	铲形	半地穴	2.76×2.02-0.74	1.03×0.8-0.38	多人二次葬	陶长腹罐1、残陶罐1、铜带扣1、铜带銙2、铜铊尾1	无
M2171	190°	石室	长方形	地面	2.66×1.64-0.6		多人二次葬	陶长腹罐1、陶敛口罐1、Ⅰ式铁镞2、Ⅱ式铁镞1、铁刀1、铁钉3、Ⅰ式铜带銙7、Ⅱ式铜带銙3	夹砂红褐陶碎片
M2172	170°	石室	刀形	地面	2.5×1.04-0.38		单人二次葬	陶鼓腹罐1、陶长腹罐1、铁镞1	陶鼓腹罐口沿1

续附表一

墓号	方向	类型	形状	地层	墓室(米)长×宽-深	墓道(米)长×宽-深	葬俗	随葬器物	填土出土文物
M2173	170°	石室	长方形	地穴	2.2×1.03-0.48		无人骨	无	无
M2174	170°	石室	刀形	地面	2.32×1.16-0.53	0.97×0.74	多人一次葬	陶短颈壶1	无
M2175	185°	石室	刀形	地面	2.8×1.62-0.7	1×0.84	单人一次葬与二人二次合葬	陶长腹罐1,陶敛口罐1,铁器1,铁勺1,铁刀3	陶肥颈壶口沿1
M2176	180°	石室	刀形	地面	2.4×1.31-0.54	1.2×0.74	单人一次葬与单人二次合葬	陶瓶1	无
M2177	185°	石室	长方形	地面	2.52×0.72-0.46		无人骨	无	陶盂口沿1
M2178	170°	石室	刀形	地面	2.7×1.6-0.52	1.36×0.9	无人骨	无	夹砂褐陶碎片
M2179	170°	石室	刀形	地面	2.52×1.5-0.56	1.32×0.8	二人二次葬	无	无
M2180	173°	石室	铲形	半地穴	2.28×1.62-0.64	1×0.84-0.39	单人一次葬与单人二次合葬	铁钗1,铁镯1,铜带銙4	无
M2181	180°	石室	刀形	地面	2.64×1.2-0.45	0.84×0.7	单人二次葬	无	无
M2182	160°	石室	刀形	地面	2.6×1.59-0.51	1.16×0.74	多人二次葬	铜剪刀1,陶盘口壶1,铜口壶1	纹饰陶片1
M2183	120°	石室	铲形	半地穴	2.2×1.36-0.76	0.8×0.75-0.65	少量胶骨	陶短颈壶1,陶罐底1,玛瑙珠2,陶长腹罐底1	陶长腹罐口沿1,陶罐底1
M2184	120°	石室	铲形	半地穴	2.04×1.4-0.74	1.44×0.78-0.44	少量胶骨	陶瓮1,陶长腹罐1,Ⅰ式铜牌饰1,Ⅱ式铜牌饰2,铜环2,铁螺旋器2,铁镞1,铜鸟头饰件1,陶长腹罐1,玛瑙珠2,铜鸟头2	铁钩1,铁镲1,铁刀1
M2185	129°	石室	铲形	半地穴	2.32×1.88-0.44	1.2×0.86-0.28	两根胶骨	陶长腹罐1,陶鼓腹罐1,陶瓶1	夹砂褐陶碎片1
M2186	126°	石室	铲形	半地穴M2186→M2259	2.7×1.8-0.54	2.1×0.8-0.34	无人骨	无	无
M2187	140°	石室	长方形	地面	2.3×1.9-0.36		单人二次葬	陶短颈壶1	夹砂褐陶碎陶片
M2188	90°	石室	刀形	半地穴	1.6×0.79-0.6		无人骨	无	陶长腹罐1
M2189	125°	石室	铲形	半地穴	1.86×1.34-1	1.26×0.84-0.5	少量骨头	无	陶长腹罐口沿1
M2190	115°	石室	铲形	半地穴	2.14×1.4-1.08	2×0.7~0.8-0.72	无人骨	无	陶长腹罐口沿1,陶鼓腹罐口沿2
M2191	205°	石室	长方形	地穴	2.76×0.9-0.99		1根胶骨	无	夹砂褐陶碎片
M2192	195°	石室	铲形	地面	2.6×1.7-0.48	1.1×0.76	无人骨	无	陶长腹罐口沿1,陶肥颈壶口沿1
M2193	180°	石室	刀形	地面	2.42×1.06-0.52	1.1×0.76	单人二次葬	无	夹砂红褐色碎陶片
M2194	110°	石室	铲形	半地穴	2.3×1.8-0.66	0.86×0.95-0.46	少量碎骨	陶瓮1,陶鼓腹罐1,陶长腹罐1,铜牌饰1	陶短颈壶口沿1,陶长腹壶残片1
M2195	90°	石室	铲形	地面	2.58×2.26-0.31	1.11×0.72	无人骨	无	陶长腹罐口沿1,陶鼓腹罐口沿1,铜带銙1

续附表一

墓号	方向	类型	形状	地层	墓室(米)长×宽-深	墓道(米)长×宽-深	葬俗	随葬器物	填土出土文物
M2196	190°	石室	刀形	地面	3.14×1.86-0.64	0.94×1	无人骨	无	陶豉腹罐口沿1
M2197	185°	石室	长方形	地面	3.2×1.6-0.62		无人骨		陶长腹罐口沿1,布纹瓦残片1
M2198	100°	石室	铲形	地面	3.17×2-0.44	0.7×0.65	无人骨	铁甲片1	布纹瓦残片1
M2199	190°	石室	长方形	地面	2.4×2-0.4		单人二次葬	无	夹砂褐陶碎陶片
M2200	90°	石室	铲形	半地穴	2.94×1.46-0.43	1.3×0.62-0.33	多人二次葬	陶豉腹罐1,陶长腹罐2	陶豉腹罐口沿1
M2201	190°	石室	长方形	地面	2.44×0.94-0.44		无人骨	无	陶长腹罐1
M2202	80°	石室	长方形	地穴	2.7×1.9-0.48		单人二次葬	陶长腹罐1	陶豉腹罐口沿1
M2203	100°	石室	长方形	地穴	3.28×1.6-0.8		二人二次葬	陶短颈壶底片1,铁镞1	陶豉腹罐口沿1
M2204	80°	石室	铲形	半地穴	2.6×1.92-0.61	1.45×0.98-0.31	少量肢骨	陶长腹罐1,陶器盖1,I式铜带钩1,II式铜带钩1	陶肥腹罐口沿1,陶肥颈壶口沿1
M2205	90°	石扩墓	长方形	地穴	2.9×1.8-0.66		多人二次葬	I式陶长腹罐3,II式陶长腹罐3,陶广肩罐1,陶瓮1,陶敞口罐1,I式铁钉1,II式铁钉10,I式铁镞3,II式铁镞1,铜耳环8,铁矛1,铜螺旋器2,铜牌饰3,铜带钩3,铁器1,石环1,铁螺旋器1	铁螺旋器1,铁钉1,玛瑙珠1,布纹瓦残片1
M2206	130°	石扩	长方形	地穴	2.04×0.73-0.6		二人二次葬	无	夹砂褐陶碎陶片
M2207	200°	石棺	长方形	地面	1.5×0.6-0.28		无人骨	无	夹砂褐陶碎陶片
M2208	90°	石室	铲形	地面	2.63×1.5-0.33	0.9×0.8	少量肢骨	铜带钩1,铁镞1,小铁刀1,铜带环1,陶长腹罐29,I式玛瑙珠1,铁长刀1,II式玛瑙珠7,蓝色料珠1	无
M2209	80°	石室	不明	地面	残长2.45×1.56-0.36		无人骨	I式铜带钩3,II式铜带钩1,铜铊尾1	陶长腹罐口沿2,陶瓮口沿1
M2210	110°	石室	刀形	地面	2.6×宽不明-0.38		无人骨	无	无
M2211	190°	石棺	长方形	地穴	1.84×0.52-0.54		两根小孩肢骨	无	无
M2212	170°	石室	铲形	半地穴	2.2×1.54-0.59	1.22×0.8-0.29	单人二次葬	陶长腹罐3,铁镞1,铜带钩1	陶长腹罐口沿1
M2213	185°	石室	长方形	地穴	残长2.54×1-0.96		单人二次葬	无	夹砂褐陶瓷腹部残片
M2214	175°	石室	长方形	地穴	残长0.96×0.58-0.38		单人二次葬	无	无
M2215	180°	石室	长方形	地穴	残长2.14×0.65-0.6		单人二次葬	无	无
M2216	158°	石室	长方形	地穴	残长1.94×0.84-0.36		多人二次葬	铁镯1	无

续附表一

墓号	方向	类型	形状	地层	墓室(米)长×宽×深	墓道(米)长×宽×深	葬俗	随葬器物	填土出土文物
M2217	170°	石室	双室	地穴	左墓室 2.08×0.6-0.3 右墓室 2.2×0.88-0.3		单人一次葬与单人二次合葬	无	陶直口罐口沿1,陶长腹罐口沿1
M2218	90°	石室	长方形	地穴	2.9×1.7-0.88		无人骨	无	陶长腹罐口沿1,陶鼓腹罐残片1
M2219	170°	石室	长方形	地穴	2.66×0.71-0.69		单人一次葬与单人二次合葬	铁镯1	陶板状耳罐腹片1,Ⅰ式陶长腹罐口沿1,Ⅱ式陶长腹罐口沿1,纹饰陶片1
M2220	130°	不明	不明	不明			无人骨	无	陶鼓腹罐口沿1
M2221	150°	石室	长方形	地穴	残长 2.92×1.28-0.34		少量人骨	铜镯1	夹砂灰陶瓷碎片
M2222	190°	石室	长方形	地面 M2222→M2223	残长 1.6×1.64-0.34		单人二次葬	无	少量夹砂褐陶片
M2223	190°	石室	长方形	地面 M2223→M2222	残长 1.8×0.96-0.38		少量骨头	无	陶鼓腹罐口沿1
M2224	140°	石室	长方形	地穴	2.6×0.8-0.52		无人骨	无	纹饰陶片1,陶器盖1,陶盅1
M2225	185°	石室	长方形	地面	3.08×1.5-0.52		少量肢骨	无	陶长腹罐及鼓腹罐残片1
M2226	205°	不明	不明	地面	残基		二次葬	无	夹砂褐碎片
M2227	165°	石棺	长方形	地穴	2.82×0.8-0.6	残基	单人一次葬与二人二次合葬	无	Ⅰ式陶长腹罐口沿1,Ⅱ式陶长腹罐口沿1
M2228	155°	石室	不明	地面	残基		无人骨	无	铁牌饰1,玛瑙珠1,铜耳环1,Ⅰ式陶长腹罐口沿1,Ⅱ式陶长腹罐口沿2,陶鼓腹罐口沿1,铁器1
M2229	155°	石室	长方形	地穴	2.36×1.2-0.68		二人一次葬	无	无
M2230	190°	石室	长方形	地穴	2.46×1.27-1		二人二次葬	无	铁甲片1,陶长腹罐口沿1
M2231	180°	石室	长方形	地穴	2.66×0.94-0.91		单人二次葬	铁钉1	Ⅰ式陶长腹罐口沿1,Ⅱ式陶长腹罐口沿1
M2232	160°	石圹	长方形	地穴	2.25×0.9-0.42		单人二次葬	铁螺旋器1	陶鼓腹罐口沿1,纹饰陶片1
M2233	170°	石棺	长方形	地穴	1.52×0.76-0.62		二人二次葬	无	铁甲片1,陶长腹罐口沿1,纹饰陶片2,陶鼓腹罐口沿1
M2234	180°	石棺	长方形	地穴	1.43×0.48-0.54		无人骨	银耳环1	薄铁片1,铁刀1,夹砂褐陶碎片
M2235	175°	石棺	长方形	地穴	1.84×0.51-0.38		单人一次葬	无	陶长腹罐口沿1
M2236	200°	石圹	长方形	地穴	2.42×1-0.5		二人二次葬	无	陶长腹罐口沿2
M2237	190°	石圹	长方形	地穴	1.92×0.92-0.51		无人骨	无	铁带扣1,少量夹砂褐陶片

续附表一

墓号	方向	类型	形状	地层	墓室(米)长×宽-深	墓道(米)长×宽-深	葬俗	随葬器物	填土出土文物
M2238	210°	石棺	长方形	地穴	1.84×0.7-0.4		无人骨	无	铁螺旋器1、I式陶长腹罐口沿1、II式陶长腹罐口沿1
M2239	190°	石室	长方形	地穴	2.61×1.22-0.54		多人二次葬	铜镜1	陶长腹罐口沿1、陶鼓腹罐口沿1、铁甲片3
M2240	190°	石室	长方形	地穴	2.88×1.18-0.52		二人二次葬	银镶耳勺1	夹砂黄褐陶碎片
M2241	160°	石室	长方形	地面	2.7×1.14-0.3		二人二次葬	I式铁钉3、II式铁钉7、铁镞1、鎏金铜钗2、铜镜1	陶长腹罐口沿3
M2242	170°	石圹	长方形	地面	2.5×0.9-0.48		二人二次葬	无	陶长腹罐、鼓腹罐碎片
M2243	170°	石圹	长方形	地面 M2243→M2244、M2245	2.4×0.88-0.49		二人二次葬	铁钉1	铁钉2、铁镞1、夹砂褐陶碎片
M2244	180°	不明	不明	地面 M2244←M2243、M2245	残长2.24×2.2-0.32		单人二次葬	无	陶长腹罐口沿1
M2245	180°	石室	不明	地面 M2243→M2245→M2244	残长1.26×残宽1.15-0.33		无人骨	铁甲片1	陶长腹罐口沿1、纹饰陶片1
M2246	170°	石圹	长方形	地穴	2.98×1.25-0.6		单人一次葬	无	铁钉2、陶长腹罐口沿2
M2247	170°	石圹	长方形	地穴	2.28×1.02-0.96		单人一次葬与二人二次合葬	铁钉1	陶长腹罐口沿2
M2248	160°	石圹	长方形	地穴	2.99×1.2-0.42		单人二次葬	无	I式陶长腹罐口沿1、II式陶长腹罐口沿1、III式陶长腹罐口沿1、陶鼓腹罐口沿1、刀柄零部件1
M2249	130°	石圹	长方形	地穴	1.9×1.2-0.58		无人骨	I式陶长腹罐1、II式陶长腹罐1、铜耳环1	铁钉2、I式陶长腹罐口沿2、II式陶长腹罐口沿2、III式陶长腹罐口沿1、陶鼓腹罐1、铁甲片1
M2250	160°	石圹	长方形	地穴	1.86×0.9-0.8		多人二次葬	无	无
M2251	135°	石棺	长方形	地面	2.12×0.64-0.46		单人一次葬	无	无
M2252	145°	石室	铲形	半地穴	2.8×1.88-0.86	1.9×0.7-0.46	多人二次葬	陶长腹罐2、陶短颈壶口沿1、陶器盖1、陶鼓腹旋器底片1、陶器口沿罐口沿12、铁管饰4、铁螺旋器1、瓜棱形料珠1、料环、铁环、玛瑙珠1、铁圈1	陶鼓腹罐残片1、陶长腹罐口沿1
M2253	175°	石室	铲形	半地穴	2.4×1.45-0.68	1.03×0.7-0.35	二人二次葬	无	陶瓮口沿1

续附表一

墓号	方向	类型	形状	地层	墓室（米）长×宽-深	墓道（米）长×宽-深	葬俗	随葬器物	填土出土文物
M2254	150°	石室	铲形	半地穴	2.6×1.94-0.7	1.26×0.98-0.36	多人二次葬	I式陶长腹罐1、II式陶长腹罐2、III式陶长腹罐1、陶鼓腹罐1、陶短颈壶1、陶细颈壶1、陶瓮残片1、铜牌饰1	夹砂灰陶瓮腹片
M2255	175°	石室	铲形	半地穴	2.28×1.43-0.64	0.7×0.8×0.3	单人二次葬	陶长腹罐1、陶长腹壶1、陶器底1、陶碗1、陶长腹罐口沿1、陶短颈壶口沿1、铁镯3	铁钉1，陶长腹罐1
M2256	175°	石室	刀形	半地穴	2.04×1.04-1	1.18×0.7-0.6	无人骨	陶长腹罐1、铁带钩2、铜耳环1、铁镯1	陶长腹罐残片1、陶鼓腹罐口沿1，陶器盖1
M2257	150°	石室	铲形	半地穴	2.74×2.05-0.55	1.12×0.8-0.25	单人二次葬	陶长腹罐4、陶瓮1、铜耳环1	陶长腹罐口沿1
M2258	150°	石室	铲形	半地穴	2.46×1.55-0.83	1.23×0.7-0.5	二人二次葬	陶瓮1、陶鼓腹罐1、I式陶铁带钩2、II式陶铁带钩5、铜带扣1	陶瓮口沿2、纹饰陶片1
M2259	145°	石室	刀形	半地穴 M2259→M2186	1.82×0.92-0.81	1×0.66-0.7	无人骨	陶长腹罐1、铁钉1	布纹瓦残片1
M2260	175°	石室	铲形	半地穴 M2260→M2004	2.9×1.6-0.58	1×0.88-0.14	少量骨头	陶短颈壶1、陶瓮1、铁镞1	铁镞1，陶长腹罐口沿1
M2261	185°	石室	铲形	半地穴	2.86×2.1-0.58	1.54×0.86-0.24	两根肢骨	陶长腹罐2、陶长腹罐1、II式陶长腹罐口沿1、银耳环1、I式铁镞2、II式铁镞1、I式玛瑙珠12、III式玛瑙珠10、III式玛瑙珠4、蓝色料珠1	陶长腹罐口沿1，陶鼓腹罐口沿2
M2262	180°	石室	铲形	半地穴	2.4×1.94-0.7	1.04×0.78-0.43	二人二次葬	I式陶长腹罐2、II式陶长腹罐2、陶长腹罐（残）1、陶鼓腹罐1、铁镞1	无
M2263	165°	石室	铲形	半地穴	2.6×1.62-0.76	1×0.8-0.43	1根肢骨	无	陶长腹罐口沿1
M2264	170°	石室	铲形	半地穴	2.86×1.82-0.56	1.2×0.7-0.44	少量骨头	陶长腹罐1、陶盆1、铜耳环1	陶瓮残片1、I式铁镞1、II式铁镞1
M2265	155°	石室	铲形	半地穴	2.54×1.25-0.78	0.64×0.52-0.5	无人骨	无	陶器盖残片1、铁刀1
M2266	180°	石椁	长方形	地穴	1.2×0.6-0.38		无人骨	无	陶瓮口沿1、陶器底1
M2267	160°	砖室	铲形	地面	2.75×1.15-0.65	0.9×0.72-0.5	多人二次葬	铁钉1	I式玛瑙珠1、II式玛瑙珠1、蓝色料珠1、绿色琉璃连珠1、陶长腹罐口沿1、陶鼓腹罐口沿3、陶长腹罐口沿1、陶板状器耳1
M2268	160°	石室	铲形	半地穴	3.11×1.9-0.74	1.5×0.78-0.25	两根肢骨	纹饰陶片1、陶鼓腹罐1、陶长腹罐1、陶器盖1、铜耳环1、陶长腹罐底1	夹砂褐陶碎片
M2269	155°	石室	铲形	半地穴	2.43×1.42-0.8	1.17×0.8-0.6	一对肋骨	无	无
M2270	160°	石室	铲形	地面	2.53×1.44-0.62	0.98×0.87	单人二次葬	无	夹砂褐碎片

续附表一

墓号	方向	类型	形状	地层	墓室（米）长×宽－深	墓道（米）长×宽－深	葬俗	随葬器物	填土出土文物
M2271	140°	石室	长方形	地面	2.42×1.13-0.49		单人二次葬	无	夹砂褐陶碎片
M2272	165°	石室	刀形	地面	2.52×1.24-0.48	0.72×0.8	无人骨	无	陶瓮口沿1，铁甲片1
M2273	155°	石室	长方形	地穴	2.6×1.32-0.68		无人骨	无	陶瓶口沿1
M2274	174°	石圹	长方形	地穴	2.2×0.6-0.48		无人骨	无	无
M2275	160°	石圹	长方形	地穴	1.89×0.76-0.4		无人骨	无	陶鼓腹罐1
M2276	205°	石室	长方形	地面	2.1×2.1-0.43		3根肢骨（烧骨）	无	无
M2277	180°	石室	长方形	地面	2.8×0.8-0.44		二人二次葬	无	无
M2278	190°	石室	铲形	地面	2.12×1.5-0.48	1.13×0.86	单人二次葬	无	无
M2279	180°	石室	铲形	半地穴	2.6×1.76-0.74	1.5×1-0.4	多人二次葬	陶直口罐1，陶长腹罐2，陶碗1	无
M2280	205°	石室	铲形	半地穴	2.43×1.7-0.58	1.35×0.76-0.42	多人二次葬	I式陶长腹罐1，II式陶长腹罐1，陶碗1，陶瓮口沿1，铁镞1，陶罐1，铁带跨1，铁环1，陶片1	
M2281	205°	石室	长方形	地穴 M2281←M2282	2.8×1.9-0.64		单人二次葬	铁镞1	夹砂褐陶碎片
M2282	190°	石室	长方形	地穴 M2282→M2281	2.36×1.12-0.98		单人二次葬	无	夹砂褐陶碎片
M2283	145°	石棺	长方形	地穴	1.83×0.5-0.83		无人骨	无	陶器盖1，银耳环1，铜螺旋器1，铜环1，铁甲片1，陶长腹罐口沿1，陶瓮口沿1陶2，纹饰陶片1，陶瓷口沿1
M2284	175°	石棺	长方形	地穴	2.32×0.59-0.37		单人一次葬	无	铜饰件1，铜环2，铜陶2，陶鼓腹罐口沿1，陶瓶底1
M2285	100°	石室	铲形	半地穴	2.46×2.33-0.96	1.75×0.84-0.66	无人骨	无	陶瓶1，陶器底片1
M2286	170°	石室	长方形	地面	2.46×1.72-0.48		少量肢骨	无	玉佩1，银耳环2，玛瑙珠1，陶器盖1，陶长腹罐口沿1，陶瓶口沿1，陶碗1，铁钉1
M2287	150°	石圹	长方形	地穴	2.28×0.6-0.48		单人二次葬	无	无
M2288	150°	石圹	长方形	半地穴	2.5×0.8-1.03		两根肢骨	铜带跨3，I式铁钉3，II式铁钉4，II式铁钉3，残铁钉1，铜环12，铜鸟头饰件1，铜轺尾1	陶长腹罐口沿1
M2289	150°	石棺	长方形	地穴	1.52×0.7-0.6		单人二次葬	陶长腹罐1，铁钉2	无
M2290	200°	石棺	长方形	地面	1.6×0.76-0.22		无人骨	无	铜轺尾1
M2291	100°	石室	长方形	地面	2.24×1.38-0.48		无人骨	无	无
M2292	145°	石棺	长方形	地穴	1.2×0.56-0.31		1根儿童肢骨	铜鸟头饰件1	无
M2293	147°	石室	刀形	地面 M2052→M2293	1.82×1.34-0.4		无人骨	陶长腹罐1	无
M2294	155°	石室	刀形	地面 M2052→M2294	2.28×1.4-0.4	0.94×0.78	无人骨	无	陶长腹罐1

续附表一

墓号	方向	类型	形状	地层	墓室（米）长×宽×深	墓道（米）长×宽×深	葬俗	随葬器物	填土出土文物
M2295	155°	石室	刀形	地面	1.94×1.19－0.58		少量碎骨	无	无
M2296	120°	石室	长方形	地面	2.21×142－0.58	0.48×0.68	无人骨	无	铁甲片16，陶鼓腹罐口沿1，陶瓮口沿1，纹饰陶片1
M2297	115°	石室	铲形	地面	2.29×1.58－0.4		无人骨	陶短颈壶1，铁刀1	陶瓮口沿1，陶长腹罐底1
M2298	115°	石室	铲形	地面	1.96×1.5－0.71	1.13×0.7	无人骨	无	陶长腹罐2，陶短颈壶口沿1，陶长颈壶1，陶器底1
M2299	80°	石室	长方形	地面	2.7×1.2－0.52		无人骨	陶瓮底1	铁钉2，铁镞1，陶长腹罐口沿1，陶瓮口沿1
M2300	不明	不明	不明	地面			无人骨	无	陶器盖1，铜环2，玛瑙珠3
M2301	160°	石室	长方形	地穴	2.25×1.08－0.94		2根胫骨	I式铜带銙4，II式铜带銙1	无
M2302	160°	石圹	长方形	地穴	2.58×1.1－0.82		少量碎骨	陶器底1	夹砂褐陶碎片
M2303	164°	石室	不明	地面 M2303→M2304→M2305	残长3.3×1.81－0.26		无人骨	无	夹砂褐陶长腹罐碎片
M2304	175°	石室	不明	地面 M2303→M2305→M2304	2.6×残宽1.82－0.26		无人骨	无	铁钉1，夹砂褐陶碎片
M2305	164°	石室	不明	地面 M2303→M2305→M2304	残长2.42×1.68－0.47		单人二次葬	无	夹砂褐陶碎片
M2306	170°	石圹	长方形	地穴 M2306←MM2079	3.34×0.8－1.06		单人一次葬	无	无
M2307	180°	石室	长方形	地面	2.2×0.9－0.53		一人下颌骨	陶胙状耳罐1	夹砂灰陶碎片
M2308	150°	石室	长方形	地穴	3.2×2.6－0.4		单人二次葬	铁带扣1，铁镞1，铜耳环1	铁带扣1，铜圆形饰3，铜铊尾1，I式铁钉5，II式铁钉1，铁螺旋器1，陶长颈壶口沿1，金片1，铁镞1，陶短颈壶1，黑色料珠1，木珠1，齿轮状绿色料珠5，蓝色料珠15，I式玛瑙珠16，II式玛瑙珠6
M2309	175°	石室	刀形	地面	2.93×1.95－0.45	0.59×0.87	少量肢骨	I式铜带銙1，II式铜带銙1，铜铊尾1，铜带扣1	陶碗1
M2310	180°	石室	铲形	地面	2.99×1.3－0.35	0.8×0.6	二人一次葬	铜镯1，铁镯1	陶长腹罐1
M2311	175°	石棺	长方形	地穴	1.64×0.5－0.52		单人一次葬（一婴头骨）	陶瓮1，陶长腹罐1	无

续附表一

墓号	方向	类型	形状	地层	墓室(米)长×宽－深	墓道(米)长×宽－深	葬俗	随葬器物	填土出土文物
M2312	165°	石棺	长方形	地穴	1.34×0.3－0.43		无人骨	无	无
M2313	185°	石室	刀形	地面	2.05×1.18－0.6	1.06×0.7	二人一次葬	陶短颈壶1,陶长腹罐1,铁刀1	无
M2314	180°	石棺	长方形	地穴	1.72×0.31－0.36		1根小孩肢骨	无	无
M2315	195°	石棺	长方形	地穴	1.8×0.6－0.6		无人骨	无	夹砂褐陶碎片
M2316	165°	石圹	长方形	地穴	2.24×0.92－0.68		单人二次葬	无	无
M2317	170°	石室	长方形	地面	2.44×1.3－0.7		无人骨	无	无
M2318	205°	石棺	长方形	地穴	1.78×0.68－0.54		无人骨	陶直口罐1,陶长腹罐1	无
M2319	170°	石室	刀形	地面	2.2×1.26－0.4	1.2×0.66	单人一次葬与单人二次葬	铜带銙1,铜螺旋器1	无
M2320	205°	石室	长方形	地面	3.04×3.01－0.48		多人二次葬	陶长腹罐1	陶长腹罐口沿1,陶鼓腹罐口沿1
M2321	205°	石室	长方形	地面	2.46×1.8－0.48		无人骨	铁刀1	陶瓮口沿1,陶长腹罐口沿1
M2322	205°	石室	长方形	地面	1.46×0.92－0.46		单人二次葬	陶长腹罐1	无
M2323	205°	石室	长方形	地面	2.14×1.3－0.19		二人一次葬	Ⅰ式铁钉4,Ⅱ式铁钉1,铜镯1	无

※ 多人葬为三个个体以上

附表二　　　　　　　　　**宁安虹鳟鱼场墓葬人骨鉴定一览表**

墓号	备注	性别鉴定	年龄鉴定
M2001		A 男、B 男、C 女、D 女、E?、F?	A30 岁左右（身高 170 以上）、B25～30 岁左右、C 成年（头骨有钝器伤痕）、D 成年、E 成年、F 成年、
M2002		A 男、B 男、C 男	A30 岁左右、B45～50 岁、C 成年
M2003		骨屑	成年
M2004		有 1 根指骨	成年
M2005		A 男、B 女、C 男	A 成年、B 成年、C 成年
M2006		无人骨	
M2007		A 男、B 女、C 男	A 成年、B30 岁左右、C 成年
M2008		女	20 岁左右
M2009		少量骨头	成年
M2010		无人骨	
M2011		A 男、B?	A 成年、B15～16 岁
M2012		无人骨	
M2013		A 女、B 男、C 女、D 男、E 女、F 男	A12～13 岁、B25～30 岁、C15～16 岁、D45～50 岁、E 成年、F17～18 岁
M2014		A 男、B 女、C 男	A 成年、B 成年、C 成年
M2015		女	40 岁左右
M2016		A 女、B 男、C 男	A 成年、B 成年、C 成年
M2017		A? B 女、C 男	A 成年、B 成年、C 成年
M2018		A 男、B 女	A 成年、40 岁左右
M2019		女	成年
M2020		A 男、B 女	A 成年、B 成年
M2021		无人骨	
M2022		无人骨	
M2023		A 男、B 男	A 成年、B 成年
M2024		男	30 岁左右
M2025		A 男、B 女、C 男	A30 岁左右、B55 岁左右、C 成年
M2026		A 女、B 女、C 女	A25 岁左右、B50～55 岁、C50～55 岁
M2027		A 男、B 女	A 成年、B15～16 岁
M2028		?	?
M2029		女	成年
M2030		女	成年
M2031		女	30～35 岁
M2032		A 男、B 女、C?	A45 岁左右、B30～35、C?
M2033		A 男、B 女	皆成年
M2034		A 男、B?、C 女	A35 岁左右、B8～9 岁、C30 岁左右
M2035		A 男、B 男、C 女	A25～30 岁、B40 岁左右、C 成年
M2036		A 女、B?、C 男	A 成年、B 儿童、C 成年
M2037		无人骨	
M2038		A 男、B 男、C 男、D 男	A 成年、B30～35 岁、C 成年、D40 岁左右
M2039		A 男、B?、C 女	A 成年、B 儿童、C 成年
M2040		骨屑	?

续附表二

墓号	备注	性别鉴定	年龄鉴定
M2041		A 男、B?、C?	A 成年、B 儿童、C 成年
M2042		A 女、B?	A 成年、B 成年
M2043		无人骨	
M2044		男	35～40 岁
M2045	烧骨	A 男、B 男	A 成年、B25～30 岁
M2046		女	老年
M2047		骨屑	?
M2048		无人骨	
M2049		?	成年
M2050		无人骨	
M2051		A 男、B 男	A 成年、B25 岁左右
M2052		A 女、B?	A25～30 岁、B 成年
M2053		女	30～35 岁、
M2054		A 男、B?	A50 岁左右、B 成年
M2055		A 女、B 男、C 男	A25～30 岁、B55 岁左右、C 成年、
M2056	烧骨	?	成年
M2057		男	40～45 岁
M2058	烧骨	?	成年
M2059		?	?
M2060		?	?
M2061		?	?
M2062		?	?
M2063		?	成年
M2064		男	成年
M2065		A?、B?	皆成年
M2066		若干块碎肢骨	?
M2067		?	?
M2068		?	35～40 岁
M2069		A 男、B 女	A 成年、B 成年
M2070		A 男、B 男、C 男	A30～35 岁、B 成年、C35～40 岁
M2071		男	25～30 岁左右
M2072		碎肢骨	?
M2073		男	35～40 岁
M2074		男	成年
M2075	烧骨	男	成年
M2076		A 男、B 男	A30～35 岁、B 成年
M2077		A 男、B 女	均成年
M2078		男	45～50 岁
M2079		A 男、B 男	A30～35 岁、B30～35 岁
M2080		A 男、B 男、C 男、D 男、E 男、F 女	A 成年、B35 岁左右、C30～35 岁、D19～20 岁、E35 岁左右、F50 岁左右
M2081		无人骨	

续附表二

墓号	备注	性别鉴定	年龄鉴定
M2082		A男、B男、C男、男D、E?、F女	A25岁左右、B45岁左右、C35岁左右、D19～20岁、E成年、F50～55岁
M2083		A女、B男、C男、男D	A成年、B30～35岁、C35～40岁左右、D成年
M2084		男	成年
M2085		1根碎肢骨	?
M2086		?	35～40岁
M2087		男	25～30岁
M2088		无人骨	
M2089		A男、B男	A25～30岁、B50岁左右
M2090		左墓室肢骨男、右墓室头骨男	皆成年
M2091		男	30岁左右
M2092		男	成年
M2093		男	成年
M2094		男	成年
M2095		?	成年
M2096		无人骨	
M2097		?	成年
M2098		A女、B男	A成年、B25～30岁
M2099		无人骨	
M2100		男	35岁左右
M2101		无人骨	
M2102		碎骨	儿童
M2103		无人骨	
M2104		少量骨屑	?
M2105		无人骨	
M2106		A男、B男	A30～35岁、B40岁左右
M2107	烧骨	碎肢骨	?
M2108		男	成年
M2109		?	成年
M2110		无人骨	
M2111		无人骨	
M2112		少量碎骨	?
M2113①		A?、B男、C男	A成年、B40～45岁、C30～35岁
M2113②		A男、B女、C?、D男	A30岁左右、B40岁左右、C成年、D30～35岁
M2114		少量肢骨	?
M2115		无人骨	
M2116		A女、B男	A成年、男6～7岁
M2117		1块腿骨	成年
M2118		?	儿童
M2119		少量碎骨	?
M2120		A男、B男	A成年、B6岁左右
M2121		A女、B男、C女、D男、	A成年、B30～35岁、C30岁左右、D成年

续附表二

墓号	备注	性别鉴定	年龄鉴定
M2122		女	成年
M2123		男	25 岁左右
M2124		A 男、B 男、C 男、D 男	皆成年
M2125		3 根碎肢骨	?
M2126		骨屑	?
M2127		A 男、B 女	A25～30 岁、B30 岁左右
M2128		A 男、B 女、C 男	A25～30 岁、B 成年、C 成年
M2129		男	成年
M2130		A 男、B 女	A 成年、B 成年
M2131		女	成年
M2132		A 女、B 男	A 成年、B 成年
M2133		A 女、B 女、C 男、D?	皆成年
M2134		A 男、B 女、C 男、D 男	A 成年、B20～25 岁、C 成年、D 成年
M2135		无人骨	
M2136		女	成年
M2137		A 男、B 女、C 男	A 成年、B 成年、C 成年
M2138		男	成年
M2139		无人骨	
M2140	（墓室东壁外侧发现头骨）	男	30 岁左右
M2141		无人骨	
M2142		男	25 岁左右
M2143		?	?
M2144		无人骨	
M2145		A 女、B?、C 男、	A 成年、B 成年、C25～30 岁
M2146		骨屑	?
M2147		无人骨	
M2148		A 女、B 女	A 成年、B20～25 岁
M2149		3 根肢骨	?
M2150		无人骨	
M2151		A 男、B 男、C 男、D 男、E 男、	A 成年、B 成年、C 成年、D25～30、E30 岁左右
M2152		无人骨	
M2153		男	成年
M2154		A 男、B 男、C 女	A 成年、B 成年、C 成年
M2155		A 男、B 男、C 男	A 成年、B 成年、C 成年
M2156		无人骨	
M2157		?	儿童
M2158		骨屑	?
M2159		无人骨	
M2160		女	成年
M2161		A 男、B 女	A 成年、B 成年
M2162		男	成年

续附表二

墓号	备注	性别鉴定	年龄鉴定
M2163		无人骨	
M2164		无人骨	
M2165		A?、B男、C男 D男、E? F男、	A成年、B成年、C成年、D成年、E成年、F成年、
M2166		A?、B?、C女、D男、E女、F?、G男、H?	A成年、B11～12岁、C成年、D成年、E成年、F成年、G30～35岁、H成年
M2167		A男、B男、C男、	A成年、B成年、C25岁左右、
M2168		A男、B男、C女、	A成年、B成年、C成年
M2169		男	成年
M2170		(A、B) 同一个男性个体，C?、D男	(A、B) 35～40岁、C成年、D30岁左右
M2171		A?、B男、C女、D男、E女、	A成年、B成年、C成年、D成年、E22岁
M2172		女	成年
M2173		无人骨	
M2174		A男、B女、C男	A成年、B50岁左右、C成年
M2175		A女、B? C?	A30岁左右、B成年、C成年
M2176		A女、B男、	A成年、B40岁左右
M2177		无人骨	
M2178		无人骨	
M2179		A女、B男	A成年、B成年
M2180		A女、B男	A成年、B30岁左右
M2181		男	成年
M2182①		A男、B男、C女、D男、E男	A50岁左右、B50岁左右、C25岁左右、D成年、E50岁以上
M2182②		男	成年
M2183		女	成年
M2184		女	成年
M2185		?	成年
M2186		无人骨	
M2187		?	儿童
M2188		无人骨	
M2189		少量肢骨	不明
M2190		无人骨	
M2191		无人骨	
M2192		1根肢骨	不明
M2193		女	成年
M2194		少量碎骨	成年
M2195		无人骨	
M2196		无人骨	
M2197		无人骨	
M2198		无人骨	
M2199		男	成年
M2200		A男、B男、C男?、D女、E?	A、B、C、D均青年个体、E成年
M2201		无人骨	
M2202		?	成年

续附表二

墓号	备注	性别鉴定	年龄鉴定
M2203		A?、B?	A 成年、B 成年
M2204		女	成年
M2205		A 女、B 女、C?、D?	A 成年、B 成年、C 儿童、D 儿童
M2206		A?、B?	A 成年、B 成年
M2207		无人骨	
M2208		男	成年
M2209		无人骨	
M2210		无人骨	
M2211		2 根肢骨	儿童
M2212		男	成年
M2213		男	成年
M2214		女	成年
M2215		男	25 岁左右
M2216		A 男、B 女、C 女、D 男	A30～35 岁、B40 岁左右、C35～40 岁左右、D30 岁左右
M2217		左墓室男、右墓室男	左墓室成年、右墓室 30～35 岁
M2218		无人骨	
M2219		A 男、B 女	A 成年、B25～30 岁
M2220		无人骨	
M2221		女	成年
M2222		男	成年
M2223		女	成年
M2224		无人骨	
M2225		少量骨屑	?
M2226		少量骨屑	?
M2227		A 女、B?、C 男、	A25～30 岁、B 幼儿、C35～40 岁
M2228		无人骨	
M2229		A 男、B 女	A45 岁左右、B 成年
M2230		A 女、B 男	A55 岁左右、B55 岁左右
M2231		男	成年
M2232		男	20～25 岁
M2233		A?、B 男	A 儿童、B 成年
M2234		无人骨	
M2235		?	儿童
M2236		A 男、B 男	A20～25 岁、B25 岁左右
M2237		无人骨	
M2238		无人骨	
M2239		A 女、B 男	A35 岁左右、B40 岁左右
M2240		A 女、B 男、C 男	A 成年、B 成年、C30 岁左右
M2241		A?、B?	A?、B?
M2242		A 女、B?	50 岁左右、B?
M2243		A 男、B 男	皆成年
M2244		女	30 岁左右

续附表二

墓号	备注	性别鉴定	年龄鉴定
M2245		无人骨	
M2246		女	25～30 岁
M2247		A 女、B?、C 男	A25～30 岁、B 幼儿、C30 岁左右
M2248		女	50 左右
M2249		无人骨	
M2250		A 男、B 男、C?	A20～25 岁、B 成年、C17～18 岁
M2251		男	成年
M2252		A? B 男、C 男	A 成年、B 成年、C 成年
M2253		A? B 女	A 幼儿、B 成年
M2254		A 男、B 女、C 男、D 女	A 成年、B 成年、C 成年、D 成年
M2255		男	35 岁左右
M2256		无人骨	
M2257		A 女、B 男	A 成年、B 成年
M2258		A 男、女、	A45 岁左右、B 成年
M2259		无人骨	
M2260		少量骨头	成年
M2261		两根肢骨?	成年
M2262		A 女、B?	A40～45 岁、B 儿童
M2263		1 根肢骨	?
M2264		女（少量骨头）	成年
M2265		无人骨	
M2266		无人骨	
M2267		A?、B 女、C 男	A 儿童、B30 岁左右、C 成年
M2268		女	成年
M2269		一对腓骨	?
M2270		男	41 岁左右
M2271		男	成年
M2272		无人骨	
M2273		无人骨	
M2274		无人骨	
M2275		无人骨	
M2276	烧骨	3 根肢骨	成年
M2277		A?、B 女	A 儿童、B 成年
M2278		男	成年
M2279		A 男、B 男、C 男、D 女	A 成年、B 成年、C40 岁左右、D35～40 岁
M2280		A?、B 女、C 男	A10 岁左右、B 成年、C 成年
M2281		男	成年
M2282		女	25～30 岁左右
M2283		无人骨	
M2284		无人骨	
M2285		无人骨	
M2286		?	?

续附表二

墓号	备注	性别鉴定	年龄鉴定
M2287		男、	成年、
M2288		男	成年
M2289		？	儿童
M2290		无人骨	
M2291		无人骨	
M2292		？	儿童
M2293		无人骨	
M2294		无人骨	
M2295		少量碎骨	？
M2296		无人骨	
M2297		无人骨	
M2298		无人骨	
M2299		无人骨	
M2300		无人骨	
M2301		女	成年
M2302		？	成年
M2303		无人骨	
M2304		无人骨	
M2305		男	成年
M2306		女	35 岁左右
M2307		？	？
M2308		女	成年
M2309		男	成年
M2310		A 男、B 女	A50 岁左右、B 成年
M2311		？	婴儿
M2312		无人骨	
M2313		A 男、B 女	A50 岁左右、B35 岁左右
M2314		1 根肢骨	儿童
M2315		无人骨	
M2316		？	成年
M2317		无人骨	
M2318		无人骨	
M2319	B 烧骨	A 男、B？	A35 岁左右、B？
M2320		A 男、B 男、C 女、D 男、E？、F 女、G 女、H 女	A50 岁左右、B 男 40～45 岁、C40 岁左右、D50 岁左右、E 成年、F 成年、G35 岁左右、H25～30 岁
M2321		无人骨	
M2322		？	？
M2323		A 女、B 男	A35～40 岁、B45 岁左右

附表三 　　　　　　　　　　宁安虹鳟鱼场墓地方坛统计表

方坛号	方向	方坛外廓长×宽＋高	方坛里坑长×宽－深	填土出土文物	活动面出土器物
FT1	145°	6.7—7×5.2＋0.35	3.26×2.45－0.33	玉环 1、木珠 1、铜牌 1、Ⅰ式铜带銙 1、Ⅱ式铜带銙 1、铜甲片 1、铜带扣 1、银带銙 1、铁钉 3、铁甲片 152、鎏金铜花饰 1、凝质岩珠 7、蓝色料珠 1、黑色料珠 1、玛瑙珠 1、铜铊尾 1	陶长腹罐 3
FT2	145°	6.5～6.7×5～5.15	3.7×2.2－0.2	陶长腹罐 2、陶器盖 1、陶鼓腹罐口沿 1、陶瓶 1、陶器底 1、铜鸟头饰 1、铁钉 14、铜螺旋器 17、铁合页 3、Ⅰ式包银铜饰件 4、Ⅱ式包银铜饰件 1、铁甲片 5	
FT3	145°	5.22×3.53＋0.4		陶盂口沿 1、铁带銙 1、铁钉 4	
FT4	145°	4.7×3.31＋0.4		陶瓮口沿 1、陶鼓腹罐口沿 1、铁钉 2、银耳环 1、玛瑙珠 1	
FT5	155°	4.8×3.12＋0.5	2.7×1.7－1.9－0.2	陶瓮口沿 1、陶瓮底 1、铁饰件 1	
FT6	170°	6×5.5＋0.64		陶鼓腹罐 1、陶器底残片 1、陶长腹罐口沿 2、陶长腹罐底片 1、金耳环 1、银条 1、纹饰陶片 1、铜耳环 1、玛瑙珠 2、玉瑗 1	
FT7	160°	6.2×5.2＋0.3		无	

附表四　　　　　　　**宁安虹鳟鱼场墓葬填土内出土的动物骨骼鉴定统计表**

序号	墓葬编号	动物名称	骨骼部位与数量	个体数	年龄	保存情况	备注
1	M2001	狗 *Canis familiaris*	右侧股骨 1 件	1		远端残	
2	M2006	马 *Equus sp.*	左下臼齿 1 枚	1		残	风化严重
3	M2008	马 *Equus caballus*	左上臼齿 2 枚	2	成年 1 未成年 1	残（4 块）	风化严重
4	M2009	马 *Equus sp.*	左上臼齿 1 枚	1		残（3 块）	风化严重
5	M2120	马 *Equus sp.*	上臼齿 1 枚	1		残（3 块）	风化严重
6	M2123	马 *Equus sp.*	上臼齿 1 枚	1		残（4 块）	风化严重
7	M2145	马 *Equus sp.*	右肩胛骨 1 件	1		近端残	风化严重
8	M2161	马 *Equus sp.*	上臼齿 2 枚	2	成、老年各 1	残	风化严重
9	M2192	马 *Equus sp.*	左上臼齿 1 枚	1	壮年	残	风化严重
10	M2195	马 *Equus sp.*	左上臼齿 2 枚	2		残片 4 块	风化严重
11	M2196	马 *Equus sp.*	右上臼齿 1 枚	1	青年	残	风化严重
12	M2200	马 *Equus sp.*	左下臼齿 1 枚	1		残	风化严重
13	M2204	马 *Equus sp.*	左、右上臼齿各 1 枚	1	老年	残	风化严重
			左下臼齿 1 枚	1	青年	残	
		猪 *Sos*	左下第 3 臼齿 1 枚	1	未成年	残	
14	M2213	马 *Equus sp.*	左下臼齿 1 枚	1		残	风化严重
15	M2218	马 *Equus sp.*	左上 P2－M3	1	壮年	完整	风化
16	M2230	马 *Equus sp.*	上臼齿 1 枚	1		残	风化严重
17	M2231	马 *Equus sp.*	左下臼齿 1 枚	1		残	风化严重
18	M2237	马 *Equus sp.*	右上、下臼齿各 1 枚	1		残	风化严重
19	M2248	马 *Equus sp.*	左上臼齿 1 枚	1		残	风化严重
20	M2249	马 *Equus sp.*	右上臼齿 2 枚	1		残片 4 块	风化严重
21	M2252	马 *Equus sp.*	上臼齿 2 枚	1		残片 4 块	风化严重
22	M2254	马 *Equus sp.*	左上臼齿 1 枚	1		残片 3 块	风化严重
23	M2260	马 *Equus sp.*	上臼齿 1 枚	1		残片 3 块	风化严重
24	M2262	牛 *Bos sp.*	右侧肩胛骨 1 件	1		残	风化严重
25	M2266	马 *Equus sp.*	上臼齿 1 枚	1		破损成 4 块	风化严重
26	M2269	牛 *Bos sp.*	胫骨断块 1 件	1		破损成 2 块	可以拼合
27	M2280	马 *Equus sp.*	上臼齿 1 枚	1		残片 1 件	风化严重
28	M2283	马 *Equus sp.*	右上臼齿 1 枚	1		残片 3 件	风化严重
29	M2308	马 *Equus caballus*	左、右上臼齿各 1 枚	1	青壮年	完整	
30	M2309	马 *Equus sp.*	左上臼齿 1 枚	1		残片 3 件	风化严重

附表五　　　　　　　　　　**宁安虹鳟鱼场墓葬类型统计表**

区别	类型	建筑方式	数量	百分比	各类型中所占比例
第一区墓葬（39座）	长方形石室墓（16座）	地面建筑	4	25	41
		地穴建筑	12	75	
	石圹墓（10座）	地面建筑	2	20	26
		地穴建筑	8	80	
	石棺墓（7座）	地面建筑	1	14	18
		地穴建筑	6	86	
	双室（1座）	地穴建筑	1	100	3
	形状不明（5座）		5		13
第二区墓葬（284座）	铲形石室墓（88座）	地面建筑	44	50	31
		半地穴建筑	44	50	
	刀形石室墓（61座）	地面建筑	58	95	21
		半地穴建筑	3	5	
	长方形石室墓（79座）	地面建筑	66	84	28
		地穴建筑	13	16	
	石圹墓（20座）	地穴建筑	20	100	7
	石棺墓（19座）	地面建筑	2	11	7
		地穴建筑	17	89	
	双室墓（3座）		3		1
	形状不明（11座）		11		4
	砖室墓（2座）		2		1
	砖石混筑墓（1座）		1		

附表六

宁安虹鳟鱼场墓地葬俗统计表

区别	类型	数量与百分比	多人二次葬	二人二次葬	单人二次葬	单人一次葬与多人二次葬	单人一次葬与单人二次合葬	三人二次葬	二人一次葬	单人一次葬	少量骨头	无人骨
第一区墓葬（39座）	石室墓（16座）	数量	2	3	3		1		1	2	3	1
		百分比	12.5	18.8	18.8		6		6	12.5	18.8	6
	石圹墓（10座）	数量	1	3	2	1				1		2
		百分比	10	30	20	10				10		20
	石棺墓（7座）	数量		1		1				3		2
		百分比		14		14				42.8		28.5
	双室墓（1座）	数量					1					
		百分比					100					
	形状不明（5座）	数量			1						1	3
		百分比			20						20	60
	小计	数量	3	7	6	2	2		1	6	4	8
		百分比	7.6	17.9	15.3	5.1	5.1		2.5	15.3	10.2	20.5
第二区墓葬（284座）	铲形石室墓（88座）	数量	23	8	12	2	2		2	1	20	18
		百分比	26	9	13.6	2.2	2.2		2.2	1.1	22.7	20.4
	刀形石室墓（61座）	数量	7	10	10	3	2			3	14	12
		百分比	11.4	16.3	16.3	4.9	3.2			4.9	22.9	19.6
	长方形石室墓（79座）	数量	7	9	21	1		2		1	14	24
		百分比	8.8	11.3	26.6	1.2		2.5		1.2	17.7	30.3
	石圹墓（20座）	数量	3	2	6					2	5	2
		百分比	15	10	30					10	25	10
	石棺墓（19座）	数量							1	4	4	10
		百分比							5.2	21	21	52.6
	双室墓（3座）	数量	1		1						1	
		百分比	33.3		33.3						33.3	
	砖室墓（2座）	数量	2									
		百分比	100									
	砖室混筑墓（1座）	数量			1							
		百分比			100							
	形状不明（11座）	数量	2		2						1	6
		百分比	18.1		18.1						9	54.5
	小计	数量	45	29	53	6	4	2	3	11	58	73
		百分比	15.8	10.2	18.7	2.1	1.4	0.7	1.1	3.9	20	25.7
	总计	数量	48	36	59	8	6	2	4	17	62	81
		百分比	14.9	11.1	18.3	2.5	1.9	0.6	1.2	5.3	19.2	25

附表七

宁安虹鳟鱼场墓地随葬陶器分期表

器类 \ 期别	长腹罐	鼓腹罐	长颈鼓腹罐	深腹罐	子口敛口罐	敛口罐	直口罐	瓮	长颈壶	短颈壶	盘口壶
三期	V式 IV式	IV式 III式	II式 I式	II式 I式	II式 I式	III式	II式 I式	III式 II式	III式	III式 II式	II式 I式
二期	III式 II式	II式				II式 I式		I式	II式 I式	I式	
一期	I式	I式									

附表八

宁安虹鳟鱼场墓地随葬陶器分式统计表

出土墓号	长腹罐	鼓腹罐	长颈鼓腹罐	深腹罐	子口敛口罐	敛口罐	直口罐	其他罐类	瓮	长颈壶	短颈壶	盘口壶	其他壶类	器盖	碗	瓶	其他陶器
2001	III①	II①								I① II①							
2002	IV①																
2004	IV①																
2005	IV①	IV①						杯状耳罐①						①			
2007	II① III① IV③										III①						
2013	II① IV① V①										III①						
2014	IV②																
2015	IV②																
2016								残鼓腹罐①									
2017	IV①																
2020	II①										I①						
2021	IV①															太平底瓶①	
2022	III① V①	III①										I①					
2024	IV①										II②						
2025	IV①																
2026	III① IV①							残鼓腹罐①			III①						
2028										III①							
2029	IV①										III①					鸡腿瓶①	
2031	IV②																
2032			I①														
2034	III① V①										III①						
2035	IV①																
2039						I①											
2040																	

续附表八

出土墓号	长腹罐	鼓腹罐	长颈鼓腹罐	深腹罐	子口敛口罐	敛口罐	直口罐	其他罐类	瓮	长颈壶	短颈壶	盘口壶	其他壶类	器盖	碗	瓶	其他陶器
2041	IV①										II①		短颈壶口沿①				
2042																	
2043	III①　IV①	III①															
2044	IV①	IV①											肥颈壶①	①			
2045	III①	IV①															
2052	IV②																
2053	III①																盂①
2054	IV①							折肩罐①									
2061	IV①																
2062																	
2063											III①						
2064	V①	III①															
2071						III①		折肩罐①								斜腹瓶①	
2072																	
2076	IV①																
2079		IV①						残鼓腹罐①									
2085	V②																
2088														①			
2089						III①											
2091	IV①							折肩罐①									
2092								残鼓腹罐①									
2099																折肩瓶①	
2104									I①								
2121	IV②							折肩罐①	I①								
2123															①		
2124	II②							残折肩罐①					短颈壶口沿①				
2125																	
2133	IV①																
2137						II①							壶底①				
2138									瓮底①								

续附表八

出土墓号	长腹罐	鼓腹罐	长颈鼓腹罐	深腹罐	子口敛口罐	敛口罐	直口罐	其他罐类	瓮	长颈壶	短颈壶	盘口壶	其他壶类	器盖	碗	瓶	其他陶器
2141	IV①							残鼓腹罐①									
2142																	
2154	V①																
2157	V①																
2161	IV①		II①					长腹罐底①					短颈壶底①　短颈壶口沿①	②			
2162	IV①																
2165	III①																
2166	II①				II①			长腹罐口沿①	I①							鼓腹瓶①	纹饰陶片①
2168	III①										III①						
2169		IV①															
2170	IV①																
2171	IV①				I①												
2172	III①																
2174					I①			文字罐①			III①						
2175	IV①				I①												
2176																小口瓶①	
2182				II①								II①					
2183								罐底①					残短颈壶①				
2184	IV①								III①								
2185	IV①	III①									III①					长腹瓶①	
2187																	
2188	II①																
2194	IV①								I①								
2200	IV②	III①															
2201	III①																
2202	V①																
2204	IV①													①			
2205	III③　IV④			I①	II①			广肩罐①					长腹壶①				
2208	IV①																

续附表八

出土墓号	长腹罐	鼓腹罐	长颈鼓腹罐	深腹罐	子口敛口罐	敛口罐	直口罐	其他罐类	瓮	长颈壶	短颈壶	盘口壶	其他壶类	器盖	碗	瓶	其他陶器
2212	IV③																
2249	II②																
2252	I②							鼓腹罐口沿①					短颈壶口沿①	①			器底①
2254	II① IV③	IV①							瓮残片①				细颈壶① 残短短颈壶①				
2255	IV①												长腹壶口沿① 短颈壶口沿①		①		器底①
2256	IV①																
2257	IV④							球腹罐①	瓮残片①								
2258	IV①								III①		III①						
2259	IV①																
2260	IV③								II①								
2261	III② IV②							残长腹罐①	II①				残短颈壶①				
2262	IV①	II①															
2264	IV②	II①					I①										釜①
2268	IV①							长腹罐底①						①			
2279	II① I①								瓮口沿①		III①				①		
2280	III①														①		
2289	IV①																
2293	IV②																
2294	IV①																
2297								拆状耳罐①									
2299									瓮底①								
2307								拆状耳罐①									
2308	IV①												短颈壶口沿① 残短颈壶①				
2311	IV①								III①		III①						
2313	III①																
2318	IV①						II①										
2320	V①																
2322	V①																

○中阿拉伯数字为出土件数

附表九　　　　　　　　**宁安虹鳟鱼场墓地第二区墓葬墓底结构统计表**

墓葬形制 ＼ 数量 ＼ 结构	砂、土	石板	河卵石（小石块）	红砖
铲形石室墓 （88 座）	71	7	5	5
	80％	8％	6％	6％
刀形石室墓 （61 座）	58	1		2
	95％	2％		3％
长方形石室墓 （79 座）	73	2	3	1
	92％	3％	4％	1％
石圹墓 （20 座）	19		1	
	95％		5％	
石棺墓 （19 座）	14	4	1	
	74％	21％	5％	
双室石室墓 （3 座）	3			
	100％			
砖室墓 （2 座）				2
				100％
砖石混筑 （1 座）	1			
	100％			
形状不明 （11 座）	11			
	100％			
合计	250	14	10	10
百分比	88％	5％	4％	4％

附表一〇　　　　　　　　　　宁安虹鳟鱼场墓葬出土文物统计表

区别	墓葬类型	出土层位	数量（件）	百分比（%）	各类型中所占比例（%）	每座出土文物平均数（件）
第一区墓葬（39 座）	长方形石室墓（16 座）	随葬品	20	49	38	2.6
		填土出土	21	51		
	石圹墓（10 座）	随葬品	10	26	35	3.8
		填土出土	28	74		
	石棺墓（7 座）	随葬品	1	7	14	2.1
		填土出土	14	93		
	双室（1 座）	随葬品			2	2
		填土出土	2	100		
	形状不明（5 座）	随葬品	1	8	12	2.6
		填土出土	12	92		
小计			109			2.8
第二区墓葬（284 座）	铲形石室墓（88 座）	随葬品	629	76	58	9.4
		填土出土	199	24		
	刀形石室墓（61 座）	随葬品	116	67	12	2.8
		填土出土	56	33		
	长方形石室墓（79 座）	随葬品	86	39	15	2.8
		填土出土	132	61		
	石圹墓（20 座）	随葬品	122	87	10	7
		填土出土	18	13		
	石棺墓（19 座）	随葬品	9	30	2	1.6
		填土出土	21	70		
	双室石室墓（3 座）	随葬品	5	83	0.4	2
		填土出土	1	17		
	形状不明（11 座）	随葬品	8	40	1	1.8
		填土出土	12	60		
	砖室墓（2 座）	随葬品	4	22	1	9
		填土出土	14	78		
	砖石混筑墓（1 座）	随葬品			0.01	1
		填土出土	1	100		
小计			1433			5
墓葬出土文物总数			1542			

※不包括填土中出土的碎陶片

The Hongzunyuchang Bohai Graveyard Site, Ning'an

Preface

Between 1992 and 1995, the Heilongjiang Institute of Cultural Heritage and Archeology conducted rescue excavations at the Hongzunyuchang Bohai Graveyard site, Bohai Town, Ning'an City, with the approval of the State Administration of Cultural Heritage. It was considered another great achievement of Chinese Bohai Kingdom Archeology following the discovery of the Sanling No. 2 Bohai Grave site. So far, excavations of the Hongzunyuchang Bohai Graveyard site have lasted the longest period with the largest number of tombs excavated, the largest quantities of relics unearthed and the most complex tomb structure found. In this excavation, pyramid-shaped platforms were discovered for the first time in Bohai Archeology. Thus, the discovery of the Hongzunyuchang Bohai Graveyard site was awarded the Ten Discovery of Chinese Archeology 1995.

The Hongzunyuchang Graveyard site is located on sand dunes at the south bank of the Xiaoqincai River, about 1 km away from Hongzunyuchang (the Hongzun Fishery), Bohai Town, Ning'an City. The east, west and north walls of the graveyard have been severely destroyed due to water and soil erosion over years and to the local residents' behavior to take sands for brick processing. Before excavations, most of the tombs stood slightly above the ground surface, well preserved even if the original mound earth no longer existed. Overall excavations unearthed 323 tombs, seven pyramid-shaped platforms, and one house. The total excavation area reached over 40, 000 sq m, with a yield of above 2,000 specimens.

The Graveyard site consisted of two tomb areas, with 39 tombs discovered in one area and 284 tombs in the other. No pit tombs were unearthed, and 99 per cent of the tombs found were rock tombs. Based on the building materials, tombs were identified as rock tombs, brick tombs, and brick-and-rock tombs. Rock tombs were classified into earth-mounded rock tombs, stone-sarcophagus tombs, and stone pits. From the point of view of their shape, stone-chambered tombs were shovel-shaped, knife-shaped, rectangular and dual chamber. Stone-coffined tombs and stone pits are both rectangular. Brick-chambered tombs and brick-and-stone tombs are shovel-shaped, knife-shaped, and rectangular. Chambers in large tombs are 3. 3 × 4. 13 m, those in medium tombs 2 × 3 m, and those in small tombs 0. 5 × 1 m; tomb tunnels are about 0. 3 – 1. 5 m wide, and 0. 5 – 2. 8 m long. The bottom of the tombs has four different styles: 1) the primary sand soil; 2) covered with chalk soil; 3) covered with bricks; or 4) covered with stone slabs or cobblestones.

The seven pyramid-shaped platforms unearthed ranged from 5. 4×7 m to 3×4. 8 m. They were built on the ground with a height of about 40 cm. The outer walls were built with basalt stone slabs. They present a smooth surface, while the inner sides are uneven. The inner walls showed burnt marks of charcoal. Complete pole holes were unearthed from some pyramid-shaped platforms. No human skeletons were discovered from these platforms. Relics included items made of pottery and silver, gold-coated flower ornaments, agate beads, and horse teeth. Such pyramid-shaped platforms have not been discovered in Bohai Archeology before.

Burial customs of the Hongzunyuchang graveyard included primary burial, secondary burial, primary and secondary burial, cremation, companied by single burials and collective burials. Secondary burial was the most common, used in 194 tombs (above 60 per cent of the total, exclusive of empty tombs and tombs with a small number of bones).

Relics unearthed include utensils, production tools, weapons, horse trappings, and ornaments. Most of items were made of pottery, followed by bronze, iron, jade, gold, silver, and agate. Pottery vessels presented diversified shapes, such as short-necked pots, long-necked pots, jars with expanded belly, jars with restrained mouth, jars with broad shoulders, multi-rim jars, small-mouth jars, flat-looped jars, bowls, lids, and so on. Among them, articles like gold-coated belts, gold-coated belt buckles, gold-coated flower ornaments, silver ornaments, bronze mirrors, and bronze warrants, etc., bore great significance in culture and art perspectives. Pottery articles with characters were also discovered, which will provide important reference to study characters during the Bohai Kingdom. Apart from that, red bricks and some black bricks of the Bohai Kingdom were unearthed from the brick chambers. The shape of red bricks is diversified, including isosceles triangle, right-angled triangle, and rectangle, which provided solid reference to study architecture of the Bohai Kingdom.

A large number of human skeletons unearthed from tombs can have a great importance to study human features and race of the Bohai period. A great number of horse bones, together with some ox, pig and dog bones, were all discovered in filling earth, which inflected that Mohe people took horses as sacrificial animals when people died.

This graveyard site is dated to early to middle phase of the Bohai Kingdom with close linkage and evolution signs between phases, which shows continuous civilization progress. Excavations and studies of this graveyard site will provide reliable benchmarks to identify the cultural phases of the Bohai Kingdom.

Конспект

(Бохайское кладбище при рыборазводнии Хун Цзунь, что находится в городе Нинань провинции Хэйлуицзян в Китае)

В1992-1995году Хэйлунцзяский инситут археологии и памятник куритуры проводил спасительные расопки кладбище Бохая, что находится в городе Нинань, сейчас называется рыборазводнией Хун Цзунь, эти расопки прошли в течение 4 года. Это добиось успехов по археологии Бохая после могильника Бохая Сань Лин номерⅡ. Это открытие явилось самой слонной конетрукцией, Цархологические находки были самыми богатыми из раскопок Бохая . И это первое открытие важных памятников в связи с могилой, как раньтань. Это одно из открытий в облости китайской археологии в 1995 году.

Кладбище Хун Цзунь рыбораводнии находится на песчанном холме, на южном берегу Сяоцньцай от рыборазводнии рыбораводнии в одном километре. От разывния почвы и произоства кирпичев из песка месных жителей пост серьёзное разрушение в трехсторотнем кладбищи (в восточной западной северной) . Эта роскопка всесторонно открыла целоекладбище. В итоге 323 могили, 7 квадратных хламов, 1дом, площадь добычи была в квадратных метров 40000, образецоварархеоожческих находок 2000.

Кладбище Хун Цзунь рыбораводнии находится на песчанном холме из лав, была выпуклость большества могил на земле до раскопки, и кладбище основно было в полном состоянии. Кладбище разделилось на 2 части: в первой части было 39 могил, во второй было 284, открытие 99% могилы из камни, но не открыли могилы из почвы . Кладбище разделилось на3 по строительным материалам-могила из камни, могила из кирпича, могила из камни и кирпича. Конструкция могилы была сложна, каменая могила рзделилась на могилу с искусственым горам, могилу из каменного гроба, каменную комнату. По форме каменна могила рзделилась на могилу лопаткоулавливателя и формы ножа и прямоугольника и могилу с двойной комнатой. Могила из кирпича и камни рзделилась на могильник формы лопаткоулавливателя и формы ножа и прямоугольника. Спецификация могильника широкомасштабной могилы был 3.3×4.13 рис, спецификация могильника средствомасштабной могилы был 2×3 рис, могильник малой был 0.5×1 рис, ширина коридора могильника $0.3 - 1.5$ рис, длина рис $0.5 - 2.8$. У дна могильника было4структуры: (1) песочный уровень почвы(2)белый бентонит(3)положить камни и бульежник.

Между 7 квадратными хламами большего масштаба 5.4×7 рис, самого малого масштаба 3×4.8 рис. Квадратный хлам явился земной конструкцией. Наружная стена квадратного хлама строена базальтами, наружная стена была аккртна, внутренная стена была неровна, высоко сантиметр 40. У 4 сторон внутренной стены след угара уголя был. В некотрой квадратном хламе было чищено целое отверстие конки. В чищенной квадратном хламе не были людские косточки. У отрынных реликвией агалико, декоративная конструкция точного золота, серебряное вспомогательное оборудование, шарики агата и зубы лошадии так далее . Это было впервые открытие в орхеологии Бохая.

У обычая Хун Цзунь рыбораводнии была захоронение, захоронение второго времени, сльешанное захоронение, кремация, вместе с им одиночное захоронение, захоронение для многих. Захоронение второго времени явиось главным образом захоронения, и существовало много этих образов захоронения - 194 места (не включая свободной могильи могилы, в которой открыто несколько косточек), это было более 60% в итоге могилы. У археологических находок прибор жизни, производственный прибор, оружие, проводка, орнамент и так далее. Между этих находок было большество агашка, затем посуда из меди, из железа, из золота и серебра, орнамент из агата. Было много типов агашка-бак короткой шеи, бак длинной шеи, бак маленького рота, крышки посуды, У археологических находок много высокомарочных товаров, например, орнамент точного золота, орнамент из серебра , бронзовое зеркало , орнамент из меди и так далее, эти находки имеет важное культурное значение реликвии и художническое значение . Особенно, ещё открыли весьма редкое агалико с письмом, и это имеет важное значение справки для изучения письма Времени Бохая . Сверх того получили одну серию драгоценного кирпича красного и немногих голубых кирпичей времён Бохаяв чистке могилы из кирпича . Красная форма кирпича имеет прямоугольник, прямого угла , и так далее по-разному спецификация . Все эти замечательный материал Изучения типа конструкции времени Бохая.

Открытие больших количеств целых каркасного образца имеет необыкновенное значение для изучения характеристика человеческого тела, вид и так далее времён Бохая. . В этом отрыли большое количество косточки лошади, все эти были в заполнении земли, но также имеет немногих коров, свиньи, собакилошади.

Годы этой могилы принадлежали ранним и средним годам Бохая, разный период тесно связно, отношение между ими изрядно ясное, могила показаа нам проедуру развитил без промежутка. Через добычу и изучение той могилы, может поставить надёжную линейку, чтобы различие могилы от каких годов. Полная добыча рыбораводнии Хун Цзунь имеет важное значение, группа новых важных памятников и дорогоценных наследий заполнила свободное место в истории и изуении археологии Бохая.

寧安虹鱒漁場渤海墓地

要　約

　　国家文物局許可のもとで、1992－1995 年、黒龍江省文物考古研究所は4 年間にわたり、寧安市渤海鎮虹鱒漁場墓地を緊急発掘した。寧安虹鱒漁場渤海墓地は三霊二号渤海大墓についで、わが国が渤海考古でまた収めた大きな成果で、今まで渤海古墳発掘の中で、整理した古墳の数は最も多く、発掘時間は最も長く、墓の形や構造は最も複雑で、出土品は最も豊かな発掘である。しかも、はじめて古墳と関わる方壇など重要な遺跡が発見され、1995 年に中国考古十大発見と選ばれた。

　　虹鱒漁場墓地は寧安市渤海鎮虹鱒漁場北 1キロの小芹菜河南岸の砂丘に位置し、長年の水土流失や現地住民が砂で煉瓦を焼くことによって、墓地の東、西、北三面はひどく破壊された。今回は墓地全体を全面的に発掘し、323の古墳、7つの方壇、一つの家を整理し、発掘面積は4 万平方メートル、出土品標本は2000 件に及んだ。

　　墓地は溶岩台地の砂丘に建てられ、発掘前に多数の古墳は地面に多少膨らみ、大体昔の状態を保ったが、元来の封土はほとんどなくなった状態であった。墓地は二つの墓区に分けられ、第一区には39の墓があり、第二区には284の墓があり、土の墓は発見されず、99％の墓は石墓であることがわかった。建築材料によれば、石墓、煉瓦墓、石煉瓦混築墓の三種類に分けられる。墓の形や構造は複雑で、石墓はまた封土石墓、石棺墓と石鉱墓に分けられる。形によれば、石室墓はスコップ形、刀形、長方形、双室に分けられ、石棺墓と石鉱墓は皆長方形に属する。煉瓦室墓と煉瓦石混築墓はスコップ形、刀形、長方形の3 種類ある。大型古墳墓室の規格は3.3×4.13メートル、中型墓は2×3メートル、小型墓は0.5×1メートル前後であり、墓道の広さは0.3－1.5メートル、長さは0.4－2.8メートル前後である。墓の台は①原生砂地、②白漿土を敷く、③煉瓦を敷く、④石板か玉石を敷く四つの構造に分けられる。

　　今回整理した7つの方壇は、規模大きいのは5.4×7メートルであり、一番小さいのは3×4.8メートルである。方壇は地面建築で、方壇の外壁は玄武石板で石壁を作り、外側はきれいであるが、内側はでこぼこして、高さ約 40センチ、石壁の内側の四面には焼いた石炭の痕跡があり、完全な柱穴を整理した方壇もあった。整理した方壇は皆人骨が見つからず、出土品は陶器と鎏金花飾り、銀飾り、瑪瑙珠などの装飾品と馬歯がある。この種類の方壇の発見は渤海考古で初めての発見である。

　　虹鱒漁場墓地の埋葬習俗は一次葬、二次葬、一、二次混合葬、火葬、ついで独り葬、複数人葬が現われたと考えられる。二次葬は主要な埋葬方式であり、194の墓数にのぼり（空墓と出土骨の少ない墓を含まない）、墓全体の60％以上占める。

　　出土品には生活道具、生産道具、兵器、馬具、装飾品などがある。その内、陶器は多数を占め、銅器、鉄器、玉器、金銀器、瑪瑙飾りなどが続く。陶器には短頸壷、長頸壷、鼓腹缶、歛口缶、折肩缶、重唇缶、小口缶、板状耳缶、碗、器蓋など多くの種類がある。出土品の中で、鎏金帯飾り、鎏金帯ボタン、鎏金花飾り、銀飾り、銅鏡、銅牌飾りなど逸品が多く、いずれも重要な文物価値、芸術価値がある。特に、文字がついためったに見えない陶器も発見され、これは渤海時期の文字研究に重要な参考になると思われる。また、煉瓦室墓を整理したとき、渤海時代の珍しい赤煉瓦や、少量の青煉瓦が発見された。赤瓦の形は、二等辺三角形、直角三角形、二等辺梯形、直角梯形、長方形など様々な規格と形を発見、渤海時代の建築特徴研究の絶好の資料になるに違いない。

　　墓葬から出土された大量の無傷である骨格標本は、渤海時代の人体特徴、種属の研究にかなり役に立つと思う。馬骨の数は最も多く、皆埋め土の層に発見され、少量の牛、豚、犬も見つかり、これは靺鞨人が死んだ後、馬で祭る風俗の反映だと考えられるだろう。

　　墓地の年代は渤海早期～約中期までで、各時期はしっかり結びつき、進展変化ははっきりしていて、絶え間ない発展過程を呈している。この墓地の発掘及び研究によって、渤海時代の文化時期の分けに信頼できる標準を立てることができると考えられる。今回の全面的な発掘をすることによって、「史のあるものを証す、史のないものを補う」ことができ、出土した相当の新しい重要な遺跡や貴重な文物は「渤海国」についての歴史や考古研究の空白を補充したと考えられる。

영안 칠색송어 양어장 발해묘지 발굴 개요

　　흑룡강성 문물고고연구소에서는 중국국가문물국의 허가를 받아서 1992년부터 1995년까지 4년간, 영안시 발해진 칠색송어 양어장에 자리잡은 발해 묘지에 대해 구제발굴 조사를 실시하였다. 그 결과 삼령 2호 발해무덤 발굴조사에 뒤이어 우리나라 발해 고고 연구에서 또 한 번 중대한 성과를 얻게 되었으니, 지금까지의 발해무덤 발굴 가운데 조사 수량이 최다이고, 존속 기간이 가장 길며, 무덤 형태와 매장 습속이 다양하고, 출토유물이 가장 풍부하였다. 아울러 무덤과 연관된 방단 등 중요 유적이 처음으로 발견되었다. 이에 따라 이 발굴은 1995년도 중국 10대고고 발견으로 평가되었다.

　　칠색송어 양어장 발해묘지는 흑룡강성 영안시 발해진 칠색송어 양어장 북쪽 1km 떨어진 소근채하 남안 모래 둔덕에 위치한다. 지난 오랜 세월 유실을 당한데다가 현지 주민들이 모래를 파서 벽돌을 만들었기에 묘지의 동쪽, 서쪽과 북쪽 3면이 심하게 파괴되었다. 이번에 실시한 전면적 발굴조사로 정리된 유적은 무덤 323기, 방단 7기, 주거지 1기이며, 발굴 면적은 4만여 평방미터에 달하고, 출토유물은 2000여 점이다.

　　이 묘지는 용암 대지에 형성된 모래 둔덕에 분포한다. 많은 무덤들이 지상에 약간 봉긋하게 솟아나 있었으며, 대체로 양호한 상태로 보존되어 있었다. 다만 무덤 위의 봉토들이 많이 유실되어 있었다. 묘지는 두 구역으로 나뉘는데, 제1구역에는 무덤 39기, 제2구역에는 무덤 284기가 있었다. 토광묘는 발견되지 않았고 돌무덤이 99%를 차지한다. 축조 재료에 따라 돌무덤, 벽돌무덤, 돌·벽돌 혼축무덤 세 가지로 대별된다. 무덤의 내부구조는 복잡하다. 돌무덤은 다시 봉토석실묘, 석관묘, 석곽묘로 나눌 수 있다. 석실묘의 평면에는 삽형(가운데에 묘도가 달린 것), 칼형(중국 칼처럼 측면에 묘도가 달린 것), 장방형과 쌍실형이 있고, 석관묘와 석곽묘는 모두 장방형이다. 벽돌무덤과 돌·벽돌 혼축무덤에는 삽형, 칼형과 장방형 세 가지가 있다. 묘실 크기는 대형무덤이 3.3×4.13m, 중형무덤이 2×3m, 소형무덤이 0.5×1m 정도이고, 묘도는 폭 0.3~1.5m, 길이 0.5~2.8m 가량이다. 무덤 바닥은 네 가지인데, ①사질 생토 바닥, ②흰 석회에 흙을 이긴 바닥, ③벽돌 한 층을 깐 바닥, ④판석이나 자갈을 깐 바닥이다.

　　이번에 발굴된 방단 7기에서 제일 큰 것은 5.4×7m이고, 작은 것은 3×4.8m이다. 방단은 지상에 건축되었는데, 현무암 판석을 쌓아 벽을 만들었다. 외벽은 정연하지만 내벽은 고르지 않으며, 높이는 약 40cm이다. 내벽 4면에는 불에 그을린 흔적들이 남아 있고, 어떤 방단에는 기둥이 그대로 남아 있었다. 방단을 발굴하는 과정에서 인골은 출토되지 않았고, 토기와 도금한 꽃 장식, 은 장식물, 마노구슬 등의 장식품 및 말 이빨이 출토되었다. 이런 방단은 지금까지의 발해 고고 발굴조사에서 처음으로 발견되었다.

　　칠색송어 양어장 묘지에는 1차장, 2차장, 1·2차 혼합장, 화장 등 여러 매장습속들이 존재하며, 단인장도 있고 다인장도 있다. 2차장이 주된 매장방식으로서 194기에 이를 정도로 많은데, 전체무덤의 60% 이상을 차지한다(빈 무덤과 소량의 뼈만 나온 무덤은 제외).

　　출토 유물에는 생활용품, 생산도구, 무기, 마구, 장식품 등이 있는데, 그 중에 토기가 제일 많고 그 다음은 동기, 철기, 옥기, 금은기와 마노장식품 등이다. 토기는 종류가 다양하여 단경호, 장경호, 배가 불룩한 단지, 입이 오므라든 단지, 어깨가 꺾인 단지, 입술이 두 겹인 단지, 귀가 납작한 단지, 완, 뚜껑 등이 있다. 이번에 출토된 유물 가운데에는 정교한 공예품도 적지 않다. 도금한 허리띠 장식, 도금한 허리띠 고리, 도금한 꽃 장식, 은 장식, 동경, 동패 장식품들은 모두 귀중한 문물 가치와 예술성을 보여준다. 유물 중에는 문자가 적혀있는 토기가 희소하게 출토되었는데, 발해시기 문자 연구에 중요한 참고자료가 된다. 이밖에 벽돌무덤을 발굴하는 과정에서 진귀한 붉은벽돌과 소량의 청색벽돌이 출토되었다. 붉은벽돌에는 이등변삼각형, 직각삼각형, 등변사다리꼴, 직각사다리꼴, 장방형 등 여러 형태가 있어서 발해시대 건축 스타일을 연구할 수 있는 훌륭한 자료가 된다.

　　완전한 인골이 많이 출토되었는데, 발해시기 인체 특징과 족속 등의 연구에 매우 훌륭한 표본이 된다. 무덤에서 말뼈가 가장 많이 출토되고 소, 돼지, 개의 뼈도 소량 출토되었는데, 모두 내부 충전토에서 발견되었다. 이는 말갈인들이 죽은 후에 말로 제사지낸 풍속을 그대로 반영한 것이다.

　　이 묘지의 연대는 발해 조기부터 중기까지에 속하는데, 시기마다 긴밀히 이어져 있고 변화 관계가 뚜렷하여 끊임없이 발전한 과정을 보여준다. 이 묘지에 대한 발굴과 연구를 진행하면서 발해시기 각 단계 문화를 분간할 수 있는 기준을 설정할 수 있게 되었다. 칠색송어 양어장에 대한 전면적 발굴조사로 "证史之物, 补史之无(역사의 증거물로 기록에 없는 사실을 보충한다)"를 성취할 수 있었으니, 이번에 새로 발견된 유적과 진귀한 유물들은 발해 역사와 고고 연구의 공백을 메울 수 있게 해주었다.

后　记

　　本报告力图在以往传统编写报告模式的基础上，做些新的尝试。全书分为墓葬发掘资料和墓地性质及其相关问题研究两大部分，资料部分以每座墓葬为单位，叙述所有的遗迹和出土文物，主要是想为学者提供一部全面、详细的原始资料。

　　本报告编写工作由黑龙江省文物考古研究所研究员金太顺、赵哲夫，牡丹江市文物管理站副研究员王祥滨完成。

　　本报告在整理过程中，人骨鉴定由吉林大学朱泓教授及方启、陈山博士完成；兽骨鉴定由吉林大学陈全家教授完成；金相分析研究由吉林省文物考古研究所的贾莹研究员完成；器物修复由赵磊、王扬、张晓霞、王广文完成；器物绘图工作由赵湘萍、王庆芳、张晓霞、张海鹏、施桥完成；器物拍照由王世杰、吉林大学的李言完成；工地墓葬图由王祥滨、金太顺完成；野外摄影由赵哲夫完成。

　　本报告的英文提要由黑龙江省文物考古研究所魏笑雨馆员翻译，日文提要由黑龙江大学东语学院郑宇超讲师翻译，俄文提要由哈尔滨师范大学郝庆云教授翻译，韩文提要由首尔大学宋基豪教授翻译。

　　在工地发掘期间，张忠培先生曾到工地视察并给予指导。在报告整理期间，宿白先生、徐苹芳先生、张忠培先生、林沄先生、黄景略先生曾检查过并给予指导。魏存成先生多次到工地并审阅了报告的前言、综合研究与结语部分。发掘和编写报告的过程中曾得到朱国忱先生、孙秀仁先生、谭英杰先生、陈国庆先生、韩世明先生的帮助。

　　本报告的编写得到了黑龙江省文物考古研究所李陈奇所长、张伟副所长、赵永军副所长的大力支持。韩亚男参加了部分整理工作，朱珞丹、韩文彦、赵刚、尤洪才、孙雪松、徐静波、吕东、吴英才、谭炜、刘欣鑫等同志亦给予了各方面的协助，谨致诚挚的感谢。

　　在发掘过程中得到了宁安市文化局、黑龙江省渤海上京遗址博物馆、宁安市文物管理所、西安村村民委员会的大力支持。张英俊、黄景林、王兴军等同志给予了各方面的协助，在此一并表示谢意。

编　者

2009 年 6 月

图　版

墓地周围地貌（航拍，由北向南，箭头所示为墓地位置）

宁安虹鳟鱼场渤海墓地

1．墓地地貌（航拍，由南向北）

2．墓地地貌（冬季拍摄，由东向西）

宁安虹鳟鱼场渤海墓地

墓地西北一角（由南向北）

宁安虹鳟鱼场渤海墓地第二墓区局部

墓地西侧一角（由南向北）

宁安虹鳟鱼场渤海墓地第二墓区局部

宁安虹鳟鱼场渤海墓地第二墓区局部

M2308西侧远景（由东向西）

1. 墓地东侧一角（由南向北）

2. 第二墓区西侧远景（由东向西）

宁安虹鳟鱼场渤海墓地第二墓区局部

去掉耕土后的方坛远景（由东向西）

宁安虹鳟鱼场渤海墓地第二墓区局部

1. M2219

2. M2230

宁安虹鳟鱼场渤海墓地第一墓区墓葬

1. M2239

2. M2241

宁安虹鳟鱼场渤海墓地第一墓区墓葬

1. M2247封顶

2. M2249

宁安虹鳟鱼场渤海墓地第一墓区墓葬

1. M2001

2. M2001东壁出土人骨

宁安虹鳟鱼场渤海墓地第二墓区墓葬

1．M2001墓道堆积

2．M2001墓道

宁安虹鳟鱼场渤海墓地第二墓区墓葬

M2008

宁安虹鳟鱼场渤海墓地第二墓区墓葬

M2092

宁安虹鳟鱼场渤海墓地第二墓区墓葬

1．M2093

2．M2121

宁安虹鳟鱼场渤海墓地第二墓区铲形墓

1. M2123

2. M2124

宁安虹鳟鱼场渤海墓地第二墓区铲形墓

1. M2126

2. M2129

宁安虹鳟鱼场渤海墓地第二墓区铲形墓

1. M2156

2. M2162

宁安虹鳟鱼场渤海墓地第二墓区铲形墓

1. M2165

2. M2166

宁安虹鳟鱼场渤海墓地第二墓区铲形墓

1．M2168

2．M2169

宁安虹鳟鱼场渤海墓地第二墓区铲形墓

1. M2170

2. M2180

宁安虹鳟鱼场渤海墓地第二墓区铲形墓

1．M2183

2．M2184

宁安虹鳟鱼场渤海墓地第二墓区铲形墓

1. M2185

2. M2186

宁安虹鳟鱼场渤海墓地第二墓区铲形墓

1. M2188（上）、M2189（左）、M2190（右）

2. M2192

宁安虹鳟鱼场渤海墓地第二墓区墓葬

1. M2194

2. M2200

宁安虹鳟鱼场渤海墓地第二墓区墓葬

1. M2204

2. M2208

宁安虹鳟鱼场渤海墓地第二墓区墓葬

1. M2212

2. M2252

宁安虹鳟鱼场渤海墓地第二墓区铲形墓

1．M2254

2．M2257

宁安虹鳟鱼场渤海墓地第二墓区铲形墓

1．M2258

2．M2260

宁安虹鳟鱼场渤海墓地第二墓区铲形墓

1．M2261

2．M2262

宁安虹鳟鱼场渤海墓地第二墓区墓葬

1．M2264封顶

2．M2264

宁安虹鳟鱼场渤海墓地第二墓区铲形墓

1. M2268

2. M2269

宁安虹鳟鱼场渤海墓地第二墓区墓葬

1. M2270

2. M2279

宁安虹鳟鱼场渤海墓地第二墓区墓葬

1. M2280

2. M2297

宁安虹鳟鱼场渤海墓地第二墓区墓葬

1. M2298

2. M2125

宁安虹鳟鱼场渤海墓地第二墓区墓葬

1．M2137

2．M2172

宁安虹鳟鱼场渤海墓地第二墓区墓葬

1. M2174

2. M2175

宁安虹鳟鱼场渤海墓地第二墓区墓葬

1. M2182

2. M2179（上）、M2174（左）、M2180（右）

宁安虹鳟鱼场渤海墓地第二墓区墓葬

1. M2193

2. M2256

宁安虹鳟鱼场渤海墓地第二墓区墓葬

1. M2319

2. M2070

宁安虹鳟鱼场渤海墓地第二墓区墓葬

1. M2071

2. M2082

宁安虹鳟鱼场渤海墓地第二墓区墓葬

1. M2044

2. M2091

宁安虹鳟鱼场渤海墓地第二墓区墓葬

宁安虹鳟鱼场渤海墓地第二墓区墓葬

1. M2120

2. M2136

宁安虹鳟鱼场渤海墓地第二墓区墓葬

1. M2154（左）、M2155（右）

2. M2157（左）、M2171（右）

宁安虹鳟鱼场渤海墓地第二墓区墓葬

1. M2187

2. M2218

宁安虹鳟鱼场渤海墓地第二墓区长方形石室墓

1. M2191

2. M2202

宁安虹鳟鱼场渤海墓地第二墓区长方形石室墓

1. M2271

2. M2296

宁安虹鳟鱼场渤海墓地第二墓区长方形石室墓

1. M2299

2. M2308封顶

宁安虹鳟鱼场渤海墓地第二墓区墓葬

1．M2308

2．M2320

宁安虹鳟鱼场渤海墓地第二墓区墓葬

1. M2138

2. M2153

宁安虹鳟鱼场渤海墓地第二墓区墓葬

1. M2161

2. M2205

宁安虹鳟鱼场渤海墓地第二墓区墓葬

1. M2288

2. M2207

宁安虹鳟鱼场渤海墓地第二墓区墓葬

1. M2211封顶

2. M2211

宁安虹鳟鱼场渤海墓地第二墓区墓葬

1. M2289

2. M2314封顶

宁安虹鳟鱼场渤海墓地第二区墓葬

1. M2314

2. M2315

宁安虹鳟鱼场渤海墓地第二区墓葬

1. M2318

2. M2209

宁安虹鳟鱼场渤海墓地第二区墓葬

M2005

宁安虹鳟鱼场渤海墓地砖室墓

1. M2267

2. M2074

宁安虹鳟鱼场渤海墓地砖室、砖石混筑墓

1. FT1、FT2第二层全景

2. FT1、FT2活动面全景

宁安虹鳟鱼场渤海墓地方坛遗迹

1. M2267西侧一角

2. FT6

宁安虹鳟鱼场渤海墓地砖室墓与方坛遗迹

1．FT6东北角

2．M2113出土铁甲片

宁安虹鳟鱼场渤海墓地方坛遗迹、M2113出土遗物图

1. 器盖（M2224：2，填土出土）

2. 盂（M2224：2，填土出土）

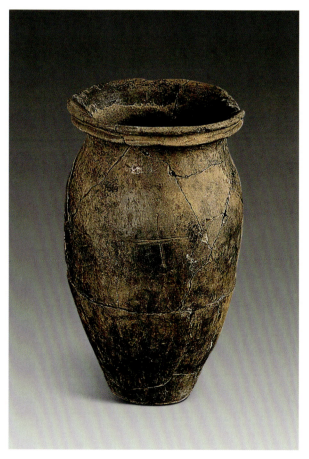

3. Ⅰ式长腹罐（M2249：1，随葬品）

4. Ⅱ式长腹罐（M2249：2，随葬品）

宁安虹鳟鱼场渤海墓地出土陶器

1. 长颈壶（M2001：116，随葬品）

2. 鼓腹罐（M2001：105，随葬品）

3. 长颈壶（M2001：115，随葬品）

4. 鼓腹罐（第一墓区征集，7）

宁安虹鳟鱼场渤海墓地出土陶器

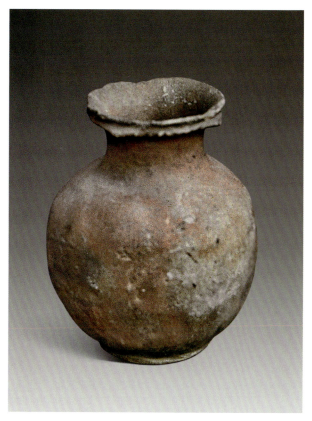

1. 鼓腹罐（第一墓区征集，2）

2. 长腹罐（第一墓区征集，8）

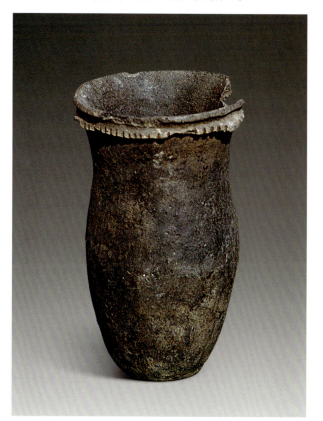

3. 长腹罐（第一墓区征集，13）

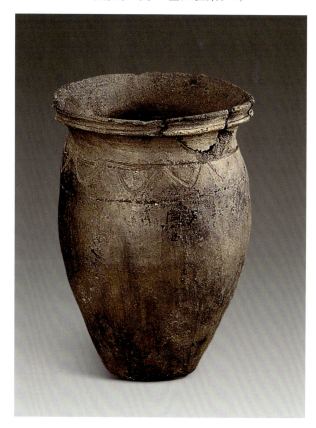

4. 长腹罐（M2004：1，随葬品）

宁安虹鳟鱼场渤海墓地出土陶器

1. 桥状耳罐（M2004：2，随葬品）

2. Ⅰ式长腹罐（M2007：3，随葬品）

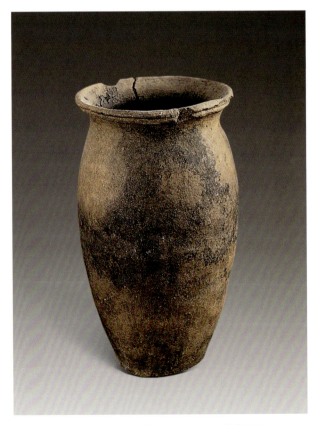

3. Ⅲ式长腹罐（M2007：2，随葬品）

4. Ⅱ式长腹罐（M2007：1，随葬品）

宁安虹鳟鱼场渤海墓地出土陶器

1. 短颈壶（M2007：4，随葬品）

2. Ⅲ式长腹罐（M2007：14，随葬品）

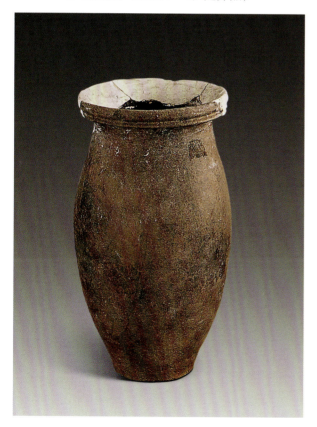

3. Ⅳ式长腹罐（M2007：5，随葬品）

4. 短颈壶（M2013：1，随葬品）

宁安虹鳟鱼场渤海墓地出土陶器

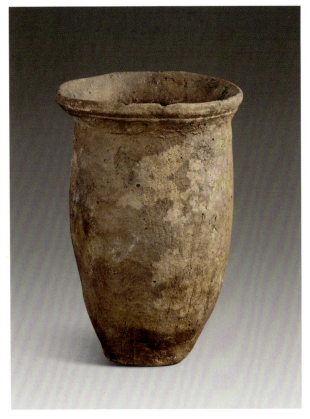

1．Ⅱ式长腹罐（M2013：2，随葬品）

2．Ⅲ式长腹罐（M2013：4，随葬品）

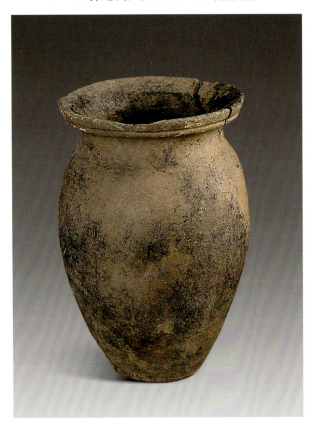

3．长腹罐（M2014：1，随葬品）

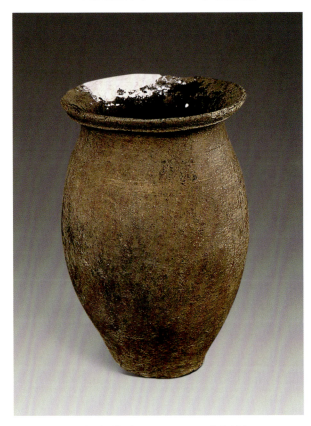

4．长腹罐（M2014：2，随葬品）

宁安虹鳟鱼场渤海墓地出土陶器

1. 长腹罐（M2017：1，随葬品）

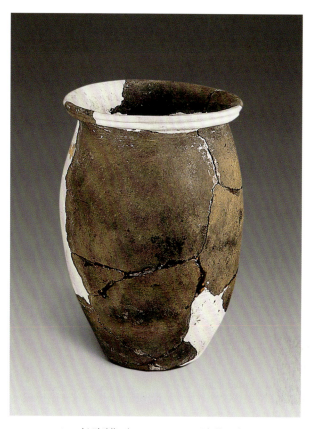

2. 长腹罐（M2024：1，随葬品）

3. 肥颈壶（M2024：2，随葬品）

4. 长腹罐（M2025：1，随葬品）

宁安虹鳟鱼场渤海墓地出土陶器

1. 长腹罐（M2031：1，随葬品）

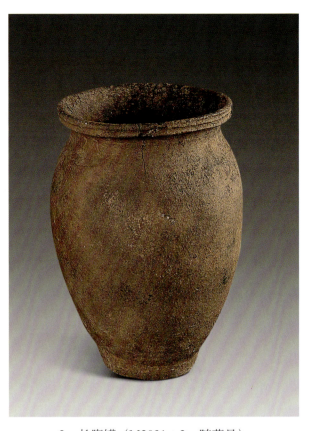

2. 长腹罐（M2031：2，随葬品）

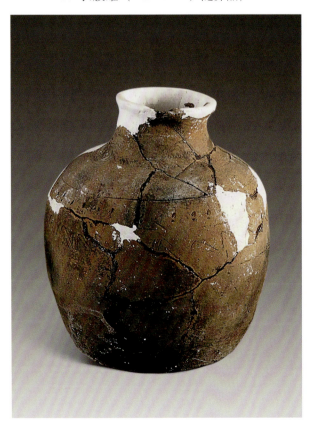

3. 鼓腹罐（M2034：1，随葬品）

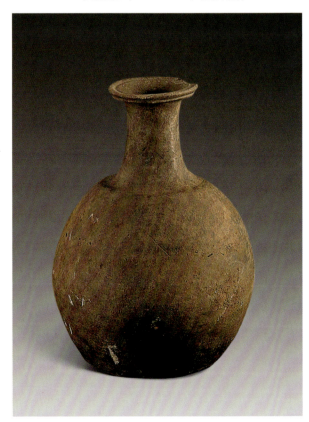

4. 长颈壶（M2034：3，随葬品）

宁安虹鳟鱼场渤海墓地出土陶器

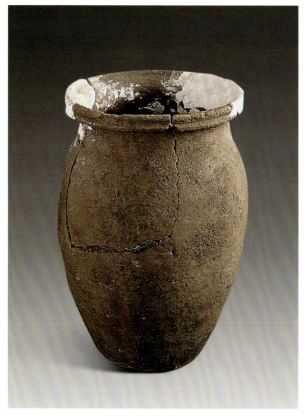

1. Ⅱ式长腹罐（M2034：4，随葬品）

2. Ⅰ式长腹罐（M2034：5，随葬品）

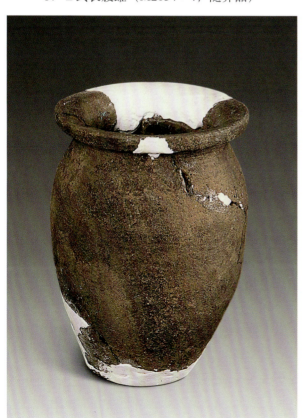

3. 长腹罐（M2035：1，随葬品）

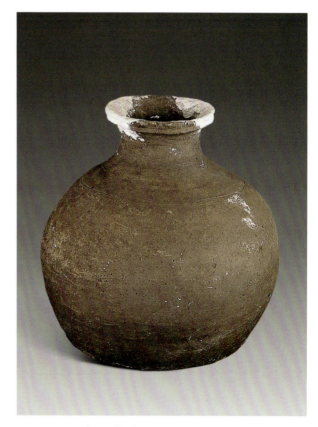

4. 短颈壶（M2039：1，随葬品）

宁安虹鳟鱼场渤海墓地出土陶器

1．短颈壶（M2042：1，随葬品）

2．Ⅰ式长腹罐（M2043：1，随葬品）

3．Ⅱ式长腹罐（M2043：2，随葬品）

4．鼓腹罐（M2053：2，随葬品）

宁安虹鳟鱼场渤海墓地出土陶器

1. 折肩罐（M2054：1，随葬品）

2. 长腹罐（M2076：1，随葬品）

3. 长腹罐（M2092：1，随葬品）

4. 长腹罐（M2121：1，随葬品）

宁安虹鳟鱼场渤海墓地出土陶器

1. 长腹罐（M2121：2，随葬品）

2. 鼓腹罐（M2123：4，随葬品）

3. 瓮（M2123：5，随葬品）

4. 碗（M2123：3，随葬品）

宁安虹鳟鱼场渤海墓地出土陶器

1. 折肩罐（M2124：3，随葬品）

2. 长腹罐（M2124：5，随葬品）

3. 长腹罐（M2124：4，随葬品）

4. 长腹罐（M2162：1，随葬品）

宁安虹鳟鱼场渤海墓地出土陶器

1. 长腹罐（M2164：1，填土出土）

2. 长腹罐（M2165：3，随葬品）

3. 瓮（M2165：4，随葬品）

4. 敛口罐（M2166：3，随葬品）

宁安虹鳟鱼场渤海墓地出土陶器

1．长腹罐（M2166：5，随葬品）

2．瓶（M2166：2，随葬品）

3．短颈壶（M2168：9，随葬品）

4．Ⅱ式长腹罐（M2262：4，随葬品）

宁安虹鳟鱼场渤海墓地出土陶器

1. 长腹罐（M2168：8，随葬品）

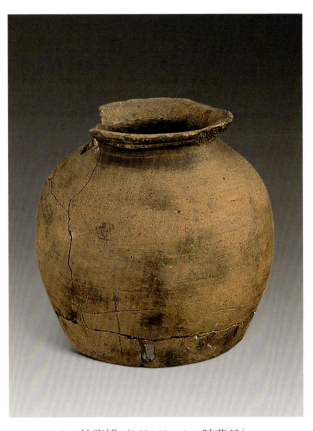

2. 鼓腹罐（M2169：1，随葬品）

3. 长腹罐（M2170：1，随葬品）

4. 长腹罐（M2183：5，填土出土）

宁安虹鳟鱼场渤海墓地出土陶器

1．短颈壶（M2183：2，随葬品）

2．瓮（M2184：10，随葬品）

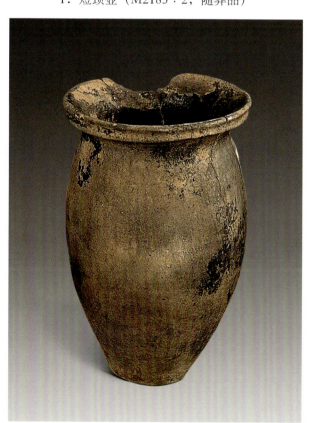

3．长腹罐（M2184：12，随葬品）

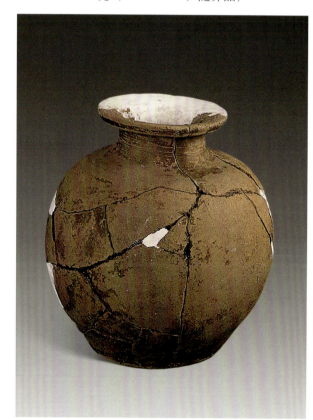

4．鼓腹罐（M2185：1，随葬品）

宁安虹鳟鱼场渤海墓地出土陶器

1. 瓶（M2185：2，随葬品）

2. 长腹罐（M2185：3，随葬品）

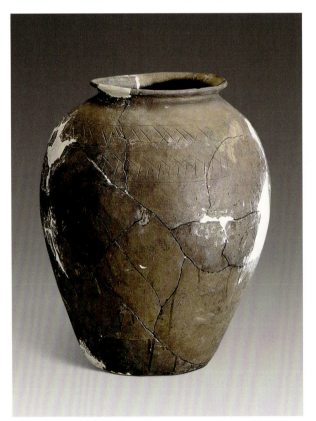

3. 瓮（M2194：1，随葬品）

4. 鼓腹罐（M2194：3，随葬品）

宁安虹鳟鱼场渤海墓地出土陶器

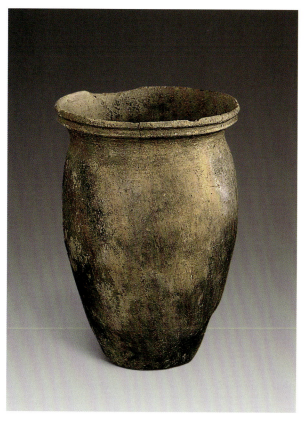

1. 长腹罐（M2194：2，随葬品）

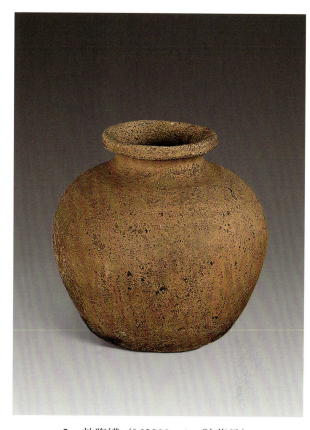

2. 鼓腹罐（M2200：1，随葬品）

3. 长腹罐（M2200：3，随葬品）

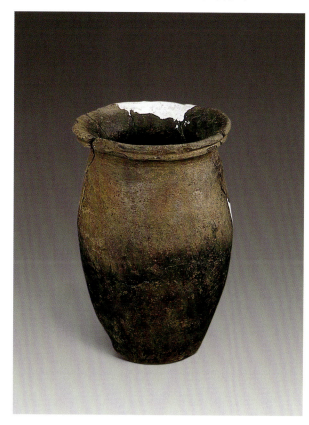

4. 长腹罐（M2200：2，随葬品）

宁安虹鳟鱼场渤海墓地出土陶器

1. 长腹罐（M2204：1，随葬品）

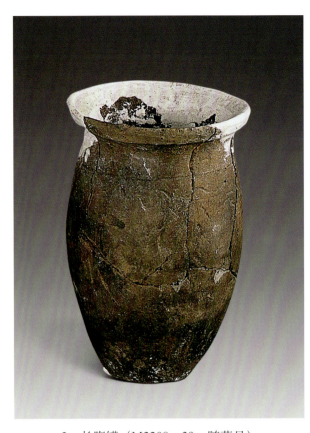

2. 长腹罐（M2208：39，随葬品）

3. 长腹罐（M2212：1，随葬品）

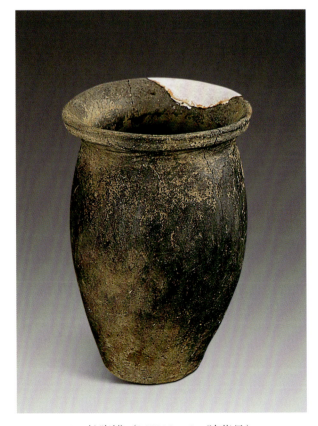

4. 长腹罐（M2212：4，随葬品）

宁安虹鳟鱼场渤海墓地出土陶器

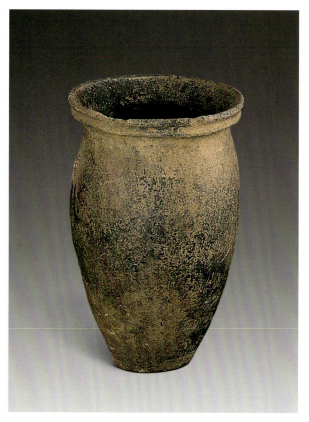

1. 长腹罐（M2212:5，随葬品）

2. 长腹罐（M2252:1，随葬品）

3. 长腹罐（M2252:2，随葬品）

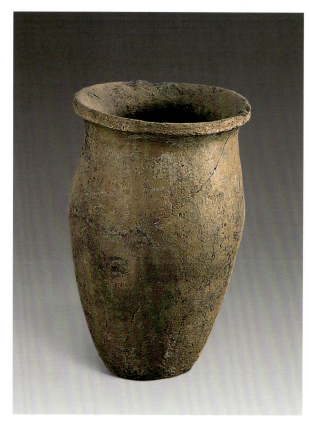

4. Ⅲ式长腹罐（M2254:1，随葬品）

宁安虹鳟鱼场渤海墓地出土陶器

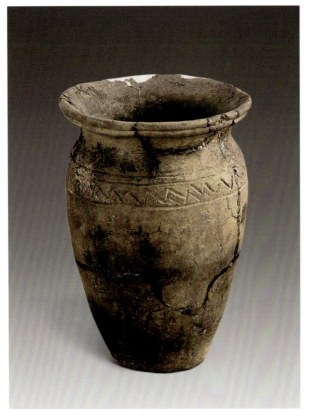

1. Ⅱ式长腹罐（M2254：2，随葬品）

2. 鼓腹罐（M2254：3，随葬品）

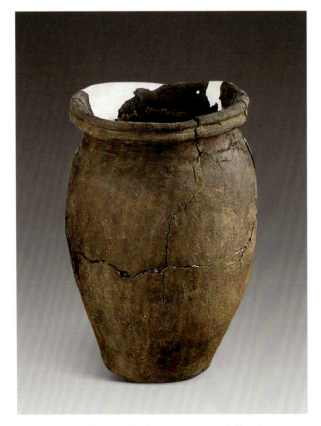

3. Ⅰ式长腹罐（M2254：4，随葬品）

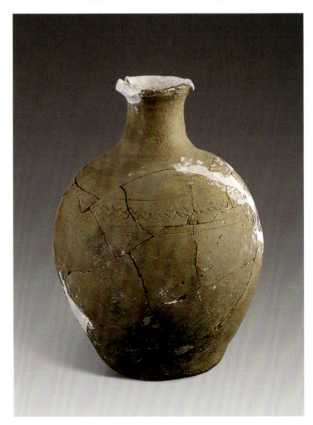

4. 细颈壶（M2254：5，随葬品）

宁安虹鳟鱼场渤海墓地出土陶器

1. Ⅱ式长腹罐（M2254：7，随葬品）

2. 短颈壶（M2254：6，随葬品）

3. 长腹罐（M2001：109，随葬品）

4. 长腹罐（M2255：1，随葬品）

宁安虹鳟鱼场渤海墓地出土陶器

2. 碗（M2255：8，随葬品）

1. 长腹罐（M2257：1，随葬品）

3. 长腹罐（M2257：2，随葬品）

4. 长腹罐（M2257：4，随葬品）

宁安虹鳟鱼场渤海墓地出土陶器

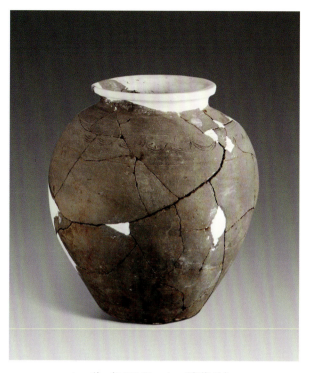

1. 瓮（M2258：1，随葬品）

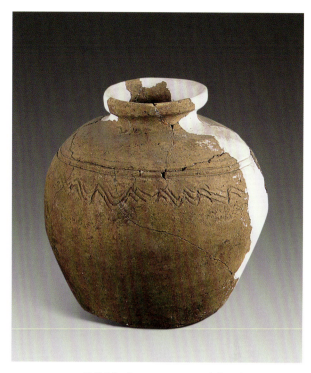

2. 鼓腹罐（M2258：2，随葬品）

3. 短颈壶（M2260：1，随葬品）

4. 瓮（M2260：2，随葬品）

宁安虹鳟鱼场渤海墓地出土陶器

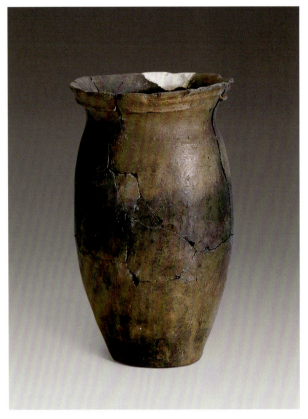

1. 长腹罐（M2261：5，随葬品）

2. 瓮（M2261：20，随葬品）

3. Ⅱ式长腹罐（M2262：1，随葬品）

4. Ⅰ式长腹罐（M2262：3，随葬品）

宁安虹鳟鱼场渤海墓地出土陶器

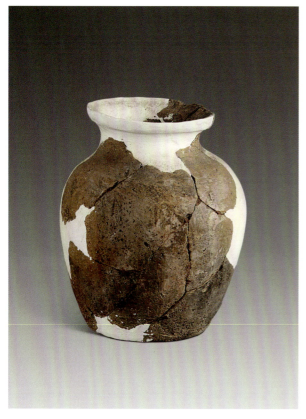

1. 鼓腹罐（M2262：6，随葬品）

2. Ⅰ式长腹罐（M2262：7，随葬品）

3. 长腹罐（M2264：1，随葬品）

4. 釜（M2264：2，随葬品）

宁安虹鳟鱼场渤海墓地出土陶器

1. 鼓腹罐（M2268：2，随葬品）

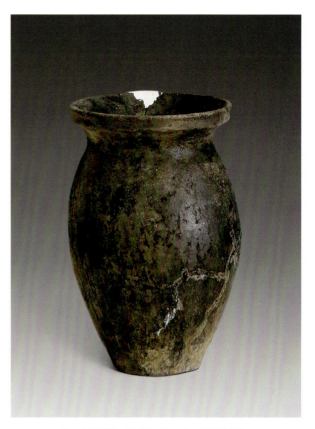

2. 长腹罐（M2268：3，随葬品）

3. 器盖（M2268：4，随葬品）

4. 直口罐（M2279：1，随葬品）

宁安虹鳟鱼场渤海墓地出土陶器

1．碗（M2279：2，随葬品）

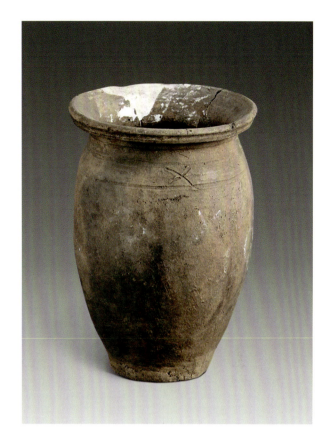

2．长腹罐（M2279：3，随葬品）

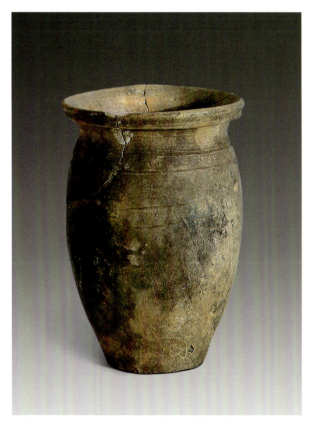

3．长腹罐（M2279：4，随葬品）

4．Ⅱ式长腹罐（M2280：2，随葬品）

宁安虹鳟鱼场渤海墓地出土陶器

2. 碗（M2280：7，随葬品）

1. Ⅰ式长腹罐（M2280：8，随葬品）

3. 瓶（M2285：1，填土出土）　　　　4. 长腹罐（M2298：1，随葬品）

宁安虹鳟鱼场渤海墓地出土陶器

1. 长腹罐（M2298：2，随葬品）

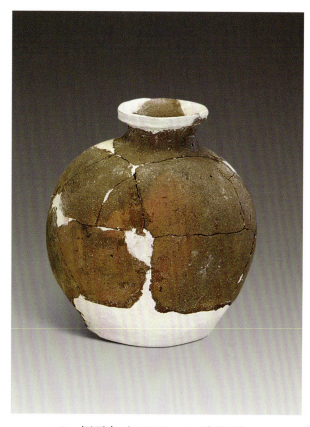

2. 短颈壶（M2298：4，随葬品）

3. 长腹罐（M2310：3，填土出土）

4. 长腹罐（M2015：1，随葬品）

宁安虹鳟鱼场渤海墓地出土陶器

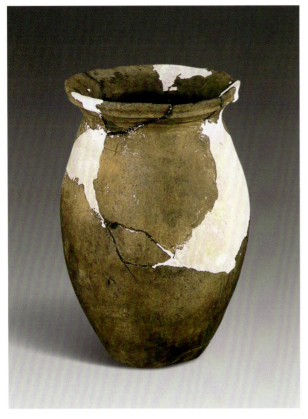

1. 长腹罐（M2015：2，随葬品）

2. 短颈壶（M2020：1，随葬品）

3. 长腹罐（M2020：2，随葬品）

4. 瓶（M2021：1，随葬品）

宁安虹鳟鱼场渤海墓地出土陶器

1．鼓腹罐（M2022：1，随葬品）

2．Ⅱ式长腹罐（M2022：2，随葬品）

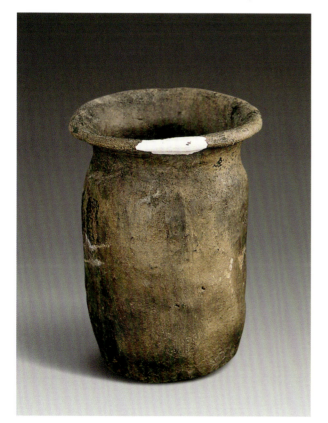

3．Ⅰ式长腹罐（M2022：3，随葬品）

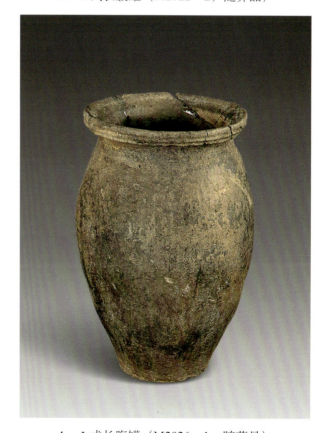

4．Ⅰ式长腹罐（M2026：1，随葬品）

宁安虹鳟鱼场渤海墓地出土陶器

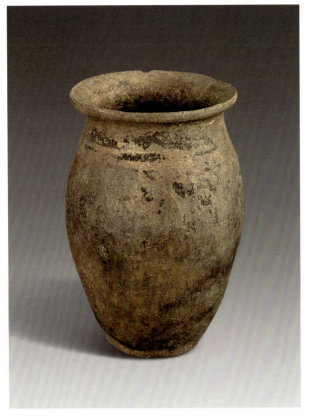

1．Ⅱ式长腹罐（M2026：2，随葬品）

2．短颈壶（M2026：3，随葬品）

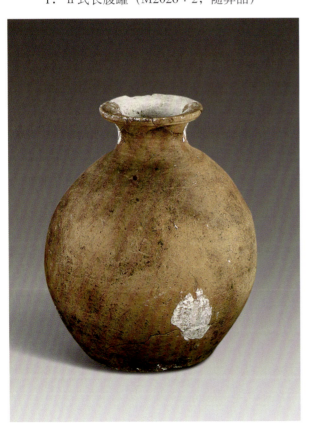

3．短颈壶（M2026：4，随葬品）

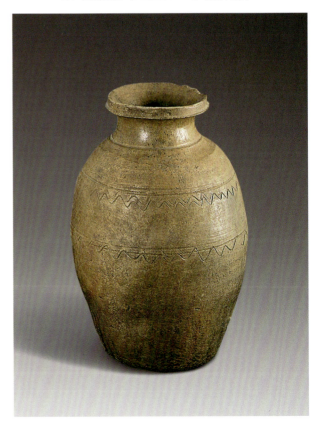

4．鸡腿瓶（M2028：1，随葬品）

宁安虹鳟鱼场渤海墓地出土陶器

1. 长腹罐（M2029：1，随葬品）

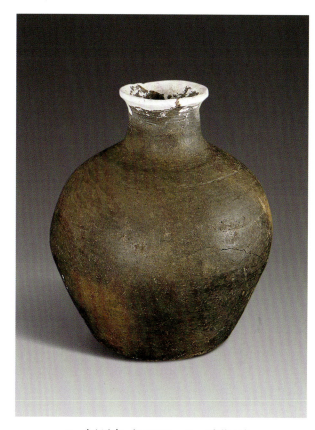

2. 短颈壶（M2029：2，随葬品）

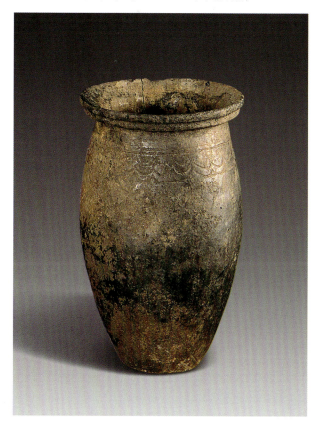

3. 长腹罐（M2041：1，随葬品）

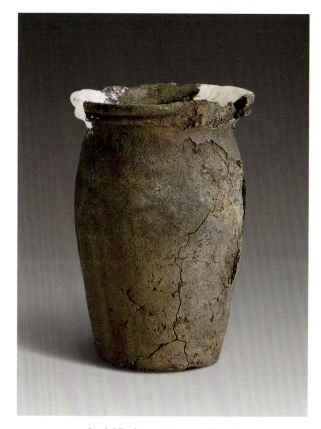

4. 长腹罐（M2045：1，随葬品）

宁安虹鳟鱼场渤海墓地出土陶器

1. 器盖（M2045：2，随葬品）

2. 肥颈壶（M2045：4，随葬品）

3. 长腹罐（M2052：1，随葬品）

4. 长腹罐（M2052：2，随葬品）

宁安虹鳟鱼场渤海墓地出土陶器

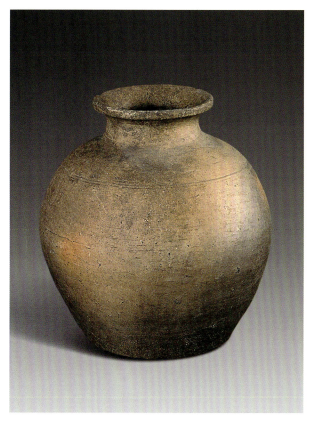

1．鼓腹罐（M2052：3，随葬品）

2．瓶（M2072：1，随葬品）

3．盂（M2079：1，随葬品）

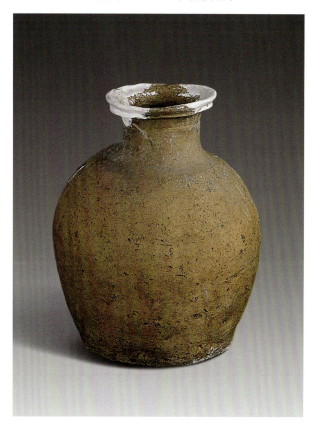

4．短颈壶（M2174：1，随葬品）

宁安虹鳟鱼场渤海墓地出土陶器

1. 长腹罐（M2172：2，随葬品）

2. 鼓腹罐（M2172：3，随葬品）

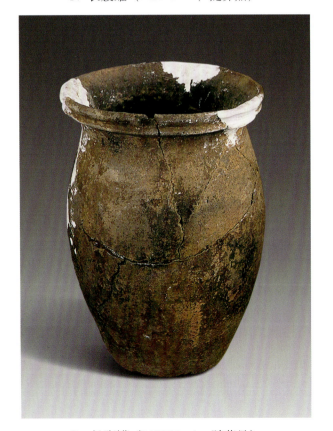

3. 长腹罐（M2175：1，随葬品）

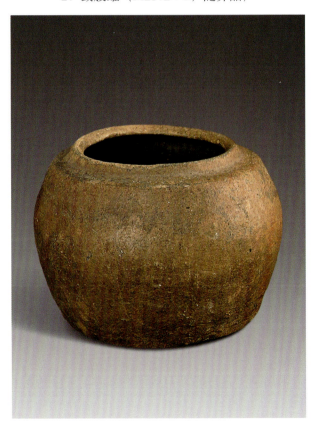

4. 敛口罐（M2175：2，随葬品）

宁安虹鳟鱼场渤海墓地出土陶器

1. 瓶（M2176：1，随葬品）

2. 盘口壶（M2182：2，随葬品）

3. 长腹罐（M2256：1，随葬品）

4. 长腹罐（M2259：1，随葬品）

宁安虹鳟鱼场渤海墓地出土陶器

1. 长腹罐（M2293：1，随葬品）

2. 长腹罐（M2294：1，填土出土）

3. 短颈壶（M2313：1，随葬品）

4. 长腹罐（M2313：2，随葬品）

宁安虹鳟鱼场渤海墓地出土陶器

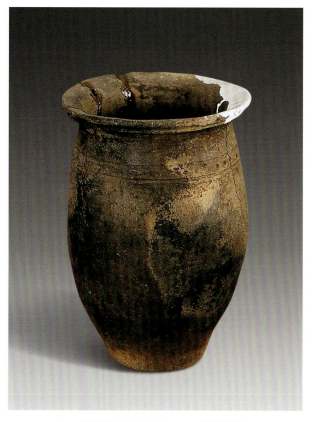

1. 长腹罐（M2061：1，随葬品）

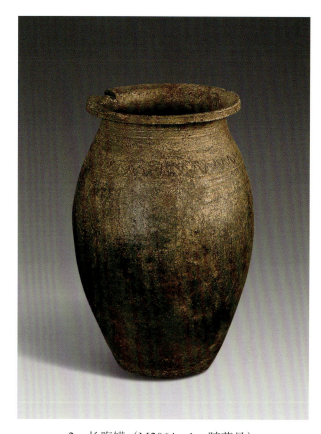

2. 长腹罐（M2064：1，随葬品）

3. 鼓腹罐（M2071：1，随葬品）

4. 敛口罐（M2089：1，随葬品）

宁安虹鳟鱼场渤海墓地出土陶器

1. 折肩罐（M2091：1，随葬品）

2. 鼓腹罐（M2099：1，随葬品）

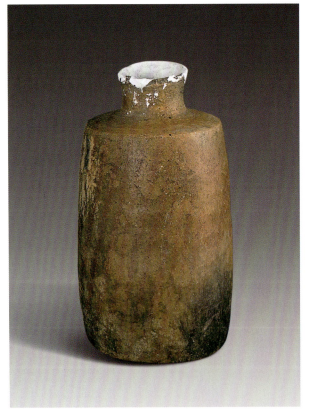

3. 瓶（M2104：1，随葬品）

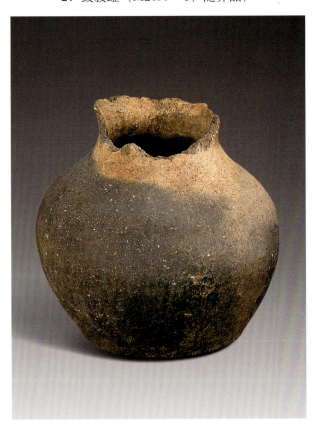

4. 鼓腹罐（M2142：1，随葬品）

宁安虹鳟鱼场渤海墓地出土陶器

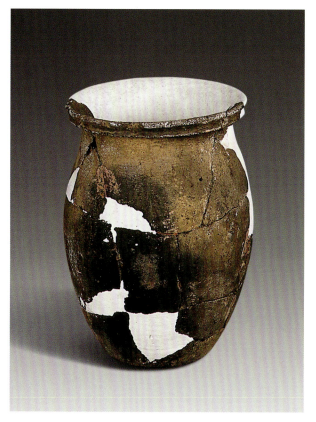

1. 长腹罐（M2157：1，随葬品）

2. 长腹罐（M2171：1，随葬品）

3. 敛口罐（M2171：2，随葬品）

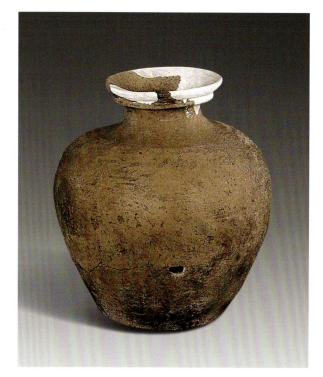

4. 短颈壶（M2187：1，随葬品）

宁安虹鳟鱼场渤海墓地出土陶器

1. 长腹罐（M2188：1，填土出土）

2. 长腹罐（M2201：1，填土出土）

3. 长腹罐（M2202：1，随葬品）

4. 桥状耳罐（M2307：1，随葬品）

宁安虹鳟鱼场渤海墓地出土陶器

1. 短颈壶（M2308：67，填土出土）

2. 长腹罐（M2320：1，随葬品）

3. 长腹罐（M2322：1，随葬品）

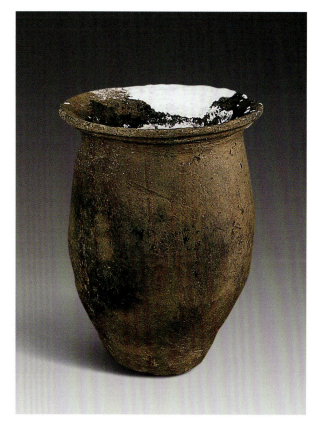

4. 长腹罐（M2044：1，随葬品）

宁安虹鳟鱼场渤海墓地出土陶器

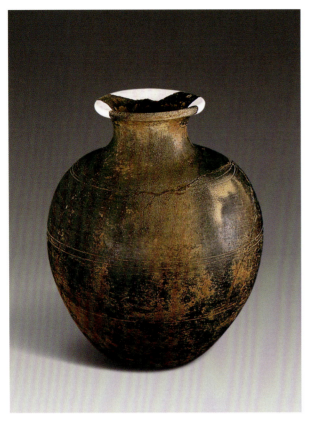

1. 鼓腹罐（M2044：2，随葬品）

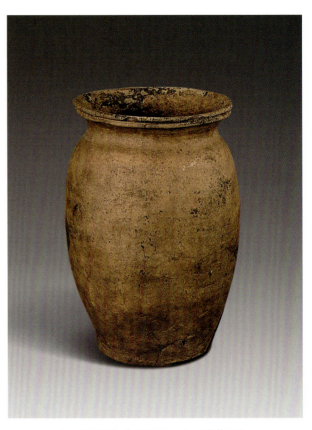

2. 长腹罐（M2085：1，随葬品）

3. 长腹罐（M2085：2，随葬品）

4. 鼓腹罐（M2085：3，随葬品）

宁安虹鳟鱼场渤海墓地出土陶器

1. 敛口罐（M2040：1，随葬品）

2. 长腹罐（M2133：2，随葬品）

3. 敛口罐（M2138：1，随葬品）

4. 瓮（M2161：18，填土出土）

宁安虹鳟鱼场渤海墓地出土陶器

1. 长腹罐（M2161：24，填土出土）

2. 长腹罐（M2161：1，随葬品）

3. 器盖（M2161：5，随葬品）

4. 器盖（M2161：15，随葬品）

宁安虹鳟鱼场渤海墓地出土陶器

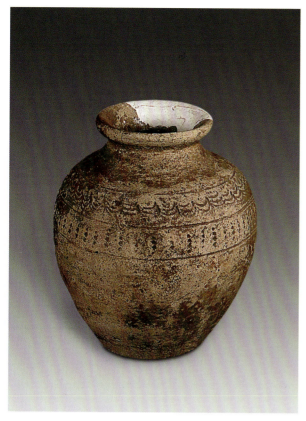

1. 鼓腹罐（M2161：4，随葬品）

2. Ⅰ式长腹罐（M2205：2，随葬品）

3. Ⅰ式长腹罐（M2205：8，随葬品）

4. Ⅲ式长腹罐（M2205：30，随葬品）

宁安虹鳟鱼场渤海墓地出土陶器

1. Ⅱ式长腹罐（M2205：15，随葬品）

2. Ⅰ式长腹罐（M2205：1，随葬品）

3. Ⅲ式长腹罐（M2025：48，随葬品）

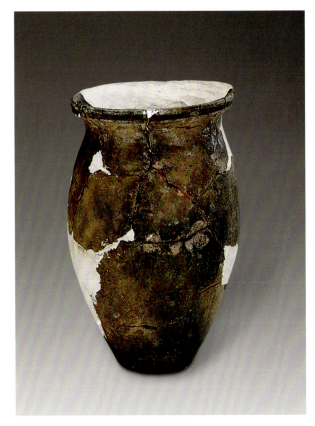

4. Ⅲ式长腹罐（M2205：29，随葬品）

宁安虹鳟鱼场渤海墓地出土陶器

1. 敛口罐（M2205：47，随葬品）

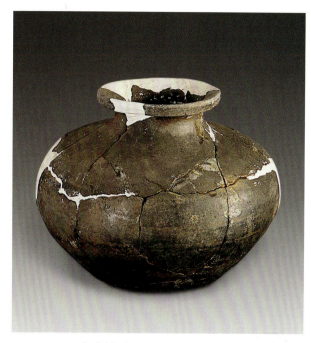

2. 广肩罐（M2205：13，随葬品）

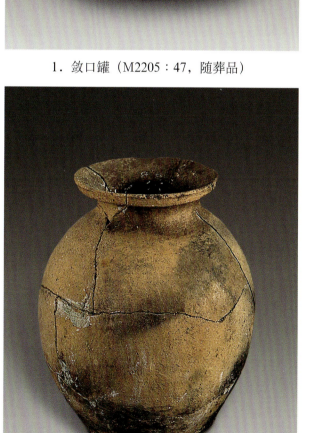

3. 鼓腹罐（M2205：23，随葬品）

4. 长腹壶（M2205：3，随葬品）

宁安虹鳟鱼场渤海墓地出土陶器

1. 鼓腹罐（M2275：1，填土出土）

2. 器盖（M2283：1，填土出土）

3. 长腹罐（M2289：3，随葬品）

4. 瓮（M2311：1，随葬品）

宁安虹鳟鱼场渤海墓地出土陶器

1. 长腹罐（M2311：2，随葬品）

2. 直口罐（M2318：1，随葬品）

3. 长腹罐（M2318：2，随葬品）

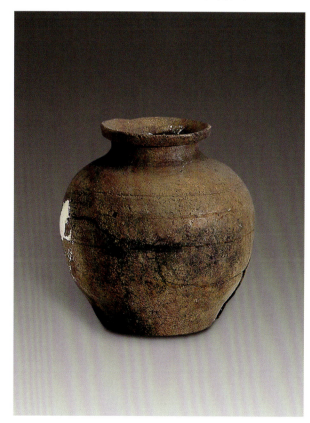

4. 鼓腹罐（M2005：1，随葬品）

宁安虹鳟鱼场渤海墓地出土陶器

2．器盖（M2005：3，随葬品）

1．长腹罐（M2005：2，随葬品）

3．长腹罐（M2141：1，随葬品）

4．长腹罐（M2154：1，随葬品）

宁安虹鳟鱼场渤海墓地出土陶器

1. 长腹罐（FT1：1，活动面出土）

2. 长腹罐（FT1：2，活动面出土）

3. 长腹罐（FT2：1，填土出土）

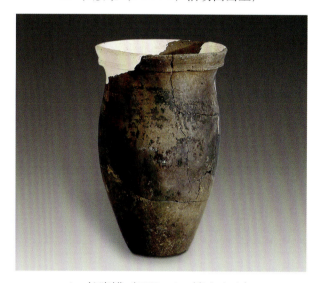

4. 长腹罐（FT2：2，填土出土）

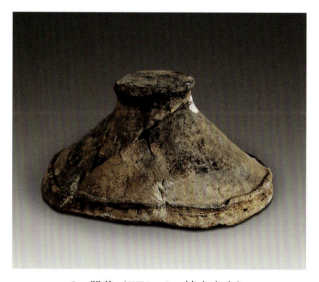

5. 器盖（FT2：3，填土出土）

6. 长腹罐（第二墓区采集：39）

宁安虹鳟鱼场渤海墓地出土陶器

1. 瓶（M2001：161，填土出土）

2. 器底（M2004：4，填土出土）

3. 敛口罐（M2004：5，填土出土）

4. I 式长腹罐（M2013：3，随葬品）

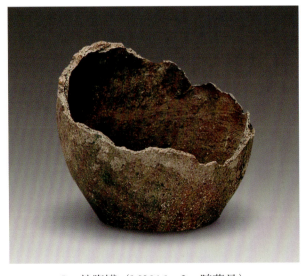

5. 鼓腹罐（M2016：2，随葬品）

6. 鼓腹罐（M2110：1，填土出土）

宁安虹鳟鱼场渤海墓地出土陶器

1. 鼓腹罐（M2144：1，填土出土）

2. 壶口颈（M2144：4，填土出土）

3. 短颈壶口颈（M2166：7，填土出土）

4. 瓮口沿（M2166：8，填土出土）

5. 陶器底（M2166：10，填土出土）

6. 陶器底（M2166：12，填土出土）

宁安虹鳟鱼场渤海墓地出土陶器

1. 短颈壶上部残片（M2166：9，填土出土）

2. 罐底残片（M2183：7，填土出土）

3. 鼓腹罐残片（M2190：3，填土出土）

4. 长腹罐口沿（M2252：28，填土出土）

5. 短颈壶口沿（M2252：3，随葬品）

6. 鼓腹罐口沿（M2252：27，随葬品）

宁安虹鳟鱼场渤海墓地出土陶器

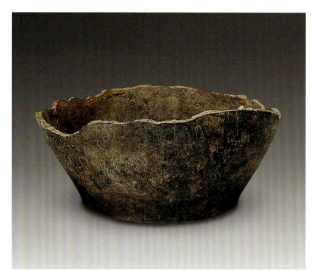

1. 器底残片（M2255：2，随葬品）

2. 短颈壶口沿（M2255：5，随葬品）

3. 瓮口沿残片（M2258：11，填土出土）

4. 长腹罐口沿（M2261：19，随葬品）

5. 长腹罐口沿（M2261：16，随葬品）

6. 罐底（M2021：5，填土出土）

宁安虹鳟鱼场渤海墓地出土陶器

1．鼓腹罐口沿（M2021：6，填土出土）

2．长腹罐（M2021：2，随葬品）

3．鼓腹罐（M2032：2，随葬品）

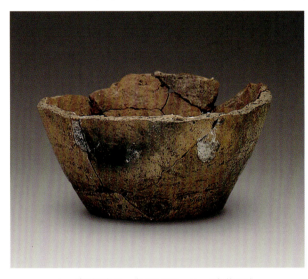

4．壶底残片（M2137：8，随葬品）

5．瓮口沿（M2272：2，填土出土）

6．长腹罐口沿（M2146：1，填土出土）

宁安虹鳟鱼场渤海墓地出土陶器

1．鼓腹罐口沿（M2296∶17，填土出土）

2．纹饰陶片（M2296∶19，填土出土）

3．长颈壶口沿（M2308∶60，填土出土）

4．长颈壶口沿（M2009∶3，填土出土）

5．鼓腹罐口沿（M2134∶7，填土出土）

6．瓮底（M2134∶8，填土出土）

宁安虹鳟鱼场渤海墓地出土陶器

1．长腹罐底片（M2063：3，填土出土）

2．瓮底（M2138：2，随葬品）

3．短颈壶残片（M2161：20，填土出土）

4．鼓腹罐口沿（M2267：11，填土出土）

5．板状器耳（M2267：9，填土出土）

6．瓶（FT2：46，填土出土）

宁安虹鳟鱼场渤海墓地出土陶器

1. 长腹罐底（第二墓区采集，40）

2. 残陶罐（M2170：7，随葬品）

3. 长腹罐（M2262：5，随葬品）

4. 器盖（M2252：11，随葬品）

5. 器盖（M2286：5，填土出土）

6. 陶碗（M2286：8，填土出土）

宁安虹鳟鱼场渤海墓地出土陶器

1、2、4．A型砖（M2005：1、M2005：2、M2005：3） 3．B型砖（M2005：4）

宁安虹鳟鱼场渤海墓地M2005红砖

1~4．B型砖（M2005∶5～M2005∶8）

宁安虹鳟鱼场渤海墓地M2005红砖

1~4．C型砖（M2005：9～M2005：12）

宁安虹鳟鱼场渤海墓地M2005红砖

1

2

3

1~4. D型砖（M2005：13~15）

宁安虹鳟鱼场渤海墓地M2005红砖

1~3．E型砖（M2005：16~M2005：18）　4．F型砖（M2005：19）

宁安虹鳟鱼场渤海墓地M2005红砖

1~4．A型砖（M2267：1～M2267：4）

宁安虹鳟鱼场渤海墓地M2267红砖

1、2. A型砖（M2267：5、M2267：6） 3、4. B型砖（M2267：7、M2267：8）

宁安虹鳟鱼场渤海墓地M2267红砖

1～3. B型砖（M2267：9～M2267：11）　　4. C型砖（M2267：12）

宁安虹鳟鱼场渤海墓地M2267红砖

1~4．C型砖（M2267：13~M2267：16）　　5．D型砖（M2267：17）

宁安虹鳟鱼场渤海墓地M2267红砖

1．Ⅰ式长腹罐口沿（M2230∶2，填土出土）

2．长腹罐口沿（M2231∶2、M2231∶3，填土出土）

3．长腹罐口沿（M2241∶15、M2241∶16、
M2241∶17，填土出土）

4-1．Ⅰ式长腹罐口沿（M2227∶1，填土出土）
4-2．Ⅱ式长腹罐口沿（M2227∶2，填土出土）

5．Ⅰ式长腹罐口沿（M2233∶5，填土出土）

6．Ⅰ式长腹罐口沿（M2233∶1，填土出土）

宁安虹鳟鱼场渤海墓地第一墓区出土陶器残片

1-1. Ⅰ式长腹罐口沿（M2228：5，填土出土）

1-2、3. Ⅱ式长腹罐口沿（M2228：6、7，填土出土）

2. 三彩陶片（M2151：10，随葬品）

3. 纹饰陶片（M2166：1，随葬品）

4. 长腹罐口沿（M2189：1，填土出土）

5. 长腹罐口沿（M2189：2，填土出土）

6. 长腹罐口沿（M2190：2，填土出土）

宁安虹鳟鱼场渤海墓地出土陶器残片

1. 短颈壶口沿（M2194：5，填土出土）　　2. 布纹瓦残片（M2198：2，填土出土）
3～5. 长腹罐口沿（M2212：6、M2117：1、M2218：1，填土出土）
7. 长腹罐口沿（M2286：6，填土出土）　　8. 瓮口沿（M2299：6，填土出土）

宁安虹鳟鱼场渤海墓地出土陶器残片与板瓦残片

1. 铜镜（M2239：1，随葬品）

2．铜镜（M2241：12，随葬品）

宁安虹鳟鱼场渤海墓地出土铜器

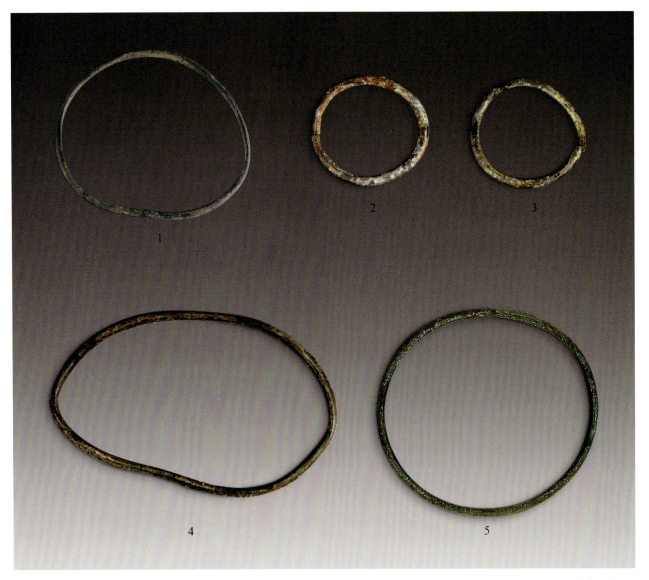

1、4、5. 铜镯（M2221：1、M2284：3、M2037：1，随葬品） 2、3. 铜耳环（M2249：3，随葬品）

宁安虹鳟鱼场渤海墓地出土铜器

1～8. 铜带銙（M2052：5、M2052：6、M2052：4、M2052：7、M2152：1、M2168：4、
M2170：3、M2170：9，1～3、6～8，随葬品，4、5，填土出土）

宁安虹鳟鱼场渤海墓地出土铜器

1. 铜环（M2168：6、M2168：7随葬品）

2. 铜带扣（M2170：2，随葬品）

3. 铜带銙（M2180：3～M2180：6，随葬品）

4. 铜铊尾（M2170：8，随葬品）

5. 铜环（M2184：3、6，随葬品）

6. 铜鸟头饰（M2184：4，随葬品）

宁安虹鳟鱼场渤海墓地出土铜器

1-1、2. Ⅱ式铜牌饰（M2184：5、M2184：11，随葬品）　　1-3. Ⅰ式铜牌饰（M2184：7，随葬品）

2. 铜牌饰（M2194：4，随葬品）　　　　　　　3. 铜牌饰（M2254：9，随葬品）

4. 铜耳环（M2257：6，随葬品）　　5. 铜带扣（M2258：7，随葬品）　　6. 铜耳环（M2264：3，随葬品）

宁安虹鳟鱼场渤海墓地出土铜器

1-1、3.铜环（M2021：3、M2021：4，随葬品）　　2.铜带銙（M2212：3，随葬品）
1-2.铜环（M2021：9，填土出土）

3．Ⅰ式铜带銙（M2095：2，　　4．铜铊尾（M2095：8，随葬品）　　5．铜铊尾（M2028：2，随葬品）
随葬品）

6-1．Ⅱ式铜带銙（M 2095:4，随葬品）　　6-2～4．Ⅲ式铜带銙（M2095：5～M2095：7，随葬品）

宁安虹鳟鱼场渤海墓地出土铜器

1-1. Ⅰ式铜带铐（M2106：1，随葬品）

1-2. Ⅱ式铜带铐（M2106：2，随葬品）

2-1. Ⅱ式铜带铐（M2309：4，随葬品）

2-2. Ⅰ式铜带铐（M2309：1，随葬品）

3. 铜甲片（M2137：7，随葬品）　4. 铜剪刀（M2182：1，随葬品）　5. 铜带扣（M2309：3，随葬品）

6-1、3～5. Ⅰ式铜带铐（M2137：6、M2137：4、M2137：1、M2137：3，随葬品）

6-2、6. Ⅱ式铜带铐（M2137：2、M2137：5，随葬品）

宁安虹鳟鱼场渤海墓地出土铜器

1. 铜螺旋器（M2319：2，随葬品）

2. 铜带铐（M2319：1，随葬品）

3. 铜镜（M2077：2，随葬品）

4. 铜带铐（M2071：2，随葬品）

5. 铜带扣（M2091：3，随葬品）

6. 铜铊尾（M2091：7，随葬品）

宁安虹鳟鱼场渤海墓地出土铜器

1. Ⅰ式铜带銙（M2091：2、M2091：5、M2091：6随葬品）

2. 铜带銙（M2148：2，随葬品）

3. 铜环（M2114：4~11，随葬品）

4. Ⅱ式铜带銙（M2301：2，随葬品）

5. Ⅰ式铜带銙（M2301：1、3~5，随葬品）

6. 铜带饰（M2091：8、M2091：9，随葬品）

宁安虹鳟鱼场渤海墓地出土铜器

1．铜铊尾（M2308：8，填土出土）　　　　2．铜圆形饰（M2308：7、M2308：9，填土出土）

3．铜耳环（M2308：　　4．铜耳环（M2134：　　5．铜环（M2134：1、M2134：2，随葬品）
　　3，随葬品）　　　　　3，随葬品）

6．铜镯（M2134：6随葬品）

宁安虹鳟鱼场渤海墓地出土铜器

1．Ⅰ式铜带銙（M2161：13，随葬品）

2．Ⅱ式铜带銙（M2161：14，随葬品）

3．铜带扣（M2161：10，随葬品）

4．铜铊尾（2205：39，随葬品）

5．铜耳环（2205：40，随葬品）

6．铜铊尾（2288：21，随葬品）

宁安虹鳟鱼场渤海墓地出土铜器

1. 铜带銙（M2288：1、M2288：7，随葬品）

2. 铜鸟头饰（M2288：20，随葬品）

3. 铜带銙（M2087：1，随葬品）

4. 铜螺旋器（M2283：3，填土出土）

5. 铜铊尾（M2290：1，填土出土）

6. 铜鸟头饰（M2292：1，随葬品）

宁安虹鳟鱼场渤海墓地出土铜器

1．Ⅰ式铜带銙（M2209：1、M2209：2、M2209：5，随葬品）

2．铜环（M2300：2、M2300：6，填土出土）　　3．铜铊尾（FT1：6，填土出土）

4．Ⅱ式铜带銙（FT1：34，填　　5．铜铊尾（M2209：3，随葬品）　　6．Ⅱ式铜带銙（M2209：4，
　　土出土）　　　　　　　　　　　　　　　　　　　　　　　　　　　随葬品）

宁安虹鳟鱼场渤海墓地出土铜器

1. 铜甲片（FT1：7，填土出土）

2. 铜牌（FT1：8，填土出土）

3. 铜螺旋器（FT2：11、FT2：18～33填土出土）

4. 铜鸟头饰（FT2：17，填土出土）

5. I 式包银铜饰件（FT2：12，填土出土）

6. II 式包银铜饰件（FT2：16，填土出土）

宁安虹鳟鱼场渤海墓地出土铜器

1. Ⅱ式铜带銙（N2171：7～M2171：9，随葬品）

2. 铜夹（M2168：2，随葬品）

3. Ⅰ式铜带銙（N2171：6、M2171：10～15，随葬品）

4. 铜环（M2288：3～5、M2288：8、M2288：9、M2288：12、M2288：13、M2288：15、M2288：16、
M2288：22、M2288：25、M2288：26，随葬品）

宁安虹鳟鱼场渤海墓地出土铜器

1. 铜镯（M2310：1，随葬品）

2. 铜镯（M2323：6，随葬品）

宁安虹鳟鱼场渤海墓地出土铜器

1．Ⅰ式包银铜饰件（FT2：13，填土出土）

2．Ⅰ式包银铜饰件（FT2：14，填土出土）

3．Ⅰ式包银铜饰件（FT2：15，填土出土）

4．铜螺旋器（FT2：11，填土出土）

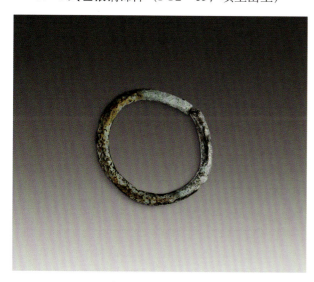

5．铜耳环（采集：11）

6．铜螺旋器（采集：3）

宁安虹鳟鱼场渤海墓地出土铜器

1. Ⅲ式铜带銙（采集：31）

2. Ⅳ铜带銙（采集：30）

3. 铜牌饰（采集：33）

4. 铜镯（采集：7）

5. 铜环（采集：18）

6. 铜环（采集：17）

宁安虹鳟鱼场渤海墓地采集铜器

1. Ⅰ式铜带銙（采集：16）

2. Ⅰ式铜带銙（采集：47）

3. Ⅰ式铜带銙（采集：14）

4. Ⅱ式铜带銙（采集：6）

5. Ⅲ式铜带銙（采集：15）

6. Ⅲ式铜带銙（采集：10）

宁安虹鳟鱼场渤海墓地采集铜器

1. 铁甲片（M2245：1，随葬品）

2．Ⅰ式铁镞（M2001：80，随葬品）

3．Ⅱ式铁钉（M2001：77、M2001：73、
M2001：110，随葬品）

4. 铁甲片（M2001：6、M2001：11，随葬品）

5．Ⅱ式铁镞
（M2001：155，填土出土）

6．Ⅱ式铁镞
（M2001：1，随葬品）

宁安虹鳟鱼场渤海墓地出土铁器

1. "8"字形铁器（M2001：56、M2001：2，随葬品）

2. 铁带銙（M2001：48、M2001：67，随葬品）

3. 铁马衔（M2001：81，随葬品）

4. 铁钩（M2001：84，随葬品）

5. 铁铺首（M2001：79，随葬品）

6. 铁环（M2001：52，随葬品）

宁安虹鳟鱼场渤海墓地出土铁器

1．I式铁钉（M2241：2、
M2241：3、M2241：7，随葬品）

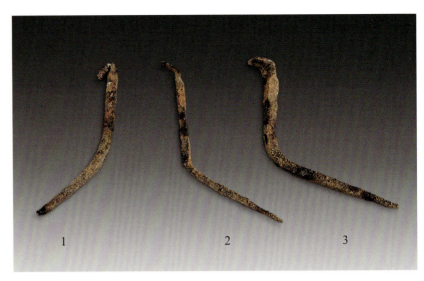

1~3．铁钉（M2243：1、M2243：3、M2243：4，
1随葬品，2、3填土出土）

3．铁钉（M2249：7、
M2249：9，填土出土）

4-1~5．I式铁钉（M2151：1、M2151：4、M2151：5、M2151：7、
M2151：8，随葬品）　　4-6．II式铁钉（M2151：9随葬品）

5．铁钉（M2246：1、2，填土出土）

6．II式铁钉（M2241：1、M2241：4~6、M2241：8、
M2241：13、M2241：14随葬品）

宁安虹鳟鱼场渤海墓地出土铁器

1. 铁镞（M2004：3，填土出土）

2. 铁镞（M2013：5，随葬品）

3. 铁甲片（M2198：1，随葬品）

4. 铁镞（M2184：15，填土出土）

5. 铁矛（M2024：6，填土出土）

6. 铁镞（M2212：2，随葬品）

宁安虹鳟鱼场渤海墓地出土铁器

1. 铁镯（M2216：1，随葬品）

2-1、2. Ⅲ式铁带扣（M2001：35、M2001：14，随
葬品）　2-3. Ⅱ式铁带扣（M2001：15，随葬品）

3. 铁器（M2129：1，随葬品）

4. 铁钩（M2184：13，填土出土）

5. 铁长刀（M2208：35，随葬品）

6. 铁镯（M2255：3、M2255：6、M2255：7，随葬品）

宁安虹鳟鱼场渤海墓地出土铁器

1. 铁钉（M2166:4，随葬品）

2. 铁钉（M2170:4～6，随葬品）

3-1～3. 铁镞（M2260:3、M2260:2、M2261:34，随葬品）　　3-4. Ⅱ式铁镞（M2264:4，填土出土）　　3-5. Ⅰ式铁镞（M2264:5，填土出土）

宁安虹鳟鱼场渤海墓地出土铁器

1-1、2、5~7. Ⅱ式铁带銙（M2258：3、M2258：6、8~10，随葬品）

1-3、4. Ⅰ式铁带銙（M2258：4、M2258：5，随葬品）

2. 铁刀（M2265：2，填土出土）

3. 铁刀（M2297：2，随葬品）

4. 铁凿（M2280：3，随葬品）　　5. 铁带銙（M2280：5，随葬品）　　6. 铁合页（采集：47）

宁安虹鳟鱼场渤海墓地出土铁器

1. Ⅱ式铁带銙（M2107：10～12、15、16、17，随葬品）

3. Ⅰ式铁镞（M2107：2，
随葬品）

2. Ⅰ式铁带銙（M2107：4、8、9、13、14、18，随葬品）

5. Ⅱ式铁镞（M2107：3，
随葬品）

4. Ⅱ式铁带銙（M2107：5，随葬品）

宁安虹鳟鱼场渤海墓地出土铁器

1．铁镞（M2172：1，随葬品）

2．铁刀（M2313：3，随葬品）

3．铁刀（M2077：1，随葬品）

6．铁钉（M2157：2，填土出土）

4．铁刀（M2082：1，填土出土）

5．铁刀（M2145：1，随葬品）

宁安虹鳟鱼场渤海墓地出土铁器

1-1. I式铁镞（M2171：4，随葬品）

2. 铁钉（M2299：2、M2292：3，填土出土）

1-2、3. II式铁镞（M2171：5、M2171：16，随葬品）

3. 铁镞（M2203：2，
随葬品）

4. 铁镞（M2281：1，
随葬品）

5. 铁刀（M2171：3，随葬品）

6. 铁甲片（M2296：9～M2296：16，填土出土）

宁安虹鳟鱼场渤海墓地出土铁器

1．铁带扣（M2308：4，填土出土）

2．铁带扣（M2308：1，随葬品）

3．铁片（M2308：5，填土
出土）

4．铁镞（M2308：65，填土
出土）

5．铁钉（M2009：1、M2009：
2，随葬品）

6．铁刀（M2321：1，随葬品）

宁安虹鳟鱼场渤海墓地出土铁器

1．Ⅰ式铁钉（M2153：1、M2153：3~8随葬品）

2．Ⅱ式铁钉（M2153：2、M2153：9随葬品）

3．Ⅰ式铁钉（M2161：6~9、17，随葬品）

4．Ⅱ式铁钉（M2161：12，随葬品）

5．Ⅰ式铁钉（M2205：31随葬品）

6．Ⅱ式铁钉（M2205：4、M2205：6、M2205：
12、M2205：14、M2205：18、M2205：28、
M2205：35、M2205：43~45随葬品）

宁安虹鳟鱼场渤海墓地出土铁器

1．Ⅰ式铁镞（M2205：5、M2205：9、M2205：34，随葬品）

2．铁钉（M2289：1、2，随葬品）

3．铁矛（M2205：46，
随葬品）

4．Ⅱ式铁镞（M2205：
38，随葬品）

5．铁钉（M2267：1，随葬品；
M2304：1，填土出土）

宁安虹鳟鱼场渤海墓地出土铁器

1. 铁钉（FT1：32，填土出土）

2. 铁钉（FT1：31，填土出土）

3. 铁甲片（FT1：20，填土出土）

4. 铁甲片（FT1：29，填土出土）

5. 铁甲片（FT1：21，填土出土）

6. 铁甲片（FT1：26，填土出土）

宁安虹鳟鱼场渤海墓地出土铁器

1. I式铁钉（FT2：4、FT2：35、FT2：37、FT2：38、FT2：39、
FT2：41，均填土出土）

2-1、2. I式铁钉（FT2：42、FT2：43，填土出土）
2-3～6. Ⅲ式铁钉（FT2：7、FT2：9、FT2：40、FT2：36，填土出土）

宁安虹鳟鱼场渤海墓地出土铁器

1. 铁带扣（FT1：33，填土出土）

2. Ⅱ式铁钉（FT2：34，填土出土）

3. Ⅲ式铁钉（FT2：8，填土出土）

4. 合页（FT2：10，填土出土）

5. 合页（FT2：5，填土出土）

6. 合页（FT2：6，填土出土）

宁安虹鳟鱼场渤海墓地出土铁器

1. 铁刀（采集：13）

2. 铁刀（采集：41）

3. Ⅱ式铁钉（采集：35）

4. Ⅱ式铁钉（采集：34）

5. Ⅰ式铁镞（采集：2）

6. Ⅰ式铁钉（采集：20）

宁安虹鳟鱼场渤海墓地采集铁器

1. Ⅰ式铁钉（M2323：1、M2323：2、
M2323：3）

2-1. Ⅰ式铁钉（M2323：4）
2-2. Ⅱ式铁钉（M2323：5）
2-3. 铁钉（FT3：1,填土出土）

3. 铁甲片（FT2：44）

4. 铁螺旋器（采集：19）

5. 铁甲片（采集：32）

宁安虹鳟鱼场渤海墓地出土铁器

鎏金铜钗（M2241：10、M2241：11，随葬品）

宁安虹鳟鱼场渤海墓地出土鎏金铜器

1. 鎏金铜钉（M2001：124、M2241：129，
填土出土）

2. 鎏金铜饰件（M2001：125，填土出土）

3. 鎏金铜带扣（M2001：141、142，填土出土）

4. 鎏金铜饰件（M2001：156，填土出土）

5. 鎏金铜饰件（M2001：154，填土出土）

宁安虹鳟鱼场渤海墓地出土鎏金铜器

1-1．鎏金铜饰件（M2001：16，随葬品）

1-2．鎏金铜饰件（M2001：40上，21下，随葬品）

2．鎏金铜钉（M2001：22、M2001：26、M2001：28、M2001：61、M2001：83、M2001：69、M2001：85，随葬品）

3．鎏金铜饰件（M2001：157，填土出土）

4．鎏金铜饰扣（M2001：90，随葬品）

5．鎏金铜带饰（M2001：17，随葬品）

6．鎏金铜带饰（M2001：158，填土出土）

宁安虹鳟鱼场渤海墓地出土鎏金铜器

2-1. 银耳环（M2234：1，随葬品）
2-2. 银铊尾（M2001：160，填土出土）

1. 银镊耳勺（M2240：1，随葬品）

3. 银镯（M2001：51，随葬品）

4. 银鸟头饰（M2001：43，随葬品）

5. 银鸟头饰（M2001：159，填土出土）

宁安虹鳟鱼场渤海墓地出土银器

1. 银链（M2124：7，随葬品）

2. 银耳环（M2070：1，随葬品）

3. 银耳环（M2286：3，填土出土）

4. 银耳环（M2283：2，填土出土）

5. 银带銙（FT1：15，填土出土）

6. 金耳环（FT6：1，填土出土）

宁安虹鳟鱼场渤海墓地出土金银器

1. 桦树皮（M2001，填土出土）

2. 漆器残片（M2001，填土出土）

3. 漆器残片（M2001，填土出土）

4. 麻绳（M2001，填土出土）

宁安虹鳟鱼场渤海墓地出土桦树皮、漆器残片与麻绳

1. 蚌壳（M2001：46，随葬品）

2. 甲骨片（M2001：37，随葬品）

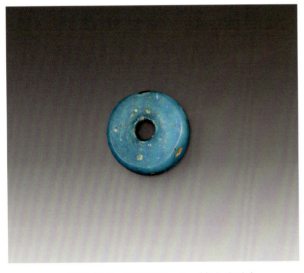

3. 蓝色料珠（M2267：4，填土出土）

4. 玉管（M2001：13、54，随葬品）

5. 包金铜耳环（M2001：131，填土出土）

6. 鎏金桃形铜饰件（M2002：10，随葬品）

宁安虹鳟鱼场渤海墓地出土器物

1. 玛瑙珠（M2124：11，随葬品）

宁安虹鳟鱼场渤海墓地出土装饰品

1. 玛瑙珠（M2183：3、M2183：4，随葬品）

2. 玛瑙珠（M2184：1、M2184：2，随葬品）

3-1. 绿色料珠（M2020：3，随葬品）　　3-2. 黄色料珠（M2020：4，随葬品）

4. 瓜棱形料珠（M2252：14，随葬品）

5. 玛瑙珠（M2112：2、M2183：3，随葬品）

宁安虹鳟鱼场渤海墓地出土装饰品

1. 蓝色料珠（M2308：24～38，填土出土）

2. 黄色料珠（M2308：19～23，填土出土）

宁安虹鳟鱼场渤海墓地出土装饰品

1. 玛瑙珠（M2286：4，填土出土）

2. 蓝色料珠（M2133：1，随葬品）

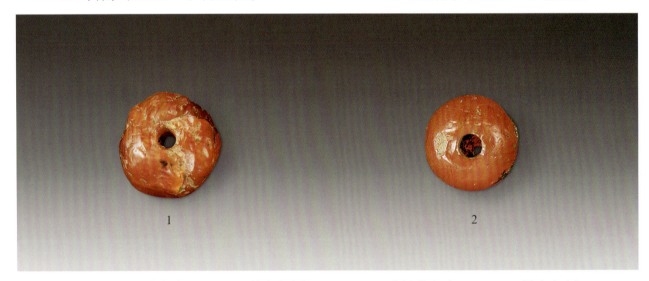

3-1. I式玛瑙珠（M2267：2，填土出土）　　3-2. II式玛瑙珠（M2267：3，填土出土）

4. 玛瑙珠（M2300：3、M2300：5、M2300：4，填土出土）

宁安虹鳟鱼场渤海墓地出土装饰品

1．黑色料珠（采集：24）

2．黄色料珠（采集：25）

3．绿色料珠（采集：23）

4．蓝色料珠（采集：22）

5．凝质岩珠（采集：26）

6．凝质岩珠（采集：27）

宁安虹鳟鱼场渤海墓地采集装饰品

1．Ⅰ式玛瑙珠（M2308：45～59，填土出土）

2．凝质岩珠（FT1：9～13，填土出土）

3．Ⅱ式玛瑙珠（M2308：39～44，填土出土）

1. 玛瑙珠（FT1：16填土出土）　2. 黑色料珠（FT1：18填土出土）　3. 蓝色料珠（FT1：17填土出土）

4. 玉璧（M2112：1，随葬品）

5. 玉佩（M2286：1，填土出土）

6. 石环（M2205：22，随葬品）

7. 玉环（FT1：4，填土出土）

宁安虹鳟鱼场渤海墓地出土装饰品

5. 鎏金铜花饰（FT1∶14，填土出土）

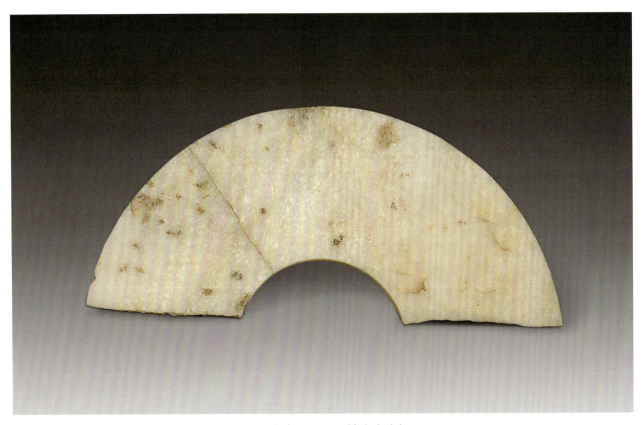

6. 玉瑷（FT6∶7，填土出土）

宁安虹鳟鱼场渤海墓地出土装饰品

1. Ⅲ式铁镞（M2001：31，随葬品）

4. 绿色料块（采集：38）

2. 铜饰件（M2284：1，填土出土）

3. 玉环（M2127：8）

5. 铜环（采集：5、9、17、18、21、29、37、42、45）

宁安虹鳟鱼场渤海墓地出土与采集器物

1. 铁甲片93NHM2113（下层）：1A－A面结构

3. 铁甲片93NHM2113（下层）：1A－A面局部粒状珠光体组织

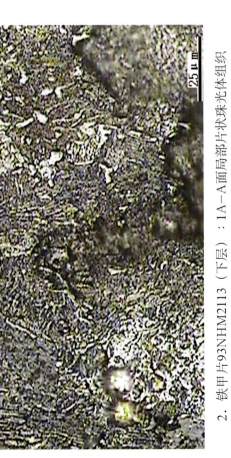

2. 铁甲片93NHM2113（下层）：1A－A面局部片状珠光体组织

宁安虹鳟鱼场渤海墓地铁甲片93NHM2113（下层）：1A－A面金相组织

1. 铁甲片93NHM2113（下层）：1B-B面结构

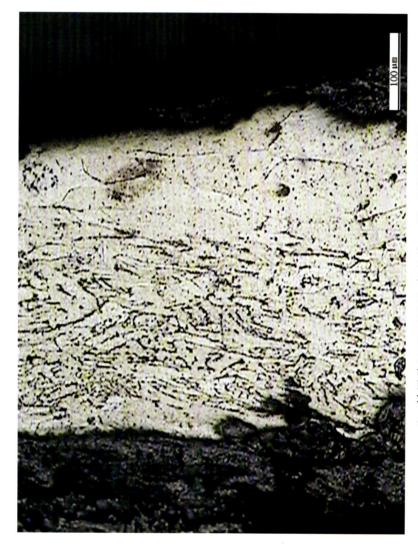

2. 铁甲片93NHM2113（下层）：1B-B面局部组织
中心区为铁素体+珠光体，边缘为铁素体组织

宁安虹鳟鱼场渤海墓地铁甲片93NHM2113（下层）：1B-B面金相组织

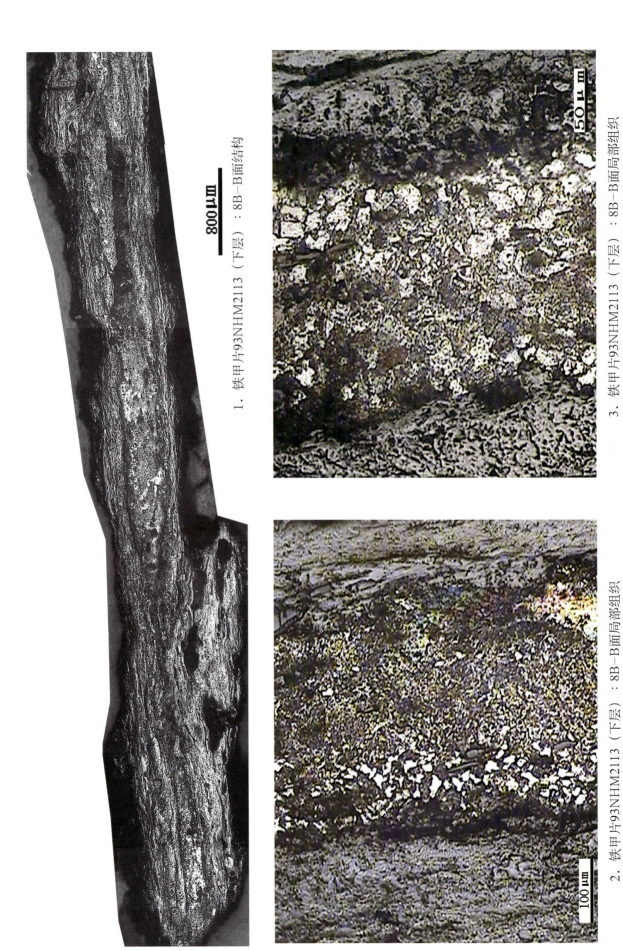

800μm

1. 铁甲片93NHM2113（下层）：8B-B面结构

2. 铁甲片93NHM2113（下层）：8B-B面局部组织
左侧为含碳量0.2%铁素体+珠光体，中心为珠光体

100μm

3. 铁甲片93NHM2113（下层）：8B-B面局部组织
中心为珠光体，右侧为含碳量0.2%铁素体+珠光体

50μm

宁安虹鳟鱼场渤海墓地铁甲片93NHM2113（下层）：8B-B面金相组织

1. 铁甲片92NHM2001：2A－A面结构

3. 铁甲片92NHM2001：2A－A面局部组织
左侧为铁素体，右侧为铁素体＋珠光体组织

2. 铁甲92NHM2001：2A－A面局部组织
长的氧化铁表明折叠锻打多层材料的交界
左侧为铁素体，右侧为铁素体＋珠光体组织

宁安虹鳟鱼场渤海墓地铁甲片92NHM2001：2A－A面金相组织

1. 铁甲片92NHM2001：2B-B面结构

2. 铁甲片92NHM2001：2B-B面局部组织
左侧暗色区为珠光体+铁素体，中心区为铁素体+珠光体

宁安虹鳟鱼场渤海墓地铁甲片92NHM2001：2B-B面金相组织

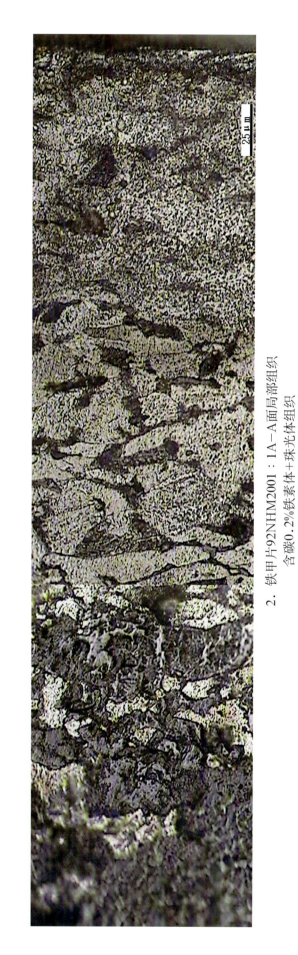

1. 铁甲片92NHM2001：1A-A面结构

2. 铁甲片92NHM2001：1A-A面局部组织
含碳0.2%铁素体+珠光体组织

宁安虹鳟鱼场渤海墓地铁甲片92NHM2001：1A-A面金相组织

1. 铁甲片92NHM2001：1B-B面结构

800μm

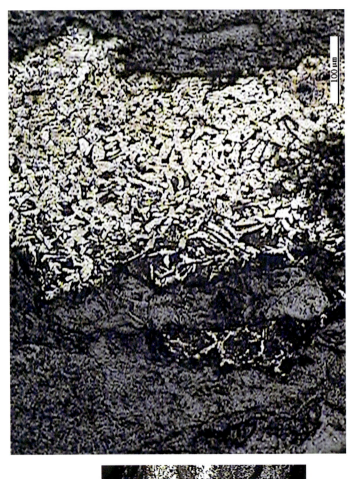

3. 铁甲片92NHM2001：1B-B面局部组织
左侧深色区含碳量大约为0.6%，右侧浅色区含碳量约为0.1%

2. 铁甲片92NHM2001：1B-B面局部组织
断面含碳量有明显的变化，材料叠加处有明显交界

宁安虹鳟鱼场渤海墓地铁甲片92NHM2001：1B-B面金相组织

1. 铁甲片93NHM2113（下层）：2A—A面结构

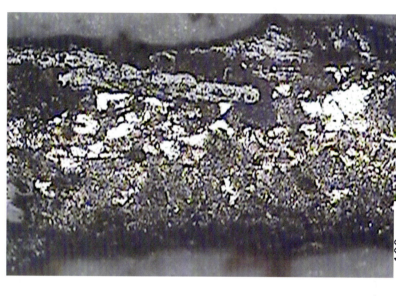

2. 铁甲片93NHM2113（下层）：2B—B面结构

3. 铁甲片93NHM2113（下层）：2A—A面局部组织
左侧临近腐蚀区为铁素体+珠光体组织，中心区为珠光体组织，两区有明显的交界

4. 铁甲片93NHM2113（下层）：2B—B面
左侧为珠光体组织，右侧为铁素体+珠光体组织

宁安虹鳟鱼场渤海墓地铁甲片93NHM2113（下层）：2金相组织

图版二〇〇

1. 铁甲片93NHM2113（下层）：4B-B面结构

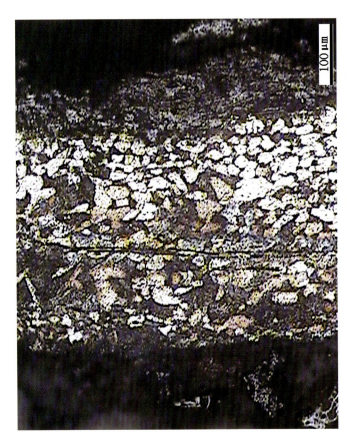

2. 铁甲片93NHM2113（下层）：4B-B面局部组织
左右两侧含碳量不同，有明显的交界，均为铁素体＋珠光体组织

宁安虹鳟鱼场渤海墓地铁甲片93NHM2113（下层）：4B-B面金相组织

800μm

1. 铁甲片93NHM2113（下层）：5B-B面结构

100μm

2. 铁甲片93NHM2113（下层）：5B-B面局部珠光体组织

宁安虹鳟鱼场渤海墓地铁甲片93NHM2113（下层）：5B-B面金相组织

400μm

1. 铁甲片93NHM2113（下层）：6B-B面局部结构
上下不同含碳量材料之间有明显交界

2. 铁甲片93NHM2113（下层）：6B-B面局部组织
左侧为珠光体+铁素体组织，右侧为铁素体+珠光体组织

100μm

宁安虹鳟鱼场渤海墓地铁甲片93NHM2113（下层）：6B-B面金相组织

2. 铁甲片93NHM2113（上层）：15B-B面组织
含碳量0.8%珠光体和0.5~0.6%铁素体+珠光体

4. 铁甲片93NHM2113（上层）：21B-B
面含碳量0.8%珠光体组织

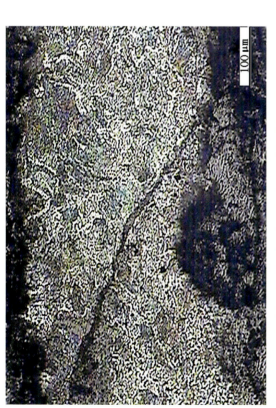

1. 铁甲片93NHM2113（上层）：8B-B面含碳量
0.8%珠光体组织

3. 铁甲片93NHM2113（上层）：20B-B面组织
含碳量0.8%珠光体和0.2%铁素体+珠光体

宁安虹鳟鱼场渤海墓地铁甲甲片93NHM2113（上层）：8、15、20、21B-B面金相组织

1. 铁甲片93NHM2113（上层）：21B－B面组织
上方为铁素体组织，下方为含碳量大约0.5%铁素体＋珠光体组织

2. 铁甲片93NHM2113（上层）：21B－B面含碳量
大约0.5%铁素体＋珠光体组织

3. 铁甲片93NHM2113（上层）：23A－A面组织

4. 铁甲片93NHM2113（上层）：23A－A面组织
含碳量呈现区域性变化，存在铁素体，珠光体及铁素体＋珠光体组织

铁甲片93NHM2113（上层）：21B－B面含碳量
0.2%铁素体＋珠光体组织

宁安虹鳟鱼场渤海墓地铁甲片93NHM2113（上层）：21B－B面、23A－A面金相组织

2．铁甲片93NHM2113（上层）：23B－B面组织
含碳量0.8%珠光体组织

4．铁甲片93NHM2113（上层）：23B－B面组织
中间0.2%铁素体＋珠光体，与两侧含碳量明显不同

1．铁甲片93NHM2113（上层）：23A－A面组织
铁素体及含碳量0.2%铁素体＋珠光体组织

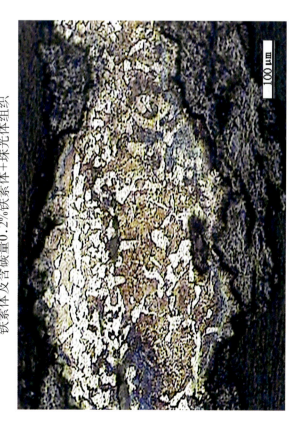

3．铁甲片93NHM2113（上层）：23B－B面组织
0.2%和0.6%铁素体＋珠光体组织

宁安虹鳟鱼场渤海墓地铁甲片93NHM2113（上层）：23A－A面及B－B面金相组织

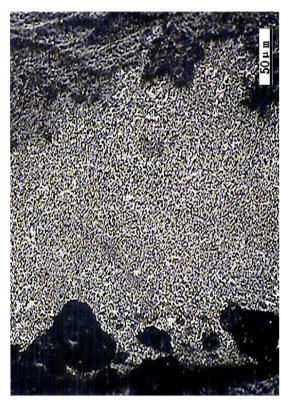

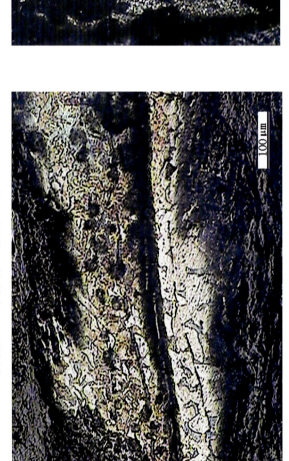

1. 铁甲片93NHM2113（上层）：23B-B面组织
含碳量0.2%铁素体+珠光体组织

2. 铁甲片93NHM2113（上层）：25B-B面组织
含碳量0.2%铁素体+珠光体组织

3. 铁甲片93NHM2113（上层）：27B-B面组织
含碳量不同区域，0.2%铁素体+珠光体和0.8%珠光体组织

4. 铁甲片93NHM2113（上层）：31B-B面含碳量
0.8%珠光体组织

宁安虹鳟鱼场渤海墓地铁甲片93NHM2113（上层）：23、25、27、31B-B面金相组织

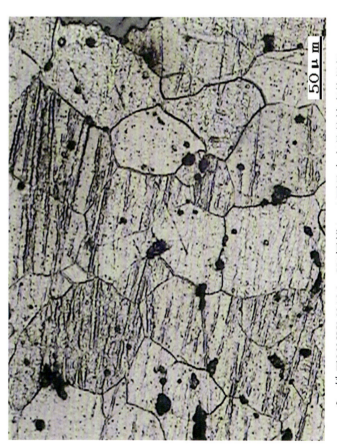

1. 铁刀93NHM2136：Y1柄部A－A面结构
深色区为含碳量0.5%左右中碳钢，亮色区为熟铁

3. 铁刀93NHM2136：Y1柄部A－A面珠光体＋铁素体组织

2. 铁刀93NHM2136：Y1柄部A－A面具有孪晶的铁素体组织

宁安虹鳟鱼场渤海墓地铁刀93NHM2136：Y1柄部A－A面金相组织

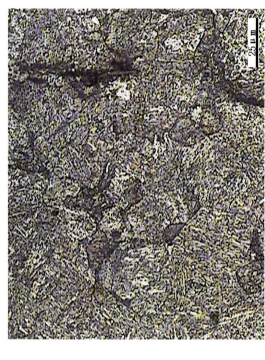

1. 铁刀93NHM2136：Y1靠近刀尖A—A面结构
右侧为刀尖端，上方为正面，深色区为中碳钢，亮色区为熟铁

2. 铁刀93NHM2136：Y1靠近刀尖A—A面组织

3. 铁刀93NHM2136：Y1靠近刀尖A—A面
次边缘区马氏体组织

宁安虹鳟鱼场渤海墓地铁刀93NHM2136：Y1靠近刀尖A—A面金相组织

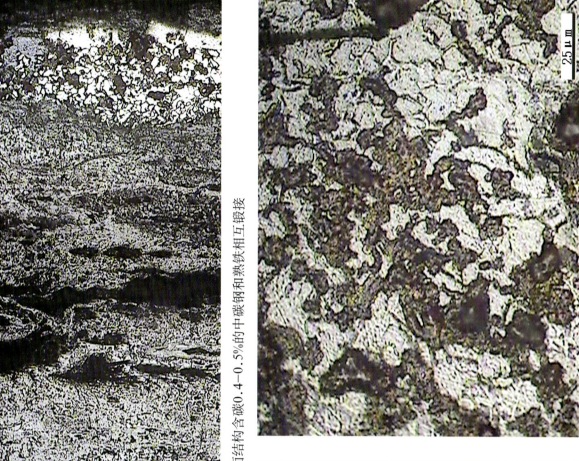

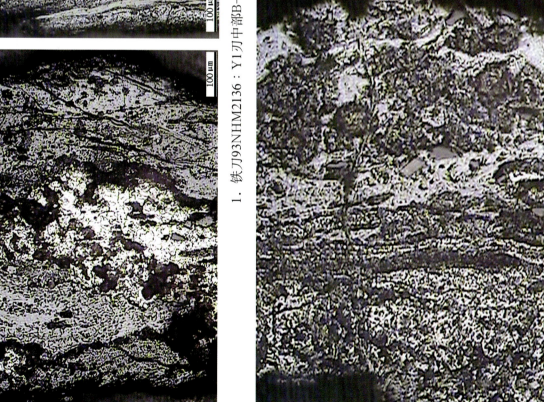

1. 铁刀93NHM2136：Y1刃中部B—B面结构含碳0.4—0.5%的中碳钢和熟铁相互锻接

2. 铁刀93NHM2136：Y1刃中部B—B面边缘回火马氏体伪晶

3. 铁刀93NHM2136：Y1刃中部B—B面中心组织极细珠光体+铁素体

宁安虹鳟鱼场渤海墓地铁刀93NHM2136：Y1刃中部B—B面金相组织

1. 铁管饰92NHM2008：Y1 尖端B—B面结构
腐蚀比较严重，残留金属核心区域为铁素体组织

2. 铁管饰92NHM2008：Y1 卷边1B—B面结构
高碳钢与熟铁交错分布

3. 螺旋器93HHM2184：8B—B面结构
残存区域为铁素体组织

宁安虹鳟鱼场渤海墓地铁管饰92NHM2008：Y1 和螺旋器93HHM2184：B—B面金相组织

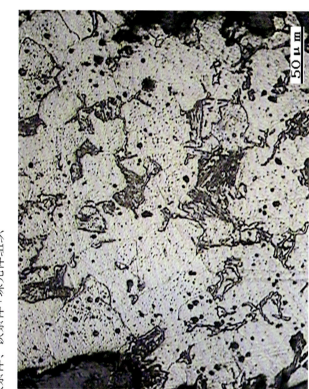

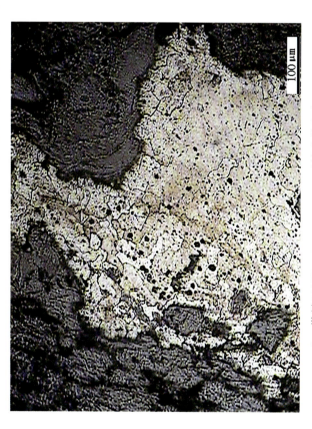

1. 带銙93NHM2107：6A－A面结构
断面表现为不同含碳量材料结合，分别为铁素体、铁素体＋珠光体组织

2. 带銙93NHM2107：6A－A面铁素体组织

3. 带銙93NHM2107：6A－A面铁素体＋珠光体组织

宁安虹鳟鱼场渤海墓地带銙93NHM2107：6A－A面金相组织

1. 铁刀93NHM2136：Y1

2. 尖状器92NHM2008：Y1

3. 螺旋器93HHM2184：8

宁安虹鳟鱼场渤海墓地出土铁器